AF667878

RöLS
GVerlage

„Bücher sind wie Fallschirme. Sie nützen uns nichts, wenn wir sie nicht öffnen.“

Gröls Verlag

Redaktionelle Hinweise und Impressum

Das vorliegende Werk wurde zugunsten der Authentizität sehr zurückhaltend bearbeitet. So wurden etwa ursprüngliche Rechtschreibfehler *nicht* systematisch behoben, denn kleine Unvollkommenheiten machen das Buch – wie im Übrigen den Menschen – erst authentisch. Mitunter wurden jedoch zum Beispiel Absätze behutsam neu getrennt, um den Lesefluss zu erleichtern.

Um die Texte zu rekonstruieren, werden antiquarische Bücher von Lesegeräten gescannt und dann durch eine Software lesbar gemacht. Der so entstandene Text wird von Menschen gegengelesen und korrigiert – hierbei treten auch Fehler auf. Wenn Sie ebenfalls antiquarische Texte einreichen möchten, finden Sie weitere Informationen auf www.groels.de

Viel Freude bei der Lektüre wünscht Ihnen das Team des Gröls-Verlags.

Adressen

Verleger: Sophia Gröls, Im Borngrund 26, 61440 Oberursel

Externer Dienstleister für Distribution & Herstellung: BoD, In de Tarpen 42, 22848 Norderstedt

Unsere „Edition | Werke der Weltliteratur“ hat den Anspruch, eine der größten und vollständigsten Sammlungen klassischer Literatur in deutscher Sprache zu sein. Nach und nach versammeln wir hier nicht nur die „üblichen Verdächtigen“ von Goethe bis Schiller, sondern auch Kleinode der vergangenen Jahrhunderte, die – zu Unrecht – drohen, in Vergessenheit zu geraten. Wir kultivieren und kuratieren damit einen der wertvollsten Bereiche der abendländischen Kultur. Kleine Auswahl:

Francis Bacon • Neues Organon • **Balzac** • Glanz und Elend der Kurtisanen • **Joachim H. Campe** • Robinson der Jüngere • **Dante Alighieri** • Die Göttliche Komödie • **Daniel Defoe** • Robinson Crusoe • **Charles Dickens** • Oliver Twist • **Denis Diderot** • Jacques der Fatalist • **Fjodor Dostojewski** • Schuld und Sühne • **Arthur Conan Doyle** • Der Hund von Baskerville • **Marie von Ebner-Eschenbach** • Das Gemeindekind • **Elisabeth von Österreich** • Das Poetische Tagebuch • **Friedrich Engels** • Die Lage der arbeitenden Klasse • **Ludwig Feuerbach** • Das Wesen des Christentums • **Johann G. Fichte** • Reden an die deutsche Nation • **Fitzgerald** • Zärtlich ist die Nacht • **Flaubert** • Madame Bovary • **Gorch Fock** • Seefahrt ist not! • **Theodor Fontane** • Effi Briest • **Robert Musil** • Über die Dummheit • **Edgar Wallace** • Der Frosch mit der Maske • **Jakob Wassermann** • Der Fall Maurizius • **Oscar Wilde** • Das Bildnis des Dorian Grey • **Émile Zola** • Germinal • **Stefan Zweig** • Schachnovelle • **Hugo von Hofmannsthal** • Der Tor und der Tod • **Anton Tschechow** • Ein Heiratsantrag • **Arthur Schnitzler** • Reigen • **Friedrich Schiller** • Kabale und Liebe • **Nicolo Machiavelli** • Der Fürst • **Gotthold E. Lessing** • Nathan der Weise • **Augustinus** • Die Bekenntnisse des heiligen Augustinus • **Marcus Aurelius** • Selbstbetrachtungen • **Charles Baudelaire** • Die Blumen des Bösen • **Harriett Stowe** • Onkel Toms Hütte • **Walter Benjamin** • Deutsche Menschen • **Hugo Bettauer** • Die Stadt ohne Juden • **Lewis Caroll** • *und viele mehr….*

Oswald Spengler

Der Untergang des Abendlandes

–

Erster Band

Inhalt

Einleitung

1

In diesem Buche wird zum erstenmal der Versuch gewagt, Geschichte vorauszubestimmen. Es handelt sich darum, das Schicksal einer Kultur, und zwar der einzigen, die heute auf diesem Planeten in Vollendung begriffen ist, der westeuropäisch-amerikanischen, in den noch nicht abgelaufenen Stadien zu verfolgen.

Die Möglichkeit, eine Aufgabe von so ungeheurer Tragweite zu lösen, ist bis heute offenbar nicht ins Auge gefaßt, und wenn dies der Fall war, sind die Mittel, sie zu behandeln, nicht erkannt oder in unzulänglicher Weise gehandhabt worden.

Gibt es eine Logik der Geschichte? Gibt es jenseits von allem Zufälligen und Unberechenbaren der Einzelereignisse eine sozusagen metaphysische Struktur der historischen Menschheit, die von den weithin sichtbaren, populären, geistig-politischen Gebilden der Oberfläche wesentlich unabhängig ist? Die diese Wirklichkeit geringeren Ranges vielmehr erst hervorruft? Erscheinen die großen Züge der Weltgeschichte dem verstehenden Auge vielleicht immer wieder in einer Gestalt, die Schlüsse zuläßt? Und wenn – wo liegen die Grenzen derartiger Folgerungen? Ist es möglich, im Leben selbst – denn menschliche Geschichte ist der Inbegriff von ungeheuren Lebensläufen, als deren Ich und Person schon der Sprachgebrauch unwillkürlich Individuen höherer Ordnung wie „die Antike", „die chinesische Kultur" oder „die moderne Zivilisation" denkend und handelnd einführt – die Stufen aufzufinden, die durchschritten werden müssen, und zwar in einer Ordnung, die keine Ausnahme zuläßt? Haben die für alles Organische grundlegenden Begriffe, Geburt, Tod, Jugend, Alter, Lebensdauer, in diesem Kreise vielleicht einen strengen Sinn, den noch niemand erschlossen hat? Liegen, kurz gesagt, allem Historischen allgemeine biographische Urformen zugrunde? Der Untergang des Abendlandes, zunächst ein örtlich und zeitlich beschränktes Phänomen wie das ihm entsprechende des Untergangs der Antike, ist, wie man sieht, ein philosophisches Thema, das in seiner ganzen Schwere begriffen alle großen Fragen des Seins in sich schließt.

Will man erfahren, in welcher Gestalt sich das Schicksal der abendländischen Kultur erfüllen wird, so muß man zuvor erkannt haben, was Kultur *ist*, in welchem Verhältnis sie zur sichtbaren Geschichte, zum Leben, zur Seele, zur Natur, zum Geiste steht, unter welchen Formen sie in Erscheinung tritt und inwiefern diese Formen – Völker, Sprachen und Epochen, Schlachten und Ideen, Staaten und Götter, Künste und Kunstwerke, Wissenschaften, Rechte, Wirtschaftsformen und Weltanschauungen, große Menschen und große Ereignisse – Symbole und als solche zu deuten sind.

2

Das Mittel, tote Formen zu erkennen, ist das mathematische Gesetz. Das Mittel, lebendige Formen zu verstehen, ist die Analogie. Auf diese Weise unterscheiden sich Polarität und Periodizität der Welt.

Das Bewußtsein davon, daß die Zahl der weltgeschichtlichen Erscheinungsformen eine begrenzte ist, daß Zeitalter, Epochen, Lagen, Personen sich dem Typus nach wiederholen, war immer vorhanden. Man hat das Auftreten Napoleons kaum je ohne einen Seitenblick auf Cäsar und Alexander behandelt, von denen der erste, wie man sehen wird, morphologisch unzulässig, der zweite richtig war. Napoleon selbst fand die Verwandtschaft seiner Lage mit derjenigen Karls des Großen heraus. Der Konvent sprach von Karthago, wenn er England meinte, und die Jakobiner nannten sich Römer. Man hat, mit sehr verschiedenem Recht, Florenz mit Athen, Buddha mit Christus, das Urchristentum mit dem modernen Sozialismus, die römischen Finanzgrößen der Zeit Cäsars mit den Yankees verglichen. Petrarca, der erste leidenschaftliche Archäologe – die Archäologie ist ja selbst ein Ausdruck des Gefühls, daß Geschichte sich wiederholt –, dachte in bezug auf sich an Cicero, und erst vor kurzem noch Cecil Rhodes, der Organisator des englischen Südafrika, der die antiken Cäsarenbiographien in eigens für ihn angefertigten Übersetzungen in seiner Bibliothek besaß, an Kaiser Hadrian. Es war das Verhängnis Karls XII. von Schweden, daß er von Jugend auf das Leben Alexanders von Curtius Rufus in der Tasche trug und diesen Eroberer kopieren wollte.

Friedrich der Große bewegt sich in seinen politischen Denkschriften – wie den „Considérations“ von 1738 – mit vollkommener Sicherheit in Analogien, um seine Auffassung der weltpolitischen Lage zu kennzeichnen, so, wenn er die Franzosen mit den Makedoniern unter Philipp und die Deutschen mit den Griechen vergleicht. „Schon sind die Thermopylen Deutschlands, Elsaß und Lothringen, in Philipps Hand.“ Damit war die Politik des Kardinals Fleury vorzüglich getroffen. Hier findet sich weiterhin ein Vergleich zwischen der Politik der Häuser Habsburg und Bourbon und den Proskriptionen des Antonius und Oktavian.

Aber das alles blieb fragmentarisch und willkürlich und entsprach in der Regel mehr einem augenblicklichen Hange, sich dichterisch und geistreich auszudrücken, als einem tieferen historischen Formgefühl.

So sind die Vergleiche Rankes, eines Meisters der kunstvollen Analogie, zwischen Kyaxates und Heinrich I., den Einfällen der Kimmerier und der Magyaren morphologisch bedeutungslos, nicht viel weniger der oft wiederholte zwischen den hellenischen Stadtstaaten und den Renaissancerepubliken, von tiefer, aber zufälliger Richtigkeit dagegen der zwischen Alkibiades und Napoleon. Sie sind bei ihm wie bei andern aus einem plutarchischen, d. h. volkstümlich romantischen Geschmack gezogen worden, der lediglich die Ähnlichkeit der Szene auf der Weltbühne ins Auge faßt, nicht mit der

Strenge des Mathematikers, der die innere Verwandtschaft zweier Gruppen von Differentialgleichungen erkennt, an denen der Laie nichts sieht als die Verschiedenheit der äußeren Form.

Man bemerkt leicht, daß im Grunde die Laune, nicht eine Idee, nicht das Gefühl einer Notwendigkeit die Wahl der Bilder bestimmt. Von einer *Technik* der Vergleiche blieben wir weit entfernt. Sie treten, gerade heute, massenhaft auf, aber planlos und ohne Zusammenhang; und wenn sie einmal in einem tiefen, noch festzustellenden Sinne treffend sind, so verdankt man es dem Glück, seltener dem Instinkt, nie einem Prinzip. Noch hat niemand daran gedacht, hier eine *Methode* auszubilden. Man hat nicht im entferntesten geahnt, daß hier eine Wurzel, und zwar die einzige, liegt, aus der eine große Lösung des Problems der Geschichte hervorgehen kann.

Die Vergleiche könnten das Glück des geschichtlichen Denkens sein, insofern sie die organische Struktur der Geschichte bloßlegen. Ihre Technik müßte unter der Einwirkung einer umfassenden Idee und also bis zur wahllosen Notwendigkeit, bis zur logischen Meisterschaft ausgebildet werden. Sie waren bisher ein Unglück, weil sie als eine bloße Angelegenheit des Geschmacks den Historiker der Einsicht und der Mühe überhoben, *die Formensprache der Geschichte und ihre Analyse* als seine schwerste und nächste, heute noch nicht einmal begriffene, geschweige denn gelöste Aufgabe zu betrachten. Sie waren teils oberflächlich, wenn man z. B. Cäsar den Begründer einer römischen Staatszeitung nannte, oder, noch schlimmer, äußerst verwickelte und uns innerlich sehr fremde Erscheinungen des antiken Daseins mit heutigen Modeworten wie Sozialismus, Impressionismus, Kapitalismus, Klerikalismus belegte, teils von einer bizarren Verkehrtheit wie der Brutuskult, den man im Jakobinerklub trieb – den jenes Millionärs und Wucherers Brutus, der als Ideologe der oligarchischen Verfassung unter dem Beifall des patrizischen Senats den Mann der Demokratie erstach.

3

Und so erweitert sich die Aufgabe, die ursprünglich ein begrenztes Problem *der* heutigen Zivilisation umfaßte, zu einer neuen Philosophie, der Philosophie der Zukunft, soweit aus dem metaphysisch erschöpften Boden des Abendlandes noch eine solche hervorgehen kann, der einzigen, die wenigstens zu den *Möglichkeiten* des westeuropäischen Geistes in seinen nächsten Stadien gehört: zur Idee einer *Morphologie der Weltgeschichte, der Welt als Geschichte*, die im Gegensatz zur Morphologie der Natur, bisher fast dem einzigen Thema der Philosophie, alle Gestalten und Bewegungen der Welt in ihrer tiefsten und letzten Bedeutung noch einmal, aber in einer ganz andern Ordnung, nicht zum Gesamtbilde alles Erkannten, sondern zu einem Bilde des Lebens, nicht des Gewordenen, sondern des Werdens zusammenfaßt.

Die *Welt als Geschichte*, aus ihrem Gegensatz, der *Welt als Natur* begriffen, geschaut, gestaltet – das ist ein neuer Aspekt des menschlichen Daseins auf dieser Erde, dessen Herausarbeitung in ihrer ungeheuren praktischen und theoretischen Bedeutung als Aufgabe bis heute nicht erkannt, vielleicht dunkel gefühlt, oft in der Ferne erblickt, nie mit allen ihren Konsequenzen gewagt worden ist. Hier liegen zwei mögliche Arten vor, wie der Mensch seine Umwelt innerlich besitzen und erleben kann. Ich trenne der Form, nicht der Substanz nach mit vollster Schärfe den organischen vom mechanischen Welteindruck, den Inbegriff der Gestalten von dem der Gesetze, das Bild und Symbol von der Formel und dem System, das Einmalig-Wirkliche vom Beständig-Möglichen, das Ziel der planvoll ordnenden Einbildungskraft von dem der zweckmäßig zergliedernden Erfahrung oder, um einen noch nie bemerkten, sehr bedeutungsvollen Gegensatz schon hier zu nennen, den Geltungsbereich der *chronologischen* von dem der *mathematischen* Zahl.

Es kann sich demnach in einer Untersuchung wie der vorliegenden nicht darum handeln, die an der Oberfläche des Tages sichtbar werdenden Ereignisse geistig-politischer Art als solche hinzunehmen, nach „Ursache" und „Wirkung" zu ordnen und in ihrer scheinbaren, verstandesmäßig faßlichen Tendenz zu verfolgen. Eine derartige – „pragmatische" – Behandlung der Geschichte würde nichts als ein Stück verkappter Naturwissenschaft sein, woraus die Anhänger der materialistischen Geschichtsauffassung kein Hehl machen, während ihre Gegner sich nur der Gleichheit des beiderseitigen Verfahrens nicht hinreichend bewußt *sind*. Es handelt sich nicht um das, was die greifbaren Tatsachen der Geschichte an und für sich, als Erscheinungen zu irgendeiner Zeit sind, sondern um das, was sie *durch ihre Erscheinung bedeuten, andeuten*. Die Historiker der Gegenwart glauben ein übriges zu tun, wenn sie religiöse, soziale und allenfalls kunsthistorische Einzelheiten heranziehen, um den politischen Sinn einer Epoche zu „illustrieren". Aber sie vergessen das Entscheidende – entscheidend nämlich, insofern sichtbare Geschichte Ausdruck, Zeichen, formgewordenes Seelentum ist. Ich habe noch keinen gefunden, der mit dem Studium der *morphologischen Verwandtschaft*, welche die Formensprache *aller* Kulturgebiete innerlich verbindet, Ernst gemacht hätte, der über den Bereich politischer Tatsachen hinaus die letzten und tiefsten Gedanken der Mathematik der Hellenen, Araber, Inder, Westeuropäer, den Sinn ihrer frühen Ornamentik, ihrer architektonischen, metaphysischen, dramatischen, lyrischen Grundformen, die Auswahl und Richtung ihrer großen Künste, die Einzelheiten ihrer künstlerischen Technik und Stoffwahl eingehend gekannt, geschweige denn in ihrer entscheidenden Bedeutung für die Formprobleme des Historischen erkannt hätte. Wer weiß es, daß zwischen der Differentialrechnung und dem dynastischen Staatsprinzip der Zeit Ludwigs XIV., zwischen der antiken Staatsform der Polis und der euklidischen Geometrie, zwischen der Raumperspektive der abendländischen Ölmalerei und der Überwindung des Raumes durch Bahnen, Fernsprecher und Fernwaffen, zwischen der kontrapunktischen Instrumentalmusik und dem wirtschaftlichen Kreditsystem ein tiefer Zusammenhang der Form besteht? Selbst die nüchternsten Tatsachen der Politik nehmen, aus dieser Perspektive betrachtet, einen symbolischen und geradezu metaphysischen Charakter an, und es geschieht hier vielleicht zum ersten Male, daß Dinge wie das ägyptische Verwaltungssystem, das antike Münzwesen, die analytische Geometrie, der Scheck, der Suezkanal, der chinesische Buchdruck, das preußische Heer und die römische Straßenbautechnik *gleichmäßig* als Symbole aufgefaßt und als solche gedeutet werden.

An diesem Punkte stellt es sich heraus, daß es eine theoretisch durchleuchtete *Kunst* der historischen Betrachtung noch gar nicht gibt. Was man so nennt, zieht seine Methoden fast ausschließlich aus dem Gebiete des Wissens, auf welchem allein Methoden der Erkenntnis zur strengen Ausbildung gelangt sind, aus der Physik. Man glaubt Geschichtsforschung zu treiben, wenn man den gegenständlichen Zusammenhang von Ursache und Wirkung verfolgt. Es ist eine merkwürdige Tatsache, daß die Philosophie alten Stils an eine andere Möglichkeit der Beziehung zwischen dem verstehenden menschlichen Wachsein und der umgebenden Welt nie gedacht hat. Kant, der in seinem Hauptwerk die formalen Regeln der Erkenntnis feststellte, zog, ohne daß er oder irgendein anderer es je bemerkt hätte, allein die *Natur* als Objekt der Verstandestätigkeit in Betracht. Wissen ist für ihn mathematisches Wissen. Wenn er von angeborenen Formen der Anschauung und Kategorien des Verstandes spricht, so denkt er nie an das ganz anders geartete Begreifen historischer Eindrücke, und Schopenhauer, der von Kants Kategorien bezeichnenderweise allein die der Kausalität gelten läßt, redet nur mit Verachtung von der Geschichte.Daß außer der Notwendigkeit von Ursache und Wirkung – ich möchte sie die *Logik des Raumes* nennen – im Leben auch noch die organische Notwendigkeit *des Schicksals – die Logik der Zeit* – eine Tatsache von tiefster innerer Gewißheit ist, eine Tatsache, welche das gesamte mythologische, religiöse und künstlerische Denken ausfüllt, die das Wesen und den Kern aller Geschichte im Gegensatz zur Natur ausmacht, die aber den Erkenntnisformen, welche die „Kritik der reinen Vernunft“ untersucht, unzugänglich ist, das ist noch nicht in den Bereich theoretischer Formulierung gedrungen. Die Philosophie ist, wie Galilei an einer berühmten Stelle seines „Saggiatore“ sagt, im großen Buche der Natur „ *scritta in lingua matematica*“. Aber wir warten heute noch auf die Antwort eines Philosophen, in welcher Sprache die Geschichte geschrieben und wie diese zu lesen ist.

Die Mathematik und das Kausalitätsprinzip führen zu einer naturhaften, die Chronologie und die Schicksalsidee zu einer historischen Ordnung der Erscheinung. Beide Ordnungen umfassen, jede für sich, die ganze Welt. Nur das Auge, in dem und durch das sich diese Welt verwirklicht, ist ein anderes.

4

Natur ist die Gestalt, unter welcher der Mensch hoher Kulturen den unmittelbaren Eindrücken seiner Sinne Einheit und Bedeutung gibt. Geschichte ist diejenige, aus welcher seine Einbildungskraft das lebendige Dasein der Welt in bezug auf das eigene Leben zu begreifen und diesem damit eine vertiefte Wirklichkeit zu verleihen sucht. Ob er dieser Gestaltungen fähig ist und welche von ihnen sein waches Bewußtsein beherrscht, das ist eine Urfrage aller menschlichen Existenz.

Hier liegen zwei *Möglichkeiten* der Weltbildung durch den Menschen vor. Damit ist schon gesagt, daß es nicht notwendig *Wirklichkeiten* sind. Fragen wir also im folgenden nach dem Sinn aller Geschichte, so ist zuerst eine Frage zu lösen, die bisher nie gestellt worden ist. *Für wen* gibt es Geschichte? Eine paradoxe Frage, wie es scheint. Ohne Zweifel für jeden, insofern jeder Mensch mit seinem gesamten Dasein und Wachsein Glied der Geschichte ist. Aber es ist ein großer Unterschied, ob jemand unter dem beständigen Eindruck lebt, daß sein Leben ein Element in einem weit größeren Lebenslauf ist, der sich über Jahrhunderte oder Jahrtausende erstreckt, oder ob er es als etwas in sich selbst Gerundetes und Abgeschlossenes empfindet. Sicherlich gibt es für die letztere Art des Wachseins keine Weltgeschichte, *keine Welt als Geschichte*. Aber wie, wenn das Selbstbewußtsein einer ganzen Nation, wenn eine *ganze Kultur* auf diesem ahistorischen Geiste beruht? Wie muß ihr die Wirklichkeit erscheinen? Die Welt? Das Leben? Bedenken wir, daß sich im Weltbewußtsein der Hellenen alles Erlebte, nicht nur die eigne persönliche, sondern die allgemeine Vergangenheit alsbald in einen zeitlos unbeweglichen, mythisch gestalteten Hintergrund der jeweils augenblicklichen Gegenwart verwandelte, dergestalt, daß die Geschichte Alexanders des Großen noch vor seinem Tode für das antike Gefühl mit der Dionysoslegende zu verschwimmen begann, und Cäsar seine Abstammung von Venus mindestens nicht als widersinnig empfand, so müssen wir zugestehen, daß uns Menschen des Abendlandes mit dem starken Gefühl für zeitliche Distanzen, aus dem heraus das tägliche Rechnen mit Jahreszahlen nach und vor Christi Geburt etwas Selbstverständliches geworden ist, ein Nacherleben solcher Seelenzustände beinahe unmöglich wird, daß wir aber nicht das Recht haben, dem Problem der Geschichte gegenüber von dieser Tatsache einfach abzusehen.

Was Tagebücher und Selbstbiographien für den einzelnen, das bedeutet Geschichtsforschung im weitesten Umfange, wo sie auch alle Arten psychologisch vergleichender Analyse fremder Völker, Zeiten, Sitten einschließt, für die Seele ganzer Kulturen. Aber die antike Kultur besaß kein *Gedächtnis*, kein historisches Organ in diesem besonderen Sinne. Das „Gedächtnis“ des antiken Menschen – wobei wir allerdings einen aus dem eignen Seelenbilde abgeleiteten Begriff ohne weiteres einer fremden Seele unterlegen – ist etwas ganz anderes, weil hier Vergangenheit und Zukunft als ordnende Perspektiven im Wachsein fehlen und die „reine Gegenwart“, die Goethe an allen Äußerungen antiken Lebens, vor allem an der Plastik so oft bewundert hat, es mit einer uns ganz unbekannten Mächtigkeit ausfüllt. Diese reine Gegenwart, deren größtes Symbol die dorische Säule ist, stellt in der Tat eine *Verneinung der Zeit* (der Richtung) dar. Für Herodot und Sophokles wie für Themistokles und für einen römischen Konsul verflüchtigt sich die Vergangenheit alsbald in einen zeitlos ruhenden Eindruck von *polarer, nicht periodischer* Struktur – denn das ist der letzte Sinn durchgeistigter Mythenbildung –, während sie für unser Weltgefühl und inneres Auge ein periodisch klar gegliederter, zielvoll gerichteter Organismus von Jahrhunderten oder Jahrtausenden ist. Dieser Hintergrund aber gibt dem Leben, dem antiken wie dem abendländischen, erst seine besondere Farbe. Was der Grieche Kosmos nannte, war das Bild einer Welt, die nicht *wird*, sondern *ist. Folglich* war der Grieche selbst ein Mensch, der niemals *wurde*, sondern immer *war*.

Deshalb hat der antike Mensch, obwohl er die strenge Chronologie, die Kalenderrechnung und damit das starke, in großartiger Beobachtung der Gestirne und in der exakten Messung gewaltiger Zeiträume sich offenbarende Gefühl für Ewigkeit und für die Nichtigkeit des gegenwärtigen Augenblicks in der babylonischen und vor allem der ägyptischen Kultur sehr wohl kannte, sich *innerlich* nichts davon zu eigen gemacht. Was seine Philosophen gelegentlich erwähnen, haben sie nur gehört, nicht geprüft. Und was vereinzelte glänzende Köpfe namentlich asiatischer Griechenstädte wie Hipparch und Aristarch entdeckten, ist von der stoischen wie der aristotelischen Geistesrichtung abgelehnt und außerhalb der engsten Fachwissenschaft überhaupt nicht beachtet worden. Weder Plato noch Aristoteles besaßen eine Sternwarte. In den letzten Jahren des Perikles wurde in Athen ein Volksbeschluß gefaßt, der jeden mit der schweren Klageform der Eisangelie bedrohte, der astronomische Theorien verbreitete. Es war ein Akt von tiefster Symbolik, in dem sich der Wille der antiken Seele aussprach, die Ferne in jedem Sinn aus ihrem Weltbewußtsein zu verbannen.

Was die antike Geschichtsschreibung betrifft, so richte man seinen Blick auf Thukydides. Die Meisterschaft dieses Mannes besteht in der echt antiken Kraft, Ereignisse der *Gegenwart* aus sich selbst heraus verstehend zu erleben, und dazu kommt jener prachtvolle Tatsachenblick des geborenen Staatsmannes, der selbst Feldherr und Beamter gewesen war. Diese *praktische Erfahrung*, die man leider mit historischem Sinn verwechselt, läßt ihn geschichtsschreibenden bloßen Gelehrten mit Recht als unerreichtes Muster erscheinen. Was ihm aber vollkommen verschlossen bleibt, ist jener perspektivische Blick über die Geschichte von Jahrhunderten hin, der für uns mit Selbstverständlichkeit zum Begriff des Historikers gehört. Alle guten Stücke antiker Geschichtsdarstellung beschränken sich auf die politische Gegenwart des Autors, im schärfsten Gegensatz zu uns, deren historische Meisterwerke ohne Ausnahme die ferne Vergangenheit behandeln. Thukydides würde schon an dem Thema der Perserkriege gescheitert sein, von einer allgemein griechischen oder gar ägyptischen Geschichte ganz zu schweigen. Bei ihm wie bei Polybios und Tacitus, ebenfalls praktischen Politikern, geht die Sicherheit des Blickes sofort verloren, wenn sie in der Vergangenheit, oft im

Abstand weniger Jahrzehnte, auf treibende Kräfte stoßen, die ihnen in dieser Gestalt aus ihrer eigenen Praxis unbekannt sind. Für Polybios ist der erste Punische Krieg, für Tacitus schon Augustus nicht mehr verständlich, und der – an unsrer perspektivischen Forschung gemessen – gänzlich unhistorische Sinn des Thukydides erschließt sich durch die unerhörte Behauptung gleich auf der ersten Seite seines Buches, daß vor seiner Zeit (um 400!) in der Welt Ereignisse von Bedeutung nicht vorgefallen seien ου μεγάλα γενέσθαι

Infolgedessen ist die antike Geschichte bis auf die Perserkriege herab, aber auch noch der überlieferte Aufbau sehr viel späterer Perioden das Produkt wesentlich mythischen Denkens. Die Verfassungsgeschichte Spartas – Lykurg, dessen Biographie mit allen Einzelheiten erzählt wird, war vermutlich eine unbedeutende Waldgottheit des Taygetos – ist eine Dichtung der hellenistischen Zeit, und die Erfindung der römischen Geschichte vor Hannibal war noch zur Zeit Cäsars nicht zum Stillstand gekommen. Die Vertreibung der Tarquinier durch Brutus ist eine Erzählung, zu der ein Zeitgenosse des Zensors Appius Claudius (310) Modell gestanden hat. Die Namen römischer Könige sind damals nach den Namen reichgewordener plebejischer Familien geformt worden (K. J. Neumann). Von der „servianischen Verfassung“ ganz abgesehen, ist das berühmte licinische Ackergesetz von 367 zur Zeit Hannibals noch nicht vorhanden gewesen (B. Niese). Als Epaminondas die Messenier und Arkader befreit und zu einem Staat gemacht hatte, erfanden sie sich sofort eine Urgeschichte. Das Ungeheuerliche ist nicht, daß dergleichen vorkam, sondern daß es eine andere Art von Geschichte kaum gab. Man kann den Gegensatz des abendländischen und des antiken Sinnes für alles Historische nicht besser zeigen, als wenn man sagt, daß die Römergeschichte vor 250, wie man sie zur Zeit Cäsars kannte, im wesentlichen eine Fälschung, und daß das wenige, was wir festgestellt haben, den späteren Römern ganz unbekannt war. Es kennzeichnet den antiken Sinn des Wortes Geschichte, daß die alexandrinische Romanliteratur stofflich den stärksten Einfluß auf die ernsthafte politische und religiöse Historik ausgeübt hat. Man dachte gar nicht daran, ihren Inhalt von aktenmäßigen Daten grundsätzlich zu unterscheiden. Als Varro gegen Ende der Republik daran ging, die aus dem Bewußtsein des Volkes rasch schwindende römische Religion zu fixieren, teilte er die Gottheiten, deren Dienst vom *Staate aufs peinlichste ausgeübt wurde*, in *di certi* und *di incerti* ein – solche, von denen man noch etwas wußte, und solche, von denen trotz des fortdauernden öffentlichen Kultes nur der Name geblieben war. In der Tat war die Religion der römischen Gesellschaft seiner Zeit – wie sie nicht nur Goethe, sondern selbst Nietzsche ohne Argwohn aus den römischen Dichtern hinnahmen – größtenteils ein Erzeugnis der hellenisierenden Literatur und fast ohne Zusammenhang mit dem alten Kultus, den niemand mehr verstand.

Mommsen hat den westeuropäischen Standpunkt klar formuliert, als er die römischen Historiker – Tacitus ist vor allem gemeint – Leute nannte, „die das sagen, was verschwiegen zu werden verdiente, und das verschweigen, was notwendig war, zu sagen".

Die indische Kultur, deren Idee vom (brahmanischen) Nirwana der entschiedenste Ausdruck einer vollkommen ahistorischen Seele ist, den es geben kann, hat nie das geringste Gefühl für das „Wann" in irgendeinem Sinne besessen. Es gibt keine echte indische Astronomie, keine indischen Kalender, keine indische Historie also, insofern man darunter den geistigen Niederschlag einer bewußten Entwicklung versteht. Wir wissen vom sichtbaren Verlaufe dieser Kultur, deren organischer Teil mit der Entstehung des Buddhismus abgeschlossen war, noch viel weniger als von der antiken, sicherlich an großen Ereignissen reichen Geschichte zwischen dem 12. und 8. Jahrhundert. Beide sind lediglich in traumhaft-mythischer Gestalt festgehalten worden. Erst ein volles Jahrtausend nach Buddha, um 500 n. Chr., entstand auf Ceylon im „Mahavansa" etwas, das entfernt an Geschichtsschreibung erinnert.

Das Weltbewußtsein des indischen Menschen war so geschichtslos angelegt, daß er nicht einmal die Erscheinung des von einem Autor verfaßten Buches als zeitlich feststehendes Ereignis kannte. Statt einer organischen Reihe persönlich abgegrenzter Schriften entstand allmählich eine vage Textmasse, in die jeder hineinschrieb, was er wollte, ohne daß die Begriffe des individuellen geistigen Eigentums, der Entwicklung eines Gedankens, der geistigen Epoche eine Rolle gespielt hätten. In dieser anonymen Gestalt – es ist die der gesamten indischen Geschichte – liegt uns die indische Philosophie vor. Mit ihr vergleiche man die durch Bücher und Personen physiognomisch aufs schärfste herausgearbeitete Philosophiegeschichte des Abendlandes.

Der indische Mensch vergaß alles, der ägyptische konnte *nichts* vergessen. Eine indische Kunst des Porträts – der Biographie *in nuce* – hat es nie gegeben; die ägyptische Plastik kannte kaum ein anderes Thema.

Die ägyptische Seele, eminent historisch veranlagt und mit urweltlicher Leidenschaft nach dem Unendlichen drängend, empfand die Vergangenheit und Zukunft als ihre *ganze* Welt, und die Gegenwart, die mit dem wachen Bewußtsein identisch ist, erschien ihr lediglich als die schmale Grenze zwischen zwei unermeßlichen Fernen. Die ägyptische Kultur ist eine *Inkarnation der Sorge* – dem seelischen Gegenwert der Ferne –, der Sorge um das Künftige, wie sie sich in der Wahl von Granit und Basalt als künstlerischem Material,in den gemeißelten Urkunden, in der Ausbildung eines peinlichen Verwaltungssystems und dem Netz von Bewässerungsanlagen ausspricht,*und der notwendig damit verknüpften* Sorge um das Vergangene. Die ägyptische Mumie ist ein Symbol vom höchsten Range. Man *verewigte* den Leib des Toten, wie man seiner Persönlichkeit, dem „Ka", durch die oft in vielen Exemplaren ausgeführten Bildnisstatuen, an deren in einem sehr hohen Sinne aufgefaßte Ähnlichkeit sie gebunden war, ewige Dauer verlieh.

Es besteht eine tiefe Beziehung zwischen dem Verhalten gegen die historische Vergangenheit und der Auffassung des Todes, wie sie sich in der *Form der Bestattung* ausspricht. Der Ägypter *verneint* die Vergänglichkeit, der antike Mensch *bejaht* sie durch die gesamte Formensprache seiner Kultur. Die Ägypter konservierten auch die Mumie ihrer Geschichte: die chronologischen Daten und Zahlen. Während von der vorsolonischen Geschichte der Griechen nichts überliefert ist, keine Jahreszahl, kein echter Name, kein greifbares Ereignis – was dem uns allein bekannten Rest ein übertriebenes Gewicht gibt –, kennen wir aus dem 3. Jahrtausend und noch weiter zurück die Namen und selbst die genauen Regierungszahlen zahlreicher ägyptischer Könige, und im Neuen Reich muß man ein lückenloses Wissen von ihnen gehabt haben. Als ein grauenvolles Symbol dieses Willens zur Dauer liegen heute noch die Körper der großen Pharaonen mit kenntlichen Gesichtszügen in unseren Museen. Auf der leuchtend polierten Granitspitze der Pyramide Amenemhets III. liest man noch jetzt die Worte: „Amenemhet schaut die Schönheit der Sonne" und auf der andern Seite: „Höher ist die Seele Amenemhets als die Höhe des Orion und sie verbindet sich mit der Unterwelt". Das ist Überwindung der Vergänglichkeit, der bloßen Gegenwart, und unantik im höchsten Maße.

5

Gegenüber dieser mächtigen Gruppe ägyptischer Lebenssymbole erscheint an der Schwelle der antiken Kultur, der Vergessenheit entsprechend, die sie über jedes Stück ihrer äußern und innern Vergangenheit breitet, die *Verbrennung der Toten*. Der mykenischen Zeit war die sakrale Heraushebung dieser Bestattungsform aus den übrigen, die von primitiven Völkern der Steinzeit nebeneinander ausgeübt wurden, durchaus fremd. Die Königsgräber sprechen sogar für den Vorrang der Erdbestattung. Aber in homerischer Zeit so gut wie in vedischer erfolgt der plötzliche, nur seelisch zu begründende Schritt vom Begräbnis zur Verbrennung, die, wie die Ilias zeigt, mit dem vollen Pathos eines sinnbildlichen Aktes – der feierlichen Vernichtung, der Verneinung aller historischen Dauer – vollzogen wurde.

Von diesem Augenblick an ist auch die Plastizität der seelischen Entwicklung des Einzelnen zu Ende. Sowenig das antike Drama echt historische Motive gestattet, so wenig läßt es das Thema der innern Entwicklung zu, und man weiß, wie entschieden sich der hellenische Instinkt gegen das Porträt in der bildenden Kunst aufgelehnt hat. Bis in die Kaiserzeit kennt die antike Kunst nur einen ihr gewissermaßen natürlichen Stoff: den Mythos.Auch die idealen Bildnisse der hellenistischen Plastik sind mythisch, so gut es die typischen Biographien von der Art Plutarchs sind. Kein großer Grieche hat je Erinnerungen niedergeschrieben, die eine überwundene Epoche vor seinem geistigen Auge fixiert hätten. Nicht einmal Sokrates hat über sein Innenleben etwas in unserem Sinne Bedeutendes gesagt. Es fragt sich, ob in einer antiken Seele dergleichen überhaupt möglich war, wie es die Entstehung des Parzival, Hamlet, Werther doch als natürlichen

Trieb voraussetzt. Wir vermissen bei Plato jedes Bewußtsein einer Entwicklung seiner Lehre. Seine einzelnen Schriften sind lediglich Fassungen sehr verschiedener Standpunkte, die er zu verschiedenen Zeiten einnahm. Ihr genetischer Zusammenhang war kein Gegenstand seines Nachdenkens. Aber schon am Anfang der abendländischen Geistesgeschichte steht ein Stück tiefster Selbsterforschung, Dantes „Vita Nuova". Allein daraus folgt, wie wenig Antikes, d. h. rein Gegenwärtiges Goethe in sich hatte, der nichts vergaß, dessen Werke seinen eigenen Worten nach nur Bruchstücke *einer* großen Konfession waren.

Nach der Zerstörung Athens durch die Perser warf man alle Werke der älteren Kunst in den Schutt – aus dem wir sie heute wieder hervorziehen – und man hat nie gehört, daß jemand in Hellas sich um die Ruinen von Mykene oder Phaistos zum Zwecke der Ermittlung geschichtlicher Tatsachen gekümmert hätte. Man las seinen Homer, aber man dachte nicht daran, wie Schliemann den Hügel von Troja aufzugraben. Man wollte den Mythos, nicht die Geschichte. Von den Werken des Aischylos und der vorsokratischen Philosophen war schon in hellenistischer Zeit ein Teil verloren gegangen. Dagegen sammelte bereits Petrarca Altertümer, Münzen, Manuskripte mit einer nur dieser Kultur eigenen Pietät und Innerlichkeit der Betrachtung als historisch fühlender, auf entlegene Welten zurückschauender, nach dem Fernen sich sehnender Mensch – er war auch der erste, der die Besteigung eines Alpengipfels unternahm –, der im Grunde ein Fremder in seiner Zeit blieb. Die Seele des Sammlers versteht man nur aus seinem Verhältnis zur Zeit. Noch leidenschaftlicher vielleicht, aber von einer andern Färbung ist der chinesische Hang zum Sammeln. Wer in China reist, will „alten Spuren", *ku-tsi*, folgen, und nur aus einem tiefen historischen Gefühl ist der unübersetzbare Grundbegriff chinesischen Wesens, *tao*, zu deuten.Was dagegen in hellenistischer Zeit allenthalben gesammelt und gezeigt wurde, waren Merkwürdigkeiten von mythologischem Reiz, wie sie Pausanias beschreibt, bei denen das streng historische Wann und Warum überhaupt nicht in Betracht kam, während die ägyptische Landschaft sich schon zur Zeit des großen Thutmosis in ein einziges ungeheures Museum von strenger Tradition verwandelt hatte.

Unter den Völkern des Abendlandes waren es die Deutschen, welche die mechanischen *Uhren* erfanden, schauerliche Symbole der rinnenden Zeit, deren Tag und Nacht von zahllosen Türmen über Westeuropa hin hallende Schläge vielleicht der ungeheuerste Ausdruck sind, dessen ein historisches Weltgefühl überhaupt fähig ist.Nichts davon begegnet uns in den *zeitlosen* antiken Landschaften und Städten. Bis auf Perikles herab hat man die Tageszeit nur an der Schattenlänge abgeschätzt und erst seit Aristoteles erhält ὥρα die – babylonische – Bedeutung „Stunde". Vorher gab es überhaupt keine exakte Einteilung des Tages. In Babylon und Ägypten waren die Wasser- und Sonnenuhren in frühester Zeit erfunden worden, aber erst Plato führte eine als Uhr wirklich verwendbare Form der Klepsydra in Athen ein, und noch später übernahm man die Sonnenuhren, lediglich als unwesentliches Gerät des Alltags, ohne daß sie das antike *Lebensgefühl* im geringsten verändert hätten.

Hier ist noch der entsprechende, sehr tiefe und nie hinreichend gewürdigte Unterschied zwischen antiker und abendländischer Mathematik zu erwähnen. Das antike Zahlendenken faßt die Dinge auf, *wie sie sind,* als *Größen,* zeitlos, rein gegenwärtig. Das führte zur euklidischen Geometrie, zur mathematischen Statik und zum Abschluß des geistigen Systems durch die Lehre von den Kegelschnitten. Wir fassen die Dinge auf, wie sie *werden* und *sich verhalten,* als *Funktionen.* Das führte zur Dynamik, zur analytischen Geometrie und von ihr zur Differentialrechnung.Die moderne Funktionentheorie ist die riesenhafte Ordnung dieser ganzen Gedankenmasse. Es ist eine bizarre, aber seelisch streng begründete Tatsache, daß die griechische Physik – als Statik im Gegensatz zur Dynamik – den Gebrauch der Uhr nicht kennt und nicht vermissen läßt und, während wir mit Tausendsteln von Sekunden rechnen, von Zeitmessungen vollständig absieht. Die Entelechie des Aristoteles ist der einzige zeitlose – ahistorische – Entwicklungsbegriff, den es gibt.

Damit ist unsere Aufgabe festgelegt. Wir Menschen der westeuropäischen Kultur sind mit unserem historischen Sinn eine Ausnahme und nicht die Regel, „Weltgeschichte" ist *unser* Weltbild, nicht das „der Menschheit". Für den indischen und den antiken Menschen gab es kein Bild der werdenden Welt und vielleicht wird es, wenn die Zivilisation des Abendlandes einmal erloschen ist, nie wieder eine Kultur und also einen menschlichen Typus geben, für den „Weltgeschichte" eine so mächtige Form des Wachseins ist.

6

Ja – was ist Weltgeschichte? Eine geordnete Vorstellung des Vergangenen, ein inneres Postulat, der Ausdruck eines Formgefühls, gewiß. Aber ein noch so bestimmtes Gefühl ist keine wirkliche Form, und so sicher wir alle die Weltgeschichte fühlen, erleben, sie mit vollster Gewißheit ihrer Gestalt nach zu übersehen glauben, so sicher ist es, daß wir noch heute Formen von ihr, aber nicht *die* Form, das Gegenbild *unseres* Innenlebens kennen.

Sicherlich wird jeder, den man fragt, überzeugt sein, daß er die innere Form der Geschichte klar und deutlich durchschaut. Diese Illusion beruht darauf, daß niemand ernsthaft über sie nachgedacht hat und daß man noch viel weniger an seinem Wissen zweifelt, weil niemand ahnt, an was allem hier gezweifelt werden könne. In der Tat ist die *Gestalt* der Weltgeschichte ein *ungeprüfter geistiger Besitz,* der sich, auch unter Historikern von Beruf, von Generation zu Generation vererbt und dem ein kleiner Teil der Skepsis, welche seit Galilei das uns angeborne Naturbild zergliedert und vertieft hat, sehr not täte.

Altertum – Mittelalter – Neuzeit: das ist das unglaubwürdig dürftige und *sinnlose* Schema, dessen unbedingte Herrschaft über unser geschichtliches Denken uns immer wieder gehindert hat, die eigentliche Stellung der kleinen Teilwelt, wie sie sich seit der deutschen Kaiserzeit auf dem Boden des westlichen Europa entfaltet, in ihrem Verhältnis zur Gesamtgeschichte des höheren Menschentums nach ihrem Range, ihrer Gestalt, ihrer Lebensdauer vor allem richtig aufzufassen. Es wird künftigen Kulturen kaum glaublich erscheinen, daß dieser Grundriß mit seinem einfältigen geradlinigen Ablauf, seinen unsinnigen Proportionen, der von Jahrhundert zu Jahrhundert unmöglicher wird und eine natürliche Eingliederung der neu in das Licht unseres historischen Bewußtseins tretenden Gebiete gar nicht zuläßt, gleichwohl in seiner Gültigkeit niemals ernstlich erschüttert wurde. Denn es bedeutet gar nichts, wenn es unter Geschichtsforschern längst zur Gewohnheit geworden ist, gegen das Schema Einspruch zu erheben. Sie haben damit den einzig vorhandenen Grundriß nur verwischt, *ohne ihn zu ersetzen*. Man mag noch so viel von griechischem Mittelalter und germanischem Altertum reden, ein klares und innerlich notwendiges Bild, in dem China und Mexiko, das Reich von Axum und das der Sassaniden einen organischen Platz finden, ist damit nicht gewonnen. Auch die Verlagerung des Anfangspunktes der „Neuzeit" von den Kreuzzügen zur Renaissance und von da zum Beginn des 19. Jahrhunderts beweist nur, daß man das Schema selbst für unerschütterlich hielt.

Es beschränkt den Umfang der Geschichte, aber schlimmer ist, daß es auch ihren Schauplatz begrenzt. Hier bildet die Landschaft des westlichen Europaden ruhenden Pol (mathematisch gesprochen, einen singulären Punkt auf einer Kugeloberfläche) – man weiß nicht warum, wenn nicht dies der Grund ist, daß wir, die Urheber dieses Geschichtsbildes, gerade hier zu Hause sind –, um den sich Jahrtausende gewaltigster Geschichte und fernab gelagerte ungeheure Kulturen in aller Bescheidenheit drehen. Das ist ein Planetensystem von höchst eigenartiger Erfindung. Man wählt eine einzelne Landschaft zum natürlichen Mittelpunkt eines historischen Systems. Hier ist die Zentralsonne. Von hier aus erhalten alle Ereignisse der Geschichte ihr wahres Licht. Von hier aus wird ihre Bedeutung *perspektivisch* abgemessen. Aber hier redet in Wirklichkeit die durch keine Skepsis gezügelte Eitelkeit des westeuropäischen Menschen, in dessen Geiste sich dies Phantom „Weltgeschichte" entrollt. Ihr verdankt man die uns längst zur Gewohnheit gewordene ungeheure optische Täuschung, wonach in der Ferne die Geschichte von Jahrtausenden wie die Chinas und Ägyptens episodenhaft zusammenschrumpft, während in der Nähe des eignen Standortes, seit Luther und besonders seit Napoleon, die Jahrzehnte gespensterhaft anschwellen. Wir wissen, daß nur scheinbar eine Wolke um so langsamer wandert, je höher sie steht, und ein Zug durch eine ferne Landschaft nur scheinbar schleicht, aber wir glauben, daß das Tempo der frühen indischen, babylonischen, ägyptischen Geschichte wirklich langsamer war als das unsrer jüngsten Vergangenheit. Und wir finden ihre Substanz dünner, ihre Formen gedämpfter und gestreckter, weil wir nicht gelernt haben, die – innere und äußere – Entfernung in Rechnung zu stellen.

Daß für die Kultur des Abendlandes das Dasein von Athen, Florenz, Paris wichtiger ist als das von Lo-yang und Pataliputra, versteht sich von selbst. Aber darf man solche Wertschätzungen zur Grundlage eines Schemas der Weltgeschichte machen? Dann hätte der chinesische Historiker das Recht, eine Weltgeschichte zu entwerfen, in der die Kreuzzüge und die Renaissance, Cäsar und Friedrich der Große als belanglos mit Stillschweigen übergangen werden. Warum soll, *morphologisch betrachtet*, das 18. Jahrhundert wichtiger sein als eins der sechzig voraufgehenden? Ist es nicht lächerlich, eine „Neuzeit" vom Umfang einiger Jahrhunderte, noch dazu wesentlich in Westeuropa lokalisiert, einem „Altertum" gegenüberzustellen, das ebensoviel Jahrtausende umfaßt und dem die Masse aller vorgriechischen Kulturen ohne den Versuch einer tieferen Gliederung einfach als Anhang zugerechnet wird? Hat man nicht, um das verjährte Schema zu retten, Ägypten und Babylon, deren in sich geschlossene Historien, jede für sich, allein die angebliche „Weltgeschichte" von Karl dem Großen bis zum Weltkriege und weit darüber hinaus aufwiegen, als Vorspiel zur Antike abgetan, die mächtigen Komplexe der indischen und chinesischen Kultur mit einer Miene der Verlegenheit in eine Anmerkung verwiesen und die großen amerikanischen Kulturen, weil ihnen der „Zusammenhang" (womit?) fehlt, überhaupt ignoriert?

Ich nenne dies dem heutigen Westeuropäer geläufige Schema, in dem die hohen Kulturen ihre Bahnen *um uns* als den vermeintlichen Mittelpunkt alles Weltgeschehens ziehen, das *ptolemäische System* der Geschichte und ich betrachte es als die *kopernikanische Entdeckung* im Bereich der Historie, daß in diesem Buche ein System an seine Stelle tritt, in dem Antike und Abendland neben Indien, Babylon, China, Ägypten, der arabischen und mexikanischen Kultur – Einzelwelten des Werdens, die im Gesamtbilde der Geschichte ebenso schwer wiegen, die an Großartigkeit der seelischen Konzeption, an Gewalt des Aufstiegs die Antike vielfach übertreffen – eine in keiner Weise bevorzugte Stellung einnehmen.

7

Das Schema Altertum-Mittelalter-Neuzeit ist in seiner ersten Anlage eine Schöpfung des magischen Weltgefühls, welche zuerst in der persischen und jüdischen Religion seit Kyros Vgl. Bd. II, S. 31 f., 848. hervortrat, in der Lehre des Buches Daniel von den vier Weltaltern eine apokalyptische Fassung erhielt und in den nachchristlichen Religionen des Ostens, vor allem den gnostischen Systemen, Windelband, Gesch. d. Phil. (1900), S. 275 ff. zu einer Weltgeschichte ausgestaltet wurde.

Innerhalb der sehr engen Grenzen, welche die geistige Voraussetzung dieser bedeutenden Konzeption bilden, bestand sie durchaus zu Recht. Hier fällt weder die indische noch selbst die ägyptische Geschichte in den Kreis der Betrachtung. Das Wort

Weltgeschichte bezeichnet im Munde dieser Denker einen einmaligen, höchst dramatischen Akt, dessen Schauplatz die Landschaft zwischen Hellas und Persien war. In ihm gelangt das streng dualistische Weltgefühl des Morgenländers zum Ausdruck, nicht polar wie in der gleichzeitigen Metaphysik durch den Gegensatz von Seele und Geist, Gut und Böse, sondern periodisch,als Katastrophe angeschaut, als Wende zweier Zeitalter zwischen Weltschöpfung und Weltuntergang, unter Absehen von allen Elementen, die nicht einerseits durch die antike Literatur, andrerseits durch die Bibel oder das heilige Buch, das in dem betreffenden System deren Stelle einnahm, fixiert waren. In diesem Weltbilde erscheint als „Altertum“ und „Neuzeit“ der damals handgreifliche Gegensatz von heidnisch und jüdisch oder christlich, antik und orientalisch, Statue und Dogma, Natur und Geist in *zeitlicher* Fassung, als Schauspiel der Überwindung des einen durch das andere. Der historische Übergang trägt die religiösen Merkmale einer Erlösung. Ohne Zweifel ein auf engen, durchaus provinzialen Ansichten beruhender, aber logischer und in sich vollkommener Aspekt, der indessen an dieser Landschaft und diesem Menschentum haftete und keiner *natürlichen* Erweiterung fähig war.

Erst durch die Hinzufügung eines dritten Zeitalters – *unserer* "Neuzeit“ – auf abendländischem Boden ist in das Bild eine Bewegungstendenz gekommen. Das orientalische Bild war *ruhend,* eine geschlossene, im Gleichgewicht verharrende Antithese, mit einer einmaligen göttlichen Aktion als Mitte. Von einer ganz neuen Art Mensch aufgenommen und getragen, wurde es nun plötzlich, ohne daß man sich des Bizarren einer solchen Änderung bewußt geworden wäre, in Gestalt einer *Linie* fortgesponnen, die von Homer oder Adam – die Möglichkeiten sind heute durch die Indogermanen, die Steinzeit und den Affenmenschen bereichert – über Jerusalem, Rom, Florenz und Paris hinauf oder hinab führte, je nach dem persönlichen Geschmack des Historikers, Denkers oder Künstlers, der das dreiteilige Bild mit schrankenloser Freiheit interpretierte.

Man fügte also den *komplementären* Begriffen Heidentum und Christentum den *abschließenden* einer „Neuzeit“ hinzu, die ihrem Sinne nach eine Fortsetzung des Verfahrens nicht gestattet, und, nachdem sie seit den Kreuzzügen wiederholt „gestreckt“ worden ist, einer weiteren Dehnung nicht fähig erscheint.Man war, ohne es auszusprechen, der Meinung, daß hier jenseits von Altertum und Mittelalter etwas Endgültiges beginne, ein drittes Reich, in dem irgendwie eine Erfüllung lag, ein Höhepunkt, ein Ziel, das erkannt zu haben von den Scholastikern an bis zu den Sozialisten unserer Tage jeder sich allein zuschrieb. Es war das eine ebenso bequeme als für ihren Urheber schmeichelhafte Einsicht in den Lauf der Dinge. Man hatte ganz einfach den Geist des Abendlandes, wie er sich im Kopfe eines einzelnen spiegelte, mit dem Sinn der Welt gleichgesetzt. Aus einer geistigen Not haben dann große Denker eine metaphysische Tugend gemacht, indem sie das durch den *consensus omnium* geheiligte Schema, ohne es einer ernsthaften Kritik zu unterziehen, zur Basis einer Philosophie erhoben und als Urheber ihres jeweiligen „Weltplanes“ Gott bemühten. Die mystische Dreizahl der Weltalter hatte für den metaphysischen Geschmack ohnehin etwas Verführerisches. Herder nannte die Geschichte eine Erziehung des Menschengeschlechts, Kant eine Entwicklung des Begriffs der Freiheit, Hegel eine Selbstentfaltung des Weltgeistes, andere anders. Wer aber in die schlechthin gegebene Dreizahl der Abschnitte einen abstrakten Sinn gelegt hatte, glaubte über die Grundformen der Geschichte genügend nachgedacht zu haben.

Gleich an der Schwelle abendländischer Kultur erscheint der große Joachim von Floris († 1202),der erste Denker vom Schlage Hegels, der das dualistische Weltbild Augustins zertrümmert und mit dem Vollgefühl des echten Gotikers das neue Christentum seiner Zeit als etwas Drittes der Religion des Alten und Neuen Testaments entgegenstellt: die Zeitalter des Vaters, des Sohnes und des Heiligen Geistes. Er hat die besten Franziskaner und Dominikaner, Dante, Thomas bis ins Innerste erschüttert und einen Weltblick geweckt, der langsam von dem ganzen Geschichtsdenken unserer Kultur Besitz ergriff. Lessing, der seine Zeit im Hinblick auf die Antike manchmal geradezu als Nachweltbezeichnet, hat den Gedanken für seine „Erziehung des Menschengeschlechts“ (mit den Stufen des Kindes, Jünglings und Mannes) aus den Lehren der Mystiker des 14. Jahrhunderts übernommen, und Ibsen, der ihn in seinem Drama „Kaiser und Galiläer“ (wo das gnostische Weltdenken in der Gestalt des Zauberers Maximos unmittelbar hineinragt) gründlich behandelte, ist in seiner bekannten Stockholmer Rede von 1887 keinen Schritt darüber hinausgekommen. Augenscheinlich ist es eine Forderung des westeuropäischen Selbstgefühls, mit der eignen Erscheinung eine Art Abschluß zu statuieren.

Aber die Schöpfung des Abtes von Floris war ein mystischer Blick in die Geheimnisse der göttlichen Weltordnung. Sie mußte jeden Sinn verlieren, sobald sie verstandesmäßig gefaßt und zur Voraussetzung *wissenschaftlichen* Denkens gemacht wurde. Und das ist in immer steigendem Maße seit dem 17. Jahrhundert geschehen. Aber es ist eine völlig unhaltbare Methode, Weltgeschichte zu deuten, wenn man seiner politischen, religiösen oder sozialen Überzeugung die Zügel schießen und den drei Phasen, an denen man nicht zu rütteln wagt, eine Richtung angedeihen läßt, die genau dem eignen Standort zuführt und, je nachdem, die Herrschaft des Verstandes, die Humanität, das Glück der Meisten, die wirtschaftliche Evolution, die Aufklärung, die Freiheit der Völker, die Unterwerfung der Natur, den Weltfrieden und dergleichen als absoluten Maßstab an Jahrtausende anlegt, von denen man beweist, daß sie das Richtige nicht begriffen oder nicht erreicht haben, während sie in Wirklichkeit nur etwas anderes wollten als wir. „Es kommt offenbar im Leben aufs Leben und nicht auf ein Resultat desselben an“ – das ist ein Wort Goethes, das man allen törichten Versuchen, das Geheimnis der historischen Form durch ein *Programm* zu enträtseln, entgegenstellen sollte.

Das gleiche Bild wird von den Historikern jeder einzelnen Kunst und Wissenschaft, Nationalökonomie und Philosophie nicht zu vergessen, gezeichnet. Da sehen wir „die" Malerei von den Ägyptern (oder den Höhlenmenschen) bis zu den Impressionisten, „die" Musik vom blinden Sänger Homers bis nach Bayreuth, „die" Gesellschaftsordnung von den Pfahlbaubewohnern bis zum Sozialismus in linienhaftem Aufstieg begriffen, dem irgend eine gleichbleibende Tendenz zugrunde gelegt wird, ohne daß man die Möglichkeit ins Auge faßt, daß Künste eine gemessene Lebensdauer besitzen, daß sie an eine Landschaft und eine bestimmte Art Mensch als deren Ausdruck gebunden sind, daß also diese Gesamtgeschichten lediglich die äußerliche Summierung einer Anzahl von Einzelentwicklungen, von Sonderkünsten sind, die nichts als den Namen und einiges von der handwerklichen Technik gemein haben.

Von jedem Organismus wissen wir, daß Tempo, Gestalt und Dauer seines Lebens und jeder einzelnen Lebensäußerung *durch die Eigenschaften* der Art, zu welcher er gehört, bestimmt sind. Niemand wird von einer tausendjährigen Eiche vermuten, daß sie eben jetzt im Begriff ist, mit dem eigentlichen Lauf ihrer Entwicklung zu beginnen. Niemand erwartet von einer Raupe, die er täglich wachsen sieht, daß sie möglicherweise ein paar Jahre damit fortfährt. Hier hat jeder mit unbedingter Gewißheit das Gefühl einer *Grenze*, das mit einem Gefühl für die innere Form identisch ist. Der Geschichte des höhern Menschentums gegenüber aber herrscht ein zügelloser, alle historische und also organische *Erfahrung* verachtender Optimismus in bezug auf den Gang der Zukunft, so daß jedermann im zufällig Gegenwärtigen die „Ansätze" zu einer ganz besonders hervorragenden linienhaften „Weiterentwicklung" feststellt, nicht weil sie wissenschaftlich bewiesen ist, sondern weil er sie wünscht. Hier wird mit schrankenlosen Möglichkeiten – nie mit einem natürlichen Ende – gerechnet und aus der Lage jedes Augenblicks heraus eine völlig naive Konstruktion der Fortsetzung entworfen.

Aber „die Menschheit" hat kein Ziel, keine Idee, keinen Plan, so wenig wie die Gattung der Schmetterlinge oder der Orchideen ein Ziel hat. „Die Menschheit" ist ein zoologischer Begriff oder ein leeres Wort.Man lasse dies Phantom aus dem Umkreis der historischen Formprobleme schwinden und man wird einen überraschenden Reichtum *wirklicher* Formen auftauchen sehen. Hier ist eine unermeßliche Fülle, Tiefe und Bewegtheit des Lebendigen, die bis jetzt durch ein Schlagwort, durch ein dürres Schema, durch persönliche „Ideale" verdeckt wurde. Ich sehe statt jenes öden Bildes einer linienförmigen Weltgeschichte, das man nur aufrecht erhält, wenn man vor der überwiegenden Menge der Tatsachen das Auge schließt, das Schauspiel einer Vielzahl mächtiger Kulturen, die mit urweltlicher Kraft aus dem Schoße einer mütterlichen Landschaft, an die jede von ihnen im ganzen Verlauf ihres Daseins streng gebunden ist, aufblühen, von denen jede ihrem Stoff, dem Menschentum, ihre *eigne* Form aufprägt, von denen jede ihre *eigne* Idee, ihre *eignen* Leidenschaften, ihr *eignes* Leben, Wollen, Fühlen, ihren *eignen* Tod hat. Hier gibt es Farben, Lichter, Bewegungen, die noch kein geistiges Auge entdeckt hat. Es gibt aufblühende und alternde Kulturen, Völker,

Sprachen, Wahrheiten, Götter, Landschaften, wie es junge und alte Eichen und Pinien, Blüten, Zweige und Blätter gibt, aber es gibt keine alternde „Menschheit". Jede Kultur hat ihre neuen Möglichkeiten des Ausdrucks, die erscheinen, reifen, verwelken und nie wiederkehren. Es gibt viele, im tiefsten Wesen völlig voneinander verschiedene Plastiken, Malereien, Mathematiken, Physiken, jede von begrenzter Lebensdauer, jede in sich selbst geschlossen, wie jede Pflanzenart ihre eigenen Blüten und Früchte, ihren eignen Typus von Wachstum und Niedergang hat. Diese Kulturen, Lebewesen höchsten Ranges, wachsen in einer erhabenen Zwecklosigkeit auf wie die Blumen auf dem Felde. Sie gehören, wie Pflanzen und Tiere, der lebendigen Natur Goethes, nicht der toten Natur Newtons an. Ich sehe in der Weltgeschichte das Bild einer ewigen Gestaltung und Umgestaltung, eines wunderbaren Werdens und Vergehens organischer Formen. Der zünftige Historiker aber sieht sie in der Gestalt eines Bandwurms, der unermündlich Epochen „ansetzt".

Indessen hat die Reihe „Altertum – Mittelalter – Neuzeit" endlich ihre Wirkung erschöpft. So winkelhaft eng und flach sie als wissenschaftliche Unterlage war, so stellte sie doch die einzige nicht ganz unphilosophische Fassung dar, die wir für die Einordnung unserer Ergebnisse besaßen, und was als Weltgeschichte bisher geordnet wurde, hat ihr einen Rest von Gehalt zu verdanken; aber die Zahl von Jahrhunderten, die durch dies Schema *höchstens* zusammengehalten werden konnte, ist längst erreicht. Das Bild beginnt sich bei rascher Zunahme des historischen Stoffes, namentlich des gänzlich außerhalb dieser Ordnung liegenden, in ein unübersehbares Chaos aufzulösen. Jeder nicht ganz blinde Historiker weiß und fühlt das, und nur um nicht ganz zu versinken, hält er um jeden Preis das einzige ihm bekannte Schema fest. Das Wort Mittelalter,1667 von Professor Horn in Leyden geprägt, muß heute eine formlose, sich beständig ausdehnende Masse decken, die rein negativ durch das begrenzt wird, was sich unter keinem Vorwand den beiden andern, leidlich geordneten Gruppen zurechnen läßt. Die unsichere Behandlung und Wertung der neupersischen, arabischen und russischen Geschichte sind Beispiele dafür. Vor allem läßt sich der Umstand nicht länger verhehlen, daß diese angebliche Geschichte der Welt sich anfangs tatsächlich auf die Region des östlichen Mittelmeeres und später, seit der Völkerwanderung, einem nur für uns wichtigen und deshalb stark überschätzten Ereignis, das eine rein abendländische Bedeutung besitzt und schon die arabische Kultur nichts angeht, mit einem plötzlichen Wechsel des Schauplatzes auf das mittlere Westeuropa beschränkt. Hegel hatte in aller Naivität erklärt, daß er die Völker, die in sein System der Geschichte nicht paßten, ignorieren werde. Aber das war nur ein ehrliches Eingeständnis von methodischen Voraussetzungen, ohne die kein Historiker zum Ziele kam. Man kann die Disposition sämtlicher Geschichtswerke daraufhin prüfen. Es ist heute in der Tat eine Frage des wissenschaftlichen Taktes, welche der historischen Entwicklungen man *ernsthaft* mitzählt und welche nicht. Ranke ist ein gutes Beispiel dafür.

8

Wir denken heute in Erdteilen. Nur unsere Philosophen und Historiker haben das noch nicht gelernt. Was können uns da Begriffe und Perspektiven bedeuten, die mit dem Anspruch auf universale Gültigkeit hervortreten und deren Horizont doch über die geistige Atmosphäre des westeuropäischen Menschen nicht hinausreicht?

Man sehe sich daraufhin unsre besten Bücher an. Wenn Plato von der Menschheit redet, so meint er den Hellenen im Gegensatz zum Barbaren. Das entspricht durchaus dem ahistorischen Stil des antiken Lebens und Denkens und führt unter dieser Voraussetzung zu Ergebnissen, welche *für Griechen* richtig und bedeutsam sind. Wenn aber Kant philosophiert, über ethische Ideale zum Beispiel, so behauptet er die Gültigkeit seiner Sätze für die Menschen aller Arten und Zeiten. Er spricht das nur nicht aus, weil es für ihn und seine Leser selbstverständlich ist. Er formuliert in seiner Ästhetik nicht das Prinzip der Kunst des Phidias oder der Kunst Rembrandts, sondern gleich das der Kunst überhaupt. Aber was er an notwendigen Formen des Denkens feststellt, sind doch nur die notwendigen Formen des abendländischen Denkens. Ein Blick auf Aristoteles und dessen wesentlich andere Resultate hätte lehren sollen, daß hier nicht ein weniger klarer, sondern ein anders angelegter Geist über sich reflektiert. Dem russischen Denken sind die Kategorien des abendländischen ebenso fremd wie diesem die des chinesischen oder griechischen. Ein wirkliches und restloses Begreifen der antiken Urworte ist uns ebenso unmöglich wie das der russischenund indischen, und für den modernen Chinesen und Araber mit ihren ganz anders gearteten Intellekten hat die Philosophie von Bacon bis Kant lediglich den Wert einer Kuriosität.

Das ist es, was dem abendländischen Denker fehlt und *gerade ihm* nicht fehlen sollte: die Einsicht in den *historisch-relativen* Charakter seiner Ergebnisse, die selbst Ausdruck *eines einzelnen und nur dieses einen* Daseins sind, das Wissen um die notwendigen Grenzen ihrer Gültigkeit, die Überzeugung, daß seine „unumstößlichen Wahrheiten" und „ewigen Einsichten" eben nur für ihn wahr und in seinem Weltaspekt ewig sind und daß es Pflicht ist, darüber hinaus nach denen zu suchen, die der Mensch anderer Kulturen mit derselben Gewißheit aus sich heraus entwickelt hat. Das gehört zur *Vollständigkeit* einer Philosophie der Zukunft. Das erst heißt die Formensprache der Geschichte, der *lebendigen* Welt verstehen. Es gibt hier nichts Bleibendes und Allgemeines. Man rede nicht mehr von den Formen des Denkens, dem Prinzip des Tragischen, der Aufgabe des Staates. Allgemeingültigkeit ist immer der Fehlschluß von sich auf andere.

Sehr viel bedenklicher wird das Bild, wenn wir uns den Denkern der westeuropäischen Modernität von Schopenhauer an zuwenden, dort, wo der Schwerpunkt des Philosophierens aus dem Abstrakt-Systematischen ins Praktisch-Ethische rückt und an Stelle des Problems der Erkenntnis das Problem des Lebens (des Willens zum Leben, zur Macht, zur Tat) tritt. Hier wird nicht mehr das ideale Abstraktum „Mensch" wie bei Kant, sondern der wirkliche Mensch, wie er in historischer Zeit, als primitiver oder als Kulturmensch völkerhaft gruppiert die Erdoberfläche bewohnt, der Betrachtung unterworfen, und es ist sinnlos, wenn auch da noch die Struktur der höchsten Begriffe durch das Schema Altertum – Mittelalter – Neuzeit und die damit verbundene örtliche Beschränkung bestimmt wird. Aber das ist der Fall.

Betrachten wir den geschichtlichen Horizont Nietzsches. Seine Begriffe der Dekadenz, des Nihilismus, der Umwertung aller Werte, des Willens zur Macht, die tief im Wesen der abendländischen Zivilisation begründet liegen und für ihre Analyse schlechthin entscheidend sind – welches war die Grundlage ihrer Schöpfung? Römer und Griechen, Renaissance und europäische Gegenwart, einen flüchtigen Seitenblick auf die (mißverstandene) indische Philosophie eingerechnet, kurz: Altertum – Mittelalter – Neuzeit. Darüber ist er, streng genommen, nie hinausgegangen und die andern Denker seiner Zeit so wenig wie er.

Aber in welcher Beziehung steht denn sein Begriff des Dionysischen zum Innenleben der hochzivilisierten Chinesen aus der Zeit des Konfuzius oder eines modernen Amerikaners? Was bedeutet der Typus des Übermenschen für die Welt des Islam? Oder was sollen die Begriffe Natur und Geist, heidnisch und christlich, antik und modern als gestaltende Antithese im Seelentum des Inders und Russen bedeuten? Was hat Tolstoi, der aus seiner tiefsten Menschlichkeit heraus die ganze Ideenwelt des Westens als etwas Fremdes und Fernes ablehnte, mit dem „Mittelalter", mit Dante, mit Luther, was hat ein Japaner mit dem Parsifal und dem Zarathustra, was ein Inder mit Sophokles zu schaffen? Und ist die Gedankenwelt Schopenhauers, Comtes, Feuerbachs, Hebbels, Strindbergs etwa weiträumiger? Ist ihre gesamte Psychologie trotz aller Absichten auf Weltgeltung nicht von rein abendländischer Bedeutung? Wie komisch wirken Ibsens Frauenprobleme, die ebenfalls mit dem Anspruch auf die Aufmerksamkeit der ganzen „Menschheit" auftreten, wenn man an Stelle der berühmten Nora, einer nordwesteuropäischen Großstadtdame, deren Gesichtskreis etwa einer Mietwohnung von 2000 bis 6000 Mark und einer protestantischen Erziehung entspricht, Cäsars Frau, Madame de Sévigné, eine Japanerin oder eine Tiroler Bäuerin setzt? Aber Ibsen selbst besitzt den Gesichtskreis der großstädtischen Mittelklasse von gestern und heute. Seine Konflikte, deren seelische Voraussetzungen etwa seit 1850 vorhanden sind und 1950 kaum überdauern werden, sind weder die der großen Welt noch die der unteren Masse, geschweige denn die von Städten mit nichteuropäischer Bevölkerung.

Alles das sind episodische und örtliche, meist sogar auf die augenblickliche Intelligenz der Großstädte von westeuropäischem Typus beschränkte, nichts weniger als welthistorische und „ewige" Werte, und wenn sie der Generation Ibsens und Nietzsches noch so wesentlich sind, so heißt es eben doch den Sinn des Wortes Weltgeschichte – die keine Auswahl, sondern eine Totalität darstellt – mißverstehen, wenn man die außerhalb des modernen Interesses liegenden Faktoren ihnen unterordnet, sie unterschätzt oder übersieht. Und das ist in einem ungewöhnlich hohen Grade der Fall. Was im Abendlande bisher über die Probleme des Raumes, der Zeit, der Bewegung, der Zahl, des Willens, der Ehe, des Eigentums, des Tragischen, der Wissenschaft gesagt und gedacht worden ist, blieb eng und zweifelhaft, weil man immer darauf aus war, *die* Lösung der Frage zu finden, statt einzusehen, daß zu vielen Fragenden viele Antworten gehören, daß jede philosophische Frage nur der verhüllte Wunsch ist, eine bestimmte Antwort zu erhalten, die in der Frage schon beschlossen liegt, daß man die großen Fragen einer Zeit gar nicht vergänglich genug fassen kann und daß demnach eine *Gruppe historisch bedingter Lösungen* angenommen werden muß, deren *Übersicht* erst – unter Ausschaltung aller eigenen Wertmaßstäbe – die letzten Geheimnisse aufschließt. Für den echten Menschenkenner gibt es keine absolut richtigen oder falschen Standpunkte. Es genügt nicht, angesichts so schwerer Probleme wie dem der Zeit oder der Ehe die persönliche Erfahrung, die innere Stimme, die Vernunft, die Meinung der Vorgänger oder Zeitgenossen zu befragen. So erfährt man, was für den Frager selbst und seine Zeit wahr ist, aber das ist nicht alles. Die Erscheinung andrer Kulturen redet eine andre Sprache. Für andere Menschen gibt es andere Wahrheiten. Für den Denker sind sie alle gültig oder keine.

Man begreift, welcher Erweiterung und Vertiefung die abendländische Weltkritik fähig ist und was alles über den harmlosen Relativismus Nietzsches und seiner Generation hinaus in den Kreis der Betrachtung gezogen, welche Feinheit des Formgefühls, welcher Grad von Psychologie, welche Entsagung und Unabhängigkeit von praktischen Interessen, welche Unumschränktheit des Horizonts erreicht werden muß, bevor man sagen darf, man habe die Weltgeschichte, die *Welt als Geschichte,* verstanden.

9

Diesem allem, den willkürlichen, engen, von außen gekommenen, von eigenen Wünschen diktierten, der Historie aufgezwungenen Formen, stelle ich die natürliche, die „kopernikanische" Gestalt des Weltgeschehens entgegen, die ihm in der Tiefe innewohnt und sich nur dem nicht voreingenommenen Blick offenbart.

Ich erinnere an Goethe. Was er die *lebendige* Natur genannt hat, ist genau das, was hier Weltgeschichte im weitesten Umfange, *die Welt als Geschichte* genannt wird. Goethe, der als Künstler wieder und immer wieder das Leben, die Entwicklung seiner Gestalten, das Werden, nicht das Gewordene, herausbildete, wie es der „Wilhelm Meister" und „Wahrheit und Dichtung" zeigen, haßte die Mathematik. Hier stand die Welt als Mechanismus der Welt als Organismus, die tote der lebendigen Natur, das Gesetz der Gestalt gegenüber. Jede Zeile, die er als Naturforscher schrieb, sollte die Gestalt des Werdenden, „geprägte Form, die lebend sich entwickelt", vor Augen stellen. Nachfühlen, Anschauen, Vergleichen, die unmittelbare innere Gewißheit, die exakte sinnliche Phantasie – das waren seine Mittel, dem Geheimnis der bewegten Erscheinung nahe zu kommen. *Und das sind die Mittel der Geschichtsforschung überhaupt*. Es gibt keine andern. Dieser *göttliche* Blick ließ ihn am Abend der Schlacht von Valmy am Lagerfeuer jenes Wort aussprechen: „Von hier und heute geht eine neue Epoche der Weltgeschichte aus, und ihr könnt sagen, ihr seid dabei gewesen." Kein Heerführer, kein Diplomat, von Philosophen zu schweigen, hat Geschichte so unmittelbar werden gefühlt. Es ist das tiefste Urteil, das je über einen großen Akt der Geschichte in dem Augenblick ausgesprochen wurde, wo er sich vollzog.

Und so wie er die Entwicklung der Pflanzenform aus dem Blatt, die Entstehung des Wirbeltiertypus, das Werden der geologischen Schichten verfolgte – *das Schicksal der Natur, nicht ihre Kausalität* – soll hier die Formensprache der menschlichen Geschichte, ihre periodische Struktur, ihre *organische* Logik aus der Fülle aller sinnfälligen Einzelheiten entwickelt werden.

Man hat sonst den Menschen den Organismen der Erdoberfläche zugerechnet und mit Grund. Sein Körperbau, seine natürlichen Funktionen, seine ganze sinnliche Erscheinung: alles gehört einer umfassenden Einheit an. Nur hier macht man eine Ausnahme, trotz der tiefgefühlten Verwandtschaft des Pflanzenschicksals mit dem Menschenschicksal – einem ewigen Thema aller Lyrik, trotz der Ähnlichkeit aller menschlichen Geschichte mit der jeder andern Gruppe höherer Lebewesen – einem Thema unzähliger Tiermärchen, Sagen und Fabeln. *Hier* vergleiche man, indem man die Welt menschlicher Kulturen rein und tief auf die Einbildungskraft wirken läßt, nicht indem man sie in ein vorgefaßtes Schema zwängt; man sehe in den Worten Jugend, Aufstieg, Blütezeit, Verfall, die bis jetzt regelmäßig und heute mehr denn je der Ausdruck subjektiver Wertschätzungen und allerpersönlichster Interessen sozialer, moralischer oder ästhetischer Art waren, endlich objektive Bezeichnungen organischer Zustände; man stelle die antike Kultur als in sich abgeschlossene Erscheinung, als Körper und Ausdruck der antiken Seele neben die ägyptische, indische, babylonische, chinesische, abendländische und suche das Typische in den wechselnden Geschicken dieser großen Individuen, das Notwendige in der unbändigen Fülle des Zufälligen, und man wird endlich das Bild der Weltgeschichte sich entfalten sehen, das uns, den Menschen des Abendlandes, und uns allein natürlich ist.

10

Kehren wir zur engeren Aufgabe zurück, so ist aus diesem Weitblick die westeuropäisch-amerikanische Lage zunächst zwischen 1800 und 2000 morphologisch zu bestimmen. Das Wann dieser Zeit innerhalb der abendländischen Gesamtkultur, ihr Sinn als biographischer Abschnitt, der in irgend einer Gestalt mit Notwendigkeit in jeder Kultur anzutreffen ist, die organische und symbolische Bedeutung ihrer politischen, künstlerischen, geistigen, sozialen Formensprache soll festgestellt werden.

Eine vergleichende Betrachtung ergibt die „Gleichzeitigkeit“ dieser Periode mit dem Hellenismus, und zwar im besonderen die ihres augenblicklichen Höhepunktes – bezeichnet durch den Weltkrieg mit dem Übergang der hellenistischen in die Römerzeit. Das *Römertum*, von strengstem Tatsachensinn, ungenial, barbarisch, diszipliniert, praktisch, protestantisch, *preußisch*, wird uns, die wir auf Vergleiche angewiesen sind, immer den Schlüssel zum Verständnis der eigenen Zukunft bieten. *Griechen und Römer – damit scheidet sich auch das Schicksal, das sich für uns schon vollzogen hat, von dem, welches uns bevorsteht.* Denn man hätte längst im „Altertum“ eine Entwicklung finden können und sollen, die ein vollkommenes Gegenstück zur eignen, westeuropäischen, bildet, in jeder Einzelheit der Oberfläche verschieden, aber völlig gleich in dem inneren Drang, der den großen Organismus seiner Vollendung entgegentreibt. Wir hätten Zug um Zug vom „Trojanischen Krieg“ und den Kreuzzügen, Homer und dem Nibelungenlied an über Dorik und Gotik, dionysischer Bewegung und Renaissance, Polyklet und Sebastian Bach, Athen und Paris, Aristoteles und Kant, Alexander und Napoleon bis zum Weltstadtstadium und Imperialismus beider Kulturen hier ein beständiges *alter ego* der eignen Wirklichkeit gefunden.

Aber die Interpretation des antiken Geschichtsbildes, die hier Vorbedingung war – wie einseitig ist sie immer angegriffen worden! wie äußerlich! wie parteiisch! wie wenig umfassend! Weil wir uns „den Alten“ allzu verwandt fühlten, haben wir uns die Aufgabe allzu leicht gemacht. In der *flachen* Ähnlichkeit liegt die Gefahr, der die gesamte Altertumsforschung erlegen ist, sobald sie von dem bis zur Meisterschaft entwickelten Ordnen und Bestimmen der Funde zu seelenhaften Deutungen überging. Es ist ein ehrwürdiges Vorurteil, das wir endlich überwinden sollten, daß die Antike uns innerlich nahesteht, weil wir vermeintlich ihre Schüler und Nachkommen, weil wir tatsächlich ihre Anbeter gewesen sind. Die ganze religionsphilosophische, kunsthistorische, sozialkritische Arbeit des 19. Jahrhunderts war nötig, nicht um uns endlich die Dramen des Aischylos, die Lehre Platos, Apollo und Dionysos, den athenischen Staat, den Cäsarismus verstehen zu lehren – davon sind wir weit entfernt –, sondern um uns endlich fühlen zu lassen, wie unermeßlich fremd und fern uns das alles innerlich ist, fremder vielleicht als die mexikanischen Götter und die indische Architektur.

Unsere Meinungen von der griechisch-römischen Kultur haben sich immer zwischen zwei Extremen bewegt, wobei ohne Ausnahme das Schema Altertum – Mittelalter – Neuzeit die Perspektive aller „Standpunkte“ von vornherein bestimmte. Die einen, Männer des öffentlichen Lebens vor allem, Nationalökonomen, Politiker, Juristen, finden die „heutige Menschheit“ im besten Fortschreiten, schätzen sie sehr hoch ein und messen an ihr alles Frühere. Es gibt keine moderne Partei, nach deren Grundsätzen Kleon, Marius, Themistokles, Catilina und die Gracchen nicht schon „gewürdigt“ worden sind. Die andern, Künstler, Dichter, Philologen und Philosophen, fühlen sich in besagter Gegenwart nicht zu Hause, nehmen darum in irgend einer Vergangenheit einen ebenso absoluten Standpunkt ein und verurteilen von ihm aus ebenso dogmatisch das Heute.

Die einen sehen im Griechentum ein „Noch nicht“, die andern in der Modernität ein „Nicht mehr“, immer unter dem Eindruck eines Geschichtsbildes, das beide Zeitalter linienförmig aneinander knüpft.

Es sind die zwei Seelen Fausts, die sich in diesem Gegensatz verwirklicht haben. Die Gefahr der einen ist die intelligente Oberflächlichkeit. Es bleibt von allem, was antike Kultur, was Abglanz der antiken Seele gewesen war, zuletzt nichts in ihren Händen als ein Bündel sozialer, wirtschaftlicher, politischer, physiologischer Tatsachen. Der Rest nimmt den Charakter von „sekundären Folgen“, „Reflexen“, „Begleiterscheinungen“ an. Von der mythischen Wucht der Chöre des Aischylos, von der ungeheuren Erdkraft der ältesten Plastik, der dorischen Säule, von der Glut der apollinischen Kulte, von der Tiefe selbst noch des römischen Kaiserkultes ist in ihren Büchern nichts zu spüren. Die andern, verspätete Romantiker vor allem, wie noch zuletzt die drei Basler Professoren Bachofen, Burckhardt und Nietzsche, erliegen der Gefahr aller Ideologie. Sie verlieren sich in den Wolkenregionen eines Altertums, das lediglich ein Spiegelbild ihrer philologisch geregelten Empfindsamkeit ist. Sie verlassen sich auf die Reste der alten Literatur, das einzige Zeugnis, das ihnen edel genug ist – aber noch nie ist eine Kultur durch ihre großen Schriftsteller unvollkommener repräsentiert worden.Die andern stützen sich vorwiegend auf das nüchterne Quellenmaterial der Rechtsurkunden, Inschriften und Münzen, das insbesondere Burckhardt und Nietzsche sehr zu ihrem Schaden verachtet hatten, und ordnen ihm die erhaltene Literatur mit ihrem oft minimalen Wahrheits- und Tatsachensinn unter. So nahm man sich gegenseitig schon der kritischen Grundlagen wegen nicht ernst. Ich wüßte nicht, daß Nietzsche und Mommsen einander die geringste Beachtung geschenkt hätten.

Aber keiner von beiden hat die Höhe der Betrachtung erreicht, aus welcher dieser Gegensatz in nichts zerfällt und die trotzdem möglich gewesen wäre. Hier rächte sich die Herübernahme des Kausalprinzips aus der Naturwissenschaft in die Geschichtsforschung. Man kam unbewußt zu einem das Weltbild der Physik oberflächlich nachmalenden Pragmatismus, der die ganz andersartige Formensprache der Historie verdeckt und verwirrt, nicht erschließt. Man wußte, um die Masse des historischen Materials einer vertieften und ordnenden Auffassung zu unterwerfen, nichts Besseres, als einen Komplex von Erscheinungen als primär, als Ursache anzusetzen und die übrigen demgemäß als sekundär, als Folgen oder Wirkungen zu behandeln. Nicht nur die Praktiker, auch die Romantiker haben dazu gegriffen, weil die Historie ihre eigene Logik auch ihrem träumerischen Blick nicht offenbart hat und das Bedürfnis nach Feststellung einer immanenten Notwendigkeit, deren Vorhandensein man *fühlte*, viel zu stark war, wenn man nicht wie Schopenhauer der Geschichte überhaupt mißmutig den Rücken kehren wollte.

11

Reden wir ohne weiteres von einer materialistischen und einer ideologischen Art, die Antike zu sehen. Dort erklärt man, daß das Sinken der einen Waagschale seine Ursache im Steigen der andern hat. Man beweist, daß dies ohne Ausnahme der Fall ist – zweifellos ein schlagender Beweis. Hier haben wir also Ursache und Wirkung, und zwar stellen – selbstverständlich – die sozialen und sexuellen, allenfalls die rein politischen Tatsachen die Ursachen, die religiösen, geistigen, künstlerischen die Wirkungen dar (soweit der Materialist für die letzteren die Bezeichnung Tatsachen duldet). Die Ideologen beweisen umgekehrt, daß das Steigen der einen Schale aus dem Sinken der anderen folgt, und sie beweisen es mit derselben Exaktheit. Sie versenken sich in Kulte, Mysterien, Bräuche, in die Geheimnisse des Verses und der Linie und würdigen das banausische Alltagsleben, eine peinliche Folge irdischer Unvollkommenheit, kaum eines Seitenblicks. Beide beweisen, die Kausalreihe deutlich vor Augen, daß die andern den wahren Zusammenhang der Dinge offenbar nicht sehen oder sehen wollen, und enden damit, daß sie einander blind, flach, dumm, absurd oder frivol, kuriose Käuze oder platte Philister schelten. Der Ideologe ist entsetzt, wenn jemand Finanzprobleme unter Hellenen ernst nimmt und z. B. statt von den tiefsinnigen Sprüchen des delphischen Orakels von den weitreichenden Geldoperationen redet, welche die Orakelpriester mit den dort niedergelegten Schätzen vornahmen. Der Politikus aber lächelt weise über den, der seine Begeisterung an sakrale Formeln und die Tracht attischer Epheben verschwendet, statt über antike Klassenkämpfe ein mit vielen modernen Schlagworten gespicktes Buch zu schreiben.

Der eine Typus ist schon in Petrarca vorgebildet. Er hat Florenz und Weimar, den Begriff der Renaissance und den abendländischen Klassizismus geschaffen. Den andern findet man seit der Mitte des 18. Jahrhunderts, mit dem Beginn einer zivilisierten, wirtschaftlich-großstädtischen Politik, also zuerst in England (Grote). Im Grunde stehen sich hier die Auffassungen des kultivierten und des zivilisierten Menschen gegenüber, ein Gegensatz, der zu tief, zu menschlich ist, um die Schwäche *beider* Standpunkte empfinden zu lassen oder gar zu überwinden.

Auch der Materialismus verfährt in diesem Punkte idealistisch. Auch er hat, ohne es zu wissen und zu wollen, seine Einsichten von seinen Wünschen abhängig gemacht. In der Tat haben sich unsere besten Geister ohne Ausnahme vor dem Bilde der Antike in Ehrfurcht gebeugt und in diesem einzigen Falle der schrankenlosen Kritik entsagt. Die Untersuchung des Altertums ist immer durch eine gewisse, fast religiöse Scheu in ihrer Freiheit und Stärke gehemmt und in ihren Ergebnissen verdunkelt worden. Es gibt in der gesamten Geschichte kein zweites Beispiel für einen so leidenschaftlichen Kultus, den eine Kultur mit dem Gedächtnis einer andern treibt. Daß wir Altertum und Neuzeit durch ein „Mittelalter" idealisch verknüpften, über ein Jahrtausend gering gewerteter, fast verachteter Historie hinweg, ist seit der Renaissance auch ein Ausdruck dieser

Devotion. Wir Westeuropäer haben „den Alten“ die Reinheit und Selbständigkeit unserer Kunst zum Opfer gebracht, indem wir nur mit einem Seitenblick auf das „hehre Vorbild“ zu schaffen wagten; wir haben in unser Bild von den Griechen und Römern jedesmal das hineingelegt, *hineingefühlt*, was wir in der Tiefe der eigenen Seele entbehrten oder erhofften. Eines Tages wird uns ein geistreicher Psychologe die Geschichte dieser verhängnisvollsten Illusion, die Geschichte dessen erzählen, was wir seit den Tagen der Gotik jedesmal als antik verehrt haben. Es gibt wenige Aufgaben, die für das innerliche Verstehen der abendländischen Seele von Kaiser Otto III., dem ersten, bis zu Nietzsche, dem letzten Opfer des Südens, lehrreicher wären.

Goethe redet auf seiner italienischen Reise mit Begeisterung von den Bauten Palladios, deren frostiger Akademik wir heute sehr skeptisch gegenüberstehen. Er sieht dann Pompeji und spricht mit unverhohlenem Mißvergnügen von dem „wunderlichen, halb unangenehmen Eindruck“. Was er von den Tempeln von Pästum und Segesta, Meisterstücken hellenischer Kunst, sagt, ist verlegen und unbedeutend. Offenbar hat er das Altertum, als es ihm einmal leibhaft in seiner vollen Kraft entgegentrat, nicht wiedererkannt. Aber so erging es allen andern. Sie hüteten sich, manches Antike zu sehen, und so haben sie ihr inneres Bild gerettet. Ihr „Altertum“ war jederzeit der Hintergrund für ein Lebensideal, das sie selbst geschaffen und mit ihrem besten Blute genährt hatten, ein Gefäß für das eigne Weltgefühl, ein Phantom, ein Idol. Man begeistert sich in Denkerstuben und poetischen Zirkeln an den verwegenen Schilderungen antiken Großstadttreibens bei Aristophanes, Juvenal und Petronius, an südlichem Schmutz und Pöbel, Lärm und Gewalttat, Lustknaben und Phrynen, am Phalluskult und cäsarischen Orgien – aber demselben Stück Wirklichkeit in heutigen Weltstädten geht man klagend und naserümpfend aus dem Wege. „In den Städten ist schlecht zu leben: da gibt es zu viele der Brünstigen.“ Also sprach Zarathustra. Sie rühmen die Staatsgesinnung der Römer und verachten den, der heute nicht jede Berührung mit öffentlichen Angelegenheiten meidet. Es gibt eine Klasse von Kennern, für welche der Unterschied von Toga und Gehrock, von byzantinischem Zirkus und englischem Sportplatz, von antiken Alpenstraßen und transkontinentalen Eisenbahnen, Trieren und Schnelldampfern, römischen Lanzen und preußischen Bajonetten, zuletzt sogar vom Suezkanal, je nachdem ihn ein Pharao oder ein moderner Ingenieur gebaut hat, eine magische Gewalt besitzt, die den freien Blick mit Sicherheit einschläfert. Sie würden eine Dampfmaschine als Symbol menschlicher Leidenschaft und Ausdruck geistiger Energie erst dann gelten lassen, wenn Heron von Alexandria sie erfunden hätte. Es gilt ihnen als Blasphemie, wenn man statt vom Kult der Großen Mutter vom Berge Pessinus von römischer Zentralheizung und Buchführung spricht.

Aber die andern sehen *nichts* als dies. Sie glauben das Wesen dieser uns so fremden Kultur zu erschöpfen, indem sie die Griechen ohne weiteres als ihresgleichen behandeln, und sie bewegen sich, wenn sie Schlüsse ziehen, in einem System von Gleichsetzungen, das die antike *Seele* überhaupt nicht berührt. Sie ahnen gar nicht, daß Worte wie

Republik, Freiheit, Eigentum dort und hier Dinge bezeichnen, die innerlich auch nicht die leiseste Verwandtschaft besitzen. Sie spötteln über Historiker der Goethezeit, die ihre politischen Ideale treuherzig ausdrücken, indem sie eine Geschichte des Altertums verfassen und mit den Namen Lykurg, Brutus, Cato, Cicero, Augustus, durch deren Rettungen oder Verurteilungen eine persönliche Schwärmerei enthüllen, aber sie selbst können kein Kapitel schreiben, ohne zu verraten, welcher Parteirichtung ihre Morgenzeitung angehört. Aber es ist gleichviel, ob man die Vergangenheit mit den Augen Don Quijotes oder Sancho Pansas betrachtet. Beide Wege führen nicht zum Ziel. Schließlich hat sich jeder von ihnen erlaubt, das Stück der Antike in den Vordergrund zu stellen, das den eigenen Absichten zufällig am besten entsprach, Nietzsche das vorsokratische Athen, Nationalökonomen die hellenistische Periode, Politiker das republikanische Rom und Dichter die Kaiserzeit.

Nicht als *ob* religiöse oder künstlerische Erscheinungen ursprünglicher wären als soziale und wirtschaftliche. Es ist weder so noch umgekehrt. Es gibt für den, der hier die unbedingte Freiheit des Blickes erworben hat, jenseits *aller* persönlichen Interessen welcher Art auch immer, überhaupt keine Abhängigkeit, keine Priorität, kein Verhältnis von Ursache und Wirkung, keinen Unterschied des Wertes und der Wichtigkeit. Was den einzelnen Tatsachen ihren Rang gibt, ist lediglich die größere oder geringere Reinheit und Kraft ihrer Formensprache, die Stärke ihrer Symbolik – jenseits von gut und böse, hoch und niedrig, Nutzen und Ideal.

12

Der Untergang des Abendlandes, so betrachtet, bedeutet nichts Geringeres als das *Problem der Zivilisation*. Eine der Grundfragen aller höheren Geschichte liegt hier vor. Was ist Zivilisation, als organisch-logische Folge, als Vollendung und Ausgang einer Kultur begriffen?

Denn jede Kultur hat ihre *eigne* Zivilisation. Zum ersten Male werden hier die beiden Worte, die bis jetzt einen unbestimmten Unterschied ethischer Art zu bezeichnen hatten, in periodischem Sinne, als Ausdrücke für ein strenges und notwendiges *organisches Nacheinander* gefaßt. Die Zivilisation ist das unausweichliche *Schicksal* einer Kultur. Hier ist der Gipfel erreicht, von dem aus die letzten und schwersten Fragen der historischen Morphologie lösbar werden. Zivilisationen sind die *äußersten* und *künstlichsten* Zustände, deren eine höhere Art von Menschen fähig ist. Sie sind ein Abschluß; sie folgen dem Werden als das Gewordene, dem Leben als der Tod, der Entwicklung als die Starrheit, dem Lande und der seelischen Kindheit, wie sie Dorik und Gotik zeigen, als das geistige Greisentum und die steinerne, versteinernde Weltstadt. Sie sind ein *Ende*, unwiderruflich, aber sie sind mit innerster Notwendigkeit immer wieder erreicht worden.

Damit erst wird man den Römer als den *Nachfolger* des Hellenen verstehen. Erst so rückt die späte Antike in das Licht, das ihre tiefsten Geheimnisse preisgibt. Denn was hat es zu bedeuten – was man nur mit leeren Worten bestreiten kann –, daß die Römer Barbaren gewesen sind, Barbaren, die einem großen Aufschwung nicht vorangehen, sondern ihn beschließen? Seelenlos, unphilosophisch, ohne Kunst, rassehaft bis zum Brutalen, rücksichtslos auf reale Erfolge haltend, stehen sie zwischen der hellenischen Kultur und dem Nichts. Ihre nur auf das Praktische gerichtete Einbildungskraft – sie besaßen ein sakrales Recht, das die Beziehungen zwischen Göttern und Menschen wie zwischen Privatpersonen regelte, aber keine einzige echt römische Göttersage – ist ein Zug, den man in Athen überhaupt nicht antrifft. Griechische Seele und römischer Intellekt – das ist es. So unterscheiden sich Kultur und Zivilisation. Und das gilt nicht nur von der Antike. Immer wieder taucht dieser Typus starkgeistiger, vollkommen unmetaphysischer Menschen auf. In ihren Händen liegt das geistige und materielle Geschick einer jeden Spätzeit. Sie haben den babylonischen, ägyptischen, indischen, chinesischen, römischen Imperialismus durchgeführt. In solchen Zeiten sind der Buddhismus, Stoizismus und Sozialismus zu endgültigen Weltstimmungen herangereift, die ein erlöschendes Menschentum in seiner ganzen Substanz noch einmal zu ergreifen und umzugestalten vermögen. Die *reine* Zivilisation als historischer Vorgang besteht in einem stufenweisen *Abbau* anorganisch gewordener, erstorbener Formen.

Der Übergang von der Kultur zur Zivilisation vollzieht sich in der Antike im 4., im Abendland im 19. Jahrhundert. Von da an fallen die großen geistigen Entscheidungen nicht mehr wie zur Zeit der orphischen Bewegung und der Reformation in der „ganzen Welt", in der schließlich kein Dorf ganz unwichtig ist, sondern in drei oder vier Weltstädten, die allen Gehalt der Geschichte in sich aufgesogen haben und denen gegenüber die gesamte Landschaft einer Kultur zum Range der Provinz herabsinkt, die ihrerseits nur noch die Weltstädte mit den Resten ihres höheren Menschentums zu nähren hat. *Weltstadt und Provinz* – mit diesen Grundbegriffen jeder Zivilisation tritt ein ganz neues Formproblem der Geschichte hervor, das wir Heutigen gerade durchleben, ohne es in seiner ganzen Tragweite auch nur entfernt begriffen zu haben. Statt einer Welt eine *Stadt*, ein *Punkt*, in dem sich das ganze Leben weiter Länder sammelt, während der Rest verdorrt; statt eines formvollen, mit der Erde verwachsenen Volkes ein neuer Nomade, ein Parasit, der Großstadtbewohner, der reine, traditionslose, in formlos fluktuierender Masse auftretende Tatsachenmensch, irreligiös, intelligent, unfruchtbar, mit einer tiefen Abneigung gegen das Bauerntum (und dessen höchste Form, den Landadel), also ein ungeheurer Schritt zum Anorganischen, zum Ende – was bedeutet das? Frankreich und England haben diesen Schritt vollzogen und Deutschland ist im Begriff, ihn zu tun. Auf Syrakus, Athen, Alexandria folgt Rom. Auf Madrid, Paris, London folgen Berlin und New York. Provinz zu werden ist das Schicksal ganzer Länder, die nicht im Strahlenkreis einer dieser Städte liegen wie damals Kreta und Makedonien, heute der skandinavische Norden.

Ehemals spielte sich der Kampf um die Fassung der Idee einer Epoche auf dem Boden metaphysischer, kultisch oder dogmatisch geprägter Weltprobleme zwischen dem erdhaften Geiste des Bauerntums (Adel und Priestertum) und dem „weltlichen" patrizischen Geiste der alten, kleinen, berühmten Städte der dorischen und gotischen Frühzeit ab. Dergestalt waren die Kämpfe um die Dionysosreligion – z. B. unter dem Tyrannen Kleisthenes von Sikyon– und um die Reformation in den deutschen Reichsstädten und den Hugenottenkriegen. Aber wie diese Städte zuletzt das Land überwanden – ein rein städtisches Weltbewußtsein begegnet schon bei Parmenides und Descartes –, so überwindet die Weltstadt sie. Das ist der geistige Prozeß aller Spätzeiten, der Ionik wie des Barock. Heute wie zur Zeit des Hellenismus, an dessen Schwelle die Gründung einer künstlichen, also landfremden Großstadt, Alexandrias, steht, sind diese Kulturstädte – Florenz, Nürnberg, Salamanca, Brügge, Prag – Provinzstädte geworden, die gegen den Geist der Weltstädte einen hoffnungslosen inneren Widerstand leisten. Die Weltstadt bedeutet den Kosmopolitismus an Stelle der „Heimat",den kühlen Tatsachensinn an Stelle der Ehrfurcht vor dem Überlieferten und Gewachsenen, die wissenschaftliche Irreligion als Petrefakt der voraufgegangenen Religion des Herzens, die „Gesellschaft" an Stelle des Staates, die natürlichen statt der erworbenen Rechte. Das *Geld* als anorganische, abstrakte Größe, von allen Beziehungen zum Sinn des fruchtbaren Bodens, zu den Werten einer ursprünglichen Lebenshaltung gelöst – das haben die Römer vor den Griechen voraus. Von hier an ist eine vornehme Weltanschauung *auch eine Geldfrage*. Nicht der griechische Stoizismus des Chrysipp, aber der spätrömische des Cato und Seneca setzt als Grundlage ein Vermögen voraus,und nicht die sozialethische Gesinnung des 18. Jahrhunderts, aber die des 20. ist, wenn sie über eine berufsmäßige – einträgliche – Agitation hinaus Tat werden will, eine Sache für Millionäre. Zur Weltstadt gehört nicht ein Volk, sondern eine *Masse*. Ihr Unverständnis für alles Überlieferte, in dem man die Kultur bekämpft (den Adel, die Kirche, die Privilegien, die Dynastie, in der Kunst die Konventionen, in der Wissenschaft die Grenzen der Erkenntnismöglichkeit), ihre der bäuerlichen Klugheit überlegene scharfe und kühle Intelligenz, ihr Naturalismus in einem ganz neuen Sinne, der über Sokrates und Rousseau weit zurück in bezug auf alles Sexuelle und Soziale an urmenschliche Instinkte und Zustände anknüpft, das *panem et circenses*, das heute wieder in der Verkleidung von Lohnkampf und Sportplatz erscheint – alles das bezeichnet der endgültig abgeschlossenen Kultur, der Provinz gegenüber eine ganz neue, späte und zukunftslose, aber unvermeidliche Form menschlicher Existenz.

Das ist es, was *gesehen* sein will, nicht mit den Augen des Parteimannes, des Ideologen, des zeitgemäßen Moralisten, aus dem Winkel irgendeines „Standpunktes" heraus, sondern aus zeitloser Höhe, den Blick auf die historische Formenwelt von Jahrtausenden gerichtet – wenn man wirklich die große Krisis der Gegenwart begreifen will.

Ich sehe Symbole ersten Ranges darin, daß in Rom, wo der Triumvir Crassus der allmächtige Bauplatzspekulant war, das auf allen Inschriften prangende römische Volk, vor dem Gallier, Griechen, Parther, Syrer in der Ferne zitterten, in ungeheurem Elend in den vielstöckigen Mietskasernen lichtloser Vorstädtehauste und die Erfolge der militärischen Expansion mit Gleichgültigkeit oder einer Art von sportlichem Interesse aufnahm; daß manche der großen Familien des Uradels, Nachkommen der Sieger über die Kelten, Samniten und Hannibal, weil sie sich an der wüsten Spekulation nicht beteiligten, ihre Stammhäuser aufgeben und armselige Mietwohnungen beziehen mußten; daß, während sich längs der Via Appia die noch heute bewunderten Grabmäler der Finanzgrößen Roms erhoben, die Leichen des Volkes zusammen mit Tierkadavern und Großstadtkehricht in ein grauenhaftes Massengrab geworfen wurden, bis man unter Augustus, um Seuchen zu verhüten, die Stelle zuschüttete, auf der Mäcenas dann seinen berühmten Park anlegte; daß in dem entvölkerten Athen, das von Fremdenbesuch und den Stiftungen reicher Ausländer (wie des Judenkönigs Herodes) lebte, der Reisepöbel allzu rasch reich gewordener Römer die Werke der perikleischen Zeit begaffte, von denen er so wenig verstand wie die amerikanischen Besucher der Sixtinischen Kapelle von Michelangelo, nachdem man alle beweglichen Kunstwerke fortgeschleppt oder zu phantastischen Modepreisen angekauft und dafür kolossale und anmaßende Römerbauten neben die tiefen und bescheidenen Werke der alten Zeit gesetzt hatte. In diesen Dingen, die der Historiker nicht zu loben oder tadeln, sondern morphologisch abzuwägen hat, liegt für den, welcher zu sehen gelernt hat, eine *Idee* unmittelbar zutage.

Denn es wird sich zeigen, daß von diesem Augenblick an alle großen Konflikte der Weltanschauung, der Politik, der Kunst, des Wissens, des Gefühls im Zeichen dieses einen Gegensatzes stehen. Was ist zivilisierte Politik von morgen im Gegensatz zur kultivierten von gestern? In der Antike Rhetorik, im Abendlande Journalismus, und zwar im Dienste jenes Abstraktums, das die Macht der Zivilisation repräsentiert, des *Geldes*.Sein Geist ist es, der unvermerkt die geschichtlichen Formen des Völkerdaseins durchdringt, oft ohne sie im geringsten zu ändern oder zu zerstören. Der römische Staat ist der Form nach vom älteren Scipio Africanus bis auf Augustus in viel höherem Grade stationär geblieben, als dies in der Regel angenommen wird. Aber die großen Parteien sind nur noch scheinbar Mittelpunkte der entscheidenden Aktionen. Es ist eine kleine Anzahl überlegener Köpfe, deren Namen in diesem Augenblick vielleicht nicht die bekanntesten sind, die alles entscheidet, während die große Masse der Politiker zweiten Ranges, Rhetoren und Tribunen, Abgeordnete und Journalisten, eine Auswahl nach Provinzhorizonten, nach unten die Illusion einer Selbstbestimmung des Volkes aufrecht erhält. Und die Kunst? Die Philosophie? Die Ideale der platonischen und der kantischen Zeit galten einem höhern Menschentum überhaupt; die des Hellenismus und der Gegenwart, vor allem der Sozialismus, der ihm innerlich ganz nahe verwandte Darwinismus mit seinen so ganz ungoetheschen Formeln vom Kampf ums Dasein und der Zuchtwahl, die damit wiederum verwandten Frauen- und Eheprobleme bei Ibsen,

Strindberg und Shaw, die impressionistischen Neigungen einer anarchischen Sinnlichkeit, das ganze Bündel moderner Sehnsüchte, Reize und Schmerzen, deren Ausdruck die Lyrik Baudelaires und die Musik Wagners ist, sind nicht für das Weltgefühl des dörflichen und überhaupt des natürlichen Menschen, sondern ausschließlich für den weltstädtischen Gehirnmenschen da.

Je kleiner die Stadt, desto sinnloser die Beschäftigung mit dieser Malerei und Musik. Zur Kultur gehört die Gymnastik, das Turnier, der Agon, zur Zivilisation der *Sport*. Auch das unterscheidet die hellenische Palästra vom römischen Zirkus.Die Kunst selbst wird Sport – das bedeutet *l'art pour l'art* – vor einem hochintelligenten Publikum von Kennern und Käufern, mag es sich um die Bewältigung absurder instrumentaler Tonmassen oder harmonischer Hindernisse, mag es sich um das „Nehmen" eines Farbenproblems handeln. Eine neue Tatsachenphilosophie erscheint, die für metaphysische Spekulationen nur ein Lächeln übrig hat, eine neue Literatur, dem Intellekt, dem Geschmack und den Nerven des Großstädters ein Bedürfnis, dem Provinzialen unverständlich und verhaßt. Weder die alexandrinische Poesie, noch die Freilichtmalerei gehen das „Volk" etwas an. Der Übergang wird damals wie heute durch eine Reihe nur in dieser Epoche anzutreffender Skandale bezeichnet. Die Entrüstung der Athener über Euripides und die revolutionären Malweisen z. B. des Apollodor wiederholt sich in der Auflehnung gegen Wagner, Manet, Ibsen und Nietzsche.

Man kann die Griechen verstehen, ohne von ihren wirtschaftlichen Verhältnissen zu reden. Die Römer versteht man nur durch sie. Bei Chäronea und bei Leipzig wurde zum letzten Male um eine Idee gekämpft. Im ersten punischen Kriege und bei Sedan sind die wirtschaftlichen Momente nicht mehr zu übersehen. Erst die Römer mit ihrer praktischen Energie haben der Sklavenhaltung jenen riesenhaften Stil gegeben, der für viele den Typus der antiken Wirtschaftsführung, Rechtsbildung und Lebensweise beherrscht und jedenfalls den Wert und die innere Würde der daneben stehenden freien Lohnarbeit gewaltig herabgesetzt hat. Erst die germanischen, nicht die romanischen Völker Westeuropas und Amerikas haben dementsprechend aus der Dampfmaschine eine das Bild der Länder verändernde Großindustrie entwickelt. Man wird die Beziehung beider zum Stoizismus und zum Sozialismus nicht übersehen. Erst der römische, durch C. Flaminius angekündigte, in Marius zum erstenmal Gestalt gewordene Cäsarismus hat innerhalb der antiken Welt die *Erhabenheit des Geldes* – in der Hand starkgeistiger, groß angelegter Tatsachenmenschen – kennen gelehrt. Ohne *das* ist weder Cäsar noch das Römertum überhaupt verständlich. Jeder Grieche hat einen Zug von Don Quijote, jeder Römer einen von Sancho Pansa – was sie sonst noch waren, tritt dahinter zurück.

13

Was die römische Weltherrschaft betrifft, so ist sie ein *negatives* Phänomen, nicht das Ergebnis eines Überschusses von Kraft auf der einen – den hatten die Römer nach Zama nicht mehr –, sondern das eines Mangels an Widerstand auf der andern Seite. Die Römer haben die Welt gar nicht erobert.Sie haben nur in Besitz genommen, was als Beute für jedermann dalag. Das Imperium Romanum ist nicht durch die äußerste Anspannung aller militärischen und finanziellen Hilfsmittel, wie es einst Karthago gegenüber der Fall gewesen war, sondern durch den Verzicht des alten Ostens auf äußere Selbstbestimmung entstanden. Man lasse sich nicht durch den Schein glänzender soldatischer Erfolge täuschen. Mit ein paar schlecht geübten, schlecht geführten, übel gelaunten Legionen haben Lucullus und Pompejus ganze Reiche unterworfen, woran zur Zeit der Schlacht bei Ipsus nicht zu denken gewesen wäre. Die mithridatische Gefahr, eine wirkliche Gefahr für dieses nie ernstlich geprüfte System materieller Kräfte, hätte als solche für die Besieger Hannibals niemals bestanden. Die Römer haben nach Zama keinen Krieg gegen eine große Militärmacht mehr geführt und hätten keinen führen können.Ihre *klassischen* Kriege waren die gegen die Samniten, gegen Pyrrhus und Karthago. Ihre große Stunde war Cannä. Es gibt kein Volk, das Jahrhunderte hindurch auf dem Kothurn steht. Das preußisch-deutsche, das die mächtigen Augenblicke von 1813, 1870 und 1914 hatte, besitzt deren mehr als die übrigen.

Ich lehre hier den *Imperialismus,* als dessen Petrefakt Reiche wie das ägyptische, chinesische, römische, die indische Welt, die Welt des Islam noch Jahrhunderte und Jahrtausende stehen bleiben und aus einer Erobererfaust in die andere gehen können – tote Körper, amorphe, entseelte Menschenmassen, verbrauchter Stoff einer großen Geschichte –, als das typische Symbol des Ausgangs begreifen. Imperialismus ist reine Zivilisation. In dieser Erscheinungsform liegt unwiderruflich das Schicksal des Abendlandes. Der kultivierte Mensch hat seine Energie nach innen, der zivilisierte nach außen. Deshalb sehe ich in Cecil Rhodes den ersten Mann einer neuen Zeit. Er repräsentiert den politischen Stil einer ferneren, abendländischen, germanischen, insbesondere deutschen Zukunft. Sein Wort „Ausdehnung ist alles“ enthält in dieser napoleonischen Fassung die eigentlichste Tendenz einer *jeden* ausgereiften Zivilisation. Das gilt von den Römern, den Arabern, den Chinesen. Hier gibt es keine Wahl. Hier entscheidet nicht einmal der bewußte Wille des einzelnen oder ganzer Klassen und Völker. Die expansive Tendenz ist ein Verhängnis, etwas Dämonisches und Ungeheures, das den späten Menschen des Weltstadiums packt, in seinen Dienst zwingt und verbraucht, ob er will oder nicht, ob er es weiß oder nicht.Leben ist die Verwirklichung von Möglichem, und für den Gehirnmenschen *gibt es nur extensive Möglichkeiten.* So sehr der heutige, noch wenig entwickelte Sozialismus sich gegen die Expansion auflehnt, er wird eines Tages mit der Vehemenz eines Schicksals ihr vornehmster Träger sein. Hier rührt die Formensprache der Politik – als unmittelbarer intellektueller Ausdruck einer Art von Menschentum – an ein tiefes metaphysisches Problem: an die durch die unbedingte Gültigkeit des Kausalitätsprinzips bestätigte Tatsache, daß *der Geist das Komplement der Ausdehnung ist.*

Es war völlig aussichtslos, wenn in der dem Imperialismus zutreibenden chinesischen Staatenwelt zwischen 480 und 230 (antik etwa 300-50) das vor allem von dem „Römerstaate" Tsinpraktisch und von dem Philosophen Dschang-yi theoretisch vertretene Prinzip des Imperialismus *(lienheng)* durch den Gedanken eines Völkerbundes *(hohtsung)* bekämpft wurde, der sich auf manche Gedanken des Wang-hü stützte, eines tiefen Skeptikers und Kenners der Menschen und der politischen Möglichkeiten dieser Spätzeit. Sie sind beide Gegner der Ideologie des Laotse und seiner Abschaffung der Politik, aber der *lienheng* hatte den natürlichen Gang der expansiven Zivilisation für sich.

Rhodes erscheint als der erste Vorläufer eines abendländischen Cäsarentypus, für den die Zeit noch lange nicht gekommen ist. Er steht in der Mitte zwischen Napoleon und den Gewaltmenschen der nächsten Jahrhunderte, wie jener Flaminius, der seit 232 die Römer zur Unterwerfung der cisalpinen Gallier und damit zum Beginn ihrer kolonialen Ausdehnungspolitik drängte, zwischen Alexander und Cäsar. Flaminius war streng genommenein Privatmann von staatsbeherrschendem Einfluß in einer Zeit, wo der Staatsgedanke der Gewalt wirtschaftlicher Faktoren erliegt, in Rom sicherlich der erste vom cäsarischen Oppositionstypus. Mit ihm endet die *Idee des Staatsdienstes* und es beginnt der nur mit Kräften, nicht mit Traditionen rechnende Wille zur Macht. Alexander und Napoleon waren Romantiker, an der Schwelle der Zivilisation und schon von ihrer kalten und klaren Luft angeweht; aber der eine gefiel sich in der Rolle des Achilles und der andere las den Werther. Cäsar war lediglich ein Tatsachenmensch von ungeheurem Verstande.

Aber schon Rhodes verstand unter erfolgreicher Politik einzig den territorialen und finanziellen Erfolg. Das ist das Römische an ihm, dessen er sich sehr bewußt war. In dieser Energie und Reinheit hatte sich die westeuropäische Zivilisation noch nicht verkörpert. Nur vor seinen Landkarten konnte er in eine Art dichterische Ekstase geraten, er, der als Sohn eines puritanischen Pfarrhauses mittellos nach Südafrika gekommen war und ein Riesenvermögen als Machtmittel für seine politischen Ziele erworben hatte. Sein Gedanke einer transafrikanischen Bahn vom Kap nach Kairo, sein Entwurf eines südafrikanischen Reiches, seine geistige Gewalt über die Minenmagnaten, eiserne Geldmenschen, die er zwang, ihr Vermögen in den Dienst seiner Ideen zu stellen, seine Hauptstadt Buluwayo, die er, der allmächtige Staatsmann ohne ein definierbares Verhältnis zum Staate, als künftige Residenz in königlichem Maßstab anlegte, seine Kriege, diplomatischen Aktionen, Straßensysteme, Syndikate, Heere, sein Begriff von der „großen Pflicht des Gehirnmenschen gegenüber der Zivilisation" – alles das ist, groß und vornehm, das Vorspiel einer uns noch vorbehaltenen Zukunft, mit der die Geschichte des westeuropäischen Menschen endgültig *schließen* wird.

Wer nicht begreift, daß sich an diesem Ausgang nichts ändern läßt, daß man dies wollen muß oder gar nichts, daß man dies Schicksal lieben oder an der Zukunft, am

Leben verzweifeln muß, wer das Großartige nicht empfindet, das auch in dieser Wirksamkeit gewaltiger Intelligenzen, dieser Energie und Disziplin metallharter Naturen, diesem Kampf mit den kältesten, abstraktesten Mitteln liegt, wer mit dem Idealismus eines Provinzialen herumgeht und den Lebensstil verflossener Zeiten sucht, der muß es aufgeben, Geschichte verstehen, Geschichte durchleben, Geschichte schaffen zu wollen.

So erscheint das Imperium Romanum nicht mehr als ein einmaliges Phänomen, sondern als normales Produkt einer strengen und energischen, weltstädtischen, eminent praktischen Geistigkeit und als typischer Endzustand, der schon einige Male dagewesen, aber bisher nicht identifiziert worden ist. Begreifen wir endlich, daß das Geheimnis der historischen Form nicht an der Oberfläche liegt und nicht durch Ähnlichkeiten des Kostüms oder der Szene zu fassen ist, daß es in der menschlichen so gut wie in der Tier- und Pflanzengeschichte Erscheinungen von täuschender Ähnlichkeit gibt, die innerlich nichts Verwandtes besitzen – Karl der Große und Harun al Raschid, Alexander und Cäsar, die Germanenkriege gegen Rom und die Mongolenstürme gegen Westeuropa – und andere, die bei größter äußerer Verschiedenheit Identisches zum Ausdruck bringen wie Trajan und Ramses II., die Bourbonen und der attische Demos, Mohammed und Pythagoras. Kommen wir zur Einsicht, daß das 19. und 20. Jahrhundert, vermeintlich der Gipfel einer geradlinig ansteigenden Weltgeschichte, als Altersstufe tatsächlich in jeder bis zum Ende gereiften Kultur nachzuweisen ist, nicht mit Sozialisten, Impressionisten, elektrischen Bahnen, Torpedos und Differentialgleichungen, die nur zum Körper der Zeit gehören, sondern mit seiner zivilisierten Geistigkeit, die auch ganz andere Möglichkeiten äußerer Gestaltung besitzt, daß die Gegenwart also ein Durchgangsstadium darstellt, das unter gewissen Bedingungen mit Sicherheit eintritt, daß es mithin auch ganz bestimmte *spätere* Zustände als die heutigen westeuropäischen gibt, daß sie in der abgelaufenen Geschichte schon mehr als einmal dagewesen sind und daß damit die Zukunft des Abendlandes nicht ein uferloses Hinauf und Vorwärts in der Richtung unserer augenblicklichen Ideale und mit phantastischen Zeiträumen ist, sondern *ein in Hinsicht auf Form und Dauer streng begrenztes und unausweichlich bestimmtes Einzelereignis der Historie vom Umfange weniger Jahrhunderte, das aus den vorliegenden Beispielen übersehen und in wesentlichen Zügen berechnet werden kann.*

14

Wer diese Höhe der Betrachtung erreicht hat, dem fallen alle Früchte von selbst zu. An den *einen* Gedanken schließen sich, mit ihm lösen sich zwanglos alle Einzelprobleme, welche auf den Gebieten der Religionsforschung, der Kunstgeschichte, der Erkenntniskritik, der Ethik, der Politik, der Nationalökonomie den modernen Geist seit Jahrzehnten und leidenschaftlich, aber ohne den letzten Erfolg beschäftigt haben.

Dieser Gedanke gehört zu den Wahrheiten, die nicht mehr bestritten werden, sobald sie einmal in voller Deutlichkeit ausgesprochen sind. Er gehört zu den innern Notwendigkeiten der Kultur Westeuropas und ihres Weltgefühls. Er ist geeignet, die Lebensanschauung derjenigen von Grund aus zu ändern, die ihn völlig begriffen, das heißt ihn sich innerlich zu eigen gemacht haben. Es bedeutet eine gewaltige Vertiefung des uns natürlichen und notwendigen Weltbildes, daß wir die welthistorische Entwicklung, in der wir stehen und die wir bis jetzt rückwärts als ein organisch Ganzes zu betrachten gelernt haben, nun auch vorwärts in großen Umrissen verfolgen können. Dergleichen hat sich bisher nur der Physiker bei seinen Berechnungen träumen lassen. Es bedeutet, ich wiederhole es noch einmal, auch im Historischen den Ersatz des ptolemäischen durch einen kopernikanischen Aspekt, das heißt eine unermeßliche Erweiterung des Lebenshorizontes.

Es stand bis jetzt frei, von der Zukunft zu hoffen, was man wollte. Wo es keine Tatsachen gibt, regiert das Gefühl. Künftig wird es jedem Pflicht sein, vom Kommenden zu erfahren, was geschehen *kann* und also geschehen *wird*, mit der unabänderlichen Notwendigkeit eines Schicksals, und was also von persönlichen Idealen, Hoffnungen und Wünschen ganz unabhängig ist. Gebrauchen wir das bedenkliche Wort Freiheit, so steht es uns nicht mehr frei, dieses oder jenes zu verwirklichen, sondern *das Notwendige oder nichts*. Dies als „gut" zu empfinden kennzeichnet den Tatsachenmenschen. Es bedauern und tadeln, heißt aber nicht, es ändern können. Zur Geburt gehört der Tod, zur Jugend das Alter, zum Leben überhaupt seine Gestalt und die vorbestimmten Grenzen seiner Dauer. Die Gegenwart ist eine zivilisierte, keine kultivierte Zeit. Damit scheidet eine ganze Reihe von Lebensinhalten als unmöglich aus. Man kann das bedauern und dies Bedauern in eine pessimistische Philosophie und Lyrik kleiden – und man wird das künftig tun –, aber man kann es nicht ändern. Es wird nicht mehr erlaubt sein, im Heute und Morgen mit aller Selbstsicherheit die Geburt oder Blüte von dem anzunehmen, was man gerade wünscht, wenn auch die historische Erfahrung laut genug dagegen redet.

Ich bin auf den Einwand gefaßt, daß ein solcher Weltaspekt, der über die Umrisse und die Richtung der Zukunft Gewißheit gibt und weitgehende Hoffnungen abschneidet, lebensfeindlich und für viele ein Verhängnis sei, falls er einmal mehr als bloße Theorie, falls er die praktische Weltanschauung der für die Gestaltung der Zukunft wirklich in Betracht kommenden Gruppe von Persönlichkeiten würde.

Ich bin nicht der Meinung. Wir sind zivilisierte Menschen, nicht Menschen der Gotik und des Rokoko; wir haben mit den harten und kalten Tatsachen eines *späten* Lebens zu rechnen, dessen Parallele nicht im perikleischen Athen, sondern im cäsarischen Rom liegt. Von einer großen Malerei und Musik wird für den westeuropäischen Menschen nicht mehr die Rede sein. Seine architektonischen Möglichkeiten sind seit hundert Jahren erschöpft. Ihm sind nur extensive Möglichkeiten geblieben. Aber ich sehe den Nachteil nicht, der entstehen könnte, wenn eine tüchtige und von unbegrenzten

Hoffnungen geschwellte Generation beizeiten erfährt, daß ein Teil dieser Hoffnungen zu Fehlschlägen führen muß. Mögen es die teuersten sein; wer etwas wert ist, wird das überwinden. Es ist wahr, daß es für einzelne tragisch ausgehen kann, wenn sich ihrer in den entscheidenden Jahren die Gewißheit bemächtigt, daß im Bereiche der Architektur, des Dramas, der Malerei, *für sie* nichts mehr zu erobern ist. Mögen sie zugrunde gehen. Man war sich bisher einig darüber, hier keinerlei Schranken anzuerkennen; man glaubte, daß jede Zeit auf jedem Gebiete auch ihre Aufgabe habe; man fand sie, wenn es sein mußte, mit Gewalt und schlechtem Gewissen, und jedenfalls stellte es sich erst nach dem Tode heraus, ob der Glaube einen Grund hatte und ob die Arbeit eines Lebens *notwendig oder überflüssig* gewesen war. Aber jeder, der nicht bloßer Romantiker ist, wird diese Ausflucht ablehnen. Das ist nicht der Stolz, der die Römer auszeichnete. Was liegt an denen, die es vorziehen, wenn man vor einer erschöpften Erzgrube ihnen sagt: Hier wird morgen eine neue Ader angeschlagen werden – wie es die augenblickliche Kunst mit ihren durch und durch unwahren Stilbildungen tut –, statt sie auf das reiche Tonlager zu verweisen, das unerschlossen daneben liegt? – Ich betrachte diese Lehre als eine Wohltat für die kommenden Generationen, weil sie ihnen zeigt, was möglich und also notwendig ist und was nicht zu den innern Möglichkeiten der Zeit gehört. Es ist bisher eine Unsumme von Geist und Kraft auf falschen Wegen verschwendet worden. Der westeuropäische Mensch, so historisch er denkt und fühlt, ist in einem gewissen Lebensalter sich nie seiner eigentlichen Richtung bewußt. Er tastet und sucht und verirrt sich, wenn die äußeren Anlässe ihm nicht günstig sind. Hier endlich hat die Arbeit von Jahrhunderten ihm die Möglichkeit gegeben, die Lage seines Lebens im Zusammenhang mit der Gesamtkultur zu übersehen und zu prüfen, was er kann und soll. Wenn unter dem Eindruck dieses Buches sich Menschen der neuen Generation der Technik statt der Lyrik, der Marine statt der Malerei, der Politik statt der Erkenntniskritik zuwenden, so tun sie, was ich wünsche, und man kann ihnen nichts Besseres wünschen.

15

Es bleibt noch das Verhältnis einer Morphologie der Weltgeschichte zur Philosophie festzustellen. Jede echte Geschichtsbetrachtung ist echte Philosophie – oder bloße Ameisenarbeit. Aber der systematische Philosoph bewegt sich, was die Dauer seiner Ergebnisse betrifft, in einem schweren Irrtum. Er übersieht die Tatsache, daß jeder Gedanke in einer geschichtlichen Welt lebt und damit das allgemeine Schicksal der Vergänglichkeit teilt. Er meint, daß das höhere Denken einen ewigen und unveränderlichen Gegenstand besitze, daß die großen Fragen zu allen Zeiten dieselben seien und daß sie endlich einmal beantwortet werden könnten.

Aber Frage und Antwort sind hier eins, und jede große Frage, der das leidenschaftliche Verlangen nach einer ganz bestimmten Antwort schon zugrunde liegt, hat lediglich die Bedeutung eines Lebenssymbols. Es gibt keine ewigen Wahrheiten. Jede Philosophie ist ein Ausdruck ihrer und *nur* ihrer Zeit, und es gibt nicht zwei Zeitalter, welche die gleichen philosophischen Intentionen besäßen, sobald von wirklicher Philosophie und nicht von irgendwelchen akademischen Belanglosigkeiten über Urteilsformen oder Gefühlskategorien die Rede sein soll. Der Unterschied liegt nicht zwischen unsterblichen und vergänglichen Lehren, sondern zwischen Lehren, welche eine Zeitlang oder niemals lebendig sind. Unvergänglichkeit gewordner Gedanken ist eine Illusion. Das Wesentliche ist, was für ein Mensch in ihnen Gestalt gewinnt. Je größer der Mensch, um so wahrer die Philosophie – im Sinne der inneren Wahrheit eines großen Kunstwerkes nämlich, was von der Beweisbarkeit und selbst Widerspruchslosigkeit der einzelnen Sätze unabhängig ist. Im höchsten Falle kann sie den ganzen Gehalt einer Zeit erschöpfen, in sich verwirklichen und ihn so, in einer großen Form, in einer großen Persönlichkeit verkörpert, der ferneren Entwicklung übergeben. Das wissenschaftliche Kostüm, die gelehrte Maske einer Philosophie entscheidet hier nichts. Nichts ist einfacher, als an Stelle von Gedanken, die man nicht hat, ein System zu begründen. Aber selbst ein guter Gedanke ist wenig wert, wenn er von einem Flachkopf ausgesprochen wird. Allein die Notwendigkeit für das Leben entscheidet über den Rang einer Lehre.

Deshalb sehe ich den Prüfstein für den Wert eines Denkers in seinem Blick für die großen Tatsachen seiner Zeit. Erst hier entscheidet es sich, ob jemand nur ein geschickter Schmied von Systemen und Prinzipien ist, ob er sich nur mit Gewandtheit und Belesenheit in Definition und Analysen bewegt – oder ob es die Seele der Zeit selbst ist, die aus seinen Werken und Intuitionen redet. Ein Philosoph, der nicht auch die Wirklichkeit ergreift und beherrscht, wird niemals ersten Ranges sein. Die Vorsokratiker waren Kaufleute und Politiker großen Stils. Plato kostete es fast das Leben, daß er in Syrakus seine politischen Gedanken hatte verwirklichen wollen. Derselbe Plato hat jene Reihe geometrischer Sätze gefunden, die es Euklid erst möglich machten, das System der antiken Mathematik aufzubauen. Pascal, den Nietzsche nur als den „gebrochenen Christen“ kennt, Descartes, Leibniz waren die ersten Mathematiker und Techniker ihrer Zeit.

Die großen „Vorsokratiker“ Chinas von Kuan-tse (um 670) bis auf Konfuzius (550-478) waren Staatsmänner, Regenten, Gesetzgeber wie Pythagoras und Parmenides, Hobbes und Leibniz. Erst mit Laotse, dem Gegner aller Staatsgewalt und großen Politik, dem Schwärmer für kleine friedliche Gemeinschaften, erscheint die Weltfremdheit und Tatenscheu einer beginnenden Katheder- und Winkelphilosophie. Aber er war zu seiner Zeit, dem *ancien régime* Chinas, eine Ausnahme gegenüber jenem starken Philosophentypus, für den Erkenntnistheorie Kenntnis der großen Verhältnisse des wirklichen Lebens bedeutete.

Und hier finde ich einen starken Einwand gegen alle Philosophen der jüngsten Vergangenheit. Was ihnen fehlt, ist der entscheidende Rang im wirklichen Leben. Keiner von ihnen hat in die hohe Politik, in die Entwicklung der modernen Technik, des Verkehrs, der Volkswirtschaft, in irgendeine Art von großer Wirklichkeit auch nur mit *einer* Tat, einem mächtigen Gedanken entscheidend eingegriffen. Keiner zählt in der Mathematik, der Physik, der Staatswissenschaft im geringsten mit, wie es noch bei Kant der Fall war. Was das bedeutet, lehrt ein Blick auf andere Zeiten. Konfuzius war mehrmals Minister; Pythagoras hat eine bedeutsame,an den Staat Cromwells erinnernde und von der Altertumsforschung noch immer weit unterschätzte politische Bewegung organisiert. Goethe, dessen ministerielle Amtsführung mustergültig war und dem leider ein großer Staat als Wirkungskreis gefehlt hat, wandte sein Interesse dem Bau des Suez- und Panamakanals, den er innerhalb einer genau eingetroffenen Frist voraussah, und dessen weltwirtschaftlichen Folgen zu. Das amerikanische Wirtschaftsleben, seine Rückwirkung auf das alte Europa und die eben im Aufstieg begriffene Maschinenindustrie haben ihn immer wieder beschäftigt. Hobbes war einer der Väter des großen Planes, Südamerika für England zu erwerben, und wenn es auch damals bei der Besetzung von Jamaika blieb, so hat er doch den Ruhm, ein Mitbegründer des englischen Kolonialreiches zu sein. Leibniz, sicherlich der mächtigste Geist in der westeuropäischen Philosophie, der Begründer der Differentialrechnung und der *analysis situs*, hat neben einer ganzen Reihe von hochpolitischen Plänen, an denen er mitwirkte, in einer zum Zweck der politischen Entlastung Deutschlands entworfenen Denkschrift an Ludwig XIV. die Bedeutung Ägyptens für die französische Weltpolitik dargelegt. Seine Gedanken waren der Zeit (1672) so weit vorausgeschritten, daß man später überzeugt war, Napoleon habe sie bei seiner Expedition nach dem Orient benützt. Leibniz stellte schon damals fest, was Napoleon seit Wagram immer deutlicher begriff, daß Erwerbungen am Rhein und in Belgien die Stellung Frankreichs nicht dauernd verbessern könnten und daß die Landenge von Suez eines Tages der Schlüssel zur Weltherrschaft sein werde. Ohne Zweifel war der König den tiefen politischen und strategischen Ausführungen des Philosophen nicht gewachsen.

Ein Blick von Menschen solchen Formats auf heutige Philosophen ist beschämend. Welche Geringfügigkeit der Person! Welche Alltäglichkeit des politischen und praktischen Horizontes! Wie kommt es, daß die bloße Vorstellung, einer von ihnen solle seinen geistigen Rang als Staatsmann, als Diplomat, als Organisator großen Stils, als Leiter irgendeines mächtigen kolonialen, kaufmännischen oder Verkehrsunternehmens beweisen, geradezu Mitleid erregt? Aber das ist kein Zeichen von Innerlichkeit, sondern von Mangel an Gewicht. Ich sehe mich vergebens um, wo einer von ihnen auch nur durch *ein* tiefes und vorauseilendes Urteil in einer entscheidenden Zeitfrage sich einen Namen gemacht hätte. Ich finde nichts als Provinzmeinungen, wie sie jeder hat. Ich frage mich, wenn ich das Buch eines modernen Denkers zur Hand nehme, was er vom Tatsächlichen der Weltpolitik, von den großen Problemen der Weltstädte, des Kapitalismus, der Zukunft des Staates, des Verhältnisses der Technik zum Ausgang der Zivilisation, des Russentums, der Wissenschaft überhaupt ahnt. Goethe hätte das alles verstanden und geliebt. Von lebenden Philosophen übersieht es nicht einer. Das ist, ich wiederhole es, nicht Inhalt der Philosophie, aber ein unzweifelhaftes Symptom ihrer inneren Notwendigkeit, ihrer Fruchtbarkeit und ihres symbolischen Ranges.

Über die Tragweite dieses negativen Resultates sollte man sich keiner Täuschung hingeben. Offenbar hat man den letzten *Sinn* philosophischer Wirksamkeit aus den Augen verloren. Man verwechselt sie mit Predigt, Agitation, Feuilleton oder Fachwissenschaft. Man ist von der Vogelperspektive zur Froschperspektive herabgekommen. Es handelt sich um nichts Geringeres als um die Frage, ob eine echte Philosophie heute oder morgen überhaupt *möglich* ist. Im andern Fall wäre es besser, Pflanzer oder Ingenieur zu werden, irgend etwas Wahres und Wirkliches, statt verbrauchte Themen unter dem Vorwande eines „neuerlichen Aufschwungs des philosophischen Denkens" wiederzukäuen, und lieber einen Flugmotor zu konstruieren als eine neue und ebenso überflüssige Theorie der Apperzeption. Es ist wahrhaftig ein armseliger Lebensinhalt, die Ansichten über den Begriff des Willens und den psychophysischen Parallelismus noch einmal und etwas anders zu formulieren, als es hundert Vorgänger getan haben. Das mag ein „Beruf" sein, Philosophie ist es nicht. Was nicht das ganze Leben einer Zeit bis in die tiefsten Tiefen ergreift und verändert, sollte verschwiegen bleiben. Und was schon gestern möglich war, ist heute zum mindesten nicht mehr notwendig.

Ich liebe die Tiefe und Feinheit mathematischer und physikalischer Theorien, denen gegenüber der Ästhetiker und Physiolog ein Stümper ist. Für die prachtvoll klaren, hochintellektuellen Formen eines Schnelldampfers, eines Stahlwerkes, einer Präzisionsmaschine, die Subtilität und Eleganz gewisser chemischer und optischer Verfahren gebe ich den ganzen Stilplunder des heutigen Kunstgewerbes samt Malerei und Architektur hin. Ich ziehe einen römischen Aquädukt allen römischen Tempeln und Statuen vor. Ich liebe das Kolosseum und die Riesengewölbe des Palatin, weil sie heute mit der braunen Masse ihrer Ziegelkonstruktion das *echte* Römertum, den großartigen Tatsachensinn ihrer Ingenieure vor Augen stellen. Sie würden mir gleichgültig sein, wenn der leere und anmaßende Marmorprunk der Cäsaren mit seinen Statuenreihen, Friesen und überladenen Architraven noch erhalten wäre. Man werfe einen Blick auf eine Rekonstruktion der Kaiserfora: man wird das getreue Seitenstück moderner Weltausstellungen finden, aufdringlich, massenhaft, leer, ein dem perikleischen Griechen wie dem Menschen des Rokoko ganz fremdes Prahlen mit Material und Dimensionen, wie es aber ganz ebenso die Ruinen von Luxor und Karnak aus der Zeit Ramses'+II., der ägyptischen Modernität von 1300 v. Chr. zeigen. Nicht umsonst verachtete der echte Römer den *Graeculus histrio*, den „Künstler", den „Philosophen" auf dem Boden römischer Zivilisation. Künste und Philosophie gehörten nicht mehr in diese Zeit; sie waren erschöpft, verbraucht, überflüssig. Das sagte ihm sein Instinkt für die Realitäten des Lebens. Ein römisches Gesetz wog schwerer als alle damalige Lyrik und Metaphysik der Schulen. Und ich behaupte, daß heute ein besserer Philosoph in manchem Erfinder, Diplomaten und Finanzmann steckt als in allen denen, welche das platte Handwerk der experimentellen Psychologie treiben. Das ist eine Lage, wie sie auf einer gewissen historischen Stufe immer wieder eintritt. Es wäre sinnlos gewesen, wenn ein Römer von geistigem Range, statt als Konsul oder Prätor ein Heer zu führen, eine Provinz zu organisieren, Städte und Straßen zu bauen oder in Rom „der erste zu sein", in Athen oder Rhodos irgendeine neue Abart der nachplatonischen Kathederphilosophie hätte aushecken wollen. Natürlich hat es auch keiner getan. Das lag nicht in der Richtung der Zeit und konnte also nur Menschen dritten Ranges reizen, die immer gerade bis zu dem Zeitgeist von vorgestern vordringen. Es ist eine sehr ernste Frage, ob dies Stadium für uns bereits eingetreten ist oder noch nicht.

Ein Jahrhundert rein extensiver Wirksamkeit unter Ausschluß hoher künstlerischer und metaphysischer Produktion – sagen wir kurz ein irreligiöses Zeitalter, was sich mit dem Begriff des Weltstädtischen durchaus deckt – ist eine Zeit des Niedergangs. Gewiß. Aber wir haben diese Zeit nicht *gewählt*. Wir können es nicht ändern, daß wir als Menschen des beginnenden Winters der vollen Zivilisation und nicht auf der Sonnenhöhe einer reifen Kultur zur Zeit des Phidias oder Mozart geboren sind. Es hängt alles davon ab, daß man sich diese Lage, dies *Schicksal* klar macht und begreift, daß man sich darüber belügen, aber nicht hinwegsetzen kann. Wer sich dies nicht eingesteht, zählt unter den Menschen seiner Generation nicht mit. Er bleibt ein Narr, ein Charlatan oder ein Pedant.

Bevor man heute an ein Problem herantritt, hat man sich also zu fragen – eine Frage, die schon vom Instinkt der wirklich Berufenen beantwortet wird –, was einem Menschen dieser Tage möglich ist und was er sich verbieten muß. Es ist immer nur eine ganz kleine Anzahl metaphysischer Aufgaben, deren Lösung einer Epoche des Denkens vorbehalten ist. Und es hegt bereits wieder eine ganze Welt zwischen der Zeit Nietzsches, in der noch ein letzter Zug von Romantik wirksam war, und der Gegenwart, die von aller Romantik endgültig geschieden ist.

Die systematische Philosophie war mit dem Ausgang des 18. Jahrhunderts vollendet. Kant hatte ihre äußersten Möglichkeiten in eine große und – für den westeuropäischen Geist – vielfach endgültige Form gebracht. Ihr folgt wie auf Plato und Aristoteles eine spezifisch großstädtische, nicht spekulative, sondern praktische, irreligiöse, ethisch-gesellschaftliche Philosophie. Sie beginnt, den Schulen des „Epikuräers" Yang-dschu, des „Sozialisten" Moh-ti, des „Pessimisten" Dschwang-dsi, des „Positivisten" Meng-tse in der chinesischen Zivilisation und denen der Cyniker, Cyrenaiker, Stoiker und Epikuräer in der antiken entsprechend, im Abendlande mit Schopenhauer, der zuerst den *Willen zum Leben* („schöpferische Lebenskraft") in den Mittelpunkt seines Denkens stellte, aber, was die tiefere Tendenz seiner Lehre verschleiert hat, die veralteten Unterscheidungen von der Erscheinung und dem Ding an sich, von Form und Inhalt der Anschauung, von Verstand und Vernunft unter dem Eindruck einer großen Tradition noch beibehielt. Es ist derselbe schöpferische Lebenswille, der im Tristan schopenhauerisch verneint, im

Siegfried darwinistisch bejaht wurde, den Nietzsche im Zarathustra glänzend und theatralisch formulierte, der durch den Hegelianer Marx der Anlaß einer nationalökonomischen, durch den Malthusianer Darwin der einer zoologischen Hypothese wurde, die beide gemeinsam und unvermerkt das Weltgefühl des westeuropäischen Großstädters verwandelt haben, und der von Hebbels „Judith" bis zu Ibsens Epilog eine Reihe tragischer Konzeptionen von gleichem Typus hervorrief, damit aber ebenfalls den Umkreis echter philosophischer Möglichkeiten erschöpft hat.

Die systematische Philosophie liegt uns heute unendlich fern; die ethische ist abgeschlossen. Es bleibt noch eine *dritte, dem antiken Skeptizismus entsprechende Möglichkeit innerhalb der abendländischen Geisteswelt*, die, welche durch die bisher unbekannte Methode der vergleichenden historischen Morphologie bezeichnet wird. Eine Möglichkeit, das heißt eine Notwendigkeit. Der antike Skeptizismus ist ahistorisch: er zweifelt, indem er einfach nein sagt. Der des Abendlandes muß, wenn er innere Notwendigkeit besitzen, wenn er ein Symbol unseres dem Ende sich zuneigenden Seelentums sein soll, durch und durch historisch sein. Er hebt auf, indem er alles als relativ, als geschichtliche Erscheinung versteht. Er verfährt physiognomisch. Die skeptische Philosophie tritt im Hellenismus als Negation der Philosophie auf – man erklärt sie für zwecklos. *Wir* nehmen demgegenüber die *Geschichte der Philosophie* als letztes ernsthaftes Thema der Philosophie an. Das ist Skepsis. Man verzichtet auf absolute Standpunkte, der Grieche, indem er über die Vergangenheit seines Denkens lächelt, wir, indem wir sie als Organismus begreifen.

In diesem Buche hegt der Versuch vor, diese „unphilosophische Philosophie" der Zukunft – es würde die letzte Westeuropas sein – zu skizzieren. Der Skeptizismus ist Ausdruck einer reinen Zivilisation; er zersetzt das Weltbild der voraufgegangenen Kultur. Hier erfolgt die Auflösung aller älteren Probleme ins Genetische. Die Überzeugung, daß alles was *ist*, auch *geworden ist*, daß allem Naturhaften und Erkennbaren ein Historisches zugrunde liegt, der Welt als dem Wirklichen ein Ich als das Mögliche, das sich in ihr verwirklicht hat, die Einsicht, daß nicht nur im Was, sondern auch im Wann und Wie lange ein tiefes Geheimnis ruht, führt auf die Tatsache, daß alles, was immer es sonst sei, auch *Ausdruck eines Lebendigen* sein muß. Auch Erkenntnisse und Wertungen sind Akte lebender Menschen. Dem vergangenen Denken war die äußere Wirklichkeit Erkenntnisprodukt und Anlaß ethischer Schätzungen; dem künftigen ist sie vor allem *Ausdruck und Symbol. Die Morphologie der Weltgeschichte wird notwendig zu einer universellen Symbolik.*

Damit fällt auch der Anspruch des höheren Denkens, allgemeine und ewige Wahrheiten zu besitzen. Wahrheiten gibt es nur in bezug auf ein bestimmtes Menschentum. Meine Philosophie selbst würde demnach Ausdruck und Spiegelung *nur* der abendländischen Seele, im Unterschiede etwa von der antiken und indischen, und zwar *nur* in deren heutigem zivilisierten Stadium sein, womit ihr Gehalt als Weltanschauung, ihre praktische Tragweite und ihr Geltungsbereich bestimmt sind.

16

Endlich sei eine persönliche Bemerkung gestattet. Im Jahre 1911 hatte ich die Absicht, über einige politische Erscheinungen der Gegenwart und die aus ihnen möglichen Schlüsse für die Zukunft etwas aus einem weiteren Horizont zusammenzustellen. Der Weltkrieg – als die bereits unvermeidlich gewordene äußere Form der historischen Krisis – stand damals unmittelbar bevor, und es handelte sich darum, ihn aus dem Geiste der voraufgehenden Jahrhunderte – nicht Jahre – zu begreifen. Im Verlauf der ursprünglich kleinen Arbeitdrängte sich die Überzeugung auf, daß zu einem wirklichen Verständnis der Epoche der Umfang der Grundlagen viel breiter gewählt werden müsse, daß es völlig unmöglich sei, eine Untersuchung dieser Art auf eine einzelne Zeit und deren politischen Tatsachenkreis zu beschränken, sie im Rahmen pragmatischer Erwägungen zu halten und selbst auf rein metaphysische, höchst transzendente Betrachtungen zu verzichten, wenn man nicht auch auf jede tiefere Notwendigkeit der Resultate Verzicht leisten wollte. Es wurde deutlich, daß ein politisches Problem nicht von der Politik selbst aus begriffen werden kann und daß wesentliche Züge, die in der Tiefe mitwirken, oft nur auf dem Gebiete der Kunst, oft sogar nur in Gestalt weit entlegener wissenschaftlicher und rein philosophischer Gedanken greifbar in Erscheinung treten. Selbst eine politisch-soziale Analyse der letzten Jahrzehnte des 19. Jahrhunderts, eines Stadiums gespannter Ruhe zwischen zwei mächtigen, weithin sichtbaren Ereignissen, dem einen, das durch die Revolution und Napoleon das Bild der westeuropäischen Wirklichkeit für hundert Jahre bestimmt hat, und einem andern von mindestens der gleichen Tragweite, das sich mit wachsender Geschwindigkeit näherte, erwies sich als unausführbar, ohne daß zuletzt *alle* großen Probleme des Seins in ihrem vollen Umfang einbezogen wurden. Denn es tritt im historischen wie im naturhaften Weltbilde nicht das geringste hervor, ohne daß in ihm die ganze Summe aller tiefsten Tendenzen verkörpert wäre. So erfuhr das ursprüngliche Thema eine ungeheure Erweiterung. Eine Unzahl überraschender, großenteils ganz neuer Fragen und Zusammenhänge drängte sich auf. Endlich war es vollkommen klar, daß kein Fragment der Geschichte wirklich durchleuchtet werden könne, bevor nicht das Geheimnis der Weltgeschichte überhaupt, genauer das der Geschichte des höheren Menschentums als einer organischen Einheit von regelmäßiger Struktur klargestellt war. Und eben das war bisher nicht entfernt geleistet worden.

Von diesem Augenblick an traten in wachsender Fülle die oft geahnten, zuweilen berührten, nie begriffenen Beziehungen hervor, welche die Formen der bildenden Künste mit denen des Krieges und der Staatsverwaltung verbinden, die tiefe Verwandtschaft zwischen politischen und mathematischen Gebilden derselben Kultur, zwischen religiösen und technischen Anschauungen, zwischen Mathematik, Musik und Plastik, zwischen wirtschaftlichen und Erkenntnis-Formen. Die tiefinnerliche

Abhängigkeit der modernsten physikalischen und chemischen Theorien von den mythologischen Vorstellungen unsrer germanischen Ahnen, die vollkommene Kongruenz im Stil der Tragödie, der dynamischen Technik und des heutigen Geldverkehrs, die zuerst bizarre, dann selbstverständliche Tatsache, daß die Perspektive der Ölmalerei, der Buchdruck, das Kreditsystem, die Fernwaffe, die kontrapunktische Musik einerseits, die nackte Statue, die Polis, die von den Griechen erfundene Geldmünze andrerseits identische Ausdrücke eines und desselben seelischen Prinzips sind, wurde unzweifelhaft deutlich, und weit darüber hinaus rückte die Tatsache ins hellste Licht, daß diese mächtigen *Gruppen morphologischer Verwandtschaften*, von denen jede einzelne eine besondere Art Mensch im Gesamtbilde der Weltgeschichte symbolisch darstellt, von streng symmetrischem Aufbau sind. Erst diese Perspektive legt den wahren Stil der Geschichte bloß. Sie läßt sich, da sie selbst wiederum Symptom und Ausdruck einer Zeit, und erst heute und nur für den westeuropäischen Menschen innerlich möglich und damit notwendig ist, nur mit gewissen Anschauungen der modernsten Mathematik auf dem Gebiete der Transformationsgruppen entfernt vergleichen. Es waren dies Gedanken, die mich seit langen Jahren beschäftigt hatten, aber dunkel und unbestimmt, bis sie aus diesem Anlaß in greifbarer Gestalt hervortraten.

Ich sah die Gegenwart – den sich nähernden Weltkrieg – in einem ganz andern Licht. Das war nicht mehr eine einmalige Konstellation zufälliger, von nationalen Stimmungen, persönlichen Einwirkungen und wirtschaftlichen Tendenzen abhängiger Tatsachen, denen der Historiker durch irgendein kausales Schema politischer oder sozialer Natur den Anschein der Einheit und sachlichen Notwendigkeit aufprägt: das war der *Typus einer historischen Zeitwende*, die innerhalb eines großen historischen Organismus von genau abgrenzbarem Umfange einen biographisch *seit Jahrhunderten vorbestimmten Platz* hatte. Eine Unsumme leidenschaftlichster Fragen und Einsichten, die heute in tausend Büchern und Meinungen, aber zerstreut, vereinzelt, aus dem beschränkten Horizont eines Spezialgebietes zutage traten und deshalb reizen, bedrücken und verwirren, aber nicht befreien konnten, bezeichnet die große Krisis. Man kennt sie, aber man übersieht ihre Identität. Ich nenne die in ihrer letzten Bedeutung gar nicht begriffenen Kunstprobleme, die dem Streit um Form und Inhalt, um Linie oder Raum, um das Zeichnerische oder Malerische, dem Begriff des Stils, dem Sinn des Impressionismus und der Musik Wagners zugrunde liegen; den Niedergang der Kunst, den wachsenden Zweifel am Werte der Wissenschaft; die schweren Fragen, welche aus dem Sieg der Weltstadt über das Bauerntum hervorgehen: die Kinderlosigkeit, die Landflucht; den sozialen Rang des fluktuierenden vierten Standes; die Krisis im Materialismus, im Sozialismus, im Parlamentarismus; die Stellung des einzelnen zum Staate; das Eigentumsproblem, das davon abhängende Eheproblem; auf scheinbar ganz anderm Gebiete die massenhaften völkerpsychologischen Arbeiten über Mythen und Kulte, über die Anfänge der Kunst, der Religion, des Denkens, die mit einem Male nicht mehr ideologisch, sondern streng morphologisch behandelt wurden – Fragen, die alle das *eine*, nie mit hinreichender Deutlichkeit ins Bewußtsein tretende Rätsel der Historie überhaupt zum Ziel hatten. Hier lagen nicht unzählige, sondern stets *ein und dieselbe* Aufgabe vor. Hier hatte jeder etwas geahnt, aber keiner von seinem engen Standpunkte aus die einzige und umfassende Lösung gefunden, die seit den Tagen Nietzsches in der Luft lag, der alle entscheidenden Probleme bereits in Händen hielt, ohne daß er als Romantiker gewagt hätte, der strengen Wirklichkeit ins Gesicht zu sehen.

Darin liegt aber auch die tiefe Notwendigkeit der abschließenden Lehre, die kommen mußte und nur zu dieser Zeit kommen konnte. Sie ist kein Angriff auf das Vorhandene an Ideen und Werken. Sie *bestätigt* vielmehr alles, was seit Generationen gesucht und geleistet wurde. Dieser Skeptizismus stellt den Inbegriff dessen dar, was auf allen Einzelgebieten, gleichviel in welcher Absicht, an wirklich lebendigen Tendenzen vorliegt.

Vor allem aber fand sich endlich der Gegensatz, aus dem allein das Wesen der Geschichte erfaßt werden kann: der von *Geschichte und Natur*. Ich wiederhole: der Mensch ist als Element und Träger der Welt nicht nur Glied der Natur, sondern auch Glied der Geschichte, eines *zweiten Kosmos* von andrer Ordnung und andrem Gehalte, der von der gesamten Metaphysik zugunsten des ersten vernachlässigt worden ist. Was mich zum ersten Nachdenken über diese *Grundfrage* unsres Weltbewußtseins brachte, war die Beobachtung, daß der heutige Historiker, an den sinnlich greifbaren Ereignissen, dem Gewordenen herumtastend, die Geschichte, das Geschehen, das *Werden* selbst bereits ergriffen zu haben glaubt, ein Vorurteil aller nur verstandesmäßig Erkennenden, nicht auch Schauenden,das schon die großen Eleaten stutzig gemacht hatte, als sie behaupteten, daß es, für den Erkennenden nämlich, kein Werden, nur ein Sein (Gewordensein) gebe. Mit anderen Worten: man sah die Geschichte als Natur, im Objektsinne des Physikers, und behandelte sie danach. Von hierher schreibt sich der folgenschwere Mißgriff, die Prinzipien der Kausalität, des Gesetzes, des Systems, also die Struktur des starren Seins in den Aspekt des Geschehens zu legen. Man verhielt sich, als gebe es eine menschliche Kultur, etwa wie es Elektrizität oder Gravitation gibt, mit den im wesentlichen gleichen Möglichkeiten der Analyse; man hatte den Ehrgeiz, die Gewohnheiten des Naturforschers zu kopieren, so daß man wohl gelegentlich fragte, was denn die Gotik, der Islam, die antike Polis sei, nicht aber, warum diese Symbole eines Lebendigen gerade *damals* und *dort* auftauchen *mußten, in dieser Form* und *für diese Dauer*. Man begnügte sich, sobald eine der zahllosen Ähnlichkeiten räumlich und zeitlich weit getrennter Geschichtsphänomene zutage trat, sie einfach zu registrieren, mit einigen geistvollen Bemerkungen über das Wunderbare des Zusammentreffens, über Rhodos als das „Venedig des Altertums" oder Napoleon als den neuen Alexander, statt gerade hier, wo das *Schicksalsproblem* als das eigentliche Problem der Historie (das *Problem der Zeit* nämlich) hervortritt, den höchsten Ernst wissenschaftlich geregelter *Physiognomik* einzusetzen und die Antwort auf die Frage zu finden, welche ganz anders geartete Notwendigkeit, der kausalen ganz und gar fremd, hier am Werke ist. Daß jede Erscheinung auch dadurch ein metaphysisches Rätsel aufgibt, daß sie zu einer *niemals gleichgültigen* Zeit auftritt, daß man sich auch noch fragen muß, was für ein lebendiger Zusammenhang neben dem anorganisch-naturgesetzlichen im Weltbilde besteht – das ja die Ausstrahlung des *ganzen* Menschen und nicht, wie Kant meinte, nur die des erkennenden ist –, daß eine Erscheinung nicht nur Tatsache für den Verstand, sondern auch Ausdruck des Seelischen ist, nicht nur Objekt, sondern auch Symbol, und zwar von den höchsten religiösen und künstlerischen Schöpfungen an bis zu den Geringfügigkeiten des Alltagslebens, das war philosophisch etwas Neues.

Endlich sah ich die Lösung deutlich vor mir, in ungeheuren Umrissen, mit voller innerer Notwendigkeit, eine Lösung, die auf ein einziges Prinzip zurückführt, das zu finden war und bisher nicht gefunden wurde, etwas, das mich seit meiner Jugend verfolgt und angezogen hatte und das mich quälte, weil ich es als vorhanden, als Aufgabe empfand, aber nicht fassen konnte. So ist aus dem etwas zufälligen Anlaß das vorliegende Buch entstanden, als der vorläufige Ausdruck eines neuen Weltbildes, mit allen Fehlern eines ersten Versuchs behaftet, ich weiß es wohl, unvollständig und sicher nicht ohne Widersprüche. Dennoch enthält es meiner Überzeugung nach die unwiderlegliche Formulierung eines Gedankens, der, ich sage es noch einmal, nicht bestritten werden wird, sobald er einmal ausgesprochen ist.

Das engere Thema ist also eine Analyse des Unterganges der westeuropäischen, heute über den ganzen Erdball verbreiteten Kultur. Das Ziel aber ist die Entwicklung einer Philosophie und der ihr eigentümlichen, hier zu prüfenden Methode der vergleichenden Morphologie der Weltgeschichte. Die Arbeit zerfällt naturgemäß in zwei Teile. Der erste, „Gestalt und Wirklichkeit“, geht von der *Formensprache* der großen Kulturen aus, sucht bis zu den letzten Wurzeln ihres Ursprungs vorzudringen und gewinnt so die Grundlagen einer Symbolik. Der zweite, „Welthistorische Perspektiven“, geht von den *Tatsachen des wirklichen Lebens* aus und versucht aus der historischen Praxis der höheren Menschheit die Quintessenz der geschichtlichen Erfahrung zu erhalten, auf Grund deren wir die Gestaltung unserer Zukunft in die Hand nehmen können.

Die folgenden Tafeln geben einen Überblick über das, was das Ergebnis der Untersuchung war. Sie mögen zugleich einen Begriff von der Fruchtbarkeit und Tragweite der neuen Methode geben.

Erstes Kapitel: Vom Sinn der Zahlen

1.

Es ist zunächst notwendig, einige im Verlauf der Betrachtung in einem strengen und teilweise neuen Sinn gebrauchte Grundbegriffezu kennzeichnen, deren metaphysischer Gehalt sich im Laufe der Darstellung von selbst ergeben wird, die aber schon am Anfang unzweideutig bestimmt sein müssen.

Der volkstümliche, auch der Philosophie geläufige Unterschied von Sein und Werden erscheint ungeeignet, das Wesentliche des mit ihm bezweckten Gegensatzes wirklich zu treffen. Ein unendliches Werden – Wirken, „Wirklichkeit" – wird man immer, wofür etwa die physikalischen Begriffe der gleichförmigen Geschwindigkeit und des Bewegungszustandes oder die Grundvorstellung der kinetischen Gas-Theorie als Beispiele dienen können, auch als Zustand auffassen und also dem Sein zuordnen dürfen. Dagegen lassen sich – mit Goethe – als letzte Elemente des in und mit dem Wachsein („Bewußtsein") schlechthin Gegebenen das *Werden* und das *Gewordene* unterscheiden. Jedenfalls ist, wenn man an der Möglichkeit zweifelt, durch abstrakte Begriffsbildungen den letzten Gründen des Menschlichen nahe zu kommen, das sehr klare und bestimmte *Gefühl*, aus welchem dieser fundamentale, die äußersten Grenzen des Wachseins berührende Gegensatz hervorgeht, das ursprünglichste Etwas, bis zu dem man überhaupt gelangen kann.

Es folgt daraus mit Notwendigkeit, daß immer ein Werden dem Gewordenen zugrunde liegt, nicht umgekehrt.

Ich unterscheide ferner mit den Bezeichnungen *“das Eigne“* und *“das Fremde“* zwei Urtatsachen des Wachseins, deren Sinn für jeden wachen Menschen – also nicht für den träumenden – mit unmittelbarer innerer Gewißheit feststeht, ohne durch eine Definition näher bestimmt werden zu können. Zu der durch das Wort *Empfinden* („Sinnenweit") bezeichneten ursprünglichen Tatsache steht das Element des Fremden immer auf irgend eine Weise in Beziehung. Die philosophische Gestaltungskraft großer Denker hat durch halbanschauliche schematische Teilungen wie Erscheinung und Ding an sich, Welt als Wille und Vorstellung, Ich und Nicht-Ich diese Beziehung immer wieder schärfer zu fassen versucht, obwohl diese Absicht sicherlich die Möglichkeiten exakter menschlicher Erkenntnis überschreitet. Ebenso birgt sich in der als *Fühlen* („Innenwelt") bezeichneten ursprünglichen Tatsache das Element des Eignen in einer Weise, deren strenge Fassung den Methoden des abstrakten Denkens ebenfalls entzogen bleibt.

Ich bezeichne weiterhin mit den Worten *Seele* und *Welt* denjenigen Gegensatz, *dessen Vorhandensein mit der Tatsache des rein menschlichen Wachseins selbst identisch ist*. Es gibt Grade der Klarheit und Schärfe dieses Gegensatzes, Grade der

Geistigkeit des Wachseins also, von dem dumpfen und doch zuweilen bis in die Tiefe erleuchteten verstehenden Empfinden des primitiven Menschen und des Kindes – hierher gehören die in Spätzeiten immer seltneren Augenblicke der religiösen und künstlerischen Inspiration – bis zur äußersten Schärfe des rein verstehenden Wachseins etwa in den Zuständen des kantischen und des napoleonischen Denkens. Hier ist aus dem Gegensatz von Seele und Welt der von Subjekt und Objekt geworden. Diese *elementare Struktur* des Wachseins ist als eine Tatsache von unmittelbarer innerer Gewißheit der begrifflichen Zergliederung nicht weiter zugänglich, und ebenso gewiß ist es, daß jene beiden nur sprachlich und gewissermaßen künstlich abteilbaren Elemente stets miteinander und durcheinander da sind und durchaus als Einheit, als Totalität hervortreten, ohne daß das erkenntniskritische Vorurteil des geborenen Idealisten und Realisten, wonach entweder die Seele der Welt oder die Welt der Seele als das Primäre – sie sagen „als Ursache" – zugrunde liegt, in der Tatsache des Wachseins an sich irgendwie begründet wäre. Ob in einem philosophischen System der Akzent auf dem einen oder andern liegt, ist lediglich ein Kennzeichen der Persönlichkeit und von rein biographischer Bedeutung.

Gibt man den Begriffen des Werdens und des Gewordnen eine Anwendung auf diese Struktur des Wachseins als der Spannung von Gegensätzen, so erhält das Wort *Leben* einen ganz bestimmten, dem des Werdens nahe verwandten Sinn. Man darf Werden und Gewordnes als die Gestalt bezeichnen, in welcher die Tatsache und das Ergebnis des Lebens für das Wachsein vorhanden sind. Das eigne, fortschreitende, ständig sich erfüllende Leben wird, solange der Mensch wach ist, durch das Element des Werdens in seinem Wachsein dargestellt – *diese Tatsache heißt Gegenwart* – und es besitzt wie alles Werden das geheimnisvolle *Merkmal der Richtung*, das der Mensch in allen höheren Sprachen durch das Wort *Zeit* und die daran sich knüpfenden Probleme geistig zu bannen und – vergeblich – zu deuten versucht hat. Es folgt daraus eine tiefe Beziehung des *Gewordenen (Starren) zum Tode*.

Nennt man die Seele – und zwar ihre erfühlte Art, nicht ihr gedachtes und vorgestelltes Bild – das *Mögliche*, die Welt dagegen das Wirkliche, Ausdrücke, über deren Bedeutung ein inneres Gefühl keinen Zweifel läßt, so erscheint das Leben als *die Gestalt, in welcher sich die Verwirklichung des Möglichen vollzieht*. Im Hinblick auf das Merkmal der Richtung heißt das Mögliche *Zukunft*, das Verwirklichte *Vergangenheit*. Die Verwirklichung selbst, die Mitte und den Sinn des Lebens, nennen wir *Gegenwart*. „Seele" ist das zu Vollendende, „Welt" das Vollendete, „Leben" die Vollendung. Die Ausdrücke Augenblick, Dauer, Entwicklung, Lebensinhalt, Bestimmung, Umfang, Ziel, Fülle und Leere des Lebens erhalten damit eine bestimmte, für alles Folgende, namentlich für das Verständnis historischer Phänomene wesentliche Bedeutung.

Endlich sollen die Worte *Geschichte* und *Natur*, wie schon erwähnt, in einem ganz bestimmten, bisher nicht üblichen Sinne angewandt werden. Es sind darunter *mögliche* Arten zu verstehen, die Gesamtheit des Bewußten, Werden *und* Gewordenes, Leben *und* Erlebtes, in einem einheitlichen, durchgeistigten, wohlgeordneten *Weltbilde* aufzufassen, je nachdem das Werden oder das Gewordne, die Richtung oder die Ausdehnung („Zeit“ und „Raum“) den unteilbaren Eindruck gestaltend beherrschen. Es handelt sich hier *nicht um eine Alternative*, sondern um eine Reihe von unendlich vielen und sehr verschiedenartigen Möglichkeiten, eine „Außenwelt“ als Abglanz und Zeugnis des eignen Daseins zu besitzen, eine Reihe, deren äußerste Glieder eine rein *organische* und eine rein *mechanische Weltanschauung* (im wörtlichen Sinne: *Anschauung der Welt*) sind. Der Urmensch (so wie wir sein Wachsein uns vorstellen) und das Kind (wie wir uns erinnern) besitzen noch keine dieser Möglichkeiten mit hinreichender Klarheit der Durchbildung. Als Bedingung dieses höheren Weltbewußtseins hat man den Besitz der *Sprache* anzusehen, und zwar nicht den einer menschlichen Sprache überhaupt, sondern den einer *Kultursprache*, die für den ersten noch nicht vorhanden und für das andere, obwohl vorhanden, noch nicht zugänglich ist. Beide besitzen, um dasselbe mit anderen Worten zu sagen, noch kein klares und deutliches Weltdenken, zwar eine Ahnung, aber noch kein wirkliches Wissen von Geschichte und Natur, in deren Zusammenhang ihr eigenes Dasein eingegliedert erscheint: *Sie haben keine Kultur*.

Damit erhält dieses wichtige Wort einen bestimmten, sehr bedeutsamen Sinn, der in allem Folgenden vorausgesetzt wird. Ich unterscheide im Hinblick auf die oben gewählten Bezeichnungen der Seele als des Möglichen und der Welt als des Wirklichen *mögliche* und *wirkliche* Kultur, das heißt Kultur als *Idee des – allgemeinen oder einzelnen – Daseins* und Kultur als *Körper* dieser Idee, als die Summe ihres versinnlichten, räumlich und faßlich gewordenen Ausdrucks: Taten und Gesinnungen, Religion und Staat, Künste und Wissenschaften, Völker und Städte, wirtschaftliche und gesellschaftliche Formen, Sprachen, Rechte, Sitten, Charaktere, Gesichtszüge und Trachten. *Höhere Geschichte* ist, mit dem Leben, dem Werden eng verwandt, *die Verwirklichung möglicher Kultur*.

Es muß hinzugefügt werden, daß diese grundlegenden Bestimmungen zum großen Teil nicht mehr im Bereich der Mitteilbarkeit durch Begriff, Definition und Beweis liegen, daß sie vielmehr ihrer tiefsten Bedeutung nach gefühlt, erlebt, erschaut werden müssen. Es besteht ein selten recht gewürdigter Unterschied zwischen *Erleben* und *Erkennen*, zwischen der unmittelbaren Gewißheit, wie sie die Arten der Intuition (Erleuchtung, Eingebung, künstlerisches Schauen, Lebenserfahrung, der Blick des Menschenkenners, Goethes „exakte sinnliche Phantasie“) gewähren, und den Ergebnissen verstandesmäßiger Erfahrung und experimenteller Technik. Der Mitteilung dienen dort der Vergleich, das Bild, das Symbol, hier die Formel, das Gesetz, das Schema. Gewordenes wird erkannt, oder vielmehr, wie sich zeigen wird, das Gewordensein für den menschlichen Geist ist mit dem vollzogenen Erkenntnisakt identisch. Ein Werden kann nur erlebt, mit tiefem wortlosen Verstehen gefühlt werden.

Hierauf beruht das, was man Menschenkenntnis nennt. Geschichte verstehen heißt Menschenkenner im höchsten Sinne sein. Je reiner ein Geschichtsbild, desto ausschließlicher ist es diesem bis in das Innere fremder Seelen dringenden Blick zugänglich, der mit den Erkenntnismitteln, welche die „Kritik der reinen Vernunft" untersucht, nichts zu schaffen hat. Der Mechanismus eines reinen Naturbildes, etwa der Welt Newtons und Kants, wird erkannt, begriffen, zergliedert, in Gesetze und Gleichungen, zuletzt in ein System gebracht. Der Organismus eines reinen Geschichtsbildes, wie es die Person Plotins, Dantes und Brunos war, wird angeschaut, innerlich erlebt, als Gestalt und Sinnbild aufgefaßt, zuletzt in dichterischen und künstlerischen Konzeptionen wiedergegeben. Goethes „lebendige Natur" ist ein *historisches* Weltbild.

2

Ich wähle als Beispiel für die Art, wie eine Seele sich im Bilde ihrer Umwelt zu verwirklichen sucht, inwiefern also gewordene Kultur Ausdruck und Abbild einer Idee menschlichen Daseins ist, die *Zahl*, die aller Mathematik als schlechthin gegebenes Element zugrunde liegt. Und zwar deshalb, weil die Mathematik, in ihrer ganzen Tiefe den wenigsten erreichbar, einen einzigartigen Rang unter allen Schöpfungen des Geistes behauptet. Sie ist eine Wissenschaft strengsten Stils wie die Logik, aber umfassender und bei weitem gehaltvoller; sie ist eine echte Kunst neben der Plastik und Musik, was die Notwendigkeit einer leitenden Inspiration und die großen Konventionen der Form in ihrer Entwicklung angeht; sie ist endlich eine Metaphysik von höchstem Range, wie Plato und vor allem Leibniz beweisen. Jede Philosophie ist bisher in der Verbundenheit mit einer *zugehörigen* Mathematik erwachsen. Die Zahl ist das Symbol der *kausalen* Notwendigkeit. Sie enthält wie der Gottesbegriff den letzten Sinn der Welt als Natur. Deshalb darf man das Dasein von Zahlen ein Mysterium nennen und das religiöse Denken aller Kulturen hat sich diesem Eindruck nie entzogen.

Wie alles Werden das ursprüngliche Merkmal der *Richtung* (Nichtumkehrbarkeit), so trägt alles Gewordene das Merkmal der *Ausdehnung*, und zwar so, daß nur eine künstliche Trennung der Bedeutung dieser Worte möglich erscheint. Das eigentliche Geheimnis alles Gewordenen und also (räumlich-stofflich) Ausgedehnten aber verkörpert sich im Typus der *mathematischen* im Gegensatz zur *chronologischen* Zahl. Und zwar liegt in ihrem Wesen die Absicht einer *mechanischen Grenzsetzung*. Die Zahl ist darin dem *Worte* verwandt, das – als Begriff, „begreifend", „bezeichnend" – ebenfalls Welteindrücke abgrenzt. Das Tiefste ist hier allerdings unfaßlich und unaussprechlich. Die *wirkliche* Zahl, mit welcher der Mathematiker arbeitet, das *exakt vorgestellte, gesprochene, geschriebene Zahlzeichen* – Ziffer, Formel, Zeichen, Figur – ist wie das gedachte, gesprochene, geschriebene Wort bereits ein Symbol dafür, versinnlicht und mitteilbar, ein greifbares Etwas für das innere und äußere Auge, in welchem die Grenzsetzung abgebildet erscheint. Der Ursprung der Zahlen gleicht dem Ursprung des

Mythos. Der primitive Mensch erhebt unbestimmbare Natureindrücke („das Fremde") zu Gottheiten, *numina*, indem er sie durch einen *Namen*, sie begrenzend, bannt. Ebenso sind Zahlen etwas, das Natureindrücke abgrenzt und damit bannt. Mit Namen und Zahlen gewinnt das menschliche Verstehen Macht über die Welt. Die Zeichensprache einer Mathematik und die Grammatik einer Wortsprache sind letzten Endes von gleichem Bau. Die Logik ist immer eine Art Mathematik und umgekehrt. Mithin liegt auch in allen Akten menschlichen Verstehens, welche zur mathematischen Zahl in Beziehung stehen – messen, zählen, zeichnen, wägen, ordnen, teilen–, die sprachliche, durch die Formen des Beweises, Schlusses, Satzes, Systems dargestellte Tendenz auf Abgrenzung von Ausgedehntem, und erst durch kaum noch bewußte Akte dieser Art gibt es für den wachen Menschen durch Ordnungszahlen eindeutig bestimmte Gegenstände, Eigenschaften, Beziehungen, Einzelnes, Einheit und Mehrheit, kurz die als notwendig und unerschütterlich empfundene Struktur desjenigen Weltbildes, das er „Natur" nennt und als solche „erkennt". *Natur ist das Zählbare.* Geschichte ist der Inbegriff dessen, was zur Mathematik kein Verhältnis hat. Daher die mathematische Gewißheit der Naturgesetze, die staunende Einsicht Galileis, daß die Natur „ *scritta in lingua matematica*" sei und die von Kant hervorgehobene Tatsache, daß die exakte Naturwissenschaft genau so weit reicht wie die Möglichkeit der Anwendung mathematischer Methoden.

In der Zahl als dem *Zeichen der vollendeten Begrenzung* liegt demnach, wie Pythagoras oder wer es sonst war, infolge einer großartigen, durchaus religiösen Intuition mit innerster Gewißheit begriff, das Wesen alles Wirklichen, das geworden, erkannt, begrenzt zugleich ist. Indes darf man Mathematik, wenn man darunter die Fähigkeit, in Zahlen praktisch zu denken, versteht, nicht mit der viel engeren wissenschaftlichen Mathematik, der mündlich oder schriftlich entwickelten *Lehre* von den Zahlen verwechseln. Die geschriebene Mathematik repräsentiert so wenig wie die in theoretischen Werken niedergelegte Philosophie den ganzen Besitz dessen, was im Schoße einer Kultur an mathematischem und philosophischem Blick und Denken vorhanden war. Es gibt noch ganz andere Wege, das den Zahlen zugrunde liegende Urgefühl zu versinnlichen. Am Anfang jeder Kultur steht ein archaischer Stil, den man nicht nur in der frühhellenischen Kunst hätte geometrisch nennen können. Es liegt etwas Gemeinsames, ausdrücklich Mathematisches in diesem antiken Stil des 10. Jahrhunderts, im Tempelstil der 4. Dynastie Ägyptens mit seiner unbedingten Herrschaft der geraden Linie und des rechten Winkels, im altchristlichen Sarkophagrelief und im romanischen Bau und Ornament. Jede Linie, jede menschliche oder Tierfigur mit ihrer gar nicht imitativen Absicht offenbart hier ein mystisches Zahlendenken in unmittelbarer Beziehung auf das Geheimnis des Todes (des Starren).

Gotische Dome und dorische Tempel sind *steingewordne Mathematik*. Gewiß hat erst Pythagoras die antike Zahl als das Prinzip einer Weltordnung *greifbarer Dinge*, als *Maß oder Größe*, wissenschaftlich erfaßt. Aber sie wurde eben damals auch als schöne

Ordnung von sinnlich-körperhaften Einheiten durch den strengen Kanon der Statue und die dorische Säulenordnung zum Ausdruck gebracht. Alle großen Künste sind ebensoviel Arten zahlenmäßiger bedeutungsvoller Grenzgebung. Man denke an das Raumproblem in der Malerei. Eine hohe mathematische Begabung kann auch ohne jede Wissenschaft *technisch* produktiv sein und in dieser Form zum vollen Bewußtsein ihrer selbst gelangen. Man wird doch angesichts des gewaltigen Zahlensinnes, den die Raumgliederung der Pyramidentempel, die Bau-, Bewässerungs- und Verwaltungstechnik, vom ägyptischen Kalender ganz zu schweigen, schon im Alten Reiche voraussetzt, nicht behaupten wollen, daß das wertlose „Rechenbuch des Ahmes" aus dem Neuen Reich das Niveau der ägyptischen Mathematik bezeichne. Die Eingebornen Australiens, deren Geist durchaus der Stufe des Urmenschen angehört, besitzen einen mathematischen Instinkt oder, was dasselbe ist, ein noch nicht durch Worte und Zeichen mitteilbar gewordenes Denken in Zahlen, das in bezug auf die Interpretation reiner Räumlichkeit das griechische bei weitem übertrifft. Sie haben als Waffe den Bumerang erfunden, dessen Wirkung auf eine gefühlsmäßige Vertrautheit mit Zahlenarten schließen läßt, die wir der höheren geometrischen Analysis zuweisen würden. Sie besitzen *dementsprechend* – aus einem später zu erläuternden Zusammenhange – ein äußerst kompliziertes Zeremoniell und eine so feine sprachliche Abstufung der Verwandtschaftsgrade, wie sie nirgends, selbst in hohen Kulturen nicht wieder beobachtet worden ist. Dem entspricht es, daß die Griechen in ihrer reifsten Zeit unter Perikles in Analogie zur euklidischen Mathematik weder einen Sinn für das Zeremoniell des öffentlichen Lebens noch für die Einsamkeit besaßen, sehr im Gegensatz zum Barock, das neben der Analysis des Raumes den Hof des Sonnenkönigs und ein auf dynastischen Verwandtschaften beruhendes Staatensystem entstehen sah.

Es ist der Stil einer Seele, der in einer Zahlenwelt, aber nicht in ihrer wissenschaftlichen Fassung allein zum Ausdruck kommt.

3

Daraus folgt eine entscheidende Tatsache, die den Mathematikern selbst bisher verborgen geblieben ist.

Eine Zahl an sich gibt es nicht und kann es nicht geben. Es gibt mehrere Zahlenwelten, weil es mehrere Kulturen gibt. Wir finden einen indischen, arabischen, antiken, abendländischen Typus des mathematischen Denkens und damit Typus einer Zahl, jeder von Grund aus etwas Eignes und Einziges, jeder Ausdruck eines andern Weltgefühls, jeder Symbol von einer auch wissenschaftlich genau begrenzten Gültigkeit, Prinzip einer Ordnung des Gewordenen, in der sich das tiefste Wesen einer einzigen und keiner andern Seele spiegelt, derjenigen, welche Mittelpunkt gerade dieser und keiner andern Kultur ist. Es gibt demnach mehr als eine Mathematik. Denn ohne Zweifel ist der innere Bau der euklidischen Geometrie ein ganz anderer als der der kartesischen, die Analysis von Archimedes eine andere als die von Gauß, nicht nur der Formensprache, der Absicht und den Mitteln nach, sondern vor allem in der Tiefe, im ursprünglichen und wahllosen Sinn der Zahl, deren wissenschaftliche Entwicklung sie darstellt. Diese Zahl, das Grenzerlebnis, das in ihr mit Selbstverständlichkeit versinnlicht worden ist, mithin auch die gesamte Natur, die ausgedehnte Welt, deren Bild durch diese Grenzgebung entstanden und die immer nur der Behandlung durch eine einzige Art von Mathematik zugänglich ist, das alles spricht nicht vom allgemeinen, sondern jedesmal von einem ganz bestimmten Menschentum.

Es hängt also für den Stil einer entstehenden Mathematik alles davon ab, in welcher Kultur sie wurzelt, was für Menschen über sie nachdenken. Der Geist kann die in ihr angelegten Möglichkeiten zur wissenschaftlichen Entfaltung bringen, sie handhaben, an ihrer Behandlung zur höchsten Reife gelangen; sie abzuändern ist er völlig außerstande. In den frühesten Formen des antiken Ornaments und der gotischen Architektur ist die Idee der euklidischen Geometrie und der Infinitesimalrechnung verwirklicht, Jahrhunderte bevor der erste gelehrte Mathematiker dieser Kulturen geboren wurde.

Ein tiefes inneres Erlebnis, das eigentliche *Erwachen des Ich,* welches das Kind zum höhern Menschen, zum Gliede der ihm angehörigen Kultur macht, bezeichnet den Beginn des Zahlen- wie des Sprachverständnisses. Erst von hier an gibt es für das Wachsein Gegenstände als etwas nach Zahl und Art Begrenztes und Wohlunterschiedenes, erst von hier an genau bestimmbare Eigenschaften, Begriffe, eine kausale Notwendigkeit, ein *System* der Umwelt, eine *Weltform, Weltgesetze* – das „Gesetzte" ist seiner Natur nach immer das Begrenzte, Starre, den Zahlen Unterworfene – und ein plötzliches fast metaphysisches Gefühl von Angst und Ehrfurcht dafür, was Messen, Zählen, Zeichnen, Formen in der Tiefe bedeuten.

Nun hat Kant den Besitz menschlichen Wissens nach Synthesen a priori (notwendig und allgemeingültig) und a posteriori (aus der Erfahrung von Fall zu Fall stammend) eingeteilt und die mathematische Erkenntnis den ersteren zugerechnet. Zweifellos hat er damit ein starkes inneres Gefühl in eine abstrakte Fassung gebracht. Aber ganz abgesehen davon, daß eine scharfe Grenze zwischen beiden, wie sie nach der ganzen Herkunft des Prinzips unbedingt gefordert werden müßte, nicht vorhanden ist (wofür die moderne höhere Mathematik und Mechanik mehr als hinreichend Beispiele geben), erscheint auch das a priori, sicherlich eine der genialsten Konzeptionen aller Erkenntniskritik, als ein sehr schwieriger Begriff. Kant setzt mit ihm, ohne sich die Mühe eines Beweises zu geben – der sich auch gar nicht erbringen läßt –, sowohl die *Urveränderlichkeit der Form* aller Geistestätigkeit als ihre *Identität für alle Menschen* voraus. Infolgedessen ist ein Umstand von gar nicht zu überschätzender Tragweite völlig übersehen worden, vor allem deshalb, weil Kant bei der Prüfung seiner Gedanken nur den geistigen Habitus seiner Zeit, um nicht zu sagen nur seinen eigenen, zu Rate zog. Er betrifft den *schwankenden Grad* dieser „Allgemeingültigkeit". Neben gewissen Zügen von zweifellos weitreichender Geltung, die wenigstens scheinbar unabhängig davon sind, zu welcher Kultur, in welches Jahrhundert der Erkennende gehört, liegt allem Denken auch noch eine ganz andere Notwendigkeit der Form zugrunde, welcher der Mensch eben als Glied *einer bestimmten und keiner anderen Kultur mit Selbstverständlichkeit* unterworfen ist. Das sind zwei sehr verschiedene Arten des apriorischen Gehaltes und es ist eine nie zu beantwortende, weil jenseits aller Erkenntnismöglichkeiten liegende Frage, welches die Grenze zwischen ihnen ist und ob es eine solche überhaupt gibt. Daß die bisher als selbstverständlich geltende Konstanz der Geistesverfassung eine Illusion ist, daß es innerhalb der uns vorliegenden Geschichte mehr als einen *Stil des Erkennens* gibt, hat man bisher nicht anzunehmen gewagt. Aber es sei daran erinnert, daß Einstimmigkeit in Dingen, die noch gar nicht Problem geworden sind, nicht nur eine allgemeine Wahrheit, sondern auch eine allgemeine Selbsttäuschung beweisen kann. Ein dunkler Zweifel war allenfalls immer da und man hätte das Richtige schon aus der Nichtübereinstimmung sämtlicher Denker erschließen sollen, welche jeder Blick auf die Geschichte des Denkens offenbart. Aber daß diese nicht auf eine Unvollkommenheit des menschlichen Geistes, auf ein „Noch nicht" einer endgültigen Erkenntnis zurückgeht, kein Mangel, sondern eine schicksalhafte historische Notwendigkeit ist – das ist eine *Entdeckung*. Das Tiefste und Letzte kann nicht aus der Konstanz, sondern allein aus der *Verschiedenheit*, und zwar aus der *organischen Logik* dieser Verschiedenheit, erschlossen werden. Die *vergleichende Morphologie der Erkenntnisformen* ist eine Aufgabe, die dem abendländischen Denken noch vorbehalten ist.

4

Wäre Mathematik eine bloße Wissenschaft wie die Astronomie oder Mineralogie, so würde man ihren Gegenstand definieren können. Man kann es nicht und hat es nie gekonnt. Mögen wir Westeuropäer auch den eigenen wissenschaftlichen Zahlbegriff gewaltsam auf das anwenden, was die Mathematiker in Athen und Bagdad beschäftigte, soviel ist sicher, daß Thema, Absicht und Methode der gleichnamigen Wissenschaft dort ganz andere waren. *Es gibt keine Mathematik, es gibt nur Mathematiken*. Was wir Geschichte „der" Mathematik nennen, vermeintlich die fortschreitende Verwirklichung eines einzigen und unveränderlichen Ideals, ist in der Tat, sobald man das täuschende Bild der historischen Oberfläche beseitigt, eine *Mehrzahl* in sich geschlossener, unabhängiger Entwicklungen, eine wiederholte Geburt neuer, ein Aneignen, Umbilden und Abstreifen fremder Formenwelten, ein rein organisches, an eine bestimmte *Dauer* gebundenes Aufblühen, Reifen, Welken und Sterben. Man lasse sich nicht täuschen. Der antike Geist schuf seine Mathematik fast aus dem Nichts; der historisch angelegte Geist des Abendlandes, der die *angelernte* antike Wissenschaft schon besaß – äußerlich, nicht innerlich –, mußte die eigne durch ein scheinbares Ändern und Verbessern, durch ein tatsächliches Vernichten der ihm wesensfremden euklidischen gewinnen. Das eine geschah durch Pythagoras, das andere durch Descartes. Beide Akte sind in der Tiefe *identisch*.

Die Verwandtschaft der Formensprache einer Mathematik mit derjenigen der benachbarten großen Künstewird demnach keinem Zweifel unterliegen. Das Lebensgefühl von Denkern und Künstlern ist sehr verschieden, aber die Ausdrucksmittel ihres Wachseins sind innerlich von gleicher Form. Das Formempfinden des Bildhauers, Malers, Tondichters ist ein wesentlich mathematisches. In der geometrischen Analysis und der projektiven Geometrie des 17. Jahrhunderts offenbart sich dieselbe durchgeistigte Ordnung einer unendlichen Welt, welche die gleichzeitige Musik durch die aus der Kunst des Generalbasses entwickelte Harmonik – diese Geometrie des Tonraumes –, welche die ihr verschwisterte Ölmalerei durch das Prinzip einer *nur dem Abendland* bekannten Perspektive – dieser gefühlten Geometrie des Bildraumes – ins Leben rufen, ergreifen, durchdringen möchte. Sie ist das, was Goethe *die Idee* nannte, *deren Gestalt im Sinnlichen unmittelbar angeschaut werde*, während die bloße Wissenschaft nicht anschaue, sondern nur beobachte und zergliedere. Aber die Mathematik geht über Beobachten und Zergliedern hinaus. Sie verfährt in ihren höchsten Augenblicken visionär, nicht abstrahierend. Von Goethe stammt auch das tiefe Wort, daß der Mathematiker nur insofern vollkommen sei, als er das *Schöne des Wahren* in sich empfinde. Hier wird man fühlen, wie nahe das Geheimnis im Wesen der Zahl dem Geheimnis der künstlerischen Schöpfung liegt. Damit tritt der geborene Mathematiker neben die großen Meister der Fuge, des Meißels und des Pinsels, die ebenfalls jene große Ordnung aller Dinge, die der bloße Mitmensch ihrer Kultur in sich trägt, ohne sie wirklich zu besitzen, in Symbole kleiden, verwirklichen, mitteilen wollen und müssen. Damit wird das Reich der Zahlen zum Abbild der Weltform neben dem Reich der Töne, Linien und Farben. Deshalb bedeutet das Wort „schöpferisch“ im Mathematischen mehr als in den bloßen Wissenschaften. Newton, Gauß, Riemann waren künstlerische Naturen. Man lese nach, wie ihre großen Konzeptionen sie plötzlich überfielen. „Ein Mathematiker“, meinte der alte Weierstraß, „der nicht zugleich ein Stück von einem Poeten ist, wird niemals ein vollkommener Mathematiker sein.“

Mathematik ist also *auch eine Kunst*. Sie hat ihre Stile und Stilperioden. Sie ist nicht, wie der Laie meint – auch der Philosoph, insofern er hier als Laie urteilt –, der Substanz nach unveränderlich, sondern wie jede Kunst von Epoche zu Epoche unvermerkten Wandlungen unterworfen. Man sollte die Entwicklung der großen Künste nie behandeln, ohne auf die gleichzeitige Mathematik einen gewiß nicht unfruchtbaren Seitenblick zu werfen. Einzelheiten in den sehr tiefen Beziehungen zwischen den Wandlungen der Musiktheorie und der Analysis des Unendlichen sind nie untersucht worden, obwohl die Ästhetik mehr daraus hätte lernen können als aus aller "Psychologie“. Noch aufschlußreicher würde eine Geschichte der Musikinstrumente sein, wenn sie nicht, wie es immer geschieht, von den technischen Gesichtspunkten der Tonerzeugung, sondern von den letzten seelischen Gründen der angestrebten Tonfarbe und -wirkung aus behandelt würde. Denn der bis zur Sehnsucht gesteigerte Wunsch, eine raumhafte Unendlichkeit von Klängen herauszubilden, hat im Gegensatz zur antiken Leier und Schalmei (Lyra, Kithara; Aulos, Syrinx) und zur arabischen Laute schon in gotischer Zeit die beiden herrschenden Familien der Orgel (Klavier) und Streichinstrumente hervorgebracht. Beide sind, welches auch ihre technische Herkunft gewesen sein mag, ihrer Tonseele nach im keltisch-germanischen Norden zwischen Irland, Weser und Seine ausgebildet worden, Orgel und Klavichord sicherlich in England. Die Streichinstrumente haben 1480-1530 in Oberitalien ihre endgültige Gestalt erhalten; die Orgel hat sich hauptsächlich in Deutschland zu dem *raumbeherrschenden* Einzelinstrument von riesenhafter Größe entwickelt, das in der gesamten Musikgeschichte nicht seinesgleichen hat. Das freie Orgelspiel Bachs und seiner Zeit ist durchaus Analysis einer ungeheuren und weiträumigen Tonwelt. Und ebenso entspricht es der inneren Form des abendländischen und nicht des antiken mathematischen Denkens, wenn die Streich- und Blasinstrumente nicht einzeln, sondern nach den menschlichen Stimmlagen in ganzen Gruppen von gleicher Klangfarbe entwickelt werden (Streichquartett, Holzbläser, Posaunenchor), so daß die Geschichte des modernen Orchesters mit allen Erfindungen neuer und Verwandlungen alter Instrumente in Wirklichkeit *die Einheitsgeschichte einer Klangwelt* ist, die sich sehr wohl mit Ausdrücken der höheren Analysis beschreiben ließe.

5

Als man im Kreise der Pythagoräer um 540 zu der Einsicht kam, *daß das Wesen aller Dinge die Zahl* sei, da wurde nicht „in der Entwicklung der Mathematik ein Schritt vorwärts getan", sondern es wurde eine ganz neue Mathematik aus der Tiefe des antiken Seelentums geboren, als selbstbewußte Theorie, nachdem sie in metaphysischen Fragestellungen und künstlerischen Formtendenzen sich längst angekündigt hatte. Eine neue Mathematik, wie die stets ungeschrieben gebliebene der ägyptischen und wie die algebraisch-astronomisch gestaltete der babylonischen Kultur mit ihren ekliptischen Koordinatensystemen, die beide in einer großen Stunde der Geschichte einmal geboren wurden und damals längst erloschen waren. Die im 2. Jahrhundert v. Chr. vollendete antike Mathematik verschwand aus der Welt trotz ihres in unsrer Bezeichnungsweise noch heute währenden Scheindaseins, um der arabischen in der Ferne Platz zu machen. Was wir von der alexandrinischen Mathematik wissen, setzt eine große Bewegung auf diesem Gebiete voraus, deren Schwerpunkt durchaus in den persisch-babylonischen Hochschulen wie Edessa, Dschondisabur und Ktesiphon gelegen haben muß, und die nur mit Einzelheiten in das antike Sprachgebiet hinübergriff. Die Mathematiker in Alexandria sind trotz ihrer griechischen Namen – Zenodoros, der die isoperimetrischen Figuren behandelte, Serenos, der mit den Eigenschaften eines harmonischen Strahlenbüschels im Raum arbeitete, Hypsikles, der die chaldäische Kreisteilung eingeführt hat, und vor allem Diophant – zweifellos sämtlich Aramäer und ihre Schriften nur ein kleiner Teil einer vorwiegend syrisch geschriebenen Literatur.Diese Mathematik fand in der arabisch-islamischen Forschung ihren Abschluß, und es folgte nach langer Zwischenzeit, wieder als eine ganz neue Schöpfung eines neuen Bodens, die abendländische, *unsere* Mathematik, die wir in seltsamer Verblendung als *die* Mathematik, den Gipfel und das Ziel einer zweitausendjährigen Entwicklung, ansehen und deren heute fast abgelaufene Jahrhunderte ebenso streng bemessen sind.

Jener Ausspruch, daß die Zahl das Wesen aller *sinnlich greifbaren* Dinge darstelle, ist der wertvollste der antiken Mathematik geblieben. Mit ihm ist die Zahl als Maß definiert worden. Darin liegt das ganze Weltgefühl einer dem *Jetzt und Hier* leidenschaftlich zugewendeten Seele. Messen in diesem Sinne heißt etwas Nahes und Körperhaftes messen. Denken wir an den Inbegriff des antiken Kunstwerkes, die freistehende Bildsäule eines nackten Menschen: hier ist alles Wesentliche und Bedeutsame des Daseins, dessen ganzer Rhythmus, erschöpfend durch Flächen, Maße und die sinnlichen Verhältnisse der Teile gegeben. Der pythagoräische Begriff der Harmonie der Zahlen, obwohl vielleicht aus einer Musik abgeleitet, welche die Polyphonie und Harmonie nicht kannte und durch die Ausbildung ihrer Instrumente einen pastosen, fast körperhaften Einzelton anstrebte, scheint durchaus für das Ideal dieser Plastik geprägt zu sein. Der behandelte Stein ist nur insofern ein Etwas, als er abgewogene Grenzen und gemessene Form besitzt, als das, was er unter dem Meißel des Künstlers *geworden* ist. Abgesehen davon ist er *Chaos*, etwas noch nicht Verwirklichtes, vorläufig also ein Nichts. Dies Gefühl, ins Große übertragen, schafft als Gegensatz zum Zustand des Chaos den des *Kosmos*, die abgeklärte Lage in der Außenwelt der antiken Seele, die harmonische Ordnung aller wohlbegrenzten und greifbar gegenwärtigen Einzeldinge. Die Summe dieser Dinge ist bereits die *ganze* Welt. Der Abstand zwischen ihnen, *unser* mit dem ganzen Pathos eines großen Symbols erfüllter Weltraum, ist nichts, το μη ον Ausdehnung heißt für den antiken Menschen Körperlichkeit, für uns Raum, als dessen Funktion die Dinge „erscheinen“. Von hier aus rückwärts blickend enträtseln wir vielleicht den tiefsten Begriff der antiken Metaphysik, das απειρον Anaximanders, das sich in keine Sprache des Abendlandes übersetzen läßt: es ist das, was keine „Zahl“ im pythagoräischen Sinne besitzt, keine gemessene Größe und Grenze, kein Wesen also; *das Maßlose, die Unform*, eine Statue, die noch nicht aus dem Blocke herausgemeißelt ist. Dies ist die αρχη, das optisch Grenzen- und Formlose, das erst durch Grenzen, durch sinnliche Vereinzelung ein Etwas, die Welt nämlich, wird. Es ist das, was der antiken Erkenntnis als Form a priori zugrunde liegt, Körperlichkeit an sich, und an dessen Stelle im kantischen Weltbilde genau entsprechend der Raum erscheint, aus dem Kant sich angeblich „alle Dinge fortdenken konnte“.

Man wird jetzt begreifen, was eine Mathematik von der andern, was insbesondere die antike von der abendländischen scheidet. Das reife antike Denken konnte seinem ganzen Weltgefühl nach in der Mathematik nur die Lehre von den Größen-, Maß- und

Gestaltverhältnissen leibhafter Körper sehen. Wenn Pythagoras aus diesem Gefühl heraus die entscheidende Formel aussprach, so war eben für ihn die Zahl ein *optisches* Symbol, nicht Form überhaupt oder abstrakte Beziehung, sondern das Grenzzeichen des Gewordenen, insofern dieses in sinnlich übersehbaren Einzelheiten auftritt. Zahlen werden von der gesamten Antike ohne Ausnahme als Maßeinheiten, als Größen, Strecken, Flächen aufgefaßt. Eine andere Art Ausdehnung ist ihr nicht vorstellbar. Alle antike Mathematik ist im letzten Grunde *Stereometrie*. Euklid, der im 3. Jahrhundert ihr System abschloß, meint, wenn er von einem Dreieck spricht, mit innerster Notwendigkeit die Grenzfläche eines Körpers, niemals ein System dreier sich schneidender Geraden oder eine Gruppe dreier Punkte im Raum von drei Dimensionen. Er bezeichnet die Linie als „Länge ohne Breite" (μηχοσ απλατεσ). In unserm Munde würde diese Definition kläglich sein. Innerhalb der antiken Mathematik ist sie ausgezeichnet.

Auch die abendländische Zahl ist nicht, wie Kant und selbst Helmholtz dachten, aus der Zeit als einer Form a priori der Anschauung hervorgegangen, sondern als Ordnung gleichartiger Einheiten etwas spezifisch Räumliches. Die wirkliche Zahl hat, wie sich immer deutlicher zeigen wird, mit mathematischen Dingen nicht das Geringste zu tun. Zahlen gehören ausschließlich in die Sphäre des Ausgedehnten. Aber es gibt so viele Möglichkeiten und also Notwendigkeiten, Ausgedehntes geordnet vorzustellen, als es Kulturen gibt. Die antike Zahl ist nicht ein Denken räumlicher Beziehungen, sondern *für das leibliche Auge* abgegrenzter, greifbarer Einheiten. Die Antike kennt deshalb – das folgt mit Notwendigkeit – nur die *"natürlichen" (positiven, ganzen)* Zahlen, die unter den vielen, äußerst abstrakten Zahlenarten der abendländischen Mathematik, den komplexen, hyperkomplexen, nichtarchimedischen u. a. Systemen eine durch nichts ausgezeichnete Rolle spielen.

Deshalb ist die Vorstellung irrationaler Zahlen, in unserer Schreibweise also unendlicher Dezimalbrüche, dem griechischen Geist unvollziehbar geblieben. Euklid sagt – und man hätte ihn besser verstehen sollen –, daß inkommensurable Strecken sich *"nicht wie Zahlen"* verhalten. In der Tat liegt im vollzogenen Begriff der irrationalen Zahl die völlige Trennung des *Zahlbegriffs* vom Begriff der *Größe* und zwar deshalb, weil eine solche Zahl, π z. B., niemals abgegrenzt oder exakt durch eine Strecke dargestellt werden kann. Daraus folgt aber, daß in der Vorstellung etwa des Verhältnisses der Quadratseite zur Diagonale die antike Zahl, die durchaus *sinnliche* Grenze, *abgeschlossene Größe* ist, plötzlich an eine ganz andere Art der Zahl rührt, die dem antiken Weltgefühl im tiefsten Innern fremd und darum unheimlich bleibt, als sei man nahe daran, ein gefährliches Geheimnis des eignen Daseins aufzudecken. Dies verrät ein seltsamer spätgriechischer Mythos, wonach derjenige, welcher zuerst die Betrachtung des Irrationalen aus dem Verborgnen an die Öffentlichkeit brachte, durch einen Schiffbruch umgekommen sei, „weil das Unaussprechliche und Bildlose immer verborgen bleiben solle". Wer die Angst fühlt, welche diesem Mythos zugrunde liegt – es ist dieselbe, welche den Griechen der reifsten Zeit vor der Ausdehnung seiner winzigen Stadtstaaten zu politisch organisierten Landschaften, vor der Anlage weiter Straßenfluchten und Alleen mit Fernblicken und berechneten Abschlüssen, vor der babylonischen Astronomie mit ihrer Durchdringung endloser Sternenräume und vor dem Verlassen des Mittelmeeres auf Bahnen, welche die Schiffe der Ägypter und Phöniker längst erschlossen hatten, immer wieder zurückschrecken ließ; es ist die tiefe metaphysische Angst vor der Auflösung des Greifbar-Sinnlichen und Gegenwärtigen, mit dem sich das antike Dasein wie mit einer Schutzmauer umgeben hatte, hinter der etwas Unheimliches, ein Abgrund und Urgrund dieses gewissermaßen künstlich geschaffenen und behaupteten Kosmos schlief –, wer dies Gefühl begreift, der hat auch den letzten Sinn der antiken Zahl, *des Maßes im Gegensatz zum Unermeßlichen*, und das hohe religiöse Ethos in ihrer Beschränkung begriffen. Goethe als Naturforscher hat es sehr wohl gekannt – daher seine fast ängstliche Auflehnung gegen die Mathematik, die sich in Wirklichkeit, was noch niemand recht verstanden hat, unwillkürlich durchaus gegen die *nichtantike* Mathematik, die der Naturlehre seiner Zeit zugrunde liegende Infinitesimalrechnung richtete.

Die antike Religiosität sammelt sich mit steigendem Nachdruck in sinnlich gegenwärtigen – *ortsgebundenen* – Kulten, die allein einem „euklidischen“ Göttertum entsprechen. Abstrakte, in den heimatlosen Räumen des Denkens schwebende *Dogmen* sind ihm immer fern geblieben. Ein solcher Kult und ein päpstliches Dogma verhalten sich wie die Statue zur Orgel im Dom. Es haftet der euklidischen Mathematik zweifellos etwas Kultisches an. Man denke an die Geheimlehre der Pythagoräer und an die Lehre von den regelmäßigen Polyedern mit ihrer Bedeutung für die Esoterik des platonischen Kreises. Dem entspricht andrerseits eine tiefe Verwandtschaft der Analysis des Unendlichen von Descartes an mit der gleichzeitigen Dogmatik in ihrem Fortschreiten von den letzten Entscheidungen der Reformation und Gegenreformation bis zu einem reinen, von allen sinnlichen Bezügen gelösten Deismus. Descartes und Pascal waren Mathematiker *und* Jansenisten. Leibniz war Mathematiker *und* Pietist. Voltaire, Lagrange und d'Alembert sind Zeitgenossen. Man empfand aus dem antiken Seelentum heraus das Prinzip des Irrationalen, also die Zerstörung der statuarischen Reihe der ganzen Zahlen, der Repräsentanten einer in sich vollkommenen Weltordnung, als einen Frevel gegen das Göttliche selbst. Bei Plato, im „Timäus“, ist dies Gefühl unverkennbar. Mit der Verwandlung der diskontinuierlichen Zahlenreihe in ein Kontinuum wird in der Tat nicht nur der antike Zahlbegriff, sondern der Begriff der antiken Welt selbst in Frage gestellt. Man versteht nun, daß nicht einmal die uns ohne Schwierigkeit vorstellbaren *negativen* Zahlen, geschweige denn die *Null als Zahl* – eine grüblerische Schöpfung von bewunderungswürdiger Energie der Entsinnlichung, welche für die indische Seele, die sie als Grundlage des Positionssystems der Ziffern konzipiert hat, geradezu den Schlüssel zum Sinn des Seins bildet – in der antiken Mathematik möglich ist. Negative *Größen* gibt es nicht. Der Ausdruck — 2 x —

3 = + 6 ist weder anschaulich noch eine Größenvorstellung. Mit + 1 ist die Größenreihe zu Ende. In der graphischen Darstellung negativer Zahlen (+3 +2 +1 0 −1 −2 −3) werden von Null an die Strecken plötzlich *positive Symbole* von etwas Negativem. Sie *bedeuten* etwas, sie *sind* nichts mehr. Die Vollziehung dieses Aktes lag aber nicht in der Richtung des antiken Zahlendenkens.

Alles aus antikem Wachsein Geborene ist also allein durch plastische Begrenztheit zum Range eines Wirklichen erhoben worden. Was sich nicht zeichnen läßt, ist nicht „Zahl". Plato, Archytas und Eudoxos reden von Flächen- und Körperzahlen, wenn sie unsere zweiten und dritten Potenzen meinen, und es versteht sich von selbst, daß der Begriff höherer ganzzahliger Potenzen für sie nicht vorhanden ist. Eine Potenz vierten Grades würde aus dem plastischen Grundgefühl, das diesem Ausdruck sofort eine vierdimensionale, und zwar stoffliche Ausgedehntheit unterlegt, Unsinn sein. Ein Ausdruck gar wie e§ $^{-ix}$, der in unsern Formeln ständig erscheint, oder auch nur die schon im 14. Jahrhundert von Nicolas Oresme verwandte Bezeichnung 5§½ wären ihnen völlig absurd erschienen. Euklid nennt die Faktoren eines Produkts Seiten πλευραι. Man rechnet mit Brüchen – endlichen, wie sich versteht –, indem man das ganzzahlige Verhältnis zweier Strecken untersucht. Eben deshalb kann die Vorstellung von einer Zahl Null gar nicht entstehen, denn sie hat zeichnerisch keinen Sinn. Man wende nicht von der Gewöhnung unseres anders angelegten Denkens her ein, daß dies eben die „Urstufe" in der Entwicklung „der" Mathematik sei. Die antike Mathematik ist innerhalb der Welt, welche der antike Mensch um sich herum schuf, etwas Vollkommenes. Sie ist es nur nicht *für uns*. Die babylonische und die indische Mathematik hatten das für das antike Zahlengefühl Unsinnige längst zu wesentlichen Bestandteilen ihrer Zahlenwelten gemacht, und mancher griechische Denker wußte darum. „Die" Mathematik, es sei noch einmal gesagt, ist eine Illusion. Richtig, überzeugend, „denknotwendig" ist eine mathematische und überhaupt eine wissenschaftliche Denkweise, wenn sie vollkommen dem eigenen Lebensgefühl entspricht. Andernfalls ist sie unmöglich, verfehlt, unsinnig, oder, wie wir mit dem Hochmut historischer Geister zu sagen vorziehen, „primitiv". Die moderne Mathematik, ein Meisterstück des abendländischen Geistes – „wahr" allerdings nur für ihn –, wäre Plato als lächerliche und mühselige Verirrung auf dem Wege erschienen, der *wahren* Mathematik, der antiken nämlich, beizukommen; wir machen uns sicherlich kaum eine Vorstellung davon, was alles an großen Gedanken fremder Kulturen wir haben untergehen lassen, weil wir es aus *unserem* Denken und dessen Schranken heraus nicht assimilieren konnten oder, was dasselbe ist, weil wir es als falsch, überflüssig und sinnlos empfanden.

6

Die antike Mathematik als Lehre von anschaulichen Größen will ausschließlich die Tatsachen des Greifbar-Gegenwärtigen deuten, und sie beschränkt also ihre Forschung wie ihren Geltungsbereich auf Beispiele der Nähe und des Kleinen. Dieser Folgerichtigkeit gegenüber ergibt sich etwas Unlogisches im praktischen Verhalten der abendländischen Mathematik, was eigentlich erst seit Entdeckung der nichteuklidischen Geometrien recht erkannt worden ist. Zahlen sind Gebilde des vom Sinnesempfinden abgelösten Verstehens, des reinen Denkens.Sie tragen ihre abstrakte Gültigkeit in sich selbst. Ihre genaue Anwendbarkeit auf das Wirkliche des verstehenden Empfindens ist dagegen ein Problem für sich, und zwar eines, das immer wieder gestellt und nie befriedigend gelöst worden ist. Die Kongruenz mathematischer Systeme mit den Tatsachen der täglichen Erfahrung ist zunächst nichts weniger als selbstverständlich. Trotz des Laienvorurteils von der unmittelbaren mathematischen Evidenz der Anschauung, wie es sich bei Schopenhauer findet, stimmt die euklidische Geometrie, welche mit der populären Geometrie aller Zeiten eine oberflächliche Identität besitzt, nur in sehr engen Grenzen („auf dem Papier“) mit der Anschauung annähernd überein. Wie es bei großen Entfernungen steht, lehrt die einfache Tatsache, daß für unser Auge Parallelen sich am Horizont berühren. Die gesamte malerische Perspektive beruht auf ihr. Trotzdem berief sich Kant, der für einen abendländischen Denker in unverzeihlicher Weise vor der „Mathematik der Ferne“ auswich, auf Beispiele von Figuren, an denen gerade ihrer Kleinheit wegen das spezifisch abendländische, das infinitesimale Raumproblem gar nicht in Erscheinung treten konnte. Euklid hatte es zwar ebenfalls vermieden, sich für die anschauliche Gewißheit seiner Axiome etwa auf ein Dreieck zu berufen, dessen Punkte durch den Standort des Beobachters und zwei Fixsterne gebildet werden, das also weder gezeichnet noch „angeschaut“ werden konnte, aber für einen antiken Denker mit Recht. Es war hier dasselbe Gefühl wirksam, das vor dem Irrationalen zurückschreckte und das Nichts nicht als Null, als Zahl, zu begreifen wagte, das also auch im Anschauen kosmischer Verhältnisse dem Unermeßlichen aus dem Wege ging, um das Symbol des Maßes zu bewahren.

Aristarch von Samos, der 288-277 zu Alexandria in einem Kreise von Astronomen weilte, die ohne Zweifel mit chaldäisch-persischen Schulen in Verbindung standen, und dort jenes heliozentrischeWeltsystem entwarf, welches bei seiner Wiederentdeckung durch Kopernikus die metaphysische Leidenschaft des Abendlandes im tiefsten erregte – man denke an Giordano Bruno –, das eine Erfüllung gewaltiger Ahnungen und eine Bestätigung jenes faustischen, gotischen Weltgefühls war, das schon in der Architektur seiner Kathedralen der Idee des unendlichen Raumes ein Opfer dargebracht hatte, wurde mit seinem Gedanken von der Antike völlig gleichgültig aufgenommen und bald – man möchte sagen absichtlich – wieder vergessen. Seine Anhängerschaft bestand aus einigen Gelehrten, die fast ausnahmslos aus Vorderasien stammten. Sein bekanntester Verteidiger Seleukos (um 150) war aus dem persischen Seleucia am Tigris. In der Tat ist das aristarchische Weltsystem für *diese* Kultur seelisch belanglos. Es wäre ihrem Weltgefühl sogar gefährlich geworden. Und doch war es im Unterschiede von dem des Kopernikus – diese entscheidende Tatsache ist immer unbeachtet geblieben – durch eine besondere Fassung dem antiken Weltgefühl genau angepaßt. Aristarch nahm als *Abschluß* des Kosmos eine körperlich durchaus begrenzte, optisch zu beherrschende *Hohlkugel* an, in deren Mitte das kopernikanisch gedachte Planetensystem sich befand. Die antike Astronomie hat Erde und Himmelskörper stets für zweierlei gehalten, wie man auch die Bewegungen im einzelnen auffassen mochte. Der schon von Nicolaus Cusanus und Lionardo vorbereitete Gedanke, *daß die Erde nur ein Stern unter Sternen sei*,verträgt sich mit dem ptolemäischen System so gut wie mit dem kopernikanischen. Aber mit der Annahme einer Himmelskugel war das Prinzip des Unendlichen, das den sinnlich-antiken Grenzbegriff gefährdet hätte, umgangen. Kein Gedanke an einen grenzenlosen Weltraum taucht auf, der hier schon unvermeidlich erscheint und dessen Vorstellung dem babylonischen Denken längst gelungen war. Im Gegenteil. Archimedes beweist in seiner berühmten Schrift von der „Sandzahl" – wie schon das Wort verrät, der Widerlegung aller infinitesimalen Tendenzen, obwohl sie immer wieder als erster Schritt auf dem Wege zur modernen Integrationsmethode betrachtet wird –, daß dieser stereometrische Körper, denn etwas anderes ist der aristarchische Kosmos nicht, mit Atomen (Sand) erfüllt, zu *sehr großen*, aber *nicht zu unendlichen* Resultaten führe. Das heißt aber gerade alles, was uns die Analysis bedeutet, verneinen. Das Weltall unsrer Physik ist, wie die immer wieder scheiternden und sich dem Geiste von neuem aufdrängenden Hypothesen über den stofflich, d. h. mittelbar anschaulich gedachten Weltäther beweisen, die strengste Verleugnung aller materiellen Begrenztheit. Eudoxos, Apollonios und Archimedes, sicherlich die feinsten und kühnsten Mathematiker der Antike, haben eine *rein optische* Analysis des Gewordnen auf der Grundlage des plastisch-antiken Grenzwertes unter hauptsächlicher Verwendung von Zirkel und Lineal vollkommen durchgeführt. Sie gebrauchen tiefdurchdachte und uns schwer zugängliche Methoden einer Integralrechnung, die selbst mit der Methode des bestimmten Integrals von Leibniz nur scheinbare Ähnlichkeit besitzt, und sie wenden geometrische Örter und Koordinaten an, die durchaus benannte Maßzahlen und Strecken sind und nicht wie bei Fermat und vor allem Descartes unbenannte räumliche Beziehungen, Werte von Punkten in bezug auf ihre Lage im Raum. Hierher gehört vor allem die Exhaustionsmethode des Archimedesin seiner kürzlich entdeckten Schrift an Eratosthenes, wo er z. B. die Quadratur des Parabelsegments auf die Berechnung eingeschriebener Rechtecke (nicht mehr ähnlicher Polygone) begründet. Aber gerade die geistreiche, unendlich verwickelte Art, wie er in Anlehnung an gewisse geometrische Ideen Platos zum Resultat kommt, macht den ungeheuren Gegensatz zwischen dieser Intuition und der oberflächlich ähnlichen Pascals etwa fühlbar. Es gibt keinen schärferen Gegensatz hierzu – wenn man vom Riemannschen Integralbegriff ganz absieht – als die leider heute noch sogenannten Quadraturen, bei denen die „Fläche" als durch eine Funktion begrenzt bezeichnet wird und von einer zeichnerischen Handhabe keine Rede mehr ist. Nirgends kommen beide

Mathematiken einander so nahe und nirgends läßt sich die unüberschreitbare Kluft zweier Seelen, deren Ausdruck sie sind, deutlicher fühlen.

Die reinen Zahlen, deren Wesen die Ägypter im kubischen Stil ihrer frühen Architektur mit einer tiefen Scheu vor dem Geheimnis gleichsam verbargen, waren auch für die Hellenen der Schlüssel zum Sinn des Gewordenen, *Starren* und *also Vergänglichen*. Das Steingebilde und das wissenschaftliche System verneinen das Leben. Die mathematische Zahl als formales Grundprinzip der ausgedehnten Welt, die nur *aus* dem menschlichen Wachsein und *für* dieses da ist, steht durch das Merkmal der kausalen Notwendigkeit zum *Tode* in Beziehung, wie die chronologische Zahl zum Werden, zum Leben, zur Notwendigkeit des Schicksals. Dieser Zusammenhang der strengmathematischen Form mit dem *Ende* des organischen Seins, mit der Erscheinung seines anorganischen Restes, des Leichnams, wird sich immer deutlicher als der Ursprung aller großen Kunst enthüllen. Wir bemerkten schon die Entwicklung der frühen Ornamentik an den Geräten und Behältern des Bestattungskultes. *Zahlen sind Symbole des Vergänglichen*. Starre Formen verneinen das Leben. Formeln und Gesetze breiten Starrheit über das Bild der Natur. Zahlen töten. Es sind die Mütter Fausts, die hehr in Einsamkeit thronen: „in der Gebilde losgebundnen Reichen ...

Gestaltung, Umgestaltung,
Des ewigen Sinnes ewige Unterhaltung,
Umschwebt von Bildern aller Kreatur.“

Hier berühren sich Goethe und Plato im Ahnen eines letzten Geheimnisses. Die Mütter, das Unzugängliche – Platos Ideen – bezeichnen die *Möglichkeiten* eines Seelentums, seine ungeborenen Formen, welche in der sichtbaren, aus der Idee dieses Seelentums heraus mit innerster Notwendigkeit geordneten Welt sich als tätige und geschaffene Kultur, als Kunst, Gedanke, Staat, Religion verwirklicht haben. Hierauf beruht die Verwandtschaft des Zahlendenkens einer Kultur mit deren Weltidee, eine Beziehung, die jenes über das bloße Wissen und Erkennen hinaus zur Bedeutung einer Weltanschauung erhebt und die bewirkt, daß es so viele Mathematiken – Zahlenwelten – wie hohe Kulturen gibt. So wird es begreiflich, ja *notwendig*, daß die größten mathematischen Denker, bildende Künstler im Reiche der Zahlen, aus tief religiöser Intuition zur Auffassung der entscheidenden mathematischen Probleme ihrer Kultur gelangt sind. So hat man sich die Schöpfung der antiken, apollinischen Zahl durch Pythagoras, den *Stifter einer Religion*, zu denken. Dies Urgefühl hat Nicolaus Cusanus geleitet, als er um 1450 von der Betrachtung der Unendlichkeit Gottes in der Natur ausgehend die Grundzüge der Infinitesimalrechnung fand. Leibniz, der ihre Methoden und Bezeichnungen zwei Jahrhunderte später endgültig feststellte, hat selbst aus rein metaphysischen Betrachtungen über das göttliche Prinzip und seine Beziehungen zum unendlichen Ausgedehnten den Gedanken einer *analysis situs* entwickelt, vielleicht der genialsten Interpretation des reinen, von allem Sinnlichen befreiten Raumes, deren reiche Möglichkeiten erst im 19. Jahrhundert durch Graßmann in seiner Ausdehnungslehre und vor allem durch Riemann, ihren eigentlichen Schöpfer, in seiner Symbolik der zweiseitigen Flächen, welche die Natur von Gleichungen repräsentieren, entfaltet worden sind. Und Kepler wie Newton, beide streng religiöse Naturen, blieben sich wie Plato durchaus bewußt, gerade durch das Medium der Zahlen das Wesen der göttlichen Weltordnung intuitiv erfaßt zu haben.

7

Erst Diophant hat, wie man immer hört, die antike Arithmetik aus ihrer sinnlichen Gebundenheit befreit, sie erweitert und fortgeführt und die Algebra als die Lehre von den unbestimmten Größen zwar nicht geschaffen, aber innerhalb der uns bekannten antiken Mathematik ganz plötzlich, zweifellos als Verarbeitung schon vorliegender Gedanken, zur Darstellung gebracht. Das ist allerdings nicht eine Bereicherung, sondern eine vollkommene Überwindung des antiken Weltgefühls, und allein dies hätte beweisen sollen, daß Diophant der antiken Kultur innerlich nicht mehr angehörte. Ein neues Zahlengefühl oder sagen wir Grenzgefühl dem Wirklichen, Gewordnen gegenüber ist in ihm tätig, nicht mehr jenes hellenische, aus dessen sinnlich-gegenwärtigen Grenzwerten sich neben der euklidischen Geometrie der greifbaren Körper auch die Plastik der nackten Statue und das Geld als Münze entwickelt hatten. Einzelheiten der Ausbildung dieser *neuen* Mathematik kennen wir nicht. Diophant steht so völlig einsam in der „spätantiken" Mathematik da, daß man an einen Einfluß von Indien her gedacht hat. Aber es wird wieder die Einwirkung jener früharabischen Hochschulen gewesen sein, deren Studien, abgesehen von den dogmatischen, noch so wenig erforscht sind. Bei ihm taucht unter der *Absicht* euklidischer Gedankengänge jenes neue Grenzgefühl auf – ich nenne es das *magische* –, das sich seiner Gegensätzlichkeit zu der angestrebten antiken Fassung gar nicht bewußt ist. Die Idee der *Zahl als Größe* wird nicht erweitert, sondern unvermerkt aufgelöst. Was eine *unbestimmte* Zahl a und was eine *unbenannte* Zahl 3 ist – beides weder Größe, noch Maß, noch Strecke – hätte ein Grieche gar nicht angeben können. Das neue, in diesen Zahlenarten versinnlichte Grenzgefühl liegt den diophantischen Betrachtungen wenigstens zugrunde; die uns geläufige Buchstabenrechnung selbst, in deren Gewande sich die inzwischen nochmals ganz umgedeutete Algebra heute darstellt, ist erst in fühlbarer, aber unbewußter Opposition gegen die antikisierende Renaissancerechnung 1591 durch Vieta eingeführt worden.

Diophant lebte um 250 n. Chr., *also im dritten Jahrhundert der arabischen Kultur*, deren geschichtlicher Organismus bisher unter den Oberflächenformen der römischen Kaiserzeit und des „Mittelalters" verschüttet lagund der alles angehört, was seit Beginn unserer Zeitrechnung in der Landschaft des kommenden Islam entstanden ist. Gerade damals erblich vor dem neuen Raumgefühl der Kuppelbauten, Mosaiken und

Sarkophagreliefs altchristlich-syrischen Stils der letzte Schatten der attischen Statuenplastik. Damals gab es wieder eine *archaische Kunst* und ein streng geometrisches Ornament. Damals gerade vollendete Diokletian den *Kalifat* des nur noch scheinbar römischen Reiches. 500 Jahre liegen zwischen Euklid und Diophant, zwischen Plato und Plotin, zwischen dem letzten abschließenden Denker – dem *Kant* – einer vollendeten und dem ersten Scholastiker – dem Duns Scotus – einer eben erwachten Kultur.

Hier berühren wir zum ersten Male das bisher unbekannte Dasein jener großen Individuen, deren Werden, Wachsen und Welken unter einer tausendfarbigen, verwirrenden Oberfläche die *eigentliche Substanz der Weltgeschichte* bildet. Das in römischer Intelligenz sich vollendende antike Seelentum, dessen „Leib" die antike Kultur mit ihren Werken, Gedanken, Taten und Trümmern ist, war um 1100 v. Chr. aus der Landschaft des ägäischen Meeres geboren worden. Die seit Augustus im Osten unter der Decke antiker Zivilisation keimende arabische Kultur entstammt durchaus dem Schöße der Landschaft zwischen Armenien und Südarabien, Alexandria und Ktesiphon. Als Ausdruck dieser neuen Seele hat man fast die gesamte „spätantike" Kunst der Kaiserzeit, die sämtlichen, von einer jungen Glut erfüllten Kulte des Ostens, die mandäische und manichäische Religion, das Christentum und den Neuplatonismus, die kaiserlichen Fora in Rom und das dort erbaute Pantheon, *die früheste aller Moscheen*, zu betrachten.

Daß man in Alexandria und Antiochia noch griechisch schrieb und griechisch zu denken glaubte, wiegt nicht schwerer als die Tatsache, daß die Wissenschaft des Abendlandes bis zu Kant hinauf die lateinische Sprache vorzog und daß Karl der Große das römische Reich „erneuerte".

Bei Diophant ist die Zahl nicht mehr das Maß und Wesen von *plastischen Dingen*. Auf den ravennatischen Mosaiken ist der Mensch nicht mehr *Körper*. Unvermerkt haben die griechischen Bezeichnungen ihren ursprünglichen Gehalt verloren. Wir verlassen den Bereich der attischen καλοκάγαθία, der stoischen άταραξία und γαλήνη. Zwar kennt Diophant die Null und die negativen Zahlen noch nicht, aber die plastischen Einheiten pythagoräischer Zahlen kennt er *nicht mehr*. Andrerseits ist die Unbestimmtheit der unbenannten arabischen Zahlen doch auch etwas ganz andres als die gesetzmäßige Variabilität der späteren abendländischen Zahl, der *Funktion*.

Die *magische* Mathematik hat sich, ohne daß uns Einzelheiten bekannt wären, über Diophant hinaus – der schon eine gewisse Entwicklung voraussetzt – logisch und in großer Linie bis zur Vollendung in der Abbassidenzeit des 9. Jahrhunderts entwickelt, wie der Stand der Kenntnisse bei Alchwarizmi und Alsidschzi beweist. Was neben der euklidischen Geometrie die attische Plastik – die gleiche Formensprache in andrem Gewande –, was neben der Analysis des Raumes der polyphone Stil der Instrumentalmusik, das bedeutet neben dieser Algebra die magische Kunst der Mosaiken, der vom Sassanidenreich und später von Byzanz aus immer reicher entwickelten Arabesken mit ihrem sinnlich-unsinnlichen Verschweben organischer Formmotive und der Hochreliefs konstantinischen Stils mit dem ungewissen Tiefendunkel des zwischen frei herausgearbeiteten Figuren ausgesparten Hintergrundes. Wie die Algebra zur antiken Arithmetik und zur abendländischen Analysis, so verhält sich die Kuppelkirche zum dorischen Tempel und zum gotischen Dom.

Nicht als ob Diophant ein großer Mathematiker gewesen wäre. Das meiste, woran man bei seinem Namen erinnert wird, steht nicht in seinen Schriften, und was darin steht, ist sicherlich nicht ganz sein Eigentum. Seine zufällige Bedeutung liegt darin, daß – nach dem Stande unseres Wissens – bei ihm als dem ersten das neue Zahlengefühl unverkennbar vorhanden ist. Man wird Meistern gegenüber, die eine Mathematik *abschließen*, wie Apollonios und Archimedes die antike, und ihnen entsprechend Gauß, Cauchy, Riemann die abendländische, bei Diophant, vor allem in seiner Formelsprache, etwas Primitives finden, das bisher gern als spätantiker Verfall angesprochen wurde. Man wird es künftig – nach dem Vorbild jener Umwertung der bisher geradezu verachteten vermeintlich spätantiken Kunst zur tastenden Äußerung des eben erwachenden früharabischen Weltgefühls – begreifen und schätzen lernen. Ebenso archaisch, primitiv und suchend wirkt die Mathematik des Nicolas von Oresme, Bischofs von Lisieux (1323-1382), der zum erstenmal im Abendland eine freie Art von Koordinaten und sogar Potenzen mit gebrochenen Exponenten verwandte, die ein Zahlengefühl voraussetzen, unklar noch, aber doch unverkennbar, das gänzlich unantik, aber auch nicht arabisch ist. Man erinnere sich neben Diophant an frühchristliche Sarkophage der römischen Sammlungen und neben Oresme an gotische Gewandstatuen deutscher Dome, und man wird auch in den mathematischen Gedankengängen, die bei beiden die *gleiche* frühe Stufe des abstrakten Verstehens darstellen, etwas Verwandtes bemerken. Das stereometrische Grenzgefühl in der letzten Verfeinerung und Eleganz eines Archimedes, das eine weltstädtische Intelligenz voraussetzt, war längst verschwunden. Man war überall in der früharabischen Welt dumpf, sehnsüchtig, mystisch, nicht mehr attisch hell und frei gestimmt. Man war der erdgeborne Mensch einer frühen Landschaft, nicht Großstädter, wie Euklid und d'Alembert.Man verstand die tiefen und komplizierten Gebilde des antiken Denkens nicht mehr und besaß verworrene, neue, deren klare städtisch-geistige Fassung noch lange nicht gefunden werden konnte. Dies ist der *gotische* Zustand aller jungen Kulturen, den die Antike selbst in ihrer frühdorischen Zeit durchschritten hatte, von welcher außer der Keramik des Dipylonstils nichts geblieben ist. Erst in Bagdad, im 9. und 10. Jahrhundert, sind die Konzeptionen der Frühzeit Diophants von reifen Meistern, die Plato und Gauß nicht nachstehen, durchgeführt und abgeschlossen worden.

8

Die entscheidende Tat des Descartes, dessen Geometrie 1637 erschien, bestand *nicht* in der Einführung einer neuen Methode oder Anschauung auf dem Gebiete der überlieferten Geometrie, wie dies immer wieder ausgesprochen wird, sondern in der endgültigen Konzeption einer *neuen Zahlenidee*, die sich in einer Ablösung der Geometrie von der optischen Handhabe der Konstruktion, von der gemessenen und meßbaren Strecke überhaupt aussprach. Damit war die Analysis des Unendlichen zur Tatsache geworden. Das starre, sogenannte kartesische Koordinatensystem, der ideale Repräsentant von meßbaren Größen in halbeuklidischem Sinne, das in der vorhergehenden Periode, bei Oresme z. B., die größte Bedeutung hat, wurde durch Descartes, wenn man in die Tiefe seiner Erwägungen dringt, nicht vollendet, sondern überwunden. Sein Zeitgenosse Fermat war dessen letzter klassischer Vertreter.

An Stelle des sinnlichen Elements der konkreten Strecke und Fläche – dem spezifischen Ausdruck *antiken* Grenzgefühls – tritt das abstrakt-räumliche, mithin unantike Element des *Punktes*, der von nun an als Gruppe zugeordneter reiner Zahlen charakterisiert wird. Descartes hat den durch antike Texte und arabische Tradition überlieferten Begriff der Größe, der sinnlichen Dimension, zerstört und durch den veränderlichen Beziehungswert der Lagen im Raume ersetzt. Daß dies aber eine *Beseitigung der Geometrie überhaupt* war, die von nun an innerhalb der Zahlenwelt der Analysis nur noch ein durch antike Reminiszenzen verschleiertes Scheindasein führt, hat man übersehen. Das Wort Geometrie hat einen nicht fortzudeutenden apollinischen Sinn. Von Descartes an ist die vermeintlich „neuere Geometrie“ entweder eine synthetische Tätigkeit, welche die *Lage von Punkten* in einem nicht mehr notwendig dreidimensionalen Raume (einer „Punktmannigfaltigkeit“) durch Zahlen, oder eine analytische, welche Zahlen durch die Lage von Punkten bestimmt. Strecken durch Lagen ersetzen, heißt aber, den Begriff der Ausdehnung rein räumlich, nicht mehr körperhaft fassen.

Das klassische Beispiel für diese Zerstörung der als Erbschaft überkommenen optisch-endlichen Geometrie scheint mir die Umkehrung der Winkelfunktionen – welche in einem uns kaum erreichbaren Sinne „Zahlen“ der indischen Mathematik gewesen waren – in zyklometrische Funktionen, und weiterhin deren Auflösung in Reihen zu sein, die im unendlichen Zahlenbereich der algebraischen Analysis auch die leiseste Erinnerung an geometrische Gebilde im Stile Euklids verloren haben. Die Kreiszahl π erzeugt, wie die Basis der natürlichen Logarithmen e in diesem ganzen Zahlenbereich überall auftauchend, Beziehungen, die alle Grenzen der ehemaligen Geometrie, Trigonometrie, Algebra auslöschen, die weder arithmetischer noch geometrischer Natur sind und bei denen niemand mehr an wirklich gezeichnete Kreise oder zu berechnende Potenzen denkt.

9

Während die antike Seele durch Pythagoras um 540 zur Entdeckung *ihrer*, der apollinischen Zahl als einer meßbaren Größe gelangt war, fand die Seele des

Abendlandes durch Descartes und seine Generation (Pascal, Fermat, Desargues) im genau entsprechenden Zeitpunkte die Idee einer Zahl, die aus dem leidenschaftlichen *faustischen* Hang zum Unendlichen geboren wurde. Die Zahl als *reine Größe*, die sich an die körperliche Gegenwart des Einzeldinges heftet, findet ihr Gegenstück in der Zahl als *reine Beziehung*.. Darf die antike Welt, der Kosmos, aus jenem tiefen Bedürfnis nach sichtbarer Begrenztheit als abzählbare Summe von stofflichen Dingen definiert werden, so hat sich *unser* Weltgefühl im Bild eines unendlichen Raumes verwirklicht, in dem alles Sichtbare, als etwas Bedingtes dem Unbedingten gegenüber, beinahe als eine Wirklichkeit zweiten Ranges empfunden wird. *Sein* Symbol ist der entscheidende, in keiner andern Kultur angedeutete Begriff der *Funktion*. Die Funktion ist nichts weniger als die Erweiterung irgend eines vorhandenen Zahlbegriffs; sie ist dessen völlige Überwindung. Nicht nur die euklidische und damit auch die „allgemein menschliche", auf alltäglicher Erfahrung beruhende Geometrie der Kinder und Ungelehrten, sondern auch die archimedische Sphäre des elementaren Rechnens, die Arithmetik, hört damit auf, für die wirklich *bedeutende* Mathematik Westeuropas Wert zu haben. Es gibt nur noch eine abstrakte Analysis. Für den antiken Menschen waren Geometrie und Arithmetik in sich geschlossene und vollständige Wissenschaften von höchstem Range, beide anschaulich, beide mit Größen zeichnerisch oder rechnerisch verfahrend; für uns sind sie nur noch praktische Hilfsmittel des alltäglichen Lebens. Addition und Multiplikation, die beiden antiken Methoden der Größenrechnung und Schwestern der zeichnerischen Konstruktion, verschwinden völlig in der Unendlichkeit funktionaler Prozesse. Gerade die Potenz, die zunächst nur ein Zahlzeichen für eine bestimmte Gruppe von Multiplikationen (für Produkte gleicher Größen) ist, wird durch das neue Symbol des Exponenten (Logarithmus) und seine Anwendung in komplexen, negativen, gebrochenen Formen vom Größenbegriff gänzlich abgelöst und in eine transzendente Beziehungswelt überführt, die den Griechen, welche nur zwei positive, ganzzahlige Potenzen als Repräsentanten von Fläche und Körper kannten, unzugänglich bleiben mußte, man denke an Ausdrücke wie

$$e^{-x}, \sqrt[\pi]{x}, a^{\frac{1}{i}}.$$

Jede der tiefsinnigen Schöpfungen, welche von der Renaissance an rasch aufeinander folgen, die der imaginären und komplexen Zahlen, welche Cardanus schon 1550 einführt, die der unendlichen Reihen, welche durch Newtons große Entdeckung des Binominalsatzes 1666 theoretisch sicher begründet werden, die der Logarithmen um 1610, der Differentialgeometrie, des bestimmten Integrals durch Leibniz, der Menge als neuer Zahleneinheit, von Descartes schon angedeutet, die neuen Prozesse wie die unbestimmte Integration, die Entwicklung der Funktionen in Reihen, sogar in unendliche Reihen andrer Funktionen, sind ebensoviel Siege über das populär-sinnliche Zahlengefühl in uns, das aus dem Geiste der neuen Mathematik heraus, die ein neues

Weltgefühl zu verwirklichen hatte, überwunden werden mußte. Es gab bisher keine zweite Kultur, welche den Leistungen einer andern, längst erloschenen, so viel Verehrung entgegentrug und wissenschaftlich so viel Einfluß gestattete, wie die abendländische gerade der antiken. Es dauerte lange, bevor wir den Mut fanden, unser eignes Denken zu denken. Auf dem Grunde lag der beständige Wunsch, es der Antike gleichzutun. Trotzdem war jeder Schritt in diesem Sinne eine tatsächliche Entfernung von dem erstrebten Ideal. Deshalb ist die Geschichte des abendländischen Wissens die einer *fortschreitenden Emanzipation* vom antiken Denken, einer Befreiung, die nicht einmal gewollt, die in den Tiefen des Unbewußten erzwungen wurde. *So gestaltete sich die Entwicklung der neuen Mathematik zu einem heimlichen, langen, endlich siegreichen Kampf gegen den Größenbegriff.*

10

Antikisierende Vorurteile haben uns gehindert, die eigentlich abendländische Zahl als solche in neuer Weise zu bezeichnen. Die gegenwärtige Zeichensprache der Mathematik fälscht den Tatbestand, und *ihr* ist es vor allem zuzuschreiben, daß noch heute auch unter Mathematikern der Glaube herrscht, Zahlen seien Größen – denn auf dieser Voraussetzung ruht allerdings unsre schriftliche Bezeichnungsweise.

Aber nicht die zum Ausdruck der Funktion dienenden einzelnen Zeichen (x, π, 5), *die Funktion selbst als Einheit*, als Element, die variable, in optische Grenzen nicht mehr einzuschließende Beziehung ist die neue Zahl. Für sie wäre eine neue, in ihrer Struktur nicht von antiken Anschauungen beeinflußte Formelsprache nötig gewesen.

Man vergegenwärtige sich den Unterschied zweier Gleichungen – selbst dies Wort sollte nicht so verschiedenartige Dinge zusammenfassen – wie $3^x + 4^x = 5^x$ und $x^n + y^n = z^n$ (die Gleichung des Fermat'schen Satzes). Die erste besteht aus mehreren „antiken Zahlen" (Größen), die zweite ist *eine Zahl* von einer andern Art, was durch die identische Schreibweise, die sich unter dem Eindruck euklidisch-archimedischer Vorstellungen entwickelt hat, verdeckt wird. Im ersten Fall ist das Gleichheitszeichen die Feststellung einer starren Verknüpfung bestimmter, greifbarer Größen; im zweiten stellt es eine Beziehung dar, die innerhalb einer Gruppe variabler Gebilde besteht, derart, daß gewisse Veränderungen gewisse andere notwendig zur Folge haben. Die erste Gleichung bezweckt die Bestimmung (Messung) einer konkreten Größe, des „Resultates"; die zweite hat überhaupt kein Resultat, sondern ist nur Abbild und Zeichen einer Beziehung, die für $n>2$ – das ist das berühmte Fermatproblem *wahrscheinlich nachweisbar* ganzzahlige Werte ausschließt. Ein griechischer Mathematiker würde nicht verstanden haben, was man mit Operationen dieser Art, deren Endzweck kein „Ausrechnen" ist, eigentlich wollte.

Der Begriff der Unbekannten führt vollständig irre, wenn man ihn auf die Buchstaben der Fermatschen Gleichung anwendet. In der ersten, der „antiken", ist x eine Größe, eine bestimmte und meßbare, die man zu ermitteln hat. In der zweiten hat für x, y, z, n das Wort „bestimmen" gar keinen Sinn, folglich will man den „Wert" dieser Symbole nicht ermitteln, folglich sind sie überhaupt keine Zahlen im plastischen Sinne, sondern Zeichen für einen Zusammenhang, dem die Merkmale der Größe, Gestalt und Eindeutigkeit fehlen, für eine Unendlichkeit möglicher Lagen von gleichem Charakter, die als Einheit begriffen erst *die* Zahl sind. Die *ganze* Gleichung ist, in einer Zeichenschrift, die leider viele und irreführende Zeichen verwendet, tatsächlich *eine* einzige Zahl, und x, y, z sind es so wenig, als + und = Zahlen sind.

Denn schon mit dem Begriff der irrationalen, der ganz eigentlich antihellenischen Zahlen ist im tiefsten Grunde der Begriff der konkreten, bestimmten Zahl aufgelöst worden. Von nun an bilden diese Zahlen nicht mehr eine übersehbare Reihe ansteigender, diskreter, plastischer Größen, sondern ein zunächst eindimensionales *Kontinuum*, in welchem jeder Schnitt (im Sinne Dedekinds) eine „Zahl" repräsentiert, die kaum die alte Bezeichnung führen sollte. Für den antiken Geist gibt es zwischen 1 und 3 nur *eine* Zahl, für den abendländischen eine unendliche Menge. Mit der Einführung der imaginären $(\sqrt{-1} = i)$ und komplexen Zahlen (von der allgemeinen Form a + bi) endlich, welche das lineare Kontinuum zu dem höchst transzendenten Gebilde eines Zahlkörpers (des Inbegriffs einer Menge gleichartiger Elemente) erweitern, in dem nun jeder Schnitt eine Zahlebene – eine unendliche Menge von geringerer „Mächtigkeit", etwa den Inbegriff aller reellen Zahlen repräsentiert, ist jeder Rest antik-populärer Greifbarkeit zerstört worden. Diese Zahlenebenen, die in der Funktionentheorie seit Cauchy und Gauß eine wichtige Rolle spielen, sind *reine Gedankengebilde*. Selbst die positive irrationale Zahl wie $\sqrt{2}$ konnte aus dem antiken Zahlendenken gewissermaßen wenigstens negativ konzipiert werden, indem man sie als Zahl *ausschloß* – als αρρητοσ und αλογοσ; Ausdrücke von der Form x + yi liegen aber jenseits aller Möglichkeiten des antiken Denkens. Auf der Ausdehnung der arithmetischen Gesetze über das ganze Gebiet des Komplexen, innerhalb dessen sie ständig anwendbar bleiben, beruht die Funktionentheorie, welche nun endlich die abendländische Mathematik in ihrer Reinheit darstellt, indem sie alle Einzelgebiete in sich begreift und auflöst. Erst damit wird diese Mathematik auf das Bild der gleichzeitig sich entwickelnden *dynamischen* Physik des Abendlandes vollkommen anwendbar, während die antike Mathematik das genaue Seitenstück jener Welt plastischer Einzeldinge darstellt, welche die *statische* Physik von Leukippos bis auf Archimedes theoretisch und mechanisch behandelt.

Das klassische Jahrhundert dieser *Barockmathematik* – im Gegensatz zu der *ionischen Stils* – ist das 18., das von den entscheidenden Entdeckungen Newtons und Leibnizens über Euler, Lagrange, Laplace, d'Alembert zu Gauß führt. Der Aufstieg dieser mächtigen geistigen Schöpfung geschah wie ein Wunder. Man wagte kaum zu glauben, was man sah. Man fand Wahrheiten über Wahrheiten, die den feinen Köpfen eines skeptisch gestimmten Zeitalters unmöglich erschienen. Das Wort d'Alemberts gehört hierher: *Allez en avant et la foi vous viendra*. Es bezog sich auf die Theorie des Differentialquotienten. Die Logik selbst schien Einspruch zu erheben, alle Annahmen auf Fehlern zu beruhen, und man kam doch zum Ziel.

Dies Jahrhundert eines sublimen Rausches in völlig abstrakten, dem leiblichen Auge entrückten Formen – denn neben jenen Meistern der Analysis stehen Bach, Gluck, Haydn, Mozart –, in dem ein kleiner Kreis gewählter und tiefer Geister in den köstlichsten Entdeckungen und Wagnissen schwelgte, von denen Goethe und Kant ausgeschlossen blieben, entspricht seinem Gehalte nach genau dem reifsten Jahrhundert der Ionik, dem des Eudoxos und Archytas (440-350) – man muß wieder hinzufügen des Phidias, Polyklet, Alkamenes und der Akropolisbauten –, in welchem die Formenwelt der antiken Mathematik und Plastik in der ganzen Fülle ihrer Möglichkeiten aufblühte und zu Ende kam.

Jetzt erst läßt sich der elementare Gegensatz des antiken und abendländischen Seelentums ganz übersehen. Es gibt innerhalb des Gesamtbildes der Geschichte höheren Menschentums bei einer solchen Menge und Stärke historischer Beziehungen nichts innerlich Fremderes. Und eben deshalb, weil Gegensätze sich berühren, weil sie auf ein vielleicht Gemeinsames in der letzten Tiefe des Daseins verweisen, finden wir in der abendländischen, faustischen Seele jenes sehnsüchtige Suchen nach dem Ideal der apollinischen, die sie allein von allen andern geliebt und um die Kraft ihrer Hingabe an die sinnlich-reine Gegenwart beneidet hat.

11

Es war bemerkt worden, daß in der Urmenschheit wie im Kinde ein inneres Erlebnis, die Geburt des Ich eintritt, mit welcher beide den Sinn der Zahl begreifen, mithin plötzlich eine auf das Ich bezogene Umwelt besitzen.

Sobald vor dem erstaunten Blick des frühen Menschen diese ertagende Welt des *geordneten* Ausgedehnten, des *sinnvoll* Gewordenen sich in großen Umrissen aus einem Chaos von Eindrücken abhebt und der tief empfundene unwiderrufliche Gegensatz dieser Außenwelt zur eignen Innenwelt dem wachen Leben Richtung und Gestalt gibt, erwacht zugleich das *Urgefühl der Sehnsucht* in dieser sich plötzlich ihrer Einsamkeit bewußten Seele. Es ist die Sehnsucht nach dem Ziel des Werdens, nach Vollendung und Verwirklichung alles innerlich Möglichen, nach Entfaltung der Idee des eigenen Daseins. Es ist die Sehnsucht des Kindes, die als das Gefühl einer unaufhaltsamen *Richtung* mit steigender Deutlichkeit ins Bewußtsein tritt und später als das *Rätsel der Zeit* unheimlich, verlockend, unlösbar vor dem gereiften Geiste steht. Die Worte Vergangenheit und Zukunft haben plötzlich eine schicksalsschwere Bedeutung erhalten.

Aber diese Sehnsucht aus der Überfülle und Seligkeit des innern Werdens ist in der tiefsten Tiefe einer jeden Seele zugleich *Angst*. Wie alles Werden sich auf ein Gewordensein richtet, mit dem es *endet*, so rührt das Urgefühl des Werdens, die Sehnsucht, schon an das andere des Gewordenseins, die Angst. In der Gegenwart fühlt man das Verrinnen; in der Vergangenheit liegt die Vergänglichkeit. Hier ist die Wurzel der ewigen Angst vor dem Unwiderruflichen, Erreichten, Endgültigen, vor der Vergänglichkeit, vor der Welt selbst als dem Verwirklichten, in dem mit der Grenze der Geburt zugleich die des Todes gesetzt ist, der Angst vor dem Augenblick, wo das Mögliche verwirklicht, das Leben innerlich erfüllt und vollendet ist, wo das Bewußtsein am *Ziele* steht. Es ist jene tiefe Weltangst der Kinderseele, welche den höheren Menschen, den Gläubigen, den Dichter, den Künstler in seiner grenzenlosen Vereinsamung niemals verläßt, die Angst vor den fremden Mächten, die groß und drohend, in sinnliche Erscheinungen verkleidet, in die ertagende Welt hineinragen. Auch die Richtung in allem Werden wird in ihrer Unerbittlichkeit – *Nichtumkehrbarkeit* – vom menschlichen Verstehenwollen wie etwas Fremdes und Feindliches mit Namen belegt, um das ewig Unverständliche zu bannen. Es ist etwas ganz Unfaßbares, das Zukunft in Vergangenheit verwandelt, und dies gibt der Zeit im Gegensatz zum Raume jenes widerspruchsvoll Unheimliche und drückend Zweideutige, dessen sich kein bedeutender Mensch ganz erwehren kann.

Die Weltangst ist sicherlich das *schöpferischste* aller Urgefühle. Ihr verdankt ein Mensch die reifsten und tiefsten aller Formen und Gestalten nicht nur seines bewußten Innenlebens, sondern auch von dessen Spiegelung in den zahllosen Bildungen äußerer Kultur. Wie eine geheime Melodie, nicht jedem vernehmbar, geht die Angst durch die Formensprache eines jeden wahren Kunstwerkes, jeder innerlichen Philosophie, jeder bedeutenden Tat und sie liegt, nur den wenigsten noch fühlbar, auch den großen Problemen jeder Mathematik zugrunde. Nur der innerlich erstorbene Mensch der späten Städte, des Babylon Hammurabis, des ptolemäischen Alexandria, des islamischen Bagdad oder des heutigen Paris und Berlin, nur der rein intellektuelle Sophist, Sensualist und Darwinist verliert oder verleugnet sie, indem er eine geheimnislose „wissenschaftliche Weltanschauung" zwischen sich und das Fremde stellt.

Knüpft sich die Sehnsucht an jenes unfaßliche Etwas, dessen tausendgestaltige ungreifbare Daseinszeichen durch das Wort Zeit mehr verdeckt als bezeichnet werden, so findet das Urgefühl der Angst seinen Ausdruck in den geistigen, faßlichen, der Gestaltung fähigen Symbolen der *Ausdehnung*. So finden sich im Wachsein jeder Kultur, in jeder anders geartet, die Gegenformen der Zeit und des Raumes, der Richtung und der Ausdehnung, jene dieser zugrunde liegend, wie das Werden dem Gewordnen – denn auch die Sehnsucht liegt der Angst zugrunde; *sie wird* zur Angst, nicht umgekehrt –, jene der geistigen Macht entzogen, diese ihr dienend, jene nur zu *erleben*, diese nur zu *erkennen*. „Gott fürchten und lieben" ist der christliche Ausdruck für den Gegensinn beider Weltgefühle.

Aus der Seele des gesamten Urmenschentums und also auch der frühesten Kindheit erhebt sich der Drang, das Element der fremden Mächte, die in allem Ausgedehnten, *im* Raume und *durch* den Raum unerbittlich gegenwärtig sind, zu bannen, zu zwingen, zu versöhnen – zu „erkennen". Im letzten Grunde ist alles dies dasselbe. *Gott erkennen* heißt in der Mystik aller frühen Zeiten ihn beschwören, ihn sich geneigt machen, ihn sich innerlich *aneignen.* Das geschieht vor allem durch ein Wort, den „Namen", mit dem man das *numen* benennt, *anruft,* oder durch die Ausübung der Bräuche eines Kultes, denen eine geheime Kraft innewohnt. Kausale, systematische Erkenntnis, Grenzsetzung durch Begriffe und Zahlen, ist die feinste, aber auch die mächtigste Form dieser Abwehr. Insofern wird der Mensch erst durch die *Wortsprache* ganz zum Menschen. Die an Worten gereifte Erkenntnis verwandelt mit Notwendigkeit das Chaos der ursprünglichen *Eindrücke* in die „Natur", für die es Gesetze gibt, denen sie *gehorchen* muß, die „Welt an sich" in die „Welt für uns".Sie stillt die Weltangst, indem sie das Geheimnisvolle bändigt, es zur *faßlichen* Wirklichkeit gestaltet, es durch die ehernen Regeln einer ihm aufgeprägten intellektuellen Formensprache fesselt.

Dies ist die *Idee des „tabu"*,das im Seelenleben aller primitiven Menschen eine entscheidende Rolle spielt, dessen ursprünglicher Gehalt aber uns so fern liegt, daß das Wort in keine reife Kultursprache mehr übertragbar ist. Ratlose Angst, heilige Scheu, tiefe Verlassenheit, Schwermut, Haß, dunkle Wünsche nach Annäherung, Vereinigung, Entfernung, all diese formvollen Gefühle *gereifter* Seelen verschweben in kindlichen Zuständen zu einer dumpfen Unentschiedenheit. Der Doppelsinn des Wortes Beschwören, das bezwingen und anflehen zugleich bedeutet, kann den Sinn jenes mystischen Vorganges verdeutlichen, durch den für den frühen Menschen das Fremde und Gefürchtete „tabu" wird. Die ehrfürchtige Scheu vor allem von ihm Unabhängigen, Gesetzten, Gesetzlichen, den fremden Mächten in der Welt, *ist der Ursprung aller und jeder elementaren Formgebung.* In Urzeiten verwirklicht sie sich im Ornament, in peinlichen Zeremonien und Riten und den strengen Satzungen eines primitiven Verkehrs. Auf der Höhe großer Kulturen sind diese Gestaltungen, ohne innerlich die Merkmale ihrer Herkunft, den Charakter einer Bannung und Beschwörung verloren zu haben, zu den vollendeten Formenwelten der einzelnen Künste, des religiösen, naturwissenschaftlichen und *vor allem mathematischen* Denkens geworden. Ihr gemeinsames Mittel, das einzige, welches die sich verwirklichende Seele kennt, ist *die Symbolisierung des Ausgedehnten,* des Raumes oder der Dinge – sei es in den Konzeptionen des absoluten Weltraumes der Physik Newtons, der Innenräume gotischer Dome und maurischer Moscheen, der atmosphärischen Unendlichkeit der Gemälde Rembrandts und ihrer Wiederkehr in den dunklen Tonwelten Beethovenscher Quartette, seien es die regelmäßigen Polyeder Euklids, die Parthenonskulpturen oder die Pyramiden Altägyptens, das Nirwana Buddhas, die Distanz höfischer Sitte unter

Sesostris, Justinian I. und Ludwig XIV., sei es endlich die Gottesidee eines Aischylos, Plotin, Dante oder die den Erdball umspannende Raumenergie der heutigen Technik.

12

Kehren wir zur Mathematik zurück. Der Ausgangspunkt aller antiken Formgebung war, wie wir sahen, die Ordnung des Gewordnen, insofern es gegenwärtig, übersehbar, meßbar, zählbar ist. Das abendländische, gotische Formgefühl, das einer maßlosen, willensstarken, in alle Fernen schweifenden Seele, hat das Zeichen des reinen, unanschaulichen, grenzenlosen Raumes gewählt. Man täusche sich ja nicht über die *enge Bedingtheit* solcher Symbole, die uns leicht als wesensgleich, als allgemeingültig erscheinen. Unser unendlicher Weltraum, über dessen Vorhandensein, wie es scheint, kein Wort zu verlieren ist, ist für den antiken Menschen *nicht* vorhanden. Er ist ihm nicht einmal vorstellbar. Der hellenische Kosmos andrerseits, dessen tiefe Fremdheit für unsre Auffassungsweise nicht so lange hätte unbemerkt bleiben sollen, ist dem Hellenen *das* Selbstverständliche. In der Tat ist der absolute Raum unserer Physik eine Form mit sehr vielen, äußerst verwickelten stillschweigenden Voraussetzungen, die allein aus *unserem* Seelentum als dessen Abbild und Ausdruck entstanden und allein für *unsere* Art des wachen Daseins wirklich, notwendig und natürlich ist. Die einfachen Begriffe sind immer die schwierigsten. Ihre Einfachheit besteht darin, daß unendlich vieles, was sich nicht aussprechen ließe, auch gar nicht gesagt zu werden braucht, weil es für Menschen dieses Kreises gefühlsmäßig gesichert, für fremde allerdings eben deshalb auch vollkommen unzugänglich ist. Das gilt von dem spezifisch abendländischen Inhalt des Wortes Raum. Die gesamte Mathematik von Descartes an dient der theoretischen Interpretation dieses großen, ganz von religiösem Gehalt erfüllten Symbols. Die Physik will seit Galilei nichts anderes. Die antike Mathematik und Physik *kennen* den Gehalt dieses Wortes überhaupt nicht.

Auch hier haben antike Namen, die wir aus der literarischen Erbschaft der Griechen beibehalten haben, den Tatbestand verschleiert. Geometrie heißt die Kunst des Messens, Arithmetik die des Zählens. Die Mathematik des Abendlandes hat mit diesen *beiden* Arten des Begrenzens nichts mehr zu tun, aber sie hat keinen neuen Namen für sie gefunden. Das Wort Analysis sagt bei weitem nicht alles.

Der antike Mensch beginnt und schließt seine Erwägungen mit dem einzelnen Körper und seinen Grenzflächen, zu denen indirekt die Kegelschnitte und höheren Kurven gehören. *Wir* kennen im Grunde nur das abstrakte Raumelement des Punktes, das ohne Anschaulichkeit, ohne die Möglichkeit einer Messung und Benennung, lediglich ein Beziehungszentrum darstellt. Die Gerade ist für den Griechen eine meßbare Kante, für uns ein unbegrenztes Punktkontinuum. Leibniz führt als Beispiel für sein Infinitesimalprinzip die Gerade an, die den Grenzfall eines Kreises mit unendlich großem Radius darstellt, während der Punkt den andern Grenzfall bildet. Für den

Griechen ist der Kreis aber eine *Fläche*, und das Problem besteht darin, sie in eine kommensurable Gestalt zu bringen. *So wurde die Quadratur des Kreises das klassische Grenzproblem für den Geist antiker Menschen*. Das schien ihnen das tiefste aller Probleme der Weltform: krummlinig begrenzte Flächen bei unveränderter Größe in Rechtecke zu verwandeln und dadurch *meßbar* zu machen. Für uns ist daraus das wenig bedeutende Verfahren geworden, die Zahl π durch algebraische Mittel darzustellen, ohne daß dabei von geometrischen Gebilden überhaupt noch die Rede wäre.

Der antike Mathematiker kennt nur das, was er sieht und greift. Wo die begrenzte, begrenzende Sichtbarkeit, das Thema seiner Gedankengänge, aufhört, findet seine Wissenschaft ein Ende. Der abendländische Mathematiker begibt sich, sobald er von antiken Vorurteilen frei sich selbst gehört, in die gänzlich abstrakte Region einer unendlichen Zahlenmannigfaltigkeit von n – nicht mehr von 3 – Dimensionen, innerhalb deren *seine* sogenannte Geometrie jeder anschaulichen Hilfe entbehren kann und meistern muß. Greift der antike Mensch zu künstlerischem Ausdruck seines Formgefühls, so sucht er dem menschlichen Körper in Tanz und Ringkampf, in Marmor und Bronze diejenige Haltung zu geben, in der Flächen und Konturen ein Maximum von Maß und Sinn haben. Der echte Künstler des Abendlandes aber schließt die Augen und verliert sich in den Bereich einer körperlosen Musik, in dem Harmonie und Polyphonie zu Bildungen von höchster „Jenseitigkeit" führen, die weitab von allen Möglichkeiten optischer Bestimmung liegen. Man denke daran, was ein athenischer Bildhauer und was ein nordischer Kontrapunkt ist unter einer *Figur* versteht, und man hat den Gegensatz beider Welten, beider Mathematiken unmittelbar vor sich. Die griechischen Mathematiker gebrauchen sogar das Wort σῶμα für ihre Körper. Andrerseits verwendet es die Rechtssprache für die Person im Gegensatz zur Sache σωματα χαι πραγματα *personae et res*).

Deshalb sucht die antike, ganze, körperhafte Zahl unwillkürlich eine Beziehung zur Entstehung des leiblichen Menschen, des σῶμα. Die Zahl 1 wird noch kaum als wirkliche Zahl empfunden. Sie ist die ἀρχή, der Urstoff der Zahlenreihe, der Ursprung aller eigentlichen Zahlen und damit aller Größe, allen Maßes, aller Dinglichkeit. Ihr Zahlzeichen war im Kreise der Pythagoräer, gleichviel zu welcher Zeit, zugleich das Symbol des Mutterschoßes, des Ursprungs allen Lebens. Die 2, die erste *eigentliche* Zahl, welche die 1 verdoppelt, erhielt deshalb eine Beziehung zum männlichen Prinzip, und ihr Zeichen war eine Nachbildung des Phallus. Die *heilige Drei* der Pythagoräer endlich bezeichnete den Akt der Vereinigung von Mann und Weib, die Zeugung – die erotische Deutung der beiden *einzigen* der Antike wertvollen Prozesse der Größenvermehrung, der *Größenzeugung*, Addition und Multiplikation, ist leicht verständlich –, und ihr Zeichen war die Vereinigung der beiden ersten. Von hier aus fällt ein neues Licht auf den erwähnten Mythos vom Frevel der Aufdeckung des Irrationalen. Das Irrationale, in unsrer Ausdrucksweise die Verwendung unendlicher Dezimalbrüche, bedeutete eine Zerstörung der organisch-leiblichen, zeugenden Ordnung, welche durch die Götter gesetzt war. Es ist kein Zweifel, daß die pythagoräische Reform der antiken Religion den uralten Demeterkult wieder zugrunde legte. Demeter ist der Gaia, der mütterlichen Erde verwandt. Es besteht eine tiefe Beziehung zwischen ihrer Verehrung und dieser erhabenen Auffassung der Zahlen.

So ist die Antike mit innerer Notwendigkeit allmählich die Kultur des *Kleinen* geworden. Die apollinische Seele hatte den Sinn des Gewordnen durch das Prinzip der *übersehbaren* Grenze zu bannen gesucht; ihr „tabu" richtete sich auf die unmittelbare Gegenwart und Nähe des Fremden. Was weit fort, was nicht sichtbar war, war auch nicht da. Der Grieche wie der Römer opferte den Göttern der Gegend, in welcher er sich aufhielt; alle andern entschwanden seinem Gesichtskreis. Wie die griechische Sprache *kein Wort für den Raum besaß* – wir werden die gewaltige Symbolik solcher Sprachphänomene immer wieder verfolgen –, so fehlt dem Griechen auch unser Landschaftsgefühl, das Gefühl für Horizonte, Ausblicke, Fernen, Wolken, auch der Begriff des Vaterlandes, das sich weithin erstreckt und eine große Nation umfaßt. *Heimat* ist dem antiken Menschen, was er von der Burg seiner Vaterstadt aus übersehen kann, nicht mehr. Was jenseits dieser optischen Grenze eines politischen Atoms lag, war fremd, war sogar feindlich. Hier schon beginnt die Angst des antiken Daseins, und dies erklärt die furchtbare Erbitterung, mit der diese winzigen Städte einander vernichteten. Die Polis ist die kleinste aller denkbaren Staatsformen und ihre Politik die ausgesprochene Politik der Nähe, sehr im Gegensatz zu unserer Kabinettsdiplomatie, der Politik des Grenzenlosen. Der antike Tempel, mit *einem* Blick zu umfassen, ist der kleinste aller klassischen Bautypen. Die Geometrie von Archytas bis auf Euklid beschäftigt sich – wie es die unter ihrem Eindruck stehende Schulgeometrie noch heute tut – mit kleinen, handlichen Figuren und Körpern, und so blieben ihr die Schwierigkeiten verborgen, welche bei der Zugrundelegung von Figuren mit astronomischen Dimensionen auftauchen und die Anwendung der euklidischen Geometrie nicht mehr überall gestatten.

Andernfalls hätte der feine attische Geist vielleicht schon damals etwas von dem Problem der nichteuklidischen Geometrien geahnt, denn die Einwände gegen das bekannte Parallelenaxiom,dessen zweifelhafte und doch nicht zu verbessernde Fassung schon früh Anstoß erregte, rührten nahe an die entscheidende Entdeckung. So selbstverständlich dem antiken Sinn die ausschließliche Betrachtung des Nahen und Kleinen, so selbstverständlich ist dem unsern die des Unendlichen, die Grenzen des Sehsinnes Überschreitenden. Alle mathematischen Ansichten, welche das Abendland entdeckte oder entlehnte, wurden mit Selbstverständlichkeit der Formensprache des Infinitesimalen unterworfen und das, lange bevor die eigentliche Differentialrechnung entdeckt worden war. Arabische Algebra, indische Trigonometrie, antike Mechanik werden ohne weiteres der Analysis einverleibt. Gerade die „evidentesten" Sätze des elementaren Rechnens – daß etwa 2 x 2 = 4 ist – werden, aus analytischen Gesichtspunkten betrachtet, zu Problemen, deren Lösung erst durch Ableitungen aus der Mengenlehre und in vielen Einzelheiten überhaupt noch nicht gelungen ist – was Plato und seiner Zeit sicherlich als Wahnsinn und Beweis eines völligen Mangels an mathematischer Begabung erschienen wäre.

Man kann gewissermaßen die Geometrie algebraisch oder die Algebra geometrisch behandeln, das heißt, das Auge ausschalten oder herrschen lassen. Das erste haben wir, das andere die Griechen getan. Archimedes, der in seiner schönen Berechnung der Spirale gewisse allgemeine Tatsachen berührt, die auch der Methode des bestimmten Integrals bei Leibniz zugrunde liegen, ordnet sein bei oberflächlicher Betrachtung höchst modern wirkendes Verfahren sofort stereometrischen Prinzipien unter; ein Inder hätte im gleichen Falle mit Selbstverständlichkeit etwa eine trigonometrische Formulierung gefunden.

13

Aus dem fundamentalen Gegensatz antiker und abendländischer Zahlen entspringt ein ebenso tiefgehender des Verhältnisses, in dem die Elemente jeder dieser Zahlenwelten untereinander stehen. Das Verhältnis von *Größen* heißt *Proportion*, das von *Beziehungen* ist im Begriff der *Funktion* enthalten. Beide Worte haben, über den Bereich der Mathematik hinausgehend, größte Bedeutung für die Technik der beiden zugehörigen Künste, der Plastik und der Musik. Sieht man ganz von dem Sinn ab, den das Wort Proportion für die Gliederung der *einzelnen* Statue besitzt, so sind es die typisch antiken Kunstformen der Statue, des Reliefs und des Fresko, welche eine *Vergrößerung* und *Verkleinerung* des Maßstabes gestatten – Worte, die für die Musik überhaupt keinen Sinn haben. Man denke an die Kunst der Gemmen, deren Gegenstände im wesentlichen Verkleinerungen lebensgroßer Motive waren. Innerhalb der Funktionentheorie dagegen ist der Begriff der *Transformation von Gruppen* von entscheidender Bedeutung und der Musiker wird bestätigen, daß analoge Bildungen einen wesentlichen Teil der neueren Kompositionslehre ausmachen. Ich erinnere nur an eine der feinsten instrumentalen Formen des 18. Jahrhunderts, das „tema con variazioni".

Jede Proportion setzt die Konstanz, jede Transformation die Variabilität der Elemente voraus: man vergleiche hier die Kongruenzsätze in der Fassung Euklids, dessen Beweis tatsächlich auf dem vorliegenden Verhältnis 1:1 beruht, mit deren moderner Ableitung mit Hilfe von Winkelfunktionen.

14

Die *Konstruktion* – die im weiteren Sinne alle Methoden der elementaren Arithmetik einschließt – ist das A und O der antiken Mathematik: die Herstellung einer einzelnen und sichtbar vorliegenden Figur. Der Zirkel ist der Meißel dieser zweiten bildenden Kunst. Die Arbeitsweise bei funktionentheoretischen Untersuchungen, deren Zweck kein Resultat vom Charakter einer Größe, sondern die Diskussion allgemeiner formaler

Möglichkeiten ist, läßt sich als eine Art Kompositionslehre von naher Verwandtschaft zur musikalischen bezeichnen. Eine ganze Reihe von Begriffen der Musiktheorie ließe sich ohne weiteres auf analytische Operationen auch der Physik anwenden – Tonart, Phrasierung, Chromatik und andere – und es ist die Frage, ob nicht manche Beziehungen dadurch an Klarheit gewinnen würden.

Jede *Konstruktion* bejaht, jede *Operation* verneint den Augenschein, indem jene das optisch Gegebene herausarbeitet, diese es auflöst. So erscheint ein weiterer Gegensatz in den beiden Arten des mathematischen Verfahrens: die antike Mathematik des Kleinen betrachtet den konkreten *Einzelfall*, berechnet die *bestimmte* Aufgabe, führt die *einmalige* Konstruktion aus. Die Mathematik des Unendlichen behandelt *ganze Klassen* formaler Möglichkeiten, *Gruppen* von Funktionen, Operationen, Gleichungen, Kurven, und zwar überhaupt nicht hinsichtlich irgendeines Resultates, sondern hinsichtlich ihres Verlaufes. Es ist so seit zwei Jahrhunderten – was den Mathematikern der Gegenwart kaum zum Bewußtsein kommt – die *Idee einer allgemeinen Morphologie mathematischer Operationen* entstanden, welche man als den eigentlichen Sinn der gesamten neueren Mathematik bezeichnen darf. Es offenbart sich hier eine umfassende Tendenz abendländischer Geistigkeit überhaupt, die im folgenden immer deutlicher werden wird, eine Tendenz, die ausschließlich Eigentum des faustischen Geistes und seiner Kultur ist und in keiner andern verwandte Absichten findet. Die große Mehrzahl der Fragen, welche unsere Mathematik als deren eigenste Probleme beschäftigen – der Quadratur des Kreises bei den Griechen entsprechend –, wie die Untersuchung der Konvergenzkriterien unendlicher Reihen (Cauchy) oder die Umkehrung elliptischer und allgemein algebraischer Integrale zu mehrfach periodischen Funktionen (Abel, Gauß) wäre den „Alten", die einfache bestimmte Größen als Resultate suchten, vermutlich als eine geistreiche, etwas abstruse Spielerei erschienen – was dem populären Urteil weiter Kreise auch heute durchaus entsprechen würde. Es gibt nichts Unpopuläreres als die moderne Mathematik, und auch darin liegt ein Stück Symbolik der unendlichen Ferne, der *Distanz. Alle* großen Werke des Abendlandes von Dante bis zum Parsifal sind unpopulär, alle antiken von Homer bis zum pergamenischen Altar sind populär im höchsten Grade.

15

Und so sammelt sich endlich der ganze Gehalt des abendländischen Zahlendenkens *in dem klassischen Grenzproblem der faustischen Mathematik*, das den Schlüssel zu jenem schwer zugänglichen Begriff des Unendlichen – des *faustisch Unendlichen* – bildet, welches von der Unendlichkeit des arabischen und indischen Weltgefühls weit entfernt bleibt. Es handelt sich um die *Theorie des Grenzwertes*, möge die Zahl im einzelnen als unendliche Reihe, Kurve oder Funktion aufgefaßt werden. Dieser Grenzwert ist das strengste Gegenteil des antiken, bisher nicht so genannten, der in dem klassischen Grenzproblem der Quadratur des Kreises zur Diskussion stand. Bis ins 18. Jahrhundert haben euklidisch-populäre Vorurteile den Sinn des Differentialprinzips verdunkelt. Man mag den zunächst naheliegenden Begriff des unendlich Kleinen noch so vorsichtig anwenden, es haftet ihm ein leichtes Moment antiker Konstanz an, der *Anschein* einer Größe, wenn auch Euklid sie als solche nicht erkannt, anerkannt haben würde. Die Null ist eine Konstante, eine ganze Zahl im linearen Kontinuum zwischen +1 und -1; es hat Eulers analytischen Untersuchungen geschadet, daß er – wie viele nach ihm – die Differentiale für Nullen hielt. Erst der von Cauchy endgültig aufgeklärte Begriff des *Grenzwertes* beseitigt diesen Rest antiken Zahlengefühls und macht die Infinitesimalrechnung zu einem widerspruchslosen System. Erst der Schritt von der „unendlich kleinen Größe" zu dem „unteren Grenzwert *jeder möglichen* endlichen Größe" führt zur Konzeption einer veränderlichen Zahl, die unterhalb jeder von Null verschiedenen endlichen Größe sich bewegt, selbst also nicht den geringsten Zug einer Größe mehr trägt. Der Grenzwert in dieser endgültigen Fassung ist überhaupt nicht mehr das, was angenähert *wird. Er stellt die Annäherung – den Prozeß, die Operation – selbst dar. Er ist kein Zustand, sondern ein Verhalten.* Hier, im entscheidenden Problem der abendländischen Mathematik, verrät sich plötzlich, daß unser Seelentum ein *historisch* angelegtes ist.

16

Die Geometrie von der Anschauung, die Algebra vom Begriff der Größe zu befreien und beide jenseits der elementaren Schranken von Konstruktion und Rechnung zu dem mächtigen Gebäude der Funktionentheorie zu vereinigen, das war der große Weg des abendländischen Zahlendenkens. So wurde die antike, konstante Zahl zur veränderlichen aufgelöst. Die analytisch *gewordene* Geometrie löste alle konkreten Formen auf. Sie ersetzt den mathematischen Körper, an dessen starrem Bilde geometrische Werte gefunden werden, durch abstrakt-räumliche Beziehungen, die zuletzt auf Tatsachen der sinnlich-gegenwärtigen Anschauung überhaupt nicht mehr anwendbar sind. Sie ersetzt zunächst die optischen Gebilde Euklids durch geometrische Örter in bezug auf ein Koordinatensystem, dessen Anfangspunkt willkürlich gewählt werden kann, und reduziert das gegenständliche Dasein des geometrischen Objekts auf die Forderung, daß während der Operation, die sich nicht mehr auf Messungen, sondern auf Gleichungen richtet, das gewählte System nicht verändert werden darf. Alsbald werden aber die Koordinaten nur noch als reine Werte aufgefaßt, welche die Lage der Punkte als abstrakter Raumelemente nicht sowohl bestimmen, als repräsentieren und ersetzen. Die Zahl, die Grenze des Gewordnen, wird nicht mehr durch das Bild einer Figur, sondern durch das Bild einer Gleichung symbolisch dargestellt. Die „Geometrie" kehrt ihren Sinn um: das Koordinatensystem als Bild verschwindet, und der Punkt ist nunmehr eine vollkommen abstrakte Zahlengruppe. Wie die Architektur der Renaissance durch die Neuerungen Michelangelos und Vignolas in die des Barock übergeht – das ist das genaue Abbild dieser innern Wandlung der Analysis. An den

Palast- und Kirchenfassaden werden die sinnlich reinen Linien gleichsam unwirklich. An Stelle der klaren Koordinaten florentinisch-römischer Säulenstellungen und Geschoßgliederungen tauchen die „infinitesimalen“ Elemente geschwungener, flutender Bauteile, Voluten, Kartuschen auf. Die Konstruktion verschwindet in der Fülle des Dekorativen – mathematisch gesprochen des Funktionalen; Säulen und Pilaster, in Gruppen und Bündel zusammengefaßt, durchziehen ohne Ruhepunkte für das Auge die Fronten, sammeln und zerstreuen sich; die Flächen der Wände, Decken, Geschosse lösen sich in der Flut von Stukkaturen und Ornamenten auf, verschwinden und zerfallen unter farbigen Lichtwirkungen. Das Licht aber, das nun über dieser Formwelt des reifen Barock spielt – von Bernini um 1650 an bis zum Rokoko in Dresden, Wien, Paris –, ist ein rein musikalisches Element geworden. Der Dresdner Zwinger ist eine *Sinfonie*. Mit der Mathematik hat sich im 18. Jahrhundert auch die Architektur zu einer Formenwelt von *musikalischem* Charakter entwickelt.

17

Auf dem Wege dieser Mathematik mußte endlich der Augenblick eintreten, wo nicht nur die Grenzen künstlicher geometrischer Gebilde, sondern die Grenzen des Sehsinnes überhaupt seitens der Theorie wie der Seele selbst in ihrem Drange nach rückhaltlosem Ausdruck ihrer innern Möglichkeiten *als* Grenzen, als Hindernis empfunden wurden, wo also das Ideal transzendenter Ausgedehntheit zu den beschränkten Möglichkeiten des unmittelbaren Augenscheins in grundsätzlichen Widerspruch trat. Die antike Seele, welche mit voller Hingabe der platonischen und stoischen *ἀταραξία* das Sinnliche gelten und walten ließ und ihre großen Symbole, wie es der erotische Hintersinn der pythagoräischen Zahlen beweist, *eher empfing als gab*, konnte auch das körperliche *Jetzt* und *Hier* niemals überschreiten wollen. Hatte sich aber die pythagoräische Zahl im Wesen *gegebener* Einzeldinge in der *Natur* offenbart, so war die Zahl des Descartes und der Mathematiker nach ihm etwas, das *erobert* und *erzwungen* werden mußte, eine herrische abstrakte Beziehung, unabhängig von aller sinnlichen Gegebenheit und jederzeit bereit, diese Unabhängigkeit der Natur gegenüber geltend zu machen. Der Wille zur Macht – um Nietzsches große Formel zu gebrauchen –, der von der frühesten Gotik der Edda, der Kathedralen und Kreuzzüge, ja von den erobernden Wikingern und Goten an das Verhalten der nordischen Seele ihrer Welt gegenüber bezeichnet, liegt auch in dieser Energie der abendländischen Zahl gegenüber der Anschauung. *Das* ist „Dynamik“. In der apollinischen Mathematik dient der Geist dem Auge, in der faustischen überwindet er es.

Der mathematische, „absolute“, so gänzlich unantike Raum selbst war von Anfang an, was die Mathematik in ihrer Ehrfurcht vor hellenischen Traditionen nicht zu bemerken wagte, nicht die unbestimmte Räumlichkeit der täglichen Eindrücke, der landläufigen Malerei, der vermeintlich so eindeutigen und gewissen apriorischen Anschauung Kants, sondern ein reines Abstraktum, ein ideales und unerfüllbares Postulat einer Seele, der die Sinnlichkeit als Mittel des Ausdruckes immer weniger genügte und die sich endlich leidenschaftlich von ihr abwandte. Das *innere* Auge erwachte.

Jetzt erst mußte es tiefen Denkern fühlbar werden, daß die euklidische Geometrie, die *einzige* und *richtige* für den naiven Blick aller Zeiten, von diesem hohen Standpunkt aus betrachtet nichts ist als eine *Hypothese*, deren Alleingültigkeit gegenüber anderen, auch ganz unanschaulichen Arten von Geometrien, wie wir seit Gauß bestimmt wissen, sich niemals beweisen läßt. Der Kernsatz dieser Geometrie, das Parallelenaxiom Euklids, ist eine *Behauptung*, die sich durch andere ersetzen läßt, daß es nämlich durch einen Punkt zu einer Geraden keine, zwei oder viele Parallelen gibt, Behauptungen, die sämtlich zu vollkommen widerspruchslosen dreidimensionalen geometrischen Systemen führen, die in der Physik und auch in der Astronomie angewendet werden können und zuweilen der euklidischen vorzuziehen sind.

Schon die einfache Forderung der Unbegrenztheit des Ausgedehnten – die man seit Riemann und dessen Theorie unbegrenzter, aber infolge ihrer Krümmung nicht unendlicher Räume eben von der Unendlichkeit zu scheiden hat – widerspricht dem eigentlichen Charakter aller unmittelbaren Anschauung, welche von dem Vorhandensein von Lichtwiderständen, also materiellen Grenzen abhängt. Es sind aber abstrakte Prinzipien der Grenzsetzung denkbar, die in einem ganz neuen Sinne die Möglichkeit optischer Begrenzung überschreiten. Für den Tieferblickenden liegt schon in der kartesischen Geometrie die Tendenz, über die drei Dimensionen des *erlebten* Raumes als einer für die Symbolik der Zahlen nicht notwendigen Schranke hinauszugehen. Und wenn auch erst seit 1800 etwa die Vorstellung *mehrdimensionaler* Räume – man hätte das Wort besser durch ein neues ersetzt – zur erweiterten Grundlage des analytischen Denkens wurde, so war doch der erste Schritt dazu in dem Augenblick getan, wo die Potenzen, eigentlicher die Logarithmen, von ihrer ursprünglichen Beziehung auf sinnlich realisierbare Flächen und Körper abgelöst und – unter Verwendung irrationaler und komplexer Exponenten – als Beziehungswerte von ganz allgemeiner Art in das Gebiet des Funktionalen eingeführt wurden. Wer hier überhaupt folgen kann, wird auch begreifen, daß schon mit dem Schritt von der Vorstellung a^3 als einem natürlichen Maximum zu a^n die Unbedingtheit eines Raumes von drei Dimensionen aufgehoben ist.

Nachdem einmal das Raumelement des Punktes den immerhin noch optischen Charakter eines Koordinatenschnittes in einem anschaulich vorstellbaren System verloren hatte und als Gruppe dreier unabhängiger Zahlen definiert worden war, lag kein inneres Hindernis mehr vor, die Zahl 3 durch die allgemeine n zu ersetzen. Es tritt eine Umkehrung des Dimensionsbegriffes ein: es bezeichnen nicht mehr Maßzahlen optische Eigenschaften eines Punktes hinsichtlich seiner Lage in einem System, sondern Dimensionen von unbeschränkter Anzahl stellen vollkommen abstrakte Eigenschaften einer Zahlengruppe dar. Diese Zahlengruppe – von n unabhängigen geordneten Elementen – ist das *Bild* des Punktes; sie *heißt* ein Punkt. Eine daraus logisch entwickelte Gleichung heißt *Ebene,* ist das *Bild* einer Ebene. Der Inbegriff aller Punkte von n Dimensionen *heißt* ein n-dimensionaler *Raum*.In diesen transzendenten Raumwelten, die zu keiner Art von Sinnlichkeit mehr in irgendeinem Verhältnis stehen, herrschen die von der Analysis aufzufindenden Beziehungen, welche sich mit den Ergebnissen der experimentellen Physik in ständiger Übereinstimmung befinden. Diese Räumlichkeit höheren Ranges ist ein Symbol, das durchaus Eigentum des abendländischen Geistes bleibt. Nur dieser Geist hat das Gewordene und Ausgedehnte *in diese* Formen zu bannen, das Fremde durch *diese* Art der Aneignung – man erinnere sich des Begriffes „tabu“ – zu beschwören, zu zwingen, mithin zu „erkennen“ versucht und verstanden. Erst in dieser Sphäre des Zahlendenkens, die nur einem sehr kleinen Kreis von Menschen noch zugänglich ist, erhalten selbst Bildungen wie die Systeme der hyperkomplexen Zahlen (etwa die Quaternionen der Vektorenrechnung) und zunächst ganz unverständliche Zeichen wie xxx ∞^{n} den Charakter von etwas Wirklichem. Man hat eben zu begreifen, daß Wirklichkeit nicht nur sinnliche Wirklichkeit ist, daß vielmehr das Seelische seine Idee in noch ganz anderen als anschaulichen Bildungen verwirklichen kann.

18

Aus dieser großartigen Intuition symbolischer Raumwelten folgt die letzte und abschließende Fassung der gesamten abendländischen Mathematik, die Erweiterung und Vergeistigung der Funktionentheorie zur *Gruppentheorie*. Gruppen sind Mengen oder Inbegriffe gleichartiger mathematischer Gebilde, also z. B. die Gesamtheit aller Differentialgleichungen von einem gewissen Typus, Mengen, die dem Dedekindschen Zahlenkörper analog gebaut und geordnet sind. Es handelt sich, wie man fühlt, um Welten ganz neuer Zahlen, die für das *innere Auge* des Eingeweihten doch nicht ganz ohne eine gewisse Sinnlichkeit sind. Es werden nun Untersuchungen gewisser Elemente dieser ungeheuer abstrakten Formsysteme notwendig, welche in bezug auf eine einzelne Gruppe von Operationen – *von Transformationen des Systems* – von deren Wirkungen unabhängig bleiben, Invarianz besitzen. Die allgemeine Aufgabe dieser Mathematik erhält also (nach Klein) die Form: „Es ist eine n-dimensionale Mannigfaltigkeit („Raum“) und eine Gruppe von Transformationen gegeben. Die der Mannigfaltigkeit angehörigen Gebilde sollen hinsichtlich solcher Eigenschaften untersucht werden, die durch Transformationen der Gruppe nicht geändert werden.“

Auf diesem höchsten Gipfel schließt nunmehr – nach Erschöpfung ihrer sämtlichen inneren Möglichkeiten und nachdem sie ihre Bestimmung, *Abbild und reinster Ausdruck der Idee des faustischen Seelentums* zu sein, erfüllt hat – die Mathematik des Abendlandes ihre Entwicklung ab, in demselben Sinne, wie es die Mathematik der antiken Kultur im 3. Jahrhundert tat. Beide Wissenschaften – es sind die einzigen, deren organische Struktur sich heute schon geschichtlich durchschauen läßt – sind aus der

Konzeption einer völlig neuen Zahl durch Pythagoras und Descartes entstanden; beide haben in prachtvollem Aufstieg ein Jahrhundert später ihre Reife erlangt, und beide vollendeten nach einer Blüte von drei Jahrhunderten das Gebäude ihrer Ideen, in derselben Zeit, als die Kultur, der sie angehören, in eine weltstädtische Zivilisation überging. Dieser tiefbedeutsame Zusammenhang wird später aufgeklärt werden. Sicher ist, daß für uns die Zeit der *großen* Mathematiker vorüber ist. Es ist heute dieselbe Arbeit des Erhaltens, Abrundens, Verfeinerns, Auswählens, die talentvolle Kleinarbeit an Stelle der großen Schöpfungen im Gange, wie sie auch die alexandrinische Mathematik des späteren Hellenismus kennzeichnet.

Das historische Schema auf der folgenden Seite wird dies deutlicher machen.

Antike	Abendland
1. Konzeption einer neuen Zahl	
Um 540 Die Zahl als Größe Die Pythagoräer (Um 470 Sieg der Plastiküber die Ölmalerei)	Um 1630 Die Zahl als Beziehung Descartes, Fermat, Pascal; Newton, Leibniz (1670) (Um 1670 Sieg der Musik über die Freskomalerei)
2. Höhepunkt der systematischen Entwicklung	
450-350 Plato, Archytas, Eudoxos (Phidias, Praxiteles)	1750-1800 Euler, Lagrange, Laplace (Gluck, Haydn, Mozart)
3. Innerer Abschluß der Zahlenwelt	
300-250 Euklid, Apollonios, Archimedes (Lysippos, Leochares)	Nach 1800 Gauß, Cauchy, Riemann (Beethoven)

Zweites Kapitel: Das Problem der und Systematik

I. Physiognomik und Systematik

1

Es ist jetzt endlich möglich, den entscheidenden Schritt zu tun und ein Bild der Geschichte zu entwerfen, das nicht mehr vom zufälligen Standort des Betrachters in irgendeiner – seiner – „Gegenwart" und von seiner Eigenschaft als interessiertem Gliede einer einzelnen Kultur abhängig ist, deren religiöse, geistige, politische, soziale Tendenzen ihn verführen, den historischen Stoff aus einer zeitlich und räumlich beschränkten Perspektive anzuordnen und dem Geschehen damit eine willkürliche und an der Oberfläche haftende Form aufzudrängen, die ihm innerlich fremd ist.

Was bisher fehlte, war die *Distanz* vom Gegenstande. Der Natur gegenüber war sie längst erreicht. Allerdings war sie hier auch leichter erreichbar. Der Physiker entwirft das mechanisch-kausale Bild seiner Welt mit Selbstverständlichkeit so, als ob er selbst gar nicht da wäre.

Aber in der Formenwelt der Geschichte ist dasselbe möglich. Wir haben das bis jetzt nicht gewußt. Es gehört zum Stolz moderner Historiker, objektiv zu sein, aber sie verraten damit, wie wenig sie sich ihrer eigenen Vorurteile bewußt sind. Man darf deshalb vielleicht sagen, und man wird es später einmal tun, daß es bis jetzt an einer wirklichen Geschichtsbetrachtung faustischen Stils überhaupt gefehlt hat, einer solchen nämlich, die Abstand genug besitzt, um im Gesamtbilde der Weltgeschichte auch die Gegenwart – die es ja nur in bezug auf eine einzige von unzähligen menschlichen Generationen ist – wie etwas unendlich Fernes und Fremdes zu betrachten, als eine Zeitspanne, die nicht schwerer wiegt als alle andern, ohne den fälschenden Maßstab irgendwelcher Ideale, ohne Bezug auf sich selbst, ohne Wunsch, Sorge und persönliche innere Beteiligung, wie sie das praktische Leben in Anspruch nimmt; einen Abstand also, der es erlaubt – mit Nietzsche zu reden, der bei weitem nicht genug von ihm besaß – die ganze Tatsache Mensch aus ungeheurer Entfernung zu überschauen; einen Blick über die Kulturen hin, auch über die eigene, wie über die Gipfelreihe eines Gebirges am Horizont.

Hier war noch einmal eine Tat wie die des Kopernikus zu vollbringen, eine Befreiung vom Augenschein im Namen des unendlichen Raumes, wie sie der abendländische Geist der Natur gegenüber längst vollzogen hatte, als er vom ptolemäischen Weltsystem zu dem für ihn heute allein gültigen überging und damit den zufälligen Standort des Betrachters auf einem einzelnen Planeten als formbestimmend ausschaltete.

Die Weltgeschichte ist derselben Ablösung von einem zufälligen Beobachtungsorte – der jeweiligen „Neuzeit" – fähig und bedürftig. Uns erscheint das 19. Jahrhundert unendlich viel reicher und wichtiger als etwa das 19. vor Christus, aber auch der Mond erscheint uns größer als Jupiter und Saturn. Der Physiker hat sich vom Vorurteil der relativen Entfernung längst befreit, der Historiker nicht. Wir erlauben uns, die Kultur der Griechen als Altertum im Verhältnis zu unserer Neuzeit zu bezeichnen. War sie das auch für die feinen, auf dem Gipfel ihrer geschichtlichen Entwicklung stehenden Ägypter am Hofe des großen Thutmosis – ein Jahrtausend vor Homer? Für uns füllen die Ereignisse, die sich 1500-1800 auf dem Boden Westeuropas abspielen, das wichtigste Drittel „der“ Weltgeschichte. Für den chinesischen Historiker, der auf 4000 Jahre chinesischer Geschichte zurückblickt und von ihr aus urteilt, sind sie eine kurze und wenig bedeutende Episode, nicht entfernt so schwerwiegend wie die Jahrhunderte der Han-Dynastie (206 v. bis 220 n. Chr.), die in *seiner* “Weltgeschichte“ Epoche machten.

Die Geschichte also vom persönlichen Vorurteil des Betrachters zu lösen, das sie in unserem Falle wesentlich zur Geschichte eines Fragments der Vergangenheit mit dem in Westeuropa festgestellten Zufällig-Gegenwärtigen als Ziel und den augenblicklich gültigen Idealen und Interessen als Maßstäbe für die Bedeutung des Erreichten und zu Erreichenden macht – das ist die Absicht alles Folgenden.

2

Natur und Geschichte:So stehen für jeden Menschen zwei äußerste Möglichkeiten, die ihn umgebende Wirklichkeit als Weltbild zu ordnen, einander gegenüber. Eine Wirklichkeit ist Natur, insofern sie alles Werden dem Gewordenen, sie ist Geschichte, insofern sie alles Gewordne dem Werden einordnet. Eine Wirklichkeit wird *in ihrer „erinnerten“ Gestalt erschaut* – so entsteht die Welt Platons, Rembrandts, Goethes, Beethovens – oder *in ihrem gegenwärtig-sinnlichen Bestande kritisch begriffen* – dies sind die Welten von Parmenides und Descartes, Kant und Newton. Erkennen im strengen Sinne des Wortes ist derjenige Erlebnisakt, dessen vollzogenes Resultat „Natur“ heißt. Erkanntes und Natur sind identisch. Alles Erkannte ist, wie das Symbol der mathematischen Zahl bewies, gleichbedeutend mit dem mechanisch Begrenzten, dem ein für allemal Richtigen, dem Gesetzten. Natur ist der *Inbegriff des gesetzlich Notwendigen*. Es gibt nur *Natur*gesetze. Kein Physiker, der seine Bestimmung begreift, wird über diese Grenzen hinausgehen wollen. Seine Aufgabe ist es, die Gesamtheit, das wohlgeordnete System aller Gesetze festzustellen, die im Bilde *seiner* Natur auffindbar sind, mehr noch, die das Bild seiner Natur erschöpfend und ohne Rast *darstellen*.

Andrerseits: Anschauen – ich erinnere an das Wort Goethes: „Das Anschauen ist vom Ansehen sehr zu unterscheiden“ – ist derjenige Erlebnisakt, der, *indem er sich vollzieht, selbst Geschichte ist*. Erlebtes ist Geschehenes, ist Geschichte.

Alles Geschehen ist *einmalig* und nie sich wiederholend. Es trägt das Merkmal der Richtung (der „Zeit“), der *Nichtumkehrbarkeit*. Das Geschehene, als nunmehr Gewordnes dem Werden, als Erstarrtes dem Lebendigen entgegengesetzt, gehört unwiderruflich der Vergangenheit an. Das Gefühl hiervon ist die Weltangst. Alles

Erkannte aber ist *zeitlos*, weder vergangen noch zukünftig, sondern schlechthin „vorhanden“ und also von dauernder Gültigkeit. Dies gehört zur inneren Beschaffenheit des Naturgesetzlichen. Das Gesetz, das Gesetzte, ist *antihistorisch*. Es schließt den *Zufall* aus. Naturgesetze sind Formen einer ausnahmslosen und also anorganischen Notwendigkeit. Es wird klar, weshalb Mathematik als die Ordnung des Gewordnen durch die Zahl sich *immer* auf Gesetze und Kausalität und *nur* auf sie bezieht.

Das Werden „hat keine Zahl“. Nur Lebloses – und Lebendiges nur, indem man von seinem Lebendigsein absieht – kann gezählt, gemessen, zerlegt werden. Das reine Werden, das Leben ist in diesem Sinne grenzenlos. Es liegt jenseits des Bereichs von Ursache und Wirkung, Gesetz und Maß. Keine tiefe und echte Geschichtsforschung sucht nach kausaler Gesetzlichkeit; andernfalls hat sie ihr eigentliches Wesen nicht begriffen.

Indes: Betrachtete Geschichte ist kein reines Werden; sie ist ein Bild, eine vom Wachsein des Betrachters ausstrahlende Weltform, in der das Werden das Gewordne *beherrscht*. Auf dem Gehalt an Gewordenem, auf einem Mangel also beruht die Möglichkeit, ihr wissenschaftlich etwas abzugewinnen. Und je höher dieser Gehalt ist, desto mechanischer, desto verstandesmäßiger, desto kausaler erscheint sie. Auch Goethes „lebendige Natur“, ein völlig unmathematisches Weltbild, hatte doch so viel Gehalt an Totem und Starrem, daß er wenigstens ihren Vordergrund wissenschaftlich behandeln konnte. Sinkt dieser Gehalt *sehr* tief, ist sie beinahe *nur* reines Werden, so ist das Anschauen zu einem Erlebnis geworden, das nur noch Arten *künstlerischer* Fassung gestattet. Was Dante als Weltenschicksal vor seinem geistigen Auge sah, hätte er *nicht* wissenschaftlich gestalten können, auch Goethe nicht, was er in den großen Augenblicken seiner Faustentwürfe erblickte, und ebensowenig Plotin und Giordano Bruno ihre Gesichte, die nicht das Ergebnis von Forschungen gewesen sind. Hier liegt die wichtigste Ursache des Streites um die innere Form der Geschichte. Vor demselben Gegenstand, vor demselben Tatsachenstoff hat doch jeder Betrachter seiner Anlage nach einen anderen *Eindruck* des Ganzen, ungreifbar und nicht mitteilbar, der seinem Urteil zugrunde liegt und ihm die persönliche Farbe gibt. Der Grad von Gewordenem wird im Schauen zweier Menschen immer verschieden sein, Grund genug, daß sie sich niemals über Aufgabe und Methode verständigen können. Jeder gibt dem Mangel an klarem Denken bei dem anderen Schuld, und doch ist das mit diesem Ausdruck bezeichnete Etwas, über dessen Struktur niemand Gewalt hat, kein Schlechtersein, sondern ein notwendiges Anderssein. Dasselbe gilt von aller Naturwissenschaft.

Aber man halte fest: Geschichte *wissenschaftlich* behandeln wollen ist im letzten Grunde immer etwas Widerspruchsvolles. Die echte Wissenschaft reicht so weit, als die Begriffe richtig und falsch Geltung haben. Das gilt von der Mathematik, das gilt also auch von der historischen *Vorwissenschaft* der Sammlung, Ordnung und Sichtung des Stoffes. Der eigentlich geschichtliche Blick aber, der von hier erst *ausgeht*, gehört ins Reich der

Bedeutungen, wo nicht richtig und falsch, sondern flach und tief die maßgebenden Worte sind. Der echte Physiker ist nicht tief, sondern „scharfsinnig". Erst wenn er das Gebiet der Arbeitshypothesen verläßt und an die letzten Dinge streift, kann er tief sein – dann aber ist er auch schon Metaphysiker geworden. Natur soll man wissenschaftlich behandeln, über Geschichte soll man dichten. Der alte Leopold von Ranke soll einmal gesagt haben, daß der „Quentin Durward" von Scott doch eigentlich die wahre Geschichtsschreibung darstelle. So ist es auch; ein gutes Geschichtswerk hat seinen Vorzug darin, daß der Leser sein eigner Walter Scott zu sein vermag.

Auf der andern Seite, dort, wo das Reich der Zahlen und des exakten Wissens herrschen sollte, hatte Goethe „lebendige Natur" gerade das genannt, was ein unmittelbares Anschauen des reinen Werdens und Sichgestaltens, mithin im hier festgelegten Sinne *Geschichte* war. *Seine* Welt war *zunächst* ein Organismus, ein Wesen, und man begreift, daß seine Forschungen, selbst wenn sie äußerlich ein physikalisches Gepräge tragen, weder Zahlen noch Gesetze noch eine in Formeln gebannte Kausalität und überhaupt keine Zerlegung bezwecken, daß sie vielmehr Morphologie im höchsten Sinne sind und damit das spezifisch abendländische (und sehr unantike) Mittel aller kausalen Betrachtung, das messende Experiment, vermeiden, es aber auch nirgends vermissen lassen. Seine Betrachtung der Erdoberfläche ist stets Geologie, nie Mineralogie (die er die Wissenschaft von etwas Totem nannte).

Es sei noch einmal gesagt: Es gibt keine genaue Grenze zwischen beiden Arten der Weltfassung. So sehr Werden und Gewordnes Gegensätze sind, so sicher ist in jeder Art von Verstehen beides vorhanden. Geschichte erlebt, wer beides als werdend, als sich vollendend anschaut; Natur erkennt, wer beides als geworden, als vollendet zergliedert.

Es liegt eine ursprüngliche Anlage in jedem Menschen, jeder Kultur, jeder Kulturstufe vor, eine ursprüngliche Neigung und Bestimmung, eine der beiden Formen als Ideal des Weltverstehens vorzuziehen. Der Mensch des Abendlandes ist in hohem Grade historisch angelegt,der antike Mensch war es um so weniger. *Wir* verfolgen alles Gegebene im Hinblick auf Vergangenheit und Zukunft, die Antike erkannte nur die punktförmige Gegenwart als seiend an. Der Rest wurde Mythos. Wir haben in jedem Takte unsrer Musik von Palestrina bis Wagner *auch ein Symbol des Werdens* vor uns, die Griechen in jeder ihrer Statuen ein Bild der reinen Gegenwart. Der Rhythmus eines Körpers ruht im gleichzeitigen Verhältnis der Teile, der Rhythmus einer Fuge im zeitlichen Verlauf.

3

So treten die Prinzipien der *Gestalt* und des *Gesetzes* vor uns hin als die beiden Grundelemente aller Weltbildung. Je entschiedener ein Weltbild die Züge der Natur trägt, desto unumschränkter gilt in ihm das Gesetz und die Zahl. Je reiner eine Welt als ein ewig Werdendes angeschaut wird, desto zahlenfremder ist die ungreifbare Fülle ihrer

Gestaltung. „Die Gestalt ist ein Bewegliches, ein Werdendes, ein Vergehendes. Gestaltenlehre ist Verwandlungslehre. Die Lehre von der Metamorphose ist der Schlüssel zu allen Zeichen der Natur“, heißt es in einer Notiz aus Goethes Nachlaß. So unterscheidet sich schon hinsichtlich der Methode Goethes vielberufene „exakte sinnliche Phantasie“, die das Lebendige unberührt auf sich wirken läßt,von dem exakten, tötenden Verfahren der modernen Physik. Der Rest des *anderen* Elements, den man immer finden wird, erscheint in der strengen Naturwissenschaft in Gestalt der nie zu vermeidenden *Theorien* und *Hypothesen*, deren anschaulicher Gehalt alles starr Zahlenmäßige und Formelhafte füllt und trägt, in der Geschichtsforschung als *Chronologie*, das heißt, als jenes dem Werden innerlich ganz fremde und hier doch nie als fremdartig empfundene Zahlennetz, das als Gerüst von Jahreszahlen oder als Statistik die historische Gestaltenwelt umspinnt und durchdringt, ohne daß von Mathematik die Rede sein könnte. Die chronologische Zahl bezeichnet das einmalig Wirkliche, die mathematische das beständig Mögliche. Die eine umschreibt Gestalten und arbeitet für das verstehende Auge die Umrisse von Zeitaltern und Tatsachen heraus; sie *dient* der Geschichte. Die *andere ist selbst das Gesetz*, das sie feststellen soll, das Ende und Ziel der Forschung. Die chronologische Zahl ist als Mittel einer Vorwissenschaft der eigentlichsten Wissenschaft entlehnt, der Mathematik. In ihrem Gebrauch wird von dieser Eigenschaft aber abgesehen. Man fühle sich in den Unterschied der beiden Symbole hinein: 12 x 8 = 96 und 18. Oktober 1813. Der Zahlengebrauch unterscheidet sich hier ganz wie der Wortgebrauch in Prosa und Poesie.

Noch etwas andres ist hier zu bemerken. Da ein Werden immer dem Gewordnen zugrunde liegt und Geschichte eine Ordnung des Weltbildes im Sinne des Werdens darstellt, so ist Geschichte die *ursprüngliche* und Natur im Sinne eines durchgebildeten Weltmechanismus eine *späte*, erst dem Menschen reifer Kulturen wirklich vollziehbare Weltform. In der Tat ist die dunkle, urseelenhafte Umweltder frühesten Menschheit, wovon heute noch ihre religiösen Gebräuche und Mythen zeugen, jene durch und durch organische Welt voller Willkür, feindlicher Dämonen und launischer Mächte, durchaus ein lebendiges, ungreifbares, rätselhaft wogendes und unberechenbares Ganze. Mag man sie Natur nennen, so ist sie doch nicht unsre Natur, nicht der starre Reflex eines wissenden Geistes. Diese Urwelt klingt als ein Stück längst vergangenen Menschentums nur in der Kinderseele und in den großen Künstlern noch manchmal an, inmitten einer strengen „Natur“, welche der städtische Geist reifer Kulturen mit tyrannischer Nachdrücklichkeit um den einzelnen aufbaut. Hierin liegt der Grund für die gereizte Spannung zwischen wissenschaftlicher („moderner“) und künstlerischer („unpraktischer“) Weltanschauung, die jede Spätzeit kennt. Der Tatsachenmensch und der Dichter werden einander nie verstehen. Hier ist auch der Grund zu suchen, weshalb jede als Wissenschaft angestrebte Geschichtsforschung, die immer etwas von Kindheit und Traum, etwas Goethesches in sich tragen müßte, an der Gefahr vorüberstreift, eine bloße Physik des öffentlichen Lebens zu werden, „materialistisch“, wie sie sich selbst ahnungslos genannt hat.

„Natur“ im exakten Sinne ist die seltenere, auf den Menschen der großen Städte später Kulturen beschränkte, männliche, vielleicht schon greisenhafte Art, Wirklichkeit zu besitzen, Geschichte die naive und jugendliche, auch die unbewußtere, die der *ganzen* Menschheit eigen ist. So wenigstens steht die zahlenmäßige, geheimnislose, zerlegte und zerlegbare Natur des Aristoteles und Kant, der Sophisten und Darwinisten, der modernen Physik und Chemie, jener erlebten, grenzenlosen, gefühlten Natur Homers und der Edda, des dorischen und gotischen Menschen gegenüber. Es heißt das Wesen aller Geschichtsbetrachtung verkennen, wenn man dies übersieht. *Sie* ist die eigentlich *natürliche*, die exakte, mechanisch geordnete Natur die *künstliche* Fassung der Seele ihrer Welt gegenüber. Trotzdem oder gerade deshalb ist dem modernen Menschen die Naturwissenschaft leicht, die Geschichtsbetrachtung schwer.

Regungen eines mechanistischen Denkens über die Welt, das ganz und gar auf mathematische Begrenzung, logische Unterscheidung, auf Gesetz und Kausalität hinausgeht, tauchen sehr früh auf. Man findet sie in den ersten Jahrhunderten aller Kulturen, noch schwach, vereinzelt, noch in der Fülle des religiösen Weltbewußtseins verschwindend. Ich nenne den Namen Roger Bacons. Sie nehmen bald einen strengeren Charakter an; es fehlt ihnen, wie allem geistig Erkämpften und von der menschlichen Natur ständig Bedrohten, das Herrische und Ausschließende nicht. Unvermerkt durchdringt das Reich des Räumlich-Begrifflichen – denn die Begriffe sind ihrem Wesen nach Zahlen, von rein quantitativer Beschaffenheit – die Außenwelt des Einzelnen, bewirkt in, mit und unter den schlichten Eindrücken des Sinnenlebens einen mechanischen Zusammenhang kausaler und zahlengesetzlicher Art und unterwirft zu guter Letzt das wache Bewußtsein des großstädtischen Kulturmenschen – sei es im ägyptischen Theben oder in Babylon, in Benares, Alexandria oder in westeuropäischen Weltstädten – einem so anhaltenden Zwange des naturgesetzlichen Denkens, daß das Vorurteil aller Philosophie und Wissenschaft – denn es *ist* ein Vorurteil – kaum Widerspruch findet, dieser Zustand sei *der* menschliche Geist und sein Gegenüber, das *mechanische* Bild der Umwelt, sei *die* Welt. Logiker wie Aristoteles und Kant haben diese Ansicht zur herrschenden gemacht, aber Plato und Goethe widerlegen sie.

4

Die große Aufgabe der Welterkenntnis, wie sie dem Menschen hoher Kulturen Bedürfnis ist, einer Art Durchdringung seiner Existenz, die er sich und ihr schuldig zu sein glaubt, mag man ihr Verfahren nun Wissenschaft oder Philosophie nennen, mag man ihre Verwandtschaft zu künstlerischer Schöpfung und gläubiger Intuition mit innerster Gewißheit empfinden oder bestreiten – diese Aufgabe ist sicherlich in jedem Falle die gleiche: Die Formensprache des Weltbildes, das dem Wachsein des einzelnen *vorbestimmt* ist, das er, solange er nicht *vergleicht*, für „ *die*“ Welt halten muß, in ihrer Reinheit darzustellen.

Angesichts des Unterschiedes von Natur und Geschichte muß diese Aufgabe eine doppelte sein. Beide reden ihre eigene, in jedem Betracht verschiedene Formensprache; in einem Weltbilde von unentschiedenem Charakter – wie es die alltägliche Regel ist – können beide einander wohl überlagern und verwirren, sich aber niemals zur inneren Einheit verbinden.

Richtung und Ausdehnung sind die herrschenden Merkmale, durch die sich der historische und der naturhafte Welteindruck unterscheiden. Der Mensch ist gar nicht imstande, beide gleichzeitig gestaltend wirken zu lassen. Das Wort Ferne hat einen bezeichnenden Doppelsinn. Dort bedeutet es *Zukunft*, hier eine *räumliche Distanz*. Man wird bemerken, daß der historische Materialist die Zeit fast mit Notwendigkeit als mathematische Dimension empfindet. Für den geborenen Künstler sind umgekehrt, wie die Lyrik aller Völker beweist, landschaftliche Fernen, Wolken, der Horizont, die sinkende Sonne Eindrücke, die sich unbezwinglich mit dem Gefühl von etwas Künftigem verbinden. Der griechische Dichter verneint die Zukunft, folglich sieht, folglich besingt er dies alles nicht. Weil er ganz der Gegenwart angehört, so gehört er auch ganz der Nähe. Der Naturforscher, der produktive Verstandesmensch im eigentlichen Sinne, sei er Experimentator wie Faraday, Theoretiker wie Galilei oder Rechner wie Newton, findet in seiner Welt nur richtungslose *Quantitäten*, die er mißt, prüft und ordnet. Nur Quantitatives unterliegt der Fassung durch Zahlen, ist kausal bestimmt, kann begrifflich zugänglich gemacht und gesetzlich formuliert werden. Damit sind die Möglichkeiten aller reinen Naturerkenntnis erschöpft. Alle Gesetze sind quantitative Zusammenhänge oder, wie der Physiker es ausdrückt, alle physikalischen Vorgänge verlaufen *im Raume*. Der antike Physiker würde, ohne die Tatsache zu ändern, diesen Ausdruck im Sinne des antiken, raumverneinenden Weltgefühls dahin korrigiert haben, daß alle Vorgänge „unter *Körpern stattfinden*“.

Historischen Eindrücken ist alles Quantitative fremd. Ihr Organ ist ein anderes. Die Welt als Natur und die Welt als Geschichte haben ihre eigenen Arten des Erfassens. Wir kennen sie und gebrauchen sie täglich, ohne uns des Gegensatzes bis jetzt bewußt gewesen zu sein. Es gibt *Naturerkenntnis* und *Menschenkenntnis*. Es gibt *wissenschaftliche Erfahrung* und *Lebenserfahrung*. Man verfolge den Gegensatz bis in seine letzten Tiefen und man wird verstehen, was ich meine.

Alle Arten, die Welt zu begreifen, dürfen letzten Endes als Morphologie bezeichnet werden. *Die Morphologie des Mechanischen und Ausgedehnten, eine Wissenschaft, die Naturgesetze und Kausalbeziehungen entdeckt und ordnet, heißt Systematik. Die Morphologie des Organischen, der Geschichte und des Lebens, alles dessen, was Richtung und Schicksal in sich trägt, heißt Physiognomik.*

5

Die systematische Art der Weltbetrachtung hat im Abendlande während des vorigen Jahrhunderts ihren Gipfel erreicht und überschritten. Die physiognomische hat ihre große Zeit noch vor sich. In hundert Jahren werden alle Wissenschaften, die auf diesem Boden noch möglich sind, Bruchstücke einer einzigen ungeheuren Physiognomik alles Menschlichen sein. *Das bedeutet „Morphologie der Weltgeschichte"*. In jeder Wissenschaft, dem Ziel wie dem Stoffe nach, erzählt der Mensch sich selbst. Wissenschaftliche Erfahrung ist geistige Selbsterkenntnis. Aus diesem Gesichtspunkt war soeben die Mathematik als ein Kapitel der Physiognomik behandelt worden. Nicht was der einzelne Mathematiker *beabsichtigte*, kam in Betracht. Der Gelehrte als solcher und seine Ergebnisse als Bestand einer Wissensmenge scheiden aus. Der Mathematiker als Mensch, dessen Wirksamkeit einen Teil seiner Erscheinung, dessen Wissen und Meinen einen Teil seines Ausdrucks bildet, ist hier allein von Bedeutung, und zwar als *Organ* einer Kultur. Durch ihn redet sie von sich. Er gehört als Persönlichkeit, als Geist, entdeckend, erkennend, formend zu ihrer Physiognomie.

Jede Mathematik, die als wissenschaftliches System oder, wie im Fall Ägyptens, in Gestalt einer Architektur die Idee ihrer, ihrem Wachsein eingeborenen Zahl allen sichtbar zur Erscheinung bringt, ist das Bekenntnis einer Seele. So gewiß ihre beabsichtigte Leistung nur der geschichtlichen Oberfläche angehört, so gewiß ist ihr Unbewußtes, die Zahl selbst und der Stil ihrer Entwicklung zum Gebäude einer abgeschlossenen Formenwelt, ein Ausdruck des Daseins, des Blutes. Ihre Lebensgeschichte, ihr Aufblühen und Verdorren, ihre tiefe Beziehung zu den bildenden Künsten, zu Mythen und Kulten derselben Kultur, das alles gehört zu einer noch kaum für möglich gehaltenen Morphologie der zweiten, der historischen Art.

Der sichtbare Vordergrund aller Geschichte hat demnach dieselbe Bedeutung wie die äußere Erscheinung des einzelnen Menschen, wie Wuchs, Miene, Haltung, Gang, nicht die Sprache, sondern das Sprechen, nicht das Geschriebene, sondern die Schrift. Das alles ist für den Menschenkenner da. Der Leib mit all seinen Auswirkungen, das Begrenzte, Gewordne, *Vergängliche* ist Ausdruck der Seele. Aber Menschenkenner sein bedeutet nun auch jene menschlichen Organismen größten Stils, die ich Kulturen nenne, kennen, ihre Miene, ihre Sprache, ihre Handlungen begreifen, wie man die eines einzelnen Menschen begreift.

Beschreibende, gestaltende Physiognomik ist die ins Geistige übertragene Kunst des Porträts. Don Quijote, Werther, Julien Sorel sind die Porträts einer Epoche. Faust ist das Porträt einer ganzen Kultur. Der Naturforscher, der Morphologe als Systematiker kennt das Porträt der Welt nur als nachahmende Aufgabe. Ganz dasselbe bedeutet „Naturtreue", „Ähnlichkeit" für den malenden Handwerker, der im Grunde rein mathematisch zu Werke geht. Ein echtes Porträt im Sinne Rembrandts ist aber Physiognomik, das heißt in einen Augenblick gebannte *Geschichte*. Die Reihe seiner

Selbstbildnisse ist nichts anderes als eine – echt Goethesche – Selbstbiographie. So sollte die Biographie der großen Kulturen geschrieben werden. Der nachahmende Teil, die Arbeit des Fachhistorikers an Daten und Zahlen, ist nur Mittel, nicht Ziel. Zu den Zügen im Antlitz der Historie gehört alles, was man bis jetzt nur nach persönlichen Maßstäben, nach Nutzen und Schaden, Gut und Böse, Gefallen und Mißfallen zu werten verstanden hat. Staatsformen wie Wirtschaftsformen, Schlachten wie Künste, Wissenschaften wie Götter, Mathematik wie Moral. Alles, was überhaupt *geworden* ist, alles, was erscheint, ist Symbol, ist Ausdruck einer Seele. Es will mit dem Auge des Menschenkenners betrachtet, es will nicht in Gesetze gebracht, es will in seiner Bedeutung gefühlt werden. Und so erhebt sich die Untersuchung zu einer letzten und höchsten Gewißheit: *Alles Vergängliche ist nur ein Gleichnis*.

Zur Naturerkenntnis kann man erzogen werden, der Geschichtskenner wird *geboren*. Er begreift und durchdringt die Menschen und Tatsachen mit einem Schlage, aus einem Gefühl heraus, das man nicht lernt, das jeder absichtlichen Einwirkung entzogen ist, das in seiner höchsten Kraft sich selten genug einstellt. Zerlegen, definieren, ordnen, nach Ursache und Wirkung abgrenzen kann man, wenn man will. Das ist eine Arbeit; das andre ist eine Schöpfung. Gestalt und Gesetz, Gleichnis und Begriff, Symbol und Formel haben ein ganz verschiedenes Organ. Es ist das Verhältnis von *Leben und Tod*, von Zeugen und Zerstören, das in diesem Gegensatz erscheint. Der Verstand, das System, der Begriff töten, indem sie „erkennen". Sie machen das Erkannte zum starren Gegenstand, der sich messen und teilen läßt. Das Anschauen beseelt. Es verleibt das Einzelne einer lebendigen, innerlich gefühlten Einheit ein. Dichten und Geschichtsforschung sind verwandt, Rechnen und Erkennen sind es auch. Aber – wie Hebbel einmal sagt: „Systeme werden nicht erträumt, Kunstwerke nicht errechnet oder, was dasselbe ist, erdacht". Der Künstler, der echte Historiker schaut, wie etwas wird. Er erlebt das Werden in den Zügen des Betrachteten noch einmal. Der Systematiker, sei er Physiker, Logiker, Darwinist oder schreibe er pragmatische Geschichte, erfährt, was geworden ist. Die Seele eines Künstlers ist wie die Seele einer Kultur etwas, das sich verwirklichen möchte, etwas Vollständiges und Vollkommenes, in der Sprache einer älteren Philosophie: ein Mikrokosmos. Der systematische, vom Sinnlichen abgezogene – „abs-trakte" – Geist ist eine späte, enge und vorübergehende Erscheinung und gehört zu den reifsten Zuständen einer Kultur. Er ist an die *Städte* gebunden, in denen sich ihr Leben mehr und mehr zusammendrängt, er erscheint und er verschwindet wieder mit ihnen. Antike Wissenschaft gibt es nur von den Ioniern des 6. Jahrhunderts an bis zur Römerzeit. Antike Künstler gibt es, solange es eine Antike gibt. Ein Schema möge wieder zur Verdeutlichung dienen:

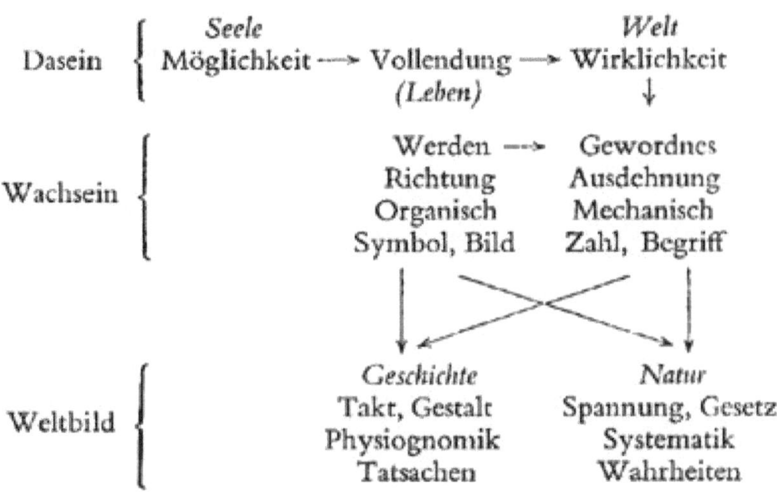

Versucht man, sich über das Prinzip der Einheit klar zu werden, aus welcher jede der beiden Welten aufgefaßt wird, so findet man, daß mathematisch geregelte Erkenntnis, und zwar desto entschiedener, je reiner sie ist, sich durchaus auf ein *beständig Gegenwärtiges* bezieht. Das Bild der Natur, wie es der Physiker betrachtet, ist das augenblicklich vor seinen Sinnen sich entfaltende. Zu den meist verschwiegenen, aber um so festeren Voraussetzungen aller Naturforschung gehört die, daß „die" Natur für jedes Wachsein und zu allen Zeiten dieselbe sei. Ein Experiment entscheidet für immer. Die Zeit wird nicht verneint, aber es wird innerhalb dieser Einstellung von ihr abgesehen. Wirkliche Geschichte aber beruht auf dem ebenso gewissen Gefühl vom Gegenteil. Geschichte setzt als ihr Organ eine schwer zu beschreibende Art von innerer Sinnlichkeit voraus, deren Eindrücke in unendlicher Wandlung begriffen sind, mithin in einem Zeitpunkte gar nicht zusammengefaßt werden können. (Von der vermeintlichen „Zeit" der Physiker wird später die Rede sein.) Das Bild der Geschichte – sei es die der Menschheit, der Organismenwelt, der Erde, der Fixsternsysteme – ist ein *Gedächtnisbild*. Gedächtnis wird hier als ein höherer Zustand aufgefaßt, der durchaus nicht jedem Wachsein eigen und manchem nur in geringem Grade verliehen ist, eine ganz bestimmte Art von Einbildungskraft, die den einzelnen Augenblick sub specie aeternitatis, in steter Beziehung auf alles Vergangene und Zukünftige durchlebt werden läßt; es ist die Voraussetzung jeder Art von zurückgewandter Beschaulichkeit, von Selbsterkenntnis und Selbstbekenntnis. In diesem Sinne besitzt der antike Mensch kein Gedächtnis, mithin keine Geschichte, weder in sich noch um sich. „Über Geschichte kann niemand urteilen, als wer an sich selbst Geschichte erlebt hat" (Goethe). Im antiken Weltbewußtsein wird alles Vergangene im Augenblicklichen aufgesaugt. Man vergleiche die äußerst „historischen" Köpfe der Naumburger Domskulpturen, Dürers, Rembrandts mit denen hellenistischer Bildnisse, etwa der bekannten Sophoklesstatue. Die einen erzählen die ganze Geschichte einer Seele, die Züge der andern beschränken sich streng auf den Ausdruck eines augenblicklichen Seins. Sie schweigen von allem, was im Lauf eines Lebens zu diesem Sein geführt hat – wenn davon bei einem echt antiken Menschen, der immer fertig, nie ein Werdender ist, überhaupt die Rede sein kann.

6

Und nun ist es möglich, die letzten Elemente der historischen Formenwelt aufzufinden. Unzählige Gestalten, in endloser Fülle auftauchend, verschwindend, sich abhebend, wieder verfließend, ein in tausend Farben und Lichtern blinkendes Gewirr von anscheinend freiester Zufälligkeit – das ist zunächst das Bild der Weltgeschichte, wie sie als Ganzes vor dem innern Auge sich ausbreitet. Der tiefer ins Wesenhafte dringende Blick aber sondert aus dieser Willkür reine Formen ab, die dicht verhüllt und nur widerwillig sich entschleiernd allem menschlichen Werden zugrunde liegen.

Vom Bilde des gesamten Weltwerdens mit seinen mächtig hintereinander getürmten Horizonten, wie sie das faustische Auge umfaßt,dem Werden des Sternenhimmels, der Erdoberfläche, der Lebewesen, der Menschen, betrachten wie jetzt nur die äußerst kleine morphologische Einheit der „Weltgeschichte“ im gewohnten Sinne, der von dem späten Goethe wenig geachteten Geschichte des höheren Menschentums, die gegenwärtig etwa 6000 Jahre umfaßt, ohne auf das tiefe Problem der inneren Gleichartigkeit all dieser Aspekte einzugehen. Was dieser flüchtigen Formenwelt Sinn und Gehalt gibt und was bis jetzt tief verschüttet lag unter der kaum durchdrungenen Masse handgreiflicher „Daten“ und „Tatsachen“, ist das *Phänomen der großen Kulturen*. Erst nachdem diese Urformen in ihrer physiognomischen Bedeutung erschaut, gefühlt, herausgearbeitet worden sind, kann das Wesen und die innere Form der menschlichen Geschichte – gegenüber dem Wesen der Natur – *für uns* als verstanden gelten. Erst von diesem Ein- und Ausblicke an darf von einer Philosophie der Geschichte ernsthaft die Rede sein. Erst dann ist es möglich, jede Tatsache im historischen Bilde, jeden Gedanken, jede Kunst, jeden Krieg, jede Persönlichkeit, jede Epoche ihrem symbolischen Gehalte nach zu begreifen und die Geschichte selbst nicht mehr als bloße Summe von Vergangenem ohne eigentliche Ordnung und innere Notwendigkeit vor sich zu sehen, sondern als einen Organismus von strengstem Bau und sinnvollster Gliederung, in dessen Entwicklung die zufällige Gegenwart des Betrachters keinen Abschnitt bezeichnet und die Zukunft nicht mehr formlos und unbestimmbar erscheint.

Kulturen sind Organismen.Weltgeschichte ist ihre Gesamtbiographie. Die ungeheure Geschichte der chinesischen oder antiken Kultur ist morphologisch das genaue Seitenstück zur Kleingeschichte des einzelnen Menschen, eines Tieres, eines Baumes oder einer Blume. Das ist für den faustischen Blick keine Forderung, sondern eine Erfahrung. Will man die überall wiederholte innere Form kennen lernen, so hat die vergleichende Morphologie der Pflanzen und Tiere längst die Methode dazu vorbereitet.Im Schicksal der einzelnen, aufeinander folgenden, nebeneinander aufwachsenden, sich berührenden, überschattenden, erdrückenden Kulturen erschöpft sich der Gehalt aller Menschengeschichte. Und läßt man ihre Gestalten, die bis jetzt nur allzu tief unter der Oberfläche einer trivial fortlaufenden „Geschichte der Menschheit" verborgen waren, im Geiste vorüberziehen, so muß es gelingen, die Urgestalt *der* Kultur, frei von allem Trübenden und Unbedeutenden aufzufinden, die allen *einzelnen* Kulturen als Formideal zugrunde liegt.

Ich unterscheide die *Idee* einer Kultur, den Inbegriff ihrer inneren Möglichkeiten, von ihrer sinnlichen *Erscheinung* im Bilde der Geschichte als der vollzogenen Verwirklichung. Es ist das Verhältnis der Seele zum lebenden Körper, ihrem *Ausdruck* inmitten der Lichtwelt unsrer Augen. Die Geschichte einer Kultur ist die fortschreitende Verwirklichung ihres Möglichen. Die Vollendung ist gleichbedeutend mit dem Ende. So verhält sich die apollinische Seele, die einige von uns vielleicht verstehen und miterleben können, zu ihrer Entfaltung in der Wirklichkeit, zur „Antike", deren dem Auge und Verstand zugänglichen Reste der Archäologe, der Philologe, der Ästhetiker und der Historiker untersuchen.

Kultur ist das *Urphänomen* aller vergangenen und künftigen Weltgeschichte. Die tiefe und wenig gewürdigte Idee Goethes, die er in seiner „lebendigen Natur" entdeckte und seinen morphologischen Forschungen stets zugrunde gelegt hat, soll hier in ihrem genauesten Sinne auf all die vollkommen ausgereiften, in der Blüte erstorbenen, halbentwickelten, im Keim erstickten Bildungen der menschlichen Geschichte angewendet werden. Es ist eine Methode des Erfühlens, nicht des Zerlegens. „Das Höchste, wozu der Mensch gelangen kann, ist das Erstaunen, und wenn ihn das Urphänomen in Erstaunen setzt, so sei er zufrieden; ein Höheres kann es ihm nicht gewähren und ein Weiteres soll er nicht dahinter suchen: hier ist die Grenze." Ein Urphänomen ist dasjenige, worin die Idee des Werdens rein vor Augen liegt. Goethe sah die Idee der *Urpflanze* in der Gestalt jeder einzelnen, zufällig entstandenen oder überhaupt möglichen Pflanze klar vor seinem geistigen Auge. Er ging bei seiner Untersuchung des *os intermaxillare* vom *Urphänomen des Wirbeltiertypus*, auf anderem Gebiete von der geologischen Schichtung, vom Blatt als der *Urform* aller pflanzlichen Organe, von der Metamorphose der Pflanzen als dem Urbild alles organischen Werdens aus. „Dasselbe Gesetz wird sich auf alles übrige Lebendige anwenden lassen", schrieb er aus Neapel an Herder, als er ihm seine Entdeckung mitteilte. Es war ein Blick auf die Dinge, den Leibniz verstanden hätte; das Jahrhundert Darwins ist ihm so fern als möglich geblieben.

Aber eine Geschichtsbetrachtung, die von den Methoden des Darwinismus, das heißt der systematischen, auf dem Kausalprinzip beruhenden Naturwissenschaft ganz frei wäre, gibt es überhaupt noch nicht. Von einer strengen und klaren, ihrer Mittel und Grenzen vollkommen bewußten Physiognomik, deren Methoden erst noch zu finden wären, ist niemals die Rede gewesen. Hier liegt die große Aufgabe des 20. Jahrhunderts vor, den inneren Bau der organischen Einheiten, durch die und an denen sich Weltgeschichte vollzieht, sorgfältig bloßzulegen, das morphologisch Notwendige und Wesenhafte vom Zufälligen zu unterscheiden, den *Ausdruck* der Begebenheiten zu begreifen und die ihm zugrunde liegende Sprache zu ermitteln.

7

Eine unübersehbare Masse menschlicher Wesen, ein uferloser Strom, der aus dunkler Vergangenheit hervortritt, dort, wo unser Zeitgefühl seine ordnende Wirksamkeit verliert und die ruhelose Phantasie – oder Angst – in uns das Bild geologischer Erdperioden hingezaubert hat, um ein nie zu lösendes Rätsel dahinter zu verbergen; ein Strom, der sich in eine ebenso dunkle und zeitlose Zukunft verliert: das ist der Untergrund des faustischen Bildes der Menschengeschichte. Der einförmige Wellenschlag zahlloser Generationen bewegt die weite Fläche. Glitzernde Streifen breiten sich aus. Flüchtige Lichter ziehen und tanzen darüber hin, verwirren und trüben den klaren Spiegel, verwandeln sich, blitzen auf und verschwinden. Wir haben sie Geschlechter, Stämme, Völker, Rassen genannt. Sie fassen eine Reihe von Generationen in einem beschränkten Kreise der historischen Oberfläche zusammen. Wenn die gestaltende Kraft in ihnen erlischt – und diese Kraft ist eine sehr verschiedene und bestimmt von vornherein eine sehr verschiedene Dauer und Plastizität dieser Bildungen –, erlöschen auch die physiognomischen, sprachlichen, geistigen Merkmale, und die Erscheinung löst sich wieder in dem Chaos der Generationen auf. Arier, Mongolen, Germanen, Kelten, Parther, Franken, Karthager, Berber, Bantu sind Namen für höchst verschiedenartige Gebilde dieser Ordnung.

Über diese Fläche hin aber ziehen die großen Kulturenihre majestätischen Wellenkreise. Sie tauchen plötzlich auf, verbreiten sich in prachtvollen Linien, glätten sich, verschwinden, und der Spiegel der Flut liegt wieder einsam und schlafend da.

Eine Kultur wird in dem Augenblick geboren, wo eine große Seele aus dem urseelenhaften Zustande ewig-kindlichen Menschentums erwacht, sich ablöst, eine Gestalt aus dem Gestaltlosen, ein Begrenztes und Vergängliches aus dem Grenzenlosen und Verharrenden. Sie erblüht auf dem Boden einer genau abgrenzbaren Landschaft, an die sie pflanzenhaft gebunden bleibt. Eine Kultur stirbt, wenn diese Seele die volle Summe ihrer Möglichkeiten in der Gestalt von Völkern, Sprachen, Glaubenslehren, Künsten, Staaten, Wissenschaften verwirklicht hat und damit wieder ins Urseelentum zurückkehrt. Ihr lebendiges Dasein aber, jene Folge großer Epochen, die in strengem Umriß die fortschreitende Vollendung bezeichnen, ist ein tiefinnerlicher, leidenschaftlicher Kampf um die Behauptung der Idee gegen die Mächte des Chaos nach außen, gegen das Unbewußte nach innen, in das sie sich grollend zurückgezogen haben. Nicht nur der Künstler kämpft gegen den Widerstand der Materie und gegen die Vernichtung der Idee in sich. Jede Kultur steht in einer tiefsymbolischen und beinahe mystischen Beziehung zum Ausgedehnten, zum Räume, in dem, durch den sie sich verwirklichen will. Ist das Ziel erreicht und die Idee, die ganze Fülle innerer Möglichkeiten vollendet und nach außen hin verwirklicht, so *erstarrt* die Kultur plötzlich, sie stirbt ab, ihr Blut gerinnt, ihre Kräfte brechen – sie wird zur *Zivilisation*. Das ist es, was wir bei den Worten Ägyptizismus, Byzantinismus, Mandarinentum fühlen und verstehen. So kann sie, ein verwitterter Baumriese im Urwald, noch Jahrhunderte und Jahrtausende hindurch die morschen Äste emporstrecken. Wir sehen es an China, an Indien, an der Welt des Islam. So ragte die antike Zivilisation der Kaiserzeit mit einer scheinbaren Jugendkraft und Fülle riesenhaft auf und nahm der jungen arabischen Kultur des Ostens Luft und Licht.

Dies ist der Sinn aller *Untergänge* in der Geschichte – der inneren und äußeren Vollendung, des Fertigseins, das jeder lebendigen Kultur bevorsteht –, von denen der in seinen Umrissen deutlichste als „Untergang der Antike" vor uns steht, während wir die frühesten Anzeichen des eignen, eines nach Verlauf und Dauer jenem völlig gleichartigen Ereignisses, das den ersten Jahrhunderten des nächsten Jahrtausends angehört, den „Untergang des Abendlandes", heute schon deutlich in und um uns spüren.

Jede Kultur durchläuft die Altersstufen des einzelnen Menschen. Jede hat ihre Kindheit, ihre Jugend, ihre Männlichkeit und ihr Greisentum. Eine junge, verschüchterte, ahnungsschwere Seele offenbart sich in der Morgenfrühe der Romanik und Gotik. Sie erfüllt die faustische Landschaft von der Provence der Troubadoure bis zum Hildesheimer Dom Bischof Bernwards. Hier weht Frühlingswind. „Man sieht in den Werken der altdeutschen Baukunst", sagt Goethe, „die Blüte eines außerordentlichen Zustandes. Wem eine solche Blüte unmittelbar entgegentritt, der kann nichts als anstaunen; wer aber in das geheime innere Leben der Pflanze hineinsieht, in das Regen der Kräfte und wie sich die Blüte nach und nach entwickelt, der sieht die Sache mit ganz andern Augen, der weiß, was er sieht." Kindheit spricht ebenso und in ganz verwandten Lauten aus der frühhomerischen Dorik, aus der altchristlichen, das heißt früharabischen Kunst und aus den Werken des mit der 4. Dynastie beginnenden Alten Reiches in Ägypten. Da ringt ein mythisches Weltbewußtsein mit allem Dunklen und Dämonischen in sich und in der Natur wie mit einer *Schuld*, um langsam dem reinen lichtklaren Ausdruck eines endlich gewonnenen und begriffenen Daseins entgegenzureifen. Je mehr eine Kultur sich der Mittagshöhe ihres Daseins nähert, desto männlicher, herber, beherrschter, gesättigter wird ihre endlich gesicherte Formensprache, desto gewisser ist sie im Gefühl ihrer Kraft, desto klarer werden ihre Züge. In der Frühzeit war das alles noch dumpf, verworren, suchend, von kindlicher Sehnsucht und Angst zugleich erfüllt. Man betrachte die Ornamentik romanisch-gotischer Kirchenportale Sachsens und des südlichen Frankreichs. Man denke an die altchristlichen Katakomben, an die Vasen des Dipylonstils. Jetzt, im vollen Bewußtsein der gereiften Gestaltungskraft, wie sie die Zeitalter des beginnenden Mittleren Reiches, der Peisistratiden, Justinians I., der Gegenreformation zeigen, erscheint jeder Einzelzug des Ausdrucks gewählt, streng, gemessen, von einer wunderbaren Leichtigkeit und Selbstverständlichkeit. Hier finden sich überall Augenblicke einer leuchtenden Vollendung, Augenblicke, in denen der Kopf Amenemhets III. (die Hyksossphinx von Tanis), die Wölbung der Hagia Sophia, die Gemälde Tizians entstanden sind. Noch später, zart, beinahe zerbrechlich, von der wehen Süßigkeit der letzten Oktobertage sind die knidische Aphrodite und die Korenhalle des Erechtheion, die Arabesken an sarazenischen Hufeisenbögen, der Dresdner Zwinger, Watteau und Mozart. Zuletzt, im Greisentum der anbrechenden Zivilisation, erlischt das Feuer der Seele. Die abnehmende Kraft wagt sich noch einmal, mit halbem Erfolge – im Klassizismus, der keiner erlöschenden Kultur fremd ist – an eine große Schöpfung; die Seele denkt noch einmal – in der Romantik – wehmütig an ihre Kindheit zurück. Endlich verliert sie, müde, verdrossen und kalt, die Lust am Dasein und sehnt sich – wie zur römischen Kaiserzeit – aus tausendjährigem Lichte wieder in das Dunkel urseelenhafter Mystik, in den Mutterschoß, ins Grab zurück. Das ist der Zauber der „zweiten Religiosität",wie ihn damals der Mithras-, Isis- und Solkult auf spätantike Menschen ausübten – dieselben Kulte, welche eine eben ertagende Seele im Osten als den frühesten, träumerischen, ängstlichen Ausdruck ihres Alleinseins in dieser Welt mit einer ganz neuen Innerlichkeit erfüllt hatte.

8

Man spricht vom *Habitus* einer Pflanze und meint damit die ihr allein eignende Art der äußern Erscheinung, den Charakter, den Gang, die Dauer ihres Hervortretens in die Lichtwelt unsrer Augen, wodurch sich jede in jedem ihrer Teile und auf jeder Stufe ihres Daseins von den Exemplaren aller andern Gattungen unterscheidet. Ich wende diesen für die Physiognomik wichtigen Begriff auf die großen Organismen der Geschichte an und spreche von dem Habitus indischer, ägyptischer, antiker Kultur, Geschichte oder Geistigkeit. Ein unbestimmtes Gefühl davon hat immer schon dem *Stilbegriff* zugrunde gelegen, und es heißt ihn nur verdeutlichen und vertiefen, wenn man vom religiösen, gelehrten, politischen, sozialen, wirtschaftlichen Stil einer Kultur, überhaupt vom *Stil einer Seele* spricht. Dieser Habitus des Daseins im Raume, der beim einzelnen Menschen sich auf Tun und Denken, Haltung und Gesinnung erstreckt, umfaßt im Dasein ganzer Kulturen den gesamten Lebensausdruck höherer Ordnung, wie die Wahl bestimmter Kunstgattungen (der Rundplastik, des Fresko durch die Hellenen, des Kontrapunkts, der Ölmalerei im Abendlande) und die entschiedene Ablehnung anderer (der Plastik durch die Araber), den Hang zur Esoterik (Indien) oder Popularität (Antike), zur Rede (Antike) oder Schrift (China, Abendland) als den Formen der geistigen Mitteilung, den Typus ihrer Trachten, Verwaltungen, Verkehrsmittel und Umgangsformen. Alle großen Persönlichkeiten der Antike bilden eine Gruppe für sich, deren seelischer Habitus von dem aller großen Menschen der arabischen oder abendländischen Gruppe streng unterschieden ist. Man vergleiche selbst Goethe oder Raffael mit antiken Menschen, und Heraklit, Sophokles, Plato, Alkibiades, Themistokles, Horaz, Tiberius rücken sofort zu einer einzigen Familie zusammen. Jede antike Weltstadt, vom Syrakus des Hieron bis zum kaiserlichen Rom, ist, als Verkörperung und Sinnbild eines und desselben Lebensgefühls, nach Grundriß, Straßenbild, Sprache der privaten und öffentlichen Architektur, nach dem Typus von Plätzen, Gassen, Höfen, Fassaden, nach Farbe, Lärm, Gewimmel, nach dem Geist ihrer Nächte von der Gruppe der indischen, der arabischen, der abendländischen Weltstädte tief verschieden. Im eroberten Granada war die Seele arabischer Städte, Bagdads und Kairos, noch lange fühlbar, während in dem Madrid Philipps II. schon alle physiognomischen Merkmale der modernen Stadtbilder von London und Paris anzutreffen sind. Es liegt eine hohe Symbolik in jedem Anderssein dieser Art; man denke an den abendländischen Hang zu geradlinigen Perspektiven und Straßenfluchten wie dem mächtigen Zuge der Champs-Elysées vom Louvre an oder dem Platz vor der Peterskirche, und an dessen Gegensatz in der fast absichtlichen Verworrenheit und Enge der Via sacra, des Forum Romanum und der Akropolis mit ihrer unsymmetrischen und unperspektivischen Ordnung der Teile. Auch der Städtebau wiederholt, ob aus dunklem Trieb wie in der Gotik oder bewußt wie seit Alexander und Napoleon, hier das Prinzip der leibnizschen Mathematik des unendlichen Raumes und dort das der euklidischen vereinzelter Körper.

Zum Habitus einer Gruppe von Organismen gehört aber auch eine bestimmte *Lebensdauer* und ein bestimmtes *Tempo* der Entwicklung. Diese Begriffe dürfen in einer Strukturlehre der Geschichte nicht fehlen. Der *Takt* des antiken Daseins war ein anderer als der des ägyptischen oder arabischen. Man darf vom Andante des hellenisch-römischen und vom Allegro con brio des faustischen Geistes reden. Mit dem Begriff der Lebensdauer eines Menschen, eines Schmetterlings, einer Eiche, eines Grashalms verbindet sich, ganz unabhängig von allen Zufälligkeiten des Einzelschicksals, ein bestimmter Wert. Zehn Jahre sind im Leben aller Menschen ein annähernd gleichbedeutender Abschnitt, und die Metamorphose der Insekten knüpft sich in einzelnen Fällen an eine im voraus genau bekannte Anzahl von Tagen. Die Römer verbanden mit ihren Begriffen pueritia, adolescentia, juventus, virilitas, senectus eine fast mathematisch genaue Vorstellung. Die Biologie der Zukunft wird ohne Zweifel die *vorbestimmte* Lebensdauer der Arten und Gattungen – im Gegensatz zum Darwinismus und mit grundsätzlicher Ausschaltung kausaler Zweckmäßigkeitsmotive für die Entstehung von Arten – zum Ausgangspunkt einer ganz neuen Problemstellung machen.Die Dauer einer Generation – gleichviel von was für Wesen – ist eine Tatsache von beinahe mystischer Bedeutung. Diese Beziehungen besitzen nun auch, in einer bisher nie geahnten Weise, Geltung für alle hohen Kulturen. *Jede Kultur, jede Frühzeit, jeder Aufstieg und Niedergang, jede ihrer innerlich notwendigen Stufen und Perioden hat eine bestimmte, immer gleiche, immer mit dem Nachdruck eines Symbols wiederkehrende Dauer*. In diesem Buche muß darauf verzichtet werden, diese Welt geheimnisvollster Zusammenhänge zu erschließen, aber die im folgenden immer wieder aufleuchtenden Tatsachen werden verraten, was alles hier verborgen liegt. Was bedeutet die in allen Kulturen auffallende 50jährige Periode im Rhythmus des politischen, geistigen, künstlerischen Werdens?Was die 300jährigen Perioden des Barock, der Ionik, der großen Mathematiken, der attischen Plastik, der Mosaikmalerei, des Kontrapunkts, der galileischen Mechanik? Was bedeutet die *ideale* Lebensdauer von einem Jahrtausend für jede Kultur im Vergleich zu der des Einzelnen, dessen „Leben 70 Jahre währt"?

Wie Blätter, Blüten, Zweige, Früchte in ihrer Gestalt, Tracht und Haltung ein Pflanzendasein zum Ausdruck bringen, so tun es die religiösen, gelehrten, politischen, wirtschaftlichen Bildungen im Dasein einer Kultur. Was etwa für Goethes Individualität eine Reihe so verschiedenartiger Äußerungen wie der Faust, die Farbenlehre, der Reinecke Fuchs, Tasso, Werther, die Reise nach Italien, die Liebe zu Friederike, der west-östliche Divan und die römischen Elegien waren, das bedeuten für die Individualität der Antike die Perserkriege, die attische Tragödie, die Polis, das Dionysische so gut wie die Tyrannis, die ionische Säule, die Geometrie Euklids, die römische Legion, die Gladiatorenkämpfe und das „ *panem et circenses*" der Kaiserzeit.

In diesem Sinne wiederholt nun auch mit tiefster Notwendigkeit jedes irgendwie bedeutende Einzeldasein alle Epochen der Kultur, welcher es angehört. In jedem von uns erwacht das Innenleben – in jenem entscheidenden Augenblick, von dem an man weiß, daß man ein Ich ist – dort und so, wie einst die Seele der ganzen Kultur erwachte. Jeder von uns Menschen des Abendlandes erlebt als Kind seine Gotik, seine Dome, Ritterburgen und Heldensagen, das „ *Dieu le veut*" der Kreuzzüge und das Seelenleid des jungen Parzival in wachen Träumen und Kinderspielen noch einmal. Jeder junge Grieche hatte sein homerisches Zeitalter und sein Marathon. In Goethes Werther, dem Bild einer Jugendwende, die jeder faustische, aber kein antiker Mensch kennt, taucht die Frühzeit Petrarcas und des Minnesangs noch einmal auf. Als Goethe den Urfaust entwarf, war er Parzival. Als er den ersten Teil abschloß, war er Hamlet. Erst mit dem Zweiten Teil wurde er der Weltmann des 19. Jahrhunderts, welcher Byron verstand. Selbst das Greisentum, jene grillenhaften und unfruchtbaren Jahrhunderte des spätesten Hellenismus, die „zweite Kindheit" einer müden, blasierten Intelligenz, ist an mehr als einem großen Greise der Antike zu studieren. In den Bacchen des Euripides ist viel vom Lebensgefühl, in Platos Timaios viel von dem religiösen Synkretismus der Kaiserzeit vorweggenommen. Und Goethes zweiter Faust, Wagners Parsifal verraten im voraus, welche Gestalt *unser* Seelentum in den nächsten, den *letzten schöpferischen* Jahrhunderten annehmen wird.

Als *Homologie der Organe* bezeichnet die Biologie deren *morphologische* Gleichwertigkeit im Gegensatz zur *Analogie*, die sich auf die Gleichwertigkeit ihrer *Funktion* bezieht. Goethe hat diesen bedeutenden und in der Folge so fruchtbaren Begriff konzipiert, dessen Verfolgung ihn zur Entdeckung des *os intermaxillare* beim Menschen führte; Owen hat ihm eine streng wissenschaftliche Fassung gegeben. Ich führe auch diesen Begriff in die historische Methode ein.

Man weiß, daß jedem Teil des menschlichen Kopfskeletts bei jedem Wirbeltier bis zu den Fischen herab ein anderer genau entspricht, daß die Brustflossen der Fische und die Füße, Flügel, Hände der landbewohnenden Wirbeltiere homologe Organe sind, auch wenn sie den leisesten Anschein von Ähnlichkeit verloren haben. *Homolog* sind die Lunge der Landtiere und die Schwimmblase der Fische, *analog* – in bezug auf den Gebrauch – sind Lunge und Kiemen.Hier äußert sich eine vertiefte, durch strengste Schulung des Blicks erworbene morphologische Begabung, die der heutigen Geschichtsforschung mit ihren oberflächlichen Vergleichen – zwischen Christus und Buddha, Archimedes und Galilei, Cäsar und Wallenstein, der deutschen und der hellenischen Kleinstaaterei – völlig fremd ist. Es wird im Verlauf dieses Buches immer deutlicher werden, welch ungeheure Perspektiven sich dem historischen Blick eröffnen, sobald jene strenge Methode auch innerhalb der Geschichtsbetrachtung verstanden und ausgebildet worden ist. Homologe Bildungen sind, um hier nur weniges zu nennen, die antike Plastik und die abendländische Instrumentalmusik, die Pyramiden der 4. Dynastie und die gotischen Dome, der indische Buddhismus und der römische Stoizismus (Buddhismus und Christentum sind *nicht einmal analog*), die Zeit der „kämpfenden Staaten“ Chinas, der Hyksos und der Punischen Kriege, die des Perikles und der Ommaijaden, die Epochen des Rigveda, Plotins und Dantes. Homolog sind dionysische Strömung und Renaissance, analog dionysische Strömung und Reformation. Für uns – das hat Nietzsche richtig gefühlt – „resümiert Wagner die Modernität“. *Folglich* muß es für die antike Modernität etwas Entsprechendes geben: es ist die pergamenische Kunst. (Die Tafeln am Anfang geben einen vorläufigen Begriff von der Fruchtbarkeit dieses Aspekts.)

Aus der Homologie historischer Erscheinungen folgt sogleich ein völlig neuer Begriff. Ich nenne „ *gleichzeitig*“ zwei geschichtliche Tatsachen, die, jede in ihrer Kultur, in genau derselben – relativen – Lage auftreten und also eine genau entsprechende Bedeutung haben. Es war gezeigt worden, wie die Entwicklung der antiken und der abendländischen Mathematik in völliger Kongruenz verläuft. Hier hätten also Pythagoras und Descartes, Archytas und Laplace, Archimedes und Gauß als *gleichzeitig* bezeichnet werden dürfen. *Gleichzeitig* vollzieht sich die Entstehung der Ionik und des Barock. Polygnot und Rembrandt, Polyklet und Bach sind *Zeitgenossen*. Gleichzeitig erscheinen in allen Kulturen die Reformation, der Puritanismus, vor allem die Wende zur Zivilisation. In der Antike trägt diese Epoche die Namen Philipps und Alexanders, im Abendlande tritt das gleichzeitige Ereignis in Gestalt der Revolution und Napoleons ein. Gleichzeitig werden Alexandria, Bagdad und Washington erbaut;gleichzeitig erscheinen die antike Münze und unsre doppelte Buchführung, die erste Tyrannis und die Fronde, Augustus und Schi Hoang-ti, Hannibal und der Weltkrieg.

Ich hoffe zu beweisen, daß ohne Ausnahme alle großen Schöpfungen und Formen der Religion, Kunst, Politik, Gesellschaft, Wirtschaft, Wissenschaft in sämtlichen Kulturen *gleichzeitig* entstehen, sich vollenden, erlöschen; daß der inneren Struktur der einen die aller anderen durchaus entspricht; daß es nicht *eine* Erscheinung von tiefer physiognomischer Bedeutung im geschichtlichen Bilde der einen gibt, deren Gegenstück, und zwar in einer streng bezeichnenden Form und an ganz bestimmter Stelle nicht in den übrigen aufzufinden wäre. Allerdings bedarf es, um diese Homologie zweier Tatsachen zu begreifen, einer ganz andern Vertiefung und Unabhängigkeit vom Augenschein des Vordergrundes, als sie unter Historikern bisher üblich war, die sich nie hätten träumen lassen, daß der Protestantismus in der dionysischen Bewegung sein Gegenbild findet und daß der englische Puritanismus im Abendlande dem Islam in der arabischen Welt entspricht.

Aus diesem Aspekt ergibt sich eine Möglichkeit, die weit über den Ehrgeiz aller bisherigen Geschichtsforschung hinausgeht, welcher sich im wesentlichen darauf beschränkte, Vergangnes, soweit man es kannte, zu ordnen, und zwar nach einem einreihigen Schema: die Möglichkeit nämlich, die Gegenwart als Grenze der Untersuchung zu überschreiten und auch die *noch nicht* abgelaufenen Zeitalter abendländischer Geschichte nach innerer Form, Dauer, Tempo, Sinn, Ergebnis vorauszubestimmen, aber auch längst verschollene und unbekannte Epochen, ja ganze Kulturen der Vergangenheit an der Hand morphologischer Zusammenhänge zu rekonstruieren (ein Verfahren nicht unähnlich dem der Paläontologie, die heute fähig ist, aus einem einzigen aufgefundenen Schädelfragment weitgehende und sichere Angaben über das Skelett und die Zugehörigkeit des Stückes zu einer bestimmten Art zu machen).

Es ist, den physiognomischen Takt vorausgesetzt, durchaus möglich, aus zerstreuten Einzelheiten der Ornamentik, Bauweise, Schrift, aus vereinzelten Daten politischer, wirtschaftlicher, religiöser Natur die organischen Grundzüge des Geschichtsbildes ganzer Jahrhunderte wiederzufinden, aus Elementen der künstlerischen Formensprache etwa die gleichzeitige Staatsform, aus mathematischen Formen den Charakter der entsprechenden wirtschaftlichen abzulesen, ein echt Goethesches, auf Goethes Idee vom *Urphänomen* zurückzuführendes Verfahren, das in beschränktem Umfange der vergleichenden Tier- und Pflanzenkunde geläufig ist, das sich aber in einem nie geahnten Grade auf den gesamten Bereich der Historie ausdehnen läßt.

II. Schicksalsidee und Kausalitätsprinzip

9

Dieser Gedankengang erschließt endlich den Blick auf einen Gegensatz, der den Schlüssel zu einem der ältesten und mächtigsten Menschheitsprobleme bildet, das erst durch ihn zugänglich und – soweit das Wort überhaupt einen Sinn hat – lösbar erscheint: den Gegensatz von *Schicksalsidee* und *Kausalitätsprinzip*, der wohl niemals bisher als solcher, in seiner tiefen, weltgestaltenden Notwendigkeit erkannt worden ist.

Wer überhaupt versteht, inwiefern man die Seele als *Idee eines Daseins* bezeichnen kann, der wird auch ahnen, wie nahe verwandt ihr die *Gewißheit eines Schicksals* ist und inwiefern das Leben selbst, das ich die Gestalt nannte, in welcher die Verwirklichung des Möglichen sich vollzieht, als gerichtet, als unwiderruflich in jedem Zuge, als *schicksalhaft* hingenommen werden muß – dumpf und ängstigend vom Urmenschen, klar und in der Fassung einer *Weltanschauung*, die allerdings nur durch die Mittel der Religion und Kunst, nicht durch Begriffe und Beweise mitgeteilt werden kann, vom Menschen hoher Kulturen.

Jede höhere Sprache besitzt eine Anzahl Worte, die wie von einem tiefen Geheimnis umgeben sind: Geschick, Verhängnis, Zufall, Fügung, Bestimmung. Keine Hypothese, keine Wissenschaft kann je an das rühren, was man fühlt, wenn man sich in den Sinn und Klang dieser Worte versenkt. Es sind Symbole, nicht Begriffe. Hier ist der Schwerpunkt des Weltbildes, das ich die Welt als Geschichte im Unterschiede von der Welt als Natur genannt habe. Die Schicksalsidee verlangt Lebenserfahrung, nicht wissenschaftliche Erfahrung, die Kraft des Schauens, nicht Berechnung, Tiefe, nicht Geist. Es gibt eine *organische Logik*, eine instinkthafte, traumsichere Logik allen Daseins im Gegensatz zu einer *Logik des Anorganischen*, des Verstehens, des Verstandenen. Es gibt eine Logik der Richtung gegenüber einer Logik des Ausgedehnten. Kein Systematiker, kein Aristoteles oder Kant hat mit ihr etwas anzufangen gewußt. Sie verstehen von Urteil, Wahrnehmung, Aufmerksamkeit, Erinnerung zu reden, aber sie schweigen von dem, was in den Worten Hoffnung, Glück, Verzweiflung, Reue, Ergebenheit, Trotz liegt. Wer hier, im Lebendigen, Gründe und Folgen sucht und wer da glaubt, daß eine tiefinnere Gewißheit über den Sinn des Lebens gleichbedeutend mit Fatalismus und Prädestination sei, der weiß gar nicht, wovon die Rede ist, der hat schon das Erlebnis mit dem Erkannten und Erkennbaren verwechselt. Kausalität ist das Verstandesmäßige, Gesetzhafte, Aussprechbare, das Merkmal unsres gesamten verstehenden Wachseins. Schicksal ist das Wort für eine nicht zu beschreibende innere Gewißheit. Man macht das Wesen des Kausalen deutlich durch ein physikalisches oder erkenntniskritisches System, durch Zahlen, durch begriffliche Zergliederung. Man teilt die Idee eines Schicksals nur als Künstler mit, durch ein Bildnis, durch eine Tragödie, durch Musik. Das eine fordert eine *Unterscheidung*, also Zerstörung, das andre ist durch und durch *Schöpfung*. Darin liegt die Beziehung des Schicksals zum Leben, der Kausalität zum Tode.

In der Schicksalsidee offenbart sich die Weltsehnsucht einer Seele, ihr Wunsch nach dem Licht, dem Aufstieg, nach Vollendung und Verwirklichung ihrer Bestimmung. Sie ist keinem Menschen ganz fremd, und erst der späte, wurzellose Mensch der großen Städte mit seinem Tatsachensinn und der Macht seines mechanisierenden Denkens über das ursprüngliche Schauen verliert sie aus den Augen, bis sie in einer tiefen Stunde mit furchtbarer, alle Kausalität der Weltoberfläche zermalmender Deutlichkeit vor ihm steht. Denn die Welt als System kausaler Zusammenhänge ist spät, selten und nur dem energischen Intellekt hoher Kulturen ein sichrer, gewissermaßen künstlicher Besitz. Kausalität deckt sich mit dem Begriff des Gesetzes. Es gibt *nur* Kausalgesetze. Aber wie im Kausalen nach Kants Feststellung eine *Notwendigkeit des denkenden Wachseins* liegt, die *Grundform seiner Beziehung zur Welt der Dinge*, so bezeichnen die Worte Schicksal, Fügung, Bestimmung eine unentrinnbare *Notwendigkeit des Lebens*. Wirkliche Geschichte ist schicksalsschwer, aber frei von Gesetzen. Man kann die Zukunft ahnen, und es gibt einen Blick, der tief in ihre Geheimnisse dringt, aber man berechnet sie nicht. Der physiognomische Takt, mit dem man aus einem Antlitz ein ganzes Leben, aus dem Bild einer Epoche den Ausgang ganzer Völker abliest, und zwar unwillkürlich und ohne „System“, bleibt weltenfern von aller „Ursache“ und „Wirkung“.

Wer die Lichtwelt seiner Augen nicht physiognomisch, sondern systematisch erfaßt, sie durch das Mittel *kausaler* Erfahrungen sich geistig aneignet, wird zuletzt mit Notwendigkeit alles Lebendige aus der Perspektive von Ursache und Wirkung zu verstehen glauben, ohne Geheimnis, ohne inneres Gerichtetsein. Wer aber wie Goethe, wie jeder Mensch in weitaus den meisten Augenblicken seines wachen Daseins, die Umwelt nur auf seine Sinne eindringen läßt und die Gesamtheit dieses Eindrucks *hinnimmt*, das Gewordne als werdend fühlt, die starre Weltmaske der Kausalität lüftet, indem er einmal *nicht* nach-denkt, für den ist die Zeit plötzlich kein Rätsel mehr, kein Begriff, keine „Form“, keine Dimension, sondern etwas innerlich Gewisses, das Schicksal selbst; ihr Gerichtetsein, ihre *Nichtumkehrbarkeit*, ihre Lebendigkeit erscheint als der Sinn des historischen Weltaspekts. *Schicksal und Kausalität verhalten sich wie Zeit und Raum.*

In beiden *möglichen* Weltbildungen, in Geschichte und Natur, der *Physiognomie alles Werdens* und dem *System alles Gewordenen*, herrschen also Schicksal oder Kausalität. Zwischen ihnen besteht der Unterschied eines Lebensgefühls und einer Erkenntnisweise. Jedes von ihnen ist der Ausgangspunkt einer *vollkommenen und in sich geschlossenen*, nur nicht der *einzigen* Welt.

Aber das Werden liegt dem Gewordenen, das innere und gewisse *Fühlen* eines Schicksals mithin dem *Erkennen* von Ursache und Wirkung zugrunde. Kausalität ist – wenn man sich so ausdrücken darf – gewordenes, entorganisiertes, in Formen des Verstandes erstarrtes Schicksal. Das Schicksal selbst, an dem alle Erbauer verstandesmäßiger Weltsysteme wie Kant schweigend vorübergegangen sind, weil sie das Leben mit ihren vom Leben *abgezogenen* Grundbegriffen nicht zu berühren vermochten, steht jenseits und außerhalb aller begriffenen Natur. Als das Ursprüngliche aber gibt es dem toten und starren Prinzip von Ursache und Wirkung erst die – geschichtlichlebendige – Möglichkeit, innerhalb hochentwickelter Kulturen als Form und Verfassung eines tyrannischen Denkens aufzutreten. Das Dasein der antiken Seele ist die *Bedingung* für die Entstehung der Methode Demokrits und das der faustischen für diejenige Newtons. Man kann sich sehr wohl denken, daß beide Kulturen ohne eine

Naturwissenschaft eignen Stils geblieben wären, aber man kann sich beide Systeme nicht ohne den Untergrund jener Kulturen denken.

Wir erfahren hier wieder, in welchem Sinne Werden und Gewordnes, Richtung und Ausdehnung einander einschließen und

unterordnen, je nachdem wir geschichtlich oder naturhaft „im Bilde sind". Ist „Geschichte" diejenige Art der Weltfassung, in welcher alles Gewordne dem Werden eingefügt wird, so müßte das auch mit den Ergebnissen der Naturforschung der Fall sein. Und in der Tat, für den Blick des Historikers gibt es nur eine *Geschichte der Physik*. Es war Schicksal, daß die Entdeckung des Sauerstoffs, des Neptun, der Gravitation, der Spektralanalyse gerade so und damals erfolgte. Es war Schicksal, daß die Phlogistontheorie, die Wellentheorie des Lichts, die kinetische Gastheorie als Deutung gewisser Befunde *überhaupt* entstanden sind, nämlich als persönlichste Überzeugung einzelner Geister, obwohl andre Theorien – „richtige" oder „falsche" – ebensogut entstehen konnten. Und daß diese Ansicht verschwand und jene das ganze Weltbild der Physik in eine gewisse Richtung lenkte, war wiederum Schicksal und das Ergebnis des Eindrucks einer starken Persönlichkeit. Selbst der geborne Physiker redet vom Schicksal eines Problems und von der Geschichte einer Entdeckung. Umgekehrt: Ist „Natur" die Fassung, welche verstandesmäßig das Werden dem Gewordenen einverleiben möchte, die lebendige Richtung also der starren Ausdehnung, so darf die Geschichte bestenfalls in einem Kapitel der Erkenntnistheorie erscheinen und wirklich, so hätte Kant sie aufgefaßt, wenn er nicht, was noch bezeichnender ist, sie in seinem Erkenntnissystem vollständig vergessen hätte. Für ihn wie für jeden geborenen Systematiker war die Natur *die* Welt; indem er von der Zeit redete, ohne deren *Richtung* und Nichtumkehrbarkeit zu bemerken, verriet er, daß er von der Natur sprach, ohne die Möglichkeit einer andern Welt, der historischen – die für ihn vielleicht wirklich unmöglich war –, zu ahnen.

Aber Kausalität hat mit Zeit gar nichts zu tun. Das wirkt heute als Paradoxon ohnegleichen, vor einer Welt von Kantianern, die gar nicht wissen, wie sehr sie es sind. Indessen läßt sich in jeder Formel der abendländischen Physik das Wie *dem Wesen nach* von dem Wann und Wielange unterscheiden. Der kausale Zusammenhang beschränkt sich, sobald man in die Tiefe dringt, streng darauf, *daß* etwas geschieht, nicht *wann* es geschieht. Die „Wirkung" muß mit der „Ursache" notwendig gesetzt sein. Ihr *Abstand* gehört einer andern Ordnung an. Er liegt im Verstehen selbst als einem Zuge des Lebens, nicht im Verstandenen. Im Wesen des Ausgedehnten ist eine Überwindung des Gerichtetseins enthalten. Der Raum widerspricht der Zeit, *obwohl sie ihm als das Tiefere voraufgeht und zugrunde liegt*. Denselben Vorrang nimmt das Schicksal in Anspruch. Wir haben zunächst die Idee des Schicksals und erst im *Widerspruch* zu ihr, aus der Angst geboren, als Versuch des Wachseins, das unentrinnbare Ende, den Tod innerhalb der Sinnenwelt zu bannen, zu überwinden, das

Kausalitätsprinzip, durch das die Lebensangst sich des Schicksals zu *erwehren* sucht, indem sie ihm zum Trotz *eine andere Welt begründet*. Indem sie das Gespinst von Ursache und Wirkung über deren sinnliche Oberfläche breitet, hat sie ein überzeugendes Bild zeitloser Dauer geschaffen, ein *Sein*, das mit dem vollen Pathos des reinen Denkens umkleidet wird. Diese Tendenz liegt in dem Gefühl: Wissen ist Macht, das allen reifen Kulturen wohlbekannt ist. Damit ist Macht über das Schicksal gemeint. Der abstrakte Gelehrte, der Naturforscher, der Denker in Systemen, dessen ganze geistige Existenz sich auf das Kausalitätsprinzip gründet, ist eine späte Erscheinung unbewußten *Hasses* gegen die Mächte des Schicksals, des Unbegreiflichen. Die „reine Vernunft" leugnet alle Möglichkeiten außer sich. Hier liegt das strenge Denken mit der großen Kunst ewig im Streite. Das eine lehnt sich auf, die andre gibt sich hin. Ein Mann wie Kant wird sich Beethoven immer überlegen fühlen wie der Mann dem Kinde, aber er wird Beethoven nicht hindern, die „Kritik der reinen Vernunft" als eine armselige Art von Weltbetrachtung abzulehnen. Der Mißbegriff der *Teleologie*, dieser Unsinn allen Unsinns innerhalb der reinen Wissenschaft, bedeutet nichts anderes als den Versuch, den *lebendigen* Gehalt aller naturhaften Erkenntnis – denn zum Erkennen gehört auch ein Erkennender; und ist der *Inhalt* dieses Denkens „Natur", so ist der *Akt* des Denkens Geschichte – und mit ihm das Leben selbst durch das mechanistische Prinzip einer umgekehrten Kausalität sich anzugleichen. Die Teleologie ist eine Karikatur der Schicksalsidee. Was Dante als *Bestimmung* fühlt, verwandelt der Gelehrte in einen *Zweck* des Lebens. Dies ist die eigentliche und tiefste Tendenz des Darwinismus, einer großstädtisch-intellektuellen Weltfassung in der abstraktesten aller Zivilisationen, und der aus *einer* Wurzel mit ihm entspringenden, ebenfalls alles Organische und Schicksalhafte tötenden materialistischen Geschichtsauffassung. Deshalb ist das morphologische Element des Kausalen ein *Prinzip*, das des Schicksals aber eine *Idee* – die sich nicht „erkennen", beschreiben, definieren, die sich nur fühlen und innerlich erleben läßt, die man entweder niemals begreift oder deren man völlig gewiß ist, wie der frühe Mensch und unter den späten alle wahrhaft bedeutenden, der Gläubige, der Liebende, der Künstler, der Dichter.

Und so erscheint das Schicksal *als die eigentliche Daseinsart des Urphänomens*, in welchem vor dem Schauenden sich die lebendige Idee des Werdens unmittelbar entfaltet. So beherrscht die Schicksalsidee das gesamte Weltbild der Geschichte, während alle Kausalität, welche die Daseinsart von *Gegenständen* ist und die Welt des Empfindens zu wohlunterschiedenen und abgegrenzten *Dingen, Eigenschaften, Verhältnissen* prägt, als Form des Verstehens dessen alter ego, die Welt als Natur, beherrscht und durchdringt.

10

Erst aus dem Urgefühl der Sehnsucht und dessen Verdeutlichung in der Schicksalsidee wird nunmehr das *Zeitproblem* zugänglich, dessen Gehalt, soweit er das Thema des

Buches berührt, kurz umschrieben werden soll. Mit dem *Worte* Zeit wird immer etwas höchst Persönliches angerufen, das, was anfangs als das *Eigne* bezeichnet worden war, insofern es mit innerer Gewißheit als Gegensatz zu etwas *Fremdem* empfunden wird, das in, mit und unter den Eindrücken des Sinnenlebens auf das Einzelwesen eindringt. Das Eigne, das Schicksal, die Zeit sind Wechselworte.

Das Problem der Zeit ist wie das des Schicksals von allen auf die Systematik des Gewordenen eingeschränkten Denkern mit vollkommenem Unverständnis behandelt worden. In Kants berühmter Theorie ist von dem Merkmal des *Gerichtetseins* mit keinem Wort die Rede. Man hat Äußerungen darüber nicht einmal vermißt. Aber was ist das – Zeit als Strecke, Zeit ohne Richtung? Alles Lebendige besitzt – hier kann man sich nur wiederholen – „*Leben*", Richtung, Triebe, Wollen, eine mit Sehnsucht aufs tiefste verwandte *Bewegtheit*, die mit der „Bewegung" des Physikers nicht das geringste zu tun hat. Das Lebendige ist unteilbar und nicht umkehrbar, einmalig, nie zu wiederholen und in seinem Verlaufe mechanisch völlig unbestimmbar: das alles gehört zur Wesenheit des Schicksals. Und „Zeit" – das, was man beim Klang des Wortes wirklich *fühlt*, was Musik besser verdeutlichen kann als Worte, Poesie besser als Prosa – hat im Unterschied vom toten Raume diesen *organischen* Wesenszug. Damit aber verschwindet die von Kant und allen andern geglaubte Möglichkeit, die Zeit *neben dem Raum* einer gleichartigen erkenntniskritischen Erwägung unterwerfen zu können. Raum ist ein *Begriff*. Zeit ist ein Wort, um etwas Unbegreifliches anzudeuten, ein Klangsymbol, das man völlig mißversteht, wenn man es ebenfalls als Begriff wissenschaftlich zu behandeln sucht. Selbst das Wort Richtung, das sich nicht ersetzen läßt, ist geeignet, durch seinen optischen Gehalt irrezuführen. Der Vektorbegriff der Physik ist ein Beweis dafür.

Dem Urmenschen kann das *Wort* "Zeit" nichts bedeuten. Er lebt, ohne es durch den Gegensatz zu etwas anderem nötig zu haben. Er hat Zeit, aber er *weiß* nichts von ihr. Wir alle werden uns, indem wir wach sind, *nur* des Raumes, nicht der Zeit bewußt. Er „ist", nämlich in und mit unsrer Sinnenwelt, und zwar als ein Sichausdehnen, solange wir träumerisch, triebhaft, schauend, „weise" vor uns hin leben, als Raum im strengen Sinne in den Augenblicken gespannter Aufmerksamkeit. „Die Zeit" dagegen ist eine *Entdeckung*, die wir erst denkend machen; wir erzeugen sie als Vorstellung oder Begriff, und noch viel später ahnen wir, daß wir selbst, insofern wir leben, *die Zeit sind*.Erst das Weltverstehen hoher Kulturen entwirft unter dem mechanisierenden Eindruck einer „Natur", aus dem Bewußtsein eines streng geordneten Räumlichen, Meßbaren, Begrifflichen das raumhafte Bild, das *Phantom* einer Zeit,das seinem Bedürfnis, alles zu begreifen, zu messen, kausal zu ordnen, genügen soll. Und dieser Trieb, der in jeder Kultur sehr früh erscheint, ein Zeichen verlorner Unschuld des Daseins, schafft jenseits des echten Lebensgefühls das, was alle Kultursprachen Zeit nennen und was dem städtischen Geiste zu einer völlig *anorganischen*, ebenso irreführenden als geläufigen Größe geworden ist. Bedeuten aber die identischen

Merkmale der Ausdehnung, Grenze und Kausalität eine Beschwörung und Bannung der fremden Mächte durch das eigne Seelentum – Goethe spricht einmal von „dem Prinzip verständiger Ordnung, das wir in uns tragen, das wir als Siegel unserer Macht auf alles prägen möchten, was uns berührt" –, ist alles Gesetz eine Fessel, welche die Weltangst dem zudrängenden Sinnlichen anlegt, eine tiefe Notwehr des Lebens, so ist die Konzeption der bewußten Zeit als einer raumhaften Vorstellung innerhalb dieses Zusammenhangs ein später Akt derselben Notwehr, ein Versuch, das quälende innere Rätsel, doppelt quälend für den zur Herrschaft gelangten Verstand, dem es widerspricht, durch die Kraft des *Begriffes* zu bannen. Es liegt immer ein feiner Haß in dem geistigen Vorgang, durch den etwas in den Bereich und die Formenwelt des Maßes und Gesetzes gezwungen wird. Man *tötet* das Lebendige durch seine Einbeziehung in den Raum, der leblos ist und leblos macht. Mit der Geburt ist der Tod, mit der Vollendung das Ende gegeben. Es *stirbt* etwas im Weibe, wenn es empfängt, und daher der ewige, aus der Weltangst geborne Haß der Geschlechter. Der Mensch vernichtet in einem sehr tiefen Sinne, indem er zeugt: durch leibliche Zeugung in der sinnlichen, durch „Erkennen" in der geistigen Welt. Noch bei Luther hat Erkennen den Nebensinn von Zeugung. Mit dem *Wissen* um das Leben, das den Tieren fremd blieb, ist das Wissen um den Tod zu jener Macht aufgewachsen, die das gesamte menschliche Wachsein beherrscht. Mit dem *Bilde* der Zeit wurde das Wirkliche zum Vergänglichen.

Die Schöpfung des bloßen *Namens* Zeit war eine Erlösung ohnegleichen. Etwas beim Namen nennen, heißt Macht darüber gewinnen: dies ist ein wesentlicher Teil urmenschlicher Zauberkünste. Man bezwingt die bösen Mächte durch Nennung ihres Namens. Man schwächt oder tötet seinen Feind, indem man mit dessen Namen gewisse magische Prozeduren vornimmt.Etwas von diesem frühesten Ausdruck der Weltangst hat sich in der Sucht aller systematischen Philosophie erhalten, das Unfaßliche, dem Geist Allzumächtige durch Begriffe, wenn es nicht anders ging, durch bloße Namen abzutun. Man nennt irgendetwas „das Absolute" und fühlt sich ihm schon überlegen. „Philosophie", die *Liebe* zur Weisheit, ist im tiefsten Grunde die Abwehr des Unbegreiflichen. Was benannt, begriffen, gemessen ist, ist überwältigt, starr, „tabu"geworden. Noch einmal: „Wissen ist Macht". Hier liegt eine Wurzel des Unterschieds zwischen idealistischen und realistischen Weltanschauungen. Er entspricht dem Doppelsinn des Wortes „scheu". Die einen entspringen aus scheuer Ehrfurcht, die andern aus Abscheu vor dem Unzugänglichen. Die einen schauen an, die andern wollen unterwerfen, mechanisieren, unschädlich machen. Plato und Goethe nehmen das Geheimnis demütig hin, Aristoteles und Kant wollen es entblößen und vernichten. Das tiefste Beispiel für diesen Hintersinn alles Realismus bietet das Zeitproblem. Das Unheimliche der Zeit, das Leben selbst soll hier beschworen, durch die Magie der Begrifflichkeit aufgehoben werden.

Alles was in der „wissenschaftlichen" Philosophie, Psychologie und Physik über die Zeit gesagt worden ist – die vermeintliche Antwort auf eine Frage, welche nicht hätte gestellt werden sollen: was nämlich die Zeit „ *ist*" –, betrifft niemals das Geheimnis selbst, sondern lediglich ein räumlich gestaltetes, *stellvertretendes* Phantom, in dem die Lebendigkeit der Richtung, ihr Schicksalszug, durch das wenn auch noch so verinnerlichte Bild einer Strecke ersetzt worden ist, ein mechanisches, meßbares, teilbares und umkehrbares Abbild des in der Tat nicht Abzubildenden; eine Zeit, welche mathematisch in Ausdrücke wie $\sqrt{t}$, t^2, $-t$ gebracht werden kann, die die Annahme einer Zeit von der Größe Null oder negativer Zeiten wenigstens nicht ausschließen.Ohne Zweifel kommt hier der Bereich des Lebens, des Schicksals, der lebendigen, *historischen* Zeit gar nicht in Frage. Es handelt sich um ein gedankliches, selbst vom Sinnenleben abgehobenes Zeichensystem. Man setze in irgendeinem philosophischen oder physikalischen Text für Zeit das Wort Schicksal ein und man wird plötzlich fühlen, wohin sich das durch die Sprache vom Empfinden gelöste Verstehen verirrt hat und wie unmöglich die Gruppe „Raum und Zeit" ist. Was nicht erlebt und gefühlt, was nur *gedacht* wird, nimmt notwendig *räumliche* Beschaffenheit an. So erklärt es sich, daß kein systematischer Philosoph mit den von Geheimnis umwitterten, in die Ferne ziehenden Klangsymbolen Vergangenheit und Zukunft etwas hat anfangen können. In Kants Ausführungen über die Zeit kommen sie gar nicht vor. Man sieht auch nicht, in welcher Beziehung sie zu dem stehen sollten, was er dort behandelt. Damit erst wird es möglich, „Raum und Zeit" als Größen *derselben Ordnung* in funktionale Abhängigkeit voneinander zu bringen, wie dies besonders deutlich die vierdimensionale Vektoranalysis zeigt.Schon Lagrange nannte (1813) die Mechanik ohne weiteres eine vierdimensionale Geometrie, und selbst Newtons vorsichtiger Begriff des *tempus absolutum sive duratio* entzieht sich nicht dieser *denknotwendigen* Verwandlung des Lebendigen in bloße Ausdehnung. Eine einzige tiefe und ehrfürchtige Bezeichnung der Zeit habe ich in der älteren Philosophie gefunden. Sie steht bei Augustinus (Conf. XI, 14): *Si nemo ex me quaerat, scio; si quaerenti explicare velim, nescio.*

Wenn Philosophen der abendländischen Gegenwart – sie tun es alle – sich der Wendung bedienen, daß die Dinge „ *in der Zeit*" wie im Raume sind und nichts „außerhalb" ihrer „gedacht" werden könne, so setzen sie lediglich eine zweite Art von Räumlichkeiten neben die gewöhnliche. Das ist, als wollte man Hoffnung und Elektrizität die beiden Kräfte des Weltalls nennen. Es hätte Kant, als er von den „beiden Formen" der Anschauung sprach, doch nicht entgehen sollen, daß man sich wissenschaftlich bequem über den Raum verständigen kann – wenn auch nicht ihn im landläufigen Sinne *erklären*, was jenseits des wissenschaftlich Möglichen hegt –, während eine Betrachtung in demselben Stil der Zeit gegenüber völlig versagt. Der Leser der „Kritik der reinen Vernunft" und der „Prolegomena" wird bemerken, daß Kant für den Zusammenhang von Raum und Geometrie einen sorgfältigen Beweis liefert, es aber peinlich vermeidet, dasselbe für Zeit und Arithmetik zu tun. Hier bleibt es bei der *Behauptung*, und die ständig wiederholte Analogie der Begriffe täuscht über die Lücke hinweg, deren *Unausfüllbarkeit* das Unhaltbare seines Schemas offenbart hätte.

Dem Wo und Wie gegenüber bildet das Wann eine Welt für sich: es ist der Unterschied von Physik und Metaphysik. Raum, Gegenstand, Zahl, Begriff, Kausalität sind so eng verschwistert, daß es unmöglich ist, wie unzählige verfehlte Systeme beweisen, das eine unabhängig vom andern zu untersuchen. Die Mechanik ist ein Abbild der jeweiligen Logik und umgekehrt. Das Bild des Denkens, dessen Struktur die Psychologie beschreibt, ist ein Gegenbild der Raumwelt, wie sie die gleichzeitige Physik behandelt. Begriffe und Dinge, Gründe und Ursachen, Schlüsse und Prozesse decken sich der Vorstellung nach so vollständig, daß der Reiz, den Denk“prozeß“ unmittelbar graphisch und tabellarisch, d. h. *räumlich* darzustellen – man denke an Kants und Aristoteles' Kategorientafel – gerade den abstrakten Denker immer wieder überwältigt hat. Wo es am Schema fehlt, da fehlt es an Philosophie – das ist das uneingestandene Vorurteil aller zünftigen Systematiker gegenüber den „Anschauenden“, denen sie sich innerlich weit überlegen fühlen. Deshalb nannte Kant den Stil des platonischen Denkens ärgerlich „die Kunst, wortreich zu schwatzen“ und deshalb schweigt der Kathederphilosoph noch heute über Goethes Philosophie. Jede logische Operation läßt sich *zeichnen*. Jedes System ist eine *geometrische* Art, Gedanken zu handhaben. Deshalb hat die Zeit in einem „System“ keinen Platz oder sie fällt dessen Methode zum Opfer.

Damit ist auch das allverbreitete Mißverständnis widerlegt, welches die Zeit mit der Arithmetik, den Raum mit der Geometrie in eine oberflächliche Verbindung bringt, ein Irrtum, dem Kant nicht hätte erliegen sollen, wenn man auch von Schopenhauers Verständnislosigkeit für Mathematik kaum etwas anderes erwartet. Weil der lebendige *Akt des Zählens* mit der Zeit irgendwie in Beziehung steht, hat man immer wieder Zahl und Zeit vermengt. Aber Zählen ist keine Zahl, so wenig als Zeichnen eine Zeichnung ist. Zählen und Zeichnen sind ein Werden, Zahlen und Figuren sind Gewordnes. Kant und die andern haben dort den lebendigen Akt (das Zählen), hier dessen Ergebnis (die Verhältnisse der fertigen Figur) ins Auge gefaßt. Aber das eine gehört in den Bereich des Lebens und der Zeit, das andre in den der Ausdehnung und Kausalität. *Daß* ich rechne, unterliegt der organischen, was ich rechne, der anorganischen Logik. Die *gesamte* Mathematik, volkstümlich gesprochen also Arithmetik und Geometrie, beantwortet das *Wie* und *Was*, die Frage also nach der *natürlichen* Ordnung der Dinge. Im Gegensatz dazu steht die Frage nach dem *Wann* der Dinge, die spezifisch *historische* Frage, die nach dem Schicksal, der Zukunft, der Vergangenheit. All das liegt in dem Worte *Zeitrechnung*, das der naive Mensch vollkommen unzweideutig versteht.

Es gibt keinen Gegensatz von Arithmetik und Geometrie.Jede Art von Zahl – das wird das erste Kapitel hinlänglich erwiesen haben – gehört im vollen Umfange dem Bereich des Ausgedehnten und Gewordnen an, sei es als euklidische Größe, sei es als analytische Funktion. Und in welches der beiden Gebiete sollten denn die zyklometrischen Funktionen, der Binominalsatz, die Riemannschen Flächen, die Gruppentheorie gehören? Kants Schema war durch Euler und d'Alembert schon widerlegt, bevor er es aufgestellt hatte, und nur die Unvertrautheit der Philosophen nach ihm mit der Mathematik ihrer Zeit – sehr im Gegensatz zu Descartes, Pascal und Leibniz, welche die Mathematik *ihrer* Zeit aus den Tiefen ihrer Philosophie heraus selbst geschaffen hatten – konnte dahin führen, daß laienhafte Ansichten von einer Beziehung zwischen Zeit und Arithmetik sich kaum angefochten weiter vererbten. Aber es gibt keine Berührung des Werdens mit irgendeinem Gebiete der Mathematik. Nicht einmal die tief begründete Überzeugung Newtons, in dem ein tüchtiger Philosoph steckte, daß er im Prinzip seiner Differentialrechnung (Fluxionsrechnung) das Problem des Werdens, das Zeitproblem also – übrigens in einer viel feineren als der kantischen Fassung – unmittelbar in Händen habe, ließ sich aufrecht erhalten, so sehr sie heute noch Anhänger findet. Bei der Entstehung von Newtons Fluxionslehre hatte das metaphysische Bewegungsproblem eine entscheidende Rolle gespielt. Seit Weierstraß indessen bewiesen hat, daß es stetige Funktionen gibt, die nur teilweise oder gar nicht differentiiert werden können, ist dieser tiefste jemals unternommene Versuch, dem Zeitproblem mathematisch nahe zu kommen, abgetan.

11

Die Zeit ist ein Gegenbegriff zum Raume, so wie erst im Gegensatz zum Denken nicht die Tatsache, aber der Begriff des Lebens, und erst im Gegensatz zum Tode nicht die Tatsache, aber der Begriff des Entstehens, der Zeugung entstanden ist.Das liegt tief im Wesen allen Wachseins begründet. So wie jeder Sinneseindruck erst bemerkt wird, wenn er sich von einem andern abhebt, so ist jede Art von Verstehen als eigentlich kritische Tätigkeitnur dadurch möglich, daß ein neuer Begriff sich als Gegenpol eines vorhandenen bildet oder ein Begriffspaar von innerem Gegensatz gewissermaßen durch Auseinandertreten erst Wirklichkeit erhält. Es ist zweifellos und schon längst vermutet worden, daß alle Urworte, mögen sie Dinge oder Eigenschaften bezeichnen, paarweise entstanden sind. Aber ebenso empfängt später und heute noch jedes neue Wort seinen Gehalt als Widerschein eines andern. Das sprachgeleitete Verstehen, unfähig, die innere Gewißheit des Schicksals seiner Formenwelt einzugliedern, hat vom Raume aus „die Zeit“ als dessen Gegenüber geschaffen. Andernfalls würden wir weder das Wort noch dessen Inhalt besitzen. Und diese Bildungsweise geht so weit, daß aus dem antiken Stil der Ausdehnung ein spezifisch antiker Zeitbegriff entsprang, der sich vom indischen, chinesischen, abendländischen genau so unterscheidet, wie es mit dem Raume der Fall ist.

Die Frage nach dem Geltungsbereich kausaler Zusammenhänge innerhalb eines Naturbildes oder, was nunmehr dasselbe ist, nach den Schicksalen dieses Naturbildes, wird aber noch viel schwieriger, wenn wir zu der Einsicht gelangen, daß es für den ursprünglichen Menschen und das Kind eine vollkommen kausal geordnete Umwelt noch gar nicht gibt, und daß wir, späte Menschen, deren Denken doch unter dem Druck eines übermächtigen, an der Sprache geschärften Denkens steht, selbst in den

Augenblicken gespanntester Aufmerksamkeit – den einzigen, in welchen wir wirklich streng physikalisch „im Bilde“ sind – bestenfalls *behaupten* können, daß diese kausale Ordnung auch abgesehen von diesen Augenblicken in der uns umgebenden Wirklichkeit enthalten sei. Wir nehmen wachend dieses Wirkliche, „der Gottheit lebendiges Kleid“, *physiognomisch* hin, unwillkürlich und auf Grund einer tiefen, in die Quellen des Lebens hinabreichenden Erfahrung. Die *systematischen* Züge sind Ausdruck eines aus dem *gegenwärtigen Empfinden* abgehobenen Verstehens, und mit ihnen unterwerfen wir das Vorstellungsbild aller fernen Zeiten und Menschen dem Augenblicksbilde der durch uns selbst geordneten Natur. Die Art dieser Ordnung aber, die eine Geschichte hat, in die wir nicht im geringsten eingreifen können, ist nicht die Wirkung einer Ursache, sondern ein Schicksal.

Aus diesem Grunde ist der Begriff einer Kunstform – ebenfalls ein „Gegenbegriff“ – erst entstanden, als man sich eines „Gehalts“ der Kunstschöpfungen bewußt wurde, das heißt, als die Ausdruckssprache der Kunst aufgehört hatte, samt ihren Wirkungen als etwas ganz Natürliches und Selbstverständliches da zu sein, wie es zur Zeit der Pyramidenbauer, der mykenischen Burgen und der frühgotischen Dome ohne Zweifel noch der Fall war. Man wird plötzlich auf das Entstehen der Werke aufmerksam. Erst jetzt trennen sich für das verstehende Auge eine kausale und eine Schicksalsseite aller lebenden Kunst.

In jedem Werke, das den *ganzen* Menschen, den *ganzen* Sinn des Daseins offenbart, liegen Angst und Sehnsucht dicht beieinander, aber sie bleiben zweierlei. Zur Angst, zum Kausalen gehört die ganze „Tabuseite“ der Kunst: ihr Schatz an Motiven, wie er in strengen Schulen und langer Handwerkszucht herausgebildet, sorgfältig gehütet und treu überliefert wird, alles Begreifliche, Lernbare, *Zahlenmäßige*, alle *Logik* in Farbe, Linie, Ton, Bau, Ordnung, die „Muttersprache“ also jedes tüchtigen Meisters und jeder großen Epoche. Das andre, als das Gerichtete dem Ausgedehnten, als die Entwicklung und die Schicksale einer Kunst den Gründen und Folgen innerhalb ihrer Formensprache entgegengesetzt, tritt als „Genie“, nämlich in der ganz persönlichen Gestaltungskraft, der schöpferischen Leidenschaft, Tiefe und Fülle *einzelner* Künstler in Erscheinung im Unterschied von aller bloßen Beherrschung der Form, und noch darüber hinaus im Überschwang der Rasse, welcher den Aufstieg oder Verfall ganzer Künste bedingt; diese „Totemseite“ hat bewirkt, daß es aller Ästhetik zum Trotz keine zeitlose und allein wahre Kunstweise gibt, sondern eine Kunst*geschichte*, an welcher wie an allem Lebendigen das Merkmal der Nichtumkehrbarkeit haftet.

Die Architektur großen Stils, die allein von allen Künsten das Fremde und Angsteinflößende selbst, das unmittelbar Ausgedehnte, den *Stein* behandelt, ist deshalb die selbstverständliche Frühkunst aller Kulturen, die mathematischste von allen, die erst Schritt für Schritt den städtischen Sonderkünsten der Statue, des Gemäldes, der musikalischen Komposition mit ihren weltlicheren Formmitteln den Vorrang abtritt.

Michelangelo, der von allen großen Künstlern des Abendlandes unter dem beständigen Alpdruck der Weltangst wohl am schwersten gelitten hat, ist darum allein von allen Meistern der Renaissance vom Architektonischen niemals freigeworden. Er malte sogar, als ob die Farbflächen Stein, Gewordnes, Starres, *Gehaßtes* wären. Seine Arbeitsweise war der erbitterte Kampf gegen die feindseligen Mächte des Kosmos, die in Gestalt des Materials ihm *entgegentraten*, während Lionardos, des Sehnsüchtigen, Farben wie eine freiwillige Verstofflichung des Seelischen wirken. In jedem Problem der großen Baukunst kommt aber eine unerbittliche kausale Logik zum Ausdruck, Mathematik sogar, sei es in den antiken Säulenordnungen das *euklidische* Verhältnis von *Träger und Last*, sei es im „analytisch" angelegten Strebesystem gotischer Wölbungen das dynamische von *Kraft und Masse*. Die Bauhüttentradition, die es hier wie dort gegeben hat und ohne die auch die ägyptische Architektur nicht zu denken ist – sie entwickelt sich in jeder Frühzeit und geht im Lauf der Spätzeit regelmäßig verloren –, enthält die volle Summe dieser Logik des Ausgedehnten. Die Symbolik der Richtung, des Schicksals aber steht jenseits aller „Technik" der großen Künste und ist der formalen Ästhetik kaum zugänglich. Sie liegt zum Beispiel in dem stets gefühlten, aber nie, weder von Lessing noch von Hebbel klar gedeuteten Widerspruch antiker und abendländischer Tragik, in der Szenen*folge* altägyptischer Reliefs, überhaupt der *reihenweisen* Ordnung ägyptischer Statuen, Sphinxe, Tempelsäle; nicht in der Behandlung, sondern der Wahl des Materials vom härtesten Diorit bis zum weichsten Holz, durch welche die Zukunft bejaht oder verneint wird; nicht in der Formensprache, sondern im Hervortreten und Hinschwinden der einzelnen Künste, dem Sieg der Arabeske über die Bildkunst der frühchristlichen Zeit, dem Zurückweichen der Ölmalerei des Barock vor der Kammermusik, in der ganz verschiedenen Absicht der ägyptischen, chinesischen und antiken Statuenkunst. Alles das gehört nicht zum Können, sondern zum Müssen, und deshalb geben nicht Mathematik und abstraktes Denken, sondern die großen Künste als die Geschwister der gleichzeitigen Religion den Schlüssel zum Problem der Zeit, das sich auf dem Boden der Geschichte *allein* kaum erschließen läßt.

12

Aus dem Sinne, welcher hier der Kultur als einem Urphänomen und dem Schicksal als der organischen Logik des Daseins gegeben wurde, folgt, daß notwendig jede Kultur ihre *eigne* Schicksalsidee besitzen muß, ja daß in dem Gefühl, jede große Kultur sei nichts anderes als die Verwirklichung und Gestalt einer einzigen, einzigartigen Seele, diese Folgerung schon eingeschlossen liegt. Was *wir* Fügung, Zufall, Vorsehung, Schicksal, was der antike Mensch Nemesis, Ananke, Tyche, Fatum, der Araber Kismet und alle anderen anders nennen, was niemand einem Fremden, dessen Leben gerade Ausdruck der *eignen* Idee ist, ganz nachfühlen kann und was sich in Worten nicht weiter beschreiben läßt, stellt eben diese einmalige, nie sich wiederholende Fassung der Seele dar, deren jeder für sich völlig gewiß ist.

Ich wage es, die antike Fassung der Schicksalsidee *euklidisch* zu nennen. In der Tat ist es die sinnlich-wirkliche Person des Ödipus, sein „empirisches Ich“, mehr noch, sein σωμα, das vom Schicksal getrieben und gestoßen wird. Ödipus klagt, daß Kreon seinem *Leibe* Übles getan habeund daß das Orakel seinem *Leibe* gelte.Und Aischylos spricht in den Choephoren (704) von. Agamemnon als dem „flottenführenden königlichen Leibe“. Es ist dasselbe Wort σωμα, das die Mathematiker mehr als einmal für ihre Körper gebrauchen. König Lears Schicksal aber, ein *analytisches*, um auch hier an die entsprechende Zahlenwelt zu erinnern, ruht ganz in dunklen innern Beziehungen: Die Idee des Vatertums taucht auf; seelische Fäden spinnen sich durch das Drama, unkörperlich, jenseitig, und werden durch die zweite, kontrapunktisch gearbeitete Tragödie im Hause Glosters seltsam beleuchtet. Lear ist zuletzt ein bloßer Name, ein Mittelpunkt für etwas Grenzenloses. *Diese* Fassung des Schicksals ist eine „infinitesimale“, in unendlicher Räumlichkeit und durch endlose Zeiten ausgebreitete; sie berührt das leibliche, euklidische Dasein gar nicht; sie trifft nur die Seele. Der wahnsinnige König zwischen dem Narren und dem Bettler im Sturm auf der Heide – das ist der Gegensatz zur Laokoongruppe. Das ist die faustische gegenüber der apollinischen Art zu leiden. Sophokles hatte auch ein Laokoondrama geschrieben. Ohne Zweifel war in ihm von *reinem Seelenleid* nicht die Rede. Antigone geht als Leib zugrunde, weil sie den Leib ihres Bruders bestattet hat. Man braucht die Namen Aias und Philoktet nur zu nennen und daneben die des Prinzen von Homburg und des Goetheschen Tasso, um den Unterschied zwischen Größe und Beziehung bis in die Tiefen der künstlerischen Schöpfung hinein zu spüren.

Wir nähern uns damit einem andern Zusammenhang von großer Symbolik. Man nennt das Drama des Abendlandes ein *Charakterdrama* und sollte das antike dann als *Situationsdrama* bezeichnen. Man betont damit, was eigentlich von dem Menschen beider Kulturen als Grundform seines Lebens empfunden und mithin durch die Tragik, das Schicksal in Frage gestellt wird. Sagt man für die Pachtung des Lebens *Nichtumkehrbarkeit*, versenkt man sich in den furchtbaren Sinn des Wortes „zu spät“, mit dem ein flüchtiges Stück Gegenwart der *ewigen* Vergangenheit anheimgefallen ist, so spürt man den Urgrund jeder tragischen Wendung. Die *Zeit* ist das Tragische, und dem gefühlten Sinne der Zeit nach unterscheiden sich die einzelnen Kulturen. Deshalb hat sich eine Tragödie großen Stils nur in den beiden entwickelt, welche die Zeit am leidenschaftlichsten bejahten oder verneinten. Wir haben eine antike Tragödie des *Augenblicks* und eine abendländische der *Entwicklung ganzer Lebensläufe* vor uns. So empfand eine ahistorische und eine extrem historische Seele sich selbst. Unsere Tragik entstand aus dem Gefühl einer *unerbittlichen Logik des Werdens. Der Grieche fühlte das Alogische, das blinde Ungefähr des Moments.* Das Leben König Lears reift innerlich einer Katastrophe entgegen; das des Königs Ödipus stößt unversehens auf eine äußere Lage. Und man begreift nun, weshalb gleichzeitig mit dem abendländischen Drama eine mächtige Porträtkunst – mit ihrem Höhepunkt in Rembrandt – aufblühte und erlosch, eine Art historischer und biographischer Kunst, die *deshalb* im klassischen Griechenland zur Blütezeit des attischen Theaters aufs strengste verpönt war; man denke an das Verbot ikonischer Statuen bei den Weihgeschenken und daran, daß sich – seit Demetrios von Alopeke (um 400) – eine schüchterne Art idealisierender Bildniskunst genau damals hervorwagte, als die große Tragödie durch die leichten Gesellschaftsstücke der „mittleren Komödie" in den Hintergrund gedrängt wurde. Im Grunde tragen alle griechischen Statuen eine gleichförmige Maske wie die Schauspieler im Dionysostheater. Alle bringen sie *somatische* Haltungen und Lagen in denkbar strengster Fassung zum Ausdruck. Physiognomisch sind sie *stumm*, körperlich sind sie *notwendig nackt*. Charakterköpfe bestimmter Einzelpersonen, und zwar nach dem Leben, hat erst der Hellenismus aufgebracht. Und wir werden wieder an die beiden entsprechenden Zahlenwelten erinnert, in deren einer handgreifliche Resultate errechnet wurden, während in der andern der Charakter von Beziehungsgruppen von Funktionen, Gleichungen, überhaupt von Formelementen gleicher Ordnung morphologisch untersucht und als *solcher* in gesetzmäßigen Ausdrücken fixiert wird.

13

Die Fähigkeit, gegenwärtige Geschichte zu erleben, und die Art, wie sie, wie vor allem auch das *eigne* Werden durchlebt wird, ist bei den einzelnen Menschen sehr verschieden.

Jede Kultur besitzt schon eine durchaus individuelle Art, die Welt als *Natur* zu sehen, zu erkennen oder, was dasselbe ist, sie *hat* ihre eigne und eigentümliche Natur, die keine andere Art Mensch in genau derselben Gestalt besitzen kann. Aber in noch viel höherem Maß hat jede Kultur und in ihr, mit Unterschieden geringeren Grades, jeder Einzelne eine durchaus eigne Art von Geschichte, in deren Bilde, in deren Stil er das allgemeine und das persönliche, das innere und äußere, das welthistorische und das biographische Werden unmittelbar anschaut, fühlt und erlebt. So ist der autobiographische Hang der abendländischen Menschheit, wie er im Symbol der Ohrenbeichte schon in gotischer Zeit ergreifend hervortritt,der antiken völlig fremd. Der äußersten Bewußtheit der Geschichte Westeuropas steht die beinahe traumhafte Unbewußtheit der indischen gegenüber. Und was war es, das magische Menschen von den Urchristen bis zu den Denkern des Islam vor sich sahen, wenn sie das Wort Weltgeschichte aussprachen? Aber wenn es schon sehr schwierig ist, sich von der Natur, der kausal geordneten Umwelt andrer eine genaue Vorstellung zu machen, obwohl in ihr das spezifisch Erkennbare zum mitteilbaren System vereinheitlicht ist, so ist es völlig unmöglich, den historischen Weltaspekt fremder Kulturen, das aus ganz anders angelegten Seelen gestaltete Bild des Werdens mit den Kräften der eignen Seele vollkommen zu durchdringen. Hier wird immer ein unzugänglicher Rest bleiben, um so größer, je geringer der eigne historische Instinkt, der physiognomische Takt, die eigne Menschenkenntnis ist. Trotzdem ist die Lösung *dieser* Aufgabe eine Voraussetzung allen tieferen Weltverständnisses. Die historische Umwelt der andern ist ein *Teil ihres Wesens*, und man versteht niemand, wenn man sein Zeitgefühl, seine Idee vom Schicksal, den Stil und Bewußtseinsgrad seines Innenlebens nicht kennt. Was hier sich nicht unmittelbar in Bekenntnissen auffinden läßt, müssen wir also der Symbolik der äußern Kultur entnehmen. So erst wird das an sich Unbegreifliche zugänglich, und dies gibt dem historischen Stil einer Kultur und den dazu gehörigen großen Zeitsymbolen ihren unermeßlichen Wert.

Als eines dieser kaum je begriffenen Zeichen war schon die *Uhr* genannt worden, eine Schöpfung hochentwickelter Kulturen, die immer geheimnisvoller wird, je mehr man darüber nachdenkt. Die antike Menschheit verstand sie zu entbehren – nicht ohne Absichtlichkeit; sie hat weit über Augustus hinaus die Tageszeit nach der Schattenlänge des eignen Körpers abgeschätzt,obwohl Sonnen- und Wasseruhren in den beiden älteren Welten der ägyptischen und babylonischen Seele im Zusammenhang mit einer strengen Zeitrechnung und mit einem tiefen Blick auf Vergangenheit und Zukunft ständig in Gebrauch waren.Aber das antike Dasein, euklidisch, beziehungslos, punktförmig, war im gegenwärtigen Moment völlig beschlossen. Nichts sollte an Vergangenes und Künftiges mahnen. Die *Archäologie* fehlt der echten Antike ebenso wie deren *seelische Umkehrung, die Astrologie*. Die antiken Orakel und Sibyllen wollen ebensowenig wie die etruskisch-römischen Haruspices und Auguren die ferne Zukunft erkunden, sondern für den *einzelnen, unmittelbar bevorstehenden* Fall eine Weisung geben. Und ebensowenig gab es eine in das Alltagsbewußtsein gedrungene Zeitrechnung, denn die Olympiadenrechnung war lediglich ein literarischer Notbehelf. Es kommt nicht darauf an, ob ein Kalender gut oder schlecht ist, sondern für wen er im Gebrauch ist, ob das Leben der Nation danach läuft. In antiken Städten erinnert nichts an die Dauer, an die Vorzeit, an das Bevorstehende, keine pietätvoll gepflegte Ruine, kein für noch ungeborne Geschlechter vorgedachtes Werk, kein trotz technischer Schwierigkeiten mit Bedeutung gewähltes Material. Der dorische Grieche hat die mykenische Steintechnik unbeachtet gelassen und baute wieder in Holz und Lehm, trotz des mykenischen und ägyptischen Vorbildes und trotz des Reichtums seiner Landschaft an den besten Gesteinen. Der dorische Stil ist ein Holzstil. Noch zur Zeit des Pausanias sah man am Heraion in Olympia die letzte nicht ausgewechselte Holzsäule. In einer antiken Seele ist das eigentliche Organ für Geschichte, das *Gedächtnis* in dem hier stets vorausgesetzten Sinne, welches das Bild der persönlichen und dahinter das der nationalen und weltgeschichtlichen Vergangenheitund den Gang des eignen und *nicht nur* eignen Innenlebens immer gegenwärtig erhält, nicht vorhanden. Es gibt keine „Zeit“. Für den Geschichtsbetrachter erhebt sich gleich hinter der eignen Gegenwart ein zeitlich und also innergeschichtlich nicht mehr geordneter Hintergrund, dem für Thukydides schon die Perserkriege, für Tacitus schon die gracchischen Unruhen angehören,und dasselbe gilt von den großen Geschlechtern Roms, deren Tradition nichts als ein Roman war – man denke an den Cäsarmörder Brutus und dessen festen Glauben an seinen berühmten Ahnherrn. Daß Cäsar den Kalender reformierte, darf man beinahe als einen Akt der

Emanzipation vom antiken Lebensgefühl bezeichnen: aber Cäsar dachte auch an den Verzicht auf Rom und an die Verwandlung des Stadtstaates in ein dynastisches, also dem Symbol der *Dauer* unterstelltes Reich mit dem Schwerpunkt in Alexandria, von wo sein Kalender stammt. Seine Ermordung wirkt wie eine letzte Auflehnung eben dieses, in der Polis, der *Urbs Roma* verkörperten, der Dauer feindlichen Lebensgefühls.

Man erlebte selbst damals noch jede Stunde, jeden Tag für sich. Das gilt vom einzelnen Hellenen und Römer, von der Stadt, der Nation, der ganzen Kultur. Die von Kraft und Blut strömenden Prachtaufzüge, Palastorgien und Zirkuskämpfe unter Nero und Caligula, die Tacitus, ein echter Römer, allein beschreibt, während er für das leise Vorwärtsschreiten im Leben der weiten Landschaft der Provinzen kein Auge und keine Worte hat, sind der letzte prachtvolle Ausdruck dieses euklidischen, den *Leib*, die *Gegenwart* vergötternden Weltgefühls. Die Inder, deren Nirwana auch durch den Mangel an irgendwelcher Zeitrechnung ausgedrückt ist, besaßen ebenfalls keine Uhren und *also* keine Geschichte, keine Lebenserinnerungen, keine Sorge. Was wir, eminent historisch angelegte Menschen, indische Geschichte nennen, ist ohne das geringste Bewußtsein seiner selbst verwirklicht worden. Das Jahrtausend der indischen Kultur von den Veden bis auf den Buddha herab wirkt auf uns wie die Regungen eines Schlafenden. Hier war das Leben *wirklich* ein Traum. Nichts steht diesem Indertum ferner als das Jahrtausend der abendländischen Kultur. Niemals, selbst im „gleichzeitigen" China der Dschouzeit nicht mit seinem hochentwickelten Sinn für Zeitalter und Epochen,war man wacher, bewußter; niemals ist die Zeit tiefer gefühlt und mit dem vollen Bewußtsein ihrer Richtung und schicksalsschweren Bewegtheit erlebt worden. Die *Westeuropas ist gewolltes, die indische ist widerfahrenes Schicksal.* Im antiken Dasein spielen Jahre keine Rolle, im indischen kaum Jahrzehnte; für uns ist die Stunde, die Minute, zuletzt die Sekunde von Bedeutung. Von der tragischen Spannung historischer Krisen, wo der Augenblick schon erdrückend wirkt wie in den Augusttagen 1914, hätten weder ein Grieche noch ein Inder eine Vorstellung haben können. Aber solche Krisen können tiefe Menschen des Abendlandes auch in sich erleben, der echte Hellene nie. Über unsrer Landschaft hallen Tag und Nacht von Tausenden von Türmen die Glockenschläge, die ständig Zukunft an Vergangnes knüpfen und den flüchtigen Moment der „antiken Gegenwart" in einer ungeheuren Beziehung auflösen. Die Epoche, welche die Geburt dieser Kultur bezeichnet, die Zeit der Sachsenkaiser, sah auch schon die Erfindung der Räderuhren.Ohne peinlichste Zeitmessung – eine *Chronologie des Geschehenden*, die durchaus unserm ungeheuren Bedürfnis nach Archäologie, das heißt Erhaltung, Ausgrabung, Sammlung alles Geschehenen entspricht – ist der abendländische Mensch nicht denkbar. Die Barockzeit steigerte das gotische Symbol der Turmuhr noch weiter zu dem grotesken der Taschenuhr, die den einzelnen ständig begleitet.

Und neben dem Symbol der Uhren steht das andre, ebenso tiefe, ebenso unverstandne bedeutsamer Bestattungsformen, wie sie alle großen Kulturen durch Kult und Kunst geheiligt haben. Der große Stil Indiens beginnt mit Grabtempeln, der antike mit

Grabvasen, der ägyptische mit Pyramiden, der altchristliche mit Katakomben und Sarkophagen. In der *Ur*zeit gehen die zahllosen möglichen Formen noch chaotisch durcheinander, abhängig von Stammessitte und äußerer Notdurft oder Zweckmäßigkeit. Jede Kultur aber erhebt alsbald eine von ihnen zum höchsten symbolischen Range. Hier wählte der antike Mensch aus tiefstem, unbewußtem Lebensgefühl heraus die *Totenverbrennung*, einen Akt der Vernichtung, durch den er sein an das Jetzt und Hier gebundenes euklidisches Dasein zu gewaltigem Ausdruck brachte. Er *wollte* keine Geschichte, keine Dauer, weder Vergangenheit noch Zukunft, weder Sorge noch Auflösung, und er *zerstörte* deshalb, was keine Gegenwart mehr besaß, den *Leib* eines Perikles und Cäsar, Sophokles und Phidias. Die Seele aber trat in die *formlose* Schar ein, welcher die schon früh vernachlässigten Ahnenkulte und Seelenfeste der lebenden Glieder eines Geschlechts galten und welche den stärksten Gegensatz zur Ahnen *reihe*, zum *Stammbaum* bildet, der mit allen Zeichen geschichtlicher Ordnung in den Familiengrüften abendländischer Geschlechter verewigt ist. Keine zweite Kultur steht der antiken darin zur Seite– mit einer bezeichnenden Ausnahme, der vedischen Frühzeit Indiens. Und man bemerke wohl: die dorisch-homerische Frühzeit umgab diesen Akt mit dem ganzen Pathos eines eben geschaffenen Symbols, die Ilias vor allem, während in den Gräbern von Mykene, Tiryns, Orchomenos die Toten, deren Kämpfe vielleicht gerade den Keim zu jenem Epos gelegt hatten, nach beinahe ägyptischer Art bestattet worden waren. Als in der Kaiserzeit neben die Aschenurne der Sarkophag, der „Fleischverschlinger“trat – bei Christen, Juden *und Heiden* –, war ein neues *Zeitgefühl* erwacht, genau wie damals, als auf die mykenischen Schachtgräber die homerische Urne folgte.

Und die Ägypter, welche ihre Vergangenheit so gewissenhaft im Gedächtnis, in Stein und Hieroglyphen aufbewahrten, daß wir heute noch, nach vier Jahrtausenden, die Regierungszahlen ihrer Könige bestimmen können, verewigten auch deren Leib, so daß die großen Pharaonen – ein Symbol von schauerlicher Erhabenheit – mit jetzt noch erkennbaren Gesichtszügen in unsern Museen liegen, während von den Königen der dorischen Zeit nicht einmal die Namen übrig geblieben sind. Wir kennen Geburts- und Todestag fast aller großen Menschen seit Dante genau. Das scheint uns selbstverständlich. Aber zur Zeit des Aristoteles, auf der Höhe antiker Bildung, wußte man nicht mehr sicher, ob Leukippos, der Begründer des Atomismus und Zeitgenosse des Perikles – kaum ein Jahrhundert vorher – *überhaupt gelebt habe*. Dem würde es entsprechen, wenn wir der Existenz Giordano Brunos nicht gewiß wären und die Renaissance bereits völlig im Reich der Sage läge.

Und diese Museen selbst, in denen wir die ganze Summe der sinnlich-körperlich gewordenen und gebliebenen Vergangenheit zusammentragen! Sind sie nicht auch ein Symbol vom höchsten Range? Sollen sie nicht den „Leib“ der gesamten Kulturentwicklung mumienhaft konservieren? Sammeln wir nicht, wie die unzähligen Daten in Milliarden gedruckter Bücher, so *alle Werke aller* toten Kulturen in diesen hunderttausend Sälen westeuropäischer Städte, wo in der Masse des Vereinigten jedes einzelne Stück dem flüchtigen Augenblick seines wirklichen Zweckes – der einer antiken Seele *allein* heilig gewesen wäre – entwendet und in einer unendlichen Bewegtheit der Zeit gleichsam aufgelöst wird? Man bedenke, was die *Hellenen* "Museion" nannten und welch tiefer Sinn in diesem Wandel des Wortgebrauchs liegt.

14

Es ist das *Urgefühl der Sorge*, das die Physiognomie der abendländischen wie der ägyptischen und chinesischen Geschichte beherrscht und auch noch die Symbolik des Erotischen gestaltet, in dem sich das Dahinströmen nie endenden Lebens im Bilde der Geschlechterfolgen von Einzelwesen darstellt. Das punktförmige euklidische Dasein der Antike empfand auch da nur das Jetzt und Hier der entscheidenden Akte, Zeugung und Geburt. Es stellte deshalb in den Mittelpunkt der demetrischen Kulte die Wehen des gebärenden Weibes, in die antike Welt überhaupt das dionysische Symbol des *Phallus*, das Zeichen einer durchaus dem Augenblick geweihten und Vergangenheit wie Zukunft in ihm vergessenden Geschlechtlichkeit. Wiederum entspricht ihm in der indischen Welt das Zeichen des Lingam und der Kultkreis um die Göttin Parwati. Der Mensch fühlt sich hier wie dort als Natur, als Pflanze, dem Sinn des Werdens willenlos *und sorglos* hingegeben. Der häusliche Kult des Römers galt dem *genius*, d. h. der Zeugungskraft des Familienhauptes. Dem hat die tiefe und nachdenkliche Sorge der abendländischen Seele das Zeichen der Mutterliebe entgegengestellt, das im antiken Mythos kaum am Horizont erscheint, etwa in der Klage der Persephone oder dem schon hellenistischen Sitzbild der Demeter von Knidos. Die Mutter, welche das Kind – die Zukunft – an der Brust trägt: der Marienkult in diesem neuen, faustischen Sinn ist erst in den Jahrhunderten der Gotik erblüht. Seinen höchsten Ausdruck fand er in Raffaels sixtinischer Madonna. Das ist *nicht* christlich überhaupt, denn das magische Christentum hatte Maria als Theotokos, als Gebärerin Gottes,zu einem ganz anders gefühlten Symbol erhoben. Die stillende Mutter ist der altchristlich-byzantinischen Kunst ebenso fremd wie der hellenischen, wenn auch aus einem andern Grunde; sicherlich steht Gretchen im Faust mit dem tiefen Zauber ihrer unbewußten Mütterlichkeit den gotischen Madonnen näher als alle Marien byzantinischer und ravennatischer Mosaiken. Für die Innerlichkeit dieser Beziehungen ist es erschütternd, daß die Madonna mit dem Jesusknaben durchaus der ägyptischen Isis mit dem Horusknaben entspricht – beide sind *sorgende* Mütter – und daß dies Symbol Jahrtausende hindurch und während der ganzen Dauer der antiken und arabischen Kultur, für die es nichts bedeuten konnte, verschollen war, um endlich durch die faustische Seele wieder erweckt zu werden.

Von der mütterlichen führt der Weg zur Vätersorge und damit zum höchsten Zeitsymbol, das im Umkreis der großen Kulturen hervorgetreten ist, dem Staate. Was der Mutter das Kind bedeutet, Zukunft und Fortdauer des eignen Lebens nämlich, so daß in der Mutterliebe die Getrenntheit zweier Einzelwesen gleichsam aufgehoben wird, das bedeutet für Männer die bewaffnete Gemeinschaft, durch die sie Haus und Herd, Weib und Kind und damit das ganze Volk, seine Zukunft und Wirksamkeit sichern. Der Staat ist die innere Form, das „In-Formsein“ einer Nation, und Geschichte im großen Sinne ist dieser Staat nicht als Bewegtes, sondern als Bewegung gedacht. *Das Weib als Mutter ist, der Mann als Krieger und Politiker macht Geschichte*.

Und da zeigt die Geschichte der hohen Kulturen wieder drei Beispiele sorgenvoller Staatsbildungen: die ägyptische Verwaltung schon des Alten Reiches seit 3000 v. Chr., den frühchinesischen Staat der Dschou, von dessen Organisation das Dschou-li ein solches Bild entwarf, daß man später an die Echtheit des Buches nicht zu glauben wagte, und die Staaten des Abendlandes, deren vorausschauende Gestaltung einen Zukunftswillen verrät, der nicht mehr überboten werden kann.Und demgegenüber erscheint zweimal ein Bild sorglosester Hingegebenheit an den Augenblick und seine Zufälle: der antike und der indische Staat. So verschieden an sich Stoizismus und Buddhismus, die Altersstimmungen beider Welten sind, im Widerspruch gegen das historische Gefühl der Sorge, in der Verachtung also des Fleißes, der organisatorischen Kraft, des Pflichtbewußtseins sind sie einig, und deshalb hat an indischen Königshöfen und auf dem Forum antiker Städte niemand an das Morgen gedacht, weder für seine Person noch für die Gesamtheit. Das *Carpe diem* des apollinischen Menschen galt auch für den antiken Staat.

Wie mit der politischen, so steht es auch mit der andern Seite geschichtlichen Daseins, der wirtschaftlichen. Der antiken und indischen Liebe, die im Genießen des Augenblicks beginnt und endet, entspricht das Leben von der Hand in den Mund. Es gibt eine Wirtschaftsorganisation großen Stils in Ägypten, wo sie das ganze Bild der Kultur ausfüllt und aus Tausenden von Gemälden voller Emsigkeit und Ordnung noch heute zu uns redet; in China, dessen Mythos von Göttern und Sagenkaisern und dessen Geschichte beständig um die heiligen Aufgaben der Bodenkultur kreisen; endlich in Westeuropa, dessen Wirtschaft mit den Musterkulturen der Orden begann und mit einer eignen Wissenschaft, der Nationalökonomie, den Gipfel erreichte, die von Anfang an *Arbeitshypothese* war und nicht eigentlich lehrte, was geschah, sondern was geschehen *sollte*. In der Antike aber, um von Indien zu schweigen, wirtschaftete man von einem Tag zum andern – obwohl das Vorbild Ägyptens vor Augen lag – und trieb Raubbau nicht nur an Schätzen, sondern auch an Möglichkeiten, um zufällige Überschüsse sofort an den Pöbel zu verschwenden. Man prüfe alle großen Staatsmänner der Antike, Perikles und Cäsar, Alexander und Scipio, und selbst die Revolutionäre wie Kleon und Ti. Gracchus: keiner von ihnen hat wirtschaftlich in die Ferne gedacht. Keine Stadt hat die Entwässerung oder Aufforstung eines Gebiets oder die Einführung höherer Methoden oder Vieh- und Pflanzenarten in die Hand genommen. Man versteht die „Agrarreform“ der Gracchen ganz falsch, wenn man sie abendländisch interpretiert: sie wollten ihre Partei zu *Besitzern* machen. Sie zu Landwirten zu erziehen oder gar die italische Landwirtschaft zu heben, lag ihnen ganz fern. Man ließ die Zukunft herankommen, man versuchte nicht, auf sie zu wirken. Und deshalb ist der Sozialismus – nicht der theoretische von Marx, sondern der praktische, von Friedrich Wilhelm I. begründete des Preußentums, der jenem voraufging und ihn wieder überwinden wird – mit seiner tiefen Verwandtschaft zum Ägyptertum das Gegenstück zum wirtschaftlichen Stoizismus der Antike, ägyptisch in seiner umfassenden Sorge für dauerhafte wirtschaftliche Zusammenhänge, in seiner Erziehung des einzelnen zur Pflicht für das Ganze und in der Heiligung des Fleißes, durch den die Zeit und Zukunft bejaht werden.

15

Der alltägliche Mensch sämtlicher Kulturen bemerkt von der Physiognomie allen Werdens, seines eignen und dessen der lebendigen Welt rings um sich, nur den unmittelbar greifbaren Vordergrund. Die Summe seiner Erlebnisse, der inneren wie der äußeren, füllt als bloße Reihenfolge von Tatsachen den Lauf seiner Tage. Erst der bedeutende Mensch fühlt hinter dem volkstümlichen Zusammenhang der historisch-bewegten Oberfläche eine tiefe Logik des Werdens, die in der Schicksalsidee hervortritt und die eben jene oberflächlichen bedeutungsarmen Bildungen des Tages als zufällig erscheinen läßt.

Zwischen Schicksal und Zufall scheint zunächst nur ein Gradunterschied an Gehalt zu bestehen. Man empfindet es etwa als Zufall, daß Goethe nach Sesenheim, und als Schicksal, daß er nach Weimar kam. Das eine scheint Episode, das andre Epoche zu sein. Indessen wird daraus deutlich, daß die Unterscheidung vom innern Range des Menschen abhängt, der sie trifft. Der Menge wird selbst das Leben Goethes als eine Reihe anekdotischer Zufälle erscheinen; wenige werden mit Erstaunen empfinden, welche symbolische Notwendigkeit in ihm auch noch dem Unbedeutendsten innewohnt. Aber war vielleicht die Entdeckung des heliozentrischen Systems durch Aristarch für die Antike ein belangloser Zufall, die vermeintliche Wiederentdeckung durch Kopernikus dagegen ein Schicksal für die faustische Kultur? War es ein Schicksal, daß Luther im Gegensatz zu Calvin kein Organisator war – und für wen? Für die Lebenseinheit der Protestanten, der Deutschen oder der abendländischen Menschheit überhaupt? Waren Ti. Gracchus und Sulla Zufälle, Cäsar aber ein Schicksal?

Hier bleibt das Gebiet der begrifflichen Verständigung weit zurück; was Schicksal, was Zufall ist, das gehört zu den entscheidenden *Erlebnissen* der einzelnen Seele wie derjenigen ganzer Kulturen. Hier schweigt alle gelehrte Erfahrung, jede wissenschaftliche Einsicht, jede Definition; und wer auch nur den Versuch wagt, beides erkenntnistheoretisch fassen zu wollen, der kennt es gar nicht. Daß kritisches Nachdenken niemals auch nur einen Hauch von Schicksal vermittelt, ist eine innere Gewißheit, ohne welche die Welt des Werdens verschlossen bleibt. Erkennen – urteilend unterscheiden und zwischen Erkanntem – wohlunterschiednen Dingen, Eigenschaften, Lagen – *kausale* Beziehungen feststellen, ist ein und dasselbe. Wer *urteilend* an die

Geschichte herantritt, wird nur Daten finden. Was aber in der Tiefe webt, sei es Vorsehung oder Verhängnis, das läßt sich am gegenwärtigen Geschehen wie vor dem Bilde des einst Geschehenen nur durchleben, und zwar mit jener erschütternden, wortlosen Gewißheit, welche die echte Tragödie im unkritischen Zuschauer weckt. Schicksal und Zufall bilden jederzeit einen Gegensatz, in den die Seele zu kleiden versucht, was *nur* Gefühl, *nur* Erlebnis und Schauen sein kann und was allein durch die innerlichsten Schöpfungen von Religion und Kunst denen verdeutlicht wird, die zur Einsicht *berufen* sind. Um dies Urgefühl des lebendigen Daseins, das dem Weltbilde der Geschichte Sinn und Gehalt verleiht, heraufzurufen – Name ist Schall und Rauch –, weiß ich nichts Besseres als eine Strophe von Goethe, dieselbe, die an der Spitze dieses Buches dessen Grundgesinnung bezeichnen soll:

Wenn im Unendlichen dasselbe
Sich wiederholend ewig fließt,
Das tausendfältige Gewölbe
Sich kräftig ineinander schließt;
Strömt Lebenslust aus allen Dingen,
Dem kleinsten wie dem größten Stern,
Und alles Drängen, alles Ringen
Ist ewige Ruh in Gott dem Herrn.

An der Oberfläche des „Weltgeschehens herrscht das *Unvorhergesehene*. Es haftet als Merkmal an jedem Einzelereignis, jeder Einzelentscheidung, jeder Einzelpersönlichkeit. Niemand hat beim Auftreten Mohammeds den Sturm des Islam, niemand beim Sturze Robespierres Napoleon vorausgewußt. Daß große Menschen kommen, was sie unternehmen, ob es ihnen glückt – alles das ist unberechenbar; niemand weiß, ob eine mächtig einsetzende Entwicklung sich in großer Linie vollendet wie die des römischen Adels, oder im Verhängnis untergeht wie die der Hohenstaufen und der ganzen Mayakultur, und ebenso steht es, aller Naturwissenschaft zum Trotz, mit den Schicksalen jeder einzelnen Tier- und Pflanzenart innerhalb der Erdgeschichte und weit darüber hinaus mit denen der Erde selbst und aller Sonnensysteme und Milchstraßen. Der unbedeutende Augustus hat Epoche gemacht, der große Tiberius ging wirkungslos vorüber. Und nicht anders erscheint uns das Geschick von Künstlern, Kunstwerken und Kunstformen, von Dogmen und Kulten, Theorien und Erfindungen. Daß in den Wirbeln des Werdens ein Element nur ein Schicksal erlitt und ein andres zum Schicksal wurde und oft genug für alle Zukunft, so daß jenes im Wellenschlag der historischen Oberfläche dahinschwand, dieses aber Geschichte schuf, das ist mit keinem Darum und Deshalb zu erklären und doch von innerster Notwendigkeit. Und deshalb gilt auch vom Schicksal, was Augustinus in einem tiefen Augenblick von der Zeit gesagt hatte: *Si nemo ex me quaerat, scio; si quaerenti explicare velim, nescio.*

So ist die *Idee der Gnade* im abendländischen Christentum, der durch den Opfertod Jesu erwirkten Gnade, frei wollen zu dürfen,welche Zufall und Schicksal in der höchsten ethischen Fassung zum Ausdruck bringt. Fügung (Erbsünde) und Gnade – in dieser Polarität, die immer nur Gestalt des Gefühls, des bewegten Lebens, nie Inhalt gelehrter Erfahrung sein kann, hegt das Dasein jedes wirklich bedeutenden Menschen dieser Kultur beschlossen. Sie ist, auch für den Protestanten, auch für den Atheisten, und sei sie noch so gut hinter dem Begriff der naturwissenschaftlichen „Entwicklung" versteckt, der in gerader Linie von ihr abstammt,die Grundlage jeder Beichte, jeder Autobiographie, die, geschrieben oder gemalt, deshalb dem antiken Menschen, dessen Schicksal von andrer Gestalt war, versagt blieb. Sie ist der letzte Sinn der Selbstbildnisse Rembrandts und der Musik von Bach bis Beethoven. Mag man es Fügung, Vorsehung, innere Entwicklungnennen, was den Lebensläufen aller Menschen des Abendlandes etwas Verwandtes gibt – dem Denken bleibt es unzugänglich. Der „freie Wille" ist eine innere Gewißheit. Aber was man auch wolle oder tue – was wirklich auf alle Entschlüsse erfolgt und aus ihnen folgt, jäh, überraschend, von niemand vorauszusehen, das *dient* einer tieferen Notwendigkeit und fügt sich für den verstehenden Blick, wenn er über das Bild des längst Vergangenen hinschweift, einer großen Ordnung ein. Und da mag man das Unergründliche als Gnade empfinden, wenn das Schicksal eines Gewollten Erfüllung war. Was haben Innocenz III., Luther, Loyola, Calvin, Jansen, Rousseau, Marx gewollt und was ist im Strom der abendländischen Geschichte daraus geworden? War das Gnade oder Verhängnis? Hier endet jede rationalistische Zergliederung beim Widersinn. Die Prädestinationslehre bei Calvin und Pascal – die beide, aufrichtiger als Luther und Thomas von Aquino, die letzten kausalen Folgerungen augustinischer Dialektik zu ziehen wagten – ist die *notwendige* Absurdität, zu welcher die verstandesmäßige Verfolgung dieser Geheimnisse führt. Sie gerät aus der schicksalhaften Logik des Weltwerdens in die kausale Logik der Begriffe und Gesetze, aus der unmittelbaren Anschauung des Lebens in ein mechanisches System von Objekten. Die furchtbaren Seelenkämpfe Pascals sind die eines tiefinnerlichen Menschen, der zugleich geborener Mathematiker war und der die letzten und ernstesten Fragen der Seele gleichzeitig den großen Intuitionen eines inbrünstigen Glaubens und der abstrakten Präzision einer ebenso großen mathematischen Anlage unterwerfen wollte. Dies gab der Schicksalsidee, religiös gesprochen der Vorsehung Gottes, *die schematische Form des Kausalitätsprinzips*, die kantische Form der Verstandestätigkeit also, *denn das bedeutet Prädestination*, in der nun allerdings die von aller Kausalität freie, lebendige und nur als innere Gewißheit zu erlebende Gnade wie eine Naturkraft erscheint, die an unwiderrufliche Gesetze gebunden ist und das religiöse Weltbild in einen starren und düsteren Mechanismus verwandelt. Und war es nicht doch wieder ein Schicksal – für sie wie für die Welt –, wenn die englischen Puritaner von dieser Überzeugung erfüllt, nicht einer tatenlosen Ergebung verfielen, sondern der tatenfrohen Gewißheit, daß ihr Wille der Wille Gottes sei?

16

Wenden wir uns nun der weiteren Verdeutlichung des Zufälligen zu, so werden wir nicht mehr Gefahr laufen, in ihm eine Ausnahme oder Durchbrechung des kausalen *Natur*zusammenhanges zu sehen. „Natur" ist *nicht* das Weltbild, in dem das Schicksal wesenhaft wird. Überall, wo der verinnerlichte Blick sich vom Sinnlich-Gewordnen löst und, der Vision sich nähernd, die Umwelt durchdringt, Urphänomene statt bloßer Objekte auf sich wirken fühlt, tritt der große *historische*, der außer- und übernatürliche Aspekt ein: es ist der Blick Dantes und Wolframs, auch der des Goetheschen Alters, als dessen Ausdruck vor allem das Ende des zweiten Faust erscheint. Verweilen wir schauend in dieser Welt von Schicksal und Zufall, so scheint es vielleicht zufällig, daß auf diesem kleinen Gestirn unter Millionen Sonnensystemen sich irgendwann die Episode der „Weltgeschichte" abspielt; zufällig, daß die Menschen, ein seltsames tierartiges Gebilde auf der Rinde dieses Sterns, irgendwann das Schauspiel des „Erkennens" und gerade in dieser, von Kant, Aristoteles und andern so sehr verschieden dargestellten Form bieten; zufällig, daß als Gegenpol dieser Erkenntnis gerade diese Naturgesetze in Erscheinung treten („ewig und allgemeingültig") und das Bild einer „Natur" wachrufen, von dem jeder einzelne glaubt, daß es für alle dasselbe sei. Die Physik verbannt – mit Recht – den Zufall aus ihrem Bilde, aber es ist doch wieder Zufall, daß sie selbst überhaupt, irgendwann in der Alluvialperiode der Erdoberfläche, einmal als eine besondere Art von Geistesverfassung in Erscheinung trat.

Die Welt des Zufalls ist die Welt der einmalig-wirklichen Tatsachen, denen wir als Zukunft sehnsüchtig oder angstvoll entgegenleben, die uns als lebendige Gegenwart erheben oder bedrücken, die wir schauend als Vergangenheit mit Freude oder Trauer wiedererleben können. Die Welt der Ursachen und Wirkungen ist die Welt des Beständig-Möglichen, die Welt der zeitlosen Wahrheiten, die man zerlegend und unterscheidend erkennt.

Wissenschaftlich erreichbar, mit Wissenschaft *identisch* ist nur die letzte. Wem der Blick für die andre – die Welt als „Divina commedia", als Schauspiel für einen Gott – verschlossen bleibt wie Kant und den meisten Systematikern des Denkens, der wird darin nur den sinnlosen Wirrwarr von Zufällen, diesmal im banalsten Sinn des Wortes, finden.Aber auch die zünftige, unkünstlerische Geschichtsforschung ist mit ihrem Sammeln und Ordnen bloßer Daten nicht viel mehr als eine wenn auch noch so geistreiche Sanktion des Banal-Zufälligen. Erst der ins Metaphysische dringende Blick erlebt in den Daten *Symbole* von Geschehenem und erhebt damit den Zufall zum Schicksal. Wer selbst ein Schicksal ist – wie Napoleon –, bedarf dieses Blickes nicht, denn zwischen ihm als Tatsache und den übrigen Tatsachen besteht ein Einklang metaphysischen Taktes, der seinen Entscheidungen die traumhafte Sicherheit gibt.

Dieser Blick ist das Einzigartige und Gewaltige an Shakespeare, in dem man den eigentlichen *Tragiker des Zufalls* noch nie gesucht und nie vermutet hat. Und doch liegt hier gerade der letzte Sinn abendländischer Tragik, die zugleich das Abbild der abendländischen Idee der Geschichte und damit der Schlüssel zu dem ist, was das von Kant nicht verstandene Wort „Zeit" für uns bedeutet. Es ist zufällig, daß die politische Situation im „Hamlet", der Königsmord und die Frage der Thronfolge, gerade *diesen* Charakter treffen. Es ist zufällig, daß Jago, ein alltäglicher Halunke, wie man sie auf allen Straßen findet, gerade diesen Mann aufs Korn nahm, dessen Person diese durchaus nicht alltägliche Physiognomie besaß! Und Lear! Ist etwas zufälliger (und darum „natürlicher") als die Paarung dieser gebietenden Würde mit diesen den Töchtern vererbten verhängnisvollen Leidenschaften? Daß Shakespeare die Anekdote nimmt, wie er sie findet, und sie *eben dadurch* mit der Wucht innerster Notwendigkeit erfüllt – nirgends erhabener als in den Römerdramen –, das hat man heute noch nicht zu verstehen vermocht. Denn das Verstehen *wollen* erging sich in verzweifelten Versuchen, eine moralische Kausalität hineinzutragen, ein „Deshalb", einen Zusammenhang von „Schuld" und „Sühne". Aber das ist weder richtig noch falsch – richtig und falsch gehören zur Welt als Natur und bedeuten eine Kritik von Kausalem –, sondern flach, nämlich im Gegensatz zu dem tiefen Erleben der rein tatsächlichen Anekdote durch den Dichter. Nur wer das fühlt, vermag die großartige Naivität der Eingänge des Lear und Macbeth zu bewundern. Das Gegenteil zeigt Hebbel, der die Tiefe des Zufalls durch ein System von Ursachen und Wirkungen vernichtet. Das Gezwungene, Begriffliche seiner Entwürfe, das jeder fühlt, ohne es sich deuten zu können, liegt darin, daß das kausale Schema seiner seelischen Konflikte dem historisch-bewegten Weltgefühl und dessen ganz andersartiger Logik widerspricht. Diese Menschen leben nicht; sie *beweisen* etwas durch ihre Anwesenheit. Man fühlt die Gegenwart eines großen Verstandes, aber nicht die eines tiefen Lebens. An Stelle des Zufalls ist ein „Problem" getreten.

Und eben diese *abendländische* Art des Zufälligen ist dem antiken Weltgefühl und mithin dem antiken Drama ganz fremd. Antigone hat keine zufällige Eigenschaft, welche für ihr Geschick irgendwie in Betracht käme. Was dem König Ödipus widerfuhr, hätte – im Gegensatz zum Schicksale Lears – jedem andern widerfahren können. Dies ist das *antike* Schicksal, das „allgemein menschliche" *Fatum*, das einem „Leibe" überhaupt gilt und vom zufällig Persönlichen in keiner Weise abhängt.

Die gewöhnliche Geschichtsschreibung wird, soweit sie sich nicht im Sammeln von Daten verliert, *immer* beim *Flach*zufälligen stehen bleiben. Dies ist – das Schicksal ihrer Urheber, die seelisch mehr oder weniger innerhalb der Menge bleiben. Vor ihrem Auge fließen Natur und Geschichte in eine volkstümliche Einheit zusammen und „Zufall", „Sa sacrée Majesté le Hazard", ist für den Mann der Menge das Verständlichste, was es gibt. Es ist das Kausale hinter dem Vorhang, das *noch nicht* Bewiesene, das ihm die geheime Logik der Geschichte, die er nicht fühlt, ersetzt. Das anekdotenhafte Vordergrundsbild der Geschichte, der Tummelplatz aller wissenschaftlichen Kausalitätenjäger und aller Roman- und Stückeschreiber gewöhnlichen Schlages, entspricht dem durchaus. Wie viele Kriege wurden da angefangen, weil ein eifersüchtiger Hofmann einen General von seiner Frau entfernen wollte! Wie viele Schlachten wurden durch lächerliche Zwischenfälle gewonnen oder verloren! Man sehe doch, wie noch im 18. Jahrhundert römische Geschichte, wie heute noch chinesische Geschichte behandelt wird! Man denke an den Fächerschlag des Dei von Algier und ähnliches, das die historische Szene mit Operettenmotiven belebt. Wie von einem schlechten Dramatiker angebracht erscheinen der Tod Gustav Adolfs oder Alexanders. Hannibal ist ein bloßes Intermezzo der antiken Geschichte, in deren Verlauf er überraschend einfiel. Napoleons „Vorübergang“ entbehrt nicht der Melodramatik. Wer die innere Form der Geschichte in irgendeiner kausalen Folge ihrer sichtbaren Einzelereignisse sucht, wird immer, wenn er aufrichtig ist, eine Komödie von burlesker Sinnlosigkeit finden, und ich möchte glauben, daß die wenig beachtete Tanzszene der betrunkenen Triumvirn in Shakespeares „Antonius und Kleopatra“ – eine der mächtigsten in diesem unendlich tiefen Werke – aus dem Hohn des ersten *historischen* Tragikers aller Zeiten auf den „pragmatischen“ Geschichtsaspekt hervorgewachsen ist. Denn *dieser* hat von jeher „die Welt“ beherrscht. Er hat den kleinen Ehrgeizigen Mut und Hoffnung gemacht, in sie einzugreifen. Rousseau und Marx glaubten mit dem Blick auf *ihn* und seine rationalistische Struktur, durch eine Theorie den „Lauf der Welt“ ändern zu können. Selbst die soziale oder wirtschaftliche Deutung politischer Entwicklungen, zu der als Gipfel die Geschichtsbehandlung sich heute erhebt und die stets, angesichts ihres biologischen Gepräges, kausaler Grundlagen verdächtig bleibt, ist noch reichlich flach und populär.

Napoleon hat in bedeutenden Augenblicken ein starkes Gefühl für die tiefe Logik des Weltwerdens. Er ahnte dann, inwiefern er ein Schicksal war und inwiefern er eines hatte. „Ich fühle mich gegen ein Ziel getrieben, das ich nicht kenne. Sobald ich es erreicht haben werde, sobald ich nicht mehr notwendig sein werde, wird ein Atom genügen, mich zu zerschmettern. Bis dahin aber werden alle menschlichen Kräfte nichts gegen mich vermögen“, sagte er zu Beginn des russischen Feldzugs. Das war *nicht* pragmatisch gedacht. In diesem Augenblick ahnte er, wie wenig die Logik des Schicksals eines bestimmten Einzelnen, sei es Mensch oder Lage, bedarf. Er selbst als empirische Person hätte bei Marengo fallen können. Was er *bedeutete*, wäre dann in andrer Gestalt verwirklicht worden. Eine Melodie ist in den Händen eines großen Musikers reicher Variationen fähig; sie kann für den einfachen Hörer völlig verwandelt sein, ohne in der Tiefe – in einem ganz andern Sinne – sich verändert zu haben. Die Epoche der deutschnationalen Einigung ist in der Person Bismarcks, die der Freiheitskriege in breiten und beinahe namenlosen Ereignissen durchgeführt worden. Beide „Themata“ konnten auch anders durchgeführt werden, um in der Sprache des Musikers zu reden. Bismarck hätte früh entlassen und die Schlacht bei Leipzig verloren werden können; die Gruppe der Kriege von 1864, 1866 und 1870 konnte durch diplomatische, dynastische, revolutionäre oder volkswirtschaftliche Tatsachen – „Modulationen“ – vertreten werden, *obwohl die physiognomische Prägnanz der abendländischen Geschichte, im*

Gegensatz zum Stil der indischen etwa, an entscheidender Stelle starke Akzente, Kriege oder große Persönlichkeiten, sozusagen kontrapunktisch fordert. Bismarck selbst deutet in seinen Erinnerungen an, daß im Frühling 1848 eine Einigung in weiterem Umfang als 1870 hätte erreicht werden können, was nur an der Politik des preußischen Königs, richtiger an seinem privaten Geschmack scheiterte. Das wäre, auch nach Bismarcks Gefühl, eine matte Durchführung des „Satzes" gewesen, die irgendwie eine Coda (*"da capo e poi la coda"*) notwendig gemacht hätte. Der Sinn der Epoche – das Thema – wäre aber durch keine Gestaltung des Tatsächlichen verändert worden. Goethe konnte – vielleicht – in frühen Jahren sterben, nicht seine „Idee". Faust und Tasso wären nicht geschrieben worden, aber sie wären, ohne ihre poetische Greifbarkeit, in einem sehr geheimnisvollen Sinne trotzdem „gewesen".

Denn es war Zufall, daß die Geschichte des höheren Menschentums sich in der Form großer Kulturen vollzieht, und Zufall, daß eine von ihnen um das Jahr 1000 in Westeuropa erwachte. Von diesem Augenblick an aber folgte sie „dem Gesetz, wonach sie angetreten". Innerhalb jeder Epoche besteht eine unbegrenzte Fülle überraschender und nie vorherzusehender Möglichkeiten, sich in Einzeltatsachen zu verwirklichen, die Epoche selbst aber ist notwendig, weil die Lebenseinheit da ist. Daß ihre innere Form gerade diese ist, ist ihre *Bestimmung*. Neue Zufälle können deren Entwicklung großartig oder kümmerlich, glücklich oder jammervoll gestalten, aber ändern können sie sie nicht. Eine unwiderrufliche Tatsache ist nicht nur der Einzelfall, sondern auch der Einzeltypus, in der Geschichte des Alls der Typus „Sonnensystem" mit den kreisenden Planeten, in der Geschichte unsres Planeten der Typus „Lebewesen" mit Jugend, Alter, Lebensdauer und Fortpflanzung, in der Geschichte der Lebewesen der Typus des Menschendaseins, in dessen „weltgeschichtlichem" Stadium der Typus der großen Einzelkultur.Und diese Kulturen sind ihrem Wesen nach den Pflanzen verwandt: sie sind für ihre ganze Lebensdauer mit dem Boden verbunden, aus dem sie aufgesprossen sind. Und typisch ist endlich die Art, wie die Menschen einer Kultur das Schicksal auffassen und erleben, mag das Bild für den einzelnen noch so verschieden gefärbt sein. Was hier darüber gesagt wird, ist nicht „wahr", sondern für diese Kultur und diese Zeitstufe innerlich notwendig, und es überzeugt andre, nicht weil es nur eine Wahrheit gibt, sondern weil sie derselben Epoche angehören.

Die euklidische Seele der Antike konnte ihr an gegenwärtigen Vordergründen haftendes Dasein deshalb nur in der Gestalt von *Zufällen antiken Stils* erleben. Darf man für die abendländische Seele das Zufällige als Schicksal von geringerem Gehalte deuten, so darf umgekehrt das Schicksal für die antike Seele als ein ins Ungeheure gesteigerter Zufall gelten. Das bedeuten Ananke, Heimarmene und Fatum. Weil die antike Seele Geschichte nicht eigentlich durchlebte, besaß sie auch kein eigentliches Gefühl für eine *Logik* des Schicksals. Man lasse sich nicht durch Worte täuschen. Die volkstümlichste Göttin des Hellenismus war Tyche, die man von Ananke kaum zu scheiden wußte. Schicksal und Zufall aber werden von *uns* mit der ganzen Wucht eines *Gegensatzes* empfunden, von dessen Austrag in den Tiefen unseres Daseins alles abhängt. *Unsere* Geschichte ist die der großen Zusammenhänge; die antike Geschichte, nicht etwa nur ihr Bild bei Historikern wie Herodot, sondern ihre volle Wirklichkeit ist die der Anekdoten, das heißt eine Reihe plastischer Einzelheiten. Anekdotisch in der ganzen Schwere des Wortes ist der Stil des antiken Daseins überhaupt wie der jedes einzelnen Lebenslaufes. Die sinnlich-greifbare Seite der Ereignisse verdichtet sich zu geschichts*feindlichen, dämonischen, absurden* Zufällen. Die Logik des Geschehens wird durch sie verneint und verleugnet. Alle Fabeln antiker Meistertragödien *erschöpfen* sich in Zufällen, welche einen Sinn der Welt verhöhnen; anders läßt sich die Bedeutung des Wortes ειμαρμενη im Gegensatz zur shakespearischen *Logik des Zufalls* nicht bezeichnen. Noch einmal: was dem Ödipus zustößt, ganz von außen und innerlich durch nichts bedingt und bewirkt, hätte jedem Menschen ohne Ausnahme geschehen können. Das ist die *Form des antiken Mythos*. Man vergleiche damit die tiefinnere, durch ein ganzes Dasein und das Verhältnis dieses Daseins zur Zeit bedingte Notwendigkeit im Schicksal Othellos, Don Quijotes, Werthers. Das ist – es war schon gesagt – der Unterschied von Situationstragödie und Charaktertragödie. Aber in der Geschichte selbst wiederholt sich dieser Gegensatz. Jede Epoche des Abendlandes hat Charakter, jede Epoche der Antike stellt nur eine Situation dar. Das Leben Goethes war von schicksalsvoller Logik, das Cäsars von mythischer Zufälligkeit. Hier hat Shakespeare erst die Logik *hineingetragen*. Napoleon ist ein tragischer Charakter; Alkibiades gerät in tragische Situationen. Die Astrologie in der Gestalt, wie sie von der Gotik bis zum Barock das Weltgefühl selbst ihrer Leugner beherrschte, wollte sich des *ganzen* künftigen Lebenslaufes bemächtigen. *Das* faustische Horoskop, dessen bekanntestes Beispiel vielleicht das von Kepler für Wallenstein aufgestellte ist, setzt eine einheitliche und sinnvolle Richtung des gesamten noch zu entwickelnden Daseins voraus. Das antike Orakel, immer auf *einzelne* Fälle bezogen, ist ganz eigentlich das Symbol des sinnlosen Zufalls, des Augenblicks; es gibt das Punktförmige, Zusammenhanglose im Weltlauf zu, und in dem, was man in Athen als Geschichte schrieb und erlebte, waren Orakelsprüche sehr am Platze. Hat je ein Grieche das Bewußtsein einer *historischen Entwicklung* zu irgendeinem Ziele besessen? Haben wir je ohne dies Bewußtsein über Geschichte nachdenken, Geschichte machen können? Vergleicht man die Schicksale Athens und Frankreichs in den entsprechenden Zeiten seit Themistokles und Ludwig XIV., so wird man finden, daß Stil des historischen Fühlens und Stil der Wirklichkeit jedesmal eines sind: hier ein Äußerstes an Logik, dort an Unlogik.

Man wird jetzt den letzten Sinn dieser bedeutsamen Tatsache verstehen. Geschichte ist die Verwirklichung einer Seele, und der gleiche Stil beherrscht die Geschichte, die man macht, und die, welche man schaut. Die antike Mathematik schließt das Symbol des unendlichen Raumes aus, die antike Geschichte mithin auch. Nicht umsonst ist die Szene des antiken Daseins die kleinste von allen: die einzelne Polis. Es fehlen ihm Horizont und Perspektiven – trotz der Episode des Alexanderzuges – genau wie der

Szene des attischen Theaters mit der flach abschließenden Rückwand. Man vergleiche damit die Fernwirkungen der abendländischen Kabinettsdiplomatie wie des Kapitals. Wie die Hellenen und Römer in ihrem Kosmos nur Vordergründe der Natur erkannten und als wirklich anerkannten, unter innerlichster Ablehnung der chaldäischen Astronomie, wie sie im Grunde *nur* Haus-, Stadt- und Feldgottheiten, aber keine Gestirngötter besaßen,so *malten* sie auch nur Vordergründe. Niemals ist in Korinth, Athen oder Sikyon eine Landschaft mit Gebirgshorizont, ziehenden Wolken, fernen Städten entstanden. Man findet auf allen Vasengemälden nur Figuren von euklidischer Vereinzelung und künstlerischem Selbstgenügen. Jede Giebelgruppe eines Tempels ist von reihenweisem, niemals von kontrapunktischem Aufbau. Aber man erlebte auch nur Vordergründe. Schicksal war es, was dem Menschen plötzlich zustieß, nicht der „Lauf des Lebens", und so hat Athen neben dem Fresko Polygnots und der Geometrie der platonischen Akademie die *Schicksalstragödie* ganz im berüchtigten Sinne der „Braut von Messina" geschaffen. Der vollkommene Unsinn des blinden Verhängnisses, verkörpert z. B. im Atridenfluch, offenbarte dem ahistorischen antiken Seelentum den ganzen Sinn seiner Welt.

17

Einige gewagte, aber doch nicht mehr mißzuverstehende Beispiele mögen zur Verdeutlichung dienen. Man denke sich Kolumbus von Frankreich statt von Spanien unterstützt. Das war eine Zeitlang sogar das Wahrscheinliche. Franz I. als Herr Amerikas hätte ohne Zweifel die Kaiserkrone an Stelle des Spaniers Karl V. erhalten. Die frühe Barockzeit vom Sacco di Roma bis zum Westfälischen Frieden, nunmehr in Religion, Geist, Kunst, Politik und Sitte das *spanische* Jahrhundert – das dem Zeitalter Ludwigs XIV. in allem und jedem zur Grundlage und Voraussetzung diente – wäre nicht von Madrid, sondern von Paris aus in Gestalt gebracht worden. Statt der Namen Philipp, Alba, Cervantes, Calderon, Velasquez würden wir heute diejenigen großer Franzosen nennen, die nun – so läßt sich das schwer zu Fassende wohl ausdrücken – ungeboren blieben. Der Stil der Kirche, damals durch den Spanier Ignaz von Loyola und das von seinem Geist beherrschte Tridentiner Konzil endgültig bestimmt, der politische Stil, damals durch spanische Kriegskunst, durch die Kabinettsdiplomatie spanischer Kardinäle und den höfischen Geist des Escorial bis zum Wiener Kongreß und in wesentlichen Zügen noch über Bismarck hinaus festgelegt, die Architektur des Barock, die große Malerei, das Zeremoniell, die vornehme Gesellschaft der großen Städte wären durch andere tiefe Köpfe in Adel und Geistlichkeit, durch andere Kriege als die Philipps II., einen anderen Baumeister als Vignola, einen anderen Hof vertreten worden. Der Zufall wählte die spanische Geste für die abendländische Spätzeit; die *innere Logik* des Zeitalters, das in der großen Revolution – oder einem Ereignis von analogem Gehalt – seine Vollendung finden *mußte*, blieb davon unberührt.

Die französische Revolution konnte durch ein Ereignis von anderer Gestalt und an anderer Stelle, in England oder Deutschland etwa, vertreten werden. Ihre „Idee“ (wie wir später sehen werden), der Übergang der Kultur in die Zivilisation, der Sieg der anorganischen Weltstadt über das organische Land, das nun „Provinz“ in geistigem Sinne wird, war notwendig, und zwar in diesem Augenblick. Hierfür soll das Wort *Epoche* im alten, heute verwischten – mit Periode verwechselten – Sinne angewandt werden. Ein Ereignis macht Epoche, das heißt: es bezeichnet im Ablauf einer Kultur eine notwendige, schicksalshafte Wendung. Das zufällige Ereignis selbst, ein Kristallisationsgebilde der historischen Oberfläche, konnte durch entsprechende andre Zufälle vertreten werden; die *Epoche* ist notwendig und vorbestimmt. Ob ein Ereignis den Rang einer Epoche oder einer Episode in bezug auf eine Kultur und deren Gang einnimmt, das hängt, wie man sieht, mit den Ideen vom Schicksal und Zufall und also auch mit dem Unterschied der „epochalen“ abendländischen und der „episodischen“ antiken Tragik zusammen.

Es mögen ferner *anonyme und persönliche* Epochen unterschieden werden, je nach ihrem physiognomischen Typus im Geschichtsbilde. Zu den Zufällen ersten Ranges gehören die großen Personen mit der Gestaltungskraft ihres Privatschicksals, welches das Schicksal von Tausenden, ganzer Völker und Zeitalter seiner Form einverleibt. Aber es unterscheidet doch die Glücksritter und Erfolgreichen ohne innere Größe – wie Danton und Robespierre – von den Heroen der Geschichte, daß ihr persönliches Schicksal nur die Züge des allgemeinen trägt. Trotz der klangvollen Namen waren die „Jakobiner“ im ganzen und nicht einzelne von ihnen der Typus, welcher die Zeit beherrscht hat. Der erste Teil jener Epoche, die Revolution, ist deshalb durchaus anonym, der zweite, napoleonische, im höchsten Grade persönlich gehalten. Die ungeheure Wucht dieser Erscheinungen hatte in einigen Jahren vollendet, was die entsprechende antike Epoche (etwa 386-322), verschwommen und unsicher, in ganzen Jahrzehnten unterirdischen Abbaus zu leisten hatte. Es gehört zum Wesen aller Kulturen, daß in jedem Stadium zunächst die gleiche Möglichkeit vorhanden ist, daß sich das Notwendige in Gestalt einer großen Einzelperson (Alexander, Diokletian, Mohammed, Luther, Napoleon), eines fast namenlosen Geschehens von bedeutender innerer Form (peloponnesischer, dreißigjähriger, spanischer Erbfolgekrieg) oder einer undeutlichen und unvollkommenen Entwicklung (Diadochenzeit, Hyksoszeit, deutsches Interregnum) vollzieht. Welche Form die *Wahrscheinlichkeit* für sich hat, ist bereits eine Frage des historischen – und also das tragischen – Stils.

Das Tragische im Leben Napoleons – noch unentdeckt für einen Dichter, der groß genug wäre, es zu begreifen und zu gestalten– liegt darin, daß er, dessen Dasein im Kampf gegen die englische Politik, die vornehmste Repräsentantin des englischen Geistes, aufging, eben durch diesen Kampf den Sieg dieses Geistes auf dem Kontinent vollendete, der dann mächtig genug war, in der Gestalt „befreiter Völker“ ihn zu überwältigen und in St. Helena sterben zu lassen. Nicht er war der Begründer des

Expansionsprinzips. *Das* stammte aus dem Puritanismus der Umgebung Cromwells, die das britische Kolonialreich ins Leben gerufen hatte,und es war seit dem Tage von Valmy, den Goethe allein begriff, wie sein berühmtes Wort am Abend der Schlacht beweist, unter Vermittlung englisch geschulter Köpfe wie Rousseau und Mirabeau auch die Tendenz der Revolutionsheere, die durchaus von den Ideen englischer Philosophen vorwärts getrieben wurden. Nicht Napoleon hat diese Ideen, sie haben ihn geformt, und als er den Thron bestieg, mußte er sie weiter verfolgen, gegen die einzige Macht, England nämlich, die *dasselbe* wollte. Sein Empire ist eine Schöpfung von französischem Blute, aber englischem Stil. In London war durch Locke, Shaftesbury, Clarke, vor allem Bentham, die Theorie der „europäischen Zivilisation", des abendländischen Hellenismus ausgebildet und von Bayle, Voltaire, Rousseau nach Paris getragen worden. Im Namen dieses England des Parlamentarismus, der Geschäftsmoral und des Journalismus kämpfte man bei Valmy, Marengo, Jena, Smolensk und Leipzig, und englischer Geist hat in *all* diesen Schlachten gesiegt – – über die französische Kultur des Abendlandes.Der Erste Konsul hatte keineswegs den Plan, Westeuropa Frankreich einzuverleiben; er wollte zunächst – der Alexandergedanke an der Schwelle jeder Zivilisation! – an Stelle des englischen ein französisches Kolonialreich setzen, durch welches er das politisch-militärische Übergewicht Frankreichs über das abendländische Kulturgebiet auf eine kaum angreifbare Basis gestellt hätte. Es wäre das Reich Karls V. gewesen, in dem die Sonne nicht unterging, trotz Kolumbus und Philipp II. von Paris aus geleitet und nunmehr nicht als ritterlich-kirchliche, sondern als wirtschaftlich-militärische Einheit organisiert. So weit – vielleicht – lag Schicksal in seiner Mission. Aber der Pariser Friede von 1763 hatte bereits die Frage *gegen* Frankreich entschieden, und seine mächtigen Pläne sind jedesmal an winzigen Zufällen gescheitert; zuerst vor St. Jean d'Acre durch ein paar rechtzeitig von den Engländern gelandete Geschütze; dann nach dem Frieden von Amiens, als er das ganze Mississippital bis zu den großen Seen besaß und mit Tippo Sahib, der damals Ostindien gegen die Engländer verteidigte, Beziehungen anknüpfte, an einer irrtümlichen Flottenbewegung seines Admirals, die ihn zum Abbruch einer sorgfältig vorbereiteten Unternehmung zwang; endlich, als er zum Zweck einer neuen Landung im Orient das Adriatische Meer durch die Besetzung von Dalmatien, Korfu und ganz Italien zu einem französischen gemacht hatte und mit dem Schah von Persien über eine Aktion gegen Indien unterhandelte, an Launen des Kaisers Alexander, der zu Zeiten einen Marsch nach Indien wohl – und dann mit sicherem Erfolg – unterstützt hätte. Erst indem er nach dem Scheitern aller außereuropäischen Kombinationen die Einverleibung von Deutschland und Spanien als ultima ratio im Kampfe gegen England wählte, Ländern, in denen sich nun gerade *seine* englisch-revolutionären Ideen gegen ihn, ihren Vermittler, erhoben, hatte er den Schritt getan, der ihn überflüssig machte.

Ob das weltumfassende Kolonialsystem, einst von spanischem Geist entworfen, jetzt englisch oder französisch umgeprägt wurde, ob die „Vereinigten Staaten von Europa", das Seitenstück *damals* der Diadochenreiche und nun in Zukunft des Imperium

Romanum, durch ihn als romantische Militärmonarchie auf demokratischer Basis oder im 21. Jahrhundert durch einen cäsarischen Tatsachenmenschen als wirtschaftlicher Organismus Wirklichkeit wurden – das gehört zum Zufälligen des Geschichtsbildes. Seine Siege und Niederlagen, in denen immer ein Sieg Englands, ein Sieg der Zivilisation über die Kultur verborgen war, sein Kaisertum, sein Sturz, die *grande nation*, die episodische Befreiung Italiens, die 1796 wie 1859 eigentlich nur das politische Kostüm eines längst bedeutungslos gewordenen Volkes änderte, die Zerstörung des Deutschen Reiches, einer gotischen Ruine, sind Oberflächenbildungen, hinter denen die große Logik der eigentlichen, unsichtbaren Geschichte steht, und in ihrem Sinne vollzog damals das Abendland den Abschluß der in französischer Gestalt, im ancien régime zur Vollendung gelangten Kultur durch die englische Zivilisation. Als Symbole „gleichzeitiger" Zeitwenden entsprechen also die Erstürmung der Bastille, Valmy, Austerlitz, Waterloo und der Aufschwung Preußens den antiken Tatsachen der Schlachten von Chäronea und Gaugamela, dem Zug nach Indien und dem römischen Sieg bei Sentinum, und man begreift, daß in Kriegen und politischen Katastrophen, dem Grundstoff unserer Geschichtsschreibung, der Sieg nicht das Wesentliche eines Kampfes und der Friede nicht das Ziel einer Umwälzung ist.

18

Wer diese Gedanken in sich aufgenommen hat, wird es verstehen, wie verhängnisvoll das in seiner starren Form erst ganz späten Kulturzuständen eigne und dann um so tyrannischer auf das Weltbild wirkende Kausalitätsprinzip für das Erleben echter Geschichte werden mußte. Kant hatte sehr vorsichtig die Kausalität als notwendige Form der Erkenntnis festgestellt, und es kann nicht oft genug betont werden, daß damit ausschließlich die *verstandesmäßige* Betrachtung der menschlichen Umwelt gemeint war. Das Wort Notwendigkeit hörte man gern, aber man überhörte die Einschränkung des Prinzips auf ein einzelnes Erkenntnisgebiet, die gerade das Schauen und Erfühlen lebendiger Geschichte ausschloß. Menschenkenntnis und Naturerkenntnis sind dem Wesen nach ganz unvergleichbar. Aber das ganze 19. Jahrhundert war bemüht, die Grenze von Natur und Geschichte zugunsten der ersten zu verwischen. Je historischer man denken wollte, desto mehr vergaß man, wie hier *nicht* gedacht werden durfte. Indem man das starre Schema einer räumlichen und zeitfeindlichen Beziehung, Ursache und Wirkung, gewaltsam auf Lebendiges anwandte, trug man in das sinnliche Oberflächenbild des Geschehens die konstruktiven Linien des physikalischen Naturbildes ein, und niemand fühlte – inmitten später, städtischer, an kausalen Denkzwang gewöhnter Geister – die tiefe Absurdität einer Wissenschaft, welche ein organisches Werden durch methodisches Mißverstehen als den Mechanismus eines Gewordnen begreifen wollte. Aber der Tag ist nicht Ursache der Nacht, die Jugend nicht die des Alters, die Blüte nicht die der Frucht. Alles was wir geistig erfassen, hat eine *Ursache*; alles was wir als organisch mit innerer Gewißheit erleben, hat eine *Vergangenheit*. Jene kennzeichnet den „Fall", der überall möglich ist und dessen innere Form feststeht, gleichviel wann, wie oft und ob er überhaupt eintritt; diese kennzeichnet das *Ereignis*, das einmal war und nie wiederkehrt. Und je nachdem wir etwas in unserer Umwelt kritisch bewußt oder physiognomisch und unwillkürlich erfassen, ziehen wir den Schluß aus technischer oder aus Lebenserfahrung, auf eine zeitlose Ursache im Raume also oder auf eine Richtung, die vom Gestern zum Heute und Morgen führt.

Aber der Geist unsrer großen Städte *will* so nicht schließen. Umgeben von einer Maschinentechnik, die er selbst geschaffen hat, indem er der Natur ihr gefährlichstes Geheimnis, das Gesetz, ablauschte, will er auch die Geschichte technisch erobern, theoretisch und praktisch. *Zweckmäßigkeit* war das große Wort, mit dem er sie sich ähnlich machte. In der materialistischen Geschichtsauffassung herrschen Gesetze kausaler Natur, und daraus folgte, daß man Nützlichkeitsideale wie Aufklärung, Humanität und Weltfrieden als Zwecke der Weltgeschichte ansetzen durfte, um sie durch den „Fortschrittsprozeß" zu erreichen. Das Gefühl vom Schicksal aber war erstorben in diesen greisenhaften Entwürfen, zugleich mit dem Jugend- und Wagemut, der zukunftsschwanger und selbstvergessen einer dunklen Entscheidung entgegendrängt.

Denn nur die Jugend hat Zukunft und ist Zukunft. Dieser rätselvolle Wortklang aber ist gleichbedeutend mit Richtung der Zeit und Schicksal. *Das Schicksal ist immer jung.* Wer an seine Stelle eine Kette von Ursachen und Wirkungen setzt, der sieht auch in dem noch nicht Verwirklichten etwas gleichsam Altes und Vergangenes. Die *Richtung* fehlt. Wer aber in strömendem Überschwang einem Etwas entgegenlebt, der braucht nicht von Zweck und Nutzen zu wissen. Er fühlt sich selbst als Sinn dessen, was geschehen wird. Das war der Glaube an den Stern, der Cäsar und Napoleon nicht verließ und ebensowenig die großen Täter anderer Art, und das liegt zutiefst trotz aller Schwermut junger Jahre in jeder Kindheit, in allen jungen Geschlechtern, Völkern und Kulturen und über die gesamte Geschichte hin in allen Handelnden und Schauenden, die jung sind trotz ihrer weißen Haare und jünger als aller noch so frühe Hang zur – zeitlosen – Zweckmäßigkeit. Die gefühlte Bedeutung der jeweils augenblicklichen Umwelt erschließt sich denn auch in den ersten Tagen der Kindheit, für die nur Personen und Dinge der nächsten Umgebung wesenhaft sind, und erweitert sich in schweigender und unbewußter Erfahrung bis zu dem umfassenden Bilde, das der allgemeine Ausdruck der ganzen Kultur auf dieser Stufe ist und dessen Dolmetscher nur die großen Lebenskenner und Geschichtsforscher sind.

Hier unterscheidet sich der *unmittelbare Eindruck* des Gegenwärtigen vom *Bilde* des Vergangenen, das nur im Geiste vergegenwärtigt wird, also die Welt als Geschehen von der Welt als Geschichte. Auf jene richtet sich der Kennerblick des tätigen Menschen, des Staatsmannes und Feldherrn, auf diese der schauende des Historikers und Dichters. In jene greift man praktisch ein, leidend oder handelnd; diese ist der Chronologie als dem großen Symbol des unwiderruflich Vergangenen verfallen.Wir blicken rückwärts und leben vorwärts, dem Unvorhergesehenen entgegen, aber in das Bild des einmaligen Geschehens dringen nun, von der *technischen* Erfahrung schon der Kinderzeit her, die Züge des Vorherzusehenden ein, das Bild einer gesetzmäßigen Natur, die nicht dem physiognomischen Takt, sondern der Berechnung unterliegt. Wir erfassen ein Stück Wild als beseeltes Wesen und gleich darauf als Nahrungsmittel; wir sehen in einem Blitz eine Gefahr oder eine elektrische Entladung. Und dieses zweite, spätere, versteinernde Bild der Welt überwältigt in den großen Städten mehr und mehr das erste: das Bild der Vergangenheit wird mechanisiert, materialisiert, und aus ihm für Gegenwart und Zukunft eine Summe kausaler Regeln gezogen. Man glaubt an geschichtliche Gesetze und eine verstandesmäßige Erfahrung von ihnen.

Aber Wissenschaft ist immer Naturwissenschaft. Kausales Wissen, technische Erfahrung gibt es nur von Gewordenem, Ausgedehntem, Erkanntem. Wie Leben zur Geschichte, so gehört Wissen zur Natur – zu der als Element begriffenen, im Raume betrachteten, nach dem Gesetz von Ursache und Wirkung gestalteten Sinnenwelt. Gibt es also überhaupt eine Wissenschaft der Geschichte? Erinnern wir uns, wie in jedem persönlichen Weltbilde, das dem idealen Bild nur mehr oder weniger nahekommt, etwas von beidem erscheint, keine „Natur" ohne lebendige, keine „Geschichte" ohne kausale *Einklänge* ist. Denn innerhalb der Natur haben zwar gleichartige Versuche das gleiche gesetzmäßige Ergebnis, aber jeder einzelne ist ein geschichtliches Ereignis, das ein Datum besitzt und nie wiederkehrt. Und innerhalb der Geschichte bilden die Daten des Vergangenen – chronologische, statistische, Namen, Gestalten– ein starres Gewebe. Tatsachen *"stehen fest"*, auch wenn wir sie nicht kennen. Alles andre ist Bild, *theoria*, dort wie hier, aber Geschichte ist das „Im-Bildesein" selbst, dem das Tatsachenmaterial nur dient; in der Natur dient die Theorie der Gewinnung dieses Materials als dem eigentlichen Zweck.

Es gibt also keine Wissenschaft der Geschichte, aber eine *Vor*wissenschaft *für* sie, welche das Dagewesene ermittelt. Für den geschichtlichen Blick selbst sind die Daten stets Symbole. Die Naturforschung aber ist *nur* Wissenschaft. Sie will, weil technischen Ursprungs und Ziels, *nur* Daten finden, Gesetze kausaler Art, und sobald sie den Blick auf etwas anderes richtet, ist sie schon *Meta*physik geworden, etwas jenseits der Natur. Aber deshalb sind geschichtliche und naturwissenschaftliche Daten zweierlei. Diese kehren immer wieder, jene nie. Diese sind Wahrheiten, jene Tatsachen. Mögen also „Zufälle" und „Ursachen" im Alltagsbilde noch so verwandt erscheinen, in der Tiefe gehören sie verschiedenen Welten an. Sicherlich ist das Geschichtsbild eines Menschen – und damit der Mensch selbst – um so flacher, je entschiedener der handgreifliche Zufall in ihm regiert, und sicherlich ist mithin eine Geschichtsschreibung um so leerer, je mehr sie ihr Objekt durch Feststellung rein tatsächlicher Beziehungen erschöpft. Je tiefer jemand Geschichte erlebt, desto seltener wird er „kausale" Eindrücke haben und desto gewisser wird er sie als gänzlich bedeutungslos empfinden. Man prüfe Goethes naturwissenschaftliche Schriften, und man wird erstaunt sein, die Darstellung einer lebendigen Natur ohne Formeln, ohne Gesetze, fast ohne eine Spur von Kausalem zu finden. Zeit ist für ihn keine Distanz, sondern ein Gefühl. Der bloße Gelehrte, der lediglich kritisch zerlegt und ordnet, nicht schaut und fühlt, besitzt kaum die Gabe, hier das Letzte und Tiefste zu erleben. Die Geschichte fordert sie aber; und so besteht das Paradoxon zu Recht, daß ein Geschichtsforscher um so bedeutender ist, je weniger er der eigentlichen Wissenschaft angehört.

Das Schema auf der folgenden Seite möge das Gesagte zusammenfassen:

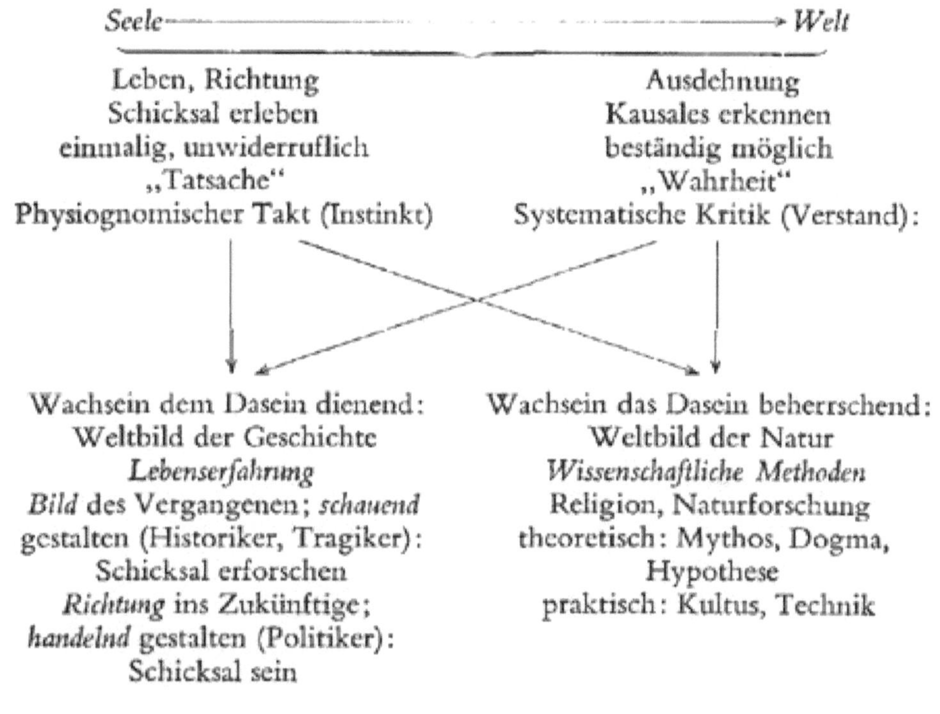

19

Darf man irgendeine Gruppe von Tatsachen sozialer, religiöser, physiologischer, ethischer Natur als „Ursache“ einer andern setzen? Die rationalistische Geschichtsschreibung und mehr noch die heutige Soziologie kennen im Grunde nichts andres. Das heißt für sie, Geschichte *begreifen*, ihre Erkenntnis vertiefen. In der Tiefe aber liegt für den zivilisierten Menschen immer der *vernunftgemäße Zweck*. Ohne ihn wäre seine Welt sinnlos. Allerdings ist die gar nicht physikalische *Freiheit in der Wahl der grundlegenden Ursachen* nicht ohne Komik. Der eine wählt diese, der andre jene

Gruppe als *prima causa* – eine unerschöpfliche Quelle wechselseitiger Polemik – und alle füllen ihre Werke mit vermeintlichen Erklärungen des Ganges der Geschichte im Stil naturhafter Zusammenhänge. Schiller hat dieser Methode durch eine seiner unsterblichen Banalitäten, den Vers vom Weltgetriebe, das sich „durch Hunger und durch Liebe" erhält, den klassischen Ausdruck gegeben. Das 19. Jahrhundert, vom Rationalismus zum Materialismus fortschreitend, hat seine Meinung zu kanonischer Geltung erhoben. Damit war der Kult des Nützlichen an die Spitze gestellt. Ihm hat Darwin im Namen des Jahrhunderts Goethes Naturlehre zum Opfer gebracht. Die organische Logik der Tatsachen des Lebens wurde durch eine mechanische – in physiologischer Einkleidung – ersetzt. Vererbung, Anpassung, Zuchtwahl sind Zweckmäßigkeitsursachen von rein mechanischem Gehalt. An Stelle geschichtlicher *Fügungen* tritt die naturhafte *Bewegung* "im Raume". Aber gibt es historische, seelische, gibt es überhaupt lebendige „*Prozesse*"? Haben historische „Bewegungen", die Zeit der Aufklärung oder die Renaissance etwa, irgend etwas mit dem *Naturbegriff* der Bewegung zu tun? Mit dem Worte Prozeß war das Schicksal abgetan. Das Geheimnis des Werdens war enthüllt. Es gab keine tragische, es gab nur noch eine mathematische Struktur des Weltgeschehens. Der „exakte" Historiker setzt nunmehr voraus, daß im Geschichtsbild eine Folge von Zuständen von mechanischem Typus vorliegt, daß sie verstandesmäßiger Zergliederung wie ein physikalisches Experiment oder eine chemische Reaktion zugänglich ist, und daß mithin die Gründe, Mittel, Wege, Ziele ein greifbar an der Oberfläche des Sichtbaren liegendes festes Gewebe bilden müssen. Das Bild ist überraschend vereinfacht. Und man muß zugeben, daß bei hinreichender Flachheit des Betrachters die Voraussetzung – für *seine* Person und für deren Weltbild – zutrifft.

Hunger und Liebe– das sind nunmehr mechanische Ursachen mechanischer Prozesse im „Völkerleben". Sozialprobleme und Sexualprobleme – beide einer Physik oder Chemie des öffentlichen, allzuöffentlichen Daseins angehörend – werden das selbstverständliche Thema utilitarischer Geschichtsbetrachtung und *also auch* der ihr entsprechenden *Tragödie*. Denn das soziale Drama steht mit Notwendigkeit neben der materialistischen Geschichtsbetrachtung. Und was in den „Wahlverwandtschaften" Schicksal im höchsten Sinne war, ist in der „Frau vom Meere" nichts als ein Sexualproblem. Ibsen und alle Verstandespoeten unsrer großen Städte dichten nicht. Sie konstruieren, und zwar einen kausalen Zusammenhang von einer ersten Ursache bis zu einer letzten Wirkung. Hebbels schwere künstlerische Kämpfe galten immer nur dem Versuch, dieses schlechthin Prosaische seiner mehr kritischen als intuitiven Anlage zu überwinden – trotz ihrer ein *Dichter* zu sein –, daher sein unmäßiger, ganz ungoethescher Hang zum *Motivieren* der Begebenheiten. Motivieren bedeutet hier, bei Hebbel wie bei Ibsen, das Tragische *kausal gestalten wollen*. Hebbel redet gelegentlich vom *Schraubenzug* in der Begründung eines Charakters; er hat die Anekdote so lange zerlegt und umgestaltet, bis sie ein System, ein Beweis für einen Fall geworden war: man verfolge seine Behandlung der Judithgeschichte. Shakespeare hätte sie genommen, wie sie war, und in dem physiognomischen Reiz einer echten Begebenheit das Weltgeheimnis geahnt. Aber was Goethe einmal aussprach: „Man suche nur nichts hinter den Phänomenen; *sie selbst sind die Lehre*", das war dem Jahrhundert von Marx und Darwin nicht mehr verständlich. Man war weit entfernt, in der Physiognomie des Vergangenen ein Schicksal abzulesen, so wenig man in der Tragödie ein reines Schicksal gestalten wollte. Der Kult des Nützlichen hat hier wie dort ein ganz andres Ziel festgelegt. Man gestaltete, um etwas zu beweisen. „Fragen" der Zeit werden „behandelt", soziale Probleme zweckmäßig „gelöst". Die Szene ist wie das Geschichtswerk ein Mittel dazu. Der Darwinismus hat, so unbewußt das geschehen sein mag, die Biologie politisch wirksam gemacht. Es ist irgendwie eine demokratische Rührigkeit in den hypothetischen Urschleim gekommen, und der Kampf der Regenwürmer um ihr Dasein erteilt den zweibeinigen Schlechtweggekommenen eine gute Lehre.

Und doch hätten die Historiker gerade von den Vertretern unsrer reifsten und strengsten Wissenschaft, der Physik, Vorsicht lernen sollen. Die kausale Methode zugegeben, so ist es die Flachheit ihrer Anwendung, die beleidigt. Hier fehlt es an geistiger Disziplin, an Tiefe des Blicks, von der Skepsis, welche der Art des Gebrauchs physikalischer Hypothesen innewohnt, ganz zu schweigen.Denn der Physiker betrachtet seine Atome und Elektronen, Ströme und Kraftfelder, den Äther und die Masse weitab vom Köhlerglauben des Laien und Monisten als *Bilder*, die er den abstrakten Beziehungen seiner Differentialgleichungen unterlegt, in die er unanschauliche Zahlen kleidet, und zwar mit einer gewissen Freiheit der Wahl zwischen mehreren Theorien, ohne in ihnen eine andre Wirklichkeit als die konventioneller Zeichenzu suchen. Und er weiß, daß auf diesem, der Naturwissenschaft allein möglichen Wege außer Erfahrungen über die technische Struktur der Umwelt nur deren symbolische Deutung – *nicht mehr* – erreicht werden kann, sicherlich keine „Erkenntnis" im hoffnungsvoll populären Sinne. Das Bild der Natur – Schöpfung und Abbild des Geistes, sein *alter ego* im Bereich des Ausgedehnten – *erkennen*, bedeutet sich selbst erkennen.

Wie die Physik unsre reifste, so ist die Biologie, welche das Bild des organischen Lebens durchforscht, nach Gehalt und Methode unsre schwächste Wissenschaft. Was *wirklich* Geschichtsforschung sei, reine Physiognomik nämlich, ist durch nichts deutlicher zu machen als durch den Verlauf von Goethes Naturstudien. Er treibt Mineralogie: sogleich fügen sich ihm die Einsichten zum Bilde einer Erdgeschichte zusammen, in dem sein geliebter Granit beinahe das bedeutet, was ich innerhalb der Menschengeschichte das Urmenschliche nenne. Er untersucht bekannte Pflanzen, und das Urphänomen der Metamorphose erschließt sich ihm, die Urgestalt der *Geschichte* alles Pflanzendaseins, und er gelangt weiterhin zu jenen seltsam tiefen Einsichten über die Vertikal- und Spiraltendenz der Vegetation, die noch heute nicht recht begriffen worden sind. Seine Knochenstudien, durchaus auf Anschauen des Lebendigen gerichtet, führen ihn zur Entdeckung des *os intermaxillare* beim Menschen und der Einsicht, daß das Schädelgerüst der Wirbeltiere sich aus sechs Wirbelknochen entwickelt hat. Nirgends ist von Kausalität die Rede. Er empfand die Notwendigkeit des Schicksals so, wie er sie in seinen orphischen Urworten ausgedrückt hat:

> So *mußt* du sein, dir kannst du nicht entfliehen.
> So sagten schon Sibyllen, so Propheten;
> Und keine Zeit und keine Macht zerstückelt
> Geprägte Form, die lebend sich entwickelt.

Die bloße Chemie der Gestirne, die *mathematische* Seite physikalischer Beobachtungen, die eigentliche Physiologie kümmern ihn, den großen Historiker der Natur, sehr wenig, weil sie Systematik, Erfahrung von Gewordnem, Totem, Starrem sind, und dies liegt seiner Polemik gegen Newton zugrunde – ein Fall, in dem beide recht haben: der eine *erkannte* in der toten Farbe den gesetzlichen Naturprozeß, der andre, der Künstler, hatte das intuitiv-sinnliche *Erlebnis*; hier liegt der Gegensatz beider Welten zutage und ich fasse ihn jetzt in seiner ganzen Schärfe zusammen.

Die Geschichte trägt *das Merkmal des Einmalig-tatsächlichen*, die Natur das des *Ständig-möglichen*. Solange ich das Bild der Umwelt daraufhin beobachte, nach welchen Gesetzen es sich verwirklichen *muß*, ohne Rücksicht darauf, ob es geschieht oder nur geschehen könnte, zeitlos also, bin ich Naturforscher, treibe ich eine echte Wissenschaft. Es macht für die Notwendigkeit eines Naturgesetzes – und andere Gesetze gibt es nicht – nicht das geringste aus, ob es unendlich oft oder nie in Erscheinung tritt, d. h. es ist *vom Schicksal unabhängig*. Tausende von chemischen Verbindungen kommen nie vor und werden nie hergestellt werden, aber sie sind als möglich bewiesen und also sind sie da – für das *feste System der Natur, nicht für die Physiognomie des kreisenden Weltalls*. Ein System besteht aus Wahrheiten, eine Geschichte beruht auf Tatsachen. Tatsachen folgen *auf*einander, Wahrheiten *aus*einander: das ist der Unterschied zwischen dem Wann und dem Wie. Es *hat* geblitzt – das ist eine Tatsache, auf die schweigend mit dem Finger gedeutet werden kann. *Wenn* es blitzt, so donnert es – das verlangt zur Mitteilung einen *Satz*. Das Erleben kann wortlos sein; systematisches Erkennen gibt es nur durch Worte. „Definierbar ist nur, was keine Geschichte hat", sagt Nietzsche einmal. Geschichte aber ist gegenwärtiges Geschehen mit dem Zug in die Zukunft und einem Blick auf die Vergangenheit. Die Natur steht jenseits aller Zeit, mit dem Merkmal der Ausdehnung, aber ohne Richtung. In dieser liegt die Notwendigkeit des Mathematischen, in jener die des Tragischen.

In der Wirklichkeit des wachen Daseins verweben sich beide Welten, die der Beobachtung und die der Hingebung, wie in einem Brabanter Wandteppich Kette und Einschlag das Bild „wirken". Jedes Gesetz muß, um für das Verstehen überhaupt *vorhanden* zu sein, einmal durch eine Schicksalsfügung innerhalb der Geistesgeschichte entdeckt, d. h. *erlebt* worden sein; jedes Schicksal erscheint in einer sinnlichen Verkleidung – Personen, Taten, Szenen, Gebärden –, in welcher Naturgesetze am Werke sind. Das urmenschliche Leben war der dämonischen Einheit des Schicksalhaften hingegeben; im Bewußtsein reifer Kulturmenschen kommt der Widerspruch jenes frühen und dieses späten Weltbildes niemals zum Schweigen; im zivilisierten Menschen erliegt das tragische Weltgefühl dem mechanisierenden Intellekt. Geschichte und Natur stehen *in uns* einander gegenüber wie Leben und Tod, wie die *ewig werdende* Zeit und der *ewig gewordene Raum*. Im Wachsein ringen Werden und Gewordnes um den Vorrang im Weltbilde. Die höchste und reifste Form beider Arten der Betrachtung, wie sie nur großen Kulturen möglich ist, erscheint für die antike Seele im Gegensatz von Plato und Aristoteles, für die abendländische in dem von Goethe und Kant: die reine Physiognomie der Welt, erschaut von der Seele eines ewigen Kindes, und die reine Systematik, erkannt vom Verstand eines ewigen Greises.

20

Und hier erblicke ich nunmehr die *letzte* große Aufgabe abendländischer Philosophie, die einzige, welche der Altersweisheit der faustischen Kultur noch aufgespart ist, die, welche durch eine jahrhundertelange Entwicklung unseres Seelentums vorbestimmt erscheint. Es steht keiner Kultur frei, den Weg und die Haltung ihres Denkens zu *wählen*; hier zum erstenmal aber kann eine Kultur voraussehen, welchen Weg das Schicksal für sie gewählt hat.

Mir schwebt eine rein abendländische Art, Geschichte im höchsten Sinne zu erforschen, vor, die bisher noch nie aufgetaucht ist und die der antiken und jeder andern Seele fremd bleiben mußte. Eine umfassende Physiognomie des gesamten Daseins, eine Morphologie des Werdens *aller* Menschlichkeit, die auf ihrem Wege bis zu den höchsten und letzten Ideen vordringt; die Aufgabe, das Weltgefühl nicht nur der eignen, sondern das *aller* Seelen zu durchdringen, in denen große Möglichkeiten überhaupt bisher erschienen und deren Ausdruck im Bilde des Wirklichen die einzelnen Kulturen sind. Dieser philosophische Blick, zu dem die analytische Mathematik, die kontrapunktische Musik, die perspektivische Malerei uns und uns allein das Recht geben, setzt über die Anlagen des Systematikers weit hinausgehend das Auge eines Künstlers voraus, und zwar das eines Künstlers, der die sinnliche und greifbare Welt ringsum sich in eine tiefe Unendlichkeit geheimnisvoller Beziehungen vollkommen auflösen fühlt. So fühlte Dante, so Goethe. Ein Jahrtausend organischer Kulturgeschichte als Einheit, als *Person* aus dem Gewebe des Weltgeschehens herauszuheben und in ihren innersten seelischen Bedingungen zu begreifen, ist das Ziel. Wie man die Züge eines Bildnisses von Rembrandt oder einer Cäsarenbüste durchdringt, so die großen, schicksalsvollen Züge im Antlitz einer *Kultur*, als der menschlichen Individualität höchster Ordnung, anzuschauen und zu verstehen, ist die neue Kunst. Wie es in einem Dichter, einem Propheten, einem Denker, einem Eroberer aussieht, das hat man schon zu wissen versucht, aber in die antike, ägyptische, arabische Seele überhaupt einzugehen, um sie mit ihrem gesamten Ausdruck in typischen Menschen und Lagen, in Religion und Staat, Stil und Tendenz, Denken und Sitte mitzuerleben, das ist eine neue Art „Lebenserfahrung". Jede Epoche, jede große Gestalt, jede Gottheit, Städte, Sprachen, Nationen, Künste, alles was je da war und da sein wird, ist ein physiognomischer Zug von höchster Symbolik, den ein *Menschenkenner* in einem ganz neuen Sinne des Wortes zu deuten hat. Dichtungen und Schlachten, Feiern der Isis und Kybele und katholische Messen, Hochofenwerke und Gladiatorenspiele, Derwische und Darwinisten, Eisenbahnen und Römerstraßen, „Fortschritt" und Nirwana, Zeitungen, Sklavenmassen, Geld, Maschinen, alles ist in gleicher Weise Zeichen und Symbol im Weltbilde des Vergangenen, das eine Seele mit Bedeutung sich vergegenwärtigt. „Alles Vergängliche ist nur ein Gleichnis". Hier liegen Lösungen und Fernblicke verborgen, welche noch nicht einmal geahnt worden sind. Dunkle Fragen, die den tiefsten aller menschlichen Urgefühle, aller Angst und Sehnsucht zugrunde liegen und vom Verstehenwollen in die Probleme der Zeit, der Notwendigkeit, des Raumes, der Liebe, des Todes, der ersten Ursachen verkleidet worden sind, werden aufgehellt. Es gibt eine ungeheure Musik der Sphären, die *gehört* sein will, die einige unsrer tiefsten Geister hören *werden*. Die Physiognomik des Weltgeschehens wird zur *letzten faustischen Philosophie*.

Drittes Kapitel: Makrokosmos

I. Die Symbolik des Weltbildes und das Raumproblem

1

Und so erweitert sich der Gedanke einer Weltgeschichte physiognomischer Art zur *Idee einer allumfassenden Symbolik*. Die Geschichtsforschung in dem hier geforderten Sinne hat nur das Bild des einst Lebendigen und nun Vergangenen zu prüfen und dessen innere Form und Logik festzustellen. Der Schicksalsgedanke ist der letzte, bis zu dem sie vordringen kann. Indessen diese Forschung, so neu und umfassend sie in der hier angegebenen Richtung ist, kann dennoch nur Fragment und Grundlage einer noch umfassenderen Betrachtung sein. Ihr zur Seite steht eine Naturforschung, ebenso fragmentarisch und eingeschränkt in ihrem kausalen Beziehungskreise. Aber weder die tragische noch die technische „Bewegung" – wenn man so sagen darf, um die Untergründe von Erlebtem und Erkanntem zu unterscheiden – erschöpfen das Lebendige selbst. Wir erleben und erkennen, solange wir wach sind, aber wir leben auch, wenn Geist und Sinne schlafen. Mag die Nacht alle Augen schließen, das Blut schläft nicht. Wir sind bewegt im Bewegten – so suchen wir das Unaussprechliche, wovon wir in tiefen Stunden eine innere Gewißheit besitzen, durch ein Grundwort des Naturerkennens anschaulich zu machen; aber für wachende Wesen erscheint das Hier und Dort als unaufhebbares Zweierlei. Jede eigne Regung besitzt Ausdruck, jede fremde macht Eindruck, und so hat alles, dessen wir uns bewußt sind, in welcher Gestalt auch immer, als Seele und Welt, Leben und Wirklichkeit, Geschichte und Natur, Gesetz, Gefühl, Schicksal, Gott, Zukunft und Vergangenheit, Gegenwart und Ewigkeit, für uns noch einen tiefsten Sinn, und das einzige und äußerste Mittel, dieses Unfaßliche faßlich zu machen, liegt in einer Art von Metaphysik, für die *alles*, es sei, was es wolle, die Bedeutung eines *Symbols* besitzt.

Symbole sind sinnliche Zeichen, letzte, unteilbare und vor allem ungewollte Eindrücke von bestimmter Bedeutung. Ein Symbol ist ein Zug der Wirklichkeit, der für sinnenwache Menschen mit unmittelbarer innerer Gewißheit etwas bezeichnet, das verstandesmäßig nicht mitgeteilt werden kann. Ein dorisches, früharabisches, frühromanisches Ornament, die Gestalt des Bauernhauses, der Familie, des Verkehrs, Trachten und Kulthandlungen, aber auch Antlitz, Gang und Haltung eines Menschen, ganzer Stände und Völker, die Spracharten und Siedlungsformen aller Menschen und Tiere und darüber hinaus die gesamte stumme Sprache der Natur mit ihren Wäldern, Triften, Herden, Wolken, Sternen, mit Mondnächten und Gewittern, Blühen und Welken, Nähe und Ferne ist sinnbildlicher Eindruck des Kosmischen auf uns, die wir wach sind und in Stunden der Einkehr diese Sprache wohl vernehmen; und anderseits ist es das Gefühl eines gleichartigen Verstehens, das Familien, Stände, Stämme und endlich ganze Kulturen aus dem allgemeinen Menschentum heraushebt und zusammenschließt.

Es wird hier also nicht davon die Rede sein, was eine Welt „ist", sondern was sie dem lebendigen Wesen bedeutet, das von ihr umgeben ist. Mit dem Erwachen zerdehnt sich für uns etwas zwischen einem Hier und einem Dort. Das Hier leben, das Dort erleben wir, jenes als eigen, dieses als fremd. Es ist die Entzweiung zwischen Seele und Welt als den Polen der Wirklichkeit, und in dieser gibt es nicht nur Widerstände, die wir als Dinge und Eigenschaften kausal erfassen, und Regungen, in denen wir Wesen, Numina „ganz wie wir selbst" wirken fühlen, sondern auch noch etwas, das die Entzweiung gleichsam aufhebt. Die Wirklichkeit – die Welt *in bezug* auf eine Seele – ist für jeden einzelnen die Projektion des Gerichteten in den Bereich des Ausgedehnten; sie ist das Eigne, das sich am Fremden spiegelt, sie *bedeutet ihn selbst*. Durch einen ebenso schöpferischen als unbewußten Akt – nicht „ich" verwirkliche das Mögliche, sondern „es" verwirklicht sich durch mich – wird die Brücke des Symbols geschlagen zwischen dem lebendigen Hier und Dort; es entsteht plötzlich und mit vollkommenster Notwendigkeit aus der Gesamtheit sinnlicher und erinnerter Elemente „ *die*" Welt, die man *begreift,* für jeden einzelnen „ *die*" *einzige*.

Und deshalb gibt es so viele Welten, als es wache Wesen und im gefühlten Einklang lebende Scharen von Wesen gibt, und im Dasein jedes von ihnen ist die vermeintlich einzige, selbständige und ewige Welt – die jeder mit dem andern gemein zu haben glaubt ein immer neues, einmaliges, nie sich wiederholendes Erlebnis.

Eine Reihe von Graden der Bewußtheit führt von den Uranfängen kindlich-dumpfen Schauens, in denen es noch keine klare Welt für eine Seele und keine ihrer selbst gewisse Seele inmitten einer Welt gibt, zu den höchsten Arten durchgeistigter Zustände, deren nur Menschen ganz reifer Zivilisationen fähig sind. Diese Steigerung ist zugleich eine Entwicklung der Symbolik vom Bedeutungsgehalt aller Dinge bis zum Hervortreten vereinzelter und bestimmter Zeichen. Nicht nur, wenn ich in der Art des Kindes, des Träumers, des Künstlers die Welt voll dunkler Bedeutungen hinnehme; nicht nur, wenn ich wach bin, ohne sie mit der gespannten Aufmerksamkeit des denkenden und tätigen Menschen aufzufassen – ein Zustand, der selbst im Bewußtsein des eigentlichen Denkers und Tatmenschen weit seltener herrscht als man glaubt –, sondern stets und immer, solange von wachem Leben überhaupt die Rede sein kann, verleihe ich dem Außer mir den Gehalt meines *ganzen* Selbst, von den halb träumerischen Eindrücken der Welthaftigkeit an bis zur starren Welt der kausalen Gesetze und Zahlen, die jene überlagert und bindet. Aber selbst dem reinen Reich der Zahlen fehlt das Symbolische nicht, und gerade ihm entstammen die Zeichen, in welche das grüblerische *Denken* unaussprechliche Bedeutungen legt: das Dreieck, der Kreis, die Sieben, die Zwölf.

Dies ist die *Idee des Makrokosmos, der Wirklichkeit als dem Inbegriff aller Symbole in bezug auf eine Seele*. Nichts ist von dieser Eigenschaf t des Bedeutsamen ausgenommen. Alles, was ist, ist auch Symbol. Von der leiblichen Erscheinung an – Antlitz, Gestalt, Haltung von einzelnen, von Ständen, von Völkern –, wo man es immer gewußt hat, bis zu den vermeintlich ewigen und allgemeingültigen Formen der Erkenntnis, Mathematik und Physik spricht alles vom Wesen einer bestimmten und keiner andern Seele.

Allein auf der größeren oder geringeren Verwandtschaft der einzelnen Welten untereinander, soweit sie von Menschen *einer* Kultur oder seelischen Gemeinschaft erlebt werden, beruht die größere oder geringere Mitteilbarkeit des Geschauten, Empfundenen, Erkannten, das heißt des im Stil des eignen Seins Gestalteten durch die Ausdrucksmittel der Sprache, Kunst und Religion, durch Wortklänge, Formeln, Zeichen, die ihrerseits selbst Symbole sind. Zugleich erscheint hier die unverrückbare Grenze, fremden Wesen wirklich etwas mitzuteilen oder deren Lebensäußerungen wirklich zu verstehen. Der Verwandtschaftsgrad der beiderseitigen Formenwelten entscheidet darüber, wo das Begreifen in Selbsttäuschung übergeht. Wir können die indische und ägyptische Seele – offenbart in ihren Menschen, Sitten, Gottheiten, Urworten, Ideen, Bauten, Taten – sicherlich nur sehr unvollkommen verstehen. Den Griechen, ahistorisch wie sie waren, war auch die geringste Ahnung vom Wesen fremden Seelentums versagt. Man sehe, mit welcher Naivität sie in den Göttern und Kulturen aller fremden Völker ihre eignen wiederfanden. Aber auch wir unterlegen, wenn wir bei fremden Philosophen die Worte *αρχη atman, tao* mit uns geläufigen Wendungen übersetzen, dem fremden Seelenausdruck das *eigne* Weltgefühl, aus dem doch die Bedeutung unsrer Worte stammt. Ebenso deuten wir die Züge altägyptischer und chinesischer Bildnisse aus abendländischer Lebenserfahrung. In beiden Fällen täuschen wir uns. Daß die Meisterwerke der Kunst alter Kulturen für uns noch lebendig – „unsterblich" also – seien, gehört ebenfalls in den Kreis dieser „Ein-bildungen" im wörtlichen Sinne, die durch die Einmütigkeit des Andersverstehens aufrecht erhalten werden. Darauf beruht zum Beispiel die Wirkung der Laokoongruppe auf die Kunst der Renaissance und die der Dramen Senecas auf das klassizistische Drama der Franzosen.

2

Symbole, als etwas Verwirklichtes, gehören zum Bereich des Ausgedehnten. Sie sind geworden, nicht werdend – auch wenn sie ein Werden bezeichnen – mithin starr begrenzt und den Gesetzen des Raumes unterworfen. Es gibt *nur* sinnlich-räumliche Symbole. Schon das Wort Form bezeichnet etwas Ausgedehntes im Ausgedehnten, und davon machen auch, wie wir sehen werden, die inneren Formen der Musik keine Ausnahme. Ausdehnung aber ist das Merkmal der Tatsache „Wachsein", die nur eine Seite des Einzeldaseins bildet und mit dessen Schicksalen innerlichst verbunden ist. Deshalb ist jeder Zug des tätigen – empfindenden oder verstehenden – Wachseins in dem Augenblick, wo wir ihn bemerken, bereits *vergangen*. Wir können über Eindrücke nur *nach*denken, wie es mit bezeichnender Wendung heißt, aber was für das Sinnenleben der Tiere nur vergangen ist, ist für das wortgebundene Verstehen des Menschen *vergänglich*. Vergänglich ist nicht nur, was geschieht – denn kein Geschehnis läßt sich zurückrufen –, sondern auch jede Art von Bedeutung. Man verfolge das Schicksal der Säule, vom ägyptischen Grabtempel an, wo sie in Reihen den Wanderer geleitet, über den dorischen Peripteros, dessen Körper sie zusammenhält, und die früharabische Basilika, deren Innenraum sie stützt, bis zu den Fassaden der Renaissance, an welchen sie den aufstrebenden Zug zum Ausdruck bringt. Die Bedeutung von ehemals kehrt nie wieder. Was in das Reich des Ausgedehnten trat, hat mit dem Anfang auch ein Ende. Es besteht ein tiefer und früh gefühlter Zusammenhang *zwischen Raum und Tod*. Der Mensch ist das einzige Wesen, welches den Tod kennt. Alle andern werden älter, aber mit einer durchaus auf den Augenblick eingeschränkten Bewußtheit, die ihnen ewig erscheinen muß. Sie leben, aber sie wissen nichts vom Leben wie die Kinder in den frühesten Jahren, wo das Christentum sie noch als „unschuldig" betrachtet. Und sie sterben und sehen das Sterben, aber sie wissen nicht darum. Erst der ganz erwachte, der eigentliche Mensch, dessen Verstehen durch die Gewohnheit des Sprechens vom Sehen abgehoben ist, besitzt außer der Empfindung auch einen Begriff des Vergehens, das heißt ein Gedächtnis für das Vergangene und eine Erfahrung von Unwiderruflichem. Wir *sind* die Zeit,aber wir *besitzen* auch ein Bild der Geschichte, und in diesem erscheint im Hinblick auf den Tod die Geburt als das andre Rätsel. Für alle übrigen Wesen verläuft das Leben ohne Ahnung seiner Grenzen, das heißt ohne ein Wissen um Aufgabe, Sinn, Dauer und Ziel. Mit tiefer und bedeutungsvoller Identität knüpft sich deshalb das Erwachen des Innenlebens in einem Kinde oft an den Tod eines Verwandten. Es begreift *plötzlich* den leblosen Leichnam, der ganz Stoff, ganz Raum geworden ist, und *zugleich* fühlt es sich als einzelnes *Wesen* in einer fremden, ausgedehnten Welt. „Vom fünfjährigen Knaben bis zu mir ist nur ein Schritt. Vom Neugeborenen bis zum fünfjährigen Kinde ist eine schreckliche Entfernung", hat Tolstoi einmal gesagt. Hier, in diesem entscheidenden Punkt des Daseins, wo der Mensch erst zum Menschen wird und seine ungeheure Einsamkeit im All kennen lernt, enthüllt sich die Weltangst als die rein menschliche *Angst vor dem Tode*, der Grenze in der Welt des Lichts, dem starren *Raum*. Hier liegt der Ursprung des höheren Denkens, das zuerst ein Nachdenken über den Tod ist. Jede Religion, jede Naturforschung, jede Philosophie geht von hier aus. Jede große Symbolik heftet ihre Formensprache an den Totenkult, die Bestattungsform, den Schmuck des Grabes. Der ägyptische Stil beginnt mit den Totentempeln der Pharaonen, der antike mit dem geometrischen Schmuck der Graburnen, der arabische mit Katakomben und Sarkophagen, der abendländische mit dem Dom, in welchem sich der Opfertod Jesu unter den Händen des Priesters täglich wiederholt. Aus der frühen Angst entspringt auch alles historische Empfinden, in der Antike durch Klammern an die lebenerfüllte Gegenwart, in der arabischen Welt aus der Taufe, die das Leben neu gewinnt und den Tod überwindet, in der faustischen aus der Buße, die den Leib Jesu zu empfangen würdigt und damit die Unsterblichkeit. Erst aus der stets wachen Sorge um das Leben, das *noch nicht* vergangen ist, entsteht die Sorge um das Vergangne. Ein Tier hat *nur* Zukunft, der Mensch kennt auch die Vergangenheit. Mit einer neuen „Weltanschauung", das heißt einem plötzlichen Blick auf den Tod als dem Geheimnis der erschauten Welt, erwacht deshalb jede neue Kultur. Als um das Jahr 1000 der Gedanke an das Weltende sich im Abendland verbreitete, wurde die faustische Seele dieser Landschaft geboren.

Der Urmensch, in tiefem Staunen über den Tod, suchte diese Welt des Ausgedehnten mit den unerbittlichen und stets gegenwärtigen Schranken ihrer Kausalität, voll von dunkler Allmacht, die ihn ständig mit dem Ende bedrohte, mit allen Kräften seines Geistes zu durchdringen und zu beschwören. Diese triebhafte Abwehr liegt tief im unbewußten Dasein, aber indem sie Seele und Welt erst eigentlich schuf, zerdehnte, gegeneinander stellte, bezeichnete sie die Schwelle *persönlicher* Lebensführung. Ichgefühl und Weltgefühl beginnen zu wirken, und alle Kultur, innere wie äußere, Haltung wie Leistung, ist nur die Steigerung dieses Menschseins überhaupt. Von hier an ist alles, was unsern Empfindungen widersteht, nicht mehr nur „Widerstand", Sache, Eindruck wie bei Tieren und auch noch beim Kinde, sondern auch Ausdruck. Die Dinge sind nicht nur *wirklich* innerhalb der Umwelt, sondern sie haben, so wie sie „erscheinen", innerhalb der Welt *anschauung*" auch einen *Sinn*. Zuerst besaßen sie allein ein Verhältnis zum Menschen, jetzt besitzt der Mensch auch sein Verhältnis zu ihnen. Sie sind Sinnbilder seines Daseins geworden. So geht das Wesen aller echten – *unbewußten und innerlich notwendigen* – Symbolik aus dem Wissen des Todes hervor, in dem sich das Geheimnis des Raumes enthüllt. Alle Symbolik bedeutet eine Abwehr. Sie ist Ausdruck einer tiefen Scheu im alten Doppelsinn des Wortes: ihre Formensprache redet zugleich von Feindschaft und Ehrfurcht.

Alles Gewordne ist vergänglich. Vergänglich sind nicht nur Völker, Sprachen, Rassen, Kulturen. Es wird in wenigen Jahrhunderten keine westeuropäische Kultur, keinen Deutschen, Engländer, Franzosen mehr geben, wie es zur Zeit Justinians keinen Römer mehr gab. Nicht die Folge menschlicher Generationen war erloschen; die innere Form eines Volkes, die eine Anzahl von ihnen zu einheitlicher Gebärde zusammengefaßt hatte, war nicht mehr da. Der *civis Romanus*, eines der mächtigsten Symbole antiken Seins, war gleichwohl als Form nur von der Dauer einiger Jahrhunderte. Aber das Urphänomen der großen Kultur überhaupt wird einmal wieder verschwunden sein, und mit ihm das Schauspiel der Weltgeschichte, und endlich der Mensch selbst und darüber hinaus die Erscheinung des pflanzlichen und tierischen Lebens an der Erdoberfläche, die Erde, die Sonne und die ganze Welt der Sonnensysteme. Alle Kunst ist sterblich, nicht nur die einzelnen Werke, sondern die Künste selbst. Es wird eines Tages das letzte Bildnis Rembrandts und der letzte Takt Mozartscher Musik aufgehört haben zu sein, obwohl eine bemalte Leinwand und ein Notenblatt vielleicht übrig sind, weil das letzte Auge und Ohr verschwand, das ihrer Formensprache zugänglich war. Vergänglich ist jeder Gedanke, jeder Glaube, jede Wissenschaft, sobald die Geister erloschen sind, in deren Welten ihre „ewigen Wahrheiten“ mit Notwendigkeit als wahr empfunden wurden. Vergänglich sind sogar die Sternenwelten, welche den Astronomen am Nil und Euphrat „erscheinen“, als Welten für ein Auge, denn *unser* – ebenso vergängliches – *Auge* ist ein anderes. Wir wissen das. Ein Tier weiß es nicht, und was es nicht weiß, ist im Erlebnis seiner Umwelt nicht vorhanden. Mit dem Bilde der Vergangenheit aber schwindet auch die Sehnsucht, dem Vergänglichen einen tieferen Sinn zu geben. Und so läßt sich der Gedanke des rein menschlichen Makrokosmos wieder an das Wort knüpfen, dem die ganze fernere Darstellung gewidmet sein soll: *Alles Vergängliche ist nur ein Gleichnis.*

So führt diese Einsicht unvermerkt auf das Raumproblem, allerdings in einem neuen und überraschenden Sinne. Seine Lösung – oder bescheidener, seine Deutung – erscheint erst in diesem Zusammenhange möglich, so wie das Zeitproblem erst aus der Schicksalsidee faßlicher wurde. Das schicksalhaft gerichtete Leben erscheint, sobald wir erwachen, im Sinnenleben als *empfundene Tiefe*. Alles dehnt sich, aber es ist noch nicht „der Raum“, nichts in sich Verfestigtes, sondern ein beständiges Sich-dehnen vom bewegten Hier zum bewegten Dort. Das Welterlebnis knüpft sich ausschließlich an das Wesen der *Tiefe* – der Ferne oder *Entfernung* – deren Zug im abstrakten System der Mathematik neben Länge und Breite als *“dritte Dimension“* bezeichnet wird. Diese Dreizahl gleichgeordneter Elemente ist von vornherein irreführend. Ohne Zweifel sind sie im räumlichen Welteindruck *nicht* gleichwertig, geschweige denn gleichartig. „Länge und Breite“, sicherlich als Erlebnis eine Einheit, keine Summe, sind, mit Vorsicht gesagt, bloße Form der Empfindung. Sie repräsentieren den rein sinnlichen *Eindruck*. Die Tiefe repräsentiert den *Ausdruck*, die *Natur*; mit ihr beginnt die „Welt“. Diese der Mathematik selbstverständlich ganz fremde Unterscheidung in der Bewertung der dritten Dimension gegenüber den sogenannten beiden andern liegt auch in der Gegenüberstellung der Begriffe Empfindung und Anschauung. Die Dehnung in die Tiefe verwandelt die erste in die letzte. Erst die Tiefe ist die *eigentliche* Dimension im wörtlichen Sinne, das *Ausdehnende*.In ihr ist das Wachsein aktiv, in den andern streng passiv. Es ist der *symbolische Gehalt einer Ordnung*, und zwar im Sinne einer einzelnen Kultur, der sich zutiefst in diesem ursprünglichen und nicht weiter analysierbaren Element ausspricht. Das Erlebnis der Tiefe ist – von dieser Einsicht hängt alles Weitere ab – ein ebenso vollkommen unwillkürlicher und notwendiger als vollkommen schöpferischer Akt, durch den das Ich seine Welt, ich möchte sagen zudiktiert erhält. Er schafft aus dem Strom von Empfindungen eine formvolle Einheit, ein bewegtes *Bild*, das nunmehr, sobald das Verstehen sich seiner bemächtigt, von Gesetzen beherrscht, dem Kausalprinzip unterworfen und mithin, als Abbild eines persönlichen Geistes, *vergänglich* ist.

Es besteht kein Zweifel, obwohl der Verstand sich dagegen auflehnt, daß diese Dehnung unendlicher Verschiedenheit fähig ist, nicht nur anders beim Kinde und Manne, beim Naturmenschen und Städter, Chinesen und Römer, sondern in jedem einzelnen, je nachdem er nachdenklich oder aufmerksam, tätig oder ruhend seine Welt erlebt. Jeder Künstler hat noch *“die“* Natur durch Farbe und Linie wiedergegeben. Jeder Physiker, der griechische, arabische, deutsche hat *“die“* Natur in letzte Elemente zergliedert – warum fanden sie nicht alle dasselbe? Weil jeder seine eigene Natur hat, obwohl jeder sie mit einer Naivität, die seine Lebensanschauung rettet, die *ihn* rettet, mit allen andern gemein zu haben glaubt. „Natur“ ist ein Besitz, der durch und durch mit persönlichstem Gehalt gesättigt ist. *Natur ist eine Funktion der jeweiligen Kultur.*

3

Nun hat Kant die große Frage, ob dies Element „a priori“ vorhanden oder durch Erfahrung erworben ist, durch seine berühmte Formel dahin zu entscheiden geglaubt, daß der Raum die allen Welteindrücken zugrunde liegende *Form der Anschauung* sei. Aber die „Welt“ des sorglosen Kindes und des Träumers besitzt diese Form unzweifelhaft in schwankender und unentschiedener Art,und erst die gespannte, praktische, *technische* Betrachtung der Umwelt – denn frei bewegliche Wesen müssen für ihr Leben *sorgen*; nur die Lilien auf dem Felde brauchen es nicht – läßt das sinnliche Sich-dehnen zur verstandenen Dreidimensionalität erstarren. Erst der städtische Mensch hoher Kulturen *lebt* wirklich in dieser grellen Wachheit, und erst für sein Denken gibt es einen vom Sinnenleben *ganz* abgelösten („absoluten“), toten, zeitfremden Raum als Form nicht mehr des Angeschauten, sondern des *Verstandenen*. Es ist keine Frage, daß „der“ Raum, wie ihn Kant mit unbedingter Gewißheit um sich sah, als er über seine Theorie nachdachte, für seine Vorfahren zur Karolingerzeit auch nicht annähernd in dieser strengen Gestalt vorhanden war. Kants Größe beruht auf der

Schöpfung des Begriffs einer „Form a priori“, aber nicht auf der Anwendung, die er ihm gab. Daß die Zeit keine Form der Anschauung ist, daß sie überhaupt keine „Form“ ist – es gibt nur ausgedehnte Formen – und nur als Gegenbegriff zum Raum definiert wurde, sahen wir schon. Es ist aber nicht nur die Frage, ob gerade das Wort Raum den formalen Gehalt im Angeschauten genau deckt; es ist auch eine Tatsache, daß die Form der Anschauung sich mit dem *Grade der Entfernung ändert*: Jedes entfernte Gebirge wird als Fläche – Kulisse – „angeschaut“. Niemand wird behaupten, daß er die Mondscheibe körperhaft sehe. Der Mond ist für das Auge eine reine Fläche, und erst durch das Fernrohr stark vergrößert – also künstlich angenähert – erhält er mehr und mehr räumliche Beschaffenheit. Augenscheinlich ist die Form der Anschauung also auch eine Funktion des Abstandes. Dazu kommt, daß wir beim Nachdenken, statt uns eben vergangener Eindrücke genau zu erinnern, das Bild des von ihnen abgezogenen Raumes „vor uns hinstellen“. Aber diese Vorstellung täuscht uns über die lebendige Wirklichkeit. Kant hat sich täuschen lassen. Er hätte zwischen Formen der Anschauung und des Verstandes gar nicht scheiden dürfen, denn *sein* Begriff Raum umfaßt bereits beides.

Wie Kant sich das Zeitproblem dadurch verdarb, daß er es zu der in ihrem Wesen mißverstandenen Arithmetik in Beziehung brachte und also von einem Zeitphantom redete, dem die lebendige Richtung fehlte, das also nur ein räumliches Schema war, so verdarb er sich das Raumproblem durch seine Beziehung auf eine Allerweltsgeometrie. Der Zufall hat es gewollt, daß wenige Jahre nach Vollendung seines Hauptwerkes Gauß die erste der nichteuklidischen Geometrien entdeckte, durch deren in sich widerspruchslose Existenz bewiesen wurde, daß es mehrere streng mathematische Arten einer dreidimensionalen Ausgedehntheit gibt, die sämtlich „a priori gewiß“ sind, ohne daß es möglich wäre, *eine* von ihnen als die eigentliche Form der „Anschauung“ herauszuheben.

Es war ein schwerer und für einen Zeitgenossen Eulers und Lagranges unverzeihlicher Irrtum, die antike Schulgeometrie, denn an sie hat Kant immer gedacht, in den Formen der uns umgebenden Natur abgebildet finden zu wollen. In den Augenblicken, wo wir sie aufmerksam beobachten, ist in der Nähe des Beobachters und bei hinreichend kleinen Verhältnissen eine annähernde Übereinstimmung zwischen dem lebendigen Eindruck und den Regeln der gewöhnlichen Geometrie sicherlich vorhanden. Die von der Philosophie behauptete genaue Übereinstimmung läßt sich aber weder durch den Augenschein noch durch Meßinstrumente nachweisen. Beide können eine gewisse, für die praktische Entscheidung über die Frage z. B., welche der nichteuklidischen Geometrien die des „empirischen“ Raumes sei, bei weitem nicht ausreichende Grenze der Genauigkeit niemals überschreiten.Bei großen Maßstäben und Entfernungen, wo das Tiefenerlebnis das Anschauungsbild völlig beherrscht – vor einer weiten Landschaft etwa statt vor einer Zeichnung – widerspricht die Anschauungsform der Mathematik gründlich. Wir sehen in jeder Allee, daß Parallelen sich am Horizont berühren. Die Perspektive der abendländischen und die ganz andere der chinesischen Malerei, deren

Zusammenhang mit den Grundproblemen der zugehörigen Mathematiken deutlich fühlbar wird, beruht eben auf dieser Tatsache. Das Tiefenerlebnis in der unermeßlichen Fülle seiner Arten entzieht sich jeder zahlenmäßigen Bestimmung. Die gesamte Lyrik und Musik, die gesamte ägyptische, chinesische, abendländische Malerei widersprechen laut der Annahme einer streng mathematischen Struktur des erlebten und gesehenen Raumes und nur, weil kein neuerer Philosoph von Malerei das geringste verstanden hat, konnte ihnen allen diese Widerlegung unbekannt bleiben. Der „ *Horizont*", in dem und durch den jedes Gesichtsbild *allmählich in einen Flächenabschluß* übergeht, ist durch keine Art von Mathematik zu erfassen. Jeder Pinselstrich eines Landschaftsmalers widerlegt die Behauptung der Erkenntnistheorie.

Die „drei Dimensionen" besitzen als vom Leben abgezogene mathematische Größe keine natürliche Grenze. Man verwechselt das mit Fläche und Tiefe des erlebten Eindrucks, und so setzt sich der eine erkenntnistheoretische Irrtum in den andern fort, daß auch die angeschaute Ausgedehntheit unbegrenzt sei, obwohl unser Blick nur belichtete Raumstücke umfaßt, deren Grenze die jeweilige Lichtgrenze bildet, sollte es auch der Fixsternhirnmel oder die atmosphärische Helligkeit sein. Die „gesehene Welt" ist die Gesamtheit von *Lichtwiderständen*, weil das Sehen an das Vorhandensein von strahlendem oder zurückgestrahltem Licht gebunden ist. Die Griechen bleiben auch dabei stehen. Nur das abendländische Weltgefühl schuf die Idee eines grenzenlosen Weltraums mit unendlichen Fixsternensystemen und Entfernungen, die weit über alle optischen Möglichkeiten hinausgeht – eine Schöpfung des inneren Blickes, die sich jeder Verwirklichung durch das Auge entzieht und Menschen anders fühlender Kulturen selbst als Gedanke fremd und unvollziehbar bleibt.

4

Das Ergebnis der Gaußschen Entdeckung, welche den Weg der modernen Mathematik überhaupt änderte,war also der Nachweis, daß es mehrere gleich richtige Strukturen der dreidimensionalen Ausgedehntheit gibt, und die Frage, welche von ihnen denn der wirklichen Anschauung entspreche, beweist, daß man das Problem gar nicht begriffen hat. Die Mathematik beschäftigt sich, gleichviel ob sie sich anschaulicher Bilder und Vorstellungen als *Handhaben* bedient oder nicht, mit völlig von Leben, Zeit und Schicksal abgehobenen, rein *verstandenen* Systemen, Formenwelten reiner Zahlen, deren Richtigkeit – *nicht Tatsächlichkeit*– zeitlos und von kausaler Logik ist wie alles nur Erkannte und nicht Erlebte.

Damit ist die Verschiedenheit der lebendigen Anschauung von der mathematischen Formensprache offenbar geworden, und das Geheimnis des *Raumwerdens* tut sich auf.

Wie das Werden dem Gewordnen, die unaufhörlich lebende Geschichte der vollendeten und toten Natur zugrunde liegt, das Organische dem Mechanischen, das Schicksal dem kausalen Gesetz, dem objektiv Gesetzten, so ist die *Richtung der Ursprung der Ausdehnung. Das mit dem Worte Zeit berührte Geheimnis des sich vollendenden Lebens bildet die Grundlage dessen, was als vollendet durch das Wort Raum weniger verstanden als für ein inneres Gefühl angedeutet wird.* Jede wirkliche Ausgedehntheit wird in und mit dem Erlebnis der Tiefe erst vollzogen; und eben jene Dehnung in die Tiefe und Ferne – zuerst für das Empfinden, vor allem das Auge, dann erst für das Denken –, der *Schritt* vom tiefenlosen Sinneneindruck zum makrokosmisch geordneten Weltbilde mit der geheimnisvoll in ihm sich andeutenden Bewegtheit ist das, was zunächst durch das Wort Zeit bezeichnet wird. Der Mensch empfindet sich, und das ist der Zustand wirklichen, auseinanderspannenden Wachseins, „in" einer ihn rings umgebenden Ausgedehntheit. Man braucht diesen Ureindruck des Weltmäßigen nur zu verfolgen, um zu sehen, daß es in Wirklichkeit nur *eine* wahre Dimension des Raumes gibt, die *Richtung* nämlich von sich aus in die Ferne, das Dort, die Zukunft, und daß das abstrakte System dreier Dimensionen eine mechanische Vorstellung, keine Tatsache des Lebens ist. Das Tiefenerlebnis *dehnt* die Empfindung zur Welt. Das Gerichtetsein des Lebens war mit Bedeutung als *Nichtumkehrbarkeit* bezeichnet worden und ein Rest dieses entscheidenden Merkmals der Zeit liegt in dem Zwang, auch die Tiefe der Welt stets von sich aus, nie vom Horizont aus zu sich hin empfinden zu können. Der bewegliche Leib aller Tiere und des Menschen ist auf diese Richtung hin angelegt. Man bewegt sich „vorwärts" – der Zukunft entgegen, mit jedem Schritt nicht nur dem Ziel, sondern auch dem Alter sich nähernd – und empfindet jeden Blick *rückwärts* auch als den Blick auf etwas Vergangnes, bereits zur Geschichte Gewordnes.

Wenn man die Grundform des Verstandenen, die Kausalität, als *erstarrtes* Schicksal bezeichnet, so darf die Raumtiefe eine *erstarrte* Zeit genannt werden. Was nicht nur der Mensch, sondern schon das Tier als Schicksal um sich walten *fühlt, empfindet* es tastend, sehend, horchend, witternd als Bewegung, die vor der gespannten Aufmerksamkeit kausal erstarrt. Wir *fühlen:* es geht dem Frühling entgegen, und wir fühlen im voraus, wie die Frühlingslandschaft sich rings um uns dehnt; aber wir *wissen,* daß sich die Erde im Weltraum drehend bewegt und daß die Frühlingsdauer neunzig solcher Erddrehungen – Tage – „beträgt". Die Zeit gebiert den Raum, der Raum aber tötet die Zeit.

Hätte Kant sich schärfer gefaßt, so hätte er, statt von „zwei Formen der Anschauung" zu reden, die Zeit die *Form des Anschauens,* den Raum die *Form des Angeschauten* genannt, und dann hätte sich ihm der Zusammenhang beider vielleicht offenbart. Der Logiker, Mathematiker und Naturforscher kennt in den Augenblicken gespannten Nachdenkens nur den gewordenen, vom einmaligen Geschehen eben durch das Nachdenken darüber abgelösten, wahren, systematischen Raum, in welchem alles die *Eigenschaft* einer mathematisch bestimmbaren „Dauer" besitzt. Hier aber wurde angedeutet, wie der Raum unaufhörlich *wird.* Solange wir sinnend ins Weite blicken, webt es ringsumher. Werden wir aufgeschreckt, so spannt sich vor scharfen Augen ein fester Raum aus. Dieser Raum *ist*; er steht damit, daß er *ist*, außerhalb der Zeit, von ihr und damit vom Leben abgelöst. In ihm herrscht die Dauer, ein Stück abgestorbener Zeit, als erkannte Eigenschaft von Dingen; und da wir uns selbst als seiend in diesem Raum erkennen, so wissen wir um unsre Dauer und deren Grenzen, an die der Zeiger unsrer Uhren unaufhörlich mahnt. Der starre Raum selbst aber, der ebenfalls vergänglich ist und mit jedem Nachlassen des geistigen Gespanntseins aus dem farbigen Dehnen unsrer Umwelt verschwindet, ist eben damit Zeichen und Ausdruck des Lebens selbst, *das ursprünglichste und mächtigste seiner Symbole*.

Denn die wahllose Deutung der Tiefe, die mit der Wucht eines elementaren Ereignisses das Wachsein beherrscht, bezeichnet *zugleich mit dem Erwachen des Innenlebens* die Grenze von Kind und – Mensch. Das symbolische Erlebnis der Tiefe ist es, welches dem Kinde fehlt, das nach dem Monde greift, das noch keinen Sinn der Außenwelt kennt und gleich der urmenschlichen Seele in traumhafter Verbundenheit mit allem Empfindungshaften hindämmert. Nicht als ob ein Kind keine Erfahrung einfachster Art vom Ausgedehnten hätte; aber eine *Weltanschauung* ist noch nicht da; die Ferne wird empfunden, aber sie *redet* noch nicht zur Seele. Erst mit dem Wachwerden der Seele erhebt sich auch die Richtung zum lebendigen Ausdruck. Und da ist antik das Ruhen in der nahen Gegenwart, das sich allem Fernen und Künftigen verschließt, faustisch die Richtungsenergie, die nur für die fernsten Horizonte einen Blick hat, chinesisch das Wandeln vor sich hin, das doch einmal zum Ziele führt, und ägyptisch der entschlossene Gang auf dem einmal eingeschlagenen Wege. So offenbart sich die Schicksalsidee in jedem Lebenszuge. Erst damit gehören wir einer einzelnen Kultur an, deren Glieder ein gemeinsames Weltgefühl und aus ihm eine gemeinsame Welt*form* verbindet. Eine tiefe Identität verknüpft beides: Das Erwachen der *Seele*, ihre Geburt zum hellen Dasein im Namen einer Kultur, und das plötzliche Begreifen von Ferne und Zeit, die *Geburt der Außenwelt* durch das Symbol der Dehnung, die von nun an das *Ursymhol dieses Lebens* bleibt und ihm seinen Stil und die Gestalt seiner Geschichte als der fortschreitenden Verwirklichung seiner innern Möglichkeiten gibt. Erst aus der Art des Gerichtetseins folgt das ausgedehnte Ursymbol, nämlich für den antiken Weltblick der nahe, fest umgrenzte, in sich geschlossene Körper, für den abendländischen der unendliche Raum mit dem Tiefendrang der dritten Dimension, für den arabischen die Welt als Höhle. Hier löst sich eine alte philosophische Frage in Nichts auf: *Angeboren* ist diese Urgestalt der Welt, insofern sie ursprüngliches Eigentum der Seele dieser Kultur ist, deren Ausdruck unser ganzes Leben bildet; erworben ist sie, insofern jede einzelne Seele jenen Schöpfungsakt für sich noch einmal wiederholt und das ihrem Dasein *vorbestimmte* Symbol der Tiefe in früher Kindheit, wie ein ausschlüpfender Schmetterling seine Flügel, entfaltet. Das erste Begreifen der Tiefe ist ein *Geburtsakt*, ein seelischer neben dem leiblichen. Mit ihm wird eine Kultur aus ihrer Mutterlandschaft geboren, und das wird in ihrem ganzen Verlauf von jeder einzelnen Seele wiederholt. Dies nannte Plato, indem er an einen hellenischen Urglauben anknüpfte, die Anamnesis. Die Bestimmtheit der Weltform, die für jede ertagende

Seele *plötzlich da ist*, wird aus dem Werden gedeutet, während Kant, der Systematiker, mit seinem Begriff der apriorischen Form bei der Deutung *desselben* Rätsels vom toten Ergebnis, nicht vom lebendigen Wege zu ihm ausgeht.

Die Art der Ausgedehntheit soll von nun an das *Ursymbol einer Kultur* genannt werden. Die gesamte Formensprache ihrer Wirklichkeit, ihre Physiognomie im Unterschiede von der jeder anderen Kultur und vor allem von der beinahe physiognomielosen Umwelt des primitiven Menschen ist aus ihr abzuleiten; denn die Deutung der Tiefe erhebt sich nun zur Tat, zum gestaltenden Ausdruck in *Werken*, zur Umgestaltung des Wirklichen, die nicht mehr wie bei Tieren einer Not des Lebens dient, sondern ein *Sinnbild* des Lebens aufrichten soll, das sich aller Elemente der Ausdehnung, der Stoffe, Linien, Farben, Töne, Bewegungen bedient, und oft noch nach Jahrhunderten, indem es im Weltbild späterer Wesen auftaucht und seinen Zauber übt, von der Art zeugt, wie seine Urheber die Welt verstanden haben.

Aber das Ursymbol selbst verwirklicht sich nicht. Es ist im Formgefühl jedes Menschen, jeder Gemeinschaft, Zeitstufe und Epoche wirksam und diktiert ihnen den Stil sämtlicher Lebensäußerungen. Es liegt in der Staatsform, in den religiösen Mythen und Kulten, den Idealen der Ethik, den Formen der Malerei, Musik und Dichtung, den Grundbegriffen jeder Wissenschaft, aber es wird nicht durch sie dargestellt. Folglich ist es auch durch Worte nicht begrifflich darstellbar, denn Sprachen und Erkenntnisformen sind selbst *abgeleitete* Symbole. Jedes Einzelsymbol redet von ihm, aber zum inneren Gefühl, nicht zum Verstand. Wenn das Ursymbol der antiken Seele fortan als der stoffliche Einzelkörper, das der abendländischen als der reine, unendliche Raum bezeichnet wird, so darf nie übersehen werden, daß Begriffe das nie zu Begreifende nicht darstellen, daß vielmehr die Wortklänge nur ein Bedeutungsgefühl davon erwecken können.

Der unendliche Raum ist das Ideal, welches die abendländische Seele immer wieder in ihrer Umwelt *gesucht* hat. Sie wollte es in ihr unmittelbar verwirklicht sehen, und dies erst gibt den unzähligen Raumtheorien der letzten Jahrhunderte jenseits aller vermeintlichen Resultate ihre tiefe Bedeutung als den Symptomen eines Weltgefühls. Inwiefern liegt die grenzenlose Ausgedehntheit allem Gegenständlichen *zugrunde*? Kaum ein zweites Problem ist so ernsthaft durchdacht worden, und fast hätte man glauben sollen, es hinge jede andre Weltfrage von dieser einen nach dem Wesen des Raumes ab. Und ist es nicht *für uns* in der Tat so? Warum hat denn niemand bemerkt, daß die gesamte Antike kein Wort darüber verlor, ja daß sie nicht einmal das Wort besaß, um dies Problem genau umschreiben zu können? Warum schwiegen die großen Vorsokratiker? Übersahen sie etwa in ihrer Welt gerade das, was uns als das Rätsel aller Rätsel erscheint? Hätten wir nicht längst einsehen sollen, daß in diesem *Schweigen* gerade die Lösung lag? Wie kommt es, daß *unserem* tiefsten Gefühl nach „die Welt" nichts anderes ist als jener durch das Tiefenerlebnis ganz eigentlich geborene *Weltraum*, dessen erhabene Leere durch die in ihm verlorenen Fixsternsysteme noch einmal bestätigt wird? Hätte man *dies* Gefühl einer Welt einem antiken Denker auch nur begreiflich machen können? Man entdeckt plötzlich, daß dies „ewige Problem", das Kant im Namen der Menschheit mit der Leidenschaft einer symbolischen Tat behandelte, ein *rein abendländisches* und im Geiste der andern Kulturen gar nicht vorhanden ist.

Was war es denn, was dem antiken Menschen, dessen Blick in *seine* Umwelt sicherlich nicht weniger klar war, als das Urproblem des gesamten Seins erschien? Das der ἀρχή des *stofflichen Urgrundes* aller sinnlich-greifbaren Dinge. Begreift man dies, so wird man dem Sinn der Tatsache nahekommen – nicht des Raumes, sondern der *Frage,* weshalb das Raumproblem mit schicksalhafter Notwendigkeit das der abendländischen Seele und dieser allein werden mußte.Gerade diese allmächtige Räumlichkeit, welche die Substanz aller Dinge in sich saugt, aus sich erzeugt – unser Eigentlichstes und Höchstes im Aspekt unseres Weltalls –, wird von der antiken Menschheit, *die nicht einmal das Wort und also den Begriff Raum kennt,* einstimmig als τὸ μὴ ὄν abgetan, als das, was *nicht da ist.* Man kann das Pathos dieser Verneinung gar nicht tief genug fassen. Die ganze Leidenschaft der antiken Seele grenzte durch sie symbolisch ab, was sie *nicht* als wirklich empfinden wollte, was nicht Ausdruck *ihres* Daseins sein durfte. Eine Welt von andrer Farbe liegt plötzlich vor unsern Augen da. Die antike Statue in ihrer prachtvollen Leibhaftigkeit, ganz Aufbau und ausdrucksvolle Fläche ohne irgend einen nichtkörperlichen Hintergedanken, enthielt für das antike Auge alles ohne Rest, was Wirklichkeit hieß. Das Stoffliche, sichtbar Begrenzte, Greifbare, unmittelbar Gegenwärtige – damit sind die Merkmale dieser Art von Ausdehnung erschöpft. Das antike Weltall, der *Kosmos,* die wohlgeordnete Menge aller nahen und vollkommen übersehbaren Dinge ist durch das körperliche Himmelsgewölbe abgeschlossen. Es gibt nicht mehr. Unser Bedürfnis, jenseits dieser Schale wieder „Raum" zu denken, fehlte dem antiken Weltgefühl vollständig. Die Stoiker haben sogar die Eigenschaften und Verhältnisse von Dingen für Körper erklärt. Für Chrysipp ist das göttliche Pneuma ein Körper; für Demokrit besteht das Sehen im Eindringen von stofflichen Teilchen des Gesehenen. Der Staat ist ein Körper, der aus der Summe aller Körper der Bürger besteht; das Recht kennt nur körperliche Personen und körperliche Sachen. Und endlich findet dies Gefühl seinen erhabensten Ausdruck in dem Steinkörper des antiken Tempels. Der fensterlose Innenraum wird von der Säulenstellung sorgfältig verhehlt; außen aber befindet sich keine einzige gerade Linie. Alle Treppenstufen haben eine leise Schwingung nach außen, und zwar jede von anderem Grad. Die Giebel, der Dachfirst, die Seiten sind geschwungen. Jede Säule hat eine leichte Schwellung; keine steht vollkommen senkrecht und hat den gleichen Abstand von der nächsten. Aber Schwellung, Neigung und Abstand ändern sich von den Ecken bis zur Seitenmitte in einem sorgfältig abgetönten Verhältnis. So bekommt der ganze Körper etwas geheimnisvoll um einen Mittelpunkt Kreisendes. Die Krümmungen sind so fein, daß sie dem Auge gewissermaßen nicht sichtbar, nur fühlbar sind. Eben dadurch aber wird die Tiefenrichtung aufgehoben. Der gotische Stil *strebt*, der dorische *schwingt*. Der Innenraum der Dome zieht mit Urgewalt empor und in die Ferne; der Tempel ist in majestätischer Ruhe hingelagert. Aber dasselbe gilt von der faustischen und der apollinischen Gottheit und nach ihrem Bilde von den Grundbegriffen der Physik. Den Prinzipien von Lage, *Stoff und Form* haben wir die der strebenden Bewegung, *Kraft und Masse*, entgegengestellt, und die letzte als das konstante Verhältnis von Kraft und Beschleunigung definiert, um beides endlich in die vollkommen raumhaften Elemente der *Kapazität und Intensität* zu verflüchtigen. Aus dieser Art, Wirklichkeit aufzufassen, mußte als herrschende Kunst die Instrumentalmusik der großen Meister des 18. Jahrhunderts hervorgehen, die einzige von allen Künsten, deren Formenwelt der Schauung des reinen Raumes innerlich verwandt ist. In ihr gibt es, den Bildsäulen antiker Tempelbezirke und Marktplätze gegenüber, körperlose Reiche von Tönen, Tonräume, Tonmeere; das Orchester brandet, schlägt Wellen, verebbt; es malt Fernen, Lichter, Schatten, Stürme, ziehende Wolken, Blitze, Farben von vollkommener Jenseitigkeit; man denke an die Landschaften der Instrumentation Glucks und Beethovens. „Gleichzeitig“ mit dem Kanon Polyklets, jener Schrift, in welcher der große Bildhauer die strengen Regeln des Aufbaus menschlicher Körper niederlegte, die bis auf Lysipp herab herrschend geblieben sind, vollendete sich um 1740 durch Stamitz der strenge Kanon des vierteiligen Sonatensatzes, der erst in Beethovens späten Quartetten und Sinfonien sich lockert, bis endlich in der einsamen, vollkommen „infinitesimalen“ Tonwelt der Tristanmusik alle irdische Greifbarkeit sich löst. Dies Urgefühl einer *Lösung*, Erlösung, Auflösung der Seele im Unendlichen, einer Befreiung von aller stofflichen Schwere, das die höchsten Momente unsrer Musik stets wachrufen, erlöst auch den Tiefendrang der faustischen Seele, während die Wirkung antiker Kunstwerke bindend, einschränkend, das Körpergefühl festigend ist und das Auge von der Ferne zu einer schön gesättigten Nähe und Ruhe zieht.

5

So hat es jede der großen Kulturen zu einer geheimen Sprache des Weltgefühls gebracht, die nur dem ganz vernehmlich ist, dessen Seele dieser Kultur angehört. Denn täuschen wir uns nicht. Wir können vielleicht in der antiken Seele ein wenig lesen, weil deren Formensprache fast die Umkehrung der abendländischen ist; von der sehr schwierigen Frage, in welchem Grade das möglich und bis jetzt erreicht worden ist, hat jede Kritik der Renaissance auszugehen. Aber wenn wir hören, daß wahrscheinlich – das Umdenken so fremdartiger Daseinsäußerungen bleibt unter allen Umständen ein zweifelhafter Versuch – die Inder Zahlen konzipiert hatten, die nach unsren Begriffen weder Wert noch Größe noch Beziehungsqualität besaßen, die erst durch ihre Stellung zu positiven, negativen, großen, kleinen Einheiten wurden, so müssen wir zugeben, daß uns die Möglichkeit fehlt, das exakt nachzuerleben, was seelisch dieser Zahlenart zugrunde liegt. 3 ist für uns immer *etwas*, sei es positiv oder negativ; für die Griechen war es unbedingt eine Größe, + 3; für die Inder bezeichnet es aber eine wesenlose

Möglichkeit, für die das Wort „etwas" *noch nicht gilt*, jenseits von *Sein und Nichtsein*, die beide erst hinzutretende *Eigenschaften* sind. +3, – 3, 1/3 sind also emanierende Wirklichkeiten geringeren Grades, die in der rätselhaften Substanz (3) in einer uns völlig verschlossenen Art ruhen. Es gehört eine brahmanische Seele dazu, diese Zahlen als selbstverständlich, als ideale Abzeichen einer in sich vollkommenen Weltform zu empfinden; uns sind sie so unverständlich wie das brahmanische Nirwana, das jenseits von Leben *und* Tod, Schlaf *und* Wachsein, Leiden, Mitleiden und Leidlosigkeit dennoch etwas Wirkliches ist, für das uns selbst die sprachlichen Mittel fehlen. Nur aus diesem Seelentum konnte die großartige Konzeption des *Nichts* als einer *echten Zahl*, der *Null*, hervorgehen, und zwar als indische Null, für die wesenhaft und wesenlos gleich äußerliche Bezeichnungen sind.

Wenn arabische Denker der reifsten Zeit – und es waren Köpfe ersten Ranges wie Alfarabi und Alkabi darunter – in ihrer Polemik gegen die Seinslehre des Aristoteles *bewiesen*, daß der Körper als solcher den Raum zur Existenz nicht notwendig voraussetze, und das Wesen dieses Raumes, der *arabischen* Art der Ausgedehntheit also, aus dem Merkmal des „sich an einer Stelle Befindens" herleiten, so beweist das nicht, daß sie gegen Aristoteles und Kant im Irrtum waren oder – wie wir das gern bezeichnen, was nicht in unsre Köpfe eingeht – daß sie unklar dachten, sondern daß der arabische Geist andere Weltkategorien besaß. Sie hätten Kant aus ihrer Begriffssprache heraus mit derselben Feinheit der Beweisführung widerlegen können, wie Kant sie, und beide wären von der Richtigkeit ihrer Aspekte überzeugt geblieben.

Wenn wir heute vom Raume reden, so denken wir sicherlich alle in annähernd demselben Stil, so wie wir uns derselben Sprachen und Wortzeichen bedienen, mag es sich um den Raum der Mathematik, der Physik, der Malerei oder der Wirklichkeit handeln, obgleich alles Philosophieren, das an Stelle dieser Verwandtschaft der Bedeutungsgefühle eine *Identität* des Verstehens behaupten will (und muß), etwas Fragwürdiges bleibt. Aber kein Hellene, kein Ägypter, kein Chinese hätte etwas davon gleichartig nachgefühlt, und kein Kunstwerk oder Gedankensystem hätte ihnen unzweideutig zeigen können, was „Raum" für uns bedeutet. Die antiken Urbegriffe, aus einem ganz anders gearteten Innenleben stammend wie αρχη, υλη, μορφη, erschöpfen den Gehalt einer anders angelegten Welt, die uns fremd und fern bleibt. Was wir mit unseren eigenen Sprachmitteln als Ursprung, Stoff, Form aus dem Griechischen übersetzen, ist eine flache Anähnlichung, ein matter Versuch, in eine Gefühlswelt einzudringen, die in ihrem Feinsten und Tiefsten *doch* stumm bleibt; es ist, als wollte man die Parthenonskulpturen für Streichmusik setzen oder den Gott Voltaires in Bronze gießen. Die Grundzüge des Denkens, Lebens, Weltbewußtseins sind so verschieden wie die Gesichtszüge der einzelnen Menschen; auch in bezug darauf gibt es „Rassen" und „Völker", und sie wissen so wenig darum, wie sie bemerken, ob „rot" oder „gelb" für andre dasselbe oder etwas ganz andres ist; die gemeinsame Symbolik vor allem der Sprache nährt die Illusion eines gleichartig angelegten Innenlebens und einer identischen

Weltform. Die großen Denker der einzelnen Kulturen sind hierin den Farbenblinden ähnlich, die ihren Zustand nicht kennen und von denen einer über die Irrtümer des andern lächelt.

Und nun ziehe ich die Folgerung. Es gibt eine Vielzahl von Ursymbolen. Das Tiefenerlebnis, durch das die Welt wird, durch das die Empfindung sich zur Welt *dehnt*, bedeutsam für die Seele, der es angehört, und für sie allein, anders im Wachen, Träumen, Hinnehmen und Beobachten, anders bei Kind und Greis, Städter und Bauer, Mann und Weib, verwirklicht und zwar mit tiefster Notwendigkeit für jede hohe Kultur die Möglichkeit der Form, auf der ihr gesamtes Dasein beruht. Alle Grundworte wie Masse, Substanz, Materie, Ding, Körper, Ausdehnung und die Tausende in den Sprachen andrer Kulturen aufbewahrten Wortzeichen entsprechender Art sind wahllose, vom Schicksal bestimmte Zeichen, welche aus der unendlichen Fülle von Weltmöglichkeiten im Namen der einzelnen Kultur die einzig bedeutende und deshalb notwendige herausheben. Keines ist in das Erleben und Erkennen einer andern Kultur genau übertragbar. Keines dieser Urworte kehrt nochmals wieder. Die *Wahl des Ursymhols* in jenem Augenblick, wo die Seele einer Kultur in ihrer Landschaft zum Selbstbewußtsein erwacht, die für jeden, der Weltgeschichte so zu betrachten vermag, etwas Erschütterndes hat, entscheidet alles.

Kultur als Inbegriff des sinnlich-gewordenen *Ausdrucks* der Seele in Gebärden und Werken, als ihr Leib, sterblich, vergänglich, dem Gesetz, der Zahl und der Kausalität verfallen; Kultur als historisches Schauspiel, als Bild im Gesamtbilde der Weltgeschichte; Kultur als Inbegriff großer Sinnbilder des Lebens, Fühlens und Verstehens: das ist die Sprache, durch welche allein eine Seele sagen kann, was sie leidet.

Auch der Makrokosmos ist Eigentum einer einzelnen Seele, und wir werden nie wissen, wie es um den der andern steht. Was – über alle Möglichkeiten begrifflicher Verständigung hinausgreifend – „der unendliche Raum“, diese schöpferische Deutung des Tiefenerlebnisses *durch uns Menschen des Abendlandes und uns allein*, besagen will, diese Art von Ausdehnung, welche die Griechen das Nichts nannten und wir das All, taucht unsre Welt in eine Farbe, welche die antike, die indische, die ägyptische Seele nicht auf ihrer Palette hatten. Die eine Seele erlauscht das Welterlebnis in As-Dur, die andere in F-Moll; die eine empfindet es euklidisch, die zweite kontrapunktisch, die dritte magisch. Vom reinsten analytischen Raume und vom Nirwana führt eine Reihe von Ursymbolen bis zur leibhaftigsten attischen Körperlichkeit, deren jedes fähig ist, eine vollkommene Weltform aus sich zu bilden. So fern, seltsam und flüchtig die indische oder babylonische Welt ihrer Idee nach für die Menschen der fünf oder sechs ihnen folgenden Kulturen war, so unbegreiflich wird einst die abendländische Welt für die Menschen noch ungeborener Kulturen sein.

II. Apollinische, faustische, magische Seele

6

Ich will von nun an die Seele der antiken Kultur, welche den sinnlich-gegenwärtigen Einzelkörper zum Idealtypus des Ausgedehnten wählte, die *apollinische* nennen. Seit Nietzsche ist diese Bezeichnung jedem verständlich. Ihr gegenüber stelle ich die *faustische* Seele, deren Ursymbol der reine grenzenlose Raum und deren „Leib" die abendländische Kultur ist, wie sie mit der Geburt des romanischen Stils im 10. Jahrhundert in den nordischen Ebenen zwischen Elbe und Tajo aufblühte. Apollinisch ist die Bildsäule des nackten Menschen, faustisch die Kunst der Fuge. Apollinisch sind die mechanische Statik, die sinnlichen Kulte der olympischen Götter, die politisch vereinzelten Griechenstädte, das Verhängnis des Ödipus und das Symbol des Phallus; faustisch die Dynamik Galileis, die katholisch-protestantische Dogmatik, die großen Dynastien der Barockzeit mit ihrer Kabinettspolitik, das Schicksal Lears und das Ideal der Madonna von Dantes Beatrice bis zum Schlusse des zweiten Faust. Apollinisch ist die Malerei, welche einzelne Körper durch Konturen begrenzt, faustisch ist die, welche durch Licht und Schatten Räume bildet: so unterscheidet sich das Fresko Polygnots vom Ölgemälde Rembrandts. Apollinisch ist das Dasein des Griechen, der sein Ich als *soma* bezeichnet, dem die Idee einer innern Entwicklung und damit eine wirkliche innere oder äußere Geschichte fehlt; faustisch ist ein Dasein, das mit tiefster Bewußtheit geführt wird, das sich selbst zusieht, eine entschlossen persönliche Kultur der Memoiren, Reflexionen, der Rück- und Ausblicke und des Gewissens. Und fernab, obwohl vermittelnd, Formen entlehnend, umdeutend, vererbend, erscheint die *magische* Seele der arabischen Kultur, zur Zeit des Augustus in der Landschaft zwischen Tigris und Nil, dem Schwarzen Meer und Südarabien erwachend, mit ihrer Algebra, Astrologie und Alchymie, ihren Mosaiken und Arabesken, ihren Kalifaten und Moscheen, den Sakramenten und heiligen Büchern der persischen, jüdischen, christlichen, „spätantiken" und manichäischen Religion.

„Der Raum" ist, ich darf jetzt sagen im faustischen Sprachgebrauch, ein von der augenblicklichen sinnlichen Gegenwart streng gesondertes geistiges Etwas, das in einer apollinischen Sprache, im Griechischen und Latein nicht vertreten sein *durfte*. Aber ebenso fremd ist der gestaltete *Ausdrucksraum* allen apollinischen Künsten. Die winzige Cella frühantiker Tempel ist ein verschwiegenes, dunkles Nichts, ursprünglich aus vergänglichsten Stoffen gefertigt, eine Hülle des Augenblicks im Gegensatz zu den ewigen Gewölben magischer Kuppeln und gotischer Kirchenschiffe. Und die geschlossene Säulenreihe soll nachdrücklich betonen, daß es für das Auge wenigstens in diesem Körper kein Drinnen gibt. In keiner andern Kultur wird das Feststehen, der Sockel so betont. Die dorische Säule bohrt sich in die Erde; die Gefäße sind stets von unten herauf empfunden, während die der Renaissance über dem Sockel *schweben*; das Grundproblem der Bildhauerschulen ist die innere Festigung der Gestalt. Deshalb werden bei archaischen Werken die Gelenke übermäßig betont, der Fuß mit voller Sohle aufgesetzt, und von lang herabfallenden Gewändern ein Teil des Saums fortgelassen, um das „Stehen“ des Fußes zu zeigen. Das antike Relief ist streng stereometrisch einer Fläche aufgesetzt. Es gibt ein „zwischen“ den Figuren, aber keine Tiefe. Eine Landschaft von Lorrain dagegen ist *nur* Raum. Alle Einzelheiten sollen hier seiner Verdeutlichung dienen. Alle Körper besitzen nur als Träger von Licht und Schatten einen atmosphärischen und perspektivischen Sinn. Der Impressionismus ist die zu Ende geführte Entkörperung der Welt im Dienste des Raumes. Die faustische Seele mußte aus diesem Weltgefühl in ihrer Frühzeit zu einem Architekturproblem gelangen, dessen Schwergewicht in der räumlichen Wölbung mächtiger, vom Portal zur Tiefe des Chors strebender Dome lag. Das war der Ausdruck *ihres* Tiefenerlebnisses. Aber dazu gesellt sich, im Widerspruch zum höhlenhaften magischen Ausdrucksraum,das Hinaufstreben in die Weiten des Alls. Magische Wölbungen, seien es Kuppeln oder Tonnen oder selbst das wagerechte Gebälk einer Basilika, *decken* zu. Strzygowski hat den Baugedanken der Hagia Sophia ganz *richtig* eine nach innen verlegte gotische Verstrebung mit geschlossenem Außenmantel genannt.Dagegen ist die Kuppel des Florentiner Doms nach dem gotischen Entwurf von 1367 dem Langhause *aufgesetzt*, und das steigert sich in dem Entwurf Bramantes für St. Peter zu einem *Auftürmen*, dessen prachtvolles „Excelsior!“ Michelangelo zur Vollendung führte, so daß die Kuppel nun über den weiten Wölbungen hoch im Lichte schwebt. Diesem Raumgefühl stellt die Antike das Symbol des ganz körperhaften, mit *einem* Blick zu umfassenden dorischen Peripteros entgegen.

Die antike Kultur beginnt darum mit einem großartigen *Verzicht* auf eine schon vorhandene reiche, malerische, fast überreife Kunst, die nicht der Ausdruck ihrer neuen Seele sein *durfte*. Herb und eng, für unser Auge dürftig und ein Rückfall ins Barbarische, steht die frühdorische Kunst des geometrischen Stils seit 1100 der minoischen gegenüber.Aus drei Jahrhunderten, die der gotischen Blüte entsprechen, besitzen wir keine Andeutung von Architektur. Erst um 650, „gleichzeitig“ mit Michelangelos Übergang zum Barock, erscheint der dorische und etruskische Tempeltypus. Alle Frühkunst ist religiös, und dies symbolische Nein ist es nicht minder als das gotische und ägyptische Ja. Die Idee der Toten *verbrennung* verträgt sich mit einer Kultstätte, nicht mit einem Kultbau. Daher besaß die antike Frühreligion, die sich für uns hinter den schwerwiegenden Namen des Kalchas, Teiresias, Orpheus, vielleicht auch des Numa verbirgt,für ihre Bräuche das, was übrig bleibt, wenn man von einem Baugedanken den Bau abzieht: die heilige Umgrenzung. Die ursprüngliche Kultanlage ist deshalb das etruskische *templum*, ein von den Augurn lediglich auf dem Boden abgesteckter heiliger Bezirk mit einer unüberschreitbaren Bannmeile und dem glückbringenden Eingang im Osten.Ein *templum* wird geschaffen, wo eine Kulthandlung vorgenommen werden soll oder die Träger der staatlichen Autorität, Senat und Heer, sich befinden. Es besteht nur für die flüchtige Dauer des Gebrauches, dann wird der Bann aufgehoben. Vielleicht erst gegen 700 überwand sich die antike Seele dahin, die Liniensymbolik dieses architektonischen Nichts in einem Baukörper zu versinnlichen. Das euklidische Gefühl war stärker als die Abneigung gegen die Dauer.

Dagegen beginnt die faustische Baukunst großen Stils mit den ersten Regungen einer neuen Frömmigkeit – der cluniazensischen Reform um 1000 – und eines neuen Denkens – im Abendmahlsstreit zwischen Berengar von Tours und Lanfranc (1050) –, und dann gleich mit Entwürfen von einem so riesenhaften Wollen, daß die Dome oft von der ganzen Gemeinde nicht gefüllt werden konnten, wie der von Speyer, oder nie vollendet wurden. Die leidenschaftliche Sprache dieser Architektur wiederholt sich in der Dichtung.So fern sich die lateinische Hymnik im christlichen Süden und die Edda im heidnisch gebliebenen Norden stehen, in der inneren räumlichen Unendlichkeit von Versbau, Satzrhythmik und Bildersprache sind sie sich gleich. Man lese das Dies irae neben der nicht viel früher entstandenen Völuspa: es ist derselbe eherne Wille, der alle Widerstände des Sichtbaren überwindet und bricht. Es gab nie einen Rhythmus, der so ungeheure Räume und Fernen um sich breitet wie der altnordische:

> Zum Unheil werden – noch allzulange
> Männer und Weiber – zur Welt geboren
> Aber wir beide – bleiben zusammen
> Ich und Sigurd.

Die Akzente des homerischen Verses sind das leise Zittern eines Blattes in der Mittagssonne, *Rhythmus der Materie*; der Stabreim – wie die potentielle Energie im Weltbilde der modernen Physik – schafft eine verhaltene Spannung im Leeren, Grenzenlosen, ferne Gewitter in Nächten über den höchsten Gipfeln. In seiner wogenden Unbestimmtheit lösen sich alle Worte und Dinge: das ist sprachliche Dynamik, nicht Statik. Und das gleiche gilt von den schwermütigen Rhythmen des „Media vita in morte sumus“. Hier kündigen sich die Farben Rembrandts und die Instrumentation Beethovens an. Hier *wird die grenzenlose Einsamkeit als die Heimat der faustischen Seele empfunden*. Was ist Walhall? Es wurde, den Germanen der Völkerwanderung und selbst noch der Merowingerzeit unbekannt, von der erwachenden faustischen Seele erdacht, sicherlich unter Eindrücken des antik-heidnischen und das arabisch-christlichen Mythos der beiden älteren südlichen Kulturen, die mit ihren klassischen oder heiligen Schriften, ihren Ruinen, Mosaiken, Miniaturen, ihren Kulten, Riten und Dogmen überall in das neue Leben hereinragten. Und trotzdem schwebt Walhall jenseits aller fühlbaren Wirklichkeiten, dunklen, faustischen Regionen. Der Olymp ruht auf der nahen griechischen Erde; das Paradies der Kirchenväter ist ein Zaubergarten irgendwo im magischen Weltall. Walhall ist nirgends. Es erscheint, im Grenzenlosen verloren, mit seinen ungeselligen Göttern und Recken, als das ungeheure Symbol der Einsamkeit. Siegfried, Parzival, Tristan, Hamlet, Faust sind die einsamsten Helden aller Kulturen. Man lese in Wolframs Parzival die wundervolle Erzählung vom Erwachen des

Innenlebens. Die Waldsehnsucht, das rätselhafte Mitleid, die unnennbare Verlassenheit: das ist faustisch und nur faustisch. Jeder von uns kennt das. In Goethes Faust kehrt das Motiv in seiner ganzen Tiefe wieder:

> Ein unbegreiflich holdes Sehnen
> Trieb mich durch Wald und Wiesen hinzugehn,
> Und unter tausend heißen Tränen
> Fühlt' ich mir eine Welt erstehn.

Von diesem Welterlebnis weiß der apollinische und magische Mensch nichts, weder Homer noch die Evangelien. Der Höhepunkt der Dichtung Wolframs ist jener wunderbare Karfreitagmorgen, wo der mit Gott und sich zerfallene Held den edlen Gawan trifft. „Wie, wenn bei Gott ich Hilfe fände?" Und er pilgert zu Tevrezent. Hier liegt die Wurzel *der faustischen Religion*. Hier begreift man das Wunder der Eucharistie, das die Teilnehmenden zu einer mystischen Gemeinschaft, zur alleinseligmachenden Kirche verbindet. Man begreift aus dem Mythos vom heiligen Gral und seiner Ritterschaft die innere Notwendigkeit des germanisch-nordischen Katholizismus. Gegenüber den antiken Opfern, die jeder Einzelgottheit in ihrem Tempel gebracht wurden, erscheint hier das *eine, unendliche* Opfer, das sich überall und täglich wiederholt. Das ist eine faustische Idee des 9.-12. Jahrhunderts, der Eddazeit, von den angelsächsischen Missionaren wie Winfried vorgeahnt, aber erst damals zur Reife gediehen. Der Dom, dessen Hochaltar das vollzogene Wunder umschließt, ist ihr steingewordener Ausdruck.

Die Vielheit einzelner Körper, als welche der antike Kosmos sich darstellt, fordert eine gleichartige Götterwelt: dies ist der Sinn des antiken Polytheismus. Der *eine* Weltraum, sei er Welthöhle oder Weltweite, fordert den *einen* Gott des magischen oder faustischen Christentums. Athene und Apollon können durch eine Statue dargestellt werden, aber man hat längst gefühlt, daß die Gottheit der Reformation und Gegenreformation nur im Sturm einer Orgelfuge oder dem feierlichen Schritt einer Kantate und Messe „erscheinen" kann. Von der Gestaltenfülle der Edda und der gleichzeitigen Heiligenlegende bis auf Goethe entwickelt sich der Mythos dem antiken entgegengesetzt. Hier eine immer weitergehende Zerfällung des Göttlichen bis zu der unübersehbaren Göttermenge der frühen Kaiserzeit, dort eine Vereinfachung bis zum Deismus des 18. Jahrhunderts.

Die magische, auf dem Gebiet der westlichen Pseudomorphosevon der Kirche mit dem vollen Gewicht ihrer Autorität gedeckte himmlische Hierarchie von den Engeln und Heiligen an bis zu den Personen der Dreifaltigkeit entkörpert sich, verblaßt mehr und mehr, und unvermerkt verschwindet auch der Teufel, der große Gegenspieler im gotischen Weltdrama,aus den Möglichkeiten des faustischen Weltgefühls. Er, nach dem noch Luther sein Tintenfaß warf, wird von den protestantischen Theologen längst mit verlegenem Schweigen übergangen. Die *Einsamkeit* der faustischen Seele verträgt sich nicht mit einem Zweierlei der Weltmächte. Gott selbst ist das All. Am Ende des 17. Jahrhunderts versagt dieser Religiosität gegenüber die Formensprache der Malerei, und die Instrumentalmusik wird das einzige und letzte Mittel religiösen Ausdrucks. Man darf sagen, daß der katholische und der protestantische Glaube sich wie ein Altargemälde und ein Oratorium verhalten. Schon um die germanischen Götter und Helden spannen sich abweisende Weiten, rätselhafte Düsternisse; sie sind in Musik getaucht, nächtlich, weil das Tageslicht Grenzen für das Auge und also leibhafte Dinge schafft. Die Nacht entkörpert; der Tag entseelt. Apollon und Athene haben keine „Seele". Auf dem Olymp ruht das ewige Licht eines tiefklaren südlichen Tages. Die appollinische Stunde ist der hohe Mittag, wenn der große Pan schläft. Walhall ist lichtlos. In der Edda schon spürt man jene tiefen Mitternächte, in denen Faust in seinem Studierzimmer brütet, die Rembrandts Radierungen festhalten, in die Beethovens Tonfarben sich verlieren. Wotan, Baldur, Freya hatten nie eine „euklidische" Gestalt. Von ihnen wie von den vedischen Göttern Indiens läßt sich „kein Bildnis noch irgend ein Gleichnis machen". Diese Unmöglichkeit enthält eine Weihe des ewigen Raumes als des höchsten Symbols, im Gegensatz zum körperlichen Abbilde, das ihn zur „Umgebung" herabsetzt, entheiligt, verneint. Dies tiefgefühlte Motiv liegt dem Bildersturm im Islam und in Byzanz – *beide* im 7. Jahrhundert – wie später dem innerlich nahe verwandten des protestantischen Nordens zugrunde. War nicht auch die Schöpfung der *antieuklidischen* Analysis des Raumes durch Descartes ein Bildersturm? Die antike Geometrie behandelt eine Zahlenwelt des Tages, die Funktionentheorie ist die eigentlich nächtliche Mathematik.

7

Was die Seele des Abendlandes durch einen außergewöhnlichen Reichtum an Ausdrucksmitteln, in Worten, Tönen, Farben, malerischen Perspektiven, philosophischen Systemen, Legenden und nicht zum wenigsten in den Räumen gotischer Dome und den Formeln der Funktionentheorie aussprach, ihr Weltgefühl nämlich, das hat die ägyptische Seele, fernab von allem theoretischen und literarischen Ehrgeiz fast allein durch die unmittelbare Sprache des *Steins* ausgedrückt. Statt sich über ihre Form des Ausgedehnten, ihren „Raum" und ihre „Zeit", in Wortspielen zu ergehen, statt Hypothesen, Zahlensysteme und Dogmen zu bilden, stellte sie schweigend ihre ungeheuren Symbole in die Landschaft am Nil. Der Stein ist das große Sinnbild des *Zeitlos*-gewordnen. Raum und Tod scheinen in ihm verbunden. „Für die Toten", sagt Bachofen in einer Selbstbiographie, „hat man eher gebaut als für die Lebenden, und wenn für die Spanne Zeit, die diesen gegeben ist, vergängliches Holzwerk genügt, so verlangt die Ewigkeit jener Behausung den festen Stein der Erde. An den Stein, der die Grabstätte bezeichnet, knüpft sich der älteste Kult, an das Grabgebäude der älteste Tempelbau, an den Grabschmuck der Ursprung der Kunst und der Ornamentik. In den Gräbern hat sich das Symbol gebildet. Was am Grabe gedacht, empfunden, still gebetet wird, das kann kein Wort aussprechen, sondern nur das in ewig gleichem Ernste ruhende Symbol ahnungsreich andeuten.“ Der Tote strebt nicht mehr. Er ist nicht mehr Zeit, sondern nur noch Raum, etwas das *verweilt* oder auch verschwunden ist, keinesfalls aber einer Zukunft entgegenreift; und deshalb das Verweilende im strengsten Sinne, der Stein als Ausdruck davon, wie sich Totes im Wachsein der Lebenden spiegelt. Die faustische Seele erwartete eine Unsterblichkeit nach dem leiblichen Ende, gleichsam eine Vermählung mit dem unendlichen Raum, und sie entkörperte den Stein im gotischen Strebesystem – gleichzeitig mit den Parallelfolgen des Kirchengesangs – bis er nur noch den inbrünstigen Tiefen- und Höhendrang dieses Sichausdehnens vor Augen stellte. Die apollinische Seele wollte den Toten verbrannt, vernichtet sehen und sie vermied eben deshalb die ganze Frühzeit hindurch das Bauen in Stein. Die ägyptische Seele sah sich wandernd auf einem engen und unerbittlich vorgeschriebenen *Lebenspfad*, über den sie einst den Totenrichtern Rechenschaft abzulegen hatte (125. Kap. des Totenbuchs). Das war ihre Schicksalsidee. Das ägyptische Dasein ist das eines *Wanderers* in einer und immer der gleichen Richtung; die gesamte Formensprache seiner Kultur dient der Versinnlichung dieses einen Motivs. Sein Ursymbol läßt sich, neben dem unendlichen *Raum* des Nordens und dem *Körper* der Antike, durch das Wort *Weg* am ehesten faßlich machen. Es ist dies eine sehr fremdartige und dem abendländischen Denken schwer zugängliche Art, im Wesen der Ausdehnung die Tiefenrichtung *allein* zu betonen. Die Grabtempel des Alten Reiches, vor allem die gewaltigen Pyramidentempel der 4. Dynastie stellen nicht wie Moschee und Dom einen sinnvoll gegliederten Raum dar, sondern eine rhythmisch gegliederte *Folge* von Räumen. Der heilige Weg führt vom Torbau am Nil durch Gänge, Hallen, Arkadenhöfe und Pfeilersäle sich stets verengend bis zur Totenkammer,und ebenso sind die Sonnentempel der 5. Dynastie kein „Gebäude“, sondern ein von mächtigem Gestein eingefaßter Weg.Die Reliefs und Gemälde erscheinen stets in Reihen, die mit eindringlichem Zwang den Betrachter in einer bestimmten Richtung geleiten; die Widder- und Sphinxalleen des Neuen Reiches wollen dasselbe. Für den Ägypter war das über seine Weltform entscheidende Tiefenerlebnis so streng hinsichtlich der Richtung betont, daß der Raum gewissermaßen in steter Verwirklichung begriffen blieb. Diese Ferne ist *nicht* erstarrt. Nur indem der Mensch sich vorwärts bewegt und damit selbst zum Symbol des Lebens wird, tritt er in Beziehung zu dem steinernen Teil dieser Symbolik. „Weg“ bedeutet zugleich Schicksal und dritte Dimension. Die mächtigen Wandflächen, Reliefs, Säulenreihen, an denen er vorüberführt, sind „Länge und Breite“, d.h. die bloße Empfindung der Sinne, die das vorwärtsdringende Leben erst zur Welt *dehnt*. So erlebt der im Prozessionszuge schreitende Ägypter den Raum gewissermaßen in seinen noch unvereinigten Elementen, während ihn der *vor* dem Tempel opfernde Grieche nicht empfand und er den im Dom betenden Menschen der gotischen Jahrhunderte in ruhender Unendlichkeit umgibt. Deshalb will diese Kunst *Flächenwirkung* und nichts anderes, auch dort, wo sie sich körperhafter Mittel bedient. Für den Ägypter war die Pyramide über dem Königsgrab ein *Dreieck*, eine ungeheure, den Weg abschließende, die Landschaft beherrschende *Fläche* von stärkster Kraft des Ausdrucks, von wo aus er auch sich ihr näherte; die Säulen der inneren Gänge und Höfe, auf dunklem Hintergrunde, von dichtester Aufstellung und mit Schmuck überdeckt, wirkten durchaus als vertikale Flächenstreifen, die den Zug der Priester rhythmisch begleiteten; das Relief ist peinlich – und sehr im Gegensatz zum antiken – in eine Fläche gebannt; in der Entwicklung von der 3. zur 5. Dynastie nimmt es von Fingerstärke bis zur Papierdünne ab und wird zuletzt in die Fläche *versenkt*.Die Herrschaft der Horizontale, der Vertikale und des rechten Winkels, das Vermeiden jeder Verkürzung unterstützen das zweidimensionale Prinzip und isolieren das Erlebnis der Raumtiefe, die mit der Wegrichtung und dem Ziel – dem *Grabe* – zusammenfällt. Diese Kunst gestattet keine die Spannung der Seele erleichternde Ablenkung.

Ist es nicht dies – in der erhabensten Sprache ausgedrückt, die überhaupt gedacht werden kann –, was in all unsern Raumtheorien sich aussprechen möchte? Es ist eine Metaphysik in Stein, neben der die geschriebene – diejenige Kants – wie ein hilfloses Stammeln wirkt.

Trotzdem gab es eine Kultur, deren Seele bei aller tiefinnerlichen Verschiedenheit zu einem verwandten Ursymbol gelangte: die chinesische mit dem ganz im Sinne der Tiefenrichtung empfundenen Prinzip des Tao.Aber während der Ägypter den mit eherner Notwendigkeit vorgezeichneten Weg zu Ende schreitet, *wandelt* der Chinese durch seine Welt; und deshalb geleiten ihn nicht steinerne Schluchten mit fugenlos geglätteten Wänden der Gottheit oder dem Ahnengrabe zu, sondern die freundliche Natur selbst. Nirgends ist die *Landschaft* so zum eigentlichen Stoff der Architektur geworden. „Es hat sich hier eine großartige Gesetzhaftigkeit und Einheit aller Bauwerke auf religiöser Grundlage entwickelt, die überall ein gleichartiges Grundschema von Torbau, Seitengebäuden, Höfen und Hallen zugleich mit der streng durchgehaltenen Nord-Süd-Achse aller Anlagen festgehalten hat und die schließlich zu einem so grandiosen Entwerfen von Grundrissen und einem Schalten über Bodenstrecken und Räume geführt hat, daß man füglich von einem Bauen und Rechnen mit der Landschaft selber reden kann.“Der Tempel ist kein Einzelbau, sondern eine Anlage, in welcher Hügel und Wasser, Bäume, Blumen und bestimmt geformte und angeordnete Steine ebenso wichtig sind wie Tore, Mauern, Brücken und Häuser. Diese Kultur ist die einzige, in welcher die Gartenkunst eine religiöse Kunst großen Stils ist. Es gibt Gärten, die das Wesen bestimmter buddhistischer Sekten widerspiegeln.Aus der Architektur der Landschaft erst erklärt sich die der Bauten, ihr flaches Sich-erstrecken und die Betonung des Daches als des eigentlichen Ausdrucksträgers. Und wie die verschlungenen Wege durch Tore, über Brücken, um Hügel und Mauern doch endlich zum Ziel führen, so leitet die Malerei den Betrachter von einer Einzelheit zur andern, während das ägyptische Relief ihn herrisch in eine strenge Richtung verweist. „Das ganze Bild soll nicht mit einem einzigen Blick umfaßt werden. Die zeitliche Abfolge setzt eine Folge von

Raumteilen voraus, durch die der Blick vom einen zum anderen wandern soll."Die ägyptische Architektur überwältigt das Bild der Landschaft, die chinesische schmiegt sich ihm an; in beiden Fällen aber ist es die Tiefenrichtung, die das Erlebnis des Raum *werdens* immer gegenwärtig erhält.

8

Alle Kunst ist *Ausdruckssprache.*Und zwar in den allerfrühesten Ansätzen, die tief in die Tierwelt hinabreichen, die Sprache eines bewegten Wesens nur für sich selbst. Man denkt gar nicht an den Zeugen, obwohl in seiner Abwesenheit der Ausdruckstrieb von selbst verstummen würde. Noch in sehr späten Zuständen gibt es oft statt Künstler und Zuschauer nur eine Menge von Kunsterzeugenden. Alle tanzen, mimen und singen, und der „Chor" als Inbegriff der Anwesenden ist nie ganz aus der Kunstgeschichte verschwunden. Erst die höhere Kunst ist entschieden „Kunst vor Zeugen", vor allem, wie Nietzsche einmal bemerkt hat, vor dem höchsten Zeugen: Gott.

Dieser Ausdruck ist entweder *Ornament oder Imitation*. Das sind *hohe* Möglichkeiten, deren Gegensatz in den Anfängen kaum fühlbar wird. Und zwar ist Imitation unbedingt das ursprünglichere, der Rasse näherstehende. Die Imitation geht von dem physiognomisch erfaßten Du aus, das unwillkürlich zum Mitschwingen im Lebenstakte lockt; das Ornament zeugt von einem seiner Eigenart bewußten Ich. Jene ist in der Tierwelt weit verbreitet, dieses gehört dem Menschen fast allein.

Die Imitation ist aus dem geheimen Rhythmus alles Kosmischen geboren. Für ein waches Wesen erscheint das Eine zerdehnt und ausgespannt: ein Hier und ein Dort, ein eignes und ein fremdes Etwas; ein Mikrokosmos in bezug auf einen Makrokosmos als den Polen des Sinnenlebens, und diese Entzweiung wird durch den Rhythmus des Nachahmens überbrückt. Jede Religion ist ein Hinüberwollen der wachen Seele zu den Mächten der Umwelt, und ganz dasselbe will die in ihren weihevollsten Momenten ganz religiöse Imitation. Denn es ist ein und dieselbe innerliche Bewegtheit, in welcher Leib und Seele hier und die Umwelt dort zusammenschwingen und eins werden. Wie ein Vogel sich im Sturme wiegt und ein Schwimmer dem schmeichelnden Wellenschlag nachgibt, so fährt bei den Klängen einer Marschmusik ein unwiderstehlicher Takt in die Glieder, und ebenso ansteckend wirkt das Nachmachen fremder Mienen und Bewegungen, worin gerade Kinder Meister sind. Das kann sich bis zu jener „hinreißenden" Wirkung gemeinsamer Gesänge, Marschbewegungen und Tänze steigern, die aus vielen einzelnen eine Einheit des Fühlens und Ausdrucks, ein „Wir" macht. Aber auch ein „gut getroffenes" Bildnis eines Menschen oder einer Landschaft entsteht aus dem gefühlten Einklang der zeichnenden Bewegung mit dem geheimen Schwingen und Weben des lebendigen Gegenüber. Das ist physiognomischer Takt, der *wirksam* wird, der einen Kenner voraussetzt, welcher im Spiel der Oberfläche die Idee, die *Seele* des Fremden entschleiert. In gewissen, hingegebenen Augenblicken sind wir alle Kenner dieser Art, und dann offenbaren sich uns, indem wir der Musik oder einem Mienenspiel mit unmerklichem Rhythmus folgen, plötzlich Geheimnisse von jäher Tiefe. Alle Nachahmung will *täuschen*, und täuschen kommt von Tausch. Dieses Sich-hinein-versetzen in ein fremdes „es“, das Vertauschen des Ortes und Wesens, wonach der eine nun im andern lebt, ihn darstellend oder schildernd, weckt ein Vollgefühl des Einklangs, das sich von schweigendem Selbstvergessen bis zu ausgelassenstem Gelächter steigert und bis in die letzten Gründe des Erotischen hinabgreift, das von künstlerischer Schöpferkraft nicht zu trennen ist. So entstehen die kreisenden Volkstänze – als Nachahmung der Liebeswerbung des Auerhahns ist der bayerische Schuhplattler entstanden; aber ganz dasselbe meinte auch Vasari, wenn er Cimabue und Giotto lobt, weil sie als erste wieder „die Natur“ nachgeahmt hätten, jene Natur früher Menschen nämlich, von der damals Meister Eckart sagte: „Gott fließt in alle Kreaturen aus, und darum ist alles Geschaffene Gott.“ Was wir als Bewegung in dieser Umwelt schauen und damit in seiner innern Bedeutung erfühlen, das geben wir durch Bewegung wieder. Deshalb ist alle Imitation ein Schau-spielen im umfassendsten Sinne. Wir geben ein Schauspiel durch die Bewegung des Pinselstrichs oder Meißels, durch die Stimmführung des Gesangs, den Erzählerton, den Vers, die Darstellung, den Tanz. Aber was wir mit und unter dem Sehen und Hören *erleben*, ist immer eine fremde Seele, mit der wir uns vereinigen. Erst die zerdachte und entseelte Kunst der Weltstädte geht zum Naturalismus im heutigen Sinne über: Nachahmung der Reize des Augenscheins, des wissenschaftlich feststellbaren Bestandes von sinnlichen Kennzeichen.

Von der Imitation hebt sich nun deutlich das Ornament ab, das dem Flusse des Lebens nicht folgt, sondern *starr entgegentritt*. Statt physiognomischer Züge, die dem fremden Dasein abgelauscht werden, gibt es feststehende Motive, *Symbole*, die man ihm aufprägt. Man will nicht täuschen, sondern beschwören. Das Ich überwältigt das Du. Nachahmen ist nur ein *Sprechen*, dessen Mittel aus dem Augenblick geboren sind und sich nicht wiederholen; die Ornamentik aber *bedient* sich einer vom Sprechen abgelösten *Sprache*, eines Formenschatzes, der Dauer besitzt und der Willkür des einzelnen entzogen ist.

Nachahmen, nachbilden läßt sich nur *Lebendiges*, und zwar in Bewegungen, durch die es sich für die Sinne von Künstlern und Zuschauern offenbart. Insofern gehört die Imitation der Zeit und Richtung an; all dieses Tanzen, Zeichnen, Darstellen, Schildern für Auge und Ohr ist unwiderruflich gerichtet, und die höchsten Möglichkeiten der Imitation liegen deshalb im Nachbilden eines Schicksals, sei es in Tönen, Versen, im Bildnis oder in einer gespielten Szene.Dagegen ist ein Ornament etwas Zeitentrücktes, reine, gefestigte, verharrende Ausdehnung. Während eine Imitation etwas ausdrückt, *indem sie sich vollzieht*, kann es ein Ornament nur, indem es fertig vor den Sinnen steht. Es ist das Seiende selbst, unter gänzlichem Absehen von seiner Entstehung. Jede Imitation besitzt Anfang und Ende, ein Ornament besitzt nur Dauer. Deshalb kann nur ein *Einzel*schicksal nachgebildet werden wie das der Antigone oder Desdemona. Durch ein Ornament, ein Symbol bezeichnen läßt sich nur die Schicksalsidee überhaupt, die antike etwa durch die dorische Säule. Jene setzt ein Talent voraus, diese auch noch ein erlernbares Wissen.

Es gibt eine Grammatik und Syntax der Formensprache aller strengen Künste, mit Regeln und Gesetzen, mit innerer Logik und Tradition. Das gilt nicht nur von den Bauhütten der dorischen Tempel und gotischen Dome, von den Bildhauerschulen Ägyptens,Athens und der nordfranzösischen Kathedralplastik, von den chinesischen und antiken Malerschulen und denen in Holland, am Rhein und in Florenz, sondern auch von den festen Regeln der Skalden und Minnesänger, die handwerksmäßig gelernt und geübt wurden, und zwar nicht nur in Satzgliederung und Versbau, sondern auch in Gebärdensprache und Bilderwahl,von der Erzählungstechnik des vedischen, homerischen und keltisch-germanischen Epos, vom Satzbau und Tonfall der gotischen Predigt, der deutschen wie der lateinischen, und endlich von der antiken rednerischen Prosaund den Regeln des französischen Dramas. Im Ornamentalen eines Kunstwerks spiegelt sich die heilige Kausalität des Makrokosmos wider, wie sie dem Empfinden und Verstehen einer Art Mensch erscheint. Beides hat System. Beides ist durchdrungen von den Grundgefühlen der *religiösen* Seite des Lebens: *Fürchten* und Lieben.Ein echtes Symbol kann Furcht einflößen oder von Furcht befreien. Das „Richtige" erlöst, das „Falsche" quält und drückt nieder. Dagegen steht die nachahmende Seite der Künste den eigentlichen Rassegefühlen näher: *Hassen* und *Lieben*. Hier entspringt der Gegensatz von häßlich und schön. Er bezieht sich durchaus auf Lebendiges, dessen innerer Rhythmus abstößt oder mit sich zieht, auch wenn es sich um Wolken im Abendrot oder um den verhaltenen Atem einer Maschine handelt. Eine Nachahmung ist schön, ein Ornament ist *bedeutend*. Darin liegt der Unterschied von Richtung und Ausdehnung, organischer und anorganischer Logik, Leben und Tod. Was man schön findet, ist „nachahmenswert". Es verlockt in leisem Mitschwingen zum Nachbilden, Mitsingen, Wiederholen; es „läßt das Herz höher schlagen" und die Glieder zucken. Es berauscht bis zum jauchzenden Überschwang, aber weil es zur Zeit gehört, so hat es auch „seine Zeit". Ein Symbol dauert; alles Schöne aber vergeht mit dem Lebenspulsschlag dessen, der es aus dem kosmischen Takt heraus als solches empfindet, sei es ein einzelner, ein Stand, Volk oder Rasse. Nicht nur ist „die Schönheit" antiker Bildwerke und Dichtungen in antiken Augen etwas anderes als für uns, und mit der antiken Seele unwiederbringlich erloschen – denn was wir daran „schön finden", ist wiederum ein nur für uns vorhandener Zug; nicht nur ist, was für eine Art von Leben schön ist, für eine andre gleichgültig oder häßlich, wie unsre gesamte Musik für Chinesen oder die mexikanische Plastik für uns; sondern für ein und dasselbe Leben ist das Gewohnte, das *Gewöhnliche*, als etwas Dauerndes niemals schön.

Damit erst erscheint der Gegensatz dieser beiden Seiten jeder Kunst in seiner vollen Tiefe: die Nachahmung beseelt und belebt, die Ornamentik bannt und tötet. Jene „wird", diese „ist". Jene ist deshalb der Liebe verwandt, vor allem – in Lied, Rausch und Tanz der *Geschlechtsliebe*, in welcher sich das Dasein der Zukunft entgegenwendet, diese der

Sorge um Vergangenes, der Erinnerung,der *Bestattung*. Das Schöne wird sehnsüchtig gesucht, das Bedeutende flößt Angst ein. Deshalb gibt es keinen innerlicheren Gegensatz als *das Haus der Lebenden und das der Toten*.Das Bauernhausund von ihm aus der Edelhof, die Pfalz und Burg sind Gehäuse des Lebens, unbewußter Ausdruck strömenden Blutes, den keine Kunst schuf oder ändern kann. Die Idee der Familie erscheint im Grundriß des Urhauses, die innere Form des Stammes im Grundriß der Dörfer, der noch nach Jahrhunderten und nach manchem Wechsel der Bewohner die Rasse der Gründer erkennen läßt,das Leben einer Nation und ihre gesellschaftliche Gliederung im Grundriß – nicht im Aufriß, der Silhouette! – der Stadt.Auf der andern Seite entwickelt sich die Ornamentik großen Stils an den starren Symbolen des Todes, der Graburne, dem Sarkophag, dem Grabdenkmal und Totentempel,und darüber hinaus an den Göttertempeln und Domen, *die durch und durch Ornament sind*, Ausdruck nicht einer Rasse, sondern die Sprache einer Weltanschauung, durch und durch reine Kunst, so wie das Bauernhaus und die Burg mit Kunst gar nichts zu tun haben.

Beide sind vielmehr Gebäude, *in denen* Kunst gemacht wird, und zwar die eigentlich nachbildende Kunst: das vedische, homerische, germanische Epos, der Heldensang, der bäuerliche und ritterliche Tanz, das Spielmannslied. Der Dom dagegen ist nicht nur Kunst, sondern auch die einzige, durch die *nichts nachgeahmt* wird. Sie allein ist ganz Spannung verharrender Formen, ganz dreidimensionale Logik, die sich in Kanten, Flächen und Räumen ausspricht. Die Kunst der Dörfer und Burgen stammt aus der Laune des Augenblicks, aus Gelächter und Übermut an der Tafel und beim Spiel, und haftet an der Zeit bis zu dem Grade, daß der Troubadour seinen Namen vom Erfinden hat und die *Improvisation* – wie heute noch in der Zigeunermusik – nichts ist als Rasse, die sich unter der Macht der Stunde fremden Sinnen offenbart. Dieser freien Gestaltungskraft setzt alle geistliche Kunst die strenge *Schule* entgegen, in welcher der einzelne der Logik zeitloser Formen dient, im Hymnus wie im Bauen und Bilden. Deshalb ist in allen Kulturen der frühe Kultbau der eigentliche Sitz der Stilgeschichte. In den Burgen hat das Leben Stil, nicht der Bau. In den Städten ist der Grundriß ein Abbild der *Schicksale* eines Volkes; nur die in der Silhouette aufragenden Türme und Kuppeln reden von der *Logik im Weltbild ihrer Erbauer*, den letzten Ursachen und Wirkungen in ihrem All.

Der Stein dient im Bau der Lebenden einem weltlichen *Zweck*; im Kultbau ist er ein *Symbol*Die Geschichte der großen Architekturen hat durch nichts schwerer gelitten als dadurch, daß man sie für die Geschichte von Bautechniken hielt statt für die von Baugedanken, die ihre technischen Ausdrucksmittel nahmen, wo sie sie fanden. Es ist wie in der Geschichte der Musikinstrumente,die ebenfalls auf eine Tonsprache hin entwickelt wurden. Ob das Keilschnittgewölbe, der Strebepfeiler und die Trompenkuppel für einen großen Baustil eigens herausgebildet wurden oder ob man sie in der Nähe oder Ferne irgendwie vorfand und in Verwendung nahm, ist für die *Kunst*geschichte ebenso gleichgültig wie die Frage, ob die Streichinstrumente *technisch* aus Arabien oder einem keltischen Britannien stammen.

Mag die dorische Säule handwerksmäßig den Tempeln des ägyptischen Neuen Reiches, der spätrömische Kuppelbau den Etruskern, der florentinische Hallenhof den nordafrikanischen Mauren entlehnt sein – der dorische Peripteros, das Pantheon, der Palazzo Farnese gehören trotzdem einer ganz andern Welt an; sie dienen dem künstlerischen Ausdruck des Ursymbols dreier Kulturen.

9

Es gibt demnach in jeder Frühzeit *zwei* eigentlich ornamentale, nicht imitierende Künste, die des Bauens und des Verzierens. In der voraufgehenden Vorzeit, den Jahrhunderten des Ahnens und der Schwangerschaft, gehört der Ornamentik im engeren Sinne die Welt des elementaren Ausdrucks *allein*. Die Karolingerzeit wird *nur* durch sie repräsentiert. Ihre Bauversuche stehen „zwischen den Stilen". Es fehlt ihnen die Idee. Und ebenso haben wir mit dem Verlust aller mykenischen Bauten kunstgeschichtlich nichts verloren. Mit dem Anbruch der großen Kultur aber erhebt sich plötzlich *der Bau als Ornament* zu einer solchen Gewalt des Ausdrucks, daß für ein Jahrhundert fast die bloße Verzierung scheu zurückweicht. Die aus Stein gebildeten Räume, Flächen und Kanten reden *allein*. Im Grabtempel des Chephren wird der Gipfel mathematischer Einfalt erreicht; überall rechte Winkel, Quadrate, rechteckige Pfeiler; kein Schmuck, keine Inschrift, kein Übergang. Das die Spannung mildernde Relief wagt sich erst einige Generationen später in die hehre Magie dieser Räume. Und ebenso die edle Romanik Westfalens und Sachsens (Hildesheim, Gernrode, Paulinzella, Paderborn), Südfrankreichs und der Normannen (Norwich, Peterborough in England), die mit einer unbeschreiblichen inneren Wucht und Würde den ganzen Sinn der Welt in *eine* Linie, *ein* Kapitäl, *einen* Bogen zu legen vermochte.

Erst auf dem Gipfel der frühzeitlichen Formenwelt ordnet sich das Verhältnis dahin, daß der Bau die Herrschaft führt und ein reiches Ornament ihm dient, und zwar Ornament im allerweitesten Sinne. Denn dazu gehört nicht nur das antike *Einzel*motiv mit seiner ruhend abgewogenen Symmetrie oder mäandrischen Addition, die *flächenüberspinnende* Arabeske und die ihr nicht unähnlichen Flächenmuster der Maya, das „Donnermuster" und andere Motive aus früher Dschouzeit, die wiederum beweisen, daß die altchinesische Architektur Gestaltung der Landschaft ist, und die ganz zweifellos ihren Sinn erst durch die Linien der Gartenumgebung erhalten, in welche die Bronzevasen hineinkomponiert waren. Sondern ornamental empfunden sind auch die Kriegergestalten auf Dipylonvasen und in noch viel höherem Grade die Statuen *scharen* gotischer Dome. Es „wurden Figuren vom Beschauer aus in Pfeiler hineinkomponiert und die Pfeilerfiguren im Verhältnis zum Beschauer aneinandergereiht wie rhythmische Fugen einer zum Himmel aufsteigenden und nach allen Seiten ausklingenden Symphonie."Die Gewandfalten, Gebärden, Bildertypen, aber auch der hymnische Strophenbau und die Parallelführung der Stimmen im Kirchengesang sind Ornament im Dienste des alles beherrschenden

Baugedankens.Erst zu Beginn der Spätzeiten ist der Bann der großen Ornamentik gebrochen. Die Architektur tritt in eine *Gruppe* städtischer, weltlicher Sonderkünste ein, die in steigendem Grade gefällig und geistreich nachahmend und damit persönlich werden. Von Imitation und Ornament gilt dasselbe, was oben von Zeit und Raum gesagt wurde: die Zeit gebiert den Raum, der Raum aber tötet die Zeit.Zu Anfang hatte die starre Symbolik alles Lebendige versteint. Der Leib einer gotischen Statue soll gar nicht leben; er ist nur ein Liniengebilde in menschlicher Form. Jetzt verliert das Ornament alle heilige Strenge und wird mehr und mehr zum Schmuck der baulichen Umgebung eines vornehmen und formvollen Lebens. *Nur als solcher, verschönernd* nämlich, ist der Renaissancegeschmack von der höfischen und patrizischen Welt des Nordens – nur von dieser! – angenommen worden. Ornament bedeutet im Alten Reiche etwas ganz anderes als im Mittleren, im geometrischen Stil etwas ganz anderes als im Hellenismus, für uns um 1200 etwas ganz anderes als um 1700. Und auch die Architektur malt und musiziert zuletzt, und ihre Formen scheinen jederzeit im Begriff, irgend etwas aus dem Bilde der Umwelt nachzuahmen. So erklärt sich der Weg vom ionischen zum korinthischen Kapitäl und von Vignola über Bernini zum Rokoko.

Mit dem Anbruch der Zivilisation endlich erlischt das echte Ornament und damit die *große* Kunst überhaupt. Den Übergang bilden, und zwar in irgendeiner Form in jeder Kultur, „Klassizismus *und Romantik*". Jener bedeutet die Schwärmerei für ein Ornament – Regeln, Gesetze, Typen –, das längst altertümlich und seelenlos geworden ist, diese eine schwärmerische Imitation – nicht des Lebens, sondern einer *früheren Imitation*. An Stelle des Baustils tritt ein Baugeschmack. Malweisen, literarische Manieren, alte und moderne, einheimische und fremdartige Formen wechseln mit der Mode. Die innere Notwendigkeit fehlt. Es gibt keine „Schule" mehr, weil jeder die Motive wählt, wie und wo er will. *Die Kunst wird zum Kunstgewerbe*, und zwar in ihrem vollen Umfang, in Architektur und Musik, im Vers wie im Drama. Es entsteht zuletzt ein bildnerischer wie ein literarischer Formenschatz, der ohne alle tiefere Bedeutung mit Geschmack gehandhabt wird. In dieser letzten, völlig geschichts- und entwicklungslos gewordenen Form steht das kunstgewerbliche Ornament vor uns in den Mustern orientalischer Teppiche, persischer und indischer Metallarbeiten, chinesischer Porzellane, aber auch in der ägyptischen (und babylonischen) Kunst, wie sie die Griechen und Römer antrafen. Reines Kunstgewerbe ist die minoische Kunst auf Kreta, ein nördlicher Ausläufer ägyptischen Geschmacks seit der Hyksoszeit, und ganz dieselbe Rolle einer komfortablen Gewohnheit und geistvollen Spielerei füllt die „gleichzeitige" hellenistisch-römische Kunst etwa seit Scipio und Hannibal aus. Vom prunkvollen Gebälk des Nervaforums in Rom bis zur späteren Provinzkeramik im Westen vollzieht sich dieselbe Ausbildung eines unveränderlichen Kunstgewerbes, die sich auch in Ägypten und der islamischen Welt verfolgen läßt und in Indien und China in den Jahrhunderten nach Buddha und Konfuzius vorausgesetzt werden muß.

Man begreift nun, gerade aus dem Unterschied von Dom und Pyramidentempel trotz aller tief innerlichen Verwandtschaft, das gewaltige Phänomen der faustischen Seele, deren Tiefendrang sich nicht in das Ursymbol des Weges bannen ließ, sondern von den frühesten Anfängen an über alle Grenzen optisch gebundener Sinnlichkeit hinausstrebt. Kann etwas dem Sinne des ägyptischen Staates, dessen Tendenz man als eine erhabene Nüchternheit bezeichnen möchte, fremder sein als der politische Ehrgeiz der großen Sachsen-, Franken- und Staufenkaiser, die am Überfliegen aller staatlichen Wirklichkeiten zugrunde gingen? Die Anerkennung einer Grenze wäre ihnen gleichbedeutend mit der Herabwürdigung der Idee ihres Herrschertums gewesen. Hier tritt der unendliche Raum als Ursymbol in seiner ganzen unbeschreiblichen Macht in den Umkreis tätig-politischen Daseins, und man könnte zu den Gestalten der Ottonen, Konrads II., Heinrichs VI. und Friedrichs II., die Normannen als Eroberer Rußlands, Grönlands, Englands, Siziliens und beinahe auch Konstantinopels, und die großen Päpste Gregor VII. und Innocenz III. fügen, die alle ihre sichtbare Machtsphäre mit der damals bekannten Welt gleichsetzen wollten. Dies unterscheidet die homerischen Helden mit ihrem geographisch so genügsamen Gesichtskreis von den stets im Unendlichen schweifenden Helden der Grals-, Artus- und Siegfriedsage. Dies unterscheidet auch die Kreuzzüge, zu denen die Krieger von den Ufern der Elbe und Loire bis zu den Grenzen der bekannten Welt ausritten, von den geschichtlichen Ereignissen, welche der Ilias zugrunde liegen und auf deren örtliche Enge und Übersehbarkeit man aus dem Stil des antiken Seelentums mit Sicherheit schließen darf.

Die dorische Seele verwirklichte das Symbol des leibhaft gegenwärtigen Einzeldinges, indem sie auf alle großen und weitreichenden Schöpfungen Verzicht leistete. Es hat seinen guten Grund, wenn die erste nachmykenische Zeit unseren Archäologen nichts hinterlassen hat. Ihr endlich erreichter Ausdruck ist der dorische Tempel, der nur nach außen, als massives Gebilde in der Landschaft gelegen, wirkt und den künstlerisch überhaupt unbeachteten Raum in sich als das μη ον, das was gar nicht da sein sollte, verleugnet. Die ägyptische Säulenreihe trug die Decke eines Saales. Der Grieche entlehnte das Motiv und wandte es in seinem Sinne an, indem er den Bautypus wie einen Handschuh umkehrte. Die äußeren Säulenstellungen sind gewissermaßen Reste eines verneinten Innenraums.

Demgegenüber ließen die magische und die faustische Seele ihre steinernen Traumgebilde als Überwölbungen bedeutungsvoller Innenräume emporsteigen, deren Struktur den Geist zweier Mathematiken, der Algebra und der Analysis, vorwegnimmt. In der von Burgund und Flandern ausstrahlenden Bauweise bedeuten die Kreuzrippengewölbe mit ihren Stichkappen und Strebepfeilern eine Auflösung des geschlossenen, durch sinnlich-greifbare Grenzflächen bestimmten Raumes überhaupt.Im magischen Innenraum „sind die Fenster lediglich ein negatives Moment, eine in keiner Weise noch zur Kunstform fortgebildete Nutzform, derb ausgedrückt nichts als Löcher in der Wand".Wo sie praktisch unentbehrlich waren, wurden sie für den künstlerischen Eindruck durch Emporen verdeckt wie in der morgenländischen Basilika. Die *Architektur des Fensters* ist eins der bedeutendsten Symbole des faustischen Tiefenerlebnisses und gehört ihm allein. Hier wird der Wille fühlbar, aus dem Innern ins Grenzenlose zu dringen, wie es später die in diesen Wölbungen heimische Musik des Kontrapunktes wollte, deren körperlose Welt immer die der ersten Gotik geblieben ist. Wo auch in späteren Zeiten die polyphone Musik zu ihren höchsten Möglichkeiten emporstieg wie in der Matthäuspassion, der Eroica und Wagners Tristan und Parsifal, wurde sie mit innerster Notwendigkeit *domhaft* und kehrte zu ihrer Heimat, zur steinernen Sprache der Kreuzzugszeit zurück. Die ganze Wucht einer tiefsinnigen Ornamentik mit ihren seltsam schauerlichen Umbildungen von Pflanzen, Tier- und Menschenleibern (St. Pierre in Moissac), welche die abgrenzende Wirkung des Gesteins leugnet, welche alle Linien in Melodien und Figurationen eines Themas, alle Fassaden in vielstimmige Fugen, die Leiblichkeit der Statuen in Musik der Gewandfaltung auflöst, mußte zu Hilfe kommen, um jeden antiken Hauch von Körperlichem zu bannen. Erst dies gibt den riesigen Glasfenstern der Dome mit ihrer farbigen, *durchleuchteten, also völlig stofflosen Malerei* – eine Kunst, die sich niemals und nirgends wiederholt und die den stärksten überhaupt denkbaren Gegensatz zum antiken Fresko bildet – ihren tiefen Sinn. Er wird am deutlichsten etwa in der Sainte Chapelle zu Paris, in welcher neben dem leuchtenden Glas der Stein beinahe verschwunden ist. Im Gegensatz zum Fresko, dem mit der Wand körperlich verwachsenen Gemälde, dessen Farben als Materie wirken, finden wir hier Farben von der räumlichen Freiheit der Orgeltöne, völlig vom Medium einer tragenden Fläche gelöst, Gestalten, die frei im Unbegrenzten schweben. Mit dem faustischen Geiste dieser fast wandlosen, hochgewölbten, farbig durchschimmerten, zum Chore strebenden Kirchenschiffe vergleiche man die Wirkung arabischer – also altchristlich-byzantinischer – Kuppelbauten. Auch die über der Basilika oder dem Oktogon scheinbar frei schwebende Hängekuppel bedeutet eine Überwindung des antiken Prinzips der natürlichen Schwere, wie sie das Verhältnis von Säule und Architrav ausdrückt. Auch hier verleugnet sich alles Körperliche im Bau. Es gibt kein „Außen". Aber um so entschiedener schließt die allseitig dichtgefügte Wand eine Höhle ein, aus der kein Blick, keine Hoffnung hinausdringt. Eine geisterhaft verwirrende Durchdringung der Formen von Kugel und Polygon, eine Last auf einem Steinring gewichtslos über dem Boden schwebend und das Innere dicht verschließend, alle tektonischen Linien verhüllt, kleine Öffnungen im höchsten Gewölbe, durch die ein ungewisses Licht hereinfällt, das die Wandung noch unerbittlicher betont – so stehen die Meisterwerke dieser Kunst, San Vitale in Ravenna, die Hagia Sophia in Byzanz, der Felsendom in Jerusalem vor uns. Statt der ägyptischen Reliefs mit ihrer reinen Flächenbehandlung, die jede in die seitliche Tiefe weisende Verkürzung peinlich meidet, statt der den äußeren Weltraum einbeziehenden Glasgemälde der Dome verkleiden hier flimmernde Mosaiken und Arabesken, in denen der Goldton vorherrscht, alle Wände und versenken die Höhle in einen märchenhaften ungewissen Schein, der in aller maurischen Kunst für den nordischen Menschen immer so verlockend geblieben ist.

11

So stammt die Erscheinung des *großen Stils* also aus dem Wesen des Makrokosmos, aus dem Ursymbol einer *großen* Kultur. Man wird, wenn man den Gehalt des Wortes zu würdigen weiß, das nicht einen Formbestand, sondern eine *Formgeschichte* bezeichnet, die fragmentarischen und chaotischen Kunstäußerungen des Urmenschentums nicht zu der umfassenden Bestimmtheit eines solchen Stils mit seiner Entwicklung über Jahrhunderte hin in Beziehung bringen. Erst die als Einheit nach Ausdruck und Bedeutung wirkende Kunst der großen Kulturen – und nun nicht mehr die Kunst allein – hat Stil.

Zur organischen Geschichte eines Stils gehört ein Vorher, Außerhalb und Nachher. Die „Stiertafel" aus der 1. ägyptischen Dynastie ist noch nicht „ägyptisch".Erst mit der 3. Dynastie erhalten die Werke, und zwar plötzlich und sehr bestimmt einen Stil. Ebenso steht die Karolingerkunst „zwischen den Stilen". Man bemerkt ein Tasten, ein Ausprobieren verschiedener Formen, aber nichts von innerlich notwendigem Ausdruck. Der Schöpfer des Aachener Münsters „denkt sicher, baut sicher, aber er fühlt nicht sicher". Die Marienkirche auf der Feste Würzburg (um 700) hat ihr Seitenstück in Saloniki (St. Georg); die Kirche von Germigny des Près (um 800) ist mit Kuppeln und Hufeisenbögen fast eine Moschee. 850-950 besteht für das ganze Abendland eine Lücke. Ebenso steht die russische Kunst noch heute „zwischen den Stilen". Auf den primitiven, von Norwegen bis zur Mandschurei verbreiteten Holzbau mit steilem, achteckigem Zeltdach dringen über die Donau byzantinische, über den Kaukasus armenisch-persische Motive ein. Eine Wahlverwandtschaft zwischen der russischen und magischen Seele ist wohl zu fühlen, aber das Ursymbol des Russentums, *die unendliche Ebene,* findet wie religiös, so auch architektonisch noch keinen sicheren Ausdruck. Das Kirchendach hebt sich hügelartig kaum von der Landschaft ab, und auf ihm sitzen die Zeltdachspitzen mit den „Kokoschniks", welche das Aufstreben verschleiern und aufheben sollen. Sie steigen nicht auf wie gotische Türme und decken nicht zu wie die Kuppeln der Moschee, sondern sie „sitzen" und betonen damit das Horizontale des Baus, der *lediglich von außen* aufgefaßt sein will. Als der Synod um 1670 die Zeltdächer verbot und die orthodoxen Zwiebelkuppeln vorschrieb, wurden die schweren Kuppeln auf schlanke Zylinder aufgesetzt, die in beliebiger Zahlauf der Dachebene „sitzen".Das ist noch kein Stil, aber das Versprechen eines Stils, der erst mit der eigentlich russischen Religion erwachen wird.

Das Erwachen erfolgte im faustischen Abendlande kurz vor 1000. Mit einem Schlage ist der romanische Stil fertig. An Stelle der verschwimmenden Raumgliederung mit unsicherem Grundriß tritt plötzlich eine straffe Dynamik des Raumes. Von Anfang an sind Außen- und Innenbau in ein festes Verhältnis gesetzt, so daß die Wand von der Formensprache durchdrungen wird wie in keiner andern Kultur; von Anfang an ist die Bedeutung der Fenster und der Türme bestimmt. Die Idee der Form war unwiderruflich gegeben, nur die Entwicklung stand noch bevor.

Mit einem schöpferischen Akt von gleicher Unbewußtheit und symbolischer Wucht beginnt der ägyptische Stil. Das Ursymbol des Weges ist plötzlich ins Leben getreten, mit dem Beginn der 4. Dynastie (2550 v. Chr.). Das weltbildende Tiefenerlebnis dieser Seele empfängt seinen Gehalt vom Richtungsfaktor selbst: die Tiefe des Raumes als erstarrte Zeit, die Ferne, der Tod, das Schicksal selbst beherrschen den Ausdruck; die bloß sinnlichen Dimensionen der Länge und Breite werden zur begleitenden Fläche, die den Weg des Schicksals einengt und vorschreibt. Das ägyptische Flachrelief, auf Nahsicht berechnet und in seiner reihenweisen Anordnung den Betrachter zwingend, in vorgeschriebener Richtung die Wandflächen abzuschreiten, taucht ebenso plötzlich gegen Beginn der 5. Dynastie auf. Die noch späteren Reihen von Sphinxen und Statuen, die Felsen- und Terrassentempel verstärken beständig die Tendenz auf die einzige Ferne, welche die Welt des ägyptischen Menschen kennt, das Grab, den Tod. Man bemerke wohl, wie schon die Säulenreihen der Frühzeit nach Durchmesser und Abstand der mächtigen Schäfte genau so gegliedert sind, daß sie jeden seitlichen Durchblick *verdecken*. Das hat sich in keiner andern Architektur wiederholt.

Die Größe dieses Stils erscheint uns starr und unveränderlich. Er steht allerdings jenseits der Leidenschaft, die noch sucht und fürchtet und untergeordneten Einzelzügen damit eine rastlose persönliche Bewegtheit im Lauf der Jahrhunderte erteilt; aber sicherlich wäre dem Ägypter der faustische Stil – er bildet von der frühesten Romanik bis zum Rokoko und Empire ebenfalls eine Einheit – in seiner Unruhe und seinem ständigen Suchen nach einem Etwas viel gleichförmiger erschienen, als wir uns vorstellen können. Vergessen wir nicht, daß aus dem hier vorausgesetzten Begriff des Stils folgt, daß Romanik, Gotik, Renaissance, Barock, Rokoko nur Stufen *ein und desselben* Stils sind, an dem wir selbst naturgemäß vor allem das Wechselnde, das Auge anders gearteter Menschen das Bleibende bemerken. In der Tat beweisen zahllose Umbauten romanischer Werke im Barock-, spätgotischer im Rokokostil, die durch nichts auffallen, die innere Einheit der nordischen Renaissance und ebenso die der Bauernkunst, in welcher Gotik und Barock völlig identisch geworden ist, die Straßen alter Städte, deren Giebel und Fassaden aller Stilarten einen reinen Einklang bilden, und die Unmöglichkeit, Romanik und Gotik, Renaissance und Barock, Barock und Rokoko in einzelnen Fällen überhaupt zu unterscheiden, daß die „Familienähnlichkeit" dieser Abschnitte viel größer ist, als sie den Angehörigen erscheint.

Der ägyptische Stil ist rein *architektonisch* bis zum Erlöschen dieser Seele. Er ist der einzige, in welchem neben der Architektur ein verzierendes Ornament vollkommen fehlt. Er gestattet keine Abschweifung zu unterhaltenden Künsten, keine Tafelmalerei, keine Büste, keine weltliche Musik. In der Antike geht mit der Ionik der Schwerpunkt der Stilbildung von der Architektur zu einer von ihr unabhängigen Plastik über; im Barock geht er hinüber zur Musik, deren Formensprache ihrerseits die gesamte Baukunst des 18. Jahrhunderts beherrscht; im Arabertum löst seit Justinian und dem Perserkönig Chosru Nuschirwan die Arabeske alle Formen der Architektur, Malerei und Plastik zu Stileindrücken auf, die wir heute als kunstgewerblich bezeichnen könnten. In Ägypten bleibt die Herrschaft der Architektur unangefochten. Sie mildert lediglich ihre Sprache. In den Hallen der Pyramidentempel der 4. Dynastie (Pyramide des Chephren) stehen schmucklose, scharfkantige Pfeiler. In den Bauten der 5. Dynastie (Pyramide des Sahurê) erscheint die *Pflanzensäule*. Steingewordene Lotus- und Papyrusbündel wachsen riesenhaft aus dem Fußboden von durchscheinendem Alabaster auf, der das Wasser bedeutet, eingeschlossen von purpurnen Wänden. Die Decke ist mit Vögeln und Sternen geschmückt. Der heilige Weg vom Torbau zur Grabkammer, das Bild des Lebens, ist ein Strom. Es ist der Nil selbst, der mit dem Ursymbol der Richtung eins wird. Der Geist der mütterlichen Landschaft vereinigt sich mit der aus ihm entsprungenen Seele. In China tritt an die Stelle der mächtigen Pylonenwand, die mit der engen Pforte dem Nahenden entgegendroht, die „Geistermauer" (yin-pi), die den Eingang verdeckt. Der Chinese *schlüpft* in das Leben, wie er von da an das Tao des Lebenspfades verfolgt; und wie das Niltal zu den Hügelebenen der Landschaft am Hoangho, so verhält sich der steinumschlossene Tempelweg zu den verschlungenen Pfaden der chinesischen Gartenarchitektur. Ganz ebenso knüpft sich das euklidische Dasein der antiken Kultur in geheimnisvoller Weise an die vielen kleinen Inseln und Vorgebirge des Ägäischen Meeres, und die stets im Unendlichen schweifende Leidenschaft des Abendlandes an die weiten fränkischen, burgundischen, sächsischen Ebenen.

12

Der ägyptische Stil ist der Ausdruck einer *tapferen* Seele. Seine Strenge und Wucht ist vom ägyptischen Menschen selbst nie empfunden und betont worden. Man wagte alles, aber man schwieg darüber. In der Gotik und im Barock dagegen wird die Überwindung des Schweren zum stets bewußten Motiv der Formensprache. Das Drama Shakespeares redet laut von den verzweifelten Kämpfen zwischen Wille und Welt. Der antike Mensch war den „Mächten" gegenüber schwach. Die Katharsis von Furcht und Mitleid, *das Aufatmen der apollinischen Seele* im Augenblick der Peripetie war nach Aristoteles die beabsichtigte Wirkung der attischen Tragödie. Indem der Grieche das Schauspiel vor sich hatte, wie jemand, den er *kannte* – denn jeder kannte den Mythos und seinen Helden und lebte in ihm – vom Geschick sinnlos zertreten wurde, ohne daß ein Widerstand gegen die Mächte denkbar war, und in prachtvoller Haltung, trotzend, heroisch unterging, erfolgte in seiner euklidischen Seele eine wunderbare Erhebung. War das Leben nichts wert, so war es doch die *große Geste*, mit der man es verlor. Man wollte und wagte nichts, aber man fand eine berauschende Schönheit im *Ertragen*. Schon die Gestalt des Dulders Odysseus, in viel höherem Grade noch das Urbild des hellenischen Menschen, Achilles, zeugt davon. Die Moral der Cyniker, der Stoa, Epikurs, das allgemeine hellenische Ideal der Sophrosyne und Ataraxia, Diogenes in seinem Fasse, der δεωρια huldigend – das alles ist verkappte Feigheit vor allem Schweren und Verantwortungsvollen und sehr verschieden von dem Stolz der ägyptischen Seele; der apollinische Mensch geht dem Leben im Grund aus dem Wege, bis zum Selbstmord, der *in dieser Kultur allein* – wenn man wiederum von verwandten indischen Idealen absieht – den Rang einer hohen sittlichen Handlung erhielt und mit der Feierlichkeit eines sakralen Symbols behandelt wurde; der dionysische Rausch erscheint der gewaltsamen Übertäubung von etwas verdächtig, das die ägyptische Seele gar nicht kannte. Und deshalb ist diese Kultur die des Kleinen, Leichten, Einfachen. Ihre Technik ist, an der ägyptischen und babylonischen gemessen, ein geistvolles Nichts (Vgl. Bd. II, S. 1186 Anm. 1). Ihr Ornament ist so arm an Erfindung wie kein zweites. Der Typenschatz ihrer Plastik in Stand und Haltung läßt sich an den Fingern abzählen. „Bei der auffallenden Formenarmut des dorischen Stils, auch wenn sie zu Anfang der Entwicklung geringer gewesen sein sollte als späterhin, drehte sich alles um die Proportionen und um die Maße.“Aber auch da welches Geschick im Vermeiden! Die griechische Architektur mit ihrem Gleichmaß von Stütze und Last und den ihr eigentümlichen kleinen Maßstäben wirkt wie eine ständige Ausflucht vor schwierigen tektonischen Problemen, die man am Nil und später im hohen Norden mit einer Art von dunklem Pflichtgefühl geradezu suchte und die man in der mykenischen Zeit gekannt und sicherlich nicht vermieden hat. Der Ägypter liebte das harte Gestein ungeheurer Bauten; es entsprach seinem Selbstbewußtsein, nur das Schwerste als Aufgabe zu wählen; der Grieche mied es. Erst suchte seine Baukunst kleine Aufgaben, dann hörte sie ganz auf. Vergleicht man sie in ihrem vollen Umfange mit der Gesamtheit der ägyptischen, mexikanischen oder gar abendländischen, so ist man über die Geringfügigkeit der Stilentwicklung erstaunt. Mit einigen Variationen des dorischen Tempeltyps ist sie erschöpft und mit der Erfindung des korinthischen Kapitäls (um 400) bereits abgeschlossen. Alles Spätere ist Abwandlung von Vorhandenem.

Das hat zu einer fast körperhaften Befestigung der Formtypen und Stilgattungen geführt. Man konnte zwischen ihnen wählen, aber ihre strengen Grenzen überschreiten durfte man nicht. Das wäre gewissermaßen die Anerkennung eines unendlichen Raumes von Möglichkeiten gewesen. Es gab drei Säulenordnungen und eine bestimmte Gliederung des Architravs für jede. Da bei dem Wechsel von Triglyphen und Metopen der schon von Vitruv behandelte Konflikt an den Ecken entstand, so wurden die letzten Interkolumnien schmaler gehalten, denn niemand dachte daran, hier neue Formen zu ersinnen. Wollte man größere Abmessungen, so wurde die Zahl der Elemente über, neben, hinter einander vermehrt. Das Kolosseum besitzt drei Ringe, das Didymaion in Milet drei Säulenreihen in der Front, der Gigantenfries von Pergamon eine endlose Folge unverbundener Einzelmotive. Ebenso steht es mit den Stilgattungen der Prosa und den Typen der Lyrik, Erzählung und Tragödie. Überall ist der Aufwand im Entwerfen der

Grundform auf ein Minimum beschränkt und die Gestaltungskraft des Künstlers auf die Feinheit im einzelnen verwiesen: eine reine *Statik der Gattungen,* die im schärfsten Widerspruch zur faustischen Dynamik der Geburt immer neuer Typen und Formgebiete steht.

13

Der *Organismus* großer Stilfolgen wird nun übersehbar geworden sein. Der erste, dem dieser Blick aufging, war wiederum Goethe. In seinem „Winckelmann" sagt er von Vellejus Paterculus: „Auf seinem Standorte war es ihm nicht gegeben, *die ganze Kunst als ein Lebendiges ζωον anzusehen, das einen unmerklichen Ursprung, ein langsames Wachstum, einen glänzenden Augenblick seiner Vollendung, eine stufenfällige Abnahme, wie jedes andere organische Wesen, nur in mehreren Individuen notwendig darstellen muß.*" In diesem Satz ist die ganze Morphologie der Kunstgeschichte enthalten. Stile folgen nicht aufeinander wie Wellen und Pulsschläge. Mit der Persönlichkeit einzelner Künstler, ihrem Willen und Bewußtsein haben sie nichts zu schaffen. Im Gegenteil, der Stil ist es, welcher den *Typus* des Künstlers schafft. Der Stil ist wie die Kultur ein Urphänomen im strengsten Sinne Goethes, sei es der Stil von Künsten, Religionen, Gedanken oder der Stil des Lebens selbst. So gut „Natur" ein immer neues Erlebnis des wachen Menschen ist, als sein *alter ego* und Spiegelbild in der Umwelt, so der Stil. Deshalb kann es im historischen Gesamtbilde einer Kultur nur einen, *den Stil dieser Kultur,* geben. Es war falsch, bloße Stilphasen wie Romanik, Gotik, Barock, Rokoko, Empire als eigene Stile zu unterscheiden und mit Einheiten von ganz anderem Range wie dem ägyptischen, chinesischen Stil oder gar einem „prähistorischen Stil" gleichzusetzen. Gotik und Barock: das ist Jugend und Alter desselben Inbegriffs von Formen, der reifende und der gereifte Stil des Abendlandes. Es fehlt unserer Kunstforschung in diesem Punkte an Distanz, an der Unbefangenheit des Blickes und dem guten Willen zur Abstraktion. Man hat es sich bequem gemacht und alle stark empfundenen Formgebiete unterschiedslos als „Stile" aufgereiht. Daß auch hier das Schema Altertum-Mittelalter-Neuzeit den Blick verwirrte, braucht kaum erwähnt zu werden. In der Tat steht selbst ein Meisterwerk der strengsten Renaissance wie der Hof des Palazzo Farnese der Vorhalle von St. Patroklus in Soest, dem Innern des Magdeburger Doms und den Treppenhäusern süddeutscher Schlösser des 18. Jahrhunderts unendlich viel näher als dem Tempel von Pästum oder dem Erechtheion. Dasselbe Verhältnis besteht zwischen Dorik und Ionik. Deshalb kann die ionische Säule mit dorischen Bauformen eine ebenso vollkommene Verbindung eingehen wie Spätgotik und frühes Barock in St. Lorenz zu Nürnberg oder späte Romanik mit spätem Barock in dem schönen Oberteil des Mainzer Westchores. Deshalb hat unser Auge noch kaum gelernt, im ägyptischen Stil die der dorisch-gotischen Jugend und dem ionisch-barocken Alter entsprechenden Elemente des Alten und des Mittleren Reiches zu unterscheiden, die seit der 12. Dynastie sich in der Formensprache aller größeren Werke mit vollkommener Harmonie durchdringen.

Der Kunstgeschichte steht die Aufgabe bevor, *die vergleichenden Biographien der großen Stile* zu schreiben. Sie haben alle, als Organismen derselben Gattung, eine Lebensgeschichte von verwandter Struktur.

Am Anfang steht der verzagte, demütige, reine Ausdruck einer eben erwachenden Seele, die noch nach einem Verhältnis zur Welt sucht, der sie, obwohl einer eigenen Schöpfung, doch fremd und befremdet gegenübersteht. Es liegt Kinderangst in den Bauten des Bischofs Bernward von Hildesheim, in der altchristlichen Katakombenmalerei und den Pfeilersälen zu Anfang der 4. Dynastie. Ein Vorfrühling der Kunst, ein tiefes Ahnen künftiger Gestaltenfülle, eine mächtige, verhaltene Spannung ruht über der Landschaft, die sich, noch ganz bäuerlich, mit den ersten Burgen und kleinen Städten schmückt. Dann folgt der jauchzende Aufschwung in der hohen Gotik, der konstantinischen Zeit mit ihren Säulenbasiliken und Kuppelkirchen, und den reliefgeschmückten Tempeln der 5. Dynastie. Man begreift das Sein; der Glanz einer heiligen, vollkommen gemeisterten Formensprache breitet sich aus und der Stil reift zu einer majestätischen Symbolik der Tiefenrichtung und des Schicksals heran. Aber der jugendliche Rausch geht zu Ende. Aus der Seele selbst erhebt sich Widerspruch. Renaissance, dionysisch-musikalische Feindschaft gegen die apollinische Dorik, der auf Alexandria blickende Stil im Byzanz von 450 gegenüber der heiter-lässigen antiochenischen Kunst bedeuten einen Augenblick der Auflehnung und der versuchten oder erreichten Zerstörung des Erworbenen, deren sehr schwierige Erörterung hier nicht am Platze ist. Damit tritt das Mannesalter der Stilgeschichte in Erscheinung. Die Kultur wird zum Geist der großen Städte, die jetzt die Landschaft beherrschen; sie durchgeistigt auch den Stil. Die erhabene Symbolik verblaßt; das Ungestüm übermenschlicher Formen geht zu Ende; mildere weltlichere Künste verdrängen die große Kunst des gewachsenen Steins; selbst in Ägypten wagen Plastik und Fresko sich etwas leichter zu bewegen. Der *Künstler* erscheint. Er „entwirft" jetzt, was bis dahin aus dem Boden wuchs. Noch einmal steht das Dasein, das sich selbst bewußt gewordne, vom Ländlich-Traumhaften und Mystischen gelöst, fragwürdig da und ringt nach einem Ausdruck seiner neuen Bestimmung: zu Beginn des Barock, wo Michelangelo in wildem Unbefriedigtsein und sich gegen die Schranken seiner Kunst bäumend die Peterskuppel auftürmt, zur Zeit Justinians I., wo seit 520 die Hagia Sophia und die mosaikgeschmückten Kuppelbasiliken von Ravenna entstehen, im Ägypten zu Beginn der 12. Dynastie, deren Blüte für die Griechen der Name Sesostris zusammenfaßte, und um 600 in Hellas, wo viel später noch Aischylos verrät, was eine hellenische Architektur in dieser entscheidenden Epoche hätte ausdrücken können und müssen.

Dann erscheinen die leuchtenden Herbsttage des Stils: noch einmal malt sich in ihm das Glück der Seele, die sich ihrer letzten Vollkommenheit bewußt wird. Die Rückkehr „zur Natur", damals schon als nahe Notwendigkeit von Denkern und Dichtern, von Rousseau, Gorgias und den „Gleichzeitigen" der andern Kulturen gefühlt und angekündigt, verrät sich in der Formenwelt der Künste als empfindsame Sehnsucht und

Ahnung des Endes. Hellste Geistigkeit, heitre Urbanität und Wehmut eines Abschiednehmens: von diesen letzten farbigen Jahrzehnten der Kultur hat Talleyrand später gesagt: „*Qui n'a pas vécu avant 1789, ne connait pas la douceur de vivre.*" So erscheint die freie, sonnige, raffinierte Kunst zur Zeit Sesostris' III. (um 1850). Dieselben kurzen Augenblicke gesättigten Glücks tauchen auf, als unter Perikles die bunte Pracht der Akropolis und die Werke des Phidias und Zeuxis entstanden. Wir finden sie ein Jahrtausend später zur Ommaijadenzeit in der heitern Märchenwelt maurischer Bauten mit ihren fragilen Säulen- und Hufeisenbögen, die sich im Leuchten der Arabesken und Stalaktiten in die Luft auflösen möchten, und wieder ein Jahrtausend darauf in der Musik Haydns und Mozarts, den Schäfergruppen von Meißner Porzellan, den Bildern Watteaus und Guardis und den Werken deutscher Baumeister in Dresden, Potsdam, Würzburg und Wien.

Dann erlischt der Stil. Auf die bis zum äußersten Grade durchgeistigte, zerbrechliche, der Selbstvernichtung nahe Formensprache des Erechtheion und des Dresdner Zwingers folgt ein matter und greisenhafter Klassizismus, in hellenistischen Großstädten ebenso wie im Byzanz von 900 und im Empire des Nordens. Ein Hindämmern in leeren, ererbten, in archaistischer oder eklektischer Weise vorübergehend wieder belebten Formen ist das Ende. Halber Ernst und fragwürdige Echtheit beherrschen das Künstlertum. In diesem Falle befinden wir uns heute. Es ist ein langes Spielen mit toten Formen, an denen man sich die Illusion einer lebendigen Kunst erhalten möchte.

14

Erst wenn man sich von der Täuschung jener antiken Kruste befreit hat, die mit einer archaisierenden oder willkürlich eigne und fremde Motive mischenden Fortsetzung innerlich längst erstorbener Kunstübungen den jungen Osten in der Kaiserzeit überlagert; wenn man in der altchristlichen Kunst und in allem, was in der „spätrömischen" wirklich lebendig ist, die Frühzeit des *arabischen* Stils erkannt hat; wenn man in der Epoche Justinians I. das genaue Seitenstück des spanisch-venezianischen Barock wiederfindet, wie es unter den großen Habsburgern Karl V. und Philipp II. Europa beherrschte; in den Palästen von Byzanz mit ihren mächtigen Schlachtenbildern und Prunkszenen, deren längst untergegangene Pracht höfische Literaten wie Prokop von Cäsarea in schwülstigen Reden und Versen feiern, das Seitenstück der Paläste des frühen Barock in Madrid, Venedig und Rom und die dekorativen Riesengemälde von Rubens und Tintoretto: erst dann gewinnt das bisher als Einheit nicht begriffene Phänomen der arabischen Kunst – das volle erste Jahrtausend unserer Zeitrechnung umfassend – Gestalt. Da es an entscheidender Stelle im Bilde der Gesamtkunstgeschichte steht, so hat das bisher waltende Mißverstehen die Erkenntnis der organischen Zusammenhänge überhaupt verhindert.

Merkwürdig und für den, der hier einen Blick für bisher unbekannte Dinge gewonnen hat, ergreifend ist es zu sehen, wie diese junge Seele, vom Geist der antiken Zivilisation in Fesseln gehalten, unter den Eindrücken vor allem der politischen Allmacht Roms es nicht wagte, sich frei zu regen, wie sie demütig sich veralteten und fremden Formen unterwarf und sich mit griechischer Sprache, griechischen Ideen und Kunstmotiven zu bescheiden suchte. Die inbrünstige Hingabe an die Mächte der jungen Tageswelt, wie sie die Jugend *jeder* Kultur bezeichnet, die Demut des gotischen Menschen in seinen frommen, hochgewölbten Räumen mit den Pfeilerstatuen und lichterfüllten Glasgemälden, die hohe Spannung der ägyptischen Seele inmitten ihrer Welt der Pyramiden, Lotossäulen und Reliefsälen mischt sich hier mit einem geistigen Niederknien vor erstorbenen Formen, die man für ewig hielt. Daß ihre Herübernahme und Weiterbildung trotzdem nicht gelang, daß wider Willen und unvermerkt, ohne den Stolz der Gotik auf das Eigne, das man hier, im Syrien der Kaiserzeit, fast beklagte und als Verfall empfand, eine geschlossene neue Formenwelt emporstieg und mit ihrem Geiste – unter der Maske griechisch-römischer Baugewohnheiten – selbst Rom erfüllte, wo *syrische* Meister am Pantheon und den Kaiserforen arbeiteten, das beweist wie kein zweites Beispiel die Urkraft eines jungen Seelentums, das seine Welt erst noch zu erobern hat.

Wie jede Frühzeit, so sucht auch diese den Ausdruck ihres Seelentums in eine neue Ornamentik, vor allem in deren Gipfel, eine religiöse Architektur zu legen. Aber von dieser ganzen reichen Formenwelt ist bis vor kurzem nur die des westlichen Randes beachtet und deshalb als Heimat und Sitz der magischen Stilgeschichte aufgefaßt worden, obwohl – wie in Religion, Wissenschaft, sozialem und politischem Leben – nur Ausstrahlungen über die Ostgrenze des römischen Imperiums nach Westen drangen.Rieglund Strzygowskihaben diese Lage erkannt, aber um darüber hinaus zu einem vollständigen *Bilde* der arabischen Kunstentwicklung zu gelangen, muß man sich gleichmäßig von philologischen und religiösen Vorurteilen befreien. Es ist ein Unglück, daß die Kunstforschung religiöse Grenzen wenn auch nicht mehr anerkennt, so doch unbewußt zugrunde legt. Denn es gibt weder eine spätantike noch eine altchristliche noch eine islamische Kunst in dem Sinne, daß die Gemeinschaft der Bekenner in ihrer Mitte einen eignen Stil ausgebildet hätte. Vielmehr besitzt die Gesamtheit dieser Religionen von Armenien bis nach Südarabien und Axum und von Persien bis Byzanz und Alexandria hin trotz aller Gegensätze im einzelneneinen künstlerischen Ausdruck von großer Einheitlichkeit. *Alle* diese Religionen, die christliche, jüdische, persische, manichäische, synkretistischebesaßen Kultbauten und, zum wenigsten in der Schrift, ein Ornament vom höchsten Range; und mochten ihre Lehren im einzelnen noch so verschieden sein, so geht doch eine gleichartige Religiosität durch alle hindurch und fand in einem gleichartigen Tiefenerlebnis mit daraus folgender Raumsymbolik ihren Ausdruck. Es gibt etwas in den Basiliken der Christen, hellenistischen Juden und Baalskulte, in den Mithräen, mazdaischen Feuertempeln und Moscheen, was von einem gleichen Seelentum spricht: das Höhlengefühl.

Die Forschung muß entschieden den Versuch machen, die bis jetzt vollkommen vernachlässigte Architektur der südarabischen und persischen Tempel, der syrischen wie der mesopotamischen Synagogen, der Kultbauten im östlichen Kleinasien und selbst in Abessinienfestzustellen, und von den christlichen Kirchen nicht nur die des paulinischen Westens zu begreifen, sondern auch die des nestorianischen Ostens vom Euphrat bis nach China, wo man sie vielsagend in alten Berichten als „persische Tempel“ bezeichnet hat. Wenn von all diesen Bauten sich bis jetzt so gut wie nichts dem Blick aufgedrängt hat, so kann der Grund sehr wohl auch darin liegen, daß mit dem Vordringen erst des Christentums und dann des Islams die Kultstätten die Religion gewechselt haben, ohne daß Anlage und Stil dem widersprechen. Von spätantiken Tempeln wissen wir das, aber wie viele Kirchen Armeniens mögen einst Feuertempel gewesen sein?

Der künstlerische Mittelpunkt dieser Kultur liegt entschieden, wie Strzygowski richtig erkannt hat, in dem Städtedreieck Edessa-Nisibis-Amida. Von hier aus herrscht nach Westen die „spätantike“ Pseudomorphose:das paulinische, auf den Konzilen von Ephesus und Chalcedonsiegreiche, in Byzanz und Rom geltende Christentum, das westliche Judentum und die Kulte des Synkretismus. *Der Bautypus der Pseudomorphose ist die Basilika*, auch für Juden und Heiden.Sie drückt mit den Mitteln der Antike deren Gegensatz aus, ohne sich von den Mitteln befreien zu können: das ist das Wesen und die Tragik der Pseudomorphose. Je mehr im „antiken“ Synkretismus der euklidische Ort, an welchem ein Kult zu Hause ist, in die örtliche unbestimmte *Gemeinde* übergeht, welche sich zu dem Kult bekennt,desto wichtiger wird das Tempelinnere gegenüber der Außenseite, ohne daß Grundriß, Säulenordnung und Dach sich viel zu ändern brauchen. Das Raumgefühl wird anders, nicht – zunächst – die Ausdrucksmittel. Im heidnischen Kultbau der Kaiserzeit führt ein deutlicher, aber heute noch unbeachteter Weg von den ganz körperhaften Tempeln augusteischen Stils, deren Cella architektonisch *nichts* bedeutet, zu solchen, deren Inneres *allein* Bedeutung besitzt. Zuletzt ist das Außenbild des dorischen Peripteros auf die vier Innenwände übertragen. Die Säulenreihe vor der fensterlosen Wand verleugnet den dahinter liegenden Raum, aber dort für den Betrachter draußen, hier für die Gemeinde im Innern. Es ist demgegenüber von geringerer Bedeutung, ob der *ganze* Raum zugedeckt ist, wie in der eigentlichen Basilika, oder nur das Allerheiligste wie im Sonnentempel von Baalbek mit dem gewaltigen Vorhof,der später stets zur Anlage der Moschee gehört und vielleicht südarabischer Herkunft ist.Für die Bedeutung des Mittelschiffs als ursprünglichem Hallenhof spricht nicht nur die besondere Entwicklung des basilikalen Typus in der ostsyrischen Steppe, vor allem im Hauran, sondern auch die Anordnung in Vorhalle, Schiff und Altarraum, wobei zu diesem als dem eigentlichen Tempel Stufen hinaufführen und die Seitenschiffe als ursprüngliche Hallen eines Hofes blind endigen, so daß die Apsis *allein dem Mittelschiff* entspricht. In S. Paolo zu Rom ist dieser Ursinn der Anlage sehr deutlich; aber trotzdem hat die Pseudomorphose – die *Umkehrung* des antiken Tempels – die Ausdrucksmittel bestimmt: Säule und Architrav. Wie ein Symbol wirkt der christliche Umbau des Tempels von Aphrodisias in Karien, bei welchem innerhalb der Säulenstellung die Cella beseitigt und dafür außerhalb eine neue Wand errichtet wurde.

Jenseits des Bereichs der Pseudomorphose aber konnte das Höhlengefühl seine Formensprache frei entfalten, und hier wurde deshalb *der Deckenabschluß betont*, während man dort aus Protest gegen das antike Fühlen das bloße „Innen" hervorhob. Wann und wo die verschiedenen Möglichkeiten der Wölbung, Kuppel, Gurttonnen, Kreuzgewölbe, *technisch* entstanden sind, ist, wie schon gesagt wurde, ohne Bedeutung. Entscheidend bleibt, daß um Christi Geburt mit dem Aufschwung des neuen Weltgefühls die neue Raumsymbolik begonnen haben muß, sich dieser Formen zu bedienen und sie *auf den Ausdruck* hin weiter zu entwickeln. Es läßt sich vielleicht noch nachweisen, daß die Feuertempel und Synagogen Mesopotamiens Kuppelbauten gewesen sind, vielleicht auch die Tempel des Attar in Südarabien.Sicher war es der heidnische Marniontempel in Gaza; und lange bevor unter Konstantin das Christentum paulinischer Richtung sich dieser Formen bemächtigte, sind sie von Baumeistern morgenländischer Herkunft in alle Teile des Imperiums getragen worden, wo sie für den weltstädtischen Geschmack einen ungewohnten Reiz bedeuteten. Unter Trajan hat sie Apollodor aus Damaskus für die Wölbung des Venus- und Romatempels verwendet. Die Kuppelräume der Caracallathermen und die unter Gallienus entstandene Minerva medica sind von Syrern gebaut. Das Meisterwerk aber, *die früheste aller Moscheen*, ist der Neubau des Pantheon durch Hadrian, der hier sicherlich, wie es seinem Geschmack entsprach, Kultbauten nachahmen wollte, die er im Orient gesehen hatte.

Der Zentralkuppelbau, in welchem das magische Weltgefühl am reinsten zum Ausdruck gelangt, hat sich jenseits der römischen Grenze entwickelt. Für die Nestorianer wurde er die einzige Form, die sie von Armenien bis nach China hin verbreitet haben, in Gemeinschaft mit Manichäern und Mazdaisten. Aber mit dem Verfall der Pseudomorphose und dem Verschwinden der letzten synkretistischen Kulte dringt sie siegreich auch auf die Basilika des Westens ein. In Südfrankreich, wo es noch zur Zeit der Kreuzzüge manichäische Sekten gab, wurde die Form des Ostens heimisch. Unter Justinian vollzog sich in Byzanz und Ravenna die Durchdringung beider zur Kuppelbasilika. Die reine Basilika wurde in das germanische Abendland verdrängt, wo sie später durch die Energie des faustischen Tiefendranges zum Dom umgestaltet worden ist; die Kuppelbasilika breitete sich von Byzanz und Armenien nach Rußland aus, wo sie langsam wieder als Außenbau empfunden wurde, dessen Dachgestaltung der Schwerpunkt des Symbolischen ist. In der arabischen Welt aber führte der Islam als Erbe des monophysitischen und nestorianischen Christentums und der Juden wie der Perser die Entwicklung zu Ende. Als er die Hagia Sophia in eine Moschee verwandelte, nahm er ein altes Eigentum wieder in Besitz. Der islamische Kuppelbau ist dem mazdaischen und nestorianischen auf den gleichen Bahnen nach Schantung und Indien gefolgt; im fernen Westen entstanden Moscheen in Spanien und Sizilienund zwar, wie es scheint, eher von ostaramäisch-persischem als von westaramäisch-syrischem Stil. Und während Venedig auf Byzanz und Ravenna blickte (San Marco), lernten seit der Glanzzeit der normannischen Stauferherrschaft in Palermo die Städte längs der italischen Westküste, auch Florenz, diese maurischen Bauten bewundern und nachahmen. Mehr als ein Motiv, das der Renaissance als antik galt, wie der Hallenhof und die Verbindung von Bogen und Säule, stammt von dort.

Was von der Architektur, gilt in erhöhtem Maße von der Ornamentik, die in der arabischen Welt sehr früh alle Figurenbildnerei überwunden und in sich aufgenommen hat. Als Arabeskenkunst trat sie dann in verführerischem Reiz dem jungen Kunstwollen des Abendlandes entgegen.

Die frühchristlich-spätantike Kunst der Pseudomorphose zeigt dieselbe ornamentale und figürliche Mischung von ererbtem Fremdem und eben geborenem Eignem wie die karolingisch-frühromanische vor allem in Südfrankreich und Oberitalien. Dort mischt sich Hellenistisches mit Frühmagischem, hier Maurisch-Byzantinisches mit Faustischem. Der Forscher muß Linie für Linie, Ornament für Ornament auf das Formgefühl hin untersuchen, um die beiden Schichten voneinander zu trennen. In jedem Architrav, jedem Fries, jedem Kapitäl findet ein heimliches Ringen zwischen den gewollten alten und den ungewollten, aber siegreichen neuen Motiven statt. Überall wirkt das Durchdringen späthellenistischen und früharabischen Formgefühls verwirrend, in den Bildnisbüsten der Stadt Rom, wo oft nur die Haarbehandlung der neuen Ausdrucksweise angehört, in den Akanthusranken oft ein und desselben Frieses, wo die Arbeit des Meißels und des Tiefbohrers nebeneinander stehen, an den Sarkophagen des 3. Jahrhunderts, wo eine kindliche Stimmung in der Art Giottos und Pisanos sich mit einem gewissen späten großstädtischen Naturalismus kreuzt, bei dem man etwa an David oder Carstens denkt, und an Bauten wie der Basilika des Maxentius und manchen noch sehr antik empfundenen Teilen der Thermen und Kaiserfora.

Trotzdem ist das arabische Seelentum um seine Blüte betrogen worden, wie ein junger Baum, den ein gestürzter Urwaldstamm im Wachstum hindert und verkümmern läßt. Hier findet sich keine leuchtende Epoche, die als solche *gefühlt und erlebt wurde* wie damals, als mit den Kreuzzügen zugleich die Holzdecken der Dome sich zu steinernen Kreuzgewölben schlossen und die Idee des unendlichen Raumes durch ihr Inneres verwirklicht und vollendet wurde. Die politische Schöpfung Diokletians – des ersten Kalifen – wurde durch die Tatsache in ihrer Schönheit gebrochen, daß es die ganze Masse stadtrömischer Verwaltungsgewohnheiten war, die er, auf antikem Boden, als gegeben anerkennen mußte und die sein Werk zu einer bloßen Reform verjährter Zustände herabsetzte. Und doch tritt mit ihm die Idee des arabischen Staates hell ans Licht. Erst aus der diokletianischen Gründung und der etwas älteren und in jeder Hinsicht für diese vorbildlichen des Sassanidenreiches läßt sich das Ideal ahnen, das hier zur Entfaltung hätte kommen sollen. Und so war es überall. Man hat bis zum heutigen Tage als letzte Schöpfungen der Antike bewundert, was sich selbst nicht anders aufgefaßt wissen wollte:

Das Denken Plotins und Marc Aurels, die Kulte der Isis, des Mithras, des Sonnengottes, die diophantische Mathematik und endlich die gesamte Kunst, welche von der Ostgrenze des Imperium Romanum herüberstrahlte und in Antiochia und Alexandria *nur Stützpunkte* fand.

Dies allein erklärt die ungeheure Vehemenz, mit welcher die durch den Islam auch künstlerisch endlich befreite und entfesselte arabische Kultur sich auf alle Länder warf, die ihr seit Jahrhunderten innerlich zugehörten, das Zeichen einer Seele, die fühlt, daß sie keine Zeit zu verlieren hat, die voller Angst die ersten Spuren des Alters bemerkt, bevor sie eine Jugend hatte. Diese *Befreiung* des magischen Menschentums ist ohnegleichen. Syrien wird 634 erobert, man möchte sagen *erlöst*; Damaskus fällt 635, Ktesiphon 637. 641 wird Ägypten und Indien erreicht, 647 Karthago, 676 Samarkand, 710 Spanien; 732 stehen die Araber vor Paris. So drängt sich hier in der Hast weniger Jahre die ganze Summe ausgesparter Leidenschaft, verspäteter Schöpfungen, zurückgehaltener Taten zusammen, mit denen andre Kulturen, langsam aufsteigend, die Geschichte von Jahrhunderten füllen konnten. Die Kreuzfahrer vor Jerusalem, die Hohenstaufen in Sizilien, die Hansa in der Ostsee, die Ordensritter im slawischen Osten, die Spanier in Amerika, die Portugiesen in Ostindien, das Reich Karls V., in dem die Sonne nicht unterging, die Anfänge der englischen Kolonialmacht unter Cromwell – das alles sammelt sich in der *einen* Entladung, welche die Araber nach Spanien, Frankreich, Indien und Turkestan führte.

Es ist wahr: alle Kulturen mit Ausnahme der ägyptischen, mexikanischen und chinesischen haben unter der Vormundschaft älterer Kultureindrücke gestanden; fremde Züge erscheinen in jeder dieser Formenwelten. Die faustische Seele der Gotik, schon durch die arabische Herkunft des Christentums in der Richtung ihrer Ehrfurcht geleitet, griff nach dem reichen Schatz spätarabischer Kunst. Das Arabeskenwerk einer unleugbar südlichen, ich möchte sagen *Arabergotik* umspinnt die Fassaden der Kathedralen von Burgund und der Provence, beherrscht die äußere Sprache des Straßburger Münsters, mit einer Magie in Stein und führt überall, an Statuen und Portalen in Gewebemustern, Schnitzereien, Metallarbeiten, nicht zum wenigsten in den krausen Figuren des scholastischen Denkens und einem der höchsten abendländischen Symbole, der Sage vom heiligen *Gral*,einen stillen Kampf mit dem nordischen Urgefühl einer *Wikingergotik*, wie sie im Innern des Magdeburger Domes, der Spitze des Freiburger Münsters und der Mystik Meister Eckarts herrscht. Der Spitzbogen droht mehr als einmal seine bindende Linie zu sprengen und in den Hufeisenbogen maurisch-normannischer Bauten überzugehen.

Die apollinische Kunst der dorischen Frühzeit, deren erste Versuche fast verschollen sind, hat ohne Zweifel ägyptische Motive in großer Zahl herübergenommen, um an ihnen und durch sie zu einer *eignen* Symbolik zu gelangen. Nur die magische Seele der

Pseudomorphose wagte es nicht, die Mittel sich anzueignen, *ohne sich ihnen hinzugeben*, und das macht die Physiognomik des arabischen Stils so unendlich aufschlußreich.

15

So erwächst aus der Idee des Makrokosmos, die im Stilproblem vereinfacht und faßlicher vor Augen tritt, eine Fülle von Aufgaben, deren Lösung noch der Zukunft angehört. Die Formenwelt der Künste für eine Durchdringung des Seelischen ganzer Kulturen nutzbar zu machen, indem man sie durchaus physiognomisch und symbolisch auffaßt, ist ein Unternehmen, dessen bisher gewagte Versuche von unverkennbarer Dürftigkeit sind. Man weiß kaum etwas von einer Psychologie der metaphysischen Grundformen aller großen Architekturen. Man ahnt nicht, welche Aufschlüsse in dem Bedeutungswandel liegen, den eine Gestaltung des *reinen Ausgedehnten* bei ihrer Übernahme durch eine andere Kultur erfährt. Die *Geschichte der Säule* ist noch nicht geschrieben worden. Man hat keinen Begriff von der Tiefe einer Symbolik der Kunst *mittel*, der Kunst *werkzeuge*.

Da sind die Mosaiken, die in hellenischer Zeit aus Marmorstücken, undurchsichtig, leibhaft-euklidisch gebildet wie die berühmte Alexanderschlacht in Neapel den Fußboden verzierten, die aber mit dem Erwachen der arabischen Seele, nunmehr aus Glasstiften zusammengesetzt und mit einer Unterlage von Goldschmelz, die Wände und Decken der Kuppelbasiliken gleichsam verhüllen. Diese früharabische, von Syrien ausgehende Mosaikmalerei entspricht durchaus der Stufe nach den Glasgemälden gotischer Dome; es sind zwei frühe Künste im Dienste der religiösen Architektur. Die eine weitet den Kirchenraum durch das einströmende Licht zum Weltraum, die andere verwandelt ihn in jene magische Sphäre, deren Goldflimmer aus der irdischen Wirklichkeit zu den Visionen Plotins, des Origenes, der Manichäer, Gnostiker und Kirchenväter und der apokalyptischen Dichtungen entrückt.

Da ist das prachtvolle Motiv der *Verbindung des Rundbogens mit der Säule*, ebenfalls eine syrische, wenn nicht nordarabische Schöpfung des 3. – „hochgotischen“ – Jahrhunderts.Die umwälzende Bedeutung dieses *spezifisch magischen* Motivs, das allgemein als antik gilt und für die meisten von uns die Antike geradezu repräsentiert, ist bisher nicht im entferntesten erkannt worden. Der Ägypter hatte seine Pflanzensäulen ohne tiefere Beziehung zur Decke gelassen. Sie stellen das Wachstum dar, nicht die Kraft. Die Antike, für welche die monolithe Säule das stärkste Symbol euklidischen Daseins war, ganz Körper, ganz Einheit und Ruhe, verband sie in strengem Gleichmaß von Vertikale und Horizontale, von Kraft und Last, mit dem Architrav. Hier in Syrien aber – das von der Renaissance mit tragikomischem Irrtum als ausdrücklich antik *bevorzugte* Motiv, das die Antike gar nicht besaß und nicht *besitzen konnte*! – wächst unter Verleugnung des körperhaften Prinzips der Last und Trägheit der lichte Bogen aus schlanken Säulen auf; die hier verwirklichte Idee der Lösung von aller Erdenschwere unter gleichzeitiger Bindung des Raumes ist mit der gleichbedeutenden der frei über dem Boden schwebenden und dennoch die Höhle verschließenden Kuppel aufs tiefste verwandt, ein magisches Motiv von stärkster Kraft des Ausdrucks, das seine Vollendung folgerichtig im „Rokoko“ maurischer Moscheen und Schlösser fand, wo überirdisch zarte Säulen, oft ohne Basis aus dem Boden wachsend, nur durch einen geheimen Zauber fähig erscheinen, diese ganze Welt zahlloser gekerbter Bögen, leuchtender Ornamente, Stalaktiten und farbensatter Gewölbe zu tragen. Man kann, um die ganze Bedeutung dieser architektonischen Grundform der arabischen Kunst herauszuheben, die Verbindung von Säule und Architrav das apollinische, die von Säule und Rundbogen das magische, die von Pfeiler und Spitzbogen das faustische Leitmotiv nennen.

Nehmen wir ferner die Geschichte des Akanthusmotivs.In der Form, wie es z. B. am Lysikratesdenkmal erscheint, ist es eines der bezeichnendsten der antiken Ornamentik. Es hat Körper. Es bleibt Einzelding. Es ist mit *einem* Blick in seiner Struktur zu erfassen. Schon in der Kunst der römischen Kaiserfora (des Nerva, des Trajan), am Mars-Ultortempel erscheint es schwerer und reicher. Die organische Gliederung wird so verwickelt, daß sie in der Regel studiert sein will. Die Tendenz, die Fläche zu *füllen*, tritt hervor. In der byzantinischen Kunst – von deren „latentem sarazenischen Zuge“ schon Riegl spricht, ohne den hier aufgedeckten Zusammenhang zu ahnen – wird das Akanthusblatt in ein unendliches Rankenwerk zerlegt, das wie in der Hagia Sophia völlig unorganisch ganze Flächen deckt und überzieht. Zu dem antiken Motiv treten die altaramäischen des Weinlaubs und der Palmette, die schon im jüdischen Ornament eine Rolle spielen. Die Flechtbandmuster „spätrömischer“ Mosaikfußböden und Sarkophagkanten, auch geometrische Flächenmuster werden aufgenommen, und endlich entsteht in der ganzen persisch-vorderasiatischen Welt bei steigender Bewegtheit und mit verwirrender Wirkung die *Arabeske*. Sie ist, antiplastisch bis zum Äußersten, dem Bilde wie dem Körperhaften gleich feindlich, das eigentlich magische Motiv. Selbst unkörperlich, entkörpert sie den Gegenstand, den sie in endloser Fülle überzieht. Ein Meisterwerk dieser Art, ein Stück Architektur, das völlig in Ornamentik aufgegangen ist, stellt die Fassade des von den Ghassaniden erbauten Wüstenschlosses M'schatta dar. Ein über das ganze frühe Abendland verbreitetes und das Karolingerreich völlig beherrschendes Kunstgewerbe byzantinisch-islamitischen Stils – das man bis jetzt lombardisch, fränkisch, keltisch oder altnordisch nannte – wird größtenteils von orientalischen Künstlern gepflegt oder als Vorbild – an Geweben, Metallarbeiten, Waffen – importiert.Ravenna, Lucca, Venedig, Granada, Palermo sind die Wirkungszentren dieser damals hochzivilisierten Formensprache, die in Italien noch nach 1000 ausschließlich herrschte, als im Norden die Formen einer neuen Kultur schon fertig und gefestigt waren.

Endlich die veränderte Auffassung des menschlichen Körpers. Sie erfährt mit dem Siege des arabischen Weltgefühls eine völlige Umkehrung. Fast in jedem Römerkopf der vatikanischen Sammlung, der zwischen 100 und 250 entstanden ist, läßt sich der

Gegensatz zwischen apollinischem und magischem Gefühl, zwischen der Fundamentierung des Ausdrucks in der Lagerung der Muskelpartien oder im „Blick“ feststellen. Man arbeitet – in Rom selbst seit Hadrian – vielfach mit dem Steinbohrer, einem Werkzeug, das dem euklidischen Gefühl dem Stein gegenüber völlig widerspricht. Das Körperhafte, Stoffliche des Marmorblocks wird durch die Arbeit mit dem Meißel, der die Grenzflächen heraushebt, bejaht, durch den Bohrer, der die Flächen bricht und damit Helldunkelwirkungen schafft, verneint. Dementsprechend erlischt, gleichviel ob bei „heidnischen“ oder christlichen Künstlern, der Sinn für die Erscheinung des nackten Körpers. Man betrachte die flachen und leeren Antinousstatuen, die doch entschieden antik gemeint waren. Hier ist nur der Kopf physiognomisch bemerkenswert, was in der attischen Plastik nie der Fall ist. Die Gewandung erhält einen ganz neuen Sinn, der die Erscheinung schlechthin beherrscht. Die Konsulstatuen des kapitolinischen Museumssind auffallende Beispiele. Durch die gebohrten Pupillen der ins Weite gerichteten Augen wird der gesamte Ausdruck dem Körper entzogen und in jenes „pneumatische“, magische Prinzip gelegt, das der Neuplatonismus und die Beschlüsse der christlichen Konzile nicht weniger als die Mithrasreligion und der Mazdaismus im Menschen voraussetzen. Um 300 schrieb der heidnische „Kirchenvater“ Jamblich sein Buch über die Götterstatuen,in denen das Göttliche substantiell anwesend ist und auf den Beschauer einwirkt. Gegen diese, der Pseudomorphose angehörende Idee des Bildes hat sich dann von Osten und Süden her der Bildersturm erhoben, der eine Auffassung der künstlerischen Schöpfung voraussetzt, die uns kaum zugänglich ist.

Viertes Kapitel: Musik und Plastik

I. Die bildenden Künste

1

Das Weltgefühl des höheren Menschen hat seinen symbolischen Ausdruck, wenn man von den mathematisch-naturwissenschaftlichen Vorstellungskreisen und der Symbolik ihrer Grundbegriffe absieht, am deutlichsten in den bildenden Künsten gefunden, deren es unzählige gibt. *Auch die Musik gehört dazu*, und hätte man ihre sehr verschiedenen Arten in die Untersuchungen über den Gang der Kunstgeschichte einbezogen, statt sie vom Gebiet der malerisch-plastischen Künste zu trennen, so wäre man im Verstehen dessen, um was es sich in dieser Entwicklung auf ein Ziel hin handelt, sehr viel weiter gekommen. Aber man wird den Gestaltungsdrang, der in den *wortlosen*Künsten am Werke ist, niemals begreifen, wenn man die Unterscheidung optischer und akustischer Mittel für mehr als äußerlich hält. Das ist es *nicht*, was Künste von einander scheidet. Die Kunst des Auges und Ohres – damit ist gar nichts gesagt. Die *physiologischen* Bedingungen gar des Ausdrucks, der Empfängnis, der Vermittlung hat nur das 19. Jahrhundert überschätzen können. So wenig ein „singendes“ Bild von Lorrain oder Watteau sich im eigentlichen Sinn an das leibliche Auge wendet, so wenig die raumspannende Musik seit Bach an das leibliche Ohr. Das antike Verhältnis zwischen Kunstwerk und Sinnesorgan, an das hier immer, und zwar durchaus nicht in richtiger Weise, gedacht wird, ist ein ganz anderes, viel einfacheres und stofflicheres als das unsrige. Wir *lesen* Othello und Faust, wir studieren Partituren, das heißt, wir wechseln den Sinn, um den Geist dieser Werke ganz rein auf uns wirken zu lassen. Hier wird von den äußeren Sinnen immer an die „inneren“, an die echt faustische und ganz unantike Einbildungskraft appelliert. Der unendliche Szenenwechsel Shakespeares gegenüber der antiken Einheit des Ortes ist nur so zu verstehen. Im äußersten Falle, wie gerade beim Faust, ist eine den Gehalt des Ganzen erschöpfende, wirkliche Darstellung gar nicht möglich. Aber auch in der Musik, schon im A-cappella-Vortrag des Palestrinastils und dann im höchsten Maße in den Passionen von Heinrich Schütz, den Fugen Bachs, den letzten Quartetten Beethovens und dem Tristan erleben wir *hinter* dem sinnlichen Eindruck eine ganze Welt andrer, in der erst alle Fülle und Tiefe zum Vorschein kommt und über die sich nur in übertragenen Bildern – denn die Harmonik zaubert uns da blonde, braune, düstre, goldige Farben, Dämmerungen, Gipfelreihen ferner Gebirge, Gewitter, Frühlingslandschaften, versunkene Städte, seltsame Gesichter hin – reden und etwas mitteilen läßt. Es ist kein Zufall, daß Beethoven seine besten Werke geschrieben hat, als er taub war. Damit hatte sich gleichsam die letzte Fessel gelöst. Für diese Musik sind Sehen und Hören *gleichmäßig* eine Brücke zur Seele, nicht mehr. Dem Griechen ist diese visionäre Art des Kunstgenießens ganz fremd. Er *betastet* den Marmor mit dem Auge; er wird von dem pastosen Klang des Aulos fast *körperlich* berührt. Auge und Ohr sind für ihn Empfänger des *ganzen* gewollten Eindrucks. Uns waren sie es schon in der Gotik nicht mehr.

In Wirklichkeit sind Töne etwas Ausgedehntes, Begrenztes, Zahlenmäßiges so gut wie Linien und Farben; Harmonie, Melodie, Reim, Rhythmus so gut wie Perspektive, Proportion, Schatten und Kontur. Der Abstand zwischen zwei Arten von Malerei kann unendlich viel größer sein als der zwischen einer gleichzeitigen Malerei und Musik. Gegenüber einer Statue des Myron gehören eine Landschaft von Poussin und die pastorale Kammerkantate seiner Zeit, gehören Rembrandt und die Orgelwerke von Buxtehude, Pachelbel und Bach, Guardi und die Opern Mozarts zu ein und derselben Kunst. Ihre *innere* Formensprache ist in dem Grade identisch, daß der Unterschied optischer und akustischer Mittel dagegen verschwindet.

Der Wert, welchen die Kunstwissenschaft von jeher auf eine zeitlose begriffliche Abgrenzung der einzelnen Kunstgebiete gelegt hat, beweist lediglich, daß man in die Tiefe des Problems nicht eingedrungen ist. Künste sind Lebenseinheiten, und Lebendiges läßt sich nicht zerstückeln. Nach den alleräußerlichsten Kunstmitteln und Techniken das unendliche Gebiet in vermeintlich ewige Einzelstücke – mit unwandelbaren Formprinzipien! – zu zerlegen, das war immer der erste Schritt gelehrter

Pedanten. Man trennte „Musik“ und „Malerei“, „Musik“ und „Drama“, „Malerei“ und „Plastik“, dann definierte man „die“ Malerei, „die“ Plastik, „die“ Tragödie. Aber die technische Formensprache ist nicht viel mehr als die *Maske* des eigentlichen Werkes. Stil ist nicht, wie der flache Semper – ein echter Zeitgenosse Darwins und des Materialismus – meinte, das Produkt von Material, Technik und Zweck. Er ist im Gegenteil das, was dem Kunstverstand gar nicht zugänglich ist, die Offenbarung von etwas Metaphysischem, ein geheimnisvolles Müssen, ein Schicksal. Er hat mit den materiellen Grenzen der Einzelkünste nicht das geringste zu schaffen.

Eine Einteilung der Künste nach den Bedingungen der Sinnenwirkung an die Spitze stellen, heißt also, das Problem der Form von vornherein verderben. Wie konnte man „die Plastik“ ganz allgemein als Gattung annehmen und aus ihr allgemeine Grundgesetze entwickeln wollen? Was ist „Plastik“? „Die“ Malerei – das gibt es nicht. Wer nicht fühlt, daß Handzeichnungen von Raffael und Tizian, von denen der eine mit Umrissen, der andre mit Licht- und Schattenflecken arbeitet, zu zwei verschiedenen Künsten gehören, daß die Kunst Giottos oder Mantegnas und die Vermeers oder Van Goyens kaum etwas miteinander zu tun haben, daß der eine mit dem Pinselstrich eine Art Relief, der andre eine Art Musik auf der farbigen Fläche ins Leben rief, während ein Fresko Polygnots und ein ravennatisches Mosaikgemälde nicht einmal durch das Werkzeug der Gattung eingefügt werden können, der wird die tieferen Fragen nie begreifen. Und was hat eine Radierung mit der Kunst Fra Angelicos, was ein protokorinthisches Vasenbild mit einem gotischen Domfenster, was ein ägyptisches Relief mit einem solchen des Parthenon zu tun?

Wenn eine Kunst Grenzen hat – Grenzen ihrer formgewordenen *Seele* –, so sind es *historische*, nicht technische oder physiologische.Eine Kunst ist ein Organismus, kein System. Es gibt keine Kunstgattung, die durch alle Jahrhunderte und Kulturen geht. Selbst wo vermeintliche technische Traditionen – wie im Falle der Renaissance – den Blick zunächst täuschen und von einer ewigen Gültigkeit antiker Kunstgesetze zu zeugen scheinen, herrscht in der Tiefe völlige Verschiedenheit. Es gibt *nichts* in der griechisch-römischen Kunst, was mit der Formensprache einer Statue Donatellos, einem Gemälde Signorellis, einer Fassade Michelangelos verwandt wäre. *Innerlich* verwandt mit dem Quattrocento ist ausschließlich die gleichzeitige Gotik. Wenn ägyptische Bildnisse auf den archaischen griechischen Apollotypus oder etruskische Grabmalereien auf frühtoskanische Darstellungen „gewirkt“ haben, so bedeutet das nichts anderes, als wenn Bach eine Fuge über ein fremdes Thema schreibt, um zu zeigen, was er damit ausdrücken kann. Jede Einzelkunst, die chinesische Landschaft wie die ägyptische Plastik und der gotische Kontrapunkt, ist *einmal* da und kehrt mit ihrer Seele und Symbolik nie wieder.

2

Der Begriff der Form erfährt hier eine mächtige Erweiterung. Nicht nur das technische Werkzeug, nicht nur die Formensprache, *die Wahl der Kunstgattung selbst* ist ein Mittel des Ausdrucks. Was für den einzelnen Künstler die Schöpfung eines Hauptwerkes, für Rembrandt die „Nachtwache“, für Wagner die „Meistersinger“ bedeuten, eine Epoche nämlich, das bedeutet für die Lebensgeschichte einer Kultur die Schöpfung einer Kunst *art*, als Ganzes begriffen. Jede dieser Künste ist ein Organismus für sich, ohne Vorgänger und Nachfolger, wenn man vom Äußerlichsten absieht. Alle Theorie, Technik, Konvention gehört zu ihrem Charakter und besitzt nichts Ewiges und Allgemeingültiges. Wann eine dieser Künste beginnt, wann sie erlischt, ob sie erlischt, ob sie in eine andre verwandelt wird, warum die eine oder andre unter den Künsten einer Kultur fehlt oder vorherrscht, das alles gehört noch mit zur Form im höchsten Sinne, ebenso wie jene andre Frage, warum der einzelne Maler oder Musiker – ohne sich dessen bewußt zu sein – auf bestimmte Farbentöne und Harmonien Verzicht leistet und andre so bevorzugt, daß man ihn daran erkennt.

Die Theorie, auch noch die der Gegenwart, hat die Bedeutung dieser Gruppe von Fragen nicht erkannt. Und trotzdem gibt erst diese Seite einer Physiognomik der Künste den Schlüssel zu ihrem Verständnis. Man hat bis jetzt alle Künste – unter Voraussetzung der erwähnten „Einteilung“ – ohne irgendwelche Nachprüfung dieser schwerwiegenden Frage für möglich gehalten, immer und überall, und wo die eine oder andre fehlte, schrieb man es dem zufälligen Mangel an schöpferischen Persönlichkeiten oder an Forderung durch Umstände und Mäcene zu, die geeignet waren, „die Kunst“ „auf ihrem Wege weiter zu führen“. Das ist es, was ich die Übertragung des Kausalitätsprinzips aus der Welt des Gewordnen auf die Welt des Werdens nannte. Weil man kein Auge für die ganz andersartige Logik und Notwendigkeit des Lebendigen, für das *Schicksal* und das nicht zu Vermeidende und *nie zu Wiederholende* seiner Ausdrucksmöglichkeiten hatte, zog man handgreifliche, an der Oberfläche liegende Ursachen heran, um eine oberflächliche Folge von kunsthistorischen Ereignissen zu konstruieren.

Es war gleich zu Anfang auf die flache Vorstellung einer linienhaften Fortentwicklung „der Menschheit“ durch Altertum, Mittelalter und Neuzeit hingewiesen worden, die uns für das wahre Bild der Geschichte hoher Kulturen und seine Struktur blind gemacht hat. Die Kunstgeschichte ist ein besonders deutliches Beispiel. Nachdem man das Vorhandensein einer Anzahl konstanter und wohldefinierter Kunstgebiete als selbstverständlich angenommen hatte, entwarf man die Geschichte dieser Einzelgebiete nach dem ebenso selbstverständlichen Schema Altertum – Mittelalter – Neuzeit, wobei denn die indische und ostasiatische Kunst, die Kunst von Axum und Saba, die Kunst der Sassaniden und Rußlands keinen Platz fanden und als Anhang oder gar nicht behandelt wurden, ohne daß jemandem an dieser Folge die Sinnlosigkeit der Methode aufgegangen wäre: dieses Schema wollte und mußte nun mit Tatsachen um jeden Preis ausgefüllt sein. Man verfolgte unbedenklich ein sinnloses Auf und Nieder. Man sprach von Zeiten des Stillstandes als „natürlichen Pausen“, von „Zeiten des Niedergangs“ dort, wo in Wirklichkeit eine große Kunst starb, von „Zeiten der Wiedergeburt“, wo für den unbefangenen Blick ganz deutlich eine *andre* Kunst in einer andern Landschaft und als

Ausdruck eines andern Menschentums geboren wurde. Man lehrt noch heute, daß die Renaissance eine Wiedergeburt der Antike gewesen sei. Man folgert endlich daraus die Möglichkeit und das Recht, Künste, die man schwach oder schon tot findet – die Gegenwart ist da ein wahres Schlachtfeld – durch bewußte Neubildungen, Programme oder gewaltsame „Wiederbelebungen" aufs neue in Gang zu bringen.

Aber gerade die Frage, weshalb eine große Kunst – das attische Drama mit Euripides, die florentinische Plastik mit Michelangelo, die Instrumentalmusik mit Liszt, Wagner und Bruckner – mit einer als Symbol wirkenden Plötzlichkeit zu enden pflegt, ist geeignet, das Organische dieser Künste zu erleuchten. Man sehe genau zu und man wird sich überzeugen, daß von der „Wiedergeburt" auch nur *einer* bedeutenden Kunst noch nie die Rede gewesen ist.

Vom Pyramidenstil ist *nichts* in den dorischen übergegangen. Den antiken Tempel verbindet *nichts* mit morgenländischen Basiliken, denn die Herübernahme der antiken Säule als Bauglied – für den oberflächlichen Blick das Wichtigste – wiegt nicht schwerer als Goethes Verwendung der antiken Mythologie in seiner klassischen Walpurgisnacht. An die Wiedergeburt irgendeiner antiken Kunst im Abendlande des 15. Jahrhunderts zu glauben, ist eine Einbildung seltsamer Art. Und die antike Spätzeit selbst verzichtete auf eine Musik großen Stils, deren Möglichkeiten in dorischer Frühzeit wohl vorhanden waren: das lehrt die Bedeutung des altertümlichen Sparta – Terpander, Thaletas, Alkman wirkten dort, als anderswo die Statuenkunst entstand – für das, was späterhin noch an Musik hervortrat. Ganz ebenso schwindet vor der Arabeske endlich alles hin, was die magische Kultur am Anfang im frontalen Bildnis, im Tiefenrelief und Mosaik versucht hatte, und vor der venezianischen Ölmalerei und der Instrumentalmusik des Barock, was an Plastik im Schatten gotischer Kathedralen zu Chartres, Reims, Bamberg, Naumburg und endlich im Nürnberg Peter Vischers und im Florenz Verrocchios entstanden war.

3

Der Poseidontempel von Pästum und das Ulmer Münster, Werke der reifsten Dorik und Gotik, unterscheiden sich wie die euklidische Geometrie der körperlichen Grenzflächen und die analytische Geometrie der Lage von Raumpunkten in bezug auf die Raumachsen. Alle antike Baukunst beginnt außen, alle abendländische innen. Auch die arabische beginnt im Innern, aber sie hält sich auch dort. Einzig und allein die faustische Seele bedurfte eines Stils, der durch die Mauern in den grenzenlosen Weltraum dringt und Innen- wie Außenseite zu entsprechenden Bildern ein und desselben Weltgefühls macht. Basilika und Kuppelbau können draußen architektonisch *verziert* sein, aber sie sind dort nicht *Architektur*. Was man sieht, wenn man sich ihnen nähert, wirkt wie schützend und ein Geheimnis verdeckend. Die Formensprache in der höhlenhaften Dämmerung ist nur für die Gemeinde da, und darin besteht die Verwandtschaft zwischen den höchsten Beispielen dieses Stils und den einfachsten Mithräen und Katakomben. Das war der erste starke Ausdruck einer neuen

Seele. Sobald der germanische Geist diesen basilikalen Typus in Besitz nimmt, beginnt eine wunderbare Veränderung aller Bauelemente nach Lage und Sinn. Hier im faustischen Norden bezieht sich von nun an die äußere Gestalt des Bauwerkes, und zwar vom Dom bis zum schlichten Wohnhause, auf den Sinn, in welchem die Gliederung des *Innenraumes* erfolgt ist. Die Moschee verschweigt sie, der Tempel kennt sie nicht. Der faustische Bau hat ein *“Gesicht“,* nicht nur eine Fassade – dagegen ist die Frontseite eines Peripteros eben nur eine Seite, und der Zentralkuppelbau besitzt der Idee nach nicht einmal eine Front –, und zum Gesicht, zum Haupt gesellt sich ein gegliederter Rumpf, der durch die weite Ebene zieht wie der Dom von Speyer oder sich zum Himmel aufreckt wie der von Reims mit den zahllosen Turmspitzen des ursprünglichen Entwurfs. Das *Motiv der Fassade,* die den Betrachter anblickt und vom inneren Sinn des Hauses zu ihm redet, beherrscht nicht nur unsre großen Einzelbauten, sondern das gesamte fensterreiche Bild unsrer Straßen, Plätze und Städte.

Die frühe große Architektur ist die Mutter aller folgenden Künste. Sie bestimmt ihre Auswahl und ihren Geist. Deshalb ist die Geschichte der antiken bildenden Kunst die unablässige Arbeit an der Vollendung eines einzigen Ideals gewesen, der Eroberung des freistehenden menschlichen Körpers als dem Inbegriff der reinen, dinglichen Gegenwart. Man baute an dem Tempel des nackten Leibes, wie die faustische Musik vom frühesten Kontrapunkt bis zum Instrumentalsatz des 18. Jahrhunderts immer wieder einen Dom von Stimmen errichtet hat. Man hat das Pathos dieser durch Jahrhunderte verfolgten apollinischen Tendenz gar nicht verstanden, denn man hat nie gefühlt, daß es der *rein stoffliche, seelenlose* Körper ist – der Tempel auch des Leibes hat kein „Innen“! –, auf den das archaische Relief, die korinthische Tonmalerei und das attische Fresko zielen, bis Polyklet und Phidias ihn vollkommen zu bewältigen gelehrt haben. Man hielt mit einer erstaunlichen Blindheit diese Art von Plastik für eine allgemein gültige und überall mögliche, für die Plastik schlechthin, und schrieb ihre Geschichte und Theorie, in der alle Völker und Zeiten aufgeführt wurden; und unsre Bildhauer reden unter dem Eindruck ungeprüft hingenommener Renaissancelehren noch heute davon, daß der nackte menschliche Körper der vornehmste und eigentlichste Gegenstand „der“ bildenden Kunst sei. In Wahrheit hat es diese den nackten Leib frei auf die Ebene stellende und allseitig durchbildende Statuenkunst nur einmal gegeben, eben in der Antike, und nur dort, weil es nur diese eine Kultur mit einer vollkommenen Ablehnung der Überschreitung sinnlicher Grenzen zugunsten des Raumes gab. Die ägyptische Statue war immer auf die Vorderansicht hin gearbeitet, mithin eine Abart des Flachreliefs, und die *scheinbar* antik empfundenen Statuen der Renaissance – man ist über ihre geringe Zahl erstaunt, sobald man einmal daran denkt, sie nachzuzählen– sind nichts als eine halbgotische Reminiszenz.

Die Entwicklung dieser unerbittlich *raumlosen* Kunst füllt die drei Jahrhunderte von 650-350, von der Vollendung der Dorik, die gleichzeitig mit dem Beginn einer Tendenz auf Befreiung der Figur von der frontalen ägyptischen Gebundenheit erfolgte – die Reihe der „Apollofiguren“veranschaulicht das Ringen um die *Stellung* des Problems – bis zum Anbruch des Hellenismus und seiner Illusionsmalerei, die den großen Stil abschließt. Man wird diese Plastik nie würdigen können, wenn man sie nicht als letzte und höchste antike, *aus einer Flächenkunst hervorgegangene, der Freskomalerei erst gehorchende und dann sie überwindende Kunst begreift*. Gewiß läßt sich der technische Ursprung aus Versuchen herleiten, die hocharchaische Säule oder die zur Verkleidung der Tempelwand dienenden Platten figürlich zu behandeln;und nachgeahmt hat man hier und da ägyptische Werke (Sitzbilder vom Didymaion bei Milet) obwohl sehr wenige griechische Künstler je eines gesehen haben können. Als *Formideal* aber geht die Statue auf dem Wege über das Relief aus der archaischen Tonmalerei hervor, aus der sich auch das Fresko entwickelt hat. Beide haften an der körperlichen Wand. Man kann diese Plastik bis auf Myron herab als ein von der Fläche gelöstes Relief betrachten. Die Figur wird endlich als Körper für sich neben dem Baukörper behandelt, aber sie bleibt Silhouette vor einer Wand.Unter Ausschluß der Tiefenrichtung wird sie frontal vor dem Betrachter ausgebreitet, und noch der Marsyas des Myron läßt sich ohne Mühe und ohne nennenswerte Verkürzungen auf Vasen und Münzen abbilden.Deshalb hat von den beiden Spätkünsten großen Stils seit 650 das Fresko unbedingt die Führung. Der geringe Typenschatz ist immer zuerst durch Vasenbilder belegt, denen oft sehr viel spätere Skulpturen genau entsprechen. Wir wissen, daß die Kentaurengruppe des Westgiebels in Olympia nach einem Gemälde entworfen ist. Am Tempel von Ägina bedeutet die Entwicklung vom West- zum Ostgiebel einen Schritt vom Freskenhaften dem Körperhaften zu. Mit Polyklet vollzieht sich um 460 die Wendung, und von nun an werden plastische Gruppen umgekehrt vorbildlich für die strenge Malerei. Die *allseitige* körperliche Durchbildung wird aber erst von Lysipp ganz veristisch, als „Tatsache“ durchgeführt. Bis dahin, sogar noch bei Praxiteles, findet sich ein seitliches Entfalten mit scharfem Umriß, der nur von ein oder zwei Standorten aus zur Geltung kommt.

Ein bleibendes Zeugnis für die Herkunft der freien Plastik aus der Malerei ist die polychrome Behandlung des Marmors – von welcher Renaissance und Klassizismus nichts wußten und die sie als barbarisch empfunden haben würden–, und ebenso die Statuen aus Gold und Elfenbein und die Emailverzierungen der im natürlichen Goldton leuchtenden Bronzen.

4

Die entsprechende Stufe der abendländischen Kunst füllt die drei Jahrhunderte von 1500 bis 1800, vom Ende der Spätgotik bis zum Verfall des Rokoko und damit dem Ende des großen faustischen Stils überhaupt. In dieser Zeit hat sich, entsprechend dem immer stärker ins Bewußtsein tretenden Willen zur räumlichen Transzendenz, die Instrumentalmusik zur herrschenden Kunst entwickelt. Zunächst, im 17. Jahrhundert, *malt* die Musik mit den charakteristischen Klangfarben der Instrumente, mit dem Gegensatz von Streichern und Bläsern, von Sing- und Instrumentalstimmen. Sie hat den Ehrgeiz – ganz unbewußt – es den großen Meistern von Tizian bis Velasquez und Rembrandt gleichzutun. Sie stellt Bilder hin: in jedem Satz ein Thema mit Umschreibungen auf dem Hintergrund des basso continuo: es ist der Sonatenstil von Gabrieli († 1612) bis Corelli († 1713). Sie malt heroische Landschaften in der pastoralen Kantate; sie zeichnet ein Porträt mit Linie der Melodik in Monteverdis Klagegesang der Ariadne (1608). Alles das tritt mit den deutschen Meistern zurück. Die Malerei führt nicht mehr. Die Musik wird *absolut* und sie ist es, die – wiederum unbewußt – im 18. Jahrhundert Malerei und Baukunst beherrscht. Die Plastik wird mit steigender Entschiedenheit aus den tieferen Möglichkeiten dieser Formenwelt ausgeschieden.

Was die Malerei vor und nach ihrer Verlagerung von Florenz nach Venedig, was also die Malerei Raffaels und Tizians als zwei ganz verschiedene Künste kennzeichnet, ist der plastische Geist in der einen, der ihre Gemälde neben das Relief, der musikalische Geist in der anderen, der ihre mit sichtbaren Pinselstrichen und atmosphärischen Tiefenwirkungen arbeitende Technik neben die Chromatik der Streicher- und Bläserchöre stellt. Die Einsicht, daß hier ein Gegensatz, kein Übergang vorliegt, ist für das Verständnis des *Organismus* dieser Künste entscheidend. Hüten wir uns gerade hier vor der abstrakten Annahme „ewiger Kunstgesetze“. Malerei ist nur ein Wort. Die gotische Glasmalerei war ein Bestandteil der gotischen Architektur. Sie diente deren strenger Symbolik wie die frühägyptische, die früharabische, wie jede andre Kunst in diesem Stadium der Sprache des Steines dient. Man baute Gewandfiguren auf wie Dome. Die Falten waren ein *Ornament* von äußerster Reinheit und Strenge des Ausdrucks. Man ist auf falschem Wege, wenn man vom naturalistisch-imitativen Standpunkt aus ihre „Steifheit“ kritisiert.

Ebenso ist die Musik nur ein Wort. Es gab immer und überall „Musik“, auch *vor* aller eigentlichen Kultur, auch unter Tieren. Aber die antike Musik höheren Stils war nichts als eine *Plastik fürs* Ohr. Die Viertongruppen, die Chromatik und Enharmonikhaben tektonische, nicht harmonische Bedeutung: das aber ist der Unterschied von Körper und Raum. Diese Musik ist einstimmig. Die wenigen Instrumente werden auf die Plastik des Tones hin entwickelt und die ägyptische Harfe – in ihrer Klangfarbe vielleicht dem Cembalo nicht unähnlich – eben deshalb abgelehnt. Vor allem aber wird die Melodie – wie der antike Vers von Homer an bis in die Zeit Hadrians – quantitativ, nicht nach dem Akzent behandelt, das heißt: die Silben sind Körper, und deren Umfang entscheidet über den Rhythmus. Die sinnlichen Reize dieser Kunst sind uns unverständlich, wie die geringen Reste lehren, aber das sollte uns auch über den erstrebten und erzielten Eindruck von Statuen und Fresken nachdenklich stimmen, denn wir erleben hier nie den Reiz, den sie auf ein antikes Auge ausübten.

Ebenso unverständlich ist uns die chinesische Musik, in der wir nach dem Urteil gebildeter Chinesen heitre und traurige Stellen nicht zu unterscheiden vermögen,und umgekehrt empfindet der Chinese die abendländische Musik *ohne Unterschied als Marsch*, was den Eindruck der rhythmischen Dynamik unseres Lebens auf das rhythmisch unbetonte Tao der chinesischen Seele treffend wiedergibt. Aber so empfindet der Fremde unsre ganze Kultur überhaupt, die Richtungsenergie der Kirchenschiffe und der Geschoßgliederung aller Fassaden, die Tiefenperspektive der Gemälde, den Gang der Tragödie und Erzählung, aber auch der Technik und des gesamten privaten und öffentlichen Lebens. Wir haben diesen Takt im Blute und merken ihn deshalb gar nicht. Mit dem Rhythmus eines fremden Lebens zusammenklingend wirkt er als unerträgliche Disharmonie.

Eine ganz andre Welt ist die der arabischen Musik. Wir haben bis jetzt nur die der Pseudomorphose betrachtet: byzantinische Hymnen und jüdisches Psalmodieren, und auch diese nur, soweit sie als Antiphone, Responsorien und als ambrosianischer Gesang in die Kirche des fernen Westens gedrungen sind. Aber es versteht sich von selbst, daß nicht nur die Religionen westlich von Edessa: die synkretistischen Kulte, vor allem die syrische Sonnenreligion, die Gnostiker und Mandäer, sondern auch die östlichen: die Mazdaisten, Manichäer, Mithrasgemeinden, die Synagogen des Irak und später die Nestorianer eine heilige Musik gleichen Stils besaßen, daß sich daneben eine heitre, weltliche Musik vor allem des südarabischen und sassanidischen Rittertumsentwickelt hat, und daß beide im maurischen Stil von Spanien bis nach Persien hin ihre Vollendung fanden.

Von diesem Reichtum hat die faustische Seele nur einige Formen der Westkirche entlehnt, aber sogleich, noch im 10. Jahrhundert – Hucbald, Guido von Arezzo – von innen heraus als „Marsch“ und Sinnbild des unendlichen Raumes umgedeutet. Das erste geschah durch Takt und Tempo der Melodik, das zweite durch die Polyphonie (und gleichzeitig in der Dichtung durch den Reim). Um das zu verstehen, muß man eine imitativeund ornamentale Seite der Musik unterscheiden, und wenn wir infolge des flüchtigen Daseins aller Tonschöpfungenauch nur die musikalische Kultur des Abendlandes kennen, so genügt das vollkommen, um uns die Zweiseitigkeit der Entwicklung zu offenbaren, ohne die man Kunstgeschichte überhaupt nicht versteht. Jene ist Seele, Landschaft, Gefühl, diese ist strenge Form, Stil, Schule. Jene erscheint in dem, woran man die Musik einzelner Menschen, Völker und Rassen unterscheidet, diese in den Regeln des Satzes. Es gibt in Westeuropa eine *ornamentale Musik großen Stils* – diese ist es, zu welcher die antike Plastik strenger Art das Seitenstück bildet –, welche mit der Baugeschichte der Dome zusammenhängt, der Scholastik und Mystik nahesteht und in der Mutterlandschaft der hohen Gotik zwischen Seine und Schelde ihre Gesetze findet. Der Kontrapunkt entwickelt sich gleichzeitig mit dem Strebesystem, und zwar aus dem „romanischen“ Stil des Discantus und Fauxbourdon mit ihrer einfachen Parallel- und Gegenbewegung. Er ist eine Architektur der Menschenstimmen und wie die Statuengruppen und Glasmalereien nur im Gefüge dieser steinernen Wölbungen denkbar, eine hohe Kunst des Raumes, desselben, den Nicolas von Oresme, Bischof von

Lisieux,durch Einführung der Koordinaten mathematisch erfaßte. Das ist die eigentliche *rinascita* und *reformatio,* wie sie um 1200 Joachim von Floris erschaute,die Geburt einer neuen Seele, gespiegelt in der Formensprache einer neuen Kunst.

Daneben entsteht in Burgen und Dörfern eine weltliche, *imitative* Musik der Troubadours, Minnesänger und Spielleute, die als Ars nova von den provenzalischen Höfen in die Paläste toskanischer Patrizier eindringt – um 1300, der Zeit Dantes und Petrarcas –, es sind einfach begleitete Melodien, die mit ihrem Dur und Moll zu Herzen gehen, Kanzonen, Madrigale, Caccias; auch eine Art galanter Operette ist darunter, das „Spiel von Robin und Marion“ des Adam de la Hâle. Nach 1400 entstehen daraus mehrstimmige Satzformen, Rondo und Ballade. Es ist „Kunst“ für ein Publikum. Man malt Szenen des Lebens nach, Liebe, Jagd und Heldentum. Es kommt auf die melodische Erfindung an, nicht auf die Symbolik der Linienführung.

So unterscheiden sich auch musikalisch Burg und Dom. Der Dom *ist* Musik, in der Burg *macht* man Musik. Jene beginnt mit der Theorie, diese mit der Improvisation: so unterscheiden sich Wachsein und Dasein, der geistliche und der ritterliche Sänger. Die Imitation steht dem Leben und der Richtung näher und beginnt deshalb mit der Melodie. Die Symbolik des Kontrapunkts gehört zur Ausdehnung und deutet den unendlichen Raum durch Polyphonie. Ein Schatz „ewiger“ Regeln und ein Schatz unverwüstlicher Volksmelodien sind das Ergebnis, von dem noch das 18. Jahrhundert zehrt. Dieser Gegensatz offenbart sich künstlerisch auch in dem *Standes*gegensatz von Renaissance und Reformation.Der höfische Geschmack von Florenz widerspricht dem Geiste des Kontrapunkts. Die Entwicklung des strengen Tonsatzes von der Motette zur vierstimmigen Messe durch Dunstaple, Binchois und Dufay (um 1430) bleibt an den Bannkreis der gotischen Architektur gebunden. Von Fra Angelico bis Michelangelo beherrschen die großen Niederländer die ornamentale Musik allein. Lorenzo de' Medici mußte Dufay an den Dom berufen, weil in Florenz sich niemand auf den strengen Stil verstand. Und während hier Lionardo und Raffael malten, erhoben im Norden Ockeghem († 1495) und seine Schule und Josquin Desprez († 1521) die menschenstimmige Polyphonie auf den Gipfel ihrer formalen Vollendung.

Die Wendung zur Spätzeit kündigt sich in Rom und Venedig an. Mit dem Barock geht die Führung der Musik an Italien über, aber zugleich hört die Architektur auf, die maßgebende Kunst zu sein; es bildet sich eine Gruppe faustischer Sonderkünste, in deren Mitte die Ölmalerei steht. Um 1560 geht mit dem A-cappella-Stil Palestrinas und Orlando di Lassos (beide † 1594) die Herrschaft der menschlichen Stimme zu Ende. Ihr gebundener Klang vermag den leidenschaftlichen Drang zum Unendlichen nicht mehr auszudrücken und weicht dem Klang der Chöre von Streich- und Blasinstrumenten. Zugleich entsteht in Venedig der Tizianstil des neuen Madrigals, dessen melodisches Fluten den Sinn des Textes nachmalt. Die Musik der Gotik war architektonisch und vokal, die des Barock ist malerisch und instrumental. Die eine konstruiert, die andre arbeitet motivisch; darin liegt zugleich der Schritt von der überpersönlichen Form zum persönlichen Ausdruck der großen Meister. Denn alle Künste sind städtisch und also weltlicher geworden. Die kurz vor 1600 in Italien entstandene Methode des Generalbasses rechnet mit Virtuosen, nicht mit Asketen.

Die große Aufgabe war nunmehr die Dehnung des Tonkörpers ins Unendliche, seine Auflösung vielmehr in einen unendlichen Raum von Tönen. Die Gotik hatte die Instrumente zu Familien von bestimmter Klangfarbe entwickelt; jetzt entsteht das „Orchester", das nicht mehr den Bedingungen der Menschenstimme gehorcht, sondern sie den übrigen Stimmen einordnet. Das entspricht dem gleichzeitigen Schritt von der geometrischen Analysis Fermats zur rein funktionalen des Descartes.In Zarlinos Harmonielehre (1558) erscheint eine echte Perspektive des reinen Tonraums. Man beginnt, Ornament- und Fundamentinstrumente zu unterscheiden. Aus Melodik und Verzierung entsteht das neue „Motiv", und dessen Durchführung leitet zu einer Neugeburt kontrapunktischen Geistes hinüber, dem Fugenstil, dessen erster Meister Frescobaldi und dessen Gipfel Bach ist. Der vokalen Messe und Motette gegenüber entstehen die großen rein instrumental gedachten Barockformen des Oratoriums (Carissimi), der Kantate (Viadana), der Oper (Monteverdi). Mag nun die Baßmelodie gegen die Oberstimmen, oder die Oberstimmen auf dem Hintergrunde des *basso continuo* gegeneinander „konzertieren", es sind stets Klangwelten von charakteristischem Ausdruck, die im Unendlichen des Tonraums einander entgegenwirken, sich stützen, steigern, aufheben, beleuchten, bedrohen, überschatten, ein Spiel, das man beinahe nur durch Vorstellungen der gleichzeitigen Analysis anschaulich machen kann.

Aus diesen Formen des frühen malerischen Barock gehen im 17. Jahrhundert die Arten der Sonate hervor, Suite, Sinfonie, Concerto grosso, mit einer immer festeren inneren Struktur der Sätze und Satzfolgen, der thematischen Durchführung und Modulation. Damit ist die große Form gefunden, in deren gewaltiger Dynamik Corelli, Händel und Bach die vollkommen körperlos gewordene Musik zur herrschenden Kunst des Abendlandes erhoben. Als Newton und Leibniz um 1670 die Infinitesimalrechnung entdeckten, war der fugierte Stil vollendet. Und um 1740, als Euler begann, die endgültige Fassung der funktionalen Analysis zu formulieren, wurde durch Stamitz und seine Generation die letzte und reifste Form der musikalischen Ornamentik gefunden, die des vierteiligen Satzes als einer reinen unendlichen Bewegtheit. Denn ein Schritt war damals noch zu tun: das Thema der Fuge „ist"; das des neuen Satzes „wird". Die Durchführung ergibt dort ein Bild, hier ein Drama. Statt einer Bilderreihe entsteht eine zyklische Folge.Der Ursprung dieser Tonsprache liegt in den endlich erreichten Möglichkeiten unsrer tiefsten und innerlichsten, der Streichmusik, und so gewiß die Geige das edelste aller Instrumente ist, welche die faustische Seele ersann und ausbildete, um von ihren letzten Geheimnissen reden zu können, so gewiß liegen ihre jenseitigsten, heiligsten Augenblicke völliger Verklärung im Streichquartett und der Violinsonate. *Hier, in der*

Kammermusik, erreicht die abendländische Kunst überhaupt ihren Gipfel. Das Ursymbol des unendlichen Raumes ist hier ebenso vollkommen zum Ausdruck gelangt, wie das der gesättigten Körperlichkeit im Doryphoros des Polyklet. Wenn eine dieser unsagbar sehnsüchtigen Geigenmelodien durch den Raum irrt, den die Klänge des begleitenden Orchesters um sie breiten, bei Tartini, Nardini, Haydn, Mozart und Beethoven, so befindet man sich der Kunst gegenüber, die allein den Werken der Akropolis an die Seite zu stellen ist.

Damit beherrscht die faustische Musik alle andern Künste. Sie verbannt die Plastik der Statue und duldet nur die vollkommen musikalische, raffiniert unantike und renaissancewidrige Kleinkunst des Porzellans, das erfunden wurde, als die Kammermusik zur entscheidenden Geltung gelangte. Während die gotische Plastik durchaus architektonisches Ornament ist, menschliches Rankenwerk, ist die des Rokoko das merkwürdige Beispiel einer Scheinplastik, die in der Tat der Formensprache der Musik vollkommen erliegt. Hier erkennt man, bis zu welchem Grade die den Vordergrund des Kunstlebens beherrschende Technik der dahinter verborgenen eigentlichen Ausdruckssprache widersprechen kann. Man vergleiche die kauernde Venus des Coyzevox (1686) im Louvre mit ihrem antiken Vorbild im Vatikan. Das ist Plastik als Musik und Plastik in ihrem eigenen Namen. Man kann hier die Art der Bewegtheit, den Fluß der Linien, das Fließende im Wesen des Steines selbst, der wie das Porzellan gewissermaßen den festen Aggregatzustand verloren hat, am besten durch musikalische Wendungen: staccato, accelerando, andante, allegro beschreiben. Daher das Gefühl, als ob der körnige Marmor hier nicht am Platze sei. Daher die ganze unantike Berechnung auf Licht und Schatten hin. Das entspricht dem leitenden Prinzip der Ölmalerei seit Tizian. Was man im 18. Jahrhundert Farbigkeit – einer Radierung, einer Zeichnung, einer plastischen Gruppe – nennt, bedeutet Musik. Sie beherrscht die Malerei Watteaus und Fragonards und die Kunst der Gobelins und Pastelle. Sprechen wir nicht seitdem von Farbentönen und Tonfarben? Ist damit nicht die endlich erreichte *Gleichartigkeit* zweier oberflächlich so verschiedener Künste anerkannt? Und sind diese Bezeichnungen nicht angesichts *jeder* antiken Kunst sinnlos? Aber diese Musik schuf nun auch die Architektur des berninischen Barock in ihrem Geiste um, zum Rokoko, über dessen transzendenter Ornamentik Lichter – Töne – „spielen", um Decken, Wände, Bögen, alles Konstruktive und Wirkliche in Polyphonie und Harmonie aufzulösen, dessen architektonische Triller, Kadenzen und Passagen die Identität der Formensprache dieser Säle und Galerien und der für sie erdachten Musik zu Ende führen. Dresden und Wien sind die Heimat dieser späten und rasch verlöschenden Wunderwelt einer *sichtbaren* Kammermusik, der geschweiften Möbel, Spiegelzimmer, Schäferpoesien und Porzellangruppen. Sie ist der letzte, herbsthaft sonnige, vollkommene Ausdruck großen Stils der abendländischen Seele. Im Wien der Kongreßzeit starb er dahin.

5

Die Kunst der Renaissance ist, aus diesem Gesichtspunkt betrachtet – der sie bei weitem nicht erschöpft-, eine *Auflehnung gegen den Geist der faustischen, wälderhaften Musik* des Kontrapunkts, die sich eben anschickte, ihre Herrschaft über die gesamte Formensprache der abendländischen Kultur aufzurichten. Sie ging folgerichtig aus der reifen Gotik hervor, in der dieser Wille unverhüllt hervorgetreten war. Sie hat diese Abkunft nie verleugnet und ebensowenig *den Charakter einer bloßen Gegenbewegung*, deren Art notwendig von den Formen der Urbewegung abhängig blieb, deren Rückwirkung auf die zögernde Seele sie darstellt. Sie ist eben deshalb ohne wahre Tiefe, und zwar in beiderlei Sinn – ohne Tiefe der Idee und ohne Tiefe der Erscheinung. Was das erste betrifft, so braucht man nur an die entfesselte Leidenschaft zu denken, mit der das gotische Weltgefühl sich in der ganzen abendländischen Landschaft entlädt, um zu fühlen, was für eine Bewegung es war, die um 1420 von einem kleinen Kreis erlesener Geister, Gelehrter, Künstler, Humanisten ausging.Dort handelt es sich um Sein oder Nichtsein einer neuen Seele, hier um eine Frage des Geschmacks. Die Gotik ergreift das ganze Leben bis in seine geheimsten Winkel. Sie hat einen neuen Menschen, eine neue Welt geschaffen. Sie hat von der Idee des Katholizismus bis zum Staatsgedanken der deutschen Kaiser, vom ritterlichen Turnier bis zum Bilde der eben entstehenden Städte, vom Dom bis zur Bauernstube, vom Bau der Sprache bis zum Brautschmuck der Dorfmädchen, vom Ölgemälde bis zum Spielmannslied allem und jedem die Sprache einer einheitlichen Symbolik aufgeprägt. Die Renaissance bemächtigte sich einiger Künste des Bildes und Wortes, und damit war alles getan. Sie hat die Denkweise Westeuropas, das Lebensgefühl in nichts verändert. Sie drang bis zum Kostüm und zur Gebärde vor, nicht bis zu den Wurzeln des Daseins, denn die Weltanschauung des Barock ist selbst in Italien dem inneren Wesen nach eine Fortsetzung der Gotik.Sie hat zwischen Dante und Michelangelo, die ihre Grenzen schon überschreiten, keine ganz große Persönlichkeit hervorgebracht. Und was das zweite betrifft, so hat sie selbst in Florenz das Volkstum nicht berührt, in dessen Tiefe – erst dies macht die Erscheinung Savonarolas und seine ganz andere Gewalt über die Gemüter verständlich – der gotisch-musikalische Unterstrom ruhig dem Barock zufließt.

Der Renaissance als einer antigotischen und dem Geiste der polyphonen Musik feindlichen Bewegung entspricht in der Antike die dionysische als eine antidorische und dem plastisch-apollinischen Weltgefühl entgegengesetzte. Sie ist *nicht* aus dem thrakischen Dionysoskult „hervorgegangen". Sie hat ihn erst als Waffe und Gegensymbol zur olympischen Religion herangezogen, ganz ebenso wie man in Florenz den Kult der Antike erst zur Rechtfertigung und Stärkung des eigenen Gefühls zu Hilfe rief. Die große Auflehnung erfolgte dort im 7. und *also* hier im 15. Jahrhundert. Es handelt sich in beiden Fällen um einen Zwiespalt im Untergrunde der Kultur, der seinen physiognomischen Ausdruck in einer ganzen Epoche des Geschichtsbildes, vor allem in deren künstlerischer Formenwelt gefunden hat, um einen Widerstand der Seele gegen ihr Schicksal, das sie nunmehr in seinem vollen Umfange begreift. Die innerlich widerstrebenden Mächte, *Fausts zweite Seele, die sich von der andern trennen will*, suchen den Sinn der Kultur umzubiegen; die unausweichliche Notwendigkeit soll verleugnet, aufgehoben, umgangen werden; es ist Angst vor der Vollendung der historischen Geschicke durch Ionik und Barock darin. Dort knüpft sie sich an den Dionysoskult mit seinem *musikalischen, entwirklichenden*, den Körper *vergeudenden* Orgiasmus, hier an die Tradition des „Altertums" und an dessen Kultus des Körperhaft-Plastischen, die beide als fremde Ausdrucksmittel bewußt herangezogen werden, um durch die Kraft ihrer gegensätzlichen Formensprache dem unterdrückten Gefühl einen Schwerpunkt, ein eigenes Pathos zu verleihen und damit der Strömung in den Weg zu treten, welche dort von Homer und dem geometrischen Stil zu Phidias, hier von den gotischen Domen über Rembrandt zu Beethoven geht.

Aus dem Charakter einer Gegenbewegung folgt, daß es ebenso leicht ist zu definieren, was sie bekämpft, als schwer, was sie erreichen will. Das ist die Schwierigkeit aller Renaissanceforschung. Im Gotischen (und Dorischen) ist es gerade umgekehrt. Es kämpft *für*, nicht *gegen* etwas. Aber Renaissancekunst – das ist ganz eigentlich antigotische Kunst. Renaissancemusik ist ein Widerspruch in sich selbst. Die Musik am Hofe der Medici war die südfranzösische ars nova; die im Dome von Florenz gehorchte dem niederländischen Kontrapunkt: aber beides ist gleichmäßig *gotisch* und gehört dem *gesamten* Abendland.

Die übliche Auffassung der Renaissance ist bezeichnend dafür, wie sehr man die laut ausgesprochene Absicht mit dem tieferen Sinn einer Bewegung verwechseln kann. Die Kritik hat seit Burckhardt jede *einzelne* Behauptung der führenden Geister über ihre Tendenzen widerlegt, aber nachdem dies geschehen war, das Wort Renaissance wesentlich im alten Sinne weiter gebraucht. Gewiß, der Unterschied im Architektonischen, überhaupt im künstlerischen Gesamtbilde ist auffallend, sobald man über die Alpen kommt. Aber eben deshalb, weil diese Empfindung allzu populär ist, hätte man ihr mißtrauen und sich fragen sollen, ob hier nicht oft der Unterschied von *Nord und Süd* innerhalb ein und derselben Formenwelt einen Unterschied von gotisch und „antik" vortäuscht. Vieles wirkt auch in Spanien antik, nur weil es südlich ist. Der Laie wird, wenn man ihn vor die Frage stellt, ob der große Klosterhof von S. Maria Novella oder die Fassade des Palazzo Strozzi zur Gotik gehören, sicherlich falsch raten. Andernfalls hätte der plötzliche Wandel des Eindrucks nicht jenseits der Alpen, sondern erst jenseits des Apennin beginnen müssen, denn Toskana ist eine künstlerische Insel in Italien selbst. Oberitalien gehört durchaus einer byzantinisch gefärbten Gotik; Siena insbesondere ist eine echte Stadt der *Gegenrenaissance*. Rom ist bereits die Heimat des Barock. Die Änderung des Empfindens erfolgt aber gleichzeitig *mit der des Landschaftsbildes*.

Tatsächlich hat Italien die Geburt des gotischen Stils innerlich nicht miterlebt. Es stand um 1000 unter der unbedingten Herrschaft des byzantinischen Geschmacks im Osten, des maurischen im Süden. Erst die reife Gotik hat hier Wurzel gefaßt, und zwar mit einer Innigkeit und Gewalt, die keiner einzigen der großen Renaissanceschöpfungen innewohnt – man denke an das hier entstandene „Stabat mater“, das „Dies irae“, an Katharina von Siena, an Giotto und Simone Martini –, aber südlich aufgehellt und gleichsam als klimatisch gemilderte Fremdheit. Sie übernahm oder verdrängte nicht etwa einen angeblichen Nachklang der Antike, sondern ausschließlich eine byzantinisch-sarazenische Formensprache, die in den Bauten Venedigs und Ravennas und noch viel mehr in der Ornamentik der Gewebe, Geräte, Gefäße, Waffen aus dem Orient täglich und überall zu den Sinnen redete.

Wäre die Renaissance eine Erneuerung des antiken *Weltgefühls* gewesen – aber was heißt das? –, so hätte sie das Symbol des umschlossenen und rhythmisch gegliederten *Raumes* durch das des *geschlossenen Baukörpers* ersetzen müssen. Aber davon ist nie die Rede gewesen. Im Gegenteil. Die Renaissance pflegt ganz ausschließlich eine Architektur des Raumes, den ihr die Gotik vorschrieb, nur daß sein Atem, seine klare, ausgeglichene Ruhe im Gegensatz zum Sturm und Drang des Nordens anders ist, nämlich *südlich*, sonnig, sorglos, hingegeben. Nur darin liegt der Unterschied. Ein neuer *Baugedanke* ist nicht hervorgetreten. Man kann diese Architektur beinahe auf *Fassaden und Höfe* reduzieren.

Aber die Richtung des Ausdrucks auf das „Gesicht“ der fensterreichen Straßen- oder Hofseite, das immer den Geist der inneren Struktur spiegelt, ist echt gotisch und in einer sehr tiefen Weise mit der Porträtkunst verwandt; und der Hallenhof ist vom Sonnentempel zu Baalbek bis zum Löwenhof der Alhambra *echt arabisch*. Der Tempel von Pästum, ganz Körper, steht inmitten dieser Kunst vollkommen vereinsamt da. Niemand hat ihn gesehen, niemand ihn nachzuahmen versucht. Ebensowenig ist die florentinische Plastik *freie* Rundplastik attischer Art. Jede ihrer Statuen fühlt noch eine unsichtbare Nische hinter sich, in welche die gotische Plastik deren *wirkliche* Urbilder hineinkomponiert hatte. Im Verhältnis zum Hintergrund und im Aufbau des Körpers zeigen der „Meister der Königsköpfe“ von der Kathedrale zu Chartres und der Meister des Bamberger Georgenchors dieselbe Durchdringung von „antiken“ und gotischen Ausdrucksmitteln, die Giovanni Pisano, Ghiberti und selbst Verrocchio in ihrer Ausdrucksweise nicht weiter gesteigert, und der sie niemals widersprochen haben.

Zieht man von den Vorbildern der Renaissance alles ab, was seit der römischen Kaiserzeit entstanden ist, also der magischen Formenwelt zugehört, so bleibt nichts übrig. Von den spätrömischen Bauten selbst aber ist Zug um Zug alles ausgeschieden, was aus der großen Zeit vor Anbruch des Hellenismus stammt. Entscheidend ist die Tatsache, daß jenes Motiv, welches die Renaissance geradezu *beherrscht* und seiner Südlichkeit wegen uns als ihr edelstes Kennzeichen gilt, *die Verbindung von Rundbogen und Säule,* zwar sehr ungotisch, im antiken Stil aber gar nicht vorhanden ist, vielmehr das in Syrien entstandene *Leitmotiv der magischen Architektur* darstellt.

Und gerade jetzt empfängt man vom Norden die entscheidenden Einwirkungen, welche im Süden erst die volle Befreiung von Byzanz und dann den Schritt von der Gotik zum Barock vollziehen halfen. In der Landschaft zwischen Amsterdam, Köln und Paris– dem Gegenpol von Toskana in der Stilgeschichte unsrer Kultur – sind neben der gotischen Architektur der Kontrapunkt und die Ölmalerei geschaffen worden. Von dort kamen 1428 Dufay und 1516 Willaert in die päpstliche Kapelle, und dieser begründete 1527 die für den Barockstil der Musik entscheidende Schule von Venedig, wo de Rore aus Antwerpen sein Nachfolger wurde. Von einem Florentiner erhielten Hugo van der Goes den Auftrag des Portinari-Altars für S. Maria Nuova und Memling den für ein Jüngstes Gericht. Aber daneben wurden zahlreiche andre Bilder erworben, vor allem auch niederländische Porträts, die einen außerordentlichen Einfluß übten, und um 1450 kam Rogier van der Weyden selbst nach Florenz, wo seine Kunst bewundert und nachgeahmt wurde. Um 1470 brachten Justus van Gent die Ölmalerei nach Umbrien und der niederländisch ausgebildete Antonello da Messina nach Venedig. Wie viel Niederländisches und wie wenig „Antike" ist in den Bildern von Filippino Lippi, Ghirlandajo und Botticelli, vor allem in den Kupferstichen von Pollaiuolo und sogar bei Lionardo! Den vollen Einfluß des gotischen Nordens auf die Architektur, Musik, Malerei, Plastik der Renaissance hat man heute noch kaum zuzugestehen gewagt.

Gerade damals führte auch Nikolaus Cusanus, Kardinal und Bischof von Brixen (1401-1464), das Infinitesimalprinzip, diese *kontrapunktische Methode* der Zahlen, in die Mathematik ein, die er aus der Idee Gottes als des unendlichen Wesens ableitete. Leibniz verdankt ihm die entscheidende Anregung zur Durchführung seiner Differentialrechnung. Aber damit hatte er bereits der dynamischen, der Barockphysik Newtons die Waffe geschmiedet, mit der sie die statische Idee einer südlichen Physik, die an Archimedes anknüpfte und noch in Galilei wirksam war, endgültig überwand.

Die Hochrenaissance ist der Augenblick einer *scheinbaren* Verdrängung des Musikalischen aus der faustischen Kunst. In Florenz, an dem einzigen Punkt, wo die antike und die abendländische Kulturlandschaft aneinandergrenzen, ist während einiger Jahrzehnte durch einen großartigen Akt ganz eigentlich metaphysischer Auflehnung ein Bild der Antike aufrechterhalten worden, das seine tieferen Züge ohne Ausnahme der Verneinung gotischer verdankt und das dennoch seine Gültigkeit vor unserem Gefühl, wenn auch nicht vor unserer Kritik, über Goethe hinaus noch heute behauptet. Das Florenz des Lorenzo de' Medici und das Rom Leos X. – das *ist* für uns antik; das ist das ewige Ziel unsrer geheimsten Sehnsucht; *das* allein erlöst von aller Schwere, aller Ferne, nur weil es antigotisch ist. So streng ist der Gegensatz apollinischen und faustischen Seelentums ausgeprägt.

Aber man täusche sich nicht über den Umfang dieser Illusion. Man pflegte in Florenz Fresko und Relief, im Widerspruch zum gotischen Glasgemälde und zum byzantinischen Goldgrundmosaik. Es war die einzige Zeit des Abendlandes, wo die Skulptur den Rang einer herrschenden Kunst einnahm. Im Bilde dominieren die abgewogenen Körper, die geordneten Gruppen, die tektonischen Elemente der Architektur. Die Hintergründe haben keinen eignen Wert und dienen nur als Füllung zwischen und hinter der satten Gegenwart der Vordergrundsgestalten. Hier stand die Malerei eine Zeitlang wirklich unter der Herrschaft der Plastik. Verrocchio, Pollaiuolo und Botticelli waren Goldschmiede. Aber diese Fresken haben trotzdem nichts vom Geiste Polygnots. Man braucht nur durch eine große Sammlung antiker Vasen zu gehen – das einzelne Stück oder die Abbildung fälschen den Eindruck; Vasengemälde sind die einzige Art antiker Kunstwerke, die wir im Original in solcher Menge nebeneinander sehen können, daß wir ein eindringliches Bild des Kunst *wollens* empfangen –, um den vollkommen unantiken Geist der Renaissancemalerei mit Händen zu greifen. Die große Tat Giottos und Masaccios, die Schöpfung einer Freskomalerei, *scheint* nur eine Erneuerung der apollinischen Fühlweise zu sein. Das Tiefenerlebnis, das Ideal der Ausdehnung, welches ihr zugrunde liegt, ist nicht der apollinische raumlose, in sich beschlossene Körper, sondern der *gotische Bildraum.* So sehr die Hintergründe zurücktreten, sie sind da. Aber wieder ist es die Lichtfülle, die Durchsichtigkeit, die mittägige große Ruhe des Südens, die in Toskana und nur hier den dynamischen Raum zum statischen macht, dessen Meister Piero della Francesca wurde. Waren es auch *Bildräume,* die man malte, so erlebte man sie doch nicht als ein unbegrenztes, musikhaft in die Tiefe strebendes und webendes Sein, sondern hinsichtlich ihrer sinnlichen *Begrenztheit.* Man gab ihnen gewissermaßen Körper. Man ordnete sie in Flächenschichten. Man pflegte, mit einer scheinbaren Nähe zum hellenischen Ideal, die Zeichnung, die scharfen Konturen, die körperlichen Grenzflächen – nur daß sie hier den *einen* perspektivischen Raum gegen die Dinge, in Athen die einzelnen Dinge gegen das Nichts abgrenzten; und in demselben Grade, wie die Woge der Renaissance sich wieder glättete, läßt die *Härte* dieser Tendenz nach, von Masaccios Fresken in der Brancaccikapelle bis zu Raffaels Stanzen; und das *sfumato* Lionardos, das Verschwimmen der Ränder mit dem Hintergrund, führt das Ideal einer musikalischen an Stelle einer reliefmäßigen Malerei herauf. Ebensowenig ist die geheime Dynamik der toskanischen Skulptur zu verkennen. Zur Reiterstatue des Verrocchio würde man vergebens ein attisches Seitenstück suchen. Diese Kunst war eine *Maske*, der Geschmack einer erlesenen Gesellschaft, zuweilen eine Komödie, aber nie ist eine Komödie besser zu Ende gespielt worden. Der unsagbar innigen Reinheit der Form gegenüber vergißt man, was die Gotik an Urgewalt und Tiefe voraus hat. Aber es muß noch einmal gesagt werden: die Gotik ist die *einzige* Grundlage der Renaissance. Die Renaissance hat die wirkliche Antike nicht einmal berührt, geschweige denn verstanden und „wiederbelebt". Das ganz unter literarischen Eindrücken stehende Bewußtsein des Florentiner Kreises hat den verführerischen Namen geprägt, um dem

Verneinenden der Bewegung eine Wendung ins Bejahende zu geben. Er beweist, wie wenig solche Strömungen von sich selbst wissen. Man wird hier nicht *ein* großes Werk finden, das die Zeitgenossen des Perikles oder selbst diejenigen Cäsars nicht als völlig fremd abgelehnt hätten. Diese Palasthöfe sind maurische Höfe; die Rundbogen auf den schlanken Säulen sind syrischen Ursprungs. Cimabue lehrte sein Jahrhundert, die Kunst der byzantinischen Mosaiken mit dem Pinsel nachzubilden. Von den beiden berühmten Kuppelbauten der Renaissance ist die Florentiner Domkuppel ein Meisterwerk der späten Gotik, die von St. Peter eines des frühen Barock. Und als Michelangelo sich vermaß, hier „das Pantheon auf die Maxentiusbasilika zu türmen", nannte er zwei Bauwerke vom reinsten früharabischen Stil. Und das Ornament – ja, gibt es ein echtes Renaissanceornament? Etwas, das mit der symbolischen Gewalt gotischer Ornamentik vergleichbar ist, jedenfalls nicht. Aber welcher Herkunft ist dieser heitere und vornehme Schmuck, der von großer innerer Einheit ist und dessen Zauber ganz Westeuropa erlag? Es ist ein großer Unterschied zwischen der Heimat eines Geschmacks und der seiner Ausdrucksmittel. Man findet in den frühflorentinischen Motiven der Pisano, Maiano, Ghiberti, della Quercia viel Nordisches. Man unterscheide an all diesen Kanzeln, Grabmälern, Nischen, Portalen die äußere, übertragbare Form – als solche ist die ionische Säule ja selbst ägyptischer Herkunft – vom Geist der Formensprache, der sie als Mittel und Zeichen einverleibt wird. Alle antiken Einzelzüge sind gleichgültig, solange sie etwas Unantikes durch die Art ihrer Verwendung ausdrücken. Aber noch bei Donatello sind sie weit seltener als im hohen Barock. Ein streng antikes Kapitäl wird man überhaupt nicht finden.

Und trotzdem ist für Augenblicke etwas Wunderbares erreicht worden, das durch Musik *nicht* wiederzugeben war, ein Gefühl für das Glück der vollkommenen *Nähe,* für reine, ruhende, *erlösende* Raumwirkungen von lichter Gliederung, frei von der leidenschaftlichen Bewegtheit der Gotik und des Barock. Das ist nicht antik, aber es ist ein Traum von antikem Dasein, der einzige, den die faustische Seele träumen, in dem sie sich vergessen konnte.

6

Und nun erst, mit dem 16. Jahrhundert, geschieht in der abendländischen Malerei die entscheidende Wandlung. Die Vormundschaft der Architektur im Norden, der Skulptur in Italien erlischt. Die Malerei wird polyphon, „malerisch", ins Unendliche schweifend. Die Farben werden Töne. Die Kunst des Pinsels verschwistert sich mit dem Stil der Kantate und des Madrigals. Die Ölfarbentechnik wird zur Grundlage einer Kunst, die den *Raum* erobern will, an den die Dinge sich verlieren. Mit Lionardo und Giorgione beginnt der Impressionismus.

Im Gemälde vollzieht sich damit eine Umwertung aller Elemente. Der bis dahin gleichgültig entworfene, als Füllung angesehene, als Raum fast verheimlichte Hintergrund gewinnt entscheidende Bedeutung. Eine Entwicklung setzt ein, die in keiner andern Kultur, auch nicht in der sonst vielfach nahe verwandten chinesischen, ihresgleichen hat: der Hintergrund als Zeichen des Unendlichen überwindet den sinnlich-greifbaren Vordergrund. Es gelingt endlich – das ist der malerische im Gegensatz zum zeichnerischen Stil –, das Tiefenerlebnis der faustischen Seele in die Bildbewegung zu bannen. Das „Raumrelief" Mantegnas mit seinen Flächenschichten löst sich zur Richtungsenergie bei Tintoretto. Der *Horizont* taucht im Bilde auf als großes Symbol des grenzenlosen Weltraums, der die sichtbaren Einzeldinge als Zufälle in sich begreift. Man hat seine Darstellung im Landschaftsgemälde als so selbstverständlich empfunden, daß man nie die entscheidende Frage gestellt hat, wo überall er *fehlt* und was dieses Fehlen bedeutet. Man wird aber weder im ägyptischen Relief noch im byzantinischen Mosaik noch auf antiken Vasenbildern und Fresken, nicht einmal denen des Hellenismus mit ihrer Vordergrundsräumlichkeit, eine Andeutung des Horizontes finden. Diese Linie, in deren unwirklichem Duft Himmel und Erde verschwimmen, der Inbegriff und das stärkste Symbol der Ferne, enthält das malerische Infinitesimalprinzip. Von der Ferne des Horizonts strömt die *Musik* des Bildes aus, und die großen Landschafter Hollands malen deshalb ganz eigentlich *nur* Hintergründe, nur Atmosphäre, wie umgekehrt „antimusikalische" Meister wie Signorelli und vor allem Mantegna nur Vordergründe – „Reliefs" – gemalt hatten. Im Horizont siegt die Musik über die Plastik, die *Leidenschaft* der Ausdehnung über ihre *Substanz*. Man darf sagen, daß es in keinem Gemälde Rembrandts ein „vorn" gibt. Im Norden, in der Heimat des Kontrapunkts, ist ein tiefes Verständnis für den Sinn des Horizontes und hell belichteter Fernen schon früh zu finden, während im Süden der flach abschließende Goldgrund arabisch-byzantinischer Bilder noch lange herrschend bleibt. In den gegen 1416 entstandenen Stundenbüchern des Herzogs von Berry – dem von Chantilly und dem von Turin – und bei frührheinischen Meistern taucht das reine Raumgefühl zuerst auf und erobert sich langsam das Tafelbild.

Denselben symbolischen Sinn haben die Wolken, deren künstlerische Behandlung der Antike gleichfalls völlig versagt war und die von den Malern der Renaissance mit einer gewissen spielerischen Oberflächlichkeit behandelt wurden, während der gotische Norden sehr früh ganz mystische Fernblicke auf und durch Wolkenmassen schafft und die Venezianer, vor allem Giorgione und Paul Veronese, den vollen Zauber der Wolkenwelt, der von schwebenden, ziehenden, geballten, tausendfarbig belichteten Wesen erfüllten Himmelsräume erschlossen und Grünewald wie die Niederländer ihn bis zum Tragischen steigerten. Greco hat die große Kunst der Wolkensymbolik nach Spanien gebracht.

In der ebenfalls damals, zugleich mit der Ölmalerei und dem Kontrapunkt herangereiften *Gartenkunst* erscheinen dementsprechend die langgestreckten Teiche, Buchengänge, Alleen, Durchblicke, Galerien, um auch im Bilde der freien Natur dieselbe Tendenz zum Ausdruck zu bringen, welche die von den frühen Niederländern als Grundaufgabe ihrer Kunst empfundene und von Brunellesco, Alberti und Piero della

Francesca theoretisch behandelte Linearperspektive im Gemälde darstellt. Man wird finden, daß sie als die mathematische Weihe des durch den Rahmen seitlich abgegrenzten und in die Tiefe mächtig gesteigerten Bildraumes – sei er Landschaft oder Interieur – gerade damals mit einer gewissen Absichtlichkeit zum Vortrag gebracht wurde. Das Ursymbol kündigt sich an. Im Unendlichen liegt der Punkt, in dem die perspektivischen Linien zusammentreffen. Weil sie ihn vermied, weil sie die Ferne nicht anerkannte, besaß die antike Malerei keine Perspektive. *Folglich* ist auch der Park, die bewußte Gestaltung der Natur im Sinne räumlicher Fernwirkung, innerhalb der antiken Künste unmöglich. Es gab in Athen und Rom keine irgendwie bedeutende Gartenkunst. Erst die Kaiserzeit fand an orientalischen Anlagen Geschmack, deren kurze und betonte Abschlüsse jeder Blick auf die erhaltenen Pläne offenbart.Der erste Gartentheoretiker des Abendlandes, L. B. Alberti, lehrte denn auch um 1450 schon die Beziehung der Anlage auf das Haus, d. h. auf die Betrachter in ihm, und von seinen Entwürfen bis zu den Parks der Villen Ludovisi und Albani zeigt sich ein immer stärkeres Hervortreten perspektivischer Fernblicke. Frankreich hat dem seit Franz I. die langen Wasserstreifen hinzugefügt (Fontainebleau).

Das bedeutsamste Element im abendländischen Gartenbilde ist mithin der *point de vue* der großen Rokokoparks, auf den sich ihre Alleen und beschnittenen Laubgänge öffnen und durch den sich der Blick in weite schwindende Fernen verliert. Er fehlt selbst der chinesischen Gartenkunst. Aber er hat ein vollkommenes Gegenstück in gewissen hellen, silbernen „Fernfarben“ der pastoralen Musik des beginnenden 18. Jahrhunderts, bei Couperin z. B. Erst der *point de vue* gibt den Schlüssel zum Verständnis dieser seltsamen menschlichen Art, die Natur der symbolischen Formensprache einer Kunst zu unterwerfen. Die Auflösung endlicher Zahlengebilde in unendliche Reihen ist ein verwandtes Prinzip. Wie hier die Formel des Restgliedes den letzten Sinn der Reihe, so ist es dort der Blick ins Grenzenlose, der dem Auge des faustischen Menschen den Sinn der Natur erschließt. *Wir* waren es und nicht die Hellenen, nicht die Menschen der Hochrenaissance, welche die unbegrenzten Fernsichten vom Hochgebirge aus schätzten und suchten. Das ist eine faustische Sehnsucht. Man will *allein* mit dem unendlichen Raume sein. Dies Symbol bis zum Äußersten zu steigern, war die große Tat der nordfranzösischen Gartenbaumeister, nach der epochemachenden Schöpfung Fouquets in Vaux-le-Vicomte vor allem Lenôtres. Man vergleiche den Renaissancepark der mediceischen Zeit mit seiner Übersichtlichkeit, seiner heitren Nähe und Rundung, dem Kommensurablen seiner Linien, Umrisse und Baumgruppen, mit diesem geheimen Zug in die Ferne, der alle Wasserkünste, Statuenreihen, Gebüsche, Labyrinthe bewegt, und man findet in diesem Stück Gartengeschichte das Schicksal der abendländischen Ölmalerei wieder.

Aber Ferne – das ist zugleich eine *historische* Empfindung. In der Ferne wird der Raum zur Zeit. Der Horizont bedeutet die Zukunft. *Der Barockpark ist der Park der späten Jahreszeit*, des nahen Endes, der fallenden Blätter. Ein Renaissancepark ist für den

Sommer und den Mittag gedacht. Er ist zeitlos. Nichts in seiner Formensprache erinnert an Vergänglichkeit. Erst die Perspektive ruft die Ahnung von etwas Vergehendem, Flüchtigem, Letztem wach.

Schon das Wort „Ferne" hat in der abendländischen Lyrik aller Sprachen einen wehmütig herbstlichen Akzent, den man in der griechischen und lateinischen vergebens sucht. Man findet ihn schon in den ossianischen Gesängen Macphersons, bei Hölderlin, dann in Nietzsches Dionysos-Dithyramben, endlich bei Baudelaire, Verlaine, George und Droem. Die späte Poesie der welkenden Alleen, der endlosen Straßenzüge unserer Weltstädte, der Pfeilerreihen eines Domes, der Gipfel einer fernen Gebirgskette verrät noch einmal, daß das Tiefenerlebnis, das uns den Weltraum schafft, im letzten Grunde die innere Gewißheit eines Schicksals, einer vorbestimmten Richtung, der *Zeit,* des Unwiderruflichen ist. Hier, im Erlebnis des Horizontes als der Zukunft, tritt die Identität der Zeit mit der „dritten Dimension" des *erlebten* Raumes, des lebendigen Sichdehnens, unmittelbar zutage. Wir haben zuletzt auch das Straßenbild der großen Städte diesem Schicksalszuge des Versailler Parkes unterworfen und mächtige geradlinige, in der Ferne verschwindende Straßenfluchten angelegt, selbst unter Aufopferung althistorischer Viertel – deren Symbolik jetzt die geringere geworden war –, während antike Weltstädte mit ängstlicher Sorgfalt das Gewirr krummer Gäßchen vorschoben, damit der apollinische Mensch sich in ihnen als Körper unter Körpern fühle.Das praktische Bedürfnis war hier wie immer nur die Maske eines tiefinnerlichen Zwanges.

Der Horizont sammelt von nun an die tiefere Form, die volle metaphysische Bedeutung des Bildes in sich. Der greifbare und durch die Überschrift wiederzugebende *Inhalt,* der von der Renaissancemalerei betont und anerkannt worden war, wird nun zum *Mittel,* zum bloßen *Träger* der mit Worten nicht mehr zu erschöpfenden Bedeutung. Bei Mantegna und Signorelli hätte der gezeichnete Entwurf, auch ohne die farbige Ausführung, als Bild bestehen können. In einzelnen Fällen möchte man wünschen, es wäre bei den Kartons geblieben. In statuenhaften Entwürfen ist die Farbe lediglich eine Zugabe; Tizian aber mußte von Michelangelo den Vorwurf hören, daß er nicht zu zeichnen verstünde. Der „Gegenstand", eben das, was sich durch Umrißzeichnung festhalten läßt, das Nahe, Stoffliche, hat seine künstlerische Wirklichkeit verloren, und von nun an herrscht in der Kunsttheorie, die unter Eindrücken der Renaissance stehen blieb, jener seltsame, nie endende, Streit um „Form" und „Inhalt" im Kunstwerk. Die Formulierung beruht auf einem Mißverständnis und hat den sehr bedeutenden Sinn der Frage verdeckt. Ob die Malerei plastisch oder musikalisch aufgefaßt werden solle, als Statik von Dingen oder als Dynamik des Raumes – denn darin liegt der tiefere Gegensatz von Fresko- und Öltechnik –, ist das erste, der Gegensatz apollinischen und faustischen Formgefühls das zweite, was zu erwägen war. Umrisse begrenzen Stoffliches, Farbentöne interpretieren Raum.Aber das eine ist von unmittelbar sinnlicher Natur. Es *erzählt.* Der Raum ist seinem Wesen nach transzendent. Er spricht zur Einbildungskraft. Für eine Kunst, die unter seiner Symbolik steht, ist die erzählende Seite eine Herabsetzung und Verdunkelung der tieferen Tendenz, und ein Theoretiker, der hier ein geheimes Mißverständnis fühlt, aber nicht begreift, klammert sich an den oberflächlichen Gegensatz von Inhalt und Form. Das Problem ist ein rein abendländisches und es enthüllt in seltener Weise die vollkommene Umkehrung, die sich in der Bedeutung der Bildelemente mit dem Abschluß der Renaissance und der Heraufkunft einer instrumentalen Musik großen Stils vollzogen hat. Die Antike konnte ein Problem wie das von Form und Inhalt in diesem Sinne gar nicht besitzen. Für eine attische Statue ist beides vollkommen identisch: der menschliche Leib. Der Fall der Barockmalerei wird noch verwickelter durch den Widerstreit des *volkstümlichen und des höheren Empfindens*. Alles Euklidisch-Greifbare ist auch populär, und das „Altertum“ mithin die populäre Kunst im eigentlichen Sinne. Die Ahnung davon ist nicht zum wenigsten der unbeschreibliche Reiz, den alles Antike auf faustische Geister ausübt, die ihren Ausdruck *erkämpfen*, ihn der Welt abringen müssen. Für uns ist der Anblick des antiken Kunstwollens *die große Erholung*. Hier braucht nichts erobert zu werden. Es gibt sich von selbst. Und etwas Verwandtes hat der antigotische Zug in Florenz wirklich hervorgerufen. Raffael ist in manchen Seiten seines Schaffens populär, Rembrandt kann es nicht sein. Seit Tizian ist die Malerei immer esoterischer geworden, auch die Dichtung, auch die Musik. Die Gotik – Dante, Wolfram – war es von Anfang an gewesen. Die große Menge der Kirchenbesucher war niemals imstande, die Messen Ockeghems, Palestrinas oder gar Bachs zu verstehen. Sie langweilt sich bei Mozart und Beethoven. Sie läßt Musik lediglich auf die Stimmung wirken. In Konzerten und Galerien redet man sich nur Interesse an diesen Dingen ein, seit die Aufklärung die Phrase von der Kunst für alle geprägt hat. Aber eine faustische Kunst ist nicht für alle. Das gehört zu ihrem innersten Wesen. Wenn die neuere Malerei sich nur noch an einen kleinen Kreis von Kennern wendet, der immer enger wird, so entspricht das der Abwendung vom gemeinverständlichen Gegenstande. Damit ist dem „Inhalt“ der Eigenwert aberkannt und die eigentliche Wirklichkeit dem Raume zugesprochen, *durch* den – nach Kant – erst die Dinge *sind*. Es ist seitdem ein schwer zugängliches metaphysisches Element in die Malerei gekommen, das sich dem Laien nicht preisgibt. Aber bei Phidias würde das Wort Laie keinen Sinn haben. Seine Plastik wendet sich ganz an das leibliche, nicht an das geistige Auge. *Eine raumlose Kunst ist a priori unphilosophisch*.

7

Hiermit hängt ein wichtiges Prinzip der *Komposition* zusammen. Man kann im Gemälde die einzelnen Dinge unorganisch über-, neben-, hintereinander stellen, ohne Perspektive und wechselseitiges Verhältnis, das heißt, ohne die Abhängigkeit ihrer Wirklichkeit von der Struktur des Raumes zu betonen, womit nicht gesagt ist, daß man sie leugnet. So zeichnen Naturmenschen und Kinder, bevor das Tiefenerlebnis die sinnlichen Welteindrücke einer tieferen Ordnung unterwirft. Aber diese Ordnung ist dem Ursymbol gemäß in jeder Kultur eine andere. Die uns selbstverständliche Art perspektivischer Zusammenfassung ist ein Einzelfall und von der Malerei anderer Kulturen weder anerkannt noch gewollt. Die ägyptische Kunst liebte die Darstellung gleichzeitiger Vorgänge in Reihen übereinander. So wurde die dritte Dimension aus dem Bildeindruck ausgeschaltet. Die apollinische Kunst stellte vereinzelte Figuren und Gruppen unter absichtlicher Vermeidung räumlicher und zeitlicher Beziehungen in die Bildfläche. Polygnots Fresken in der Lesche von Delphi waren ein berühmtes Beispiel. Ein Hintergrund, der die einzelnen Szenen verbunden hätte, fehlt. Er würde die Bedeutung der Dinge als des allein Wirklichen – gegenüber dem Raum als dem Nichtseienden – in Frage gestellt haben. Die Giebel des Tempels von Ägina, der Götterzug der Françoisvase und der Gigantenfries von Pergamon enthalten eine mäandrische Aufreihung vertauschbarer Einzelmotive, keinen Organismus. Erst der Hellenismus – der Telephosfries des Altars von Pergamon ist das früheste erhaltene Beispiel – bringt das unantike Motiv der einheitlichen Reihe. Auch hierin empfand die Renaissance rein gotisch. Sie hat die Komposition von Gruppen sogar auf eine Höhe erhoben, die für alle folgenden Jahrhunderte vorbildlich blieb, aber diese Ordnung ging vom Raume aus und war in ihren letzten Gründen eine stille Musik der farbig durchleuchteten Ausdehnung, die alle aus ihr geborenen *Widerstände des Lichts*, die das verstehende Auge als Dinge und Wesen begreift, durch ihren unsichtbaren Takt und Rhythmus in die Ferne geleitet. Aber mit dieser Ordnung im Raum, welche unvermerkt die Linienperspektive durch die Perspektive von Luft und Licht ersetzt, war die Renaissance innerlich schon überwunden.

Und nun folgt von ihrem Ende, von Orlando di Lasso und Palestrina bis auf Wagner, eine dichte Reihe großer Musiker und von Tizian bis auf Manet, Marées und Leibl eine Reihe großer Maler aufeinander, während die Plastik zur völligen Bedeutungslosigkeit herabsinkt. Ölmalerei und instrumentale Musik durchlaufen eine organische Entwicklung, deren Ziel in der Gotik begriffen und im Barock erreicht wurde. Beide Künste – faustisch im höchsten Sinne – sind innerhalb dieser Grenzen *Urphänomene.* Sie haben eine Seele, eine Physiognomie und also eine Geschichte, und zwar sie allein. Die Bildhauerei beschränkt sich auf ein paar schöne Zufälle im Schatten der Malerei, Gartenkunst oder Architektur. Aber sie sind im Bilde der abendländischen Kunst entbehrlich. Es gibt keinen plastischen Stil mehr in dem Sinne, wie es einen malerischen und musikalischen Stil gibt. Es gibt sowenig eine geschlossene Tradition wie einen notwendigen Zusammenhang der Werke eines Maderna, Goujon, Puget und Schlüter untereinander. Schon in Lionardo entsteht allmählich eine wahre Verachtung der Bildhauerei. Er läßt höchstens den Bronzeguß seiner malerischen Vorzüge wegen gelten, im Gegensatz zu Michelangelo, dessen eigentliches Element damals noch der weiße Marmor war. Aber auch ihm will im hohen Alter keine plastische Arbeit mehr gelingen. Keiner der späteren Bildhauer ist groß in dem Sinne, wie Rembrandt und Bach groß sind, und man wird zugeben, daß sich wohl eine tüchtige und geschmackvolle Leistung, aber kein Werk denken läßt, das im Range neben der Nachtwache oder der Matthäuspassion steht und in gleicher Weise die Tiefe eines ganzen Menschentums erschöpft. Diese Kunst hat aufgehört, das Schicksal ihrer Kultur zu sein. Ihre Sprache bedeutet nichts mehr. Es ist völlig unmöglich, das, was in einem Bildnis Rembrandts liegt, in einer Büste wiederzugeben. Wenn einmal ein Bildhauer von Bedeutung auftaucht wie Bernini, die Meister der gleichzeitigen spanischen Schule, Pigalle oder Rodin – es ist naturgemäß keiner unter ihnen, der über das Dekorative hinaus zu einer großen Symbolik gelangte–, so erscheint er als verspäteter Nachahmer der Renaissance (Thorwaldsen), als verkappter Maler (Houdon, Rodin), Architekt (Bernini, Schlüter) oder Dekorateur (Coyzevox), und er beweist durch sein Erscheinen nur noch deutlicher, daß diese eines faustischen Gehaltes nicht fähige Kunst keine Aufgabe, mithin keine Seele und keine Lebensgeschichte im Sinne einer geschlossenen Stilentwicklung mehr besitzt. Dasselbe gilt dementsprechend von der antiken Musik, die nach vielleicht bedeutenden Ansätzen in der frühesten Dorik in den reifen Jahrhunderten der Ionik (650 bis 350) den beiden echt apollinischen Künsten, Plastik und Freskomalerei, das Feld räumen und mit dem Verzicht auf Harmonie und Polyphonie auch auf den Rang einer organisch sich entwickelnden höheren Kunst verzichten mußte.

8

Die antike Malerei strengen Stils beschränkte ihre Palette auf gelb, rot, schwarz und weiß. Diese merkwürdige Tatsache ist früh bemerkt worden und hat, da man andere als oberflächliche und ausgesprochen materialistische Gründe gar nicht in Betracht zog, zu törichten Hypothesen wie der von einer angeblichen Farbenblindheit der Griechen geführt. Auch Nietzsche hat davon geredet (Morgenröte 426).

Aber aus welchem Grunde vermied diese Malerei in ihrer großen Zeit das Blau und sogar noch das Blaugrün und ließ erst bei den gründgelben und bläulichroten Tönen die Skala der erlaubten Farben beginnen?Ohne Zweifel kommt das Ursymbol der euklidischen Seele in dieser Beschränkung zum Ausdruck.

Blau und grün sind die Farben des Himmels, des Meeres, der fruchtbaren Ebene, der Schatten an südlichen Mittagen, des Abends und der entfernten Gebirge. Sie sind wesentlich atmosphärische, nicht gegenständliche Farben. Sie sind *kalt;* sie entkörpern und rufen die Eindrücke des Weiten, Fernen und Grenzenlosen hervor.

Deshalb geht, während das Fresko Polygnots sie streng vermeidet, ein „infinitesimales" Blau und Grün von den Venezianern an bis ins 19. Jahrhundert als raumschaffendes Element durch die ganze Geschichte der perspektivischen Ölmalerei. Und zwar als Grundton von ganz überwiegendem Range, der den Gesamtsinn der Farbengebung *trägt,* als Generalbaß, während die warmen gelben und roten Töne sparsam und erst danach gestimmt sind. Es ist nicht das satte, freudige, *nahe Grün* gemeint, das Raffael oder Dürer bei Gewändern gelegentlich – und selten genug – verwenden, sondern ein unbestimmbares, in tausend Schattierungen ins Weiße, Graue,

Braune spielendes Blaugrün, etwas tief Musikalisches, in das die ganze Atmosphäre vor allem auch der Gobelins getaucht ist. Was man im Gegensatz zur Linearperspektive Luftperspektive genannt hat und im Gegensatz zur Renaissanceperspektive Barockperspektive hätte nennen können, beruht fast ausschließlich auf ihm. Man findet es in Italien mit steigender Kraft der Tiefenwirkung bei Lionardo, Guercino, Albani, in Holland bei Ruysdael und Hobbema, vor allem aber bei den großen Franzosen, von Poussin, Lorrain und Watteau an bis zu Corot. Das Blau, ebenfalls eine perspektivische Farbe, steht immer in Beziehung zum Dunklen, Lichtlosen, Unwirklichen. Es dringt nicht ein, sondern zieht in die Ferne. „Ein reizendes Nichts“, hat es Goethe in seiner Farbenlehre genannt. Blau und Grün sind transzendente, geistige, unsinnliche Farben. Sie fehlen im strengen Freskogemälde attischen Stils und *also herrschen sie* in der Ölmalerei. Gelb und Rot, die *antiken* Farben, sind die der Materie, der Nähe und der Sprache des Blutes. Rot ist die eigentliche Farbe der Geschlechtlichkeit; deshalb ist es die einzige, die auf Tiere wirkt. Sie steht dem Symbol des Phallus – und also der Statue und der dorischen Säule – am nächsten, wie andrerseits ein reines Blau den Mantel der Madonna verklärt. Diese Beziehung hat sich mit tiefgefühlter Notwendigkeit in allen großen Schulen von selbst eingestellt. Violett – ein Rot, das vom Blau überwunden wird – ist die Farbe der Frauen, die nicht mehr fruchtbar sind, und der im Zölibat lebenden Priester.

Gelb und Rot sind die *populären* Farben, die der Menge, der Kinder, der Frauen und der Wilden. Bei den Spaniern und Venezianern wählt der Vornehme – aus dem unbewußten Gefühl einer abweisenden Distanz – ein prächtiges Schwarz oder Blau. Gelb und Rot sind endlich – als die *euklidischen, apollinischen, polytheistischen* Farben – die des Vordergrundes, auch im sozialen Sinne, also die einer lärmenden Geselligkeit, des Marktes, der Volksfeste, die des naiven Vorsichhinlebens, des antiken Fatums und des blinden Zufalls, des punktförmigen Daseins. Blau und Grün – *faustische, monotheistische* Farben – sind die der Einsamkeit, der Sorge, der Beziehung des Augenblicks auf Vergangenheit und Zukunft, die des Schicksals als der dem Weltall innewohnenden Fügung.

Die Beziehung des shakespearischen Schicksals zum Raume, des sophokleischen zum einzelnen Körper war oben festgestellt worden. Alle Kulturen von tiefer Transzendenz, alle, deren Ursymbol eine Überwindung des Augenscheins, ein Leben als Kampf, nicht als Hinnahme von Gegebenem fordert, haben zum Raume wie zum Blau und Schwarz denselben metaphysischen Hang. Tiefe Beobachtungen über das Verhältnis zwischen der Idee des Raumes und dem Sinn der Farbe finden sich in Goethes Studien über die entoptischen Farben in der Atmosphäre. Mit der von ihm in seiner Farbenlehre gegebenen Symbolik stimmt die hier aus den Ideen von Raum und Schicksal abgeleitete vollkommen überein.

Die bedeutendste Verwendung eines düsteren Grüns als der Farbe des Schicksals findet sich bei Grünewald, dessen Nächte von einer unbeschreiblichen Mächtigkeit des Raumes nur von Rembrandt noch erreicht werden. Hier gewinnt man den Eindruck, als ob dies bläuliche Grün, dieselbe Farbe, in welche das Innere der großen Dome oft gehüllt ist, als die spezifisch *katholische* Farbe bezeichnet werden dürfe, vorausgesetzt, daß man allein jenes durch das lateranische Konzil von 1215 begründete und im Tridentinum vollendete faustische Christentum mit der Eucharistie als Mittelpunkt katholisch nennt. Diese Farbe steht in ihrer schweigsamen Größe sicherlich dem prunkvollen Goldgrund altchristlich-byzantinischer Bildwerke ebenso fern wie den geschwätzig-heitren, „heidnischen" Farben bemalter hellenischer Tempel und Statuen. Man beachte, daß die Wirksamkeit dieser Farbe *Innenräume* zur Aufstellung der Kunstwerke voraussetzt, im Gegensatz zum Gelb und Rot; die antike Malerei ist eine ebenso entschieden öffentliche wie die abendländische eine Atelierkunst. Die gesamte große Ölmalerei von Lionardo bis zum Ende des 18. Jahrhunderts ist nicht für das grelle Tageslicht gedacht. Hier kehrt der Gegensatz von Kammermusik und freistehender Statue wieder. Die oberflächliche Begründung dieser Tatsache durch das Klima wird, wenn es überhaupt nötig wäre, durch das Beispiel der ägyptischen Malerei widerlegt. Da der unendliche Raum für das antike Lebensgefühl ein vollkommenes Nichts ist, so würden Blau und Grün mit ihrer entwirklichenden und Fernen schaffenden Kraft die Alleinherrschaft des Vordergrundes, der vereinzelten Körper und damit den eigentlichen Sinn apollinischer Kunstwerke in Frage gestellt haben. Dem Auge eines Atheners wären Gemälde in den Farben Watteaus wesenlos und von einer schwer in Worte zu fassenden inneren Leere und Unwahrheit erschienen. Durch diese Farben wird die sinnlich empfundene, das Licht zurückstrahlende Fläche nicht als Zeugnis und Grenze eines Dinges, sondern als die des umgebenden Raumes gewertet. Deshalb fehlen sie dort und herrschen sie hier.

9

Die arabische Kunst hat das magische Weltgefühl durch den *Goldgrund* ihrer Mosaiken und Tafelbilder zum Ausdruck gebracht. Man lernt seine verwirrend märchenhafte Wirkung und mithin seine symbolische Absicht aus den Mosaiken von Ravenna und bei den von lombardisch-byzantinischen Vorbildern noch ganz abhängigen frühhreinischen und vor allem norditalienischen Meistern kennen, nicht zum wenigsten auch durch gotische Buchillustrationen, deren Vorbilder die byzantinischen Purpurcodices waren. Die Seele dreier Kulturen ist hier an einer nahe verwandten Aufgabe zu prüfen. Die apollinische erkannte nur das in Ort und Zeit unmittelbar Gegenwärtige als wirklich an – und sie verleugnete den Hintergrund in ihren Bildwerken; die faustische strebte über alle sinnlichen Schranken ins Unendliche – und sie verlegte den Schwerpunkt des Bildgedankens mittels der Perspektive in die Ferne; die magische empfand alles Geschehende als Ausdruck rätselhafter, die Welthöhle mit ihrer geistigen Substanz durchdringenden Mächte – und sie schloß die Szene durch einen Goldgrund ab, das heißt durch ein Mittel, das jenseits alles Farbig-Natürlichen steht.

Gold ist überhaupt keine Farbe. Dem Gelb gegenüber entsteht der komplizierte sinnliche Eindruck durch die metallische diffuse Rückstrahlung eines an der Oberfläche durchscheinenden Mittels. Farben – sei es die farbige Substanz der geglätteten Wandfläche (Fresko) oder das mit dem Pinsel aufgetragene Pigment – sind natürlich; der in der Natur so gut wie nie vorkommende Metallglanzist übernatürlich. Er gemahnt an die anderen Symbole dieser Kultur, die Alchymie und Kabbala, den Stein der Weisen, das heilige Buch, die Arabeske und die innere Form der Märchen aus 1001 Nacht. Das leuchtende Gold nimmt der Szene, dem Leben, den Körpern ihr handgreifliches Sein. Alles, was im Kreise Plotins und der Gnostiker über das Wesen der Dinge, ihre Unabhängigkeit vom Raume, ihre zufälligen Ursachen gelehrt wurde – für *unser* Weltgefühl paradoxe und fast unverständliche Ansichten –, liegt in der Symbolik dieses rätselhaft hieratischen Hintergrundes. Das Wesen der Körper war ein wichtiger Streitpunkt der Neupythagoräer und Neuplatoniker wie später der Schulen von Bagdad und Basra. Suhrawardi unterschied Ausdehnung als das primäre Wesen des Körpers von seiner Breite, Höhe und Tiefe als den Akzidentien. Von Nazzâm werden den Atomen körperliche Substanz und das Merkmal der Raumerfüllung abgesprochen. Das alles waren metaphysische Ansichten, die von Philo und Paulus an bis auf die letzten Größen der islamischen Philosophie das arabische Weltgefühl offenbaren. Sie spielen im Streit der Konzile um die Substanz Christi die entscheidende Rolle. Der Goldgrund jener Gemälde im Bereich der westlichen Kirche hat also eine ausgesprochene dogmatische Bedeutung. Er drückt Wesen und Walten des göttlichen Geistes aus. Er repräsentiert die *arabische* Gestalt des christlichen Weltbewußtseins, und es hängt tief damit zusammen, daß diese Behandlung des Hintergrundes für Darstellungen aus der christlichen Legende tausend Jahre lang als die einzige metaphysisch, selbst ethisch mögliche und würdige erscheint. Als die ersten „wirklichen" Hintergründe in der frühen Gotik auftauchen, mit blaugrünem Himmel, weitem Horizont und Tiefenperspektive, wirken sie zunächst profan, weltlich, und man hat den dogmatischen Wandel, der sich hier verriet, wohl gefühlt, wenn auch nicht erkannt. Das zeigen jene Teppichhintergründe, durch welche die eigentliche Tiefe mit heiliger Scheu verdeckt wird. Man ahnt sie, aber man wagt nicht, sie zur Schau zu stellen. Wir sahen, wie gerade damals, als das *faustische* – germanisch-katholische – Christentum durch die Ausbildung des Sakraments der Buße zum Bewußtsein seiner selbst gelangt war, eine neue Religion im alten Gewande, in der Kunst der Franziskaner die perspektivische und farbige, den Luftraum erobernde Tendenz den ganzen Sinn der Malerei umgestaltete. Das abendländische Christentum verhält sich zum morgenländischen wie das Symbol der Perspektive zu dem des Goldgrundes, und das endgültige Schisma tritt in Kirche und Kunst fast gleichzeitig ein. Man begreift den landschaftlichen Hintergrund der Bildszene zugleich mit der *dynamischen* Unendlichkeit Gottes; und zugleich mit den Goldgründen der kirchlichen Gemälde verschwinden aus den abendländischen Konzilen jene magischen, ontologischen Gottheitsprobleme, welche alle orientalischen wie die von Nikäa, Ephesus und Chalcedon leidenschaftlich bewegt hatten.

10

Die Venezianer haben die Handschrift des *sichtbaren Pinselstrichs* entdeckt und als musikhaftes, raumschaffendes Motiv in die Ölmalerei eingeführt. Von den Florentiner Meistern war die antikisierende und doch dem gotischen Formgefühl dienende Manier, durch Glättung aller Übergänge reine, scharf umrissene, ruhende Farbflächen zu schaffen, nie angegriffen worden. Ihre Bilder haben etwas *Seiendes*, und zwar in deutlich gefühltem Gegensatz zu der heimlichen Bewegtheit der über die Alpen hereindringenden Ausdrucksmittel der Gotik. Der Farbenauftrag des 15. Jahrhunderts verneint Vergangenheit und Zukunft. Erst in der sichtbar bleibenden, gleichsam nie erstarrenden Arbeit des Pinsels kommt ein *historisches* Empfinden zum Vorschein. Man will im Werk des Malers nicht nur etwas sehen, das *geworden* ist, sondern auch etwas, das *wird*. Das gerade hatte die Renaissance vermeiden wollen. Ein Gewandstück des Perugino erzählt nichts von seiner künstlerischen Entstehung. Es ist *fertig*, gegeben, schlechthin gegenwärtig. Die einzelnen Pinselstriche, die man als eine vollkommen neue Formensprache zuerst in den Alterswerken Tizians trifft, Akzente eines persönlichen Temperaments, charakteristisch wie die Orchesterfarben Monteverdis, ein melodisches Fluten wie im venezianischen Madrigal dieser Jahre, Streifen und Flecke, die unvermittelt nebeneinander stehen, sich kreuzen, decken, verwirren, bringen eine unendliche Bewegtheit in das farbige Element. Auch die gleichzeitige geometrische Analysis läßt ihre Objekte werden, nicht sein. Jedes Gemälde hat in seinem Duktus eine Geschichte und verschweigt sie nicht. Vor ihm fühlt der faustische Mensch, daß er eine seelische Entwicklung besitzt. Vor jeder großen Landschaft eines Barockmeisters darf man das Wort „historisch" aussprechen, um einen Sinn in ihr zu fühlen, der einer attischen Statue gänzlich fremd ist. Das ewige Werden, die gerichtete Zeit, das dynamische Weltenschicksal ruht auch in der Melodik dieser ruhelosen und grenzenlosen Striche. Malerischer und zeichnerischer Stil: das bedeutet, von dieser Seite gesehen, den Gegensatz von historischer und ahistorischer Form, von Betonung oder Verleugnung der inneren Entwicklung, von Ewigkeit und Augenblick. Ein antikes Kunstwerk ist ein Ereignis, ein abendländisches eine Tat. Das eine symbolisiert ein punktförmiges Jetzt, das andere einen organischen Verlauf. Die Physiognomik der Pinselführung, eine völlig neue, unendlich reiche und persönliche, keiner andern Kultur bekannte Art von Ornamentik ist *rein musikalisch*. Man kann das *allegro feroce* des Franz Hals dem *andante con moto* Van Dycks, das Moll Guercinos dem Dur des Velasquez gegenüberstellen. Von nun an gehört der Begriff des *Tempo* zum malerischen Vortrag und er erinnert daran, daß diese Kunst die einer Seele ist, die im Gegensatz zur antiken nichts vergißt und vergessen sehen will, was einmal war. Das luftige Gewebe der Pinselstriche löst zugleich die sinnliche Oberfläche der Dinge auf. Die Konturen verschwinden im Helldunkel. Der Betrachter muß weit zurücktreten, um aus farbigen

Raumwerten körperhafte Eindrücke zu gewinnen. Und es ist immer die farbig bewegte Luft, welche die Dinge aus sich gebiert.

Zugleich erscheint von nun an ein Symbol höchsten Ranges im abendländischen Gemälde, das „*Atelierbraun*", und beginnt die Wirklichkeit aller Farben mehr und mehr zu dämpfen. Die älteren Florentiner kannten es noch nicht, so wenig wie die alten niederländischen und rheinischen Meister. Pacher, Dürer, Holbein sind, so leidenschaftlich ihre Tendenz zur räumlichen Tiefe erscheint, ganz frei davon. Erst das endende 16. Jahrhundert gehört ihm. Dies Braun verleugnet seine Herkunft aus dem „infinitesimalen" Grün der Hintergründe Lionardos, Schongauers und Grünewalds nicht, aber es besitzt die größere Macht über die Dinge. Es führt den Kampf des Raumes gegen das Stoffliche zu Ende. Es überwindet auch das primitivere Mittel der Linearperspektive mit ihrem an architektonische Bildmotive gebundenen Renaissancecharakter. Es steht mit der impressionistischen Technik der sichtbaren Pinselstriche dauernd in einer geheimnisvollen Verbindung. Beide lösen das greifbare Dasein der sinnlichen Welt – der Welt des Augenblicks und der Vordergründe – endgültig in atmosphärischen Schein auf. Die Linie verschwindet aus dem tonigen Bilde. Der magische Goldgrund hatte nur von einer rätselhaften Macht geträumt, welche die Gesetzlichkeit der Körperwelt in dieser Welthöhle beherrscht und durchbricht; das Braun dieser Gemälde öffnet den Blick in eine reine formvolle Unendlichkeit. Im Werden des abendländischen Stils bezeichnet seine Entdeckung einen Höhepunkt. *Diese Farbe hat im Gegensatz zu dem vorhergehenden Grün etwas Protestantisches*. Der nordische, im Grenzenlosen schweifende Pantheismus des 18. Jahrhunderts, wie ihn die Verse der Erzengel im Prolog von Goethes Faust ausdrücken, ist in ihm vorweggenommen. Die Atmosphäre des König Lear und Macbeth ist ihm verwandt. Das gleichzeitige Streben der instrumentalen Musik nach immer reicheren Enharmonien, bei de Rore und Luca Marenzio, die Herausbildung des Tonkörpers der Streicher und Bläserchöre entspricht durchaus der neuen Tendenz in der Ölmalerei, von den reinen Farben aus durch die Unzahl bräunlicher Schattierungen und die Kontrastwirkung unvermittelt nebeneinander gesetzter Farbenstriche eine *malerische Chromatik* zu schaffen. Beide Künste breiten nun durch ihre Ton- und Farbenwelten – Farbentöne und Tonfarben – eine Atmosphäre reinster Räumlichkeit aus, die nicht mehr den Menschen als Gestalt, als Leib, sondern die hüllenlose Seele selbst umgibt und bedeutet. Eine Innerlichkeit wird erreicht, der in den tiefsten Werken Rembrandts und Beethovens kein Geheimnis sich mehr verschließt – eine Innerlichkeit allerdings, welche der apollinische Mensch durch seine streng somatische Kunst gerade hatte *abwehren* wollen.

Die alten Vordergrundfarben, Gelb und Rot – die antiken Töne-, werden von nun an seltener und immer als bewußte Kontraste zu Fernen und Tiefen gebraucht, die sie steigern und betonen sollen (außer bei Rembrandt vor allem bei Vermeer). Dies der Renaissance vollkommen fremde atmosphärische Braun ist die unwirklichste Farbe, die es gibt. Es ist die einzige „Grundfarbe", *die dem Regenbogen fehlt*. Es gibt weißes, gelbes, grünes, rotes, blaues Licht von vollkommenster Reinheit. Ein reines braunes Licht liegt außerhalb der Möglichkeiten unsrer Natur. Alle die grünlichbraunen, silbrigen, feuchtbraunen, tiefgoldigen Töne, die bei Giorgione in prachtvollen Spielarten erscheinen, bei den großen Niederländern immer kühner werden und sich gegen Ende des 18. Jahrhunderts verlieren, entkleiden die Natur ihrer greifbaren Wirklichkeit. Darin liegt beinahe ein religiöses Bekenntnis. Man spürt die Nähe der Geister von Port Royal, die Nähe von Leibniz. Bei Constable, dem Begründer einer *zivilisierten* Malweise, ist es ein andres Wollen, das nach Ausdruck sucht, und dasselbe Braun, das er bei den Holländern studiert hatte und das damals Schicksal, Gott, den Sinn des Lebens bedeutete, bedeutet nun ihm etwas andres, nämlich bloße Romantik, Empfindsamkeit, Sehnsucht nach etwas Entschwundenem, Erinnerung an die große Vergangenheit der sterbenden Ölmalerei. Auch den letzten deutschen Meistern, Lessing, Marées, Spitzweg, Diez, Leibl,deren verspätete Kunst ein Stück Romantik, ein Rückblick und Ausklang ist, erschien das tonige Braun als das kostbare Erbe der Vergangenheit, und sie setzten sich in Widerspruch zu den bewußten Tendenzen ihrer Generation – dem seelenlosen, entseelenden Freilicht der Generation Haeckels –, weil sie innerlich sich von diesem letzten Zuge des großen Stils noch nicht trennen konnten. In diesem noch heute nicht verstandenen Kampf zwischen dem Rembrandtbraun der alten und dem Freilicht der neuen Schule erscheint der hoffnungslose Widerstand der Seele gegen den Intellekt, der Kultur gegen die Zivilisation, der Gegensatz von symbolisch notwendiger Kunst und weltstädtischem Kunstgewerbe, mag es bauen, malen, meißeln oder dichten. Von hier aus wird die Bedeutung dieses Braun, mit dem eine ganze Kunst stirbt, fühlbar.

Die innerlichsten unter den großen Malern haben diese Farbe am besten verstanden, Rembrandt vor allem. Es ist dies rätselhafte Braun seiner entscheidenden Werke, das aus dem tiefen Leuchten mancher gotischen Kirchenfenster, aus der Dämmerung hochgewölbter Dome stammt. Der satte Goldton der großen Venezianer, Tizians, Veroneses, Palmas, Giorgiones, gemahnt immer wieder an jene alte, verschollene Kunst der nordischen Glasmalerei, von der sie kaum etwas wußten. Auch hier ist die Renaissance mit ihrer körperhaften Farbenwahl nur Episode, nur ein Ergebnis der Oberfläche, des Allzubewußten, nicht des Faustisch-Unbewußten in den Tiefen der abendländischen Seele. In diesem leuchtenden Goldbraun reichen sich in der venezianischen Malerei Gotik und Barock, die Kunst jener frühen Glasgemälde und die dunkle Musik Beethovens die Hand, gerade damals, als durch die Niederländer Willaert und de Rore und den älteren Gabrieli die Schule von Venedig den Barockstil der malerischen Musik begründete.

Braun war nunmehr die eigentliche Farbe *der Seele*, einer historisch gestimmten Seele geworden. Ich glaube, Nietzsche hat einmal von der braunen Musik Bizets gesprochen. Aber das Wort gilt eher von der Musik, die Beethoven für Streichinstrumentegeschrieben hat, und noch zuletzt von dem Orchesterklang Bruckners, der so oft den Raum mit einem bräunlichen Golde füllt. Alle andern Farben sind in eine dienende Rolle verwiesen, das helle Gelb und der Zinnober Vermeers, die mit wahrhaft metaphysischem Nachdruck wie aus einer andern Welt ins Räumliche hereinragen, und die gelbgrünen und blutroten Lichter, die bei Rembrandt mit der Symbolik des Raumes beinahe zu spielen scheinen. Bei Rubens, der ein glänzender Künstler, aber kein Denker war, ist das Braun fast ideenlos, eine Schattenfarbe. (Das „katholische" Blaugrün macht bei ihm und Watteau dem Braun den Rang streitig.) Man sieht, wie dasselbe Mittel, das in den Händen tiefer Menschen Symbol wird und dann die ungeheure Transzendenz der Landschaften Rembrandts hervorrufen kann, daneben großen Meistern als bloße technische Handhabe zu Gebote steht, daß also, wie wir eben sahen, die künstlerisch-technische „Form", als Gegensatz zu einem „Inhalt" gedacht, nichts mit der wahren Form großer Werke zu tun hat.

Ich hatte das Braun eine historische Farbe genannt. Es macht die Atmosphäre des Bildraumes zu einem Zeichen des Gerichtetseins, *der Zukunft*. Es übertönt die Sprache des Augenblicklichen in der Darstellung. Diese Bedeutung erstreckt sich auch auf die übrigen Farben der Ferne und führt zu einer weiteren, sehr bizarren Bereicherung der abendländischen Symbolik. Die Hellenen hatten die oft noch vergoldete Bronze zuletzt dem bemalten Marmor vorgezogen, um durch das Strahlende der Erscheinung unter tiefblauem Himmel die Idee der Einzigkeit alles Körperhaften zum Ausdruck zu bringen.Die Renaissance grub diese Statuen aus, von einer vielhundertjährigen Patina überzogen, schwarz und grün; sie genoß das Historische des Eindrucks voller Ehrfurcht und Sehnsucht – und unser Formgefühl hat seitdem dieses „ferne" Schwarz und Grün heilig gesprochen. Es ist heute für den Eindruck der Bronze auf *unser* Auge unentbehrlich, wie um die Tatsache schalkhaft zu illustrieren, daß diese ganze Kunstgattung uns nichts mehr angeht. Was bedeutet uns eine Domkuppel, ein Bronzefigur ohne Patina, die das nahe Glänzen in den Ton des Dort und Einst verwandelt? Sind wir nicht endlich dahin gekommen, diese Patina künstlich zu erzeugen?

Aber in der Erhebung des Edelrostes zu einem Kunstmittel von selbständiger Bedeutung liegt viel mehr. Man frage sich, ob ein Grieche die Bildung der Patina nicht als Zerstörung des Kunstwerkes empfunden hätte. Es ist nicht die Farbe allein, das raumferne Grün, das er aus seelischen Gründen vermied; die Patina ist ein Symbol der *Vergänglichkeit* und sie erhält damit eine merkwürdige Beziehung zu den Symbolen der Uhr und der Bestattungsform. Es war an einer früheren Stelle die Rede von der Sehnsucht der faustischen Seele nach Ruinen und den Zeugnissen einer fernen Vergangenheit, einem Hange, wie er im Sammeln von Altertümern, Handschriften, Münzen, den Pilgerfahrten nach dem Forum Romanum und Pompeji, in Ausgrabungen und philologischen Studien schon zur Zeit Petrarcas zutage tritt. Wann wäre es je einem Griechen eingefallen, sich um die Ruinen von Knossos und Tiryns zu kümmern? Jeder kannte die Ilias, aber nicht einem kam der Gedanke, den Hügel von Troja aufzugraben. Die Aquädukte der Campagna, die etruskischen Gräber, die Ruinen von Luxor und

Karnak, zerfallende Burgen am Rhein, der römische Limes, Hersfeld und Paulinzella werden mit einer geheimen Ehrfurcht vor dem Trümmerhaften erhalten – als Ruinen, denn man hat ein dunkles Gefühl davon, daß bei einem Wiederaufbau etwas schwer in Worte zu Fassendes, Unwiederbringliches verloren ginge. Nichts lag dem antiken Menschen ferner als diese Ehrfurcht vor verwitterten Zeugen eines Einst und Ehemals. Man räumte aus den Augen, was nicht mehr von der Gegenwart sprach. Nie wurde das Alte erhalten, weil es alt war. Als die Perser Athen zerstört hatten, warf man Säulen, Statuen, Reliefs, ob zertrümmert oder nicht, von der Akropolis herunter, um von vorn anzufangen, und diese Schutthalde ist unsre reichste Fundgrube für die Kunst des 6. Jahrhunderts geworden. Das entsprach dem Stil einer Kultur, welche die Leichenverbrennung zum Symbol erhob und die Bindung des täglichen Lebens an eine Zeitrechnung verschmähte. Wir haben auch hier das Gegenteil gewählt. Die heroische Landschaft im Stile Lorrains ist ohne Ruinen nicht denkbar, und der englische Park mit seinen atmosphärischen Stimmungen, der den französischen um 1750 verdrängte und dessen großgedachte Perspektive zugunsten der empfindsamen „Natur" Addisons und Popes aufgab, fügte noch das Motiv der *künstlichen Ruine* hinzu, die das Landschaftsbild historisch vertieft.Etwas Bizarreres ist kaum je ersonnen worden. Die ägyptische Kultur restaurierte die Bauten der Frühzeit, aber sie würde niemals den *Bau von Ruinen* als Symbolen der Vergangenheit gewagt haben. Aber wir lieben eigentlich auch nicht die antike Statue, sondern den antiken *Torso*. Er hat ein Schicksal gehabt; etwas in die Ferne Weisendes umgibt ihn, und das Auge sucht gern den leeren Raum der fehlenden Glieder mit dem Takt und Rhythmus unsichtbarer Linien zu erfüllen. Eine gute Ergänzung – und der geheimnisvolle Zauber unendlicher Möglichkeiten ist zu Ende. Ich wage zu behaupten, daß die Reste der antiken Skulptur erst durch diese *Transposition ins Musikalische* uns nähertreten konnten. Die grüne Bronze, der geschwärzte Marmor, die zertrümmerten Glieder einer Figur heben für unser inneres Auge die Schranken von Ort und Zeit auf. Man hat das *malerisch* genannt – „fertige" Statuen, Bauten, *nicht* verwilderte Parks sind unmalerisch – und in der Tat entspricht es der tieferen Bedeutung des Atelierbrauns,aber man meinte im letzten Grunde den Geist der instrumentalen Musik. Man frage sich, ob der Doryphoros Polyklets, in funkelnder Bronze vor uns stehend, mit Emailaugen und vergoldetem Haar, dieselbe Wirkung tun könnte wie der vom Alter geschwärzte, ob der vatikanische Torso des Herakles nicht seinen mächtigen Eindruck einbüßte, wenn eines Tages die fehlenden Glieder gefunden würden, ob die Türme und Kuppeln unsrer alten Städte nicht ihren tiefen metaphysischen Reiz verlören, wenn man sie mit neuem Kupfer beschlüge. Das Alter adelt für uns wie für die Ägypter alle Dinge. Für den antiken Menschen entwertet es sie.

Hiermit hängt endlich die Tatsache zusammen, daß die abendländische Tragödie *„historische"*, nicht etwa nachweisbar wirkliche oder mögliche – das ist nicht der eigentliche Sinn des Wortes – sondern *entfernte, patinierte* Stoffe aus demselben Gefühl vorzog: daß nämlich ein Ereignis von reinem Augenblicksgehalt, ohne Raum- und

Zeitferne, ein antikes tragisches Faktum, ein zeitloser Mythos nicht das ausdrücken könne, was die faustische Seele ausdrücken wollte und mußte. Wir haben also Tragödien der Vergangenheit und Tragödien der Zukunft – zu letzteren, in denen der kommende Mensch Träger eines Schicksals ist, gehören in einem gewissen Sinne Faust, Peer Gynt, die Götterdämmerung –, aber Tragödien der Gegenwart besitzen wir nicht, wenn man von der belanglosen Sozialdramatik des 19. Jahrhunderts absieht. Shakespeare wählte, wenn er einmal in Gegenwärtigem Bedeutendes ausdrücken wollte, immer wenigstens fremde Länder, in denen er nie gewesen war, am liebsten Italien; deutsche Dichter gern England und Frankreich – alles das aus einer Abweisung der örtlichen und zeitlichen Nähe, welche das attische Drama selbst im Mythos noch betonte.

II. Akt und Porträt

11

Man hat die Antike eine Kultur des Leibes, die nordische eine Kultur des Geistes genannt, nicht ohne den Hintergedanken, damit die eine zugunsten der andern zu entwerten. So trivial der im Renaissancegeschmack gehaltene Gegensatz von antik und modern, heidnisch und christlich zumeist gemeint ist, so hätte er doch zu entscheidenden Aufschlüssen führen können, vorausgesetzt, daß man hinter der Formel ihren Ursprung zu finden verstand.

Ist die Umwelt des Menschen, gleichviel was sie sonst noch sein mag, ein Makrokosmos in bezug auf einen Mikrokosmos, ein ungeheurer Inbegriff von *Symbolen*, so mußte auch der Mensch selbst, soweit er dem Gewebe des Wirklichen angehört, soweit er *Erscheinung* ist, von dieser Symbolik ergriffen werden. Was war es aber, das am Eindruck des Menschen auf seinesgleichen den Rang eines Symbols beanspruchen, sein Wesen und den Sinn seines Daseins in sich sammeln und greifbar vor Augen stellen durfte? Die Antwort gibt die Kunst.

Aber die Antwort mußte in jeder Kultur eine andre sein. Jede hat einen andern Eindruck vom Leben, weil jede anders lebt. Es ist für das Bild des Menschlichen, das metaphysische wie das ethische und künstlerische, schlechthin entscheidend, ob der Einzelne sich als Körper unter Körpern oder als Mitte eines unendlichen Raumes fühlt, ob er grübelnd die Einsamkeit seines Ich oder dessen substanzielle Teilhaberschaft am allgemeinen Consensus erkennt, ob er durch den Takt und Gang seines Lebens das Gerichtetsein betont oder verleugnet. In alledem kommt das Ursymbol der großen Kulturen zum Vorschein. Es sind Weltgefühle, aber die Lebensideale stimmen mit ihnen überein. Aus dem antiken Ideal folgte die rückhaltlose Hinnahme des sinnlichen Augenscheins, aus dem abendländischen dessen ebenso leidenschaftliche Überwindung. Die apollinische Seele, euklidisch, punktförmig, empfand den empirischen, sichtbaren

Leib als den vollkommenen Ausdruck ihrer Art, zu sein; die faustische, in alle Fernen schweifend, fand diesen Ausdruck nicht in der Person, dem *soma*, sondern in der *Persönlichkeit*, dem *Charakter* oder wie man es nennen will. „Seele" – das war für den echten Hellenen zuletzt die Form seines Leibes. So hat Aristoteles sie definiert. „Leib" – das war für den faustischen Menschen das Gefäß der Seele. So empfand Goethe.

Aber daraus ergibt sich nun die Wahl und Ausgestaltung sehr verschiedener menschenbildender Künste. Wenn Gluck den Schmerz der Armida durch eine Melodie und den trostlos nagenden Ton der begleitenden Instrumente ausdrückt, so geschieht das bei den pergamenischen Skulpturen durch die Sprache der gesamten Muskulatur. Die hellenistischen Bildnisse suchen durch den Bau des Kopfes einen geistigen *Typus* zu zeichnen. In China geben die Köpfe der Heiligen von Ling-yän-si durch den Blick und das Spiel der Mundwinkel Kunde von einem *ganz persönlichen* Innenleben.

Der antike Hang, den Leib allein reden zu lassen, folgt durchaus nicht aus einem Überschwang der Rasse. Es ist *nicht* die Weihe des Blutes – das der Mensch der σωφροσυνη nicht zu verschwenden hatte–, *nicht*, wie Nietzsche meinte, die orgiastische Freude an ungebändigter Energie und überschäumender Leidenschaft. Das alles würde eher zu den Idealen des germanisch-katholischen und indischen Rittertums gehören. Was der apollinische Mensch und seine Kunst für sich allein in Anspruch nehmen dürfen, ist lediglich die Apotheose der leiblichen *Erscheinung* im wörtlichen Sinne, das rhythmische Ebenmaß des Gliederbaus und die harmonische Ausbildung der Muskulatur. Das ist *nicht* heidnisch im Gegensatz zum Christentum. Das ist attisch im Gegensatz zum Barock. Erst der Mensch des Barock, mochte er Christ oder Heide, Rationalist oder Mönch sein, stand diesem Kultus des betastbaren *soma* fern bis zur äußersten körperlichen Unreinlichkeit, wie sie in der Umgebung Ludwigs XIV.herrschte, deren Kostüm von der Allongeperücke bis zu den Spitzenmanschetten und Schnallenschuhen den Körper mit einem ornamentalen Gespinst ganz überzog.

Und so entwickelte sich die antike Plastik, nachdem sie die Gestalt von der gesehenen oder gefühlten Wand abgelöst und frei, beziehungslos auf die Ebene gestellt hatte, wo sie als Körper unter Körpern allseitig betrachtet werden durfte, folgerichtig weiter bis zur ausschließlichen Darstellung des *nackten* Leibes. Und zwar, im Gegensatz zu jeder andern Art von Plastik der gesamten Kunstgeschichte, durch die *anatomisch überzeugende Behandlung seiner Grenzflächen*. Damit ist das euklidische Weltprinzip bis zum äußersten getrieben. Jede Hülle hätte noch einen leisen Widerspruch gegen die apollinische Erscheinung, eine wenn auch noch so zaghafte Andeutung des umgebenden Raumes enthalten.

Das Ornamentale im *großen* Sinne liegt ganz in den Proportionen des Aufbausund dem Ausgleich der Achsen nach Stütze und Last. Der stehende, sitzende, liegende, jedenfalls in sich gefestigte Leib besitzt ebenso wie der Peripteros kein Innen, das heißt keine „Seele". Die ringsum geschlossene Säulenstellung bedeutet dasselbe wie das allseitig durchgebildete Muskelrelief: beide enthalten die *ganze* Formensprache des Werks.

Es ist ein streng metaphysischer Grund, das Bedürfnis nach einem Lebenssymbol ersten Ranges, das die Hellenen der Spätzeit zu dieser Kunst führte, deren Enge allein durch die Meisterschaft ihrer Leistungen verdeckt worden ist. Denn es ist nicht wahr, daß diese Sprache der Außenfläche die vollkommenste, natürlichste oder auch nur nächstliegende der Menschendarstellung sei. Das Gegenteil ist der Fall. Hätte nicht die Renaissance mit dem vollen Pathos ihrer Theorie und einer gewaltigen Täuschung über ihre eignen Tendenzen unser Urteil bis heute beherrscht, während uns die Plastik selbst innerlich ganz fremd geworden war, so hätten wir das Absonderliche des attischen Stils längst bemerkt. Der ägyptische und chinesische Bildhauer dachten gar nicht daran, den anatomischen Außenbau zur Grundlage des von ihnen gewollten Ausdrucks zu machen. Für gotische Bildwerke endlich kommt die Sprache der Muskeln nirgends in Frage. Dies menschliche Rankenwerk, das in unzähligen Statuen und Reliefgestalten – an der Kathedrale von Chartres sind es mehr als zehntausend – das gewaltige Steingefüge umspinnt, ist nicht nur Ornament; es dient schon gegen 1200 zum Ausdruck von Entwürfen, vor denen selbst das Größte verschwindet, was die antike Plastik geschaffen hat. Denn diese Scharen von Wesen bilden eine *tragische Einheit*. Hier hat, noch vor Dante, der Norden das historische Gefühl der faustischen Seele, wie es im Ursakrament der Bußeden geistigen Ausdruck und zugleich – in der Beichte – die große Schule findet, zu einem Weltendrama verdichtet. Was Joachim von Floris eben jetzt in seinem apulischen Kloster schaute: das Bild der Welt nicht als Kosmos, sondern als Heilsgeschichte in der Folge von drei Weltaltern, das entstand in Chartres, Reims, Amiens und Paris als Bilderfolge vom Sündenfall bis zum Jüngsten Gericht. Jede der Szenen und der großen symbolischen Gestalten erhielt ihren bedeutsamen Platz an dem heiligen Bau. Jede spielte ihre Rolle in dem ungeheuren Weltgedicht. Und ebenso empfand nun jeder einzelne Mensch, wie sein Lebenslauf als Ornament dem Plan der Heilsgeschichte eingefügt war, und er erlebte diesen persönlichen Zusammenhang in den Formen der Buße und Beichte. Deshalb standen diese Körper aus Stein nicht nur im Dienste der Architektur; sie bedeuteten noch etwas Tiefes und Einziges für sich selbst, das auch die Grabdenkmäler seit den Königsgräbern von St. Denis mit immer wachsender Innerlichkeit zum Ausdruck bringen: sie reden von einer *Persönlichkeit*. Was dem antiken Menschen die vollkommene Durchbildung der körperlichen *Oberfläche* bedeutete – denn das ist der letzte Sinn allen anatomischen Ehrgeizes der griechischen Künstler: das Wesen der lebendigen Erscheinung durch die Gestaltung ihrer Grenzflächen zu erschöpfen –, das wurde für den faustischen Menschen folgerichtig das *Porträt*, der eigentlichste und einzig erschöpfende Ausdruck seines Lebensgefühls. Die hellenische Behandlung des Nackten ist der große Ausnahmefall, und sie hat nur dieses eine Mal zu einer Kunst von hohem Range geführt.

Man hat beides, *Akt und Porträt*, noch nie als Gegensatz empfunden und deshalb beide noch nie in der ganzen Tiefe ihrer kunstgeschichtlichen Erscheinung aufgefaßt. Und trotzdem offenbart sich der volle Gegensatz zweier Welten erst im Widerstreit dieser Formideale. Dort wird in der Haltung des Außenbaus ein *Wesen* zur Schau gestellt. Hier redet der menschliche Innenbau, die Seele, wie das Innere eines Doms durch die Fassade, das „Gesicht" zu uns. Eine Moschee hat kein Gesicht und deshalb mußte der Bildersturm der Moslime und christlichen Paulikianer, der unter Leo III. auch über Byzanz dahinfuhr, das Bildnishafte aus der bildenden Kunst vertreiben, die von da an einen festen Schatz menschlicher Arabesken besaß. In Ägypten gleicht das Gesicht der Statue dem Pylon als dem Antlitz der Tempelanlage, ein mächtiges Aufragen aus der Steinmasse des Leibes, wie es die „Hyksossphinx von Tanis", das Porträt Amenemhets III., zeigt. In China gleicht das Gesicht einer Landschaft voller Runzeln und kleiner Merkmale, die etwas bedeuten. Für uns aber ist das Bildnis *Musik*. Der Blick, das Spiel des Mundes, die Haltung des Kopfes, die Hände – das ist eine Fuge von zartester Bedeutung, die dem verstehenden Betrachter vielstimmig entgegen *klingt*.

Um aber die Bedeutung des abendländischen Porträts selbst noch im Gegensatz zum ägyptischen und chinesischen zu erkennen, muß man eine tiefe Wandlung in den Sprachen des Abendlandes betrachten, die seit der Merowingerzeit die Heraufkunft eines neuen Lebensgefühls ankündigt. Sie erstreckt sich *gleichmäßig* auf das Altgermanische und das Vulgärlatein, für beide aber nur auf die Sprachen innerhalb der Mutterlandschaft der nahenden Kultur, also auf Norwegisch und Spanisch, aber nicht auf das Rumänische. Aus dem Geist der Sprachen und der „Einwirkung" der einen auf die andre kann das nicht erklärt werden, nur aus dem Geist des Menschentums, das den Wortgebrauch zum Symbol erhebt. Statt *sum*, gotisch *im*, sagt man: *ich bin, I am, je suis*; statt *fecisti* heißt es: *tu habes factum, tu as fait, du habes gitân*, und weiterhin: *daz wîp, un homme, man hat*. Das war bis jetzt ein Rätsel,weil man Sprachfamilien als Wesen ansah. Es verliert das Geheimnisvolle, wenn man im Satzbau das Abbild einer Seele entdeckt. Hier beginnt die faustische Seele grammatische Zustände verschiedenster Herkunft für sich umzuprägen. Dies hervortretende „Ich" enthält die erste Morgenröte jener Idee der Persönlichkeit, die viel später das Sakrament der Buße und *persönlichen* Lossprechung schuf. Dieses „ *ego* habeo factum", die Einschaltung der Hilfszeitwörter haben und sein zwischen einen Täter und eine Tat an Stelle des *feci, eines bewegten Leibes*, ersetzt die Welt von Körpern durch eine solche von Funktionen zwischen Kraftmittelpunkten, die Statik des Satzes durch Dynamik. Und dieses „Ich" und „Du" löst das Geheimnis des gotischen Porträts. Ein hellenistisches Bildnis ist der Typus einer Haltung, kein „Du", keine Beichte vor dem, der es schafft oder versteht. Unsre Bildnisse schildern etwas *Einzigartiges*, das einmal war und nie wiederkehrt, eine Lebensgeschichte im Ausdruck eines Augenblicks, eine Weltmitte, für die alles andre *ihre* Welt ist, so wie das „Ich" zur Kraftmitte des faustischen Satzes wird.

Es war gezeigt worden, wie das Erlebnis des *Ausgedehnten* seinen Ursprung in der lebendigen *Richtung*, der Zeit, dem *Schicksal* hat. Im vollendeten Sein des freistehenden nackten Körpers wird das Tiefenerlebnis abgeschnitten; der „Blick“ eines Bildnisses leitet es ins Übersinnlich-Unendliche. Deshalb ist die antike Plastik eine Kunst der Nähe, des Betastbaren, des Zeitlosen. Deshalb liebt sie Motive der kurzen, allerkürzesten Ruhe zwischen zwei Bewegungen, den letzten Augenblick *vor* dem Wurf des Diskos, den ersten *nach* dem Flug der Nike des Paionios, wo der Schwung des Leibes zu Ende ist und die wehenden Gewänder noch nicht fallen, eine Haltung, die gleichweit von Dauer und Richtung entfernt ist, abgesetzt gegen *Zukunft und* Vergangenheit. *Veni, vidi, vici* – das *ist* solch eine Haltung. Ich – kam, ich – sah, ich – siegte: da *wird* etwas noch einmal im Aufbau des Satzes.

Das Tiefenerlebnis ist ein Werden und bewirkt ein Gewordenes; es bedeutet Zeit und ruft den Raum hervor; es ist kosmisch und historisch zugleich. Die lebendige Richtung geht zum *Horizont wie zur Zukunft*. Von Zukunft träumt schon die Madonna der St. Annenpforte von Notre-Dame (1230) und später die „Madonna mit der Erbsenblüte“ des Meisters Wilhelm (1400). Über ein Schicksal sinnt, lange vor dem Moses des Michelangelo, der des Klaus Sluter am Brunnen von Dijon (1390), und auch den Sibyllen der sixtinischen Kapelle gehen die des Giovanni Pisano an der Kanzel in Pistoia (1300) vorauf. Und endlich ruhen die Gestalten auf allen Grabdenkmälern der Gotik von einem langen Schicksal aus, ganz im Gegensatz zu dem *zeitlosen* Ernst und Spiel, wie es die Grabstelen der attischen Friedhöfe schildern.Das abendländische Porträt ist unendlich in *jedem* Sinne, von 1200 an, wo es aus dem Stein erwacht, bis ins 17. Jahrhundert, wo es ganz Musik wird. Es faßt den Menschen nicht nur als Mittelpunkt des natürlichen Weltalls, dessen Erscheinung von seinem Sein Gestalt und Bedeutung empfängt; es faßt ihn vor allem als Mittelpunkt der Welt als Geschichte. Die antike Statue ist ein Stück gegenwärtiger Natur und nichts außerdem. Die antike Dichtung gibt Statuen in Worten. Hier liegt die Wurzel für unser Gefühl, das den Griechen eine reine Hingabe an die Natur zuschreibt. Wir werden uns nie ganz von dem Empfinden befreien, daß der gotische Stil neben dem griechischen *Unnatur* ist, nämlich *mehr* als „Natur“. Nur verhehlen wir uns, daß darin das Empfinden eines Mangels bei den Griechen zu Worte kommt. Die abendländische Formensprache ist reicher. Das Porträt gehört der Natur *und* der Geschichte an. Ein Grabmal der großen Niederländer, die seit 1260 an den Königsgräbern in St. Denis arbeiteten, ein Bildnis von Holbein, Tizian, Rembrandt oder Goya ist eine *Biographie;* ein Selbstporträt ist eine *geschichtliche Beichte.* Beichten heißt nicht eine Tat eingestehen, sondern die innere *Geschichte* dieser Tat dem Richter vorlegen. Die Tat ist offenkundig; ihre *Wurzeln* sind das persönliche Geheimnis. Wenn der Protestant und der Freigeist sich gegen die Ohrenbeichte auflehnen, so kommt es ihnen nicht zum Bewußtsein, daß sie nicht die Idee, sondern nur ihre äußere Fassung verwerfen. Sie weigern sich, dem Priester zu beichten, aber sie beichten sich selbst, dem Freunde oder der Menge. Die gesamte nordische Poesie ist eine laute Bekenntniskunst.

Das Porträt Rembrandts und die Musik Beethovens sind es auch. Was Raffael, Calderon und Haydn dem Priester mitteilten, haben jene in die Sprache ihrer Werke übertragen. Wer schweigen muß, weil ihm die *Größe* der Form versagt blieb, um auch das letzte aufzunehmen, geht zugrunde wie Hölderlin. Der abendländische Mensch lebt mit dem *Bewußtsein* des Werdens, mit dem ständigen Blick auf Vergangenheit und Zukunft. Der Grieche lebt punktförmig, unhistorisch, somatisch. Kein Grieche wäre einer echten Selbstkritik fähig gewesen. Auch das liegt in der Erscheinung der nackten Statue, dem vollkommen *unhistorischen* Abbild eines Menschen. Ein Selbstporträt ist das genaue Seitenstück der Selbstbiographie in der Art des „Werther" und „Tasso", und das eine der Antike so fremd wie das andre. Es gibt nichts Unpersönlicheres als die griechische Kunst. Daß Skopas oder Lysippos ein Bildnis von sich selbst gemacht hätten, kann man sich gar nicht vorstellen.

Man betrachte bei Phidias, bei Polyklet, bei irgendeinem andern Meister nach den Perserkriegen die Wölbung der Stirn, die Lippen, den Ansatz der Nase, das blind gehaltene Auge – wie das alles der Ausdruck einer ganz unpersönlichen, pflanzenhaften, *seelenlosen* Lebenshaltung ist. Man frage sich, ob diese Formensprache imstande wäre, ein inneres Erlebnis auch nur anzudeuten. Es gab nie eine Kunst, für welche so ausschließlich nur die mit dem Auge betastbare Oberfläche von Körpern in Betracht kam. Bei Michelangelo, der sich mit seiner ganzen Leidenschaft dem Anatomischen ergab, ist trotzdem die leibliche Erscheinung stets der Ausdruck der Arbeit aller Knochen, Sehnen, Organe *des Innern;* das Lebendige *unter* der Haut tritt in Erscheinung, ohne daß es gewollt war. Es ist eine Physiognomik, keine Systematik der Muskulatur, die er ins Leben rief. Aber damit war bereits das persönliche Schicksal, nicht der stoffliche Leib der eigentliche Ausgangspunkt des Formgefühls geworden. Es liegt mehr Psychologie (und weniger „Natur") im Arm eines seiner Sklaven als im Kopfe des praxitelischen Hermes. Beim Diskobolos des Myron ist die äußere Form ganz für sich da ohne alle Beziehung auf die inneren Organe, geschweige denn die „Seele". Man vergleiche mit den besten Arbeiten dieser Zeit die altägyptischen Statuen etwa des Dorfschulzen oder des Königs Phiops, oder andrerseits den David des Donatello, und man wird verstehen, was es heißt, einen Körper nur seiner stofflichen Grenze nach anerkennen. Alles, was bei den Griechen den Kopf als den Ausdruck von etwas Innerlichem und Geistigem erscheinen lassen könnte, ist peinlich vermieden. Gerade bei Myron tritt das hervor. Ist man einmal darauf aufmerksam geworden, so erscheinen die besten Köpfe der Blütezeit, aus der Perspektive unsres gerade entgegengesetzten Weltgefühls betrachtet, nach einer Weile dumm und stumpf. Das Biographische, das *Schicksal* fehlt ihnen. Nicht umsonst waren ikonische Statuen als Weihgeschenke in dieser Zeit verpönt. Die Siegerstatuen in Olympia sind unpersönliche Darstellungen einer Kampfhaltung gewesen. Es gibt bis auf Lysippos herab nicht einen echten Charakterkopf. Es gibt nur Masken. Oder man betrachte die Gestalt im ganzen: mit welcher Meisterschaft ist da der Eindruck vermieden, als ob der Kopf der bevorzugte Teil des Leibes sei. Deshalb sind diese Köpfe so klein, so unbedeutend in der Haltung, so wenig durchmodelliert. Überall sind sie durchaus als Teil des Körpers, wie Arm und Schenkel, niemals als Sitz und Symbol eines Ich geformt.

Man wird endlich sogar finden, daß der weibliche, selbst weibische Eindruck vieler dieser Köpfe des 5. und mehr noch des 4. Jahrhundertsdas allerdings ungewollte Ergebnis der Bestrebung ist, jede persönliche Charakteristik gänzlich auszuschließen. Man ist vielleicht zu dem Schlusse berechtigt, daß der ideale Gesichtstypus dieser Kunst, der sicherlich nicht der des Volkes war, wie die spätere naturalistische Bildnisplastik sofort beweist, als Summe von lauter Verneinungen, des Individuellen und Geschichtlichen nämlich, also aus der Beschränkung der Gesichtsbildung auf das rein Euklidische entstanden ist.

Das Porträt der großen Barockzeit behandelt dagegen mit allen Mitteln des malerischen Kontrapunkts, die wir als Träger räumlicher *und* historischer Fernen kennen gelernt haben, durch die in Braun getauchte Atmosphäre, die Perspektive, den bewegten Pinselstrich, die zitternden Farbentöne und Lichter den Leib als etwas an sich Unwirkliches, als ausdrucksvolle Hülle eines raumbeherrschenden Ich. (Die Freskotechnik, euklidisch wie sie ist, schließt die Lösung einer solchen Aufgabe vollkommen aus.) Das ganze Gemälde hat nur das eine Thema: Seele. Man achte darauf, wie bei Rembrandt (etwa auf der Radierung des Bürgermeisters Six oder dem Architektenbildnis in Kassel) und zuletzt noch einmal bei Marées und Leibl (auf dem Bildnis der Frau Gedon) die Hände und die Stirn gemalt sind, durchgeistigt bis zur Auflösung der Materie, visionär, voller Lyrik – und vergleiche damit die Hand und die Stirn eines Apollo oder Poseidon aus der Zeit des Perikles.

Deshalb war es ein echtes und tiefes Empfinden der Gotik, den Leib zu verhüllen, nicht des Leibes wegen, sondern um in der Ornamentik der Gewandung eine Formensprache zu entwickeln, die mit der Sprache des Kopfes und der Hände wie eine Fuge des Lebens zusammenklang: ganz so verhielten sich die Stimmen im Kontrapunkt und im Barock der basso continuo zu den Oberstimmen des Orchesters. Bei Rembrandt ist es immer die Baßmelodie des Kostüms, über welcher die Motive des Kopfes spielen.

Die altägyptische Statue verneint wie die gotische Gewandfigur den Eigenwert des Leibes: diese durch die ganz ornamental behandelte Kleidung, deren Physiognomie die Sprache des Antlitzes und der Hände verstärkt, jene, indem sie den Körper – wie die Pyramide, den Obelisken – in einem mathematischen Schema hält und das Persönliche auf den Kopf, mit einer wenigstens in der Skulptur nie wieder erreichten Größe der Auffassung beschränkt. Der Faltenwurf soll in Athen den Sinn des Leibes offenbaren, im Norden ihn auflösen. Das Gewand wird dort zum Körper, hier zur Musik – dies ist der tiefe Gegensatz, der in Werken der Hochrenaissance zu einem schweigenden Kampf zwischen dem gewollten und dem unbewußt hervordringenden Ideal des Künstlers führt, in welchem das erste, antigotische, oft genug auf der Oberfläche, das zweite, von der Gotik zum Barock leitende, immer in der Tiefe siegt.

12

Ich fasse jetzt den Gegensatz von apollinischem und faustischem Menschheitsideal zusammen. Akt und Porträt verhalten sich wie Körper und Raum, wie Augenblick und Geschichte, Vordergrund und Tiefe, wie die euklidische zur analytischen Zahl, wie Maß und Beziehung. Die *Statue* wurzelt im Boden, die Musik – und das abendländische *Porträt ist* Musik, aus Farbentönen gewebte Seele – durchdringt den grenzenlosen Raum. Das Freskogemälde ist mit der Wand verbunden, verwachsen; das Ölgemälde, als Tafelbild, ist frei von den Schranken eines Ortes. Die apollinische Formensprache offenbart ein Gewordnes, die faustische vor allem auch ein Werden.

Deshalb zählt die abendländische Kunst Kinderporträts und Familienbildnisse zu ihren besten und innerlichsten Leistungen. Der attischen Plastik waren diese Motive völlig versagt, und wenn in hellenistischer Zeit der Putto zu einem spielerischen Motiv wird, so geschieht es, weil er einmal etwas *anderes*, nicht weil er etwas Werdendes ist. Das Kind verknüpft Vergangenheit und Zukunft. Es bezeichnet in jeder menschenbildenden Kunst, die überhaupt Anspruch auf symbolische Bedeutung erhebt, die Dauer im Wechselnden der Erscheinung, die Unendlichkeit des Lebens. Aber das antike Leben erschöpfte sich in der Fülle des Augenblicks und man verschloß das Auge vor zeitlichen Fernen. Man dachte an die Menschen gleichen Blutes, die man neben sich sah, nicht an die kommenden Geschlechter. Und deshalb hat es niemals eine Kunst gegeben, die der vertieften Darstellung von Kindern so entschieden aus dem Wege gegangen ist wie die griechische. Man überdenke die Fülle von Kindergestalten, welche von der frühen Gotik bis zum sterbenden Rokoko und vor allem auch in der Renaissance entstanden sind, und suche demgegenüber auch nur ein antikes Werk von Rang bis auf Alexander herab, das mit Absicht dem ausgebildeten Körper des Mannes oder Weibes den kindlichen zur Seite stellt, dessen Dasein noch in der Zukunft liegt.

In der *Idee des Muttertums* ist das unendliche Werden begriffen. Das mütterliche Weib ist die Zeit, ist das Schicksal. Wie der mystische Akt des Tiefenerlebnisses aus dem Sinnlichen das Ausgedehnte und also die *Welt* bildet, so entsteht durch die Mutterschaft der leibliche Mensch als einzelnes Glied dieser Welt, in der er nun ein Schicksal hat. Alle Symbole der Zeit und Ferne sind auch Symbole des Muttertums. Die *Sorge* ist das Urgefühl der Zukunft und alle Sorge ist mütterlich. Sie spricht sich in den Bildungen und Ideen von Familie und Staat aus und in dem Prinzip der *Erblichkeit*, das beiden zugrunde liegt. Man kann sie bejahen oder verneinen; man kann sorgenvoll leben oder sorglos. Und man kann also auch die Zeit im Zeichen der Ewigkeit auffassen oder in dem des Augenblicks, und deshalb das Schauspiel der Zeugung und Geburt oder das der Mutter mit dem Kinde an der Brust als Symbole des Lebens im Raume durch alle Mittel der Kunst versinnlichen. Das erste haben Indien und die Antike, das letzte Ägypten und das

Abendland getan. Phallus und Lingam haben etwas rein Gegenwärtiges, Beziehungsloses, und etwas davon liegt auch in der Erscheinung der dorischen Säule wie der attischen Statue. Die stillende Mutter verweist in die Zukunft und sie ist es, welche der antiken Kunst vollkommen fehlt. Man möchte sie nicht einmal im Stil des Phidias gebildet sehen. Man fühlt, daß diese Form dem Sinn der Erscheinung widerspricht.

In der religiösen Kunst des Abendlandes gab es keine erhabnere Aufgabe. Mit der anbrechenden Gotik wird die Maria Theotokos der byzantinischen Mosaiken zur Mater dolorosa, zur Mutter Gottes, zur Mutter überhaupt. Im germanischen Mythos erscheint sie, ohne Zweifel erst seit der Karolingerzeit, als Frigga und Frau Holle. Wir finden das gleiche Gefühl in schönen Wendungen der Minnesänger wie Frau Sonne, Frau Weite, Frau Minne ausgedrückt. Etwas Mütterliches, Sorgendes, Duldendes durchzieht das ganze Weltbild der frühgotischen Menschheit, und als das germanisch-katholische Christentum zum vollen Bewußtsein seiner selbst herangereift war, in der endgültigen Fassung der Sakramente und *gleichzeitig des gotischen Stils*, da hat es *nicht den leidenden Erlöser, sondern die leidende Mutter* in die Mitte seines Weltbildes gestellt. Um 1250 wird in dem großen Statuenepos der Kathedrale von Reims der herrschende Platz an der Mitte des Hauptportals, den in Paris und Amiens noch Christus erhalten hatte, der Madonna eingeräumt, und um dieselbe Zeit beginnt die toskanische Schule zu Arezzo und Siena (Guido da Siena), in den byzantinischen Bildtypus der Theotokos den Ausdruck mütterlicher Liebe zu legen. Die Madonnen Raffaels leiten dann zu dem weltlichen Typus des Barock hinüber, der mütterlichen Geliebten, zu Ophelia und Gretchen, deren Geheimnis sich in der Verklärung am Schlusse des zweiten Faust, in der Verschmelzung mit der frühgotischen *Maria* erschließt.

Ihr stellte die hellenische Einbildungskraft Göttinnen gegenüber, die Amazonen – wie Athene – oder Hetären – wie Aphrodite – waren. Das ist der antike Typus vollkommener Weiblichkeit, aus dem Grundgefühl pflanzenhafter Fruchtbarkeit erwachsen. Auch hier erschöpft das Wort *soma* den ganzen Sinn der Erscheinung. Man denke an das Meisterwerk dieser Art, die drei mächtigen Frauenkörper im Ostgiebel des Parthenon, und vergleiche damit das erhabenste Bildnis einer Mutter, die sixtinische Madonna Raffaels. In ihr ist nichts Körperhaftes mehr. Sie ist ganz Ferne, ganz Raum. Die Helena der Ilias, an der *mütterlichen* Gefährtin Siegfrieds, Kriemhild, gemessen, ist Hetäre; Antigone und Klytämnestra sind Amazonen. Es ist auffallend, wie selbst Aischylos in der Tragödie seiner Klytämnestra die Tragik der Mutter mit Schweigen übergeht. Und die Gestalt der Medea ist vollends die mythische *Umkehrung* des faustischen Typus der Mater dolorosa. Nicht um der Zukunft, nicht um der Kinder willen ist sie da; mit dem Geliebten, dem Symbol des Lebens als einer reinen Gegenwart, versinkt ihr alles. Kriemhild rächt ihre ungeborenen Kinder. Diese Zukunft hatte man ihr gemordet. Medea rächt nur ein vergangenes Glück. Als die antike Plastik – eine Spätkunst, denn die orphische Frühzeit *schaute* die Götter, aber *sah* sie nicht – daranging, das Bild der Götter zu verweltlichen, schuf sie eine antik-weibliche Idealgestalt, die – wie die knidische

Aphrodite – lediglich ein schöner Gegenstand ist, kein Charakter, kein Ich, sondern ein Stück Natur. Praxiteles hat es deshalb endlich gewagt, eine Göttin völlig nackt darzustellen.

Diese Neuerung fand strengen Tadel, aus dem Gefühl heraus, daß hier ein Zeichen des niedergehenden antiken Weltgefühls erscheine. So sehr sie der erotischen Symbolik entsprach, so sehr widersprach sie der Würde der älteren griechischen Religion. Aber eben jetzt wagt sich auch eine Bildniskunst hervor, und zwar gleich mit der Erfindung einer Form, die seitdem nicht wieder vergessen wurde: *der Büste*. Nur hat die Kunstforschung den Fehler begangen, auch hier wieder „die" Anfänge „des" Porträts zu entdecken. In Wirklichkeit redet ein gotisches Antlitz von einem individuellen Schicksal, und ein ägyptisches trägt trotz des strengen Schematismus der Figur die kenntlichen Züge einer Einzelperson, weil sie nur dann der höheren Seele des Toten, dem Ka, als Wohnsitz dienen konnte. Hier aber entwickelt sich ein Geschmack an *Charakterbildern* wie in der gleichzeitigen attischen Komödie, in der auch nur *Typen* von Menschen und Situationen vorkommen, denen man irgendeinen Namen gibt. Das „Porträt" ist nicht durch persönliche Züge, sondern nur durch den beigeschriebenen Namen gekennzeichnet. Das ist unter Kindern und Urmenschen die allgemeine Sitte und hängt tief mit dem Namenzauber zusammen. Mit dem Namen ist etwas vom Wesen des Genannten in den Gegenstand gebannt, und jeder Betrachter erblickt es nun auch darin. So müssen die Statuen der Tyrannenmörder in Athen, die – etruskischen – Königsstatuen auf dem Kapitol und die „ikonischen" Siegerbildnisse in Olympia gewesen sein: nicht „ähnlich", sondern benannt. Aber dazu tritt nun das genrehaft-kunstgewerbliche Streben einer Zeit, die auch die korinthische Säule geschaffen hat. Man arbeitet die Typen der Lebensbühne heraus, das ηθοσ, was wir falsch mit Charakter übersetzen, denn es sind Arten und Sitten der öffentlichen Haltung: „der" ernste Feldherr, „der" tragische Dichter, „der" von Leidenschaft verzehrte Redner, „der" ganz in sich versunkene Philosoph. Erst von hier aus versteht man die berühmten Bildnisse des Hellenismus, die sehr mit Unrecht als Ausdruck tiefen Seelenlebens angesprochen werden. Es ist nicht sehr wichtig, ob das Werk den Namen eines längst Gestorbenen trägt – die Sophoklesstatue entstand um 340 – oder den eines Lebenden wie der Perikles des Kresilas. Erst nach 400 ging Demetrios von Alopeke daran, die individuellen Eigentümlichkeiten *im Außenbau* eines Menschen hervorzuheben, und von seinem Zeitgenossen Lysistratos, dem Bruder des Lysipp, erzählt Plinius, daß er seine Porträts durch einen Gipsabdruck des Gesichts hergestellt habe, der nur leicht nachgearbeitet wurde. Wie wenig das Porträts im Sinne der Kunst Rembrandts sind, hätte nie verkannt werden sollen. Die *Seele* fehlt. Man hat den glänzenden Verismus namentlich der Römerbüsten mit physiognomischer Tiefe verwechselt. Was die Werke höheren Ranges vor diesen Handwerks- und Virtuosenarbeiten auszeichnet, ist dem Kunstwollen von Marées oder Leibl gerade entgegengesetzt. Das Bedeutende wird nicht herausgeholt, sondern hineingetragen. Ein Beispiel ist die Demosthenesstatue, deren

Urheber den Redner vielleicht wirklich gesehen hat. Da sind die Besonderheiten der Oberfläche des Körpers betont, vielleicht übertrieben – das nannte man damals Naturtreue –, aber in diese Anlage ist dann der Charaktertypus des „ernsten Redners“ hineingearbeitet worden, wie ihn auf andrer „Unterlage“ die Bildnisse des Aischines und Lysias in Neapel zeigen. Das ist Lebenswahrheit, aber wie sie der antike Mensch empfand, typisch und unpersönlich. Wir haben das Ergebnis mit *unsern* Augen gesehen und deshalb mißverstanden.

13

In der Ölmalerei vom Ende der Renaissance an kann man die Tiefe eines Künstlers mit Sicherheit an dem Gehalt seiner Porträts ermessen. Diese Regel erleidet kaum eine Ausnahme. Alle Gestalten im Bilde, ob einzeln, ob in Szenen, Gruppen, Massen,sind dem physiognomischen Grundgefühl nach Porträts, ob sie es sein sollen oder nicht. Das stand nicht in der Wahl des einzelnen Künstlers. Nichts ist lehrreicher, als zu sehen, wie sich unter den Händen eines wirklich faustischen Menschen selbst der Akt in eine Porträtstudie verwandelt.Man nehme zwei deutsche Meister wie Lukas Cranach und Tilman Riemenschneider, die von aller Theorie unberührt blieben und, im Gegensatz zu Dürer und dessen Hange zu ästhetischen Grübeleien und also zur Nachgiebigkeit fremden Tendenzen gegenüber, mit vollkommener Naivität arbeiteten. In ihren – sehr seltenen – Akten zeigen sie sich gänzlich außerstande, den Ausdruck ihrer Schöpfung in die unmittelbar gegenwärtige flächenbegrenzte Körperlichkeit zu legen. Der Sinn der menschlichen Erscheinung und mithin des ganzen Werkes bleibt regelmäßig im Kopfe gesammelt, bleibt physiognomisch, nicht anatomisch, und das gilt, trotz des entgegengerichteten Wollens und trotz aller italischen Studien, auch von Dürers Lukrezia. Ein faustischer Akt – das ist ein Widerspruch in sich selbst. Daher mancher Charakterkopf auf einem unglücklichen Akt wie schon der Hiob der altfranzösischen Kathedralplastik. Daher das peinlich Gezwungene, das Schwankende und Befremdende solcher Versuche, die sich allzu deutlich als Opfer vor dem hellenisch-römischen Ideal verraten, Opfer, die der Kunstverstand, nicht die Seele bringt. Es gibt in der gesamten Malerei nach Lionardo kein bedeutendes oder bezeichnendes Werk mehr, dessen Sinn von dem euklidischen Dasein eines nackten Körpers getragen wird. Wer hier Rubens nennen und dessen unbändige Dynamik schwellender Leiber in irgendeine Beziehung zur Kunst des Praxiteles und selbst des Skopas setzen wollte, der versteht ihn nicht. Gerade die prachtvolle Sinnlichkeit hielt ihn von der *Statik* der Körper Signorellis fern. Wenn irgendein Künstler in die Schönheit nackter Leiber ein Maximum von *Werden,* von *Geschichte* dieses Blühens und Leibens, von ganz unhellenischer Ausstrahlung einer inneren Unendlichkeit gelegt hat, so war es Rubens. Man vergleiche den Pferdekopf aus dem Parthenongiebel mit denen in seiner Amazonenschlacht, und man wird auch da den tiefen metaphysischen Gegensatz in der Fassung des gleichen Erscheinungselements fühlen. Bei Rubens – um wieder an den Gegensatz von faustischer und apollinischer Mathematik zu erinnern – ist der Körper nicht Größe, sondern

Beziehung; nicht die sinnvolle Regel seiner äußeren Gliederung, sondern die Fülle des strömenden Lebens in ihm, der Weg von der Jugend zum Alter ist das Motiv, das sich im Jüngsten Gericht, wo die Leiber zu Flammen werden, mit der Bewegtheit des Weltraumes verbindet, eine gänzlich unantike Synthese, die auch den Nymphenbildern Corots nicht fremd ist, deren Gestalten im Begriffe sind, sich in Farbenflecke, Reflexe des unendlichen Raumes aufzulösen. So war der antike Akt *nicht gemeint.* Man verwechsle das griechische Formideal – das eines in sich abgeschlossenen plastischen Daseins – auch nicht mit der bloßen virtuosen Darstellung schöner Leiber, wie sie sich von Giorgione bis auf Boucher immer wieder finden, fleischliche Stilleben, Genrearbeiten, die lediglich, wie Rubens' Frau mit dem Pelz, eine heitre Sinnlichkeit zum Ausdruck bringen und in Hinsicht auf das symbolische Gewicht der Leistung – sehr im Gegensatz zu dem hohen Ethos antiker Akte – weit zurücktreten.

Diese – ausgezeichneten – Maler haben dementsprechend weder im Porträt noch in der Darstellung tiefer Welträume vermittelst der Landschaft das Höchste erreicht. Ihrem Braun und Grün, ihrer Perspektive fehlt die „Religion", die Zukunft, das Schicksal. Sie sind Meister allein im Bereich der *elementaren* Form, in deren Verwirklichung ihre Kunst sich erschöpft. Sie sind es, deren Schar die eigentliche Substanz der Entwicklungsgeschichte einer großen *Kunst* bildet. Wenn aber ein großer *Künstler* darüber hinaus zu jener andern, die ganze Seele und den ganzen Sinn der Welt umfassenden Form vordringt, so *mußte* er innerhalb der antiken Kunst zur Durchbildung eines nackten Körpers schreiten, in der nordischen *durfte* er es nicht. Rembrandt hat in jenem Vordergrundsinne nie einen Akt gemalt; Lionardo, Tizian, Velasquez und unter den letzten Menzel, Leibl, Marées, Manet jedenfalls selten (und dann immer, ich möchte sagen Leiber *als Landschaften*). Das Porträt bleibt der untrügliche Prüfstein.Aber man würde Meister wie Signorelli, Mantegna, Botticelli und selbst Verrocchio niemals an dem Range ihrer Porträts messen. Das Reiterdenkmal des Cangrande von 1330 ist in einem viel höheren Sinne Porträt als der Bartolommeo Colleoni. Raffaels Bildnisse, deren beste wie das des Papstes Julius II. unter dem Einfluß des Venezianers Sebastian del Piombo entstanden, könnte man bei der Würdigung seines Schaffens gänzlich außer acht lassen. Erst bei Lionardo sind sie von Gewicht. Es besteht ein feiner Widerspruch zwischen Freskotechnik und Bildnismalerei. In der Tat ist Giovanni Bellinis Doge Loredan das erste große Ölporträt. Auch hier offenbart sich der Charakter der Renaissance als einer Auflehnung gegen den faustischen Geist des Abendlandes. Die Episode von Florenz bedeutet den Versuch, das Porträt gotischen Stils – also nicht das spätantike Idealbildnis, das man vornehmlich durch die Cäsarenbüsten kannte – als Symbol des Menschlichen durch den Akt zu ersetzen. Folgerichtig hätten der gesamten Renaissancekunst die physiognomischen Züge fehlen müssen. Allein der starke Tiefenstrom faustischen Kunstwollens, nicht nur in kleineren Städten und Schulen Mittelitaliens, sondern selbst im Unbewußten der großen Maler, bewahrte eine nie unterbrochene gotische Tradition. Die Physiognomik gotischer Art unterwarf sich sogar das ihr so fremde Element des südlich-nackten Körpers. Was man entstehen sieht, sind nicht Körper, die durch die Statik ihrer Grenzflächen zu uns reden; wir bemerken ein *Mienenspiel,* das sich vom Antlitz über alle Teile des Körpers verbreitet und für das feinere Auge gerade in die toskanische *Nacktheit* eine tiefe Identität mit dem *gotischen Gewande* legt. Sie ist eine Hülle, keine Grenze. Die ruhenden nackten Gestalten Michelangelos in der Mediceerkapelle vollends sind ganz und gar Antlitz und Sprache einer *Seele.* Vor allem aber wurde jeder gemalte oder modellierte Kopf von selbst zum Porträt, auch der von Göttern und Heiligen. Alles was A. Rossellino, Donatello, Benedetto da Maiano, Mino da Fiesole im Porträt geleistet haben, steht dem Geiste der Van Eyck, Memlings und der frühreinischen Meister oft bis zum Verwechseln nahe. Ich behaupte, daß es überhaupt kein eigentliches Renaissanceporträt gibt und geben kann, wenn man darunter die gleiche in einem Antlitz gesammelte künstlerische Gesinnung versteht, welche den Hof des Palazzo Strozzi von der Loggia dei Lanzi und Perugino von Cimabue trennt. Im Architektonischen war eine antigotische Schöpfung möglich, so wenig von apollinischem Geiste sie auch besaß; im Bildnis, das schon als Gattung ein faustisches Sinnbild war, ist sie es nicht. Michelangelo ging der Aufgabe aus dem Weg. In seiner leidenschaftlichen Verfolgung eines plastischen Ideals hätte er die Beschäftigung mit ihr als ein Herabsteigen empfunden. Seine Brutusbüste ist so wenig ein Bildnis wie sein Giuliano de' Medici, dessen Porträt von Botticelli ein wirkliches, mithin eine ausgesprochen gotische Schöpfung ist. Michelangelos Köpfe sind Allegorien im Stil des anbrechenden Barock und selbst mit gewissen hellenistischen Arbeiten nur oberflächlich vergleichbar. Man mag den Wert der Uzzanobüste des Donatello, vielleicht der bedeutendsten Leistung dieser Epoche und dieses Kreises, noch so hoch bemessen; man wird zugeben, daß sie neben den Bildnissen der Venezianer kaum in Betracht kommt.

Es verdient bemerkt zu werden, daß diese wenigstens ersehnte Überwindung des gotischen Porträts durch den vermeintlich antiken Akt – einer tief historischen und biographischen Form durch eine vollkommen ahistorische – mit einem gleichzeitigen Niedergang der Fähigkeit zur innern Selbstprüfung und zur künstlerischen Konfession im Goetheschen Sinne verschwistert erscheint. Kein echter Renaissancemensch kennt eine seelische Entwicklung. Er vermochte ganz nach außen zu leben. Darin lag das hohe Glück des Quattrocento. Zwischen Dantes „Vita nuova" und Michelangelos Sonetten ist keine poetische Beichte, kein Selbstporträt von hohem Rang entstanden. Der Renaissancekünstler und Humanist ist im Abendland der einzige, für den Einsamkeit ein leeres Wort bleibt. Sein Leben vollzieht sich im Lichte *höfischen* Daseins. Er fühlt und empfindet öffentlich, ohne heimliches Ungenügen, ohne Scham. Das Leben der großen gleichzeitigen Niederländer dagegen vollzog sich im Schatten ihrer Werke. Darf man hinzufügen, daß *also auch* jenes andre Symbol der historischen Ferne, der Sorge, Dauer und Nachdenklichkeit, der *Staat,* von Dante bis auf Michelangelo aus der Sphäre der Renaissance verschwindet? Im „wankelmütigen Florenz", das all seine großen Bürger bitter gescholten haben und dessen Unfähigkeit zu politischen Bildungen an andern abendländischen Staatsformen gemessen ans Bizarre streift, und überall dort, wo der antigotische – nach dieser Seite hin betrachtet also *antidynastische* – Geist eine lebendige Wirksamkeit in Kunst und Öffentlichkeit entfaltet, machte der Staat einer wahrhaft hellenischen Jämmerlichkeit in Gestalt der Medici, Sforza, Borgia, Malatesta und wüster Republiken Platz. Nur dort, wo die Plastik *keine* Stätte fand, wo die südliche Musik zu Hause war, wo Gotik und Barock in der Ölmalerei des Giovanni Bellini sich berührten und die Renaissance ein Gegenstand gelegentlicher Liebhaberei blieb, gab es neben dem Porträt eine feine Diplomatie und den Willen zur politischen Dauer: in Venedig.

14

Die Renaissance war aus dem Trotz geboren. Es fehlt ihr darum an Tiefe, Umfang und Sicherheit der formbildenden Instinkte. Sie ist die einzige Epoche, die in der Theorie folgerichtiger war als in den Leistungen. Sie war auch, sehr im Gegensatz zu Gotik und Barock, die einzige, in welcher das theoretisch formulierte Wollen dem Können voranging und es oft genug überragte. Aber die erzwungene Gruppierung der einzelnen Künste um eine antikisierende Plastik konnte die Künste in den letzten Wurzeln ihres Wesens nicht verwandeln. Sie bewirkte nur eine Verarmung der inneren Möglichkeiten. Für Naturen von mittlerem Umfang war das Thema der Renaissance zureichend. Es kommt ihnen infolge der Klarheit seiner Fassung sogar entgegen und man vermißt deshalb das gotische Ringen mit übermächtigen und gestaltlosen Problemen, das die rheinischen und niederländischen Schulen kennzeichnet. Die verführerische Leichtigkeit und Klarheit beruht nicht zum wenigsten auf dem Umgehen des tieferen Widerstandes durch eine allzu schlichte Regel. Für Menschen von der Innerlichkeit Memlings und der Gewalt Grünewalds, wenn sie im Bereich dieser toskanischen Formenwelt geboren wurden, mußte das zum Verhängnis werden. Sie konnten nicht in ihr und durch sie, nur gegen sie zur Entfaltung ihrer Kräfte kommen. Wir sind geneigt, das Menschliche der Renaissancemaler zu überschätzen, nur weil wir keine Schwäche in der Form entdecken. Aber im Gotischen und im Barock erfüllt ein ganz großer Künstler seine Mission, indem er ihre Sprache vertieft und vollendet; in der Renaissance mußte er sie zerstören.

Dies ist der Fall Lionardos, Raffaels und Michelangelos, der einzigen ganz großen Menschen Italiens seit den Tagen Dantes. Ist es nicht seltsam, daß zwischen den Meistern der Gotik, die nichts als schweigsame Arbeiter in ihrer Kunst waren und doch das Größte im Dienste dieser Konvention und innerhalb ihrer Schranken leisteten, und den Venezianern und Holländern von 1600, die wieder nichts als Arbeiter waren, diese drei stehen, nicht nur Maler, nicht Bildhauer, sondern Denker, und zwar Denker aus Not, die sich außer mit allen möglichen Arten künstlerischen Ausdrucks auch noch mit tausend andern Dingen beschäftigten, ewig unruhig und unbefriedigt, um dem Wesen und dem Ziel ihrer Existenz auf den Grund zu kommen – die sie in den seelischen Bedingungen der Renaissance also nicht fanden? Diese drei Großen haben, jeder in seiner Weise, jeder in seinem eignen tragischen Irrgang versucht, antik im Sinne der mediccischen Theorie zu sein, und jeder hat nach einer andern Seite hin den Traum zerstört, Raffael die große Linie, Lionardo die Fläche, Michelangelo den Körper. In ihnen kehrt die verirrte Seele zu ihrem faustischen Ausgang zurück. Sie *wollten* das Maß statt der Beziehung, die Zeichnung statt der Wirkung von Luft und Licht, den euklidischen Leib statt des reinen Raumes. Aber eine euklidisch-statische Plastik hat es damals nicht gegeben. Sie war nur einmal möglich: in Athen. Eine heimliche Musik ist immer und überall fühlbar. All ihre Gestalten haben Bewegtheit und eine Tendenz in die Ferne und Tiefe. Sie sind alle auf dem Wege zu Palestrina statt zu Phidias, wie sie alle von der schweigenden Musik der Kathedralen statt von den römischen Ruinen kommen. Raffael löste das florentinische Fresko auf, Michelangelo die Statue, Lionardo träumte schon von der Kunst Rembrandts und Bachs. Je ernster man die Aufgabe nimmt, das Ideal dieser Zeit zu verwirklichen, desto ungreifbarer wird es.

Mithin sind Gotik und Barock etwas, das *ist*. Renaissance bleibt ein Ideal, das über dem Wollen einer Zeit schwebt, unerfüllbar wie alle Ideale. Giotto *ist* ein gotischer und Tizian *ist* ein Barockkünstler. Michelangelo *wollte* ein Renaissancekünstler sein, aber es gelang ihm nicht. Schon daß, trotz allen Ehrgeizes seiner Plastik, die Malerei unbestritten überwog, und zwar mit den räumlich-perspektivischen Voraussetzungen des Nordens, beweist den Widerspruch zwischen Sehnsucht und Erfüllung. Das schöne Maß, die abgeklärte Regel, das gewollt Antike also, wurden schon um 1520 als trocken und formelhaft empfunden. Michelangelo und andre mit ihm waren der Meinung, daß sein Kranzgesims am Palazzo Farnese, durch das er die Fassade Sangallos vom Renaissancestandpunkt aus verdarb, die Leistungen der Griechen und Römer weit übertreffe.

Wie Petrarca der erste, so war Michelangelo der letzte leidenschaftlich für die Antike empfindende Mensch von Florenz, aber er war es nicht mehr ganz. Das franziskanische Christentum Fra Angelicos, von feiner Milde, versonnen, still ergeben, dem die südliche Abgeklärtheit reifer Renaissancewerke weit mehr zu verdanken hat, als man glaubt,ging nun zu Ende. Der majestätische Geist der Gegenreformation, schwer, bewegt und prächtig, lebt schon in Michelangelos Werken auf. Es gibt etwas, das man damals antik nannte und das nur eine edle Form des christlich-germanischen Weltgefühls war; der syrischen Herkunft des florentinischen Lieblingsmotivs, der Verbindung von Rundbogen und Säule, war schon gedacht. Aber man vergleiche auch die pseudokorinthischen Kapitäle des 15. Jahrhunderts mit denen römischer Ruinen, die man kannte. Michelangelo war der einzige, der hier keine Halbheit ertrug. Er wollte Klarheit. Für ihn war die Frage der Form eine religiöse Frage. Es handelt sich bei ihm und ihm allein um alles oder nichts. So erklärt sich das einsame, furchtbare Ringen dieses wohl unglücklichsten Menschen innerhalb unsrer Kunst, das Fragmentarische,

Gequälte, Unersättliche, das *terribile* seiner Formen, das die Zeitgenossen ängstigte. Der eine Teil seines Wesens zog ihn zum Altertum und also zur Plastik. Man weiß, wie die eben gefundene Laokoongruppe auf ihn wirkte. Ehrlicher als er hat niemand versucht, durch die Kunst des Meißels den Weg zu einer verschütteten Welt zu finden. Alles was er geschaffen hat, war plastisch in diesem, *von ihm allein* vertretenen Sinne gemeint. „Die Welt, vorgestellt im großen Pan", das, was Goethe im zweiten Teil des Faust hatte geben wollen, als er die Helena einführte, die apollinische Welt in ihrer mächtigen, sinnlichen und körperlichen Gegenwart – das hat kein andrer so mit allen Kräften in ein künstlerisches Dasein bannen wollen als er, damals als er die Decke der Sixtinischen Kapelle malte. Alle Mittel des Fresko, die großen Konturen, die mächtigen Flächen, die drängende Nähe nackter Gestalten, das Stoffliche der Farbe sind hier zum letzten Male bis zum Äußersten angespannt, um das Heidentum – im höchsten Renaissancesinne – in ihm zu befreien. Aber seine zweite Seele, die gotisch-christliche Dantes und der Musik weiter Räume, die deutlich genug aus der metaphysischen Anordnung des Entwurfs redet, leistete Widerstand.

Er hat zum letzten Male versucht, immer und immer wieder, die ganze Fülle seiner Persönlichkeit in die Sprache des Marmors, des euklidischen Materials zu legen, das ihm den Dienst versagte. Denn er stand dem Stein anders gegenüber als ein Grieche. Die gemeißelte Statue widerspricht schon durch die Art ihres Daseins einem Weltgefühl, das in Kunstwerken etwas *sucht*, nicht in ihnen etwas *besitzen* will. Für Phidias ist der Marmor der kosmische Stoff, der sich nach Form sehnt. Die Pygmalionsage erschließt das ganze Wesen dieser apollinischen Kunst. Für Michelangelo war er der Feind, den er unterwarf, der Kerker, aus dem er seine Idee erlösen mußte, wie Siegfried Brunhilde befreit. Man kennt seine leidenschaftliche Art, den rohen Block anzugreifen. Er näherte ihn nicht von allen Seiten der gewollten Gestalt an. Er meißelte in den Stein wie in einen Raum hinein und brachte eine Figur zustande, indem er von dem Block, an der Stirnseite beginnend, schichtweise das Material fortnahm und in die Tiefe drang, während die Gliedmaßen sich langsam aus der Masse entwickelten. Die Weltangst vor dem Gewordnen, dem Tode, den man durch eine bewegte Form zu bannen sucht, kann nicht deutlicher ausgedrückt werden. Kein zweiter Künstler des Abendlandes besitzt ein so innerliches und zugleich so gewaltsames Verhältnis zum Stein als dem Symbol des Todes, zu dem feindlichen Prinzip darin, das seine dämonische Natur immer wieder bezwingen wollte, ob er nun seine Statuen heraushieb oder seine mächtigen Bauten aus ihm auftürmte.Er ist der einzige Bildhauer seiner Zeit, für den *nur* der Marmor in Frage kam. Der Bronzeguß, der einen Ausgleich mit malerischen Tendenzen gestattete und dem er deshalb fern stand, lag den andern Renaissancekünstlern und den weicheren Griechen viel näher.

Aber der antike Bildhauer faßte eine augenblickliche leibliche Haltung in Stein. Dessen ist der faustische Mensch gar nicht fähig. Wie er in der Liebe nicht zuerst den sinnlichen Akt der Vereinigung von Mann und Weib findet, sondern die große Liebe

Dantes und darüber hinaus die Idee der sorgenden Mutter, so hier. Michelangelos Erotik – die Beethovens – war so unantik als möglich; sie stand unter dem Aspekt der Ewigkeit und Ferne, nicht der Sinne und des flüchtigen Augenblicks. In Michelangelos Akten – einem Opfer an sein hellenisches Idol – verneint und übertönt die Seele die sichtbare Form. Die eine will Unendlichkeit, die andre Maß und Regel, die eine will Vergangenheit und Zukunft verknüpfen, die andre in der Gegenwart beschlossen sein. Das antike Auge saugt die plastische Form in sich auf. Michelangelo aber sah mit dem geistigen Auge und durchbrach die Vordergrundsprache der unmittelbaren Sinnlichkeit. Und endlich vernichtete er die Bedingungen dieser Kunst. Der Marmor wurde seinem Formwollen zu gering. Michelangelo hört auf Bildhauer zu sein und geht zur Architektur über. Im hohen Alter, als er nur noch wilde Fragmente wie die Madonna Rondanini zustande brachte und seine Gestalten kaum mehr aus dem Rohen herausmeißelte, brach die *musikalische* Tendenz seines Künstlertums durch. Endlich ließ sich der Wille zu einer kontrapunktischen Form nicht mehr bändigen, und aus tiefstem Ungenügen an der Kunst, an welche er sein Leben verschwendet hatte, zerbrach sein ewig ungestilltes Ausdrucksbedürfnis die architektonische Regel der Renaissance und schuf das römische Barock. An die Stelle des Verhältnisses von Stoff und Form setzt er den Kampf von Kraft und Masse. Er faßt die Säulen in Bündel zusammen oder drängt sie in Nischen; er durchbricht die Geschosse mit mächtigen Pilastern; die Fassade erhält etwas Wogendes und Drängendes; das Maß weicht der Melodie; die Statik der Dynamik. Die faustische Musik hatte sich damit die erste unter den übrigen Künsten dienstbar gemacht.

Mit Michelangelo ist die Geschichte der abendländischen Plastik zu Ende. Was nach ihm kommt, sind Mißverständnisse und Reminiszenzen. Sein legitimer Erbe ist *Palestrina*.

Lionardo redet eine andre Sprache als seine Zeitgenossen. In wesentlichen Dingen reichte sein Geist in das nächste Jahrhundert, und nichts band ihn wie Michelangelo mit allen Fasern seines Herzens an das toskanische Formideal. Er allein hatte weder den Ehrgeiz, Bildhauer, noch den, Architekt zu sein. Er trieb seine anatomischen Studien – ein seltsamer Irrweg der Renaissance, dem hellenischen Lebensgefühl und dessen Kultus der körperlichen Außenfläche nahezukommen!– nicht mehr wie Michelangelo der Plastik wegen; er trieb nicht mehr *topographische* Vordergrunds- und Oberflächenanatomie, sondern *Physiologie*, um der inneren Geheimnisse willen. Michelangelo wollte den ganzen Sinn der menschlichen Existenz in die Sprache des sichtbaren Leibes zwingen; Lionardos Skizzen und Entwürfe zeigen das Gegenteil. Sein vielbewundertes *sfumato* ist das erste Zeichen einer Verleugnung der Körpergrenzen um des *Raumes* willen. Von hier geht der Impressionismus aus. Lionardo beginnt mit dem Innern, dem Räumlich-Seelenhaften, nicht mit abgewogenen Umrißlinien, und legt zuletzt – wenn er es überhaupt tut und das Bild nicht unvollendet läßt – die farbige Substanz wie einen Hauch über die eigentliche, körperlose, ganz unbeschreibliche Fassung des Bildes. Raffaels Gemälde zerfallen in „Pläne“, in welche wohlgeordnete

Gruppen verteilt sind, und ein Hintergrund schließt das Ganze maßvoll ab. Lionardo kennt nur den einen, weiten, ewigen Raum, in dem seine Gestalten gleichsam verschweben. Der eine gibt innerhalb des Bildrahmens eine Summe einzelner und naher Dinge, der andre einen Ausschnitt aus dem Unendlichen.

Lionardo hat den Blutkreislauf entdeckt. Was ihn dahin führte, war kein Renaissancegefühl. Seine Gedankengänge heben ihn aus der ganzen Sphäre seiner Zeitgenossen heraus. Weder Michelangelo noch Raffael wären dahin gekommen, denn die Maleranatomie sah nur auf Form und Lage, nicht auf die Funktion der Teile. Sie war, mathematisch gesprochen, stereometrisch, nicht analytisch. Hat man nicht das Studium von *Leichen* zureichend befunden, um die großen Gemäldeszenen auszuführen? Aber das hieß das Werden zugunsten des Gewordnen unterdrücken. Man rief die Toten zu Hilfe, um die antike αταραξια der nordischen Gestaltungskraft zugänglich zu machen. Aber Lionardo sucht das *Leben* im Körper wie Rubens, nicht den Körper an sich wie Signorelli. Es liegt in seiner Entdeckung eine tiefe Verwandtschaft mit der gleichzeitigen des Kolumbus; es ist der Sieg des Unendlichen über die stoffliche Begrenztheit des Gegenwärtigen und Greifbaren. Wann hätte je ein Grieche an solchen Dingen Geschmack gefunden? Er fragte nach dem Innern seines Organismus so wenig als nach den Quellen des Nil. Beides hätte die euklidische Fassung seines Daseins in Frage gestellt. Das Barock ist demgegenüber *die eigentliche Zeit der großen Entdeckungen*. Schon das Wort kündigt etwas schroff Unantikes an. Der antike Mensch hütete sich, von irgend etwas Kosmischem die Decke, die körperliche Bindung fortzunehmen oder fortzudenken. Aber gerade das ist der eigentliche Trieb einer faustischen Natur. Beinahe gleichzeitig und in der Tiefe völlig gleichbedeutend erfolgte die Entdeckung der neuen Welt, des Blutkreislaufs und des kopernikanischen Weltsystems, etwas früher die des Schießpulvers, also der Fernwaffe, und des Buchdrucks, also der Fernschrift.

Lionardo war ganz und gar Entdecker. Darin erschöpft sich seine Natur. Pinsel, Meißel, Seziermesser, Rechenstift, Zirkel hatten für ihn ein und dieselbe Bedeutung – die, welche der Kompaß für Kolumbus hatte. Wenn Raffael einen in scharfen Umrissen gezeichneten Entwurf farbig ausführte, so bejahte jeder Pinselstrich die körperliche Erscheinung. Man betrachte aber Lionardos Rötelskizzen und Hintergründe: hier entdeckt er mit jedem Zug atmosphärische Geheimnisse. Er war auch der erste, der über Flugversuche nachdachte. Fliegen, sich von der Erde befreien, sich in die Weite des Weltraumes verlieren: das ist faustisch im höchsten Grade. Das erfüllt selbst unsere Träume. Hat man nie bemerkt, wie die christliche Legende in der Malerei des Abendlandes zu einer wunderbaren Verklärung dieses Motivs wurde? All diese gemalten Himmelfahrten und Höllenstürze, das Schweben über den Wolken, die selige Entrücktheit der Engel und Heiligen, die eindringlich gestaltete Freiheit von aller Erdenschwere sind Sinnbilder des faustischen Seelenfluges und dem byzantinischen Stile gänzlich fremd.

15

Die Verwandlung des Freskogemäldes der Renaissance in das Ölbild Venedigs ist ein Stück *Seelengeschichte*. Hier hängen alle Einblicke von den zartesten und verborgensten Zügen ab. Fast in jedem Bilde, von Masaccios „Zinsgroschen" in der Brancaccikapelle an über Piero della Francescas schwebenden Hintergrund auf den Bildnissen des Federigo und der Battista von Urbino bis zur "Schlüsselübergabe" Peruginos, ringt das Freskenhafte mit der andringenden neuen Form. Raffaels malerische Entwicklung während seiner Arbeit in den Stanzen des Vatikan ist fast das einzige übersichtliche Beispiel. Das florentinische Fresko sucht die Wirklichkeit in einzelnen Dingen und gibt innerhalb der architektonischen Umrahmung eine Summe von ihnen. Das Ölbild erkennt mit steigender Sicherheit des Ausdrucks nur die Ausgedehntheit als Ganzes an und jeden Gegenstand nur als ihren Repräsentanten. Das faustische Weltgefühl schuf die neue Technik für sich. Es verwarf den zeichnerischen Stil, wie es die Koordinatengeometrie aus der Zeit des Oresme verwarf. Es verwandelte die an Architekturmotive gebundene Linearperspektive in eine rein atmosphärische, die mit unwägbaren Tonunterschieden arbeitet. Aber die ganze künstliche Lage der Renaissancekunst, ihr Nichtverstehen der eignen tieferen Tendenz, die Unmöglichkeit, das antigotische Prinzip zu verwirklichen, erschwerte und verdunkelte den Übergang. Jeder Künstler hat ihn auf andre Weise versucht. Der eine malt mit Ölfarben auf die nasse Wand. Lionardos Abendmahl ist deshalb der Zerstörung anheimgefallen. Andre malen Tafelbilder, als ob sie Fresken wären. Das ist der Fall Michelangelos. Kühne Schritte, Ahnungen, Niederlagen, Verzichte finden sich. Der Kampf zwischen der Hand und der Seele, zwischen Auge und Werkzeug, zwischen der vom Künstler und der von der Zeit gewollten Form ist immer derselbe – der zwischen Plastik und Musik.

Hier verstehen wir endlich Lionardos riesenhaft gedachten Entwurf zur Anbetung der heiligen drei Könige in den Uffizien, das größte malerische Wagnis der Renaissance. Bis auf Rembrandt ist ähnliches nie auch nur geahnt worden. Über alles optische Maß hinaus, über alles, was man damals Zeichnung, Kontur, Komposition, Gruppe nannte, will er zur Anbetung des ewigen Raumes vordringen, in dem alles Körperliche schwebt wie die Planeten im kopernikanischen System, wie die Töne einer Bachschen Orgelfuge in der Dämmerung alter Kirchen, ein Bild von solcher Dynamik der Ferne, daß es innerhalb der technischen Möglichkeiten dieser Zeit Torso bleiben mußte.

In der Sixtinischen Madonna resümiert Raffael die gesamte Renaissance durch die Linie des Umrisses, die den ganzen Gehalt des Werkes in sich saugt. Es ist die *letzte große Linie* der abendländischen Kunst. Ihre gewaltige Innerlichkeit, die den geheimen Widerspruch mit der Konvention bis zur äußersten Spannung treibt, macht Raffael zu dem am wenigsten verstandenen Künstler der Renaissance. Er kämpfte nicht mit Problemen. Er ahnte sie nicht einmal. Aber er führte die Kunst bis an deren Schwelle, wo der Entscheidung nicht mehr ausgewichen werden konnte. Er starb, als er *innerhalb* ihrer Formenwelt das letzte vollendet hatte. Der Menge erscheint er flach. Sie wird niemals empfinden, was in seinen Entwürfen vor sich geht. Aber hat man wohl die Morgenwölkchen bemerkt, die, sich in Kinderköpfe verwandelnd, die ragende Gestalt umgeben? Es sind die Scharen der Ungebornen, welche die Madonna ins Leben zieht. Diese lichten Wolken erscheinen im gleichen Sinne auch in der mystischen Schlußszene des zweiten Faust. Gerade das Abweisende, die Unpopularität im schönsten Sinne schließt hier die innere Überwindung des Renaissancegefühls in sich. Perugino versteht man beim ersten Blick; bei Raffael glaubt man es nur. Obwohl zunächst gerade die Linie, das Zeichnerische eine antike Tendenz ankündigt, ist es doch im Raum verschwebend, überirdisch, beethovenartig. Raffael ist in diesem Werk verschlossener als jeder andre, viel mehr selbst als Michelangelo, dessen Wollen durch das Fragmentarische seiner Arbeiten deutlich wird. Fra Bartolommeo hatte die stoffliche Umrißlinie noch ganz in seiner Gewalt; sie ist ganz Vordergrund; ihr Sinn erschöpft sich in der Abgrenzung von Körpern. Bei Raffael schweigt sie, wartet sie, verhüllt sie sich. Sie steht, bei äußerster Spannung, unmittelbar vor ihrer Auflösung im Unendlichen, in Raum und Musik.

Lionardo steht jenseits der Grenze. Der Entwurf zur Anbetung der drei Könige *ist* schon Musik. Es liegt ein tiefer Sinn in dem Umstande, daß er hier wie bei seinem Hieronymus bei der braunen Untermalung stehen blieb, dem „Rembrandtstadium", dem atmosphärischen Braun des nächsten Jahrhunderts. Für ihn war in diesem Zustande die äußerste Vollendung und Deutlichkeit der Intention erreicht. Jeder Schritt weiter in eine Farbenbehandlung, deren Geist damals noch in den metaphysischen Bedingungen des Freskostils befangen war, hätte die Seele des Entwurfs zerstört. Gerade weil er die Symbolik der Ölmalerei in ihrer ganzen Tiefe vorfühlte, fürchtete er das Freskenhafte der „Fertigmaler", das seine Idee verflachen mußte. Die Studien zu dem Gemälde beweisen, wie sehr ihm die *Radierung* in der Art Rembrandts verwandt war, eine Kunst aus der Heimat des Kontrapunkts, die man in Florenz nicht kannte. Erst die Venezianer, außerhalb der florentinischen Konvention stehend, haben erreicht, was er hier suchte: eine Farbenwelt, die dem Raume, nicht den Dingen dient.

Aus demselben Grunde hat Lionardo – nach unendlichen Versuchen – den Christuskopf des Abendmahls unvollendet gelassen. Auch für ein Porträt in der großen Auffassung Rembrandts, für eine aus bewegten Pinselstrichen, Lichtern und Tönen aufgebaute Seelengeschichte war der Mensch dieser Zeit nicht reif. Aber nur Lionardo war groß genug, um diese Schranke als Schicksal zu erleben. Die andern hatten nur den Kopf malen wollen, wie ihn die Schule vorschrieb. Lionardo, der hier zum erstenmal auch die *Hände* sprechen ließ, und zwar mit einer physiognomischen Meisterschaft, die später zuweilen erreicht, aber nie übertroffen worden ist, wollte unendlich viel mehr. Seine Seele war weit in die Zukunft verloren, aber sein Menschliches, sein Auge, seine Hand gehorchten dem Geiste seiner Zeit. Sicherlich war er in einer verhängnisvollen Weise der

Freieste von den drei Großen. Vieles von dem, womit Michelangelos mächtige Natur vergebens rang, hat ihn gar nicht mehr berührt. Probleme der Chemie, der geometrischen Analysis, der Physiologie – Goethes „lebendige Natur“ war auch die seine –, der Fernwaffentechnik sind ihm vertraut. Tiefer als Dürer, kühner als Tizian, umfassender als irgendein Mensch der Zeit, ist er der *eigentlich fragmentarische* Künstler geblieben,aber aus einem anderen Grunde als Michelangelo, der verspätete Plastiker, und im Gegensatz zu Goethe, für den alles schon zurücklag, was dem Schöpfer des Abendmahls unerreichbar blieb. Michelangelo wollte eine erstorbene Formenwelt noch einmal zum Leben zwingen, Lionardo fühlte eine neue in der Zukunft, Goethe ahnte, daß es keine mehr gab. Zwischen ihnen liegen die drei reifen Jahrhunderte faustischer Kunst.

16

Es ist noch übrig, die Vollendung der abendländischen Kunst in großen Zügen zu verfolgen. Die innerste Notwendigkeit aller Geschichte ist hier am Werke. Wir haben gelernt, Künste als Urphänomene zu begreifen. Wir suchen nicht mehr nach Ursachen und Wirkungen im physikalischen Sinne, um ihrer Entwicklung Zusammenhang zu geben. Wir haben den Begriff *des Schicksals einer Kunst* in sein Recht eingesetzt. Wir haben endlich Künste als *Organismen* erkannt, die in dem größeren Organismus einer Kultur ihre bestimmte Stellung einnehmen, geboren werden, reifen, altern und *für immer* sterben.

Mit dem Abschluß der Renaissance – der letzten Verirrung – ist die abendländische Seele zum reifen Bewußtsein ihrer Kräfte und Möglichkeiten gelangt. Sie hat ihre Künste *gewählt*. Eine Spätzeit, das Barock wie die Ionik, weiß, was die Formensprache der Kunst zu bedeuten hat. Sie war bis dahin eine philosophische Religion, jetzt wird sie eine religiöse Philosophie. Sie wird städtisch und weltlich. An die Stelle namenloser Schulen treten die großen Meister. Es erscheint auf der Höhe jeder Kultur das Schauspiel einer prachtvollen *Gruppe großer Künste*, wohlgeordnet und durch das zugrunde liegende Ursymbol zu einer Einheit verknüpft. Die *apollinische Gruppe*, zu welcher die Vasenmalerei, das Fresko, das Relief, die Architektur der Säulenordnungen, das attische Drama, der Tanz gehören, hat die Skulptur der nackten Statue zur Mitte. Die *faustische* Gruppe bildet sich um das Ideal reiner räumlicher Unendlichkeit. Ihren Mittelpunkt bildet die instrumentale Musik. Von ihr aus spinnen sich feine Fäden in alle geistigen Formensprachen hinüber und verweben die infinitesimale Mathematik, die dynamische Physik, die Propaganda des Jesuitenordens und die Dynamik der berühmten Schlagworte der Aufklärung, die moderne Maschinentechnik, das Kreditsystem und die dynastisch-diplomatische Staatsorganisation zu einer ungeheuren Totalität seelischen Ausdrucks. Mit dem inneren Rhythmus der Dome beginnend, mit Wagners „Tristan“ und „Parsifal“ endend, erreicht die künstlerische Bewältigung des unendlichen Raums ihre vollkommene Ausbildung um 1550. Die Plastik erlischt mit Michelangelo in Rom, gerade damals, als die Planimetrie, die bis dahin die Mathematik beherrscht hatte, ihr unwesentlichster Teil wird. Zugleich mit Zarlinos Harmonielehre und Theorie des Kontrapunkts (1558) und der ebenfalls von Venedig ausgehenden Methode des Generalbasses, beides eine Perspektive und Analysis des Tonraumes, beginnt ihre Schwester, die nordische Infinitesimalrechnung, ihren Aufstieg.

Ölmalerei und Instrumentalmusik, die Künste des Raumes, treten ihre Herrschaft an. In der Antike waren es *folglich* die stofflich-euklidischen Künste: das streng flächenhafte Fresko und die freistehende Statue, die gleichzeitig – um 600 – in den Vordergrund treten. Und zwar sind es die beiden Arten von Malerei, die, in ihrer Formensprache gemäßigter, zugänglicher, zuerst heranreifen. Dem Ölgemälde gehört die Zeit von 1550-1650 ebenso unbestritten wie dem Fresko und Vasenbild das 6. Jahrhundert. Die Symbolik von Raum und Körper, ausgedrückt durch das Kunstmittel hier der *Perspektive* und dort der *Proportion*, erscheint in der mittelbaren Sprache des Gemäldes nur angedeutet. Diese Künste, welche das jeweilige Ursymbol, also Möglichkeiten des Ausgedehnten, in der Bildfläche nur vorzutäuschen vermögen, konnten das antike und abendländische Ideal wohl bezeichnen und heraufrufen, aber nicht vollenden. Auf dem Wege der Spätzeit erscheinen sie als Vorstufen der letzten Höhe. Je mehr der große Stil sich seiner Vollendung nähert, desto entschiedener wird der Drang nach einer ornamentalen Sprache von unerbittlicher Klarheit der Symbolik. Die Malerei genügte nicht mehr. Die Gruppe der hohen Künste wurde weiterhin vereinfacht. Um 1670, gerade damals, als Newton und Leibniz die Differentialrechnung entdeckten, war die Ölmalerei an der Grenze ihrer Möglichkeiten angelangt. Die letzten großen Meister starben, Velasquez 1660, Poussin 1665, Franz Hals 1666, Rembrandt 1669, Vermeer 1675, Murillo, Ruysdael und Lorrain 1682. Man braucht nur die wenigen Nachfolger von Bedeutung, Watteau, Hogarth, Tiepolo zu nennen, um den Abstieg, das Ende einer Kunst fühlen zu lassen. Eben jetzt hatten sich auch die großen Formen der *malerischen Musik* ausgelebt: mit Heinrich Schütz (1672), Carissimi (1674) und auch Purcell (1695) sterben die letzten Meister der Kantate, welche *bildhafte* Themen, durch das Farbenspiel von Vokal- und Instrumentalstimmen bis ins Unendliche variierte und von zierlichen Landschaften bis zu erhabenen Szenen der Legende wahrhafte Gemälde entwarf. Mit Lully (1687) ist die heroische Barockoper Monteverdis innerlich erschöpft. Und dasselbe gilt von den Arten der altklassischen Sonate für Orchester, Orgel und Streichtrio, die ebenfalls bildhafte Themen im Fugenstil durchimitieren. Die Formen der letzten Reife treten hervor, das Concerto grosso, die Suite und die dreiteilige Sonate für Soloinstrumente. Die Musik befreit sich von dem Rest des Körperlichen im Klange der menschlichen Stimme. Sie wird absolut. Das Thema verwandelt sich aus einem Bilde in eine prägnante *Funktion*, deren Dasein in Entwicklung besteht; den Fugenstil Bachs kann man nur als eine unendliche Differentation und Integration bezeichnen. Die Marksteine des Sieges der reinen Musik über die Malerei sind die im höchsten Alter entstandenen Passionen von Heinrich Schütz, in denen die neue Formensprache am

Horizont erscheint, die Sonaten dall'Abacos und Corellis, die Oratorien Händels und die barocke Polyphonie Bachs. Von nun an ist diese Musik *die* faustische Kunst, und man darf Watteau einen malenden Couperin, Tiepolo einen malenden Händel nennen.

Dieselbe Wendung erfolgt in der Antike um 460, als der letzte der großen Freskomaler, Polygnot, das Erbe des erhabenen Stils an Polyklet und damit an die freie Rundplastik abtritt. Bis dahin hatte die Formensprache einer reinen Flächenkunst auch die Statue beherrscht, selbst noch bei den Zeitgenossen Polygnots, bei Myron und den Meistern der Olympiagiebel. Wie jene das Formideal der *farbig ausgefüllten und mit einer Innenzeichnung versehenen Silhouette* immer weiter entwickelt hatte, wobei es zwischen dem bemalten Relief und dem Flachbild kaum einen Unterschied gab, so war auch für den Bildhauer der dem Betrachter erscheinende frontale *Umriß* das eigentliche Symbol des Ethos, das heißt des sittlichen Typus, den die Figur repräsentieren sollte. Das Giebelfeld eines Tempels ist ein *Bild*, und es will aus dem nötigen Abstand genau so betrachtet sein wie die gleichzeitigen Vasenbilder des rotfigurigen Stils. Mit der Generation Polyklets macht das monumentale Wandgemälde dem Tafelbild in Tempera- und Wachsfarbentechnik Platz, aber das bedeutet, daß der große Stil aufgehört hat, in dieser Kunstart seinen Sitz zu haben. Die Schattenmalerei des Apollodor hat den Ehrgeiz, durch *Rundmodellierung* der Figuren, denn es handelt sich durchaus nicht um atmosphärische Schatten, es dem Bildhauer gleichzutun, und von Zeuxis erklärt Aristoteles ausdrücklich, daß seinen Werken das Ethos gefehlt habe. Das stellt diese geistreiche und liebenswürdige Malerei neben die unseres 18. Jahrhunderts. *Beiden* fehlt die innere Größe und beide folgen mit ihrem Virtuosentum der Sprache der einzigen und letzten Kunst, welche die Ornamentik hohen Ranges vertritt. Deshalb gehören Polyklet und Phidias zu Bach und Händel, und wie diese den strengen Satz von den Methoden der malerischen Durchführung befreien, so haben jene die Statue vom Reliefmäßigen endgültig erlöst.

Mit dieser Musik und dieser Plastik ist das Ziel erreicht. Eine reine Symbolik von mathematischer Strenge ist möglich geworden: das bedeutet der Kanon, jene Schrift Polyklets über die Proportionen des menschlichen Körpers und als Gegenstück dazu die „Kunst der Fuge“ und das „Wohltemperierte Klavier“ seines „Zeitgenossen“ Bach. Diese beiden Künste leisten das Äußerste und Letzte an Deutlichkeit und Intensität der reinen Form. Man vergleiche doch den Tonkörper der faustischen Instrumentalmusik und in ihm wieder den Streichkörper und bei Bach auch noch den als Einheit wirkenden Körper der Blasinstrumente mit dem Körper attischer Statuen; man vergleiche, was Haydn und was Praxiteles eine *Figur* nannten, nämlich die eines rhythmischen Motivs im Gewebe der Stimmen oder die eines Athleten, eine Bezeichnung, welche der Mathematik entnommen ist und verrät, daß dieses jetzt endlich erreichte Ziel das einer Vereinigung künstlerischen und mathematischen Geistes ist, denn zugleich mit Musik und Plastik haben die Analysis des Unendlichen und die euklidische Geometrie ihre Aufgabe und den letzten Sinn ihrer Zahlensprache mit voller Deutlichkeit begriffen. Die

Mathematik des Schönen und die Schönheit des Mathematischen sind nicht mehr zu trennen. Der unendliche Raum der Töne und der völlig freistehende Körper von Marmor oder Bronze sind eine unmittelbare Interpretation des Ausgedehnten. Sie gehören zur Zahl als Beziehung und zur Zahl als Maß. Im Fresko wie im Ölbilde wird man, in den Gesetzen von Proportion und Perspektive, nur *Andeutungen* von Mathematischem finden. Diese beiden letzten und strengsten Künste *sind* Mathematik. Auf diesem Gipfel erscheint die faustische wie die apollinische Kunst vollkommen.

Mit dem Ausgang der Fresko- und Ölmalerei beginnt die dichte Reihe großer Meister der absoluten Plastik und Musik. Auf Polyklet folgen Phidias, Paionios, Alkamenes, Skopas, Praxiteles, Lysippos, auf Bach und Händel Gluck, Stamitz, die Söhne Bachs, Haydn, Mozart, Beethoven. Jetzt erscheint die Menge wunderbarer, heute längst verschollener Instrumente, eine ganze Zauberwelt abendländischen Entdecker- und Erfindergeistes, um immer neue Klänge und Tonfarben für den Dienst und die Steigerung des Ausdrucks heranzuziehen, jetzt die Fülle großer, feierlicher, zierlicher, leichter, spöttischer, lachender, schluchzender Formen von strengstem Bau, auf die sich heute niemand mehr versteht; es gab damals, vor allem im Deutschland des 18. Jahrhunderts, eine wirkliche *Kultur der Musik*, die das ganze Leben durchdrang und erfüllte, deren Typus Hoffmanns Kapellmeister Kreisler wurde und von der uns kaum die Erinnerung mehr geblieben ist.

Endlich, mit dem 18. Jahrhundert, stirbt auch die Architektur. Sie löst sich, sie ertrinkt in der Musik des Rokoko. Alles, was man an dieser letzten wundervollen, fragilen Blüte der abendländischen Baukunst getadelt hat – weil man ihre Entstehung aus dem Geist der Fuge nicht verstand –: das Maßlose, Formlose, Verschwebende, Wogende, Funkelnde, die Zerstörung der Fläche und Gliederung für das Auge, alles das ist nur ein Sieg der Töne und Melodien über Linien und Wände, der Triumph des reinen Raumes über den Stoff, des absoluten Werdens über das Gewordne. Es sind nicht mehr Baukörper, diese Abteien, Schlösser, Kirchen mit ihren geschwungenen Fassaden, Portalen und Höfen mit Muschelinkrustation, mächtigen Treppenhäusern, Galerien, Sälen, Kabinetten, sondern steingewordene Sonaten, Menuette, Madrigale, Präludien; Kammermusik in Stuck, Marmor, Elfenbein und edlen Hölzern; Kantilenen von Voluten und Kartuschen, Kadenzen von Freitreppen und Firsten. Der Dresdner Zwinger ist das vollkommenste Stück Musik in der gesamten Weltarchitektur, mit Ornamenten wie der Ton einer edlen alten Geige, ein allegro fugitivo für kleines Orchester.

Deutschland hat die großen Musiker und *also auch* die großen Baumeister – Pöppelmann, Schlüter, Bähr, Neumann, Fischer von Erlach, Dinzenhofer – dieses Jahrhunderts hervorgebracht. In der Ölmalerei spielt es keine, in der Instrumentalmusik die entscheidende Rolle.

17

Ein Wort, das erst zur Zeit Manets in Aufnahme kam – zuerst ein Spottname wie Barock und Rokoko – faßt die Eigenart des faustischen Kunstvortrags, wie er sich aus den Voraussetzungen der Ölmalerei allmählich entwickelt hat, sehr glücklich zusammen. Man spricht von Impressionismus, ohne Umfang und tieferen Sinn des Begriffes, wie er hätte gefaßt werden sollen, zu ahnen, man leitet ihn aus der letzten Nachblüte einer Kunst ab, die ganz und gar zu ihm gehört. Was ist Nachahmung des „Eindrucks"? Etwas rein Abendländisches ohne Zweifel, etwas, das mit der Idee des Barock, selbst schon den unbewußten Zielen der gotischen Architektur verwandt und den Absichten der Renaissance streng entgegengesetzt ist. Bedeutet es nicht die Tendenz eines Wachseins, den reinen unendlichen Raum als die unbedingte Wirklichkeit höchster Ordnung und alle sinnlichen Gebilde „in ihm" als zweiten Ranges und bedingt zu empfinden, und zwar mit innerster Notwendigkeit? Eine Tendenz, die in künstlerischen Schöpfungen hervortreten kann, die aber tausend andre Möglichkeiten kennt, um sich zu offenbaren? „*Der Raum* ist die Form a priori der Anschauung", die Formel Kants – klingt das nicht wie ein Programm dieser Bewegung, die mit Lionardo anhebt? Der Impressionismus ist die Umkehrung des euklidischen Weltgefühls. Er sucht sich von der Sprache des Plastischen so weit als möglich zu entfernen und der des Musikalischen zu nähern. Man läßt die belichteten, das Licht zurückstrahlenden Dinge nicht auf sich wirken, weil sie da sind, sondern als ob sie „an sich" *nicht* da wären. Sie sind auch nicht Körper, sondern Lichtwiderstände im Raum, deren trügerische Dichte durch den Pinselstrich entlarvt wird. Man empfängt und gibt lediglich den *Eindruck* von solchen Widerständen, die man im stillen als bloße Funktionen einer „jenseitigen" (transzendenten) Ausgedehntheit wertet. Man durchdringt die Körper mit dem innern Auge, man löst den Zauber ihrer stofflichen Grenzen, man opfert sie der Majestät des Raumes. Und man fühlt mit und unter diesem Eindruck eine unendliche *Bewegtheit* des sinnlichen Elementes, die zu der statuenhaften Ataraxia des Fresko den stärksten Gegensatz bildet. Deshalb gibt es keinen hellenischen Impressionismus. Deshalb ist die antike Skulptur die Kunst, welche ihn von vornherein ausschließt.

Der Impressionismus ist der umfassende Ausdruck eines Weltgefühls, und es versteht sich, daß er die gesamte Physiognomie unsrer späten Kultur durchdringt. Es gibt eine impressionistische, die optischen Grenzen mit Absicht und Nachdruck überschreitende Mathematik. Es ist die Analysis seit Newton und Leibniz. Zu ihr gehören die visionären Gebilde der Zahlkörper, Mengen, Transformationsgruppen, mehrdimensionalen Geometrien. Es gibt eine impressionistische Physik, die an Stelle von Körpern Systeme von Massenpunkten „sieht", Einheiten, die lediglich als das konstante Verhältnis variabler Wirksamkeiten erscheinen. Es gibt eine impressionistische Ethik, Tragik, Logik. Es gibt im Pietismus auch ein impressionistisches Christentum.

Malerisch und musikalisch handelt es sich um die Kunst, mit ein paar Strichen, Flecken oder Tönen ein in seinem Gehalte unerschöpfliches Bild, einen Mikrokosmos für Auge und Ohr eines faustischen Menschen zu schaffen, das heißt die Wirklichkeit des unendlichen Raumes durch die flüchtigste, fast körperlose Andeutung von etwas Gegenständlichem, das ihn gewissermaßen zwingt in Erscheinung zu treten, künstlerisch zu bannen. Es ist eine nie wieder gewagte Kunst der Bewegung des Unbeweglichen. Von Tizians Alterswerken bis herab auf Corot und Menzel zittert und fließt die duftige Materie unter der geheimnisvollen Wirkung des Pinselstrichs und der gebrochenen Farben und Lichter. Dasselbe erstrebt, im Unterschied von der eigentlichen Melodie, das „Thema" der Barockmusik, ein Tongebilde unter Mitwirkung aller Reize von Harmonie, instrumentaler Farbe, Takt und Tempo, das sich von der motivischen Arbeit des durchimitierenden Satzes der Zeit Tizians bis zum Leitmotiv Wagners entwickelt und eine ganze Welt von Gefühl und Erlebnis einschließt. Auf der Höhe der deutschen Musik dringt diese Kunst in die Lyrik deutscher Sprache ein – in der französischen ist sie unmöglich –, wo sie seit Goethes Urfaust und den letzten Gedichten Hölderlins eine Reihe von kleinen Meisterstücken gezeitigt hat, Stellen vom Umfang weniger Zeilen, die noch nicht bemerkt, geschweige denn gesammelt worden sind. Der Impressionismus ist die Methode subtilster künstlerischer Entdeckungen. Er wiederholt im Kleinen und Kleinsten fortwährend die Taten des Kolumbus und Kopernikus. Es gibt in keiner zweiten Kultur eine ornamentale Sprache von solcher Dynamik des Eindrucks bei einem so geringen Aufwand an Mitteln. Jeder farbige Punkt oder Strich, jeder kaum hörbare kurze Ton deckt überraschende Reize auf und führt der Einbildung immer neue Elemente von raumschaffender Energie zu. Bei Masaccio und Piero della Francesca sind *wirkliche Körper* von Luft umflossen. Erst Lionardo entdeckt die Übergänge von *atmosphärischem* Hell und Dunkel, die weichen Ränder, die mit der *Tiefe* verschwimmenden Umrisse, die Bereiche von Licht und Schatten, aus denen sich einzelne Gestalten nicht mehr lösen lassen. Endlich, bei Rembrandt, verfließen die Gegenstände zu bloßen farbigen Eindrücken; die Gestalten verlieren das spezifisch Menschliche; sie wirken als Strich und Farbenfleck in einem leidenschaftlichen Tiefenrhythmus. Und diese Ferne bedeutet nun auch Zukunft. Der Impressionismus fesselt den kurzen Augenblick, der einmal ist und nie wiederkehrt. Die Landschaft ist kein Sein und Verharren, sondern ein flüchtiger Moment ihrer *Geschichte*. Wie ein Bildnis Rembrandts nicht das anatomische Relief des Kopfes, sondern das *zweite Gesicht* in ihm anerkennt, wie es nicht das Auge, sondern den Blick, nicht die Stirn, sondern das Erlebnis, nicht die Lippen, sondern die Sinnlichkeit durch das Ornament der Pinselstriche bannt, so zeigt das impressionistische Gemälde überhaupt nicht die Natur des Vordergrundes, sondern auch da ein zweites Antlitz, den Blick, die Seele der Landschaft. Mag es sich um die katholisch-heroische Landschaft Lorrains, den *paysage intime* Corots, um das Meer, die Flußränder und Dörfer Cuyps und Van Goyens handeln, es entsteht immer ein Porträt im physiognomischen Sinne, etwas Einmaliges,

Unvorhergesehenes und zum ersten und letzten Mal ans Licht Gezogenes. Gerade die Vorliebe für die Landschaft – die physiognomische, die Charakterlandschaft –, für das Motiv also, das im Freskostil gar nicht denkbar ist und der Antike vollkommen unzugänglich blieb, erweitert die Porträtkunst vom unmittelbar Menschlichen zum mittelbaren: zur Darstellung der Welt als eines Teils des Ich, der Welt, in welcher der Künstler sich gibt und der Betrachter sich wiederfindet. Denn in dieser sich in die Ferne dehnenden Natur spiegelt sich ein *Schicksal*. Es gibt in dieser Kunst tragische, dämonische, lachende, klagende Landschaften, etwas, wovon der Mensch andrer Kulturen keine Vorstellung und wofür er kein Organ hat. Wer dieser Formenwelt gegenüber die Illusionsmalerei des Hellenismus nennt, der weiß keinen Unterschied zwischen einer Ornamentik vom höchsten Range und einer seelenlosen Imitation, einer Nachäffung des Augenscheins. Wenn Lysipp nach Plinius gesagt hat, er stelle die Menschen dar, wie sie ihm *erscheinen*, so trifft das einen Ehrgeiz von Kindern, Laien und Wilden, aber nicht von Künstlern. Es fehlt der große Stil, die Bedeutung, die tiefe Notwendigkeit. So malten die Bewohner der steinzeitlichen Höhlen auch. Aber die hellenistischen Maler konnten in Wirklichkeit mehr, als sie wollten. Selbst noch die Wandgemälde in Pompeji und die Odysseelandschaften in Rom enthalten ein *Symbol*: sie stellen je eine *Gruppe von Körpern* dar, darunter Felsen, Bäume und sogar, als Körper unter Körpern! – „das Meer". Es entsteht keine Tiefe, sondern eine Aufreihung. Irgend etwas muß den Platz erhalten, der am wenigsten nah ist, aber diese technische Notwendigkeit hat mit der faustischen Verklärung des Fernen nichts zu tun.

18

Ich sagte, daß die Ölmalerei am Ende des 17. Jahrhunderts, wo alle großen Meister kurz nacheinander starben, erlosch. Aber der Impressionismus im engeren Sinne ist ja eine Schöpfung des 19. Jahrhunderts? Die Malerei hat also 200 Jahre länger geblüht oder dauert heute noch fort? Man täusche sich nicht. Zwischen Rembrandt und Delacroix oder Constable liegt eine tote Strecke, und was bei dem letzten beginnt, ist trotz aller Zusammenhänge in Hinsicht auf Technik und Vortrag sehr verschieden von dem, was mit dem ersten endete. Hier, wo von einer lebendigen Kunst von höchster Symbolik die Rede ist, zählen die rein dekorativen Künstler des 18. Jahrhunderts nicht mit. Täuschen wir uns auch nicht über den Charakter der neuen malerischen *Episode*, die jenseits von 1800, der Grenze von Kultur und Zivilisation, noch einmal die Illusion einer großen Kultur der Malerei erwecken konnte. Sie selbst hat ihr eigentliches Thema als Freilicht bezeichnet und damit den Sinn ihrer flüchtigen Erscheinung deutlich genug enthüllt. *Freilicht* – das ist die bewußte, intellektuelle und brutale Abwendung von dem, was man plötzlich „die braune Sauce" nannte und was, wie wir sahen, in den Bildern der großen Meister die eigentlich metaphysische Farbe war. Auf ihr baute sich die Malkultur der Schulen, vor allem der niederländischen auf, die im Rokoko rettungslos dahinschwand. Dies Braun, das Symbol räumlicher Unendlichkeit, das für den faustischen Menschen aus dem Gemälde ein seelenhaftes Etwas schuf, empfand man plötzlich als Unnatur. Was war geschehen? Beweist die Wandlung nicht, daß ebenso die *Seele* sich fortgestohlen hatte, für welche diese verklärte Farbe etwas Religiöses, ein Zeichen der Sehnsucht, der ganze Sinn einer lebendigen Natur gewesen war? Der Materialismus der westeuropäischen Weltstädte blies in die Asche und rief diese seltsame und kurze Nachblüte von zwei Malergenerationen hervor – denn mit der Generation Manets war alles wieder zu Ende. Ich hatte das erhabene Grün Grünewalds, Lorrains, Giorgiones als die katholische Farbe des Raumes bezeichnet und das transzendente Braun Rembrandts als die Farbe des protestantischen Weltgefühls. Das Freilicht, das jetzt eine neue Farbenskala entfaltet, bezeichnet demgegenüber die Irreligion.Der Impressionismus ist aus den Sphären Beethovenscher Musik und Kantischer Sternenräume auf die Erdoberfläche zurückgekehrt. Dieser Raum ist erkannt, nicht erlebt, gesehen, nicht geschaut; es ist Stimmung darin, nicht Schicksal; es ist das mechanische Objekt der Physik und nicht die gefühlte Welt der pastoralen Musik, was Courbet und Manet in ihre Landschaften bringen. Was Rousseau mit tragisch treffendem Ausdruck als Rückkehr zur Natur prophezeit hatte, vollzieht sich in dieser sterbenden Kunst. So kehrt ein Greis von Tag zu Tag „zur Natur zurück“. Der neue Künstler ist Arbeiter, nicht Schöpfer. Er stellt ungebrochene Spektralfarben nebeneinander. Die feine Handschrift, der Tanz der Pinselstriche macht groben Gewohnheiten Platz: Punkte, Quadrate, breite anorganische Massen werden aufgetragen, vermengt, verbreitet. Neben dem breiten, flachen Pinsel erscheint der Spachtel als Werkzeug. Der Ölgrund der Leinwand wird in die Wirkung einbezogen und bleibt stellenweise frei. Eine gefährliche Kunst, peinlich kalt, krank, für überfeinerte Nerven, aber wissenschaftlich bis zum äußersten, energisch in allem, was die Bewältigung technischer Widerstände angeht, programmatisch zugespitzt: es ist das Satyrspiel zur großen Ölmalerei von Lionardo bis Rembrandt. Sie konnte nur in dem Paris Baudelaires zu Hause sein. Corots silberne Landschaften in ihren graugrünen und braunen Tönen träumen noch von dem *Seelischen* der alten Meister. Courbet und Manet erobern den kahlen physikalischen Raum, den Raum als „Tatsache“. Der versonnene Entdecker Lionardo macht dem malenden Experimentator Platz. Corot, das ewige Kind, Franzose, nicht Pariser, fand seine jenseitigen Landschaften überall, Courbet, Monet, Manet, Cézanne porträtieren ein und dieselbe Örtlichkeit immer wieder, peinlich, mühsam, arm an Seele, den Wald von Fontainebleau oder die Seineufer von Argenteuil oder jenes merkwürdige Tal bei Arles. Rembrandts mächtige Landschaften liegen durchaus im Weltraume, die Manets in der Nähe einer Bahnstation. Die Freilichtmaler, echte Großstädter, nahmen von den kühlsten Spaniern und Holländern, Velasquez, Goya, Hobbema und Franz Hals die Musik des Raumes, um sie – mit Hilfe der englischen Landschafter und später der Japaner, intellektueller und hochzivilisierter Köpfe – ins Empirische und Naturwissenschaftliche zu übersetzen. Es ist der Unterschied von Naturerlebnis und Naturwissenschaften, von Herz und Kopf, von Glauben und Wissen.

Anders in Deutschland. In Frankreich war eine große Malerei abzuschließen, hier war sie nachzuholen. Denn der malerische Stil von Rottmann, Wasmann, K. D. Friedrich und Runge bis zu Marées und Leibl setzt alle Glieder der Entwicklung voraus; sie liegen dem Technischen zugrunde, und wo auch eine Schule den neuen Stil pflegen will, bedarf sie einer geschlossenen inneren Tradition. Hierin beruht die Schwäche und Stärke der letzten deutschen Malerei. Die Franzosen besaßen eine eigne Überlieferung vom frühen Barock bis auf Chardin und Corot herab. Zwischen Lorrain und Corot, Rubens und Delacroix besteht ein lebendiger Zusammenhang. Aber alle großen Deutschen des 18. Jahrhunderts waren, als Künstler, *Musiker* geworden. Daß diese Musik, ohne ihr innerstes Wesen zu verändern, seit Beethoven doch noch einmal in Malerei umschlug, *ist eine Seite der deutschen Romantik*. Hier hat sie am längsten geblüht, hier ihre liebenswürdigsten Früchte getragen. Denn diese Köpfe und Landschaften sind eine heimliche, sehnsuchtsvolle Musik. Etwas von Eichendorff und Mörike ist noch in Thoma und Böcklin zu finden. Nur bedurfte man einer fremden Lehre für das, was an eigner innerer Tradition fehlte. Alle diese Maler gingen nach Paris. Aber indem sie, wie Manet und sein Kreis, auch die alten Meister von 1670 studierten und kopierten, empfingen sie ganz neue, ganz andre Wirkungen, während die Franzosen nur Erinnerungen an etwas empfanden, das längst in ihre Kunst eingegangen war. Und so ist die deutsche bildende Kunst außerhalb der Musik – seit 1800 – eine verspätete Erscheinung, hastig, ängstlich, verworren, um Mittel und Ziel verlegen. Es war keine Zeit zu verlieren Was die deutsche Musik und die französische Malerei in Jahrhunderten geworden waren, sollte durch eine oder zwei Malergenerationen eingeholt werden. Die erlöschende Kunst drängte nach der letzten Fassung, die ein traumhaftes Durchfliegen der ganzen Vergangenheit notwendig machte. So erscheinen hier wunderlich faustische Naturen, wie Marées und Böcklin, von einer Ungewißheit in allem Formalen, die in unsrer Musik mit ihrer sicheren Tradition – man denke an Bruckner – ganz unmöglich war. Die programmatisch klare und innerlich um so ärmere Kunst der französischen Impressionisten kennt diese Tragik ebensowenig. Aber das gleiche gilt von der deutschen Literatur, die seit der Goethezeit in jedem größeren Werk etwas begründen wollte *und* etwas abschließen mußte. Wie Kleist, Shakespeare und Stendhal *zugleich* in sich fühlte und mit verzweifeltem Bemühen, in ewigem Ungenügen ändernd und zerstörend zweihundert Jahre psychologischer Kunst zur Einheit schmieden wollte; wie Hebbel die Problematik von „Hamlet" bis „Rosmersholm" in *einen* dramatischen Typus preßte, so haben Menzel, Leibl, Marées die alten und neuen Vorbilder: Rembrandt, Lorrain, van Goyen, Watteau, Delacroix, Courbet und Manet in eine einzige Form zu drängen versucht. Während die kleinen frühen Interieurs von Menzel alle Entdeckungen des Manetkreises vorwegnehmen und Leibl manches ausführt, woran Courbet scheiterte, ist andrerseits in ihren Bildern das metaphysische Braun und Grün der alten Meister noch einmal der volle Ausdruck eines inneren Erlebnisses. Menzel hat *wirklich* ein Stück preußisches Rokoko, Marées wirklich etwas von Rubens, Leibl in seinem Bild der Frau Gedon wirklich etwas von Rembrandts Porträtkunst nacherlebt und wiedererweckt. Das Atelierbraun des 17. Jahrhunderts hatte eine zweite Kunst von höchstem faustischem Gehalt zur Seite gehabt, die Radierung. Rembrandt ist in beiden der erste Meister aller Zeiten gewesen. Auch die Radierung hat etwas Protestantisches, und sie liegt den südlicheren, katholischen Malern der grünblauen Atmosphäre und der Gobelins immer fern. Leibl war, wie der letzte Braunmaler, so auch der letzte große Radierer, dessen Blätter von jener rembrandthaften Unendlichkeit sind, die den Betrachter immer wieder neue Geheimnisse entdecken läßt. Marées endlich besaß die mächtige Intuition des großen Barockstils, die Guéricault und Daumier noch eben in eine geschlossene Form bannen konnten, die sich aber in seinem Falle, eben *ohne* die Stärke der westlichen Tradition, nicht in die Welt der malerischen Erscheinung zwingen ließ.

19

Im „Tristan“ stirbt die letzte der faustischen Künste. Dies Werk ist der riesenhafte Schlußstein der abendländischen Musik. Die Malerei hat es nicht zu einem so mächtigen Finale gebracht. Manet, Menzel und Leibl, in deren Freilichtstudien die Ölmalerei alten Stils noch einmal wie aus dem Grabe hervorkommt, wirken dagegen klein.

Die apollinische Kunst ging „gleichzeitig“ mit der pergamenischen Plastik zu Ende. *Pergamon ist das Seitenstück von Bayreuth.* Der berühmte Altar selbst ist zwar ein späteres und vielleicht nicht das bedeutendste Werk der Epoche. Man muß (etwa 330-220) eine lange, verschollene Entwicklung voraussetzen. Aber alles, was Nietzsche gegen Wagner und Bayreuth, den „Ring“ und den „Parsifal“ vorbrachte, läßt sich, unter Gebrauch ganz derselben Ausdrücke wie Dekadenz und Schauspielerei, auf diese Plastik anwenden, von der uns im Gigantenfries des großen Altars – auch einem „Ring“ – ein Meisterwerk erhalten ist. Dieselbe Theatralik, dieselbe Anlehnung an alte, mythische, nicht mehr geglaubte Motive, dieselbe rücksichtslose Massenwirkung auf die Nerven, aber auch dieselbe sehr bewußte Wucht, Größe und Erhabenheit, die dennoch einen Mangel an innerer Kraft nicht ganz zu verbergen weiß. Der farnesische Stier und das ältere Vorbild der Laokoongruppe stammen sicherlich aus diesem Kreise.

Was die sinkende Gestaltungskraft kennzeichnet, ist das Form- und Maßlose, dessen der Künstler bedarf, um noch etwas Rundes und Ganzes hervorzubringen. Ich meine nicht nur den Geschmack am Riesenhaften, der nicht wie im Gotischen und im Pyramidenstil der Ausdruck innerer Größe ist, sondern über deren Mangel hinwegtäuscht; dies Prunken mit *leeren* Dimensionen ist allen anbrechenden Zivilisationen gemeinsam und herrscht vom Zeusaltar in Pergamon und der als Koloß von Rhodos bekannten Heliosstatue des Chares bis zu den Römerbauten der Kaiserzeit, ebenso wie in Ägypten zu Beginn des Neuen Reiches und heute in Amerika. Viel kennzeichnender ist das Willkürliche und Überquellende, das alle Konvention von Jahrhunderten vergewaltigt und zerbricht. Es war die überpersönliche Regel, die absolute Mathematik der Form, das *Schicksal* der langsam gereiften Sprache einer großen Kunst, hier wie dort, was man nicht mehr ertrug. Lysipp steht darin hinter Polyklet, und die Schöpfer der Galliergruppen hinter Lysipp zurück. Das entspricht dem Wege von Bach über Beethoven zu Wagner. Die frühen Künstler fühlen sich als Meister der großen Form, die späten als deren Sklaven. Was noch Praxiteles und Haydn innerhalb der strengsten Konvention in vollkommener Freiheit und Heiterkeit zu sagen vermochten, brachten Lysipp und Beethoven nur unter Vergewaltigungen zustande. Das Zeichen aller lebendigen Kunst, die reine Harmonie zwischen Wollen, Müssen und Können, das Selbstverständliche des Ziels, das Unbewußte in der Verwirklichung, die Einheit von Kunst und Kultur, alles das ist vorüber. Noch Corot und Tiepolo, noch Mozart und Cimarosa *beherrschten* die Muttersprache ihrer Kunst. Von da an beginnt man in ihr zu radebrechen, aber niemand empfindet das, weil niemand mehr fließend sprechen kann. Freiheit und Notwendigkeit waren einst identisch. Jetzt versteht man unter Freiheit Mangel an Zucht. In der Zeit Rembrandts und Bachs ist das uns allzubekannte Schauspiel, „an seiner Aufgabe zu scheitern", gar nicht denkbar. Das Schicksal der Form lag in der Rasse, in der Schule, nicht in privaten Tendenzen des Einzelnen. Im Banne einer großen Tradition gelingt selbst dem kleinen Künstler das Vollkommene, weil die lebendige Kunst ihn und die Aufgabe zusammenführt. Heute müssen diese Künstler wollen, was sie nicht mehr können, und dort mit dem Kunstverstand arbeiten, rechnen, kombinieren, wo der geschulte Instinkt erloschen ist. Das haben sie alle erlebt. Marées ist mit keinem seiner großen Pläne fertig geworden. Leibl wagte es nicht, seine letzten Bilder aus der Hand zu geben, bis sie unter der endlosen Überarbeitung kalt und hart geworden waren. Cézanne und Renoir ließen vieles vom Besten unvollendet, weil sie bei aller Kraft und Mühe nicht weiter konnten. Manet war erschöpft, als er dreißig Bilder gemalt hatte, und trotz der ungeheuren Mühsal, die aus jedem Zuge des Gemäldes und der Skizzen spricht, hat er mit seiner „Erschießung des Kaisers Maximilian" kaum erreicht, was Goya in dem Vorbilde, der Erschießung der Gefangenen auf Pio, mühelos zustande brachte. Bach, Haydn, Mozart und die tausend namenlosen Musiker des 18. Jahrhunderts konnten in der schnellen täglichen Arbeit Vollkommenstes leisten. Wagner wußte, daß er nur dann die Höhe erreichte, wenn er seine ganze Energie zusammennahm und aufs peinlichste die besten Augenblicke seiner künstlerischen Begabung ausnützte.

Zwischen Wagner und Manet besteht eine tiefe Verwandtschaft, die wenigen fühlbar sein wird, die aber ein Kenner alles Dekadenten wie Baudelaire schon früh herausfand. Aus farbigen Strichen und Flecken eine Welt im Räume hervorzuzaubern, das war die letzte, sublimste Kunst der Impressionisten. Wagner leistet das mit drei Takten, in denen sich eine ganze Welt von Seele zusammendrängt. Die Farben der sternhellen Mitternacht, der ziehenden Wolken, des Herbstes, der schaurig-wehmütigen Morgenfrühe, überraschende Blicke auf sonnenbelichtete Fernen, die Weltangst, das nahe Verhängnis, das Verzagen, das verzweifelte Durchbrechen, die jähe Hoffnung, Eindrücke, die vorher kein Musiker für erreichbar gehalten hätte, malt er in vollkommener Deutlichkeit mit ein paar Tönen eines Motivs. Hier ist der äußerste Gegensatz zur griechischen Plastik erreicht. Alles versinkt in körperlose Unendlichkeit; selbst eine linienhafte Melodie ringt sich nicht mehr aus den vagen Tonmassen los, die in seltsamen Wogen einen imaginären Raum heraufrufen. Das Motiv taucht aus dunkler und furchtbarer Tiefe auf, flüchtig von einem grellen Licht überstrahlt; plötzlich steht es in schrecklicher Nähe; es lächelt, es schmeichelt, es droht; bald ist es im Reiche der Streichinstrumente verschwunden, bald nähert es sich wieder aus endlosen Fernen, von einer einzelnen Oboe leise variiert, mit einer immer neuen Fülle seelischer Farben. Alles das ist weder Malerei noch Musik, wenn man an die voraufgehenden Werke des strengen Stils denkt. Als Rossini befragt wurde, was er von der Musik der „Hugenotten" halte, antwortete er: „Musik? – Ich habe nichts dergleichen gehört." Genau dasselbe Urteil hörte man in Athen über die neuen Malkünste der asiatischen und sikyonischen Schule, und nicht viel anders wird es im ägyptischen Theben über die Kunst von Knossos und Tell el Amarna gelautet haben.

Alles, was Nietzsche von Wagner gesagt hat, gilt auch von Manet. Scheinbar eine Rückkehr zum Elementarischen, zur Natur gegenüber der Inhaltsmalerei und der absoluten Musik, bedeutet ihre Kunst ein Nachgeben vor der Barbarei der großen Städte, der beginnenden Auflösung, wie sie sich im Sinnlichen in einem Gemisch von Brutalität und Raffinement äußert, einen Schritt, der notwendig der letzte sein mußte. Eine künstliche Kunst ist keiner organischen Fortentwicklung fähig. Sie bezeichnet das Ende.

Daraus folgt – ein bitteres Eingeständnis –, daß es mit der abendländischen bildenden Kunst unwiderruflich zu Ende ist. Die Krisis des 19. Jahrhunderts war der Todeskampf. Die faustische Kunst stirbt, wie die apollinische, die ägyptische, wie jede andere an Altersschwäche, nachdem sie ihre innern Möglichkeiten verwirklicht, nachdem sie im Lebenslauf ihrer Kultur ihre Bestimmung erfüllt hat.

Was heute als Kunst betrieben wird, ist Ohnmacht und Lüge, die Musik nach Wagner so gut wie die Malerei nach Manet, Cézanne, Leibl und Menzel.

Man suche doch die großen Persönlichkeiten, welche die Behauptung rechtfertigen, daß es noch eine Kunst von schicksalhafter Notwendigkeit gebe. Man suche nach der *selbstverständlichen und notwendigen* Aufgabe, die auf sie wartet. Man gehe durch alle Ausstellungen, Konzerte, Theater und man wird nur betriebsame Macher und lärmende Narren finden, die sich darin gefallen, etwas – innerlich längst als überflüssig Empfundenes für den Markt herzurichten. Auf welcher Stufe der innern und äußern Würde steht heute alles, was Kunst und Künstler heißt! In der Generalversammlung irgendeiner Aktiengesellschaft oder unter den Ingenieuren der erstbesten Maschinenfabrik wird man mehr Intelligenz, Geschmack, Charakter und Können bemerken als in der gesamten Malerei und Musik des gegenwärtigen Europa. Es hat immer auf einen großen Künstler hundert überflüssige gegeben, welche Kunst machten. Aber solange es eine große Konvention und also eine echte Kunst gab, machten selbst sie etwas Tüchtiges. Man konnte diesen hundert ihr Dasein verzeihen, weil sie im *Ganzen* der Tradition der Boden waren, der den einen trug. Aber heute sind nur diese Zehntausend am Werke, „um zu leben“ – wovon man die Notwendigkeit nicht einsieht und so viel ist gewiß: man könnte heute alle Kunstanstalten schließen, ohne daß die *Kunst* davon auch nur berührt würde. Wir dürfen uns nur in das Alexandria des Jahres 200 v. Chr. versetzen, um den Kunstlärm, kennen zu lernen, mit dem eine weltstädtische Zivilisation sich über den Tod ihrer Kunst zu täuschen versteht. Dort, wie heute in den Weltstädten Westeuropas, eine Jagd nach den Illusionen einer künstlerischen Fortentwicklung, der persönlichen Eigenart, des „neuen Stils“, der „ungeahnten Möglichkeiten“, ein theoretisches Geschwätz, eine anspruchsvolle Haltung tonangebender Künstler wie die von Akrobaten, die mit Zentnergewichten von Pappe hantieren („hodlern“), der Literat statt des Dichters, die schamlose Farce des Expressionismus als ein Stück Kunstgeschichte, das der Kunsthandel organisiert hat, das Denken, Fühlen und Formen als Kunstgewerbe. Auch Alexandria hatte seine Problemdramatiker und Regiekünstler, die man Sophokles vorzog, und seine Maler, die neue Richtungen erfanden und ihr Publikum verblüfften. Was besitzen wir heute unter dem Namen „Kunst“? Eine erlogene Musik voll von künstlichem Lärm massenhafter Instrumente, eine verlogene Malerei voll idiotischer, exotischer und Plakateffekte, eine erlogene Architektur, die auf dem Formenschatz vergangener Jahrtausende alle zehn Jahre einen neuen Stil „begründet“, in dessen Zeichen jeder tut, was er will, eine erlogene Plastik, die Assyrien, Ägypten und Mexiko bestiehlt. Und trotzdem kommt dies allein, der Geschmack von Weltleuten, als Ausdruck und Zeichen der Zeit in Betracht. Alles übrige, das demgegenüber an den alten Idealen „festhält“, ist eine bloße Angelegenheit von Provinzialen.

Die große Ornamentik der Vergangenheit ist eine tote Sprache geworden wie Sanskrit und Kirchenlatein. Statt ihrer Symbolik zu dienen, wird ihre Mumie, ihre Hinterlassenschaft an fertigen Formen verwertet, gemengt, vollkommen anorganisch abgeändert. Jede Modernität hält Abwechslung für Entwicklung. Die Wiederbelebungen und Verschmelzungen alter Stile treten an die Stelle wirklichen Werdens. Auch Alexandria hatte seine präraffaelitischen Hanswurste, mit Vasen, Stühlen, Bildern und Theorien, seine Symbolisten, Naturalisten und Expressionisten. In Rom gibt man sich bald gräko-asiatisch, bald gräko-ägyptisch, bald archaisch, bald – nach Praxiteles – neuattisch. Das Relief der 19. Dynastie, der ägyptischen Modernität, das massenhaft, sinnlos anorganisch Wände, Statuen, Säulen überzieht, wirkt wie eine Parodie auf die Kunst des Alten Reiches. Der ptolemäische Horustempel in Edfu endlich ist in der Leerheit willkürlich gehäufter Formen nicht mehr zu überbieten. Das ist der prahlerische und aufdringliche Stil unsrer Straßen, monumentalen Plätze und Ausstellungen, obwohl wir uns erst am Anfang dieser Entwicklung befinden.

Endlich erlischt selbst die Kraft, etwas anderes auch nur zu wollen. Schon der große Ramses eignete sich Bauten seiner Vorgänger an, indem er in Inschriften und

Reliefszenen die Namen ausmeißeln und durch den eigenen ersetzen ließ. Es ist dasselbe Eingeständnis künstlerischer Ohnmacht, das Konstantin veranlaßte, seinen Triumphbogen in Rom mit Skulpturen zu schmücken, die von andern Bauwerken abgenommen waren. Viel früher, seit 150 v. Chr. etwa, beginnt im Bereich der antiken Kunst die Technik der Kopien nach alten Meisterwerken, nicht, weil man diese noch irgend verstanden hätte, sondern weil man Originale nicht mehr selbständig hervorzubringen verstand. Denn man bemerke wohl: diese Kopisten waren *die Künstler der Zeit*. Ihre Arbeiten, je nach der Mode in diesem oder jenem Stil ausgeführt, bezeichnen das Maximum der damals vorhandenen Gestaltungskraft. Sämtliche römischen Bildnisstatuen, ob männlich oder weiblich, gehen auf eine ganz kleine Zahl hellenischer Typen der Stellung und Gebärde zurück, die für den Torso mehr oder weniger stilecht kopiert werden, während der Kopf mit einer primitiven handwerksmäßigen Treffsicherheit „ähnlich" gemacht wird. Die berühmte Panzerstatue des Augustus z. B. ist nach dem Doryphoros des Polyklet gearbeitet. So etwa verhält sich – um die ersten Vorzeichen des entsprechenden Stadiums im Abendlande zu nennen – Lenbach zu Rembrandt und Makart zu Rubens. 1500 Jahre lang, von Ahmose I. bis auf Kleopatra herab, hat der Ägyptizismus in derselben Weise Bildwerke auf Bildwerke gehäuft. An Stelle des vom Alten bis zum Ausgang des Mittleren Reichs sich entwickelnden großen Stils herrschen *Moden*, die den Geschmack bald dieser, bald jener Dynastie wiederaufleben lassen. Unter den Turfanfunden befinden sich Reste indischer Dramen aus der Zeit um Christi Geburt, die den um Jahrhunderte späteren des Kalidasa völlig gleich sind. Die uns bekannte chinesische Malerei zeigt mehr als ein Jahrtausend hindurch das Auf und Ab wechselnder Stilmoden, keine Entwicklung, und es muß schon zur Hanzeit so gewesen sein. Das letzte Ergebnis ist ein feststehender, unermüdlich kopierter Formenschatz, wie ihn uns heute die indische, chinesische und arabisch-persische Kunst zeigen, nach welchem Bilder und Gewebe, Verse und Gefäße, Möbel, Dramen und Musikstücke gearbeitet werden, ohne daß die Zeit der Entstehung sich aus der Sprache der Ornamentik auch nur auf Jahrhunderte, geschweige denn Jahrzehnte bestimmen ließe, wie es in *allen* Kulturen bis zum Ausgang der Spätzeit der Fall war.

Fünftes Kapitel: Seelenbild und Lebensgefühl

I. Zur Form der Seele

1

Jeder Philosoph von Beruf ist gezwungen, ohne ernstliche Nachprüfung an das Dasein eines Etwas zu glauben, das sich in seinem Sinne verstandesmäßig behandeln läßt, denn seine ganze geistige Existenz hängt von dieser Möglichkeit ab. Es gibt deshalb für jeden noch so skeptischen Logiker und Psychologen einen Punkt, an welchem die Kritik schweigt und der Glaube beginnt, wo selbst der strengste Analytiker aufhört, seine Methode – gegen sich selbst nämlich und auf die Frage der Lösbarkeit, selbst des Vorhandenseins seiner Aufgabe – anzuwenden. Den Satz: Es ist möglich, durch das Denken die Formen des Denkens festzustellen, hat Kant nicht bezweifelt, so zweifelhaft er dem Nichtphilosophen erscheinen mag. Den Satz: Es gibt eine Seele, deren Struktur wissenschaftlich zugänglich ist; was ich durch kritische Zerlegung bewußter Daseinsakte in Gestalt von psychischen „Elementen", „Funktionen", „Komplexen" feststelle, das ist meine Seele – hat noch kein Psychologe bezweifelt. Gleichwohl hätten die stärksten Zweifel sich hier einstellen sollen. Ist eine abstrakte Wissenschaft vom Seelischen überhaupt möglich? Ist, was man auf diesem Wege findet, identisch mit dem, was man sucht? Warum ist alle Psychologie, nicht als Menschenkenntnis und Lebenserfahrung, sondern als Wissenschaft genommen, von jeher die flachste und wertloseste aller philosophischen Disziplinen geblieben, in ihrer völligen Leerheit ausschließlich der Jagdgrund mittelmäßiger Köpfe und unfruchtbarer Systematiker? Der Grund ist leicht zu finden. Die „empirische" Psychologie hat das Unglück, nicht einmal ein Objekt im Sinne irgend einer wissenschaftlichen Technik zu besitzen. Ihr Suchen und Lösen von Problemen ist ein Kampf mit Schatten und Gespenstern. Was ist das – Seele? Könnte der bloße Verstand eine Antwort geben, so wäre die Wissenschaft bereits überflüssig.

Keiner der tausend Psychologen unsrer Tage hat eine wirkliche Analyse oder Definition „des" Willens, der Reue, der Angst, der Eifersucht, der Laune, der künstlerischen Intuition geben können. Natürlich nicht, denn man zergliedert nur Systematisches und man definiert nur Begriffe durch Begriffe. Alle Feinheiten des geistigen Spiels mit begrifflichen Distinktionen, alle vermeintlichen Beobachtungen vom Zusammenhang sinnlich-körperlicher Befunde mit „inneren Vorgängen" berühren nichts von dem, was hier in Frage steht. Wille – das ist kein Begriff, sondern eine Name, ein Urwort wie Gott, ein Zeichen für etwas, dessen wir innerlich unmittelbar gewiß sind, ohne es jemals beschreiben zu können.

Dasjenige, was hier gemeint ist, bleibt der gelehrten Forschung für immer unzugänglich. Nicht umsonst warnt jede Sprache mit ihren tausendfach sich verwirrenden Bezeichnungen davor, Seelisches theoretisch aufteilen, es systematisch ordnen zu wollen. Hier ist nichts zu ordnen. Kritische – „scheidende" – Methoden beziehen sich allein auf die Welt als Natur. Eher ließe sich ein Thema von Beethoven mit Seziermesser oder Säure zerlegen, als die Seele durch Mittel des abstrakten Denkens. Naturerkenntnis und Menschenkenntnis haben in Ziel, Weg und Methode nichts gemein. Der Urmensch erlebt „die Seele" zuerst in andern Menschen und dann auch in sich als *numen,* wie er *numina* in der Außenwelt kennt, und er legt seine Eindrücke in mythischer Weise aus. Die Worte dafür sind Symbole, Klänge, die dem Verstehenden etwas Unbeschreibliches bedeuten. Sie rufen Bilder herauf, *Gleichnisse,* und in einer andern Sprache haben wir auch heute noch nicht gelernt, uns über Seelisches mitzuteilen. Rembrandt kann denen, die ihm innerlich verwandt sind, durch ein

Selbstbildnis oder eine Landschaft etwas von seiner Seele verraten, und Goethe gab es ein Gott, zu sagen, wie er leide. Man kann von gewissen Seelenregungen, die in Worte nicht zu fassen sind, andern ein Gefühl durch einen Blick, ein paar Takte einer Melodie, eine kaum merkliche Bewegung vermitteln. Das ist die wahre Sprache von Seelen, die Fernstehenden unverständlich bleibt. Das Wort als Laut, als poetisches Element, kann hier die Beziehung herstellen, das Wort als Begriff, als Element wissenschaftlicher Prosa nie.

„Die Seele" ist für den Menschen, sobald er nicht nur lebt und fühlt, sondern aufmerksam wird und beobachtet, *ein Bild*, das aus ganz ursprünglichen Erfahrungen von Tod und Leben stammt. Es ist so alt, wie das durch die Wortsprachen vom Sehen abgelöste und ihm folgende Nach-denken überhaupt. Die Umwelt *sehen* wir; da jedes freibewegliche Wesen sie auch verstehen muß, um nicht unterzugehen, so entwickelt sich aus der täglichen kleinen, technischen, tastenden Erfahrung ein Inbegriff bleibender Merkmale, der sich für den wortgewohnten Menschen zu einem *Bilde des Verstandenen* zusammenschließt, der *Welt als Natur*. Was nicht äußere Welt ist, sehen wir nicht; aber wir spüren seine Gegenwart, in andern und in uns selbst. „Es" weckt durch seine Art, sich physiognomisch bemerkbar zu machen, Angst und Wißbegier, und so entsteht das nachdenkliche *Bild einer Gegenwelt*, durch das wir uns vorstellen, sichtbar vor uns hinstellen, was dem Auge selbst ewig fremd bleibt. Das Bild der Seele ist mythisch und ein Gegenstand von Seelenkulten, solange das Bild der Natur religiös erschaut wird; es verwandelt sich in eine wissenschaftliche Vorstellung und wird der Gegenstand gelehrter Kritik, sobald man „die Natur" kritisch beobachtet. Wie „die Zeit" ein Gegenbegriff zum Raum, so ist „die Seele" eine Gegenwelt zur „Natur" und von deren Auffassung in jedem Augenblick mitbestimmt. Es war gezeigt worden, wie „die Zeit" aus dem Gefühl der Richtung des ewig bewegten Lebens, aus der inneren Gewißheit eines Schicksals heraus als gedankliches *Negativ* zu einer positiven Größe entstand, als Inkarnation dessen, was *nicht Ausdehnung* ist, und daß sämtliche „Eigenschaften" der Zeit, durch deren abstrakte Zerlegung die Philosophen das Zeitproblem lösen zu können glauben, als Umkehrung der Eigenschaften des Raumes im Geiste allmählich gebildet und geordnet worden sind. Genau auf demselben Wege ist die Vorstellung vom Seelischen als Umkehrung und *Negativ der Weltvorstellung* unter Zuhilfenahme der räumlichen Polarität „außen – innen" und durch entsprechende Umdeutung der Merkmale entstanden. *Jede Psychologie ist eine Gegenphysik.*

Ein „exaktes Wissen" von der ewig geheimnisvollen Seele erhalten zu wollen, ist sinnlos. Aber der späte städtische Trieb, abstrakt zu denken, zwingt den „Physiker der inneren Welt" gleichwohl dazu, eine Scheinwelt von Vorstellungen durch immer neue Vorstellungen, Begriffe durch Begriffe zu erklären. Er denkt das Nichtausgedehnte in Ausgedehntes um, er erbaut als Ursache dessen, was nur physiognomisch in Erscheinung tritt, ein System, und in diesem glaubt er, die Struktur „der Seele" vor Augen zu haben. Aber schon die Worte, welche in allen Kulturen gewählt werden, um diese Ergebnisse gelehrter Arbeit mitzuteilen, verraten alles. Da ist von Funktionen, Gefühlskomplexen, Triebfedern, Bewußtseinsschwellen, von Verlauf, Breite, Intensität, Parallelismus der seelischen Prozesse die Rede. Aber alle diese Worte stammen aus der Vorstellungsweise der Naturwissenschaft. „Der Wille bezieht sich auf Gegenstände" – das ist doch ein Raumbild. Bewußtes und Unbewußtes – da liegt allzu deutlich das Schema von überirdisch und unterirdisch zugrunde. In den modernen Theorien des Willens wird man die ganze Formensprache der Elektrodynamik finden. Wir reden von Willensfunktionen und Denkfunktionen in genau demselben Sinne wie von der Funktion eines Kräftesystems. Ein Gefühl analysieren, heißt ein raumartiges Schattenbild an seiner Stelle mathematisch behandeln, es abgrenzen, teilen und messen. Jede Seelenforschung dieses Stils, sie mag sich über Gehirnanatomie noch so erhaben dünken, ist voll von mechanischen Lokalisationen und bedient sich, ohne es zu bemerken, eines eingebildeten Koordinatensystems in einem eingebildeten Seelenraum. Der „reine" Psychologe merkt gar nicht, daß er den Physiker kopiert. Kein Wunder, daß sein Verfahren mit den albernsten Methoden der experimentellen Psychologie so verzweifelt gut übereinstimmt. Gehirnbahnen und Assoziationsfasern entsprechen der Vorstellungsweise nach durchaus dem optischen Schema: „Willens-" oder „Gefühlsverlauf"; sie behandeln beide verwandte, nämlich *räumliche* Phantome. Es ist kein großer Unterschied, ob ich ein psychisches Vermögen begrifflich oder eine entsprechende Region der Großhirnrinde graphisch abgrenze. Die wissenschaftliche Psychologie hat ein geschlossenes System von Bildern herausgearbeitet und bewegt sich mit vollkommener Selbstverständlichkeit in ihm. Man prüfe jede einzelne Aussage jedes einzelnen Psychologen und man wird nur Variationen dieses Systems im Stile der jeweiligen Außenwelt finden.

Das klare, vom Sehen abgezogene Denken setzt den Geist einer Kultursprache als Mittel voraus, das, vom Seelentum einer Kultur als Teil und Träger ihres Ausdrucks geschaffen, nun eine „Natur" der Wortbedeutungen, einen sprachlichen Kosmos bildet, innerhalb dessen die abstrakten Begriffe, Urteile, Schlüsse – Abbilder von Zahl, Kausalität, Bewegung – ihr mechanisch bestimmtes Dasein führen. Das jeweilige Bild der Seele ist also *vom Wortgebrauch und dessen tiefer Symbolik* abhängig. Die abendländischen – faustischen – Kultursprachen besitzen sämtlich den Begriff „Wille" – eine mythische Größe, die gleichzeitig durch die Umbildung des Verbums versinnlicht wird, die einen entscheidenden Gegensatz zum antiken Sprachgebrauch *und also* Seelenbilde schafft. *Ego habeo factum* statt *feci* – da erscheint ein *numen* der inneren Welt. Mithin erscheint, von der Sprache bestimmt, im wissenschaftlichen Seelenbilde aller abendländischen Psychologien die Gestalt des Willens als ein wohlumgrenztes Vermögen, das man in den einzelnen Schulen wohl verschieden bestimmt, dessen Vorhandensein an sich aber keiner Kritik unterworfen ist.

Ursprachen bilden keine Unterlage für abstrakte Gedankengänge. Am Anfang jeder Kultur erfolgt aber eine innere Wandlung der vorhandenen Sprachkörper, die sie zu den höchsten symbolischen Aufgaben der Kulturentwicklung fähig macht. So entstehen *zugleich mit dem romanischen Stil* das Deutsche und Englische aus den germanischen Sprachen der Frankenzeit, und das Französische, Italienische, Spanische aus der *lingua rustica* der ehemaligen Römerprovinzen, trotz so verschiedener Herkunft Sprachen von *identischem* metaphysischem Gehalt.

2

Ich behaupte also, daß die gelehrte Psychologie, weit entfernt, das Wesen der Seele aufzudecken oder auch nur zu berühren – es ist hinzuzufügen, daß jeder von uns, ohne es zu wissen, Psychologie dieser Art treibt, wenn er sich eigne oder fremde Seelenregungen „vorzustellen“ sucht –, zu allen Symbolen, die den Makrokosmos des Kulturmenschen bilden, ein weiteres hinzufügt. Wie alles Vollendete, nicht sich Vollendende, stellt es einen *Mechanismus* an Stelle eines *Organismus* dar. Man vermißt im Bilde, was unser Lebensgefühl erfüllt und was doch gerade „Seele“ sein sollte: das Schicksalhafte, die wahllose Richtung des Daseins, das Mögliche, welches das Leben in seinem Ablauf verwirklicht. Ich glaube nicht, daß in irgend einem psychologischen System das Wort Schicksal vorkommt, und man weiß, daß nichts in der Welt weiter von wirklicher Lebenserfahrung und Menschenkenntnis entfernt ist als ein solches System. Assoziationen, Apperzeptionen, Affekte, Triebfedern, Denken, Fühlen, Wollen – alles das sind tote Mechanismen, deren Topographie den belanglosen Inhalt der Seelenwissenschaft bildet. Man wollte das Leben finden und traf auf eine Ornamentik von Begriffen. Die Seele blieb, was sie war, das was weder gedacht noch vorgestellt werden kann, *das* Geheimnis, *das* ewig Werdende, das reine Erlebnis.

Dieser *imaginäre Seelenkörper* – das sei hier zum ersten Male ausgesprochen – ist niemals etwas andres als das getreue Spiegelbild der Gestalt, in welcher der gereifte Kulturmensch seine äußere Welt erblickt. Das Tiefenerlebnis verwirklicht hier wie dort die ausgedehnte Welt.Das mit dem Urwort Zeit angedeutete Geheimnis schafft aus dem Empfinden des Außen wie aus dem Vorstellen des Innen *den* Raum. Auch das Seelenbild hat seine Tiefenrichtung, seinen Horizont, seine Begrenztheit oder Unendlichkeit. Ein „inneres Auge“ sieht, ein „inneres Ohr“ hört. Es gibt eine deutliche Vorstellung einer inneren Ordnung, die wie die äußere das Merkmal *kausaler Notwendigkeit* trägt.

Und damit ergibt sich nach allem, was in diesem Buch über die Erscheinung der hohen Kulturen gesagt worden ist, eine ungeheure Erweiterung und Bereicherung der Seelenforschung. Alles, was von Psychologen heute gesagt und geschrieben wird – es ist nicht allein von systematischer Wissenschaft, sondern auch von physiognomischer Menschenkenntnis im weitesten Sinne die Rede –, bezieht sich allein auf den *gegenwärtigen* Zustand der *abendländischen* Seele, während die bisher selbstverständliche Meinung, diese Erfahrungen seien für die „menschliche Seele“ überhaupt gültig, ohne Prüfung hingenommen worden ist.

Ein Seelenbild ist immer nur das Bild einer ganz bestimmten Seele. Kein Beobachter wird je aus den Bedingungen seiner Zeit und seines Kreises heraustreten, und was er auch „erkennen“ möge: jede dieser Erkenntnisse ist bereits ein Ausdruck seiner eignen Seele, nach Auswahl, Richtung und innerer Form. Schon der primitive Mensch legt sich aus Tatsachen *seines* Lebens ein Seelenbild zurecht, wobei die Urerfahrungen des Wachseins: der Unterschied von Ich und Welt, von Ich und Du, und die des Daseins: der Unterschied von Leib und Seele, von Sinnenleben und Nachdenken, von Geschlechtsleben und Empfindung gestaltend wirken. Weil es nachdenkliche Menschen sind, die darüber denken, so wird immer ein inneres *numen*: Geist, Logos, Ka, Ruach zum übrigen in Gegensatz gerückt. Wie aber Einteilung und Verhältnis im einzelnen liegen und wie man sich die seelischen Elemente vorstellt, als Schichten, Kräfte, Substanzen, als Einheit, Polarität oder Vielheit, das kennzeichnet den Nachdenkenden schon als Glied einer bestimmten Kultur. Und glaubt jemand, das Seelische fremder Kulturen aus seinen Wirkungen zu erkennen, so unterlegt er ihm das eigne Bild. Er assimiliert die neuen Erfahrungen einem *vorhandenen* System, und es ist kein Wunder, wenn er endlich ewige Formen entdeckt zu haben glaubt.

In der Tat besitzt jede Kultur ihre eigne systematische Psychologie, so wie sie ihren eignen Stil von Menschenkenntnis und Lebenserfahrung besitzt. Und wie selbst jede einzelne Stufe, das Zeitalter der Scholastik, das der Sophistik, das der Aufklärung, ein Zahlenbild, Denkbild und Naturbild entwirft, das nur für sie paßt, so spiegelt sich endlich jedes Jahrhundert in einem eignen Seelenbilde. Der beste Menschenkenner Westeuropas irrt sich, wenn er einen Araber oder Japaner zu verstehen sucht, und umgekehrt. Aber ebenso irrt der Gelehrte, wenn er die Grundworte der arabischen oder griechischen Systeme mit den eignen übersetzt. *Nephesch* ist nicht *animus*, und *atman* ist nicht Seele. Was wir unter der Bezeichnung Wille überall entdecken, fand der antike Mensch in seinem Seelenbilde *nicht*.

Nach allem wird man über die hohe Bedeutung der einzelnen, in der Weltgeschichte des Denkens auftauchenden Seelenbilder nicht mehr im Zweifel sein. Der antike – apollinische, dem punktförmigen, euklidischen Sein hingegebene – Mensch blickte auf seine Seele wie auf einen zur Gruppe schöner Teile geordneten Kosmos. Plato nannte sie νουσ, θυμοσ, επιθυμια und verglich sie mit Mensch, Tier und Pflanze, einmal sogar mit dem südlichen, nördlichen und hellenischen Menschen. Was hier nachgebildet erscheint, ist die Natur, wie sie sich vor den Blicken antiker Menschen entfaltet: eine wohlgeordnete Summe greifbarer Dinge, denen gegenüber der Raum als das Nichtseiende empfunden wird. Wo findet sich in diesem Bilde der „Wille“? Wo die Vorstellung funktioneller Zusammenhänge? Wo sind die übrigen Schöpfungen *unserer* Psychologie? Glaubt man, daß Plato und Aristoteles sich auf die Analyse schlechter verstanden haben und etwas nicht sahen, was sich bei uns jedem Laien aufdrängt? Oder fehlt hier der Wille, weil in der antiken Mathematik der Raum, in der antiken Physik die Kraft fehlt?

Dagegen nehme man unter den abendländischen Psychologien welche man will. Man wird immer eine *funktionale*, nie eine körperhafte Ordnung finden; y = f (x): das ist die Urgestalt aller Eindrücke, die wir von unserm Innern empfangen, weil sie unsrer Außenwelt zugrunde liegt. Denken, Fühlen, Wollen – aus dieser Dreiheit kommt kein westeuropäischer Psychologe heraus, so gern er möchte, aber schon der Streit der gotischen Denker um den Primat des Willens oder der Vernunft lehrt, daß man hier eine Beziehung zwischen *Kräften* erblickt – ob diese Lehren als eigne Erkenntnis vorgetragen oder aus Augustin und Aristoteles herausgelesen werden, ist ganz bedeutungslos. Assoziationen, Apperzeptionen, Willensvorgänge und wie die Bildelemente sonst heißen mögen, sind ohne Ausnahme vom Typus mathematisch-physikalischer Funktionen und der Form nach gänzlich unantik. Da es sich nicht um physiognomisch zu deutende Lebenszüge, sondern um „die Seele“ als Objekt handelt, so ist die Verlegenheit der Psychologen wiederum das Bewegungsproblem. Es gibt für die Antike *auch ein inneres Eleatenproblem*, und in dem scholastischen Streit um den funktionalen Vorrang von Vernunft oder Wille kündigt sich die gefährliche Schwäche der Barockphysik an, zwischen Kraft und Bewegung ein zweifelfreies Verhältnis nicht finden zu können. Die Richtungsenergie wird im antiken und indischen Seelenbilde verneint – da ist alles gelagert und gerundet –, im faustischen und ägyptischen bejaht – es gibt da Wirkungskomplexe und Kraftmitten –, aber eben um dieses zeithaften Gehaltes willen gerät das zeitfremde Denken mit sich selbst in Widerspruch.

Das faustische und das apollinische Seelenbild stehen einander schroff gegenüber. Alle früheren Gegensätze tauchen wieder auf. Man darf die imaginäre Einheit hier als *Seelenkörper*, dort als *Seelenraum* bezeichnen. Der Körper besitzt Teile, im Raum verlaufen Prozesse. Der antike Mensch empfindet seine Innenwelt plastisch. Das verrät schon der Sprachgebrauch bei Homer, in dem vielleicht uralte Tempellehren durchschimmern, darunter die von den Seelen im Hades, die ein wohl erkennbares Abbild des Körpers sind. So sieht sie auch die vorsokratische Philosophie. Ihre drei schön geordneten Teile – λογιστιχον επιθυμητιχον, θυμοειδεσ– erinnern an die Gruppe des Laokoon. *Wir* stehen unter einem musikalischen Eindruck: die Sonate des inneren Lebens hat den Willen als Hauptthema; Denken und Fühlen sind die Nebenthemen; der Satz unterliegt den strengen Regeln eines seelischen Kontrapunkts, die zu finden Aufgabe der Psychologie ist. Die einfachsten Elemente unterscheiden sich wie antike und abendländische Zahlen: dort sind sie Größen, hier Beziehungen. Der *seelischen Statik* des apollinischen Daseins – dem stereometrischen Ideal der σωφροσυνη und αταραξια – steht die *Seelendynamik* des faustischen gegenüber.

Das apollinische Seelenbild – Platos Zweigespann mit dem νουσ als Lenker – verflüchtigt sich sofort mit der Annäherung an das magische Seelentum der arabischen Kultur. Es verblaßt schon in der späteren Stoa, deren Schulhäupter vorwiegend aus dem aramäischen Osten stammten. In der frühen Kaiserzeit ist es selbst in der stadtrömischen Literatur nur noch als Reminiszenz anzutreffen.

Das magische Seelenbild trägt die Züge eines strengen *Dualismus zweier rätselhafter Substanzen, Geist und Seele*. Zwischen ihnen herrscht weder das antike, statische, noch das abendländische, funktionale Verhältnis, sondern ein völlig anders gestaltetes, das sich eben nur als magisch bezeichnen läßt. Man denke im Gegensatz zur Physik Demokrits und zu der Galileis an die Alchymie und den Stein der Weisen. Dies spezifisch morgenländische Seelenbild liegt mit innerer Notwendigkeit allen psychologischen, vor allem auch theologischen Betrachtungen zugrunde, welche die „gotische" Frühzeit der arabischen Kultur (0-300) erfüllen. Das Johannesevangelium zählt nicht weniger dazu wie die Schriften der Gnostiker und Kirchenväter, der Neuplatoniker und Manichäer, die dogmatischen Texte im Talmud und Awesta und die sich ganz religiös äußernde Altersstimmung des Imperium Romanum, die das wenige Lebendige in ihrem Philosophieren dem jungen Orient, Syrien und Persien entnahm. Schon der große Poseidonios, trotz der antiken Außenseite seines ungeheuren Wissens ein echter Semit und von früharabischem Geiste, empfand im innerlichsten Gegensatz zum apollinischen Lebensgefühl diese magische Struktur der Seele als die wahre. Eine den Leib durchdringende Substanz befindet sich in deutlichem *Wert*unterschied gegen eine zweite, die sich aus der Welthöhle in die Menschheit herabläßt, abstrakt, göttlich, auf welcher der Consensus aller an ihr Teilhabenden beruht. Dieser „Geist" ist es, der die höhere Welt hervorruft, durch deren Erzeugung er über das bloße Leben, das „Fleisch", die Natur triumphiert. Es ist dies das Urbild, das, bald religiös, bald philosophisch, bald künstlerisch gefaßt – ich erinnere an das Porträt der konstantinischen Zeit mit den starr ins Unendliche blickenden Augen; *dieser Blick repräsentiert das* πνευμα–, allem Ichgefühl zugrunde liegt. Plotin und Origenes haben so empfunden. Paulus unterscheidet (z.B. 1. Kor. 15, 44) zwischen σωμα ψυχικονund σωμα πνευματικον. Der Gnosis war die Vorstellung einer doppelten, leiblichen oder geistigen Ekstase und die Einteilung der Menschen in niedere und höhere, Psychiker und Pneumatiker, geläufig. Plutarch hat die in der spätantiken Literatur verbreitete Psychologie, den Dualismus von νουσ und ψυχη, orientalischen Vorbildern nachgeschrieben. Man setzte ihn alsbald zu dem Gegensatz von christlich und heidnisch, Geist und Natur in Beziehung, aus dem dann das noch heute nicht überwundene Schema der Weltgeschichte als eines Dramas der Menschheit zwischen Schöpfung und Jüngstem Gericht, mit einem Eingreifen Gottes als Mitte, bei Gnostikern, Christen, Persern und Juden hervorgegangen ist.

Seine streng wissenschaftliche Vollendung erfährt das magische Seelenbild in den Schulen von Bagdad und Basra. Alfarabi und Alkindihaben die verwickelten und uns wenig zugänglichen Probleme dieser magischen Psychologie eingehend behandelt. Ihr Einfluß auf die junge, ganz abstrakte Seelenlehre (*nicht* das Ichgefühl) des Abendlandes darf nicht unterschätzt werden. Scholastische und mystische Psychologie haben vom maurischen Spanien, Sizilien und Orient ebensoviel Formelemente empfangen wie die gotische Kunst. Man vergesse nicht, daß das Arabertum die Kultur der gestifteten Offenbarungsreligionen ist, die sämtlich ein dualistisches Seelenbild voraussetzen. Man denke an die Kabbala und den Anteil jüdischer Philosophen an der sogenannten Philosophie des Mittelalters, d. h. zuerst des späten Arabertums und dann der frühen Gotik. Ich nenne nur ein merkwürdiges, kaum beachtetes Beispiel, das letzte: Spinoza.Aus dem Ghetto stammend ist er, neben seinem persischen Zeitgenossen Schirazi, der letzte verspätete Vertreter des magischen und ein Gast in der Formenwelt des faustischen Weltgefühls. Er hat als kluger Schüler der Barockzeit seinem System die Farbe abendländischen Denkens zu geben gewußt; in der Tiefe steht er völlig unter dem Aspekt des arabischen Dualismus zweier Seelensubstanzen. *Dies ist der wahre, innere Grund, weshalb ihm der Kraftbegriff Galileis und Descartes' fehlt*. Dieser Begriff ist der Schwerpunkt eines dynamischen Universums und damit dem magischen Weltgefühl fremd. Zwischen der Idee vom Stein des Weisen – die in Spinozas Idee der Gottheit als *causa sui* versteckt liegt – und der kausalen Notwendigkeit unsres Naturbildes gibt es keine Vermittlung. Deshalb ist sein Willensdeterminismus genau der, welcher von der Orthodoxie in Bagdad verteidigt wurde – „Kismet“ –, und dort hat man die Heimat des Verfahrens „ *more geometrico*“ zu suchen, das dem Talmud, Awesta und dem arabischen Kalaam gemeinsam ist, in Spinozas Ethik aber innerhalb *unsrer* Philosophie ein groteskes Unikum bildet.

Noch einmal hat dann die deutsche Romantik dies magische Seelenbild flüchtig heraufbeschworen. Man fand an Magie und den krausen Gedankengängen gotischer Philosophen den gleichen Geschmack wie an den Kreuzzugsidealen der Klöster und Ritterburgen und vor allem auch an sarazenischer Kunst und Poesie, ohne von diesen entlegenen Dingen eben viel zu verstehen. Schelling, Oken, Baader, Görres und ihr Kreis gefielen sich in unfruchtbaren Spekulationen in arabisch-jüdischem Stil, die man mit deutlichem Behagen als dunkel, als „tief“ empfand, was sie für die Orientalen *nicht* gewesen waren, die man wohl zum Teil selbst nicht begriff und von denen man hoffte, daß sie auch vom Hörer nicht ganz begriffen werden würden. Bemerkenswert ist an dieser Episode nur der Reiz des Dunklen, den diese Gedankenkreise ausübten. Man darf den Schluß wagen, daß die klarsten und zugänglichsten Fassungen faustischer Gedanken, wie man sie etwa bei Descartes und in den Prolegomena von Kant findet, auf einen arabischen Metaphysiker denselben Eindruck des Nebelhaften und Abstrusen gemacht haben würden. Was für uns wahr ist, ist für sie falsch und umgekehrt: das gilt vom Seelenbilde der einzelnen Kulturen wie von jedem anderen Ergebnis wissenschaftlichen Nachdenkens.

3

Die Zukunft wird sich an die schwierige Aufgabe wagen müssen, in der Weltanschauung und Philosophie gotischen Stils die gleiche Sonderung der letzten Elemente vorzunehmen wie in der Ornamentik der Kathedralen und in der primitiven damaligen Malerei, die zwischen dem flachen Goldgrund und weiträumigen landschaftlichen Hintergründen – der magischen und der faustischen Art, Gott in der

Natur zu sehen – noch keine Entscheidung zu treffen wagt. Es vermischen sich im frühen Seelenbilde, wie es in dieser Philosophie zum Vorschein kommt, in zaghafter Unreife die Züge christlich-arabischer Metaphysik, des Dualismus von Geist und Seele, mit nordischen Ahnungen von funktionalen Seelenkräften, die man sich noch nicht eingesteht. Dieser Zwiespalt liegt dem Streit um den Primat des Willens oder der Vernunft zugrunde, dem *Grundproblem der gotischen Philosophie*, das man bald im alten arabischen, bald im neuen abendländischen Sinne zu lösen sucht. Es ist derselbe begriffliche Mythos, welcher in stets sich ändernder Fassung den Gang unserer gesamten Philosophie bestimmt hat und diese von jeder anderen scharf unterscheidet. Der Rationalismus des späten Barock hat sich, mit dem ganzen Stolz des seiner selbst sicher gewordnen städtischen Geistes, für die größere Macht der Göttin Vernunft entschieden, bei Kant und bei den Jakobinern. Aber schon das 19. Jahrhundert hat, vor allem in Nietzsche, wieder die stärkere Formel gewählt: *voluntas superior intellectu*, die uns allen im Blute liegt.Schopenhauer, der letzte große Systematiker, hat das auf die Formel „Die Welt als Wille und Vorstellung“ gebracht, und nicht seine Metaphysik, nur seine *Ethik* ist es, die *gegen* den Willen entscheidet.

Hier tritt der geheimste Grund und Sinn allen Philosophierens innerhalb einer Kultur unmittelbar zutage. Denn es ist die *faustische Seele*, die in vierhundertjährigem Mühen *ein Selbstbildnis* zu zeichnen versucht, ein Bild, das zugleich mit dem Bilde der Welt einen tiefgefühlten Einklang aufweist. Die gotische Weltanschauung mit ihrem Ringen zwischen Vernunft und Wille ist in der Tat ein Ausdruck des *Lebensgefühls* jener Menschen der Kreuzzüge, der Stauferzeit und der großen Dombauten. *Man sah die Seele so, weil man so war.*

Wollen und Denken im Seelenbilde – das ist Richtung und Ausdehnung, Geschichte und Natur, Schicksal und Kausalität im Bilde der äußeren Welt. Daß unser Ursymbol die unendliche Ausgedehntheit ist, tritt in diesen Grundzügen beider Aspekte zutage. Der Wille knüpft die Zukunft an die Gegenwart, das Denken das Grenzenlose an das Hier. *Die historische Zukunft ist die werdende, der unendliche Welthorizont die gewordene Ferne*: dies ist der Sinn des faustischen Tiefenerlebnisses. Das Richtungsgefühl wird als „Wille“, das Raumgefühl als „Verstand“ wesenhaft, beinahe mythisch vorgestellt: so entsteht das Bild, welches unsre Psychologen mit Notwendigkeit aus dem Innenleben abstrahieren.

Daß die faustische Kultur *Willenskultur* ist, ist nur ein andrer Ausdruck für die eminent historische Veranlagung ihrer Seele. Das „Ich“ im Sprachgebrauch – *ego habeo factum* –, der *dynamische* Satzbau also gibt durchaus den Stil des Handelns wieder, welcher aus dieser Anlage folgt und mit seiner Richtungsenergie nicht nur das Bild der „Welt als Geschichte“, sondern unsere Geschichte selbst beherrscht. Dieses „Ich“ steigt in der gotischen Architektur empor; die Turmspitzen und Strebepfeiler sind „Ich“, *und deshalb ist die gesamte faustische Ethik ein „Empor“*: Vervollkommnung des Ich, sittliche

Arbeit am Ich, Rechtfertigung des Ich durch Glauben und gute Werke, Achtung des Du im Nächsten um des eignen Ich und seiner Seligkeit willen, von Thomas von Aquino bis zu Kant, und endlich das Höchste: Unsterblichkeit des Ich.

Es ist genau das, was der echte Russe als eitel empfindet und verachtet. Die russische, willenlose Seele, deren Ursymbol die unendliche Ebene ist, sucht in der Brüderwelt, der horizontalen, dienend, *namenlos*, sich verlierend aufzugeben. Von *sich* aus an den Nächsten denken, *sich* durch Nächstenliebe sittlich zu heben, für *sich* büßen wollen, ist ihr ein Zeichen westlicher Eitelkeit und frevelhaft wie das In-den-Himmel-dringen-Wollen unsrer Dome im Gegensatz zur kuppelbesetzten Dach *ebene* russischer Kirchen. Tolstois Held Nechludow pflegt sein sittliches Ich wie seine Nägel; eben deshalb gehört Tolstoi der Pseudomorphose des Petrinismus an. Raskolnikow dagegen ist nur irgend etwas in einem „Wir". Seine Schuld ist die Schuld aller.Auch nur seine Sünde als etwas Eignes zu betrachten ist Hochmut und Eitelkeit. Etwas davon liegt auch dem magischen Seelenbild zugrunde. „Wenn jemand zu mir kommt", sagt Jesus (Luk. 14, 26), „und haßt nicht Vater, Mutter, Weib, Kinder, Brüder, Schwestern, *vor allem aber sein eignes Ich* (την εαυτου ψυχην), so kann er nicht mein Jünger sein." Aus diesem Gefühl heraus nennt er sich ein Menschenkind.Auch der *consensus* der Rechtgläubigen ist unpersönlich und verdammt das „Ich" als Sünde, und ebenso der – echt russische – Begriff der Wahrheit als der namenlosen Übereinstimmung der Berufenen.

Der antike Mensch, ganz der Gegenwart gehörend, ist ebenfalls ohne die unser Welt- und Seelenbild beherrschende, alle Sinneseindrücke im Zug zur Ferne, alle innern Erlebnisse im Sinn der Zukunft sammelnde Richtungsenergie. Er ist „willenlos". Darüber läßt die antike Schicksalsidee keinen Zweifel, noch weniger das Symbol der dorischen Säule. Wenn der Widerstreit zwischen Denken und Wollen das geheime Thema aller bedeutenden Bildnisse von Jan van Eyck bis zu Marées ist, so kann das antike Bildnis nichts davon enthalten, denn im antiken Seelenbilde stehen neben dem Denken (νουσ), dem inneren Zeus, die ahistorischen Einheiten der animalischen und vegetativen Triebe (θυμοσ und επιθυμια), ganz somatisch, ganz ohne bewußten Zug und Drang zu einem Ziel.

Wie man das faustische Prinzip bezeichnen will, das uns und nur uns angehört, ist gleichgültig. Name ist Schall und Rauch. Auch Raum ist ein Wort, das in tausend Spielarten im Munde des Mathematikers, Denkers, Dichters, Malers ein und dasselbe Unbeschreibliche ausdrücken möchte, das anscheinend der ganzen Menschheit angehört und doch mit diesem metaphysischen Hintersinn nur innerhalb der abendländischen Kultur die Geltung hat, die wir ihm mit innerer Notwendigkeit zuschreiben. Nicht der Begriff „Wille", sondern der Umstand, daß es ihn für uns überhaupt gibt, während *die Griechen ihn gar nicht kannten*, hat die Bedeutung eines großen Symbols. Im letzten Grunde besteht zwischen Tiefenraum und Wille kein Unterschied. Den antiken Sprachen fehlt die Bezeichnung für das eine und *also auch* für das andere.Der reine Raum des faustischen Weltbildes ist nicht bloße Dehnung, sondern Ausdehnung in die Ferne als Wirksamkeit, als Überwindung des Nur-Sinnlichen, als Spannung und Tendenz, als geistiger Wille zur Macht. Ich weiß wohl, wie unzulänglich diese Umschreibungen sind. Es ist vollständig unmöglich, durch exakte Begriffe den Unterschied anzugeben zwischen dem, was wir und was die Menschen der arabischen oder indischen Kultur Raum nennen und bei diesem Worte denken, empfinden und vorstellen. *Daß* es etwas durchaus Verschiedenes ist, beweisen die sehr verschiedenen Grundanschauungen der jeweiligen Mathematik und bildenden Kunst, vor allem die unmittelbaren Äußerungen des *Lebens*. Wir werden sehen, wie die Identität von Raum und Wille in den Taten des Kopernikus und Kolumbus so gut wie in denen der Hohenstaufen und Napoleons zum Ausdruck kommt – Beherrschung des Weltraums –, aber sie liegt in andrer Weise auch in den physikalischen Begriffen des Kraftfeldes und Potentials, die man keinem Griechen hätte verständlich machen können. Raum als die Form *a priori* der Anschauung, die Formel, in welcher Kant endgültig aussprach, was die Barockphilosophie unablässig gesucht hatte – das bedeutet einen *Herrschaftsanspruch* der Seele über das Fremde. Das Ich regiert vermittelst der Form die Welt.

Das bringt die Tiefenperspektive der Ölmalerei zum Ausdruck, die den unendlich gedachten Bildraum vom Betrachter abhängig macht, der ihn von der gewählten Entfernung aus im wörtlichen Sinne *beherrscht*. Es ist jener Zug in die Ferne, der zum Typus der *heroischen, historisch empfundenen* Landschaft im Gemälde wie im Park der Barockzeit führt, dasselbe, was der mathematisch-physikalische Begriff des Vektors zum Ausdruck bringt. Jahrhunderte hindurch hat die Malerei leidenschaftlich nach diesem großen Symbol gestrebt, in dem alles liegt, was die Worte Raum, Wille, Kraft ausdrücken möchten. Ihm entspricht die ständige Tendenz der Metaphysik, durch Begriffspaare wie Erscheinung und Ding an sich, Wille und Vorstellung, Ich und Nicht-Ich, die sämtlich von rein dynamischem Gehalte sind, sehr im Gegensatz zur Lehre des Protagoras vom Menschen als dem *Maß, also nicht dem Schöpfer* aller Dinge, die funktionelle Abhängigkeit der Dinge vom Geist zu formulieren. Der antiken Metaphysik gilt der Mensch als Körper unter Körpern, und Erkennen ist hier eine Art von *Berührung*, die vom Erkannten zum Erkennenden hinüberging, nicht umgekehrt. Die optischen Theorien des Anaxagoras und Demokrit sind weit entfernt, dem Menschen eine Aktivität in der Sinneswahrnehmung zuzugestehen. Plato empfindet das *Ich* niemals als Mittelpunkt einer transzendenten Wirkungssphäre, wie es Kant ein inneres Bedürfnis war. Die Gefangenen in seiner berühmten Höhle sind wirklich Gefangene, *Sklaven* äußerer Eindrücke, nicht ihre Herren, von der allgemeinen Sonne beschienen, nicht selbst Sonnen, die das All durchleuchten.

Der physikalische Begriff der Raumenergie – die gänzlich unantike Vorstellung, daß bereits die *räumliche* Distanz eine Energieform, sogar die Urform aller Energie ist, denn das ist die Grundlage der Begriffe Kapazität und Intensität – beleuchtet auch das

Verhältnis des Willens zum imaginären Seelenraum. Wir fühlen, daß beides, das dynamische Weltbild Galileis und Newtons und das dynamische Seelenbild mit dem Willen als Schwerpunkt und Beziehungszentrum, ein und dasselbe bedeuten. Sie sind beide Barockgebilde, Symbole der zur vollen Reife gelangten faustischen Kultur.

Man tut unrecht, wie es oft geschieht, den Kult des „Willens", wenn nicht für allgemein menschlich, so doch für allgemein christlich zu halten und aus dem Ethos der früharabischen Religionen abzuleiten. Dieser Zusammenhang gehört lediglich der historischen Oberfläche an und man verwechselt die Schicksale von Worten wie *voluntas*, deren tiefsymbolischen Bedeutungswandel man nicht bemerkt, mit der Geschichte von Wortbedeutungen und Ideen. Wenn arabische Psychologen, Murtada z. B., von der Möglichkeit mehrerer „Willen" reden, von einem „Willen", der mit dem Tun zusammenhängt, von einem andern, der ihm selbständig voraufgeht, von einem „Willen", der überhaupt keine Beziehung zur Tat hat, der das „Wollen" erst erzeugt usw., wobei es auf die tiefere Bedeutung des arabischen Wortes ankommt, so haben wir offenbar ein Seelenbild vor uns, das der Struktur nach von dem faustischen gänzlich verschieden ist.

Die Seelenelemente sind für jeden Menschen, welcher Kultur er auch angehört, die Gottheiten einer *inneren Mythologie*. Was Zeus für den äußeren Olymp ist, das ist für den der inneren Welt, für jeden Griechen mit vollkommener Deutlichkeit vorhanden, der νουσ, welcher über den andern Seelenteilen thront. Was für uns „Gott" ist, Gott als Weltatem, als die Allkraft, als die allgegenwärtige Wirkung und Vorsehung, das ist, aus dem Weltraum in den imaginären Seelenraum zurückgespiegelt und von uns mit Notwendigkeit als wirklich vorhanden empfunden, „Wille". Zum mikrokosmischen Dualismus der magischen Kultur, zu *ruach* und *nephesch*, *pneuma*und *psyche* gehört mit Notwendigkeit der makrokosmische Gegensatz von Gott und Teufel, persisch Ormuzd und Ahriman, jüdisch Jahwe und Beelzebub, islamisch Allah und Iblis, dem absolut Guten und dem absolut Bösen, und man wird bemerken, daß im abendländischen Weltgefühl beide Gegensätze *zugleich* verblassen. In demselben Grade wie aus dem gotischen Streit um den Vorrang von *intellectus* oder *voluntas* sich der Wille als Mittelpunkt eines *seelischen* Monotheismus herausbildet, entschwindet die Gestalt des Teufels aus der wirklichen Welt. Zur Barockzeit hat der Pantheismus der Außenwelt einen inneren unmittelbar zur Folge, und was – in welcher Bedeutung auch – der Gegensatz *Gott und Welt* bezeichnen soll, das bezeichnet jedesmal das Wort Wille gegenüber der Seele überhaupt: die allbewegende Kraft in ihrem Reich.Sobald das religiöse Denken in ein streng wissenschaftliches übergeht, besteht auch ein doppelter Begriffsmythos in Physik und Psychologie. Der Ursprung der Begriffe Kraft, Masse, Wille, Leidenschaft beruht nicht auf objektiver Erfahrung, sondern auf einem Lebensgefühl. Der Darwinismus ist nichts anderes als eine außergewöhnlich flache Fassung dieses Gefühls. Kein Grieche würde das Wort Natur im Sinne einer absoluten und planmäßigen Aktivität so gebraucht haben, wie die moderne Biologie es tut. Der „Wille Gottes" ist für uns ein Pleonasmus. Gott (oder „die Natur") ist nichts als Wille. So gut der Gottesbegriff seit der Renaissance unmerklich mit dem Begriff des unendlichen Weltraums identisch wird und die sinnlichen, persönlichen Züge verliert – Allgegenwart und Allmacht sind beinahe mathematische Begriffe geworden –, so gut wird er zum unanschaulichen Weltwillen. Die reine Instrumentalmusik überwindet *deshalb* um 1700 die Malerei als das einzige und letzte Mittel, dies Gefühl von Gott zu verdeutlichen. Demgegenüber denke man an die Götter Homers. Zeus besitzt durchaus nicht die volle Macht über die Welt; selbst auf dem Olymp ist er – wie es das apollinische Weltgefühl fordert – *primus inter pares*, Körper unter Körpern. Die blinde Notwendigkeit, die Ananke, welche das antike Wachsein im Kosmos erblickt, ist keineswegs von ihm abhängig. Im Gegenteil: die Götter sind ihr unterworfen. Das wird von Aischylos an einer gewaltigen Stelle des „Prometheus" laut ausgesprochen, aber man fühlt es schon bei Homer im Streit der Götter und an jener entscheidenden Stelle, wo Zeus die Schicksalswaage hebt, um das Los Hektors nicht zu fällen, sondern zu erfahren. Also stellt sich die antike Seele mit ihren Teilen und Eigenschaften als ein Olymp kleiner Götter dar, die in friedlichem Einvernehmen zu halten das Ideal hellenischer Lebensführung, der Sophrosyne und Ataraxia ist. Mehr als ein Philosoph verrät den Zusammenhang, indem er den höchsten Seelenteil, den νουσ, als Zeus bezeichnet. Aristoteles schreibt seiner Gottheit als einzige Funktion die θεωρια, die Beschaulichkeit zu; es ist das Ideal des Diogenes: eine zur Vollkommenheit gereifte Statik des Lebens gegenüber der ebenso vollkommenen Dynamik im Lebensideal des 18. Jahrhunderts.

Das rätselhafte Etwas im Seelenbild, welches das Wort Wille bezeichnet, *die Leidenschaft der dritten Dimension*, ist also ganz eigentlich eine Schöpfung des Barock, wie die Perspektive der Ölmalerei, wie der Kraftbegriff der neueren Physik, wie die Tonwelt der reinen Instrumentalmusik. In allen Fällen hatte die Gotik vorgedeutet, was diese Jahrhunderte der Durchgeistigung zur Reife brachten. Halten wir hier, wo es sich um den *Stil* des faustischen Lebens im Gegensatz zu jedem andern handelt, daran fest, daß die Urworte Wille, Kraft, Raum, Gott, vom *faustischen* Bedeutungsgefühl getragen und durchseelt, Sinnbilder sind, schöpferische Grundzüge großer, einander verwandter Formenwelten, in denen dieses Sein sich zum Ausdruck bringt. Man war bis jetzt des Glaubens, hier „an sich seiende", ewige Tatsachen mit Händen zu greifen, die irgendwann einmal auf dem Wege kritischer Forschung endgültig gesichert, „erkannt", bewiesen sein würden. Diese Illusion der Naturwissenschaft war in gleicher Weise die der Psychologie. Die Einsicht, daß diese „allgemeingültigen" Grundlagen *lediglich zum Barockstil des Schauens und Verstehens gehören*, als Ausdrucksformen von vorübergehender Bedeutung und „wahr" nur für die westeuropäische Geistesart, verändert den ganzen Sinn dieser Wissenschaften, die nicht allein Subjekte eines systematischen Erkennens, sondern in viel höherem Grade *Objekte einer physiognomischen Betrachtung sind*.

Die Architektur des Barock begann, wie wir sahen, als Michelangelo die tektonischen Elemente der Renaissance, Stütze und Last, durch die dynamischen, Kraft und Masse, ersetzte. Brunellescos Pazzikapelle drückt eine heitere Gelassenheit aus; Vignolas Fassade von Il Gesù ist *steingewordner Wille.* Man hat den neuen Stil in seiner kirchlichen Prägung Jesuitenstil genannt, vor allem nach der Vollendung, die er durch Vignola und Della Porta erfuhr, und in der Tat besteht ein innerer Zusammenhang zwischen ihm und der Schöpfung des Ignaz von Loyola, dessen Orden den reinen, abstrakten Willen der Kircherepräsentiert, dessen verborgene, ins Unendliche sich erstreckende Wirksamkeit das Seitenstück zur Analysis und zur Kunst der Fuge ist.

Es wird von nun an nicht mehr als Paradoxon empfunden werden, wenn künftig vom *Barockstil,* ja vom *Jesuitenstil in der Psychologie, Mathematik und theoretischen* Physik die Rede ist. Die Formensprache der Dynamik, welche den energischen Gegensatz von Kapazität und Intensität an Stelle des somatisch-willenlosen von Stoff und Form setzt, ist allen geistigen Schöpfungen dieser Jahrhunderte gemeinsam.

4

Es ist nun die Frage, inwiefern der Mensch dieser Kultur selbst erfüllt, was das von ihm geschaffene Seelenbild erwarten läßt. Darf man das Thema der abendländischen Physik jetzt ganz allgemein als den wirkenden Raum bezeichnen, so ist damit auch die Daseinsart, der Daseins*inhalt* des gleichzeitigen Menschen bestimmt. Wir, faustische Naturen, sind gewöhnt, den Einzelnen hinsichtlich seiner *wirkenden,* nicht seiner plastisch-ruhenden Erscheinung ins Ganze unsrer Lebenserfahrung aufzunehmen. Was der Mensch ist, ermessen wir an seiner *Tätigkeit,* die nach innen wie nach außen gewendet sein kann; und alle einzelnen Vorsätze, Gründe, Kräfte, Überzeugungen, Gewohnheiten werten wir durchaus nach dieser Richtung. Das Wort, in dem wir diesen Aspekt zusammenfassen, heißt *Charakter.* Wir sprechen von Charakterköpfen, von Charakterlandschaften. Der Charakter von Ornamenten, Pinselstrichen, Schriftzügen, von ganzen Künsten, Zeitaltern und Kulturen: das sind uns geläufige Wendungen. Die Musik des Barock ist die eigentliche Kunst des Charakteristischen, was von Melodie und Instrumentation gleichmäßig gilt. Auch dies Wort bezeichnet etwas Unbeschreibliches, etwas, das die faustische Kultur aus allen andern heraushebt. Und zwar ist seine tiefe Verwandtschaft mit dem Wort „Wille“ unverkennbar: was der Wille im Seelenbild, ist der Charakter im Bilde des Lebens, wie es uns und *nur* uns Westeuropäern mit Selbstverständlichkeit vorschwebt.

Daß der Mensch Charakter habe, ist der Grundanspruch all unsrer ethischen Systeme, so verschieden ihre metaphysischen oder praktischen Formeln sonst lauten mögen. Der Charakter – der sich im *Strome der Welt* bildet, die *“Persönlichkeit“, das Verhältnis des Lebens zur Tat* – ist ein faustischer Eindruck vom Menschen, und es besteht eine bedeutsame Ähnlichkeit mit dem physikalischen Weltbilde darin, daß der vektorielle

Kraftbegriff mit seiner Richtungstendenz sich von dem der Bewegung trotz schärfster theoretischer Untersuchungen nicht hat isolieren lassen. Ebenso unmöglich ist die strenge Scheidung von Wille und Seele, Charakter und Leben. Wir empfinden auf der Höhe dieser Kultur, sicherlich seit dem 17. Jahrhundert, das Wort Leben als schlechthin gleichbedeutend mit Wollen. Ausdrücke wie Lebenskraft, Lebenswille, tätige Energie füllen als etwas Selbstverständliches unsre ethische Literatur, während sie in das Griechisch der Zeit des Perikles nicht einmal übersetzbar gewesen wären.

Man bemerkt – was der Anspruch aller Moralen auf zeitliche und räumliche Allgemeingültigkeit bisher verdeckt hat –, daß jede einzelne Kultur als einheitliches Wesen höherer Ordnung *ihre eigne moralische Fassung besitzt*. Es gibt so viele Moralen, als es Kulturen gibt. Nietzsche, der als erster eine Ahnung davon hatte, ist trotzdem von einer wirklich objektiven Morphologie der Moral – jenseits von *jedem* Gut und *jedem* Böse – weit entfernt geblieben. Er hat die antike, indische, christliche, Renaissancemoral an seinen eignen Wertungen abgeschätzt, statt deren Stil als Symbol zu verstehen. Aber gerade unserem historischen Blick hätte das *Urphänomen der Moral* als solches nicht entgehen sollen. Indessen werden wir erst heute, scheint es, reif dazu. Uns ist, und zwar schon seit Joachim von Floris und den Kreuzzügen, die Vorstellung der Menschheit als eines tätigen, kämpfenden, fortschreitenden Ganzen so notwendig, daß es uns schwer wird einzusehen, daß dies eine ausschließlich abendländische Betrachtungsweise von vorübergehender Geltung und Lebensdauer ist. Dem antiken Geist erscheint die Menschheit als gleichbleibende Masse, und dem entspricht eine ganz anders geartete Moral, deren Dasein sich von der homerischen Frühzeit bis zur Kaiserzeit verfolgen läßt. Überhaupt wird man finden, daß dem im höchsten Grade aktiven Lebensgefühl der faustischen Kultur die chinesische und ägyptische, dem streng passiven der Antike die indische näherstehen.

Wenn je eine Gruppe von Nationen den Kampf ums Dasein beständig vor Augen hatte, so war es die der antiken Kultur, wo alle die Städte und Städtchen einander bis zur Vernichtung bekämpften, ohne Plan, ohne Sinn, ohne Gnade, Körper gegen Körper, aus einem vollkommen geschichtswidrigen Instinkt. Aber die griechische Ethik war, trotz Heraklit, weit entfernt, den Kampf zu einem *ethischen* Prinzip zu machen. Die Stoiker wie die Epikuräer lehrten den Verzicht auf ihn als Ideal. Die Überwindung von Widerständen ist vielmehr der typische Antrieb der abendländischen Seele. Aktivität, Entschlossenheit, Selbstbehauptung werden gefordert; der Kampf gegen die bequemen Vordergründe des Lebens, die Eindrücke des Augenblicks, des Nahen, Greifbaren, Leichten, die Durchsetzung dessen, was Allgemeinheit und Dauer hat, was Vergangenheit und Zukunft seelisch aneinanderknüpft, ist der Inhalt aller faustischen Imperative von den frühesten Tagen der Gotik bis zu Kant und Fichte und weit darüber hinaus zu dem Ethos der ungeheuren Macht- und Willensäußerungen unsrer Staaten, Wirtschaftsmächte und unsrer Technik. Das *Carpe diem*, das gesättigte Sein des antiken Standpunktes ist der vollkommene Widerspruch gegen das, was Goethe, Kant, Pascal, was die Kirche wie das Freidenkertum als allein wertvoll empfanden, das *tätige, ringende, überwindende* Sein.

Wie alle Formen der Dynamik – die malerische, musikalische, physikalische, soziale, politische – unendliche Zusammenhänge zur Geltung bringen, und nicht wie die antike Physik den Einzelfall und deren Summe, sondern den typischen Verlauf und dessen funktionale Regel betrachten, so hat man unter Charakter das grundsätzlich Gleichbleibende in der Auswirkung des Lebens zu verstehen. Andernfalls spricht man von Charakterlosigkeit. Charakter ist, als Form einer *bewegten* Existenz, in welcher mit größtmöglicher Variabilität im einzelnen die höchste Konstanz im Grundsätzlichen erreicht wird, das, was eine bedeutende Biographie wie Goethes „Wahrheit und Dichtung" überhaupt möglich macht. Plutarchs echt antike Biographien sind demgegenüber nur chronologisch, nicht entwicklungsgeschichtlich geordnete Anekdotensammlungen, und man wird zugeben, daß von Alkibiades, Perikles oder überhaupt einem rein apollinischen Menschen nur die zweite, nicht die erste Art von Biographie denkbar ist. Ihren Erlebnissen fehlt nicht die Masse, sondern die Beziehung; sie haben etwas Atomistisches. Auf das physikalische Weltbild bezogen: der Grieche hat nicht etwa *vergessen*, in der Summe seiner Erfahrungen allgemeine Gesetze zu suchen; er konnte sie in seinem Kosmos gar nicht *finden*.

Es folgt daraus, daß die Wissenschaften der Charakterkunde, vor allem Physiognomik und Graphologie, innerhalb der Antike sehr dürftig ausgefallen sein würden. An Stelle der Handschrift, die wir nicht kennen, beweist es das antike Ornament, das gegenüber dem gotischen – man denke an den Mäander und die Akanthusranke – von einer unglaublichen Simplizität und Schwäche des charakteristischen Ausdrucks, dafür aber von einem nie wieder erreichten Ausgeglichensein in zeitlosem Sinne ist.

Es versteht sich von selbst, daß wir, dem antiken Lebensgefühl zugewendet, dort ein Grundelement der ethischen Wertung finden müssen, das dem Charakter ebenso entgegengesetzt ist wie die Statue der Fuge, die euklidische Geometrie der Analysis, der Körper im Raum. Es ist die *Geste*. Damit ist das Grundprinzip einer seelischen *Statik* gegeben, und das Wort, welches an Stelle unsrer „Persönlichkeit" in den antiken Sprachen steht, heißt προσωπον, *persona*, nämlich *Rolle, Maske*. Im spätgriechisch-römischen Sprachgebrauch bezeichnet es die *öffentliche Erscheinung und Gebärde* und damit den eigentlichen *Wesenskern des antiken Menschen*. Man sagte von einem Redner, daß er als priesterliches, als soldatisches προσωπον spreche. Der Sklave war απροσωποσ, aber nicht ασωματοσ, d. h. er hatte *keine* als Bestandteil des öffentlichen Lebens in Betracht kommende Haltung, aber eine „*Seele*". Daß das Schicksal jemandem die Rolle eines Königs oder Feldherrn zuerteilt habe, gibt der Römer durch *persona regis, imperatoris.*Darin verrät sich der apollinische Lebensstil. Es handelt sich nicht um die Entfaltung innerer Möglichkeiten durch tätiges Streben, sondern um die jederzeit geschlossene *Haltung* und strengste Anpassung an ein sozusagen plastisches Seinsideal. Nur in der antiken Ethik spielt ein gewisser Begriff der Schönheit eine Rolle. Mag man dies Ideal σωφροσύνη, καλοκἀγαθία, oder ἀταραξία nennen, es ist immer die wohlgeordnete Gruppe sinnlich greifbarer, durchaus öffentlich erscheinender, *für die andern*, nicht für das eigene Selbst bestimmter Züge. Man war Objekt, nicht Subjekt des äußeren Lebens. Das rein Gegenwärtige, Augenblickliche, der Vordergrund wurde nicht überwunden, sondern herausgearbeitet. Innenleben ist in diesem Zusammenhang ein unmöglicher Begriff. Das unübersetzbare, stets im westeuropäischen Sinne mißverstandene ζῷον πολιτικόν des Aristoteles bezieht sich auf Menschen, die einzeln, einsam, nichts sind, die nur als Mehrzahl etwas bedeuten – was für eine groteske Vorstellung ist ein Athener in der Rolle des Robinson! –, auf der Agora, dem *forum*, wo jeder sich an andern spiegelt und dadurch erst eigentlich Wirklichkeit erhält. Dies alles liegt in dem Ausdruck σώματα πόλεως: die Bürger der Stadt. Man begreift, daß das Porträt, das Probestück der Barockkunst, mit der Darstellung des Menschen identisch ist, insoweit er *Charakter* hat, und daß andrerseits in der attischen Blütezeit die Darstellung des Menschen hinsichtlich seiner *Attitüde*, des Menschen als „*persona*“, in dem Formideal der nackten Statue enden mußte.

5

Dieser Gegensatz hat zu zwei in jedem Betracht grundverschiedenen Formen der Tragödie geführt. Die faustische, das *Charakterdrama*, und die apollinische, das *Drama der erhabenen Geste*, haben in der Tat nicht mehr als den Namen gemeinsam.

Die Barockzeit machte, bezeichnenderweise ausschließlich von Seneca und nicht von Aischylos und Sophokles ausgehend– das entspricht genau der architektonischen Anknüpfung an die Kaiserbauten statt den Tempel von Pästum –, mit steigender Entschiedenheit an Stelle der Begebenheit den Charakter zum Schwerpunkt des Ganzen, zur Mitte gewissermaßen eines seelischen Koordinatensystems, das allen szenischen Tatsachen in bezug auf sich Lage, Bedeutung und Wert zuweist; es entsteht eine *Tragik des Wollens*, der wirkenden Kräfte, der *inneren*, nicht notwendig in Sichtbares umgesetzten Bewegtheit, während Sophokles das unvermeidliche Minimum an Geschehen vor allem durch das Kunstmittel des Botenberichts hinter die Szene verlegt. Die antike Tragik bezieht sich auf allgemeine Lagen, nicht auf besondere Persönlichkeiten; Aristoteles bezeichnet sie ausdrücklich als μίμησις οὐκ ἀνθρώπον ἀλλὰ πράξεως καὶ βίου. Was er in seiner Poetik, sicherlich dem für unsere Dichtung verhängnisvollsten Buche ἦθος nennt, nämlich die ideale *Haltung* eines ideal hellenischen Menschen in einer schmerzlichen Lage, hat mit unserm Begriff Charakter als einer die Ereignisse bestimmenden Beschaffenheit des Ich so wenig zu tun wie eine Fläche in Euklids Geometrie mit dem gleichnamigen Gebilde etwa in Riemanns Theorie der algebraischen Gleichungen. Daß man ἦθος mit Charakter übersetzte, statt das kaum exakt Wiederzugebende durch Rolle, Haltung, Geste zu umschreiben, daß man μῦθος, die *zeitlose Begebenheit*, durch Handlung wiedergab, ist auf Jahrhunderte hin ebenso verderblich geworden wie die Ableitung des Wortes δρᾶμα von Tun. Othello, Don Quijote, der Misanthrop, Werther, Hedda Gabler sind Charaktere. Das Tragische liegt *im bloßen Dasein* so gearteter Menschen inmitten ihrer Welt. Ob gegen diese Welt, gegen sich, gegen andre: der Kampf wird durch den Charakter, nicht durch etwas von außen Kommendes aufgezwungen. Es ist *Fügung*, die Einfügung einer Seele in einen Zusammenhang widersprechender Beziehungen, der keine reine Auflösung gestattet. Antike Bühnengestalten aber sind Rollen, keine Charaktere. Auf der Szene erscheinen immer dieselben Figuren, der Greis, der Heros, der Mörder, der Liebende, stets dieselben schwer beweglichen, auf dem Kothurn schreitenden, maskierten Körper. Deshalb war die Maske im antiken Drama auch der Spätzeit eine tief symbolische *innere Notwendigkeit*, während unsere Stücke ohne das Mienenspiel der Darsteller eben nicht „dargestellt" wären. Man wende ja nicht die Größe der griechischen Theater ein; auch die Gelegenheitsmimen trugen Masken – *auch die Bildnisstatuen* –, und wäre das tiefere Bedürfnis nach intimen Räumen dagewesen, so hätte sich die architektonische Form von selbst gefunden.

Die in bezug auf einen *Charakter* tragischen Begebenheiten folgen aus einer langen inneren Entwicklung. In den tragischen Fällen des Aias, des Philoktet, der Antigone und Elektra aber ist eine innere Vorgeschichte – selbst wenn sie in einem antiken Menschen anzutreffen wäre – für die Folgen gleichgültig. Das entscheidende Ereignis überfällt sie, unvermittelt, ganz zufällig und äußerlich, und hätte an ihrer Stelle jeden andern und mit der gleichen Wirkung überfallen können. Es brauchte nicht einmal ein Mensch gleichen Geschlechts zu sein.

Es kennzeichnet den Gegensatz antiker und abendländischer Tragik noch nicht scharf genug, wenn man nur von Handlung oder Ereignis redet. Die faustische Tragödie ist *biographisch*, die apollinische ist *anekdotisch*, das heißt, jene umfaßt das Gerichtetsein eines ganzen Lebens, diese den für sich stehenden Augenblick; denn welche Beziehung hat die gesamte *innere* Vergangenheit des Ödipus oder Orest zu dem vernichtenden Ereignis, das ihnen plötzlich in den Weg tritt? Der Anekdote antiken Stils gegenüber kennen wir den Typus der *charakteristischen*, persönlichen, antimythischen Anekdote – es ist die *Novelle*, deren Meister Cervantes, Kleist, Hoffmann, Storm sind –, die um so bedeutender ist, je mehr man fühlt, daß ihr Motiv *nur einmal* und nur zu *dieser* Zeit und unter *diesen* Menschen möglich war, während der Rang der mythischen Anekdote – der *Fabel* – durch die Reinheit der gegenteiligen Eigenschaften bestimmt wird. Wir haben da also ein Schicksal, das wie der Blitz trifft, gleichgültig wen, und ein andres, das sich wie ein unsichtbarer Faden durch ein Leben spinnt und dieses eine vor allen andern auszeichnet. Es gibt im vergangenen Dasein Othellos, diesem Meisterstück einer psychologischen Analyse, nicht den geringsten Zug, der ganz ohne Beziehung zur Katastrophe wäre. Der Rassenhaß, das Alleinstehen des Emporkömmlings unter den Patriziern, der Mohr als Soldat, als Naturmensch, als der vereinsamte ältere Mann – nichts von diesen Momenten ist ohne Bedeutung. Man versuche doch, die

Exposition des Hamlet oder Lear im Vergleich zu der sophokleischer Stücke zu entwickeln. Sie ist durchaus psychologisch, nicht eine Summe äußerer Daten. Von dem, was wir heute einen Psychologen nennen, nämlich einen gestaltenden Kenner innerer Epochen, was für uns beinahe mit dem Begriff eines Dichters identisch geworden ist, hatten die Griechen keine Ahnung. So wenig sie Analytiker in der Mathematik waren, so wenig waren sie es im Seelischen, und antiken Seelen gegenüber konnte es nicht wohl anders sein. „Psychologie" – das ist das eigentliche Wort für die *abendländische* Art von Menschengestaltung. Das paßt auf ein Porträt Rembrandts so gut wie auf die Musik des Tristan, auf Stendhals Julien Sorel wie auf Dantes Vita Nuova. Keine andre Kultur kennt Ähnliches. Gerade das ist es, was von der Gruppe antiker Künste mit Strenge ausgeschlossen blieb. „Psychologie" ist die Form, in welcher der *Wille*, der Mensch als verkörperter Wille, nicht der Mensch als σῶμα, kunstfähig wird. Wer hier Euripides nennt, der weiß gar nicht, was Psychologie ist. Welche Fülle des Charakteristischen liegt schon in der nordischen Mythologie mit ihren schlauen Zwergen, tölpischen Riesen, neckischen Elben, mit Loki, Baldr und den andern Gestalten, und wie typisch wirkt daneben der homerische Olymp! Zeus, Apollon, Poseidon, Ares sind einfach „Männer", Hermes ist „der Jüngling", Athene eine reifere Aphrodite, die kleineren Götter – wie auch die spätere Plastik beweist – nur dem Namen nach unterscheidbar. Das gilt im vollen Umfange auch von den Gestalten der attischen Szene. Bei Wolfram von Eschenbach, Cervantes, Shakespeare, Goethe entwickelt sich das Tragische des Einzellebens von innen heraus, dynamisch, funktional, und die Lebensläufe sind wieder nur aus dem geschichtlichen Hintergrund des Jahrhunderts ganz begreiflich; bei den drei großen Tragikern Athens kommt es von außen, statisch, euklidisch. Um eine früher auf die Weltgeschichte angewandte Bezeichnung zu wiederholen: das vernichtende Ereignis macht dort *Epoche*, hier bewirkt es eine *Episode*. Selbst der tödliche Ausgang ist nur die letzte Episode eines aus lauter Zufälligkeiten zusammengesetzten Daseins. Eine Barocktragödie ist nichts als der führende Charakter noch einmal, nur in der Lichtwelt des Auges zur Entfaltung gebracht, als Kurve statt als Gleichung, kinetische statt potentieller Energie. Die sichtbare Person ist der mögliche, die Handlung der sich verwirklichende Charakter. Dies ist der ganze Sinn unsrer noch heute unter antiken Reminiszenzen und Mißverständnissen verschütteten Lehre vom Tragischen. Der tragische Mensch der Antike ist ein euklidischer Körper, der in seiner Lage, die er nicht gewählt hat und nicht ändern kann, von der Heimarmene getroffen wird, der sich in der Belichtung seiner Flächen durch die äußeren Vorfälle unveränderlich zeigt. In diesem Sinne ist in den „Choephoren" von Agamemnon als dem „flottenführenden königlichen Leibe" die Rede und sagt Ödipus in Kolonos, daß das Orakel „seinem Leibe" gelte. Man wird bei allen bedeutenden Menschen der griechischen Geschichte bis auf Alexander hinab eine merkwürdige Unbildsamkeit finden. Ich wüßte keinen, der in den Kämpfen des Lebens eine innere Wandlung vollzogen hätte, wie wir sie von Luther und Loyola kennen. Was man allzu flüchtig bei den Griechen Charakterzeichnung nennt, ist nichts als der Reflex von Ereignissen auf das ἦθος des Helden, niemals der Reflex einer Persönlichkeit auf die Ereignisse.

Und so verstehen wir faustischen Menschen das Drama mit innerster Notwendigkeit als ein Maximum an Aktivität, die Griechen mit derselben Notwendigkeit als ein Maximum an Passivität.Die attische Tragödie enthält überhaupt keine „Handlung". Die antiken Mysterien – und Aischylos, der aus Eleusis stammte, hat das höhere Drama durch Übertragung der Mysterienform mit ihrer Peripetie erst geschaffen – waren sämtlich δράματα oder δρώμενα, liturgische Begehungen. Aristoteles bezeichnet die Tragödie als Nachahmung eines Geschehens. Das, die Nachahmung, ist identisch mit der vielberufenen *Profanation der Mysterien,* und man weiß, daß Aischylos, der auch die sakrale Tracht der Eleusispriester für immer als Kostüm der attischen Bühne eingeführt hat, deshalb angeklagt wurde.Denn das eigentliche δρᾶμα mit seiner Peripetie von der Klage zum Jubel lag gar nicht in der Fabel, die dort erzählt wurde, sondern in der dahinter stehenden, symbolischen, vom Zuschauer im tiefsten Sinne aufgefaßten und nachgefühlten Kulthandlung. Mit diesem Element der nichthomerischen antiken Frühreligionverband sich ein bäuerliches, die burlesken – phallischen, dithyrambischen – Szenen an den Frühlingsfesten für Demeter und Dionysos. Aus den Tiertänzenund dem begleitenden Gesang hat sich der tragische Chor entwickelt, welcher dem Darsteller, dem „Antworter" des Thespis (534) entgegentritt.

Die eigentliche Tragödie wuchs aus der feierlichen Totenklage, dem Threnos *(naenia)* hervor. Irgendwann wurde aus dem heitren Spiel am Dionysosfeste – das auch ein Fest der Seelen war – ein Klagechor von Menschen, und das Satyrspiel an den Schluß verdrängt. 494 führte Phrynichos den „Fall von Milet" auf, kein historisches Schauspiel, sondern die Klage der Milesierinnen, wofür er streng bestraft wurde, weil er an das Leid der Stadt erinnert habe. Erst die Einführung des zweiten Darstellers durch Aischylos hat das Wesen der antiken Tragödie vollendet: der Klage als dem *gegebenen* Thema wird die sichtbare Gestaltung eines großen menschlichen Leidens als *gegenwärtiges* Motiv unterlegt. Die Vordergrundfabel (μῦθος) ist nicht „Handlung", sondern der Anlaß für die Gesänge des Chors, welche nach wie vor die eigentliche *tragoidia* bilden. Ob die Begebenheit erzählt oder vorgeführt wird, ist ganz unwesentlich. Der Zuschauer, der den Sinn des Tages kannte, fühlte in den pathetischen Worten sich und sein Schicksal gemeint. *In ihm* vollzieht sich die Peripetie, die der eigentliche Zweck der heiligen Szenen ist. Die liturgische Klage über den Jammer des Menschengeschlechts ist immer, von Berichten und Erzählungen umgeben, der Schwerpunkt des Ganzen geblieben. Man sieht es am deutlichsten im Prometheus, Agamemnon und König Ödipus. Aber hoch über die Klage hinaus erhebt sich nundie Größe des Dulders, seine erhabene Attitüde, sein ἦθος, das in mächtigen Szenen zwischen den Chorpartien vorgeführt wird. Nicht der heroische Täter, dessen Wille am Widerstand fremder Mächte oder an den Dämonen in der eignen Brust wächst und bricht, sondern der willenlos Leidende, dessen somatisches Dasein – ohne tiefern Grund, wie man hinzufügen muß – vernichtet wird, ist das Thema. Die Prometheustrilogie des Aischylos beginnt gerade dort, wo Goethe sie vermutlich hätte enden lassen. König Lears Wahnsinn ist das *Ergebnis* der tragischen Handlung. Der Aias des Sophokles dagegen wird von Athene wahnsinnig *gemacht, bevor* das Drama beginnt. Das ist der Unterschied zwischen einem Charakter und einer bewegten Gestalt. In der Tat, Furcht und Mitleid sind, wie es Aristoteles beschreibt, die notwendige Wirkung antiker Tragödien auf antike, und *nur* auf antike Zuschauer. Das wird sofort klar, wenn man sieht, welche Szenen von ihm als die wirksamsten bezeichnet werden, nämlich jähe Glückswechsel und Erkennungsszenen. Zu den ersten gehört vor allem der Eindruck des φόβος (Grauen), zu den zweiten der des ἐλεός (Rührung). Die erstrebte Katharsis ist nur aus dem Seinsideal der Ataraxia nachzuerleben. Die antike „Seele“ ist reine Gegenwart, reines σῶμα, unbewegtes punktförmiges Sein. Dies in Frage gestellt zu sehen durch den Neid der Götter, das blinde Ungefähr, das wahllos blitzartig über jeden hereinbrechen kann, ist das Furchtbarste. Es greift an die Wurzeln der antiken Existenz, während es den faustischen, alles wagenden Menschen erst lebendig werden läßt. Und nun – das sich *lösen* zu sehen, wie wenn Gewitterwolken sich in dunklen Bänken am Horizont lagern und die Sonne wieder durchbricht, das tiefe Gefühl der Freude an der geliebten großen Geste, das Aufatmen der gequälten mythischen Seele, die Lust am wiedergewonnenen Gleichgewicht – das ist Katharsis. Das setzt aber auch ein Lebensgefühl voraus, das uns vollkommen fremd ist. Das Wort ist in unsre Sprachen und Empfindungen kaum zu übersetzen. Die ganze ästhetische Mühe und Willkür des Barock und des Klassizismus, mit der rückhaltlosen Ehrfurcht vor antiken Büchern im Hintergrunde, war notwendig, um uns dies seelische Fundament auch für unsre Tragödie aufzureden – angesichts der Tatsache, daß ihre Wirkung gerade die entgegengesetzte ist, daß sie nicht von passiven statischen Erlebnissen erlöst, sondern aktive, dynamische hervorruft, reizt und auf die Spitze treibt, daß sie die Urgefühle eines energischen Menschseins, die Grausamkeit, die Freude an Spannung, Gefahr, Gewalttat, Sieg, Verbrechen, das Glücksgefühl des Überwinders und Vernichters weckt, Gefühle, die seit der Wikingerzeit, den Hohenstaufentaten und Kreuzzügen in der Tiefe jeder nordischen Seele schlafen. *Das* ist die Wirkung Shakespeares. Ein Grieche hätte den Macbeth gar nicht ausgehalten; er hätte vor allem den Sinn dieser mächtigen biographischen Kunst mit ihrer Richtungstendenz nicht begriffen. Daß Gestalten wie Richard III., Don Juan, Faust, Michael Kohlhaas, Golo, unantik vom Scheitel bis zur Sohle, nicht Mitleid, sondern einen tiefen seltsamen Neid, nicht Furcht, sondern eine rätselhafte Lust an Qualen, einen verzehrenden Wunsch nach einem ganz andern Mit-Leiden wecken, verraten uns heute, wo die faustische Tragödie auch in ihrer spätesten, der deutschen Form endgültig abgestorben ist, die ständigen Motive der weltstädtischen Literatur Westeuropas, die man mit den entsprechenden alexandrinischen vergleiche; in den „nervenspannenden“ Abenteuer- und Detektivgeschichten und ganz zuletzt im

Kinodrama, das durchaus den spätantiken Mimus vertritt, ist ein Rest der unbändigen faustischen Überwinder- und Entdeckersehnsucht fühlbar.

Dem entspricht genau das apollinische und das faustische Bühnenbild, das zur Vollständigkeit des Kunstwerkes gehört, wie es vom Dichter gedacht worden war. Das antike Drama ist ein Stück Plastik, eine Gruppe pathetischer Szenen von reliefmäßigem Charakter, eine Schau riesenhafter Marionetten vor der flach abschließenden Rückwand des Theaters.Es ist ausschließlich groß empfundene Geste, während die spärlichen Begebenheiten der Fabel eher feierlich vorgetragen als vorgeführt werden. Das Gegenteil will die Technik des abendländischen Dramas: ununterbrochene Bewegtheit und strenge Ausschaltung handlungsarmer, statischer Momente. Die berühmten drei Einheiten des Ortes, der Zeit und des Vorgangs, so wie sie in Athen nicht formuliert, aber unbewußt herausgebildet worden sind, *umschreiben den Typus der antiken Marmorstatue.* Und unvermerkt bezeichnen sie damit auch das Lebensideal des antiken, an die Polis, die reine Gegenwart, die Geste gebundenen Menschen. Die Einheiten haben sämtlich den Sinn von *Negationen:* man verleugnet den Raum, man verneint Gegenwart und Zukunft, man lehnt alle seelischen Beziehungen in die Ferne ab. Ataraxia – in dem Wort könnte man sie zusammenfassen. Man verwechsle diese Forderungen ja nicht mit oberflächlich ähnlichen im Drama der romanischen Völker. Das spanische Theater des 16. Jahrhunderts hat sich dem Zwang „antiker“ Regeln unterworfen, aber man begreift, daß die kastilianische Würde der Zeit Philipps II. sich davon angesprochen fühlte, ohne den ursprünglichen Geist dieser Regeln zu kennen oder auch nur kennen zu wollen. Die großen Spanier, vor allem Tirso da Molina, schufen die „drei Einheiten“ des Barock, aber nicht als metaphysische Verneinungen, sondern lediglich als Ausdruck einer vornehmen höfischen Sitte, und Corneille, der gelehrige Zögling spanischer Grandezza, hat sie in dieser Bedeutung dorther entlehnt. Damit begann das Verhängnis. Die florentinische Nachahmung der maßlos bewunderten antiken Plastik, die niemand in ihren letzten Bedingungen begriff, konnte nichts verderben, denn es gab damals keine nordische Plastik mehr, die hätte verdorben werden können. Aber es gab die Möglichkeit einer mächtigen, rein faustischen Tragödie von ungeahnten Formen und Kühnheiten. Daß sie *nicht* erschien, daß das germanische Drama, so groß Shakespeare ist, niemals den Bann einer mißverstandenen Konvention ganz überwunden hat, das hat der blinde Glaube an die Autorität des Aristoteles verschuldet. Was hätte aus dem Drama des Barock unter den Eindrücken der ritterlichen Epik, der Osterspiele und Mysterien der Gotik, und in Nachbarschaft zu den Oratorien und Passionen der Kirche werden können, wenn man niemals etwas vom griechischen Theater gehört hätte! Eine Tragödie aus dem Geiste der kontrapunktischen Musik, ohne die Fesseln einer für sie sinnlosen plastischen Gebundenheit, eine Bühnendichtung, die sich von Orlando di Lasso und Palestrina an und neben Heinrich Schütz, Bach, Händel, Gluck, Beethoven vollkommen frei zu einer eignen und reinen Form entwickelt hätte – das wäre möglich gewesen und ist nun ausgeblieben. Nur dem glücklichen Umstande, daß die gesamte hellenische Freskomalerei verloren ging, verdanken wir die innere Freiheit unserer Ölmalerei.

6

Mit den drei Einheiten war es nicht genug. Das attische Drama forderte statt des Mienenspiels die starre Maske – es verbot also die seelische Charakteristik, wie man die Aufstellung ikonischer Statuen verboten hatte. Es forderte den Kothurn und die überlebensgroße, rings bis zur Unbeweglichkeit gepolsterte Figur mit dem schleppenden Gewande – und beseitigte damit die Individualität der Erscheinung. Es forderte endlich den aus einem röhrenartigen Mundstück monoton erschallenden Sprechgesang.

Der bloße Text, wie wir ihn heute *lesen* – nicht ohne unvermerkt den Geist Goethes und Shakespeares und unsre ganze Kraft perspektivischen Sehens hineinzutragen – kann von dem tiefern Sinn dieses Dramas nur wenig geben. Antike Kunstwerke sind ganz für das antike Auge, und zwar das leibliche Auge geschaffen. Erst die sinnliche Form der Darstellung schließt die eigentlichen Geheimnisse auf. Und da bemerken wir einen Zug, der jeder wahren Tragik faustischen Stils gegenüber unerträglich wäre: die beständige Gegenwart des Chores. Der Chor ist die Urtragödie, denn ohne ihn wäre das ηθος, nicht möglich. Charakter hat jemand durch sich selbst; eine Haltung gibt es nur in bezug auf andere.

Dieser Chor als Menge, als der ideale Gegensatz zum einsamen, zum innerlichen Menschen, zum Monolog der abendländischen Szene, dieser Chor, der immer anwesend bleibt, vor dem sich alle „Selbstgespräche" abspielen, der die Angst vor dem Grenzenlosen, Leeren auch im Bühnenbilde vertreibt – das ist apollinisch. Die Selbstbetrachtung als *öffentliche* Tätigkeit, die prunkvolle öffentliche Klage statt des Schmerzes im einsamen Kämmerlein („wer nie die kummervollen Nächte auf seinem Bette weinend saß"), das tränenreiche Jammergeschrei, das eine ganze Reihe von Dramen wie den Philoktet und die Trachinierinnen füllt, die Unmöglichkeit, allein zu bleiben, der Sinn der Polis, all das Weibliche dieser Kultur, wie es der Idealtypus des Apoll von Belvedere verrät, offenbart sich im Symbol des Chores. Dieser Art von Drama gegenüber ist dasjenige Shakespeares ein einziger Monolog. Selbst die Zwiegespräche, selbst die Gruppenszenen lassen die ungeheure *innere* Distanz dieser Menschen empfinden, von denen jeder im Grunde nur mit sich selbst spricht. Nichts vermag diese seelische Ferne zu durchbrechen. Man fühlt sie im Hamlet wie im Tasso, im Don Quijote wie im Werther, aber sie ist schon in Wolfram von Eschenbachs Parzival in ihrer ganzen Unendlichkeit Gestalt geworden; sie unterscheidet die gesamte abendländische Poesie von der gesamten antiken. Unsre ganze Lyrik, von Walther von der Vogelweide bis auf Goethe, bis auf die Lyrik der sterbenden Weltstädte herab ist monologisch, die antike Lyrik ist eine Lyrik im Chor, eine Lyrik vor Zeugen. Die eine wird innerlich aufgenommen, im wortlosen Lesen, als unhörbare Musik, die andre wird öffentlich rezitiert. Die eine gehört dem schweigenden Raume – als Buch, das überall zu Hause ist –, die andre dem Platz, an dem sie gerade erklingt.

Die Kunst des Thespis entwickelt sich deshalb, obwohl die Mysterien von Eleusis und die thrakischen Feste der Epiphanie des Dionysos nächtlich gewesen waren, mit innerster Notwendigkeit zu einer Szene des Vormittags und des vollen Sonnenlichts. Aus den abendländischen Volks- und Passionsspielen dagegen, die aus der Predigt mit verteilten Rollen hervorgegangen sind und erst von Klerikern in der Kirche, später von Laien auf dem freien Platz davor, und zwar an den Vormittagen der hohen Kirchenfeste (Kirmessen) vorgetragen wurden, entstand unvermerkt eine Kunst des Abends und der Nacht. Schon zu Shakespeares Zeiten spielte man am Spätnachmittag, und dieser mystische Zug, der das Kunstwerk der ihm zugehörigen Helligkeit annähern will, hatte zur Zeit Goethes sein Ziel erreicht. Jede Kunst, jede Kultur überhaupt hat ihre bedeutsame Tagesstunde. Die Musik des 18. Jahrhunderts ist eine Kunst der Dunkelheit, wo das innere Auge erwacht, die attische Plastik ist die des wolkenlosen Lichtes. Wie tief diese Beziehung reicht, beweisen die gotische Plastik mit der sie umhüllenden ewigen Dämmerung und die ionische Flöte, das Instrument des hohen Mittags. Die Kerze bejaht, das Sonnenlicht verneint den Raum gegenüber den Dingen. In den Nächten siegt der Weltraum über die Materie, im Lichte des Mittags verleugnen die nahen Dinge den fernen Raum. So unterscheiden sich das attische Fresko und die nordische Ölmalerei. So wurden Helios und Pan antike, der Sternenhimmel und die Abendröte faustische Symbole. Auch die Seelen der Toten gehen mitternachts um, vor allem in den zwölf langen Nächten nach Weihnachten. Die antiken Seelen gehörten dem Tage. Noch die alte Kirche hatte vom δωδεκαήμερον, den zwölf geweihten Tagen, geredet; mit dem Erwachen der abendländischen Kultur wurde die „Zwölftnacht“ daraus.

Die antike Vasen- und Freskomalerei – man hat das noch nie bemerkt – kennt keine Tageszeit. Kein Schatten zeigt den Stand der Sonne, kein Himmel die Gestirne an; es gibt weder Morgen noch Abend, weder Frühling noch Herbst; es herrscht eine reine, *zeitlose Helligkeit.*Das Atelierbraun der klassischen Ölmalerei entwickelte sich mit gleicher Selbstverständlichkeit zum Gegenteil, einer imaginären, von der Stunde unabhängigen Dunkelheit, der eigentlichen Atmosphäre des faustischen Seelenraumes. Das ist um so bedeutsamer, als die Bildräume von Anfang an die Landschaft im Licht einer Tages- und Jahreszeit geben wollen, historisch also. Aber all diese Morgenfrühen, Wolken im Abendrot, die letzte Helligkeit über der Kammlinie ferner Berge, die Zimmer bei Kerzenschein, die Frühlingswiesen und Herbstwälder, die langen und kurzen Schatten der Büsche und Ackerfurchen sind dennoch durchdrungen von einer abgedämpften Dunkelheit, die *nicht* vom Gang der Gestirne stammt. Stete Helle und stete Dämmerung trennen in der Tat antike und westeuropäische Malerei, antike und westeuropäische Bühne voneinander. Und darf man nicht auch die euklidische Geometrie eine Mathematik des Tages, die Analysis eine solche der Nacht nennen?

Für die Griechen sicherlich eine Art profanierenden Frevels, ist der Szenenwechsel für uns beinahe ein religiöses Bedürfnis, eine Forderung unseres Weltgefühls. In der gleichbleibenden Szene des Tasso liegt etwas Heidnisches. Wir brauchen *innerlich* ein Drama voller Perspektiven und weiter Hintergründe, eine Bühne, die alle sinnlichen Schranken aufhebt und die ganze Welt in sich zieht. Shakespeare, der geboren wurde, als Michelangelo starb, und zu dichten aufhörte, als Rembrandt zur Welt kam, hat das Maximum von Unendlichkeit, von leidenschaftlicher Überwindung aller statischen Gebundenheit erreicht. Seine Wälder, Meere, Gassen, Gärten, Schlachtfelder liegen im Fernen, Grenzenlosen. Jahre fliehen in Minuten vorüber. Der wahnsinnige Lear zwischen dem Narren und dem tollen Bettler im Sturm auf nächtlicher Heide, das Ich in tiefster Einsamkeit im Raume verloren – das ist faustisches Lebensgefühl. Und das schlägt die Brücke hinüber zu den innerlich gesehenen, erfühlten Landschaften schon der venezianischen Musik um 1600, daß die Bühne der elisabethanischen Zeit das alles *nur bezeichnet*, während das geistige Auge sich aus spärlichen Andeutungen ein Bild der Welt entwirft, in welcher Szenen sich abspielen, die stets in ferne Begebenheiten hinübergreifen und die eine antike Bühne nie hätte darstellen können. Die griechische Szene ist niemals Landschaft; sie ist überhaupt nichts. Man darf sie höchstens als die Basis wandelnder Statuen bezeichnen. Die Figuren sind alles, auf dem Theater wie im Fresko. Wenn man dem antiken Menschen Naturgefühl abspricht, so ist es das faustische, das am Raume haftet und deshalb an der Landschaft, insofern sie Raum ist. Die antike Natur ist *der Körper*, und hat man sich einmal in diese Fühlweise versenkt, so begreift man plötzlich, mit welchen Augen ein Grieche das bewegte Muskelrelief eines nackten Leibes verfolgte. *Das* war seine lebendige Natur, nicht Wolken, Sterne und der Horizont.

7

Alles Sinnlich-nahe aber ist gemeinverständlich. Damit wurde unter allen Kulturen, die es bisher gab, die antike in den Äußerungen ihres Lebensgefühls am meisten, die abendländische am wenigsten populär. Gemeinverständlichkeit ist das Merkmal einer Schöpfung, die sich jedem Betrachter auf den ersten Blick mit all ihren Geheimnissen preisgibt; einer Schöpfung, deren Sinn sich in der Außenseite und Oberfläche verkörpert. Gemeinverständlich ist in jeder Kultur das, was von urmenschlichen Zuständen und Bildungen her unverändert geblieben ist, was der Mann von den Tagen der Kindheit an fortschreitend begreift, ohne eine ganz neue Betrachtungsweise *erkämpfen* zu müssen, überhaupt das, was *nicht* erkämpft werden muß, was sich von selbst gibt, was im sinnlich Gegebenen unmittelbar zutage liegt, nicht durch dasselbe nur angedeutet ist und nur – von wenigen, unter Umständen von ganz vereinzelten – gefunden werden kann. Es gibt volkstümliche Ansichten, Werke, Menschen, Landschaften. Jede Kultur hat ihren ganz bestimmten Grad von Esoterik oder Popularität, der ihren gesamten Leistungen innewohnt, soweit sie symbolische Bedeutung haben. Das Gemeinverständliche hebt den Unterschied zwischen Menschen auf, hinsichtlich des Umfangs wie der Tiefe ihres

Seelischen. Die Esoterik betont ihn, verstärkt ihn. Endlich, auf das ursprüngliche Tiefenerlebnis des zum Selbstbewußtsein erwachenden Menschen angewandt und damit auf das Ursymbol seines Daseins und den Stil seiner Umwelt bezogen: zum Ursymbol des Körperhaften gehört die rein populäre, „*naive*", zum Symbol des unendlichen Raumes die ausgesprochen unpopuläre Beziehung zwischen Kultur *schöpfungen* und den zugehörigen Kultur *menschen*.

Die antike Geometrie ist die des Kindes, die eines jeden Laien. Euklids Elemente der Geometrie werden noch heute in England als Schulbuch gebraucht. Der Alltagsverstand wird sie stets für die einzig richtige und wahre halten. Alle andern Arten natürlicher Geometrie, die möglich sind und die – in angestrengter Überwindung des populären Augenscheins – von uns gefunden wurden, sind nur einem Kreis berufener Mathematiker verständlich. Die berühmten vier Elemente des Empedokles sind die jedes naiven Menschen und seiner „angebornen Physik". Die von der radioaktiven Forschung entwickelte Vorstellung von isotopen Elementen ist schon den Gelehrten der Nachbarwissenschaften kaum verständlich.

Alles Antike ist mit *einem* Blick zu umfassen, sei es der dorische Tempel, die Statue, die Polis, der Götterkult; es gibt keine Hintergründe und Geheimnisse. Aber man vergleiche daraufhin eine gotische Domfassade mit den Propyläen, eine Radierung mit einem Vasengemälde, die Politik des athenischen Volkes mit der modernen Kabinettspolitik. Man bedenke, wie jedes unsrer epochemachenden Werke der Poesie, der Politik, der Wissenschaft eine ganze Literatur von Erklärungen hervorgerufen hat, mit sehr zweifelhaftem Erfolge dazu. Die Parthenonskulpturen waren für jeden Hellenen da, die Musik Bachs und seiner Zeitgenossen war eine Musik für Musiker. Wir haben den Typus des Rembrandtkenners, des Dantekenners, des Kenners der kontrapunktischen Musik, und es ist – mit Recht – ein Einwand gegen Wagner, daß der Kreis der Wagnerianer allzu weit werden konnte, daß allzu wenig von seiner Musik *nur* dem gewiegten Musiker zugänglich bleibt. Aber eine Gruppe von Phidiaskennern? Oder gar Homerkennern? Hier wird eine Reihe von Erscheinungen als Symptome des abendländischen Lebensgefühls verständlich, die man bisher geneigt war als allgemein menschliche Beschränktheiten moralphilosophisch oder wohl richtiger melodramatisch aufzufassen. Der „unverstandene Künstler", der „verhungernde Poet", der „verhöhnte Erfinder", der Denker, „der erst in Jahrhunderten begriffen wird" – das sind Typen einer esoterischen Kultur. Das Pathos der Distanz, in dem sich der Hang zum Unendlichen und also der Wille zur Macht verbirgt, liegt diesen Schicksalen zugrunde. Sie sind im Umkreise faustischen Menschentums, und zwar von der Gotik bis zur Gegenwart ebenso notwendig, als sie unter apollinischen Menschen undenkbar sind.

Alle hohen Schöpfer des Abendlandes waren von Anfang bis zu Ende in ihren eigentlichen Absichten nur einem kleinen Kreise verständlich. Michelangelo hat gesagt, daß sein Stil dazu berufen sei, Narren zu züchten. Gauß hat dreißig Jahre lang seine

Entdeckung der nichteuklidischen Geometrie verschwiegen, weil er das „Geschrei der Böoter“ fürchtete. Die großen Meister der gotischen Kathedralplastik findet man heute erst aus dem Durchschnitt heraus. Aber das gilt von jedem Maler, jedem Staatsmann, jedem Philosophen. Man vergleiche doch Denker beider Kulturen, Anaximander, Heraklit, Protagoras mit Giordano Bruno, Leibniz oder Kant. Man denke daran, daß kein deutscher Dichter, der überhaupt Erwähnung verdient, von Durchschnittsmenschen verstanden werden kann und daß es in keiner abendländischen Sprache ein Werk von dem Range und zugleich der Simplizität Homers gibt. Das Nibelungenlied ist eine spröde und verschlossene Dichtung, und Dante zu verstehen, ist wenigstens in Deutschland selten mehr als eine literarische Pose. Was es in der Antike nie gab, hat es im Abendland immer gegeben: die exklusive Form. Ganze Zeitalter wie die der provenzalischen Kultur und des Rokoko sind im höchsten Grade gewählt und abweisend. Ihre Ideen, ihre Formensprache sind nur für eine wenig zahlreiche Klasse höherer Menschen da. Gerade daß die Renaissance, diese vermeintliche Wiedergeburt der – so gar nicht exklusiven, in ihrem Publikum so gar nicht wählerischen – Antike keine Ausnahme macht; daß sie durch und durch die Schöpfung eines *Kreises* und *einzelner* erlesener Geister war, ein Geschmack, der die Menge von vornherein abwies, daß im Gegenteil das Volk von Florenz gleichgültig, erstaunt oder unwillig zusah und gelegentlich, wie im Falle Savonarolas, mit Vergnügen die Meisterwerke zerschlug und verbrannte, beweist, wie tief diese Seelenferne geht. Denn die attische Kultur besaß *jeder* Bürger. Sie schloß keinen aus und sie kannte deshalb den *Unterschied von tief und flach*, der für uns von entscheidender Bedeutung ist, überhaupt nicht. Populär und flach sind für uns Wechselbegriffe, in der Kunst wie in der Wissenschaft; für antike Menschen sind sie es nicht. „Oberflächlich aus Tiefe“ hat Nietzsche die Griechen einmal genannt.

Man betrachte daraufhin unsre Wissenschaften, die alle, ohne Ausnahme, neben elementaren Anfangsgründen „höhere“, dem Laien unverständliche Gebiete haben – auch dies ein Symbol des Unendlichen und der Richtungsenergie. Es gibt bestenfalls tausend Menschen auf der Welt, für welche heute die letzten Kapitel der theoretischen Physik geschrieben werden. Gewisse Probleme der modernen Mathematik sind nur einem noch viel engern Kreise zugänglich. Alle volkstümlichen Wissenschaften sind heute von vornherein wertlose, verfehlte, verfälschte Wissenschaften. Wir haben nicht nur eine Kunst für Künstler, sondern auch eine Mathematik für Mathematiker, eine Politik für Politiker – von der das *profanum vulgus* der Zeitungsleser keine Ahnung hat,während die antike Politik niemals über den geistigen Horizont der Agora hinausging – eine Religion für das „religiöse Genie“ und eine Poesie für Philosophen. Man kann den beginnenden Verfall der abendländischen Wissenschaft, der deutlich fühlbar ist, allein an dem Bedürfnis nach einer Wirkung ins Breite ermessen; daß die strenge Esoterik der Barockzeit als drückend empfunden wird, verrät die sinkende Kraft, die Abnahme des Distanzgefühls, das diese Schranke ehrfürchtig *anerkennt*. Die wenigen Wissenschaften, die heute noch ihre ganze Feinheit, Tiefe und Energie des Schließens und Folgerns bewahrt haben und nicht vom Feuilletonismus angegriffen sind – es sind nicht mehr viele: die theoretische Physik, die Mathematik, die katholische Dogmatik, vielleicht noch die Jurisprudenz –, wenden sich an einen ganz engen, gewählten Kreis von Kennern. *Der Kenner aber ist es, der mit seinem Gegensatz, dem Laien, der Antike fehlt, wo jeder alles kennt.* Für uns hat diese *Polarität* von Kenner und Laie den Rang eines großen Symbols, und wo die Spannung dieser Distanz nachzulassen beginnt, da erlischt das faustische Lebensgefühl.

Dieser Zusammenhang gestattet für die letzten Fortschritte der abendländischen Forschung – also für die nächsten zwei, vielleicht nicht einmal zwei Jahrhunderte – den Schluß, daß, je höher die weltstädtische Leere und Trivialität der öffentlich und „praktisch" gewordenen Künste und Wissenschaften steigt, desto strenger sich der postume Geist der Kultur in sehr enge Kreise flüchten und dort ohne Zusammenhang mit der Öffentlichkeit an Gedanken und Formen wirken wird, die nur einer äußerst geringen Anzahl von bevorzugten Menschen etwas bedeuten können.

8

Kein antikes Kunstwerk sucht eine Beziehung zum Betrachter. Das hieße den unendlichen Raum, in den das einzelne Werk sich verliert, durch dessen Formensprache bejahen, ihn in die Wirkung einbeziehen. Eine attische Statue ist vollkommen euklidischer Körper, zeitlos und beziehungslos, durchaus in sich abgeschlossen. Sie schweigt. Sie hat keinen Blick. *Sie weiß nichts vom Zuschauer.* Wie sie im Gegensatz zu den plastischen Gebilden aller andern Kulturen ganz für sich steht und sich in keine größere architektonische Ordnung einfügt, so steht sie unabhängig *neben* dem antiken Menschen, Körper neben Körper. Er empfindet ihre bloße *Nähe,* nicht ihre herandringende Macht, keine den Raum durchdringende Wirkung. So äußert sich das apollinische Lebensgefühl.

Die erwachende magische Kunst kehrte alsbald den Sinn dieser Formen um. Das Auge der Statuen und Porträts konstantinischen Stils richtet sich groß und starr auf den Betrachter. Es repräsentiert die höhere der beiden Seelensubstanzen, das Pneuma. Die Antike hatte das Auge blind gebildet; jetzt wird die Pupille gebohrt, das Auge wendet sich, unnatürlich vergrößert, in den Raum hinein, den es in der attischen Kunst nicht als seiend anerkannt hatte. Im antiken Freskogemälde waren die Köpfe einander zugewendet; jetzt, in den Mosaiken von Ravenna und schon in den Reliefs der altchristlichspätrömischen Sarkophage, wenden sie sich sämtlich dem Betrachter zu und heften den durchgeistigten Blick auf ihn. Eine geheimnisvoll eindringende Fernwirkung geht, ganz unantik, von der Welt im Kunstwerk in die Sphäre des Zuschauers hinüber. Noch in den frühflorentinischen und frührheinischen Bildern auf Goldgrund ist etwas von dieser Magie zu spüren.

Und nun betrachte man die abendländische Malerei, von Lionardo an, wo sie zum vollen Bewußtsein ihrer Bestimmung gelangt ist. Wie begreift sie den *einen* unendlichen Raum, dem das Werk *und* der Zuschauer, beide bloße Schwerpunkte räumlicher Dynamik, angehören? Das volle faustische Lebensgefühl, die Leidenschaft der dritten Dimension ergreift die Form des „Bildes", einer farbig behandelten Fläche, und gestaltet sie in unerhörter Weise um. Das Gemälde bleibt nicht für sich, es richtet sich nicht auf den Zuschauer; *es nimmt ihn in seine Sphäre auf.* Der durch den Bildrahmen begrenzte Ausschnitt – das Guckkastenbild, ein getreues Seitenstück des Bühnenbildes – repräsentiert den Weltraum selbst. Vordergrund und Hintergrund verlieren ihre stofflich-nahe Tendenz und schließen auf, statt abzugrenzen. Ferne Horizonte vertiefen das Bild ins Unendliche; die farbige Behandlung der Nähe löst die ideale Scheidewand der Bildfläche auf und erweitert den Bildraum so, daß der Betrachter in ihm weilt. Nicht er wählt den Standort, von dem aus das Bild am günstigsten wirkt; das Bild weist ihm Ort und Entfernung an. Die Überschneidungen durch den Rahmen, die seit 1500 immer häufiger und kühner werden, entwerten auch die seitliche Grenze. Der hellenische Betrachter eines polygnotischen Fresko stand *vor* dem Bilde. Wir „versenken" uns in ein Bild, das heißt, wir werden durch die Gewalt der Raumbehandlung in das Bild gezogen. Damit ist die Einheit des Weltraumes hergestellt. In dieser durch das Bild nach allen Seiten hin entwickelten Unendlichkeit herrscht nun die abendländische Perspektive, und von ihr aus führt ein Weg zum Verständnis unseres astronomischen Weltbildes mit seiner leidenschaftlichen Durchdringung unendlicher Raumfernen.

Der apollinische Mensch hatte den weiten Weltraum nie bemerken *wollen*; seine philosophischen Systeme schweigen sämtlich von ihm. Sie kennen nur Probleme der greifbar wirklichen Dinge, und dem „zwischen den Dingen" haftet nichts irgendwie Positives und Bedeutsames an. Sie nehmen die Erdkugel, auf der sie stehen und die selbst bei Hipparch von einer festen Himmelskugel umschichtet ist, als die schlechthin gegebene ganze Welt, und nichts wirkt für den, der hier noch die innersten und geheimsten Gründe zu sehen vermag, seltsamer als die immer wiederholten Versuche, dieses Himmelsgewölbe der Erde theoretisch so zuzuordnen, daß deren symbolischer Vorrang in keiner Weise angetastet wird.

Damit vergleiche man die erschütternde Vehemenz, mit welcher die Entdeckung des Kopernikus, dieses „Zeitgenossen" des Pythagoras, die Seele des Abendlandes durchdrang, und die tiefe Ehrfurcht, mit welcher Kepler die Gesetze der Planetenbahnen entdeckte, die ihm als eine unmittelbare Offenbarung Gottes erschienen; er wagte bekanntlich nicht an ihrer kreisförmigen Gestalt zu zweifeln, weil jede andre ihm ein Symbol von zu geringer Würde darzustellen schien. Hier kam das altnordische Lebensgefühl, die Wikingersehnsucht nach dem Grenzenlosen zu ihrem Rechte. Dies gibt der echt faustischen Erfindung des Fernrohrs einen tiefen Sinn. Indem es in Räume eindringt, die dem bloßen Auge verschlossen bleiben, an denen der Wille zur Macht über den Weltraum eine Grenze findet, *erweitert* es das All, das wir „besitzen". Das wahrhaft religiöse Gefühl, das den heutigen Menschen ergreift, der zum erstenmal diesen Blick in den Sternenraum tun darf, ein Machtgefühl, dasselbe, das Shakespeares größte Tragödien erwecken wollen, wäre Sophokles als der Frevel aller Frevel erschienen.

Eben deshalb muß man wissen, daß die Verneinung des „Himmelsgewölbes“ ein *Entschluß* ist, keine sinnliche Erfahrung. Alle modernen Vorstellungen über das Wesen des sternerfüllten Raumes, oder vorsichtiger gesagt einer durch Lichtzeichen angedeuteten Ausgedehntheit beruhen durchaus nicht auf einem sicheren Wissen, das uns das Auge mittels des Fernrohrs liefert, denn im Fernrohr sehen wir nur kleine helle Scheiben verschiedener Größe. Die photographische Platte liefert ein sehr verschiedenes Bild, kein *schärferes*, sondern ein *andres*, und beide zusammen müssen erst durch viele und sehr gewagte Hypothesen, das heißt, selbstgeschaffene Bildelemente wie Abstand, Größe und Bewegung umgedeutet werden, um ein geschlossenes Weltbild zu liefern, wie es uns Bedürfnis ist. Der Stil dieses Bildes entspricht dem Stil unsrer Seele. In Wirklichkeit wissen wir nicht, wie verschieden die Leuchtkraft der Sterne ist und ob sie nach verschiedenen Richtungen variiert; wir wissen nicht, ob das Licht in den ungeheuren Räumen verändert, vermindert, ausgelöscht wird. Wir wissen nicht, ob unsre irdischen Vorstellungen vom Wesen des Lichts mit allen daraus abgeleiteten Theorien und Gesetzen außerhalb der Erdnähe noch Geltung haben. Was wir „sehen“, sind lediglich *Lichtzeichen*; was wir „verstehen“, sind Symbole unsrer selbst.

Das Pathos des kopernikanischen Weltbewußtseins, das ausschließlich unsrer Kultur angehört und – ich wage hier eine Behauptung, die heute noch paradox erscheinen wird – in ein *gewaltsames Vergessen der Entdeckung* umschlagen würde und wird, sobald sie der Seele einer künftigen Kultur bedrohlich erscheint,dies Pathos beruht auf der Gewißheit, daß nunmehr dem Kosmos das Körperlich-Statische, das sinnbildliche Übergewicht des plastischen *Erdkörpers* genommen ist. Bis dahin befand sich der Himmel, der ebenfalls als substanzielle Größe gedacht oder mindestens empfunden war, im polaren Gleichgewicht zur Erde. Jetzt ist es der *Raum*, der das All beherrscht; „Welt“ bedeutet Raum, und die Gestirne sind kaum mehr als mathematische Punkte, winzige Kugeln im Unermeßlichen, deren Stoffliches das Weltgefühl nicht mehr berührt. Demokrit, der im Namen der apollinischen Kultur hier eine Körpergrenze schaffen wollte und mußte, hatte sich eine Schicht hakenförmiger Atome gedacht, die wie eine Haut den Kosmos abschließt. Demgegenüber sucht unser nie gestillter Hunger nach immer neuen Weltfernen. Das System des Kopernikus hat, zuerst durch Giordano Bruno, der Tausende solcher Systeme im Grenzenlosen schweben sah, in den Jahrhunderten des Barock eine unermeßliche Erweiterung gefunden.

9

Deshalb haben die altnordischen Stämme, in deren urmenschlicher Seele das Faustische sich bereits zu regen begann, in grauer Vorzeit eine *Segelschiffahrt* erfunden, die sich vom Festland befreite.Die Ägypter kannten das Segel, aber sie zogen nur den Vorteil der Arbeitsersparnis daraus. Sie fuhren wie früher mit ihren Ruderschiffen die Küste entlang nach Punt und Syrien, ohne die *Idee* der Hochseefahrt, das Befreiende und Symbolische in ihr zu empfinden. Denn die Segelschiffahrt überwindet den *euklidischen* Begriff des Landes. Im Anfang des 14. Jahrhunderts erfolgt beinahe gleichzeitig – und gleichzeitig mit der Ausbildung der Ölmalerei und des Kontrapunkts – die Erfindung des *Schießpulvers und des Kompasses, der Fernwaffe* und des *Fernverkehrs* also, die beide mit tiefer Notwendigkeit auch innerhalb der chinesischen Kultur erfunden worden sind. Es war der Geist der Wikinger, der Hanse, der Geist jener Urvölker, welche die Hünengräber als Male einsamer Seelen auf weiter Ebene aufschütteten – statt der häuslichen Aschenurne der Hellenen –, die ihre toten Könige auf brennendem Schiff in die hohe See treiben ließen, ein erschütterndes Zeichen jener dunklen Sehnsucht nach dem Grenzenlosen, die sie trieb, auf ihren winzigen Kähnen um 900, als die Geburt der abendländischen Kultur sich ankündigte, die Küste Amerikas zu erreichen, während die von Ägyptern und Karthagern bereits ausgeführte Umschiffung Afrikas die antike Menschheit völlig gleichgültig ließ. Wie statuenhaft deren Dasein auch hinsichtlich des Verkehrs war, bezeugt die Tatsache, daß die Nachricht vom ersten Punischen Kriege, einem der gewaltigsten der antiken Geschichte, nur wie ein dunkles Gerücht von Sizilien nach Athen drang. Selbst die Seelen der Griechen waren im Hades versammelt, ohne sich zu regen, als Schattenbilder (ειδωλα), ohne Kraft, Wunsch und Empfindung. Die nordischen Seelen aber gesellten sich dem „wütenden Heere“ zu, das rastlos durch die Lüfte schweift.

Auf der gleichen Kulturstufe wie die Entdeckungen der Spanier und Portugiesen des 14. erfolgte die große hellenische Kolonisation des 8. vorchristlichen Jahrhunderts. Aber während jene von der Abenteurersehnsucht nach ungemessenen Fernen und allem Unbekannten und Gefahrvollen besessen waren, ging der Grieche Punkt für Punkt vorsichtig hinter den bekannten Spuren der Phöniker, Karthager und Etrusker her, und seine Neugier erstreckte sich nicht im geringsten auf das, was jenseits der Säulen des Herkules oder der Landenge von Suez lag, so leicht erreichbar es ihm gewesen wäre. Man hörte in Athen ohne Zweifel von dem Weg in die Nordsee, nach dem Kongo, nach Sansibar, nach Indien; zur Zeit des Heron war die Lage der Südspitze Indiens und der Sundainseln bekannt; aber man verschloß sich dem so gut wie dem astronomischen Wissen des alten Ostens. Selbst als das heutige Marokko und Portugal römische Provinzen geworden waren, entstand kein neuer atlantischer Seeverkehr, und die Kanarischen Inseln blieben vergessen. Die Kolumbussehnsucht blieb der apollinischen Seele ebenso fremd wie die Sehnsucht des Kopernikus. Diese auf den Gewinn so versessenen hellenischen Kaufleute hatten eine tiefe metaphysische Scheu vor der

Ausdehnung ihres geographischen Horizontes. Auch da hielt man sich an Nähe und Vordergrund. Das Dasein der Polis, jenes merkwürdige Ideal des Staates als Statue, war ja nichts als eine Zuflucht vor der „weiten Welt“ jener Seevölker. Und dabei war die Antike unter allen bisher erschienenen Kulturen die einzige, deren Mutterland nicht auf der Fläche eines Kontinents, sondern um die Küsten eines Inselmeeres gelagert war und ein Meer als eigentlichen Schwerpunkt umschloß. Trotzdem hat nicht einmal der Hellenismus mit seinem Hang zu technischen Spielereien sich vom Gebrauch der Ruder befreit, welche die Schiffe an der Küste hielten. Die Schiffbaukunst konstruierte damals – in Alexandria – Riesenschiffe von 80 m Länge, und man hatte wieder einmal das Dampfschiff im Prinzip erfunden. Aber es gibt Entdeckungen von dem Pathos eines großen und *notwendigen* Symbols, die etwas sehr Innerliches offenbaren, und solche, die lediglich ein Spiel des Geistes sind. Das Dampfschiff ist für den apollinischen Menschen das letzte, für den faustischen das erste. Erst der Rang im Ganzen des Makrokosmos gibt einer Erfindung und ihrer Anwendung Tiefe oder Oberflächlichkeit.

Die Entdeckungen des Kolumbus und Vasco da Gama erweiterten den geographischen Horizont ins Ungemessene: das *Weltmeer* trat dem Festland gegenüber in das gleiche Verhältnis wie der Weltraum zur Erde. Jetzt erst entlud sich die politische Spannung des faustischen Weltbewußtseins. Für den Griechen war und blieb Hellas das wesentliche Stück der Erdfläche; mit der Entdeckung Amerikas wurde das Abendland zur Provinz in einem riesenhaften Ganzen. Von hier an trägt die Geschichte der abendländischen Kultur *planetarischen* Charakter.

Jede Kultur besitzt ihren *eignen* Begriff von Heimat und Vaterland, schwer greifbar, kaum in Worte zu fassen, voller dunkler metaphysischer Beziehungen, aber trotzdem von unzweideutiger Tendenz. Das antike Heimatgefühl, das den einzelnen ganz leibhaft und euklidisch an die Polis band, steht hier jenem rätselhaften Heimweh des Nordländers gegenüber, das etwas Musikhaftes, Schweifendes und Unirdisches hat. Der antike Mensch empfindet als Heimat nur, was er von der Burg seiner Vaterstadt aus übersehen kann. Wo der Horizont von Athen endet, beginnt die Fremde, der Feind, das “Vaterland“ der andern. Der Römer selbst der letzten republikanischen Zeit hat unter *patria* niemals Italien, auch nicht Latium, stets nur die Urbs Roma verstanden. Die antike Welt löst sich mit steigender Reife in eine Unzahl vaterländischer Punkte auf, unter denen ein körperliches Absonderungsbedürfnis in Gestalt eines Hasses besteht, der den Barbaren gegenüber nie in dieser Stärke zum Vorschein kommt; und nichts kann das endgültige Erlöschen des antiken und den Sieg des magischen Weltgefühls nach dieser Seite hin schärfer kennzeichnen als die Verleihung des römischen Bürgerrechts an alle Provinzialen durch Caracalla (212)Damit war der antike, statuenhafte Begriff des Bürgers aufgehoben. Es gab ein „Reich“, es gab folglich auch eine neue Art von Zugehörigkeit. Bezeichnend ist der entsprechende römische Begriff des Heeres. Es gab in echt antiker Zeit kein „römisches Heer“, wie man vom preußischen Heere spricht; es gab nur *Heere*, d. h. durch Ernennung eines Legaten als solche, als begrenzte und sichtbar-gegenwärtige Körper bestimmte Truppenteile („Truppenkörper"), einen *exercitus Scipionis, Crassi,* aber keinen *exercitus Romanus.* Erst Caracalla, der durch den erwähnten Erlaß den Begriff des *civis Romanus* tatsächlich aufhob, der die römische Staatsreligion durch Gleichsetzung der städtischen Gottheiten mit allen fremden auslöschte, hat auch den – unantiken, *magischen* – Begriff des *kaiserlichen Heeres* geschaffen, das durch die einzelnen Legionen in *Erscheinung tritt,* während altrömische Heere nichts *bedeuten,* sondern ausschließlich etwas *sind.* Von nun an ändert sich auf den Inschriften der Ausdruck *fides exercituum* in *fides exercitus*; an Stelle körperlich empfundener Einzelgottheiten (der Treue, des Glücks der Legion), denen der Legat opferte, war ein allgemein geistiges Prinzip getreten. Dieser Bedeutungswandel hat sich auch im Vaterlandsgefühl des östlichen Menschen der Kaiserzeit – *nicht nur des Christen* – vollzogen. Heimat ist dem apollinischen Menschen, solange ein Rest seines Weltgefühls wirksam ist, im ganz eigentlichen, körperhaften Sinne der Boden, auf dem seine Stadt erbaut ist. Man wird sich hier der „Einheit des Ortes" attischer Tragödien und Statuen erinnern. Dem magischen Menschen, dem Christen, Perser, Juden, „Griechen",Manichäer, Nestorianer, Islamiten ist sie nichts, was mit geographischen Wirklichkeiten zusammenhängt. *Uns* ist sie eine ungreifbare Einheit von Natur, Sprache, Klima, Sitte, Geschichte; nicht Erde, sondern „Land", nicht punktförmige Gegenwart, sondern geschichtliche Vergangenheit und Zukunft, nicht eine Einheit von Menschen, Göttern und Häusern, sondern eine Idee, die sich mit rastloser Wanderschaft, mit tiefster Einsamkeit und mit jener urdeutschen Sehnsucht nach dem Süden verträgt, an der von den Sachsenkaisern bis auf Hölderlin und Nietzsche die Besten zugrunde gegangen sind.

Die faustische Kultur war deshalb im stärksten Maße auf *Ausdehnung* gerichtet, sei sie politischer, wirtschaftlicher oder geistiger Natur; sie überwand alle geographisch-stofflichen Schranken; sie suchte ohne jeden praktischen Zweck, nur um des Symbols willen, Nord- und Südpol zu erreichen; sie hat zuletzt die Erdoberfläche in ein einziges Kolonialgebiet und Wirtschaftssystem verwandelt. Was von Meister Eckart bis auf Kant alle Denker wollten, die Welt „als Erscheinung" den Machtansprüchen des erkennenden Ich unterwerfen, das taten von Otto dem Großen bis auf Napoleon alle Führer. Das Grenzenlose war das *eigentliche* Ziel ihres Ehrgeizes, die Weltmonarchie der großen Salier und Staufer, die Pläne Gregors VII. und Innocenz' III., jenes Reich der spanischen Habsburger, „in dem die Sonne nicht unterging", und der Imperialismus, um den heute der noch lange nicht beendigte Weltkrieg geführt wird. Der antike Mensch konnte aus einem inneren Grunde kein Eroberer sein, trotz des Alexanderzuges, der als romantische Ausnahme und mehr noch durch den inneren Widerstand der Begleiter lediglich die Regel bestätigt. In den Zwergen, Nixen und Kobolden hat die nordische Seele Wesen geschaffen, die mit einer unstillbaren Sehnsucht aus dem bindenden Element erlöst sein wollen, einer Sehnsucht nach dem Fernen und Freien, die den griechischen Dryaden und Oreaden ganz unbekannt ist. Die Griechen gründeten Hunderte von Pflanzstädten am

Küstensaum des Mittelmeeres, aber man findet nicht den geringsten Versuch, erobernd ins Hinterland zu dringen.

Sich fern der Küste ansiedeln hieße die Heimat aus den Augen verlieren; sich *allein* niederlassen, wie es den Trappern der amerikanischen Prärien als Ideal vorschwebte und lange vorher schon den Helden der isländischen Sagas, liegt völlig außerhalb der Möglichkeiten antiken Menschentums. Ein Schauspiel wie die Auswanderung nach Amerika – jeder einzelne auf eigene Faust und mit einem tiefen Bedürfnis, allein zu bleiben –, die spanischen Konquistadoren, der Strom der kalifornischen Goldsucher, der unbändige Wunsch nach Freiheit, Einsamkeit, ungemessener Selbständigkeit, diese gigantische Verneinung eines noch irgendwie begrenzten Heimatgefühls ist allein faustisch. Das kennt keine andre Kultur, auch die chinesische nicht.

Der hellenische Auswanderer gleicht dem Kinde, das sich an der Mutter Schürze hält: aus der alten Stadt in eine neue ziehen, die samt Mitbürgern, Göttern und Gebräuchen das genaue Ebenbild der alten ist, das gemeinsam befahrene Meer immer vor Augen; dort auf der Agora die gewohnte Existenz des ξωον πολιτιχον weiterführen – darüber hinaus durfte der Szenenwechsel eines apollinischen Daseins nicht getrieben werden. Uns, die wir Freizügigkeit wenigstens als Menschenrecht und Ideal nicht vermissen können, würde das die ärgste aller Sklavereien bedeutet haben. Unter diesem Gesichtspunkt hat man die leicht mißzuverstehende römische Expansion aufzufassen, die von einer Ausdehnung des *Vaterlandes* weit entfernt ist. Sie hält sich genau innerhalb des Bereiches, das von Kulturmenschen schon in Besitz genommen war und jetzt ihnen als Beute zufiel. Von dynastischen Weltmachtplänen im Hohenstaufen- oder Habsburgerstil, von einem mit der Gegenwart vergleichbaren Imperialismus ist nie die Rede gewesen. Die Römer haben keinen Versuch gemacht, ins innere Afrika zu dringen. Sie haben ihre späteren Kriege nur geführt, um ihren Besitz *sicherzustellen*, ohne Ehrgeiz, ohne einen symbolischen Drang nach Ausbreitung, und sie haben Germanien und Mesopotamien ohne Bedauern wieder aufgegeben.

Fassen wir all dies zusammen, den Aspekt der Sternenräume, zu dem sich das Weltbild des Kopernikus erweitert hat, die Beherrschung der Erdoberfläche durch den abendländischen Menschen im Gefolge der Entdeckung des Kolumbus, die Perspektive der Ölmalerei und der tragischen Szene und das durchgeistigte Heimatgefühl; fügen wir die zivilisierte Leidenschaft des schnellen Verkehrs, die Beherrschung der Luft, die Nordpolfahrten und die Ersteigung kaum zugänglicher Berggipfel hinzu, so taucht aus allem das Ursymbol der faustischen Seele auf, der grenzenlose Raum, als dessen Ableitungen wir die besonderen, in dieser Form rein westeuropäischen Gebilde des Seelenmythos: den „Willen“, die „Kraft“, die „Tat“ aufzufassen haben.

II. Buddhismus, Stoizismus, Sozialismus

10

Damit ist endlich das *Phänomen der Moral*– als geistige Interpretation des Lebens durch sich selbst – verständlich geworden. Hier ist die Höhe erreicht, von der aus ein freier Umblick über dies weiteste und bedenklichste aller Gebiete menschlichen Nachdenkens möglich ist. Aber gerade hier tut eine Objektivität not, zu der sich bisher niemand ernstlich verstanden hat. Mag Moral zunächst sein, was sie will; ihre *Analyse* darf nicht selbst der Teil einer Moral sein. Nicht was wir tun, was wir erstreben, wie wir werten *sollen*, führt auf das Problem, sondern die Einsicht, daß diese Fragestellung ihrer Form nach bereits ein Symptom ausschließlich des abendländischen Weltgefühls ist.

Der westeuropäische Mensch steht hier unter dem Einfluß einer ungeheuren optischen Täuschung, jeder ohne Ausnahme. Alle *fordern* etwas von den andern. Ein „Du sollst" wird ausgesprochen in der Überzeugung, daß hier wirklich etwas in einheitlichem Sinne verändert, gestaltet, geordnet werden könne und müsse. Der Glaube daran und an das Recht dazu ist unerschütterlich. Hier wird befohlen und Gehorsam verlangt. Das erst *heißt* uns Moral. Im Ethischen des Abendlandes ist alles Richtung, Machtanspruch, gewollte Wirkung in die Ferne. In diesem Punkte sind Luther und Nietzsche, Päpste und Darwinisten, Sozialisten und Jesuiten einander völlig gleich. Ihre Moral tritt mit dem Anspruch auf allgemeine und dauernde Gültigkeit auf. Das gehört zu den Notwendigkeiten faustischen Seins. Wer anders denkt, lehrt, will, ist sündhaft, abtrünnig, ein *Feind*. Man bekämpft ihn ohne Gnade. Der Mensch soll. Der Staat soll. Die Gesellschaft soll. Diese *Form* der Moral ist uns selbstverständlich; sie repräsentiert uns den eigentlichen und einzigen Sinn aller Moral. Aber das ist weder in Indien noch in China noch in der Antike so gewesen. Buddha gab ein freies Vorbild, Epikur erteilte einen guten Rat. Auch das sind Formen hoher – willensfreier – Moralen.

Wir haben das Einzigartige einer *moralischen Dynamik* gar nicht bemerkt. Gesetzt, daß der Sozialismus, ethisch, nicht wirtschaftlich verstanden, das Weltgefühl ist, welches die eigne Meinung im Namen aller verfolgt, so sind wir ohne Ausnahme Sozialisten, ob wir es wissen und wollen oder nicht. Selbst der leidenschaftlichste Gegner aller „Herdenmoral", Nietzsche, ist gar nicht fähig, in antikem Sinne seinen Eifer auf sich selbst zu beschränken. Er denkt nur an „die Menschheit". Er greift jeden an, der es anders meint. Aber Epikur war es herzlich gleichgültig, was andre meinten und taten. Eine Umgestaltung der Menschheit – daran hat er keinen Gedanken verschwendet. Er und seine Freunde waren zufrieden, daß sie so und nicht anders waren. Das antike Lebensideal war die Interesselosigkeit (ἀπάθεια) am Lauf der Welt, gerade an dem, dessen Beherrschung dem faustischen Menschen der ganze Lebensinhalt ist. Der wichtige Begriff der ἀδιάφορα gehört hierher. Es gibt auch einen moralischen Polytheismus in Hellas. Das friedfertige Nebeneinander von Epikuräern, Kynikern,

Stoikern beweist das. Aber der ganze Zarathustra – angeblich jenseits von Gut und Böse stehend – atmet die Pein, die Menschen so zu sehen, wie man sie nicht haben will, und die tiefe, so ganz unantike Leidenschaft, das Leben auf ihre Änderung, im eignen, einzigen Sinne natürlich, zu verwenden. Und eben das, die *allgemeine* Umwertung, ist *ethischer Monotheismus*, ist – das Wort in einem neuen, tieferen Sinne genommen – Sozialismus. Alle Weltverbesserer sind Sozialisten. Folglich gibt es keine antiken Weltverbesserer.

Der moralische Imperativ als Form der Moral ist faustisch und nur faustisch. Es ist völlig belanglos, ob Schopenhauer theoretisch den Willen zum Leben verneint oder ob Nietzsche ihn bejaht sehen will. Diese Unterscheidungen liegen an der Oberfläche. Sie bezeichnen einen persönlichen Geschmack, ein Temperament. Wesentlich ist, daß auch Schopenhauer die ganze Welt als Willen *fühlt*, als Bewegung, Kraft, Richtung; darin ist er der Ahnherr der gesamten ethischen Modernität. Dies Grundgefühl *ist* bereits unsre ganze Ethik. Alles andre sind Abarten. Was wir Tat, nicht nur Tätigkeit nennen,ist ein durch und durch historischer, von Richtungsenergie gesättigter Begriff. Es ist die Daseinsbestätigung, die Daseinsweihe einer Art Mensch, dessen Ich die Tendenz auf Zukünftiges besitzt, der die Gegenwart nicht als gesättigtes Sein, sondern stets als *Epoche* in einem großen Zusammenhang des Werdens empfindet, und zwar sowohl im persönlichen Leben als im Leben der gesamten Geschichte. Die Stärke und Deutlichkeit dieses Bewußtseins bestimmt den Rang eines faustischen Menschen, aber selbst der unbedeutendste besitzt etwas davon, das seine geringsten Lebensakte nach Art und Gehalt von denen *jedes* antiken Menschen unterscheidet. Es ist der Unterschied von Charakter und Haltung, von bewußtem Werden und einfach hingenommenem statuenhaften Gewordensein, von tragischem Wollen und tragischem Dulden.

Vor den Augen des faustischen Menschen, in seiner Welt ist alles Bewegtheit einem Ziele zu. Er selbst *lebt* unter dieser Bedingung. Leben heißt für ihn kämpfen, überwinden, sich durchsetzen. Der Kampf ums Dasein als ideale Form des Daseins gehört schon der gotischen Zeit an und liegt ihrer Architektur deutlich genug zugrunde. Das 19. Jahrhundert hat ihm nur eine mechanistisch-utilitarische Fassung gegeben. In der Welt des apollinischen Menschen gibt es keine zielvolle „Bewegung" – das Werden Heraklits, ein absicht- und zielloses Spiel, ἡ ὀδός ἄνω κάτω, kommt hier nicht in Frage ‚keinen „Protestantismus", keinen „Sturm und Drang", keine ethische, geistige, künstlerische „Umwälzung", die das Bestehende bekämpfen und vernichten will. Der ionische und korinthische Stil treten ohne den Anspruch auf Alleingeltung *neben* den dorischen. Aber die Renaissance hat den gotischen, der Klassizismus den Barockstil verworfen, und alle Literaturgeschichten des Abendlandes sind voll von wilden Kämpfen um die Probleme der Form. Selbst das Mönchtum, wie es Ritterorden, Franziskaner und Dominikaner darstellen, erscheint in Gestalt einer Ordens *bewegung*, sehr im Gegensatz zur frühchristlichen, einsiedlerischen Form der Askese.

Es ist dem faustischen Menschen gar nicht möglich, diese Grundgestalt seines Daseins zu verleugnen, geschweige zu ändern. Jede Auflehnung dagegen setzt sie schon voraus. Wer den „Fortschritt" bekämpft, hält diese Wirksamkeit doch selbst für einen Fortschritt. Wer für eine „Umkehr" agitiert, meint damit eine Weiterentwicklung. „Immoral" – das ist nur eine neue Art von Moral, und zwar mit dem gleichen Anspruch des Vorrangs vor allen andern. Der Wille zur Macht ist intolerant. Alles Faustische will Alleinherrschaft. Für das apollinische Weltgefühl – das Nebeneinander vieler Einzeldinge – ist Toleranz selbstverständlich. Sie gehört zum Stil der willensfremden Ataraxia. Für die abendländische Welt – den *einen* grenzenlosen Seelenraum, den Raum als Spannung – ist sie Selbsttäuschung oder ein Zeichen des Erlöschens. Die Aufklärung des 18. Jahrhunderts war tolerant, das heißt gleichgültig gegen die *Unterschiede* der christlichen Bekenntnisse; für sich selbst im Verhältnis zur Kirche überhaupt war sie es, sobald sie zur Macht gelangt war, durchaus nicht mehr. Der faustische Instinkt, tätig, willensstark, mit der Vertikaltendenz gotischer Dome und jener bedeutsamen Umprägung des *feci* zu *ego habeo factum*, in die Ferne und Zukunft gerichtet, fordert Duldung, das heißt *Raum* für die eigne Wirksamkeit, aber *nur* für sie. Man bedenke etwa, welches Maß davon die großstädtische Demokratie der Kirche gegenüber in deren Handhabung religiöser Machtmittel anzuwenden willens ist, während sie für sich selbst schrankenlose Anwendung der eignen fordert und, wenn sie kann, die „allgemeine" Gesetzgebung daraufhin stimmt. Jede „Bewegung" will siegen; jede antike „Haltung" will nur da sein und kümmert sich wenig um das Ethos der andern. Für oder gegen die Zeitströmung kämpfen, Reform oder Umkehr betreiben, aufbauen, umwerten oder zertrümmern – das ist gleichmäßig unantik und unindisch. Und gerade das ist der Unterschied zwischen sophokleischer und shakespearescher Tragik, der Tragik des Menschen, der nur da sein, und des Menschen, der siegen will.

Es ist falsch, „das" Christentum mit dem moralischen Imperativ in Verbindung zu bringen. Nicht das Christentum hat den faustischen Menschen, er hat das Christentum umgeformt, und zwar nicht nur zu einer neuen Religion, sondern auch in der Richtung einer neuen Moral. Das „es" wird zum Ich mit dem vollen Pathos eines Weltmittelpunktes, wie es die Voraussetzung des Sakraments der *persönlichen* Buße bildet. Der Wille zur Macht auch im Ethischen, die Leidenschaft, seine Moral zur allgemeinen Wahrheit zu erheben, sie der Menschheit aufzwingen, alle andersgearteten umdeuten, überwinden, vernichten zu wollen, ist unser eigenstes Eigentum. In diesem Sinne ist – ein tiefer und noch nie begriffener Vorgang – die Moral Jesu, ein ruhend-geistiges, aus dem magischen Weltgefühl heraus als heilkräftig empfohlenes Verhalten, dessen Kenntnis als eine besondere Gnadeverliehen wird, *in der gotischen Frühzeit innerlich in eine befehlende umgeprägt worden.*Jedes ethische System, ob religiöser oder philosophischer Herkunft, gehört damit in die Nachbarschaft der großen Künste, vor allem der Architektur. Es ist ein Bau von Sätzen kausaler Prägung. Jede Wahrheit, die zu praktischer Anwendung bestimmt ist, wird mit einem „weil" oder „damit" vorgeschrieben. Es ist mathematische Logik darin, in Buddhas vier Wahrheiten wie in Kants Kritik der praktischen Vernunft und in jedem volkstümlichen Katechismus. Nichts liegt diesen als wahr erkannten Lehren ferner als die unkritische Logik des Blutes, die aus jeder gewachsenen und nur durch Verstöße gegen sie zum Bewußtsein gelangenden *Sitte* von Ständen und Tatsachenmenschen redet, wie sie uns in der ritterlichen Zucht der Kreuzzugszeiten am deutlichsten vor Augen steht. Eine systematische Moral ist wie ein Ornament und offenbart sich nicht nur in Sätzen, sondern auch im tragischen Stil, selbst im künstlerischen Motiv. Der Mäander z. B. ist ein stoisches Motiv; in der dorischen Säule verkörpert sich geradezu das antike Lebensideal. Sie ist *deshalb* die einzige der antiken Säulenformen, welche der Barockstil unbedingt ausschließen mußte. Man wird sie aus einem sehr tief hegenden seelischen Grunde selbst in der Renaissancekunst vermieden finden. Die Umsetzung des magischen Kuppelbaues in den russischen mit dem Symbol der Dachebene,die chinesische Landschaftsarchitektur mit ihren verschlungenen Pfaden, der gotische Turm der Kathedralen sind ebensoviele Sinnbilder der aus dem Wachsein einer und nur dieser einen Kultur entstandenen Moral.

11

Jetzt lösen sich uralte Rätsel und Verlegenheiten. Es gibt so viel Moralen, als es Kulturen gibt, nicht mehr und nicht weniger. Niemand hat hier eine freie Wahl. So gewiß es für jeden Maler und Musiker etwas gibt, das ihm infolge der Wucht einer inneren Notwendigkeit gar nicht zum Bewußtsein kommt, das die Formensprache seiner Werke von vornherein beherrscht und sie von den künstlerischen Leistungen *aller* anderen Kulturen unterscheidet, so gewiß hat *jede* Lebensauffassung eines Kulturmenschen von vornherein, a priori in Kants strengstem Sinne, eine Beschaffenheit, die noch tiefer liegt als alles augenblickliche Urteilen und Streben und die ihren Stil als den einer bestimmten Kultur erkennen läßt. Der einzelne kann moralisch oder unmoralisch handeln, „gut" oder „böse" aus dem Urgefühl seiner Kultur heraus, aber die Theorie seines Handelns ist schlechthin gegeben. Jede Kultur hat dafür ihren eigenen Maßstab, dessen Gültigkeit mit ihr beginnt und endet. Es gibt keine allgemein menschliche Moral.

Es gibt also im tiefsten Sinne auch keine wahre Bekehrung und kann keine geben. Jede bewußte Art des Sichverhaltens auf Grund von Überzeugungen ist ein Urphänomen, die zur „zeitlosen Wahrheit" gewordene Grundrichtung eines Daseins. Unter was für Worten und Bildern man sie zum Ausdruck bringt, ob als Satzung einer Gottheit oder als Ergebnis philosophischen Nachdenkens, ob in Sätzen oder Symbolen, ob als Verkündung eigner Gewißheit oder als Widerlegung einer fremden, macht wenig aus; genug, daß sie vorhanden ist. Man kann sie wecken und theoretisch in eine Lehre fassen, ihren geistigen Ausdruck verändern und verdeutlichen; erzeugen kann man sie nicht. So wenig wir imstande sind, unser Weltgefühl zu ändern – so wenig, daß selbst der Versuch einer Änderung schon in seinem Stile verläuft und es bestätigt, statt es zu überwinden –

, so wenig haben wir Gewalt über die ethische Grundform unsres Wachseins. Man hat in den Worten einen gewissen Unterschied gemacht und die Ethik eine Wissenschaft, die Moral eine Aufgabe genannt, aber es gibt in diesem Sinne keine Aufgabe. So wenig die Renaissance fähig war, die Antike wieder heraufzurufen, und so sehr sie mit jedem antiken Motiv nur das Gegenteil apollinischen Weltgefühls zum Ausdruck brachte, eine versüdlichte, eine „antigotische Gotik" nämlich, so unmöglich ist die Bekehrung eines Menschen zu einer seinem Wesen fremden Moral. Mag man heute von einer Umwertung aller Werte reden, mag man als moderner Großstädter zum Buddhismus, zum Heidentum oder zu einem romantischen Katholizismus „zurückkehren", mag der Anarchist für individualistische, der Sozialist für Gesellschaftsethik schwärmen, man tut, will, fühlt trotzdem dasselbe. Die Bekehrung zur Theosophie oder zum Freidenkertum, die heutigen Übergänge von einem vermeintlichen Christentum zu einem vermeintlichen Atheismus und umgekehrt sind eine Veränderung der Worte und Begriffe, der religiösen oder intellektuellen Oberfläche, nicht mehr. Keine unsrer „Bewegungen" hat den *Menschen* verändert.

Eine strenge Morphologie aller Moralen ist die Aufgabe der Zukunft. Nietzsche hat auch hier das Wesentliche, den ersten, für den neuen Blick entscheidenden Schritt getan. Aber seine Forderung an den Denker, sich jenseits von Gut und Böse zu stellen, hat er selbst nicht erfüllt. Er wollte Skeptiker *und* Prophet, Moralkritiker *und* Moralverkünder zugleich sein. Das verträgt sich nicht. Man ist nicht Psycholog ersten Ranges, solange man noch Romantiker ist. Und so ist er hier, wie in all seinen entscheidenden Einsichten, bis zur Pforte gelangt, aber vor ihr stehen geblieben. Indes hat es noch niemand besser gemacht. Wir waren bisher blind für den unermeßlichen Reichtum auch der moralischen Formensprache. Wir haben ihn weder übersehen noch begriffen. Selbst der Skeptiker verstand seine Aufgabe nicht; er erhob im letzten Grunde die eigene, durch persönliche Anlage, durch den privaten Geschmack bestimmte Fassung der Moral zur Norm und maß danach die andern. Die modernsten Revolutionäre, Stirner, Ibsen, Strindberg, Shaw, haben nichts andres getan. Sie verstanden es nur, diese Tatsache – auch vor sich selbst – hinter neuen Formeln und Schlagworten zu verstecken.

Aber eine Moral ist wie eine Plastik, Musik oder Malerei eine in sich geschlossene Formenwelt, die ein Lebensgefühl zum Ausdruck bringt, schlechthin gegeben, in der Tiefe unveränderlich, von innerer Notwendigkeit. Sie ist innerhalb ihres geschichtlichen Kreises immer wahr, außerhalb seiner immer unwahr. Es war gezeigt worden,daß, wie für den einzelnen Dichter, Maler, Musiker seine einzelnen Werke, so für die großen Individuen der Kulturen die Kunst*gattungen* als organische Einheiten, die *ganze* Ölmalerei, die *ganze* Aktplastik, die kontrapunktische Musik, die Reimlyrik Epoche machen und den Rang großer Symbole des Lebens einnehmen. In beiden Fällen, in der Geschichte einer Kultur wie im Einzeldasein, handelt es sich um die Verwirklichung von Möglichem. Das innerlich Seelische wird zum *Stil einer Welt*. Neben diesen großen Formeinheiten, deren Werden, Vollendung und Abschluß eine vorbestimmte Reihe menschlicher Generationen umfaßt und die nach einer Dauer von wenigen Jahrhunderten unwiderruflich dem Tode verfallen, steht die Gruppe der faustischen, die Summe der apollinischen Moralen, ebenfalls als Einheit höherer Ordnung aufgefaßt. Ihr Vorhandensein ist *Schicksal*, das man hinzunehmen hat; nur die bewußte Fassung ist das Ergebnis einer Offenbarung oder wissenschaftlichen Einsicht.

Es gibt etwas schwer zu Beschreibendes, das von Hesiod und Sophokles bis zu Plato und der Stoa alle Lehren zusammenfaßt und sie allem gegenüberstellt, was von Franz von Assisi und Abaelard bis auf Ibsen und Nietzsche gelehrt worden ist, und auch die Moral Jesu ist nur der edelste Ausdruck einer allgemeinen Moral, deren andere Fassungen sich bei Marcion und Mani, Philo und Plotin, Epiktet, Augustinus und Proklos finden. Jede antike Ethik ist eine Ethik der Haltung, jede abendländische eine Ethik der Tat. Und endlich bildet die Summe aller chinesischen und aller indischen Systeme wiederum je eine Welt für sich.

12

Jede überhaupt denkbare antike Ethik gestaltet den *einzelnen ruhenden* Menschen, als Körper unter Körpern. Alle Wertungen des Abendlandes beziehen sich auf den Menschen, sofern er *Wirkungszentrum* einer unendlichen Allgemeinheit ist. Ethischer Sozialismus das ist die Gesinnung der Tat, welche durch den Raum in die Ferne wirkt, das moralische Pathos der dritten Dimension, als deren Zeichen das Urgefühl der Sorge, für die Mitlebenden wie für die Kommenden, über dieser ganzen Kultur schwebt. So kommt es, daß im Anblick der ägyptischen Kultur für uns etwas Sozialistisches liegt. Auf der andern Seite erinnert die Tendenz auf ruhevolle Haltung, Wunschlosigkeit, statische Abgeschlossenheit des einzelnen für sich an die indische Ethik und den von ihr gestalteten Menschen. Man denke an die sitzenden, „ihren Nabel beschauenden" Buddhastatuen, denen Zenons Ataraxia nicht ganz fremd ist. Das ethische Ideal des antiken Menschen war das, zu welchem die Tragödie hinleitete. Die *Katharsis*, die Entladung der apollinischen Seele von dem, was *nicht* apollinisch, nicht frei von „Ferne" und Richtung war, offenbart hier ihren tiefsten Sinn. Man versteht sie nur, wenn man den Stoizismus als ihre reife Form erkennt. Was das Drama in einer feierlichen Stunde bewirkte, wünschte die Stoa über das ganze Leben zu verbreiten: die statuenhafte Ruhe, das willensfreie Ethos. Und weiter: Eben jenes buddhistische Ideal des Nirwana, eine sehr späte Formel, aber ganz indisch und schon von den vedischen Zeiten an zu verfolgen: ist das nicht der Katharsis nahe verwandt? Rücken vor diesem Begriff der ideale antike und der ideale indische Mensch nicht eng zusammen, sobald man sie mit dem faustischen Menschen vergleicht, dessen Ethik sich ebenso deutlich aus der Tragödie Shakespeares und ihrer dynamischen Entwicklung und Katastrophe begreifen läßt? In der Tat: Sokrates, Epikur und vor allem Diogenes am Ganges – das wäre sehr wohl vorzustellen. Diogenes in einer der westeuropäischen Weltstädte wäre ein bedeutungsloser Narr. Und andrerseits, Friedrich Wilhelm I., das Urbild eines Sozialisten in großem Sinne, ist in dem Staatswesen am Nil immerhin denkbar. Im perikleischen Athen ist er es nicht.

Hätte Nietzsche vorurteilsfreier und weniger von einer romantischen Schwärmerei für gewisse ethische Schöpfungen bestimmt seine Zeit beobachtet, so würde er bemerkt haben, daß eine vermeintlich spezifisch christliche Mitleidsmoral in *seinem* Sinne auf dem Boden Westeuropas gar nicht besteht. Man muß sich durch den Wortlaut humaner Formeln nicht über ihre tatsächliche Bedeutung täuschen lassen. Zwischen der Moral, die man hat, und derjenigen, die man zu haben glaubt, besteht ein sehr schwer aufzufindendes und sehr schwankendes Verhältnis. Eben hier wäre eine unbestechliche Psychologie am Platze gewesen. Mitleid ist ein gefährliches Wort. Es fehlt, trotz der Meisterschaft gerade Nietzsches, noch an einer Untersuchung darüber, was man zu verschiedenen Zeiten darunter verstanden und darunter *gelebt* hat. Die christliche Moral zur Zeit des Origenes ist etwas ganz anderes als die zur Zeit des Franz von Assisi. Es ist hier nicht der Ort zu untersuchen, was *faustisches* Mitleid als Opfer oder als Haltlosigkeit und dann wieder als Rassegefühl einer ritterlichen Gesellschaftim Unterschiede von magisch-christlichem, fatalistischem Mitleid bedeutet, inwiefern es als Wirkung in die Ferne, als *praktische Dynamik* aufzufassen ist, und andrerseits als Selbstbezwingung einer stolzen Seele oder wieder als Äußerung eines überlegenen Distanzgefühls. Der unveränderliche Schatz ethischer Wendungen, wie ihn das Abendland seit der Renaissance besitzt, hat eine unermeßliche Fülle verschiedener Gesinnungen von sehr verschiedenem Gehalt zu decken. Der Oberflächensinn, an den man glaubt, das bloße Wissen um Ideale ist unter so historisch und zurückschauend angelegten Menschen, wie wir es sind, ein Ausdruck der Ehrfurcht vor Vergangenem, in diesem Falle der religiösen Tradition. Aber der Wortlaut von Überzeugungen ist nie der Maßstab für ein wirkliches Überzeugtsein. Es ist selten, daß ein Mensch weiß, was er eigentlich glaubt. Schlagworte und Lehren sind immer etwas Volkstümliches und bleiben weit hinter der Tiefe jeder geistigen Wirklichkeit zurück. Die theoretische Verehrung neutestamentlicher Satzungen steht in der Tat mit der theoretischen Hochschätzung der antiken Kunst durch Renaissance und Klassizismus auf einer Stufe. Die eine hat so wenig den Menschen wie die andre den Geist der Werke umgewandelt. Die stets genannten Beispiele der Bettelorden, der Herrnhuter, der Heilsarmee beweisen schon durch ihre geringe Zahl, mehr noch durch ihr geringes Gewicht, daß sie den Ausnahmefall von etwas ganz anderem, der *eigentlich faustisch-christlichen* Moral nämlich, darstellen. Man wird ihre Formulierung allerdings bei Luther und im Tridentinum vergeblich suchen, aber alle Christen großen Stils, Innocenz III. und Calvin, Loyola und Savonarola, Pascal und die heilige Teresia, trugen sie im Widerspruch zu ihren Lehrmeinungen in sich, ohne daß sie das je bemerkt hätten.

Man braucht nur den rein abendländischen Begriff jener männlichen Tugend, der durch Nietzsches „moralinfreie“ *virtù* bezeichnet ist, die *grandezza* des spanischen, die *grandeur* des französischen Barock, mit jener sehr weiblichen αρετή des hellenischen

Ideals zu vergleichen, als deren Praxis immer die Genußfähigkeit (ηδονή), Gemütsruhe (γαλήνη, απάθεια), Bedürfnislosigkeit und vor allem immer wieder die αταραξία zum Vorschein kommt. Was Nietzsche die blonde Bestie nannte und was er in dem von ihm überschätzten Typus des Renaissancemenschen verkörpert fand (der nur ein raubkatzenhafter Nachschlag der großen Deutschen der Stauferzeit war), ist das strengste Gegenteil des Typus, den ohne Ausnahme alle antiken Ethiken gewünscht und alle antiken Menschen von Bedeutung verkörpert haben. Dahin gehören die Menschen von Granit, von denen die faustische Kultur eine lange Reihe vorüberziehen sah, die antike nicht einen einzigen. Denn Perikles und Themistokles waren weiche Naturen im Sinne attischer Kalokagathie, Alexander war ein Schwärmer, der nie aufgewacht ist, Cäsar ein kluger Rechner; Hannibal, der Fremde, war der einzige „Mann" unter ihnen. Die Menschen der Frühzeit, auf die man aus Homer schließen darf, diese Odysseus und Ajax hätten sich neben der Ritterschaft der Kreuzzüge merkwürdig ausgenommen. Es gibt auch eine Brutalität als Rückschlag sehr weiblicher Naturen, und dahin gehört die hellenische Grausamkeit. Hier im Norden aber erscheinen an der Schwelle der Frühzeit die großen Sachsen-, Franken- und Staufenkaiser, umgeben von einer Schar riesenhafter Menschen wie Heinrich dem Löwen und Gregor VII. Es folgen die Menschen der Renaissance, der Kämpfe der weißen und roten Rose, der Hugenottenkriege; die spanischen Konquistadoren, die preußischen Kurfürsten und Könige, Napoleon, Bismarck, Cecil Rhodes. Wo gab es eine zweite Kultur, die dem etwas an die Seite zu setzen hätte? Wo besitzt die ganze hellenische Geschichte eine Szene von der Mächtigkeit jener von Legnano, damals als der Zwist zwischen Staufen und Welfen zum Ausbruch kam? Die Recken der Völkerwanderung, spanische Ritterlichkeit, preußische Disziplin, napoleonische Energie – das alles hat wenig Antikes. Und wo findet sich auf den Höhen faustischen Menschentums von den Kreuzzügen bis zum Weltkrieg jene „Sklavenmoral", jene weiche Entsagung, jene Caritas im Betschwesternsinne? In den Worten, die man achtet, nirgends sonst. Ich denke da auch an die Typen des faustischen Priestertums, an jene prachtvollen Bischöfe der deutschen Kaiserzeit, die hoch zu Roß in wilden Schlachten ihre Leute anführten, an die Päpste, denen Heinrich IV. und Friedrich II. unterlagen, an den Deutschritterorden in den Ostmarken, an den Luthertrotz, in dem sich altnordisches Heidentum gegen altrömisches aufbäumte, an die großen Kardinäle Richelieu, Mazarin und Fleury, die Frankreich geschaffen haben. *Das* ist faustische Moral. Man muß blind sein, um diese unbändige Lebenskraft nicht im gesamten Bilde der westeuropäischen Geschichte wirksam zu finden. Und erst aus diesen großen Fällen weltlicher Leidenschaft, in denen das Bewußtsein einer *Sendung* zum Ausdruck kommt, begreift man die einer geistlichen von großem Stil, einer *erhabenen* Caritas, der nichts widersteht, und die in ihrer Dynamik so ganz anders erscheint als antike Gemessenheit und frühchristliche Milde. Es liegt *Härte* in der Art des Mit-Leidens, das deutsche Mystiker, deutsche und spanische Ordensritter, französische und englische Calvinisten gepflegt haben. Mit einem russischen Mitleiden wie dem Raskolnikows verschwindet ein Geist in der Brüdermenge; mit dem faustischen hebt er sich ab von ihr. *“Ego habeo factum“* – das ist auch die Formel dieser persönlichen Caritas, welche den *einzelnen* vor Gott rechtfertigt.

Das ist der Grund, weshalb die „Mitleidsmoral“ im Alltagssinne unter uns immer mit Achtung genannt, zuweilen von Denkern angefochten, zuweilen gewünscht, aber niemals verwirklicht worden ist. Kant hat sie mit Entschiedenheit abgelehnt. In der Tat steht sie im innersten Widerspruch zum kategorischen Imperativ, der den Sinn des Lebens in der Tat, nicht im Nachgeben weichen Stimmungen gegenüber sieht. Nietzsches „Sklavenmoral“ ist ein Phantom. *Seine Herrenmoral ist eine Realität.* Sie brauchte nicht erst entworfen zu werden; sie war längst vorhanden. Nimmt man die romantische Borgiamaske hinweg und jene nebelhaften Visionen vom Übermenschen, so bleibt der faustische Mensch selbst übrig, wie er heute da ist und zur Zeit der isländischen Sagas bereits da war, als Typus einer energischen, imperativischen, dynamischen Kultur. Mag es in der Antike gewesen sein wie es will; *unsere* großen Wohltäter sind die großen *Täter*, deren Vor- und Fürsorge Millionen gilt, die großen Staatsmänner und Organisatoren. „Eine höhere Art Menschen, welche sich, dank ihrem Übergewicht von Wollen, Wissen, Reichtum und Einfluß, des demokratischen Europas bedienen als ihres gefügigsten und beweglichsten Werkzeuges, um die Schicksale der Erde in die Hand zu bekommen, um am ‚Menschen' selbst als Künstler zu gestalten. Genug, die Zeit kommt, da man über Politik umlernen wird.“ So heißt es in einer der Nachlaßaufzeichnungen Nietzsches, die viel konkreter sind als die ausgeführten Werke. „Wir müssen entweder politische Fähigkeiten züchten oder durch die Demokratie zugrunde gehen, die uns die mißglückten älteren Alternativen aufgezwungen haben“, heißt es bei Shaw („Mensch und Übermensch“). Shaw, der vor Nietzsche die praktische Schulung und den geringeren Grad von Ideologie voraus hat, so beschränkt sein philosophischer Horizont sonst erscheint, hat in „Major Barbara“ in der Gestalt des Milliardärs Undershaft das Übermenschenideal in die unromantische Sprache der neuern Zeit übertragen, aus der es, auf dem Umweg über Malthus und Darwin, auch bei Nietzsche wirklich stammt. Diese Tatsachenmenschen großen Stils sind es, welche heute den Willen zur Macht über das Los der andern und damit die faustische Ethik überhaupt repräsentieren. Menschen dieser Art werfen ihre Millionen nicht zur Befriedigung eines uferlosen Wohltuns hinaus für die Träumer, „Künstler“, Schwachen, Schlechtweggekommenen; sie verwenden sie für die, welche als Material für die Zukunft mitzählen. Sie verfolgen mit ihnen ein Ziel. Sie schaffen eine Kraftmitte für das Dasein von Generationen, welche die Grenzen des persönlichen Daseins überdauert. Auch das Geld kann Ideen entwickeln und Geschichte machen. So hat Rhodes, in dem sich ein sehr bedeutungsvoller Typus des 21. Jahrhunderts ankündigt, sein Vermögen testamentarisch angelegt. Es ist flach und beweist die Unfähigkeit, Geschichte innerlich zu begreifen, wenn man das literarische Geschwätz populärer Sozialethiker und

Humanitätsapostel nicht von den tiefen ethischen Instinkten der westeuropäischen Zivilisation zu unterscheiden weiß.

Der Sozialismus – in seinem höchsten Sinne, nicht in dem der Gasse – ist wie alles Faustische ein exklusives Ideal, das seine Volkstümlichkeit nur einem vollkommenen Mißverständnis auch unter den Wortführern verdankt, daß er nämlich ein Inbegriff von Rechten, nicht von Pflichten, daß er eine Beseitigung, nicht eine Verschärfung des kantischen Imperativs, ein Nachlassen, nicht ein Höherspannen der Richtungsenergie sei. Jene triviale Oberflächentendenz auf Wohlfahrt, „Freiheit", Humanität, das Glück der Meisten enthält nur das Negative der faustischen Ethik, sehr im Gegensatz zum antiken Epikuräismus, dem der glückselige Zustand wirklich Kern und Summe alles Ethischen war. Gerade hier liegen äußerlich sehr verwandte Stimmungen vor, die im einen Falle nichts, im andern alles bedeuten. Man kann aus diesem Gesichtspunkt den Inhalt der antiken Ethik ebenfalls als Philanthropie bezeichnen, die der einzelne sich selbst, seinem *soma*, angedeihen läßt. Hier hat man die Autorität des Aristoteles auf seiner Seite, der genau in diesem Sinne das Wort φιλάνθρωπος gebraucht, an dem sich die besten Köpfe der klassizistischen Zeit, Lessing vor allem, abgemüht haben. Aristoteles bezeichnet die Wirkung der attischen Tragödie auf den attischen Zuschauer als philantropisch. Ihre Peripetie erlöst ihn vom Mitleid mit sich selbst. Eine Art Theorie von Herren- und Sklavenmoral gab es auch im frühen Hellenismus, bei Kallikles z. B., wie sich versteht in streng leiblich-euklidischem Sinne. Das Ideal der ersten ist Alkibiades, der genau das tat, was ihm augenblicklich für seine Person zweckmäßig erschien. Man hat ihn als Typus antiker Kalokagathie empfunden und bewundert. Protagoras ist noch deutlicher in seinem berühmten, ganz ethisch gemeinten Satze, daß der Mensch – jeder einzelne für sich – das Maß der Dinge sei. Das ist die Herrenmoral einer statuenhaften Seele.

13

Als Nietzsche das Wort „Umwertung aller Werte" zum ersten Male niederschrieb, hatte endlich die seelische Bewegung dieser Jahrhunderte, in deren Mitte wir leben, ihre Formel gefunden. Umwertung aller Werte – das ist der innerste Charakter *jeder* Zivilisation. Sie beginnt damit, alle Formen der voraufgegangenen Kultur umzuprägen, anders zu verstehen, anders zu handhaben. Sie erzeugt nicht mehr, sie deutet nur um. Darin liegt das Negative aller Zeitalter dieser Art. Sie setzen den eigentlichen Schöpfungsakt voraus. Sie treten nur eine Erbschaft von großen Wirklichkeiten an. Blicken wir auf die späte Antike und prüfen wir dort, wo das entsprechende Ereignis liegt: es hat sich innerhalb des hellenistisch-römischen Stoizismus, innerhalb des langen Todeskampfes der apollinischen Seele also zugetragen. Gehen wir von Epiktet und Marc Aurel zurück auf Sokrates, den geistigen Vater der Stoa, in dem zuerst die innere Verarmung des antiken, großstädtisch und intellektuell gewordnen Lebens ans Licht trat: zwischen ihnen liegt die Umwertung aller antiken

Seinsideale. Blicken wir auf Indien. Als König Asoka lebte, um 250 v. Chr., war die Umwertung des brahmanischen Lebens vollzogen; man vergleiche die vor und nach Buddha niedergeschriebenen Teile des Vedanta. Und wir? Innerhalb des ethischen Sozialismus in dem hier festgelegten Sinne, als der Grundstimmung der in die Steinmassen der großen Städte verschlagenen faustischen Seele, ist diese Umwertung eben jetzt im Gange. *Rousseau ist der Ahnherr dieses Sozialismus. Rousseau steht neben Sokrates und Buddha, den anderen ethischen Wortführern großer Zivilisationen*. Seine Ablehnung aller großen Kulturformen, aller bedeutungsvollen Konventionen, seine berühmte „Rückkehr zur Natur", sein praktischer Rationalismus lassen darüber keinen Zweifel. Jeder von ihnen hat eine tausendjährige Innerlichkeit zu Grabe getragen. Sie predigen das Evangelium der Menschlichkeit, aber es ist die Menschlichkeit des intelligenten Stadtmenschen, der die späte Stadt und mit ihr die Kultur satt hat, dessen „reine", nämlich seelenlose Vernunft nach einer Erlösung von ihr und ihrer gebietenden Form, von ihren Härten, von ihrer innerlich nicht mehr erlebten und deshalb verhaßten Symbolik sucht. Die Kultur wird dialektisch vernichtet. Lassen wir die großen Namen des 19. Jahrhunderts vorüberziehen, an die sich für uns dies mächtige Schauspiel knüpft: Schopenhauer, Hebbel, Wagner, Nietzsche, Ibsen, Strindberg, so überblicken wir das, was Nietzsche in dem fragmentarischen Vorwort zu seinem unvollendeten Hauptwerk beim Namen nannte, die *Heraufkunft des Nihilismus*. Sie ist keiner der großen Kulturen fremd. Sie gehört mit innerster Notwendigkeit zum Ausgang dieser mächtigen Organismen. Sokrates war Nihilist; Buddha war es. Es gibt eine ägyptische, arabische, chinesische so gut wie eine westeuropäische Entseelung des Menschlichen. Es handelt sich nicht um politische und wirtschaftliche, nicht einmal um eigentlich religiöse oder künstlerische Verwandlungen. Es handelt sich überhaupt nicht um Greifbares, nicht um Tatsachen, sondern um das Wesen einer Seele, die ihre Möglichkeiten restlos verwirklicht hat. Man wende nicht die gewaltigen Leistungen gerade des Hellenismus und der westeuropäischen Modernität ein. Sklavenwirtschaft und Maschinenindustrie, „Fortschritt" und Ataraxia, Alexandrinismus und moderne Wissenschaft, Pergamon und Bayreuth, soziale Zustände, wie sie die „Politeia" des Aristoteles und „Das Kapital" von Marx voraussetzen, sind lediglich Symptome im historischen Oberflächenbilde. Es handelt sich nicht um das äußere Leben, um Lebenshaltung, Institutionen, Sitten, sondern um das Tiefste und Letzte, das innere *Fertigsein* des Weltstadtmenschen – *und* des Provinzlers.Für die Antike trat es zur Römerzeit ein. Für uns gehört es der Zeit nach 2000 an.

Kultur und Zivilisation – das ist der lebendige Leib eines Seelentums und seine Mumie. So unterscheidet sich das westeuropäische Dasein vor und nach 1800, das Leben in Fülle und Selbstverständlichkeit, dessen Gestalt von innen heraus gewachsen und geworden ist, und zwar in einem mächtigen Zuge von den Kindertagen der Gotik an bis zu Goethe und Napoleon, und jenes späte, künstliche, wurzellose Leben unsrer großen Städte, dessen Formen der Intellekt entwirft. Kultur und Zivilisation – das ist ein aus der

Landschaft geborener Organismus und der aus seiner Erstarrung hervorgegangene Mechanismus. Der Kulturmensch lebt nach innen, der zivilisierte Mensch nach außen, im Raume, unter Körpern und „Tatsachen". Was der eine als Schicksal fühlt, versteht der andere als Zusammenhang von Ursache und Wirkung. Man ist von nun an Materialist in einem nur innerhalb einer Zivilisation gültigen Sinne, ob man es will oder nicht, und ob buddhistische, stoische, sozialistische Lehren sich in religiösen Formen geben oder nicht.

Dem gotischen und dorischen Menschen, dem Menschen der Ionik und des Barock wird die ganze ungeheure Formenwelt von Kunst, Religion, Sitte, Staat, Wissen, Gesellschaft leicht. Er trägt und verwirklicht sie, ohne sie zu „kennen". Er besitzt dem Symbolischen der Kultur gegenüber dieselbe ungezwungene Meisterschaft, wie sie Mozart in seiner Kunst besaß. Kultur ist das Selbstverständliche. Das Gefühl einer Fremdheit unter diesen Formen, das einer Last, welche die Freiheit des Schaffens aufhebt, die Nötigung, das Vorhandene verstandesmäßig zu prüfen, um es bewußt anzuwenden, der Zwang eines für alles geheimnisvoll Schöpferische verhängnisvollen Nachdenkens sind die ersten Symptome einer ermattenden Seele. Erst der Kranke fühlt seine Glieder. Daß man eine unmetaphysische Religion konstruiert und sich gegen Kulte und Dogmen auflehnt, daß ein Naturrecht den historischen Rechten entgegengestellt wird, daß man in der Kunst Stile „entwirft", weil *der* Stil nicht mehr ertragen und gemeistert wird, daß man den Staat als „Gesellschaftsordnung" auffaßt, die man ändern könne, sogar ändern müsse (neben Rousseaus „Contrat social" stehen völlig gleichbedeutende Erzeugnisse der Zeit des Aristoteles), das alles beweist, daß etwas endgültig zerfallen ist. Die Weltstadt selbst liegt als Extrem von Anorganischem inmitten der Kulturlandschaft da, deren Menschentum sie von seinen Wurzeln löst, an sich zieht und verbraucht.

Wissenschaftliche Welten sind oberflächliche Welten, praktische, seelenlose, rein extensive Welten. Sie liegen den Anschauungen des Buddhismus, Stoizismus und Sozialismus gleichmäßig zugrunde.Das Leben nicht mehr mit kaum bewußter, wahlloser Selbstverständlichkeit leben, es als gottgewolltes Schicksal hinnehmen, sondern es als problematisch betrachten, es auf Grund intellektueller Einsichten in Szene setzen, „zweckmäßig", „vernunftgemäß" – das ist in allen drei Fällen der Hintergrund. Das Gehirn regiert, weil die Seele abdankte. Kulturmenschen leben unbewußt, zivilisierte Menschen leben bewußt. Das im Boden wurzelnde Bauerntum vor den Toren der großen Städte, die jetzt – skeptisch, praktisch, künstlich – allein die Zivilisation repräsentieren, zählt nicht mehr mit. „Volk" – das ist jetzt Stadtvolk, anorganische Masse, etwas Fluktuierendes. Der Bauer ist *nicht* Demokrat – denn auch dieser Begriff gehört zum mechanischen und städtischen Dasein –, folglich übersieht, belächelt, verachtet, haßt man ihn. Er ist nach dem Schwinden der alten Stände, Adel und Priestertum, der einzige *organische* Mensch, ein Überbleibsel der frühen Kultur. Er findet weder im stoischen noch im sozialistischen Denken einen Platz.

So ruft der Faust des ersten Teiles der Tragödie, der leidenschaftliche Forscher in einsamen Mitternächten, folgerichtig den des zweiten Teiles und des neuen Jahrhunderts hervor, den Typus einer rein praktischen, weitschauenden, nach außen gerichteten Tätigkeit. Hier hat Goethe psychologisch die ganze Zukunft Westeuropas vorweggenommen. Das ist Zivilisation an Stelle von Kultur, der äußere Mechanismus statt des inneren Organismus, der Intellekt als das seelische Petrefakt an Stelle der erloschenen Seele selbst. So wie Faust am Anfang und Ende der Dichtung, stehen sich innerhalb der Antike der Hellene zur Zeit des Perikles und der Römer zur Zeit Cäsars gegenüber.

14

Solange der Mensch einer in Vollendung begriffenen Kultur einfach vor sich hin lebt, natürlich und selbstverständlich, hat sein Leben eine wahllose Haltung. Das ist seine *instinktive* Moral, die sich in tausend umstrittene Formeln verkleiden mag, die man aber selbst nicht bestreitet, weil man sie *hat*. Sobald das Leben ermüdet, sobald man – auf dem künstlichen Boden großer Städte, die jetzt geistige Welten für sich sind – eine Theorie braucht, um es zweckmäßig in Szene zu setzen, sobald das Leben Objekt der Betrachtung geworden ist, wird die Moral zum *Problem*. Kulturmoral ist die Moral, welche man hat, zivilisierte die, welche man sucht. Die eine ist zu tief, um auf logischem Wege erschöpft zu werden, die andre ist eine Funktion der Logik. Noch bei Kant und Plato ist die Ethik bloße Dialektik, ein Spiel mit Begriffen, die Abrundung eines metaphysischen Systems. Man hätte sie im Grunde nicht nötig gehabt. Der kategorische Imperativ ist lediglich die abstrakte Fassung dessen, was für Kant gar nicht in Frage stand. Von Zenon und Schopenhauer an gilt das nicht mehr. Da mußte als Regel des Seins gefunden, erfunden, erzwungen werden, was instinktiv nicht mehr gesichert war. An dieser Stelle beginnt die zivilisierte Ethik, die nicht der Reflex des Lebens auf die Erkenntnis, sondern der Reflex der Erkenntnis auf das Leben ist. Man fühlt etwas Künstliches, Seelenloses und Halbwahres in all diesen *erdachten* Systemen, welche die ersten Jahrhunderte aller Zivilisationen füllen. Das sind nicht mehr innerlichste, beinahe überirdische Schöpfungen, die ebenbürtig neben den großen Künsten stehen. Jetzt verschwindet alle Metaphysik großen Stils, alle reine Intuition vor dem einen, was plötzlich nottut, vor der Grundlegung einer *praktischen* Moral, die das Leben regeln soll, weil es sich selbst nicht mehr regeln kann. Die Philosophie war bis auf Kant, Aristoteles und die Lehren des Yoga und Vedanta eine Folge mächtiger Weltsysteme gewesen, in denen die *formale* Ethik einen bescheidnen Platz fand. Sie wird jetzt Moralphilosophie, mit einer Metaphysik als Hintergrund. Die erkenntnistheoretische Leidenschaft tritt den Vorrang an die praktische Notdurft ab: Sozialismus, Stoizismus, Buddhismus sind Philosophien dieses Stils.

Die Welt statt aus der Höhe, wie Aischylos, Plato, Dante, Goethe, unter dem Gesichtspunkt der alltäglichen Notdurft und andrängenden Wirklichkeit betrachten: das nenne ich die *Vogelperspektive des Lebens mit der Froschperspektive vertauschen*. Und eben das ist der Abstieg von einer Kultur zur Zivilisation. Jede Ethik formuliert den Blick der Seele auf ihr Schicksal: heroisch oder praktisch, groß oder gemein, männlich oder greisenhaft. Und so unterscheide ich denn eine *tragische* und eine *Plebejermoral*. Die tragische Moral einer Kultur kennt und begreift die Schwere des Seins, aber sie zieht daraus das Gefühl des Stolzes, es zu tragen. So empfanden Aischylos, Shakespeare und die Denker der brahmanischen Philosophie, so Dante und der germanische Katholizismus. Das liegt in dem wilden Schlachtchoral des Luthertums: „Ein' feste Burg ist unser Gott", und das klingt selbst noch in der Marseillaise nach. Die Plebejermoral des Epikur und der Stoa, der Sekten der Buddhazeit, des 19. Jahrhunderts macht einen Schlachtplan zurecht, das Schicksal zu umgehen. Was Aischylos groß tat, das tat die Stoa klein. Das war nicht mehr Fülle, sondern Armut, Kälte und Leere des Lebens, und die Römer haben diese intellektuelle Kälte und Leere nur zum Großartigen gesteigert. Und dasselbe Verhältnis besteht zwischen dem ethischen Pathos der großen Meister des Barock, Shakespeare, Bach, Kant, Goethe, dem männlichen Willen, *innerlich* Herr der natürlichen Dinge zu sein, weil man sie tief unter sich weiß, und dem Willen der europäischen Modernität, sie sich – in Gestalt der Fürsorge, der Humanität, des Weltfriedens, des Glückes der meisten – *äußerlich* aus dem Wege zu schaffen, weil man sich mit ihnen auf derselben Ebene sieht. Auch das ist Wille zur Macht im Gegensatz zur antiken Duldung des Unabwendbaren; auch darin liegt Leidenschaft und Hang zum Unendlichen, aber es ist ein Unterschied zwischen metaphysischer und materieller Größe im Überwinden. Die Tiefe fehlt, das, was der frühere Mensch Gott nannte. Das faustische Weltgefühl der *Tat*, wie es von den Staufen und Welfen bis auf Friedrich den Großen, Goethe und Napoleon in jedem großen Menschen wirksam war, verflachte zu einer Philosophie der *Arbeit*, wobei es für den inneren Rang gleichgültig ist, ob man sie verteidigt oder verurteilt. Der Kulturbegriff der Tat und der zivilisierte Begriff der Arbeit verhalten sich wie die Haltung des aischyleischen Prometheus zu der des Diogenes. Der eine ist ein Dulder, der andere ist faul. Galilei, Kepler, Newton brachten es zu wissenschaftlichen Taten, der moderne Physiker *leistet gelehrte Arbeit*. Plebejermoral auf der Grundlage des alltäglichen Daseins und des „gesunden Menschenverstandes" ist es, was trotz aller großen Worte von Schopenhauer bis zu Shaw jeder Lebensbetrachtung zugrunde liegt.

15

Jede Kultur hat mithin *ihre eigene Art, seelisch zu verlöschen*, und nur die eine, die aus ihrem ganzen Leben mit tiefster Notwendigkeit folgt. Deshalb sind Buddhismus, Stoizismus, Sozialismus morphologisch gleichwertige Ausgangserscheinungen.

Auch der Buddhismus, dessen letzten Sinn man bisher immer mißverstanden hat. Das ist *keine* puritanische Bewegung wie etwa der Islam und der Jansenismus, keine Reformation wie die dionysische Strömung gegenüber dem Apollinismus, keine neue

Religion, überhaupt keine Religion wie die der Veden und des Apostels Paulus,sondern eine letzte rein praktische Weltstimmung müder Großstadtmenschen, die eine abgeschlossene Kultur im Rücken und keine innere Zukunft mehr vor sich haben; er ist das Grundgefühl der indischen Zivilisation und deshalb mit dem Stoizismus und Sozialismus „gleichzeitig“ und gleichwertig. Die Quintessenz dieser durchaus weltlichen, nicht metaphysischen Gesinnung findet sich in der berühmten Predigt von Benares, den „vier heiligen Wahrheiten vom Leiden“, durch welche der philosophierende Prinz seine ersten Anhänger gewann. Ihre Wurzeln liegen in der rationalistisch-atheistischen Sankhyaphilosophie, deren Weltanschauung stillschweigend vorausgesetzt wird, ganz wie die Sozialethik des 19. Jahrhunderts aus dem Sensualismus und Materialismus des 18. und die Stoa trotz ihrer flachen Verwertung Heraklits von Protagoras und den Sophisten stammt. Die Allmacht der Vernunft ist in jedem Falle der Ausgangspunkt aller moralischen Überlegung. Von Religion, sofern man darunter den Glauben an Metaphysisches versteht, ist keine Rede. Nichts kann religionsfremder sein als diese Systeme in ihrer ursprünglichen Gestalt. Was aus ihnen in den späteren Stadien der Zivilisation geworden ist, steht hier nicht in Frage.

Der Buddhismus lehnt alles Nachdenken über Gott und die kosmischen Probleme ab. Nur das Selbst, nur die Einrichtung des wirklichen Lebens ist ihm wichtig. Auch eine Seele wird nicht anerkannt. Wie der westeuropäische Psychologe der Gegenwart – und mit ihm der „Sozialist“ – den innern Menschen als Empfindungsbündel und als Häufung chemisch-elektrischer Energien abtut, so der indische der Buddhazeit. Der Lehrer Nagasena beweist dem König Milinda, daß die Teile des Wagens, auf dem er fährt, nicht der Wagen selbst, und „Wagen“ nur ein Wort ist – ebenso stehe es mit der Seele. Die seelischen Elemente werden als Skandhas, Haufen, bezeichnet, die vergänglich sind. Das entspricht durchaus den Vorstellungen der Assoziationspsychologie. Es ist viel Materialismus in der Lehre Buddhas.Wie sich der Stoiker den heraklitischen Begriff des Logos aneignet, um ihn materiell zu verflachen, wie der Sozialismus in seinen darwinistischen Grundlagen Goethes tiefen Begriff der Entwicklung (durch Hegels Vermittlung) mechanisch veräußerlicht, so der Buddhismus den brahmanischen Begriff des *karman*, einer unserem Denken fast unvollziehbaren Vorstellung von einem tätig sich vervollkommnenden Sein, das man oft genug ganz materialistisch wie einen in Veränderung begriffenen Weltstoff behandelt findet.

Wir haben drei Formen des Nihilismus vor uns, das Wort im Sinne Nietzsches gebraucht. Die Ideale von gestern, die seit Jahrhunderten herangewachsenen religiösen, künstlerischen, staatlichen Formen sind abgetan, nur daß selbst dieser letzte Akt der Kultur, ihre Selbstverneinung, noch einmal das Ursymbol ihres ganzen Daseins zum Ausdruck bringt. Der faustische Nihilist, Ibsen wie Nietzsche, Marx wie Wagner, zertrümmert die Ideale; der apollinische, Epikur wie Antisthenes und Zenon, läßt sie vor seinen Augen zerfallen; der indische zieht sich vor ihnen in sich selbst zurück. Der Stoizismus ist auf ein *Sichverhalten des einzelnen* gerichtet, auf ein statuenhaftes, rein gegenwärtiges Sein, ohne Beziehung auf Zukunft und Vergangenheit, oder auf andre. Der Sozialismus ist die dynamische Behandlung des gleichen Themas: dieselbe Verteidigung nicht auf die Haltung, sondern die Auswirkung des Lebens, aber mit einem mächtig angreifenden Zug ins Ferne auf die gesamte Zukunft und die gesamte Masse der Menschen erstreckt, die einer einzigen Methode unterworfen werden *sollen*; der Buddhismus, den nur ein Dilettant von Religionsforscher mit dem Christentum vergleichen kann,ist durch die Worte abendländischer Sprachen kaum wiederzugeben. Aber es ist erlaubt, von einem stoischen Nirwana zu reden und auf die Gestalt des Diogenes zu verweisen; auch der Begriff eines sozialistischen Nirwana ist zu rechtfertigen, sofern man die Flucht vor dem Kampf ums Dasein ins Auge faßt, wie die europäische Müdigkeit sie in die Schlagworte Weltfriede, Humanität und Verbrüderung aller Menschen kleidet. Aber nichts von dem reicht an den unheimlich tiefen Begriff des buddhistischen Nirwana heran. Es scheint, daß die Seele alter Kulturen in den letzten Verfeinerungen und sterbend wie eifersüchtig auf ihr eigenstes Eigentum, ihren Gehalt an Form, auf das mit ihr geborene Ursymbol ist. Es gibt nichts im Buddhismus, das „christlich" sein könnte, nichts im Stoizismus, das im Islam von 1000 n. Chr. vorkommt, nichts was Konfuzius mit dem Sozialismus gemein hätte. Der Satz: *si duo faciunt idem, non est idem*, der an der Spitze jeder historischen Betrachtung stehen sollte, die es mit lebendigem, nie sich wiederholendem Werden und nicht mit logisch, kausal und zahlenmäßig ergreifbarem Gewordnen zu tun hat, gilt ganz besonders von diesen, eine Kulturbewegung abschließenden Äußerungen. In allen Zivilisationen wird ein durch *seeltes* Sein von einem durch *geistigten* abgelöst, aber dieser Geist ist in jedem einzelnen Falle von andrer Struktur und der Formensprache einer andern Symbolik unterworfen. Gerade bei aller Einzigkeit des Seins, das im Unbewußten wirkend diese späten Gebilde der historischen Oberfläche schafft, ist deren Verwandtschaft der *historischen Stufe nach* von entscheidender Bedeutung. Was sie zum Ausdruck bringen, ist verschieden, daß sie es *so* zum Ausdruck bringen, kennzeichnet sie als „gleichzeitig". Stoisch wirkt der Verzicht Buddhas, buddhistisch der stoische Verzicht auf das volle resolute Leben. Auf das Verhältnis der Katharsis des attischen Dramas zur Idee des Nirwana war oben schon hingewiesen worden. Man hat das Gefühl, als befinde sich der ethische Sozialismus, obwohl ein ganzes Jahrhundert sich schon seiner Durchbildung widmete, noch heute nicht in der klaren, harten, resignierten Fassung, die seine endgültige sein wird. Vielleicht werden die nächsten Jahrzehnte ihm die reife Formel geben, wie sie Chrysipp der Stoa gab. Aber stoisch wirkt schon heute – in den höheren, sehr engen Kreisen – seine Tendenz zur Selbstzucht und Entsagung aus dem Bewußtsein einer großen Bestimmung heraus, das römisch-preußische, ganz unpopuläre Element in ihm, und buddhistisch seine Geringschätzung eines augenblicklichen Behagens, des *carpe diem*; epikuräisch erscheint sicherlich das populäre Ideal, dem er ausschließlich die Wirksamkeit nach unten und in die Breite verdankt, jener Kultus der ηδονε, nicht des einzelnen für sich, sondern einzelner im Namen der Ganzheit.

Jede Seele hat Religion. Das ist nur ein anderes Wort für ihr Dasein. Alle lebendigen Formen, in denen sie sich ausspricht, alle Künste, Lehren, Bräuche, alle metaphysischen und mathematischen Formenwelten, jedes Ornament, jede Säule, jeder Vers, jede Idee ist im Tiefsten religiös und *muß* es sein. Von nun an *kann* sie es nicht mehr sein. Das Wesen aller Kultur ist Religion; *folglich ist das Wesen aller Zivilisation Irreligion*. Auch das sind zwei Worte für ein und dieselbe Erscheinung. Wer das nicht im Schaffen Manets gegen Velasquez, Wagners gegen Haydn, Lysippos gegen Phidias, Theokrits gegen Pindar herausfühlt, der weiß nichts vom Besten der Kunst. Religiös ist noch die Baukunst des Rokoko selbst in ihren weltlichsten Schöpfungen. Irreligiös sind die Römerbauten, auch die Tempel der Götter. Mit dem Pantheon, jener Urmoschee mit dem eindringlich magischen Gottgefühl ihres Innenraums, ist das einzige Stück echt religiöser Baukunst in das alte Rom geraten. Die Weltstädte selbst sind den alten Kulturstädten gegenüber, Alexandria gegen Athen, Paris gegen Brügge, Berlin gegen Nürnberg, in allen Einzelheiten bis in das Straßenbild, die Sprache, den trocken intelligenten Zug der Gesichterhinein irreligiös (was man nicht mit antireligiös zu verwechseln hat). Und irreligiös, seelenlos sind demnach auch diese ethischen Weltstimmungen, die durchaus zur Formensprache der Weltstädte gehören. Der Sozialismus ist das irreligiös gewordene faustische Lebensgefühl; das besagt auch das vermeintliche („wahre") Christentum, das der englische Sozialist so gern im Munde führt und unter dem er etwas wie eine „dogmenlose Moral" versteht. Irreligiös sind Stoizismus und Buddhismus im Verhältnis zur orphischen und vedischen Religion, und es ist ganz Nebensache, ob der römische Stoiker den Kaiserkult billigt und ausübt, der spätere Buddhist seinen Atheismus mit Überzeugung bestreitet, der Sozialist sich freireligiös nennt oder auch „weiterhin an Gott glaubt".

Dies Erlöschen der lebendigen inneren Religiosität, das allmählich auch den unbedeutendsten Zug des Daseins gestaltet und erfüllt, ist es, was im historischen Weltbild als die Wendung der Kultur zur Zivilisation erscheint, als das *Klimakterium der Kultur,* wie ich es früher nannte, als die Zeitwende, wo die seelische Fruchtbarkeit einer Art von Mensch für immer erschöpft ist und die Konstruktion an Stelle der Zeugung tritt. Faßt man das Wort Unfruchtbarkeit in seiner ganzen ursprünglichen Schwere, so bezeichnet es das volle Schicksal des weltstädtischen Gehirnmenschen, und es gehört zum Bedeutsamsten der geschichtlichen Symbolik, daß diese Wendung sich nicht nur im Erlöschen der großen Kunst, der gesellschaftlichen Formen, der großen Denksysteme, des großen Stils überhaupt, sondern auch ganz körperlich in der Kinderlosigkeit und dem Rassetod der zivilisierten, vom Lande abgelösten Schichten ausspricht, eine Erscheinung, die in der römischen und chinesischen Kaiserzeit viel bemerkt und beklagt, aber notwendigerweise nicht gemildert worden ist.

16

Angesichts dieser neuen, rein geistigen Bildungen darf man über ihren lebendigen Träger nicht im Zweifel sein, den „neuen Menschen“, als der er hoffnungsvoll von allen Niedergangszeiten empfunden worden ist. Es ist der formlos durch alle Großstädte flutende Pöbel an Stelle des Volkes, die wurzellose städtische Masse, οι πολλοί, wie man in Athen sagte, an Stelle des mit der Natur verwachsenen, selbst auf dem Boden der Städte noch bäuerlichen Menschentums einer Kulturlandschaft. Es ist der Agorabesucher Alexandrias und Roms und sein „Zeitgenosse“, der moderne Zeitungsleser; es ist der „Gebildete“, jener Anhänger eines Kultus des geistigen Mittelmaßes und der Öffentlichkeit als Kultstätte, damals wie heute; es ist der antike und abendländische Mensch der Theater und Vergnügungsorte, des Sports und der Literatur des Tages. Diese spät erscheinende Masse und *nicht* “die Menschheit“ ist Objekt der stoischen und sozialistischen Propaganda, und man könnte ihr gleichbedeutende Erscheinungen des ägyptischen Neuen Reiches, des buddhistischen Indien, des konfuzianischen China zur Seite stellen.

Dem entspricht eine charakteristische Form der öffentlichen Wirksamkeit, die *Diatribe.*Zuerst als hellenistische Erscheinung beobachtet, gehört sie zu den Wirkungsformen *jeder* Zivilisation. Durch und durch dialektisch, praktisch, plebejisch, ersetzt sie die bedeutsame, weithin wirkende Gestalt großer Menschen durch schrankenlose Agitation der Kleinen, aber Klugen, Ideen durch Zwecke, Symbole durch Programme. Das Expansive jeder Zivilisation, der imperialistische Ersatz des inneren, seelischen durch den äußeren Raum kennzeichnet auch sie: die Quantität ersetzt die Qualität, die Verbreitung die Vertiefung. Man verwechsle diese hastige und flache Aktivität nicht mit dem faustischen Willen zur Macht. Sie verrät nur, daß ein schöpferisches Innenleben zu Ende und eine geistige Existenz nur nach außen, im Raum der Städte, nur materiell aufrecht zu erhalten ist. Die Diatribe gehört notwendig zur “Religion der Irreligiösen“; die ist deren eigentliche *Seelsorge*. Sie erscheint als indische Predigt, als antike Rhetorik, als abendländischer Journalismus. Sie wendet sich an die Meisten, nicht an die Besten. Sie wertet ihre Mittel nach der *Zahl* der Erfolge. Sie setzt an Stelle des Denkertums früher Zeiten die *intellektuelle männliche Prostitution* in Rede und Schrift, wie sie alle Säle und Plätze der Weltstädte füllt und beherrscht. Rhetorisch ist die gesamte Philosophie des Hellenismus, journalistisch das sozialethische System Spencers wie der Roman Zolas und das Drama Ibsens. Man verwechsle diese geistige Prostitution nicht mit dem ursprünglichen Auftreten des Christentums. Die christliche Mission ist in ihrem Wesenskern beinahe immer mißverstanden worden. Aber das Urchristentum, die *magische* Religion des Stifters, dessen Seele dieser brutalen Aktivität ohne Takt und Tiefe gar nicht fähig war, ist erst durch die hellenistische Praxis des Paulus – bekanntlich unter schroffstem Widerspruch der Urgemeinde – in die lärmende städtische demagogische Öffentlichkeit des Imperium Romanum hineingezogen worden. Mag seine hellenistische Bildung noch so gering gewesen sein, sie hat ihn nach außen zu einem Gliede der antiken Zivilisation gemacht. Jesus hatte Fischer und Bauern an sich gezogen, Paulus hielt sich an die Agora der großen Städte und also an die großstädtische Form der Propaganda. Das Wort Heide (*paganus*) verrät noch heute, auf wen sie *zuletzt* gewirkt hat. Wie verschieden ist Paulus von Bonifatius! Dieser bedeutet in seiner faustischen Leidenschaft, in Wäldern und einsamen Tälern, etwas streng Entgegengesetztes, und ebenso die heitren Zisterzienser mit ihrem Landbau und die Deutschordensritter im slawischen Osten. Das war wieder Jugend, Aufblühen, Sehnsucht inmitten einer bäuerlichen Landschaft. Erst im 19. Jahrhundert erscheint die Diatribe auf diesem mittlerweile gealterten Boden mit allem, was ihr wesenhaft ist, mit der großen Stadt als Basis und der Masse als Publikum. Das echte Bauerntum fällt für den Sozialismus so wenig in den Kreis der Betrachtung wie für Buddha und die Stoa. Erst hier, in den Städten des europäischen Westens, findet der Paulustyp wieder seinesgleichen, mag es sich nun um christliche oder antikirchliche Strömungen, soziale oder theosophische Interessen, um Freidenkertum oder um die Gründungen des religiösen Kunstgewerbes handeln.

Nichts ist für diese entschiedene Wendung zum äußeren Leben, das allein übrig geblieben ist, zur biologischen Tatsache, der gegenüber das Schicksal nur noch in der Form von Kausalitätsbeziehungen erscheint, bezeichnender als das ethische Pathos, mit dem man sich nun einer Philosophie der Verdauung, der Ernährung, der Hygiene zuwendet. Alkoholfragen und Vegetarismus werden mit religiösem Ernst behandelt, augenscheinlich das Gewichtigste an Problemen, wozu der „neue Mensch" sich aufschwingen kann. So entspricht es der Froschperspektive dieser Generationen. Religionen, wie sie an der Schwelle großer Kulturen entstehen, die orphische und vedische, das magische Christentum Jesu und das faustische der ritterlichen Germanen hätten es unter ihrer Würde gefunden, zu Fragen der Art auch nur für Augenblicke herabzusteigen. Jetzt steigt man zu ihnen hinauf. Der Buddhismus ist ohne eine leibliche neben seiner Seelendiät nicht denkbar. Im Kreise der Sophisten, des Antisthenes, der Stoiker und Skeptiker gewinnt dergleichen immer größere Bedeutung. Schon Aristoteles hat über die Alkoholfrage geschrieben, eine ganze Reihe von Philosophen über den Vegetarismus, und es besteht zwischen der apollinischen und der faustischen Methode nur der Unterschied, daß der Zyniker die eigne Verdauung, Shaw die Verdauung aller „Menschen" in sein theoretisches Interesse zieht. Der eine entsagt, der andere verbietet. Man weiß, wie selbst Nietzsche sich im „Ecce homo" in Fragen dieser Art gefällt.

17

Überblicken wir noch einmal den Sozialismus, unabhängig von der gleichnamigen Wirtschaftsbewegung, als das faustische Beispiel einer zivilisierten Ethik. Was seine Freunde und Feinde von ihm sagen, daß er die Gestalt der Zukunft oder daß er ein Zeichen des Niederganges sei, ist gleich richtig. Wir alle sind Sozialisten, ob wir es wissen und wollen oder nicht. Selbst der Widerstand gegen ihn trägt seine Form.

Alle antiken Menschen der späten Zeit waren mit der gleichen inneren Notwendigkeit Stoiker, ohne es zu wissen. Das ganze römische Volk, als Körper, hat eine stoische Seele. Der echte Römer, gerade der, welcher es am entschiedensten bestritten hätte, ist in einem strengeren Grade Stoiker, als es je ein Grieche hätte sein können. Die lateinische Sprache des letzten vorchristlichen Jahrhunderts ist die mächtigste Schöpfung des Stoizismus geblieben.

*Der ethische Sozialismus ist das überhaupt erreichbare Maximum eines Lebensgefühls unter dem Aspekt von Zwecken.*Denn die bewegte Richtung des Daseins, in den Worten Zeit und Schicksal fühlbar, bildet sich, sobald sie starr, bewußt, erkannt ist, in den geistigen Mechanismus der Mittel und Zwecke um. Richtung ist das Lebendige, Zweck das Tote. Faustisch überhaupt ist die Leidenschaft des Vordringens, sozialistisch im besonderen der mechanische Rest, der „Fortschritt". Sie verhalten sich wie der Leib zum Skelett. Dies ist zugleich der Unterschied des Sozialismus vom Buddhismus und Stoizismus, die mit ihren Idealen des Nirwana und der Ataraxia ebenso mechanistisch gestimmt sind, aber nicht die dynamische Leidenschaft der Ausdehnung, den Willen zum Unendlichen, das Pathos der dritten Dimension kennen.

Der ethische Sozialismus ist – trotz seiner Vordergrundillusionen – *kein* System des Mitleids, der Humanität, des Friedens und der Fürsorge, sondern des Willens zur Macht. Alles andere ist Selbsttäuschung. Das Ziel ist durchaus imperialistisch: Wohlfahrt, aber im expansiven Sinne, nicht der Kranken, sondern der Tatkräftigen, denen man die Freiheit des Wirkens geben will, und zwar mit Gewalt, ungehemmt durch die Widerstände des Besitzes, der Geburt und der Tradition. Gefühlsmoral, Moral auf das „Glück" und den Nutzen hin ist bei uns *nie* der letzte Instinkt, so oft es sich die Träger dieser Instinkte einreden. Man wird immer an die Spitze der moralischen Modernität Kant, in diesem Falle den Schüler Rousseaus, stellen müssen, dessen Ethik das Motiv des Mitleids ablehnt und die Formel prägt: „ *Handle so*, daß –." Alle Ethik dieses Stils will Ausdruck des Willens zum Unendlichen sein, und dieser Wille fordert Überwindung des Augenblicks, der Gegenwart, der Vordergründe des Lebens. An Stelle der sokratischen Formel: „Wissen ist Tugend" setzte schon Bacon den Spruch: „Wissen ist Macht". Der Stoiker nimmt die Welt, wie sie ist. Der Sozialist will sie der Form, dem Gehalt nach organisieren, umprägen, mit *seinem Geist* erfüllen. Der Stoiker paßt sich an. Der Sozialist befiehlt. Die ganze Welt soll die Form seiner Anschauung tragen – so läßt sich die Idee der „Kritik der reinen Vernunft" ins Ethische umsetzen. Das ist der letzte Sinn des kategorischen Imperativs, den er aufs Politische, Soziale, Wirtschaftliche anwendet: Handle so, als ob die Maxime deines Handelns *durch deinen Willen zum allgemeinen Gesetz werden sollte*. Und diese tyrannische Tendenz ist selbst den flachsten Erscheinungen der Zeit nicht fremd.

Nicht die Haltung und Gebärde, die Tätigkeit soll gestaltet werden. Wie in China und Ägypten kommt das Leben nur in Betracht, insofern es Tat ist. Und erst so, durch die

Mechanisierung des organischen Bildes der Tat, entsteht die *Arbeit im heutigen Sprachgebrauch als die zivilisierte Form faustischen Wirkens*. Diese Moral, der Drang, dem Leben die denkbar aktivste Form zu geben, ist stärker als die Vernunft, deren Moralprogramme, sie mögen noch so geheiligt, inbrünstig geglaubt, leidenschaftlich verteidigt sein, nur insoweit wirken, als sie in der Richtung dieses Dranges liegen oder in ihr mißverstanden werden. Im übrigen bleiben sie Worte. Man unterscheide in aller Modernität wohl die volkstümliche Seite, das süße Nichtstun, die Sorge um Gesundheit, Glück, Sorglosigkeit, den allgemeinen Frieden, kurz das vermeintlich Christliche von dem höheren Ethos, das nur die Tat wertet, das den Massen – wie alles Faustische weder verständlich noch erwünscht ist, die großartige *Idealisierung des Zweckes und also der Arbeit*. Will man dem römischen *„Panem et circenses"*, dem letzten epikuräisch-stoischen und im Grunde auch indischen Lebenssymbol, das entsprechende Symbol des Nordens und auch wieder des alten China und Ägypten zur Seite stellen, so muß es das *Recht auf Arbeit* sein, das bereits dem durch und durch preußisch empfundenen, heute europäisch gewordnen Staatssozialismus Fichtes zugrunde liegt und das in den letzten, furchtbarsten Stadien dieser Entwicklung in der Pflicht zur Arbeit gipfeln wird.

Endlich das Napoleonische in ihm, das *aere perennius*, der Wille zur Dauer. Der apollinische Mensch sah auf ein goldenes Zeitalter zurück; das enthob ihn des Nachdenkens über das Kommende. Der Sozialist – der sterbende Faust des zweiten Teils – ist der Mensch der historischen Sorge, des Künftigen, das er als Aufgabe und Ziel empfindet, dem gegenüber das Glück des Augenblicks verächtlich wird. Der antike Geist mit seinen Orakeln und Vogelzeichen will die Zukunft nur *wissen*, der abendländische will sie *schaffen*. Das *dritte Reich ist das germanische Ideal*, ein ewiges Morgen, an das alle großen Menschen von Joachim von Floris bis Nietzsche und Ibsen – Pfeile der Sehnsucht nach dem andern Ufer, wie es im Zarathustra heißt – ihr Leben knüpften. Alexanders Leben war ein wundervoller Rausch, ein Traum, in dem das homerische Zeitalter noch einmal heraufbeschworen wurde; Napoleons Leben war eine ungeheure Arbeit, nicht für sich, nicht für Frankreich, sondern für die Zukunft überhaupt.

An dieser Stelle greife ich zurück und erinnere noch einmal daran, wie verschieden die großen Kulturen sich die *Weltgeschichte* vorgestellt haben: der antike Mensch sah nur sich, seine Geschicke als ruhende Nähe, und fragte nicht nach dem Woher und Wohin. Universalgeschichte ist ihm ein unmöglicher Begriff. Das ist eine statische Geschichtsauffassung. Der magische Mensch sieht Geschichte als das große Weltdrama zwischen Schöpfung und Untergang, als das Ringen zwischen Seele und Geist, Gut und Böse, Gott und Teufel, ein streng begrenztes Geschehen mit einer *einmaligen Peripetie* als Höhepunkt: der Erscheinung des Erlösers. Der faustische Mensch sieht in der Geschichte eine gespannte Entwicklung auf ein Ziel. Die Reihe: Altertum – Mittelalter – Neuzeit ist ein *dynamisches* Bild. Er kann sich Geschichte gar nicht anders vorstellen, und wenn dies nicht Weltgeschichte an sich und überhaupt, sondern lediglich das Bild einer Weltgeschichte faustischen Stils ist, das mit dem Wachsein der westeuropäischen Kultur beginnt und aufhört, wahr und vorhanden zu sein, so ist der Sozialismus im höchsten Sinne die logische und praktische Krönung dieser Vorstellung. In ihm erhält das Bild den von der Gotik an vorbereiteten Abschluß.

Und hier wird der Sozialismus – im Gegensatz zum Stoizismus und Buddhismus – tragisch. Es ist von tiefster Bedeutung, daß Nietzsche vollkommen klar und sicher ist, solange es sich um die Frage handelt, was zertrümmert, was umgewertet werden soll; er verliert sich in nebelhafte Allgemeinheiten, sobald das Wozu, das Ziel in Rede steht. Seine Kritik der Dekadenz ist unwiderleglich, seine Übermenschenlehre ist ein Luftgebilde. Und dasselbe gilt von Ibsen – von Brand und Rosmersholm, Julian Apostata und Baumeister Solneß –, von Hebbel, von Wagner, von allen. Und darin liegt eine tiefe Notwendigkeit, denn von Rousseau an gibt es für den faustischen Menschen, was den großen Stil des Lebens betrifft, nichts mehr zu hoffen. Hier ist etwas zu Ende. Die nordische Seele hat ihre innern Möglichkeiten erschöpft und es blieb nur noch der dynamische Sturm und Drang, wie er sich in welthistorischen Zukunftsvisionen äußert, die mit Jahrtausenden messen, der bloße Trieb, die nach Schöpfung sich sehnende Leidenschaft, eine Form ohne Inhalt. Diese Seele war Wille und nichts andres; sie brauchte ein Ziel für ihre Kolumbussehnsucht; sie *mußte* einen Sinn und Zweck ihrer Wirksamkeit sich wenigstens vortäuschen, und so findet der feinere Beobachter einen Zug von Hjalmar Ekdal in aller Modernität, auch in ihren höchsten Erscheinungen. Ibsen hat es die Lebenslüge genannt. Nun, etwas von ihr liegt in der gesamten Geistigkeit der westeuropäischen Zivilisation, insoweit sie auf eine religiöse, künstlerische, philosophische Zukunft, ein sozialethisches Ziel, ein drittes Reich sich richtet, während in der tiefsten Tiefe ein dumpfes Gefühl nicht schweigen will, daß dieser ganze atemlose Eifer die verzweifelte Selbsttäuschung einer Seele ist, die nicht ruhen darf und kann. Aus dieser tragischen Situation – der Umkehrung des Hamletmotivs – ist Nietzsches gewaltsame Konzeption der Ewigen Wiederkunft hervorgegangen, an die er niemals mit gutem Gewissen geglaubt hat, die er aber trotzdem festhielt, um das Gefühl einer Sendung in sich zu retten. Auf dieser Lebenslüge ruht *Bayreuth*, das etwas sein *wollte* im Gegensatz zu Pergamon, das etwas *war*. Und ein Zug dieser Lüge haftet dem gesamten politischen, wirtschaftlichen, ethischen Sozialismus an, der gewaltsam über den vernichtenden Ernst seiner letzten Einsichten schweigt, um die Illusion der geschichtlichen Notwendigkeit seines Daseins zu retten.

18

Es bleibt noch ein Wort über die *Morphologie* der *Philosophiegeschichte* zu sagen.

Es gibt keine Philosophie überhaupt: jede Kultur besitzt ihre eigne; sie ist ein Teil ihres symbolischen Gesamtausdrucks und bildet mit ihren *Problemstellungen* und *Denkmethoden* eine geistige Ornamentik in strenger Verwandtschaft zu derjenigen der Architektur und bildenden *Kunst*. Aus der Höhe und Ferne betrachtet, ist es sehr nebensächlich, zu welchen sprachlich ausgedrückten

„Wahrheiten“ diese Denker innerhalb ihrer Schulen überhaupt gelangt sind – denn Schule, Konvention und Formenschatz sind hier wie in jeder großen Kunst die grundlegenden Elemente. Unendlich viel wichtiger als die Antworten sind die Fragen, und zwar hinsichtlich ihrer Auswahl und inneren Form, denn die *besondere* Art, wie ein Makrokosmos vor dem verstehenden Auge des Menschen einer bestimmten Kultur daliegt, gestaltet im voraus die gesamte Not und Art des Fragens.

Die antike und faustische Kultur haben nicht weniger wie die indische und chinesische ihre eigne Art, und zwar werden ihre großen Fragen *alle* am Anfang gestellt. Es gibt kein modernes Problem, das nicht schon die Gotik gesehen und in Form gebracht hätte. Es gibt kein hellenistisches, das nicht in den altorphischen Tempellehren zuerst aufgetaucht sein muß.

Es ist Nebensache, ob diese Sitte des grüblerischen Denkens in mündlicher Tradition oder in Büchern zum Ausdruck kommt, ob diese Schriften *persönliche* Schöpfungen eines Ich sind wie in unserer Literatur, oder eine anonyme, beständig schwankende Textmasse wie in der indischen, ob eine Reihe begrifflicher Systeme entsteht oder die letzten Einsichten in den Ausdruck von Kunst und Religion verkleidet bleiben wie in Ägypten. Aber der Gang dieser Lebensläufe von Denkweisen ist überall der gleiche. Am Anfang jeder Frühzeit, verschwistert mit der großen Architektur und Religion, ist Philosophie der geistige Widerhall eines gewaltigen metaphysischen Erlebens und dazu bestimmt, die heilige Kausalität des gläubig geschauten Weltbildes kritisch zu bestätigen.Nicht nur die naturwissenschaftlichen, sondern schon die philosophischen Grundunterscheidungen sind abhängig und abgelöst von den Elementen der zugehörigen Religion. In dieser Frühzeit sind die Denker *Priester,* nicht nur dem Geist, sondern selbst dem Stande nach. Das gilt von Scholastik und Mystik der gotischen und vedischen wie der homerischenund früharabischen Jahrhunderte.Erst mit Anbruch der Spätzeit wird die Philosophie städtisch und weltlich. Sie befreit sich aus der Dienstbarkeit der Religion und wagt es, diese selbst zum Objekt erkenntniskritischer Methoden zu machen. Denn das große Thema der brahmanischen, ionischen und Barockphilosophie ist das Erkenntnisproblem. Der städtische Geist wendet sich seinem eigenen Bilde zu, um festzustellen, daß es für das Wissen keine höhere Instanz gebe als ihn. Deshalb tritt das Denken nunmehr in die Nachbarschaft der höheren Mathematik, und statt der Priester finden wir Leute von Welt, Staatsmänner, Kaufherren, Entdecker, in hohen Stellungen und großen Aufgaben erprobt, deren „Denken über das Denken“ sich auf einer tiefen Lebenserfahrung aufbaut. Das ist die Reihe großer Gestalten von Thales bis Protagoras, von Bacon bis Hume, die Reihe der vorkonfuzianischen und vorbuddhistischen Denker, von denen wir nicht viel mehr wissen, als daß sie dagewesen sind.

An ihrem Ende stehen Kant und Aristoteles.Was nach ihnen beginnt, ist Philosophie der Zivilisation. Es gibt in jeder großen Kultur ein aufsteigendes Denken, das die

Urfragen am Anfang stellt und sie mit steigender Gewalt des geistigen Ausdrucks in immer neuen Antworten erschöpft – Antworten, wie gesagt, von *ornamentaler* Bedeutung –, und ein absteigendes, für das die Erkenntnisprobleme irgendwie fertig, überholt, bedeutungslos geworden sind. Es gibt eine metaphysische Periode, zuerst von religiöser, zuletzt von rationalistischer Fassung, wo das Denken und Leben noch Chaos in sich hat und aus einer Überfülle heraus weltgestaltend wirkt, und eine ethische, in welcher das großstädtisch gewordene Leben sich selbst fragwürdig erscheint und den Rest philosophischer Gestaltungskraft auf seine eigne Haltung und Erhaltung verwenden muß. In der einen *offenbart* sich das Leben; die zweite hat das Leben *zum Gegenstand.* Die eine ist „theoretisch", schauend im großen Sinne, die andre notgedrungen praktisch. Noch das kantische System ist in seinen tiefsten Zügen *geschaut* und *danach erst* logisch und systematisch formuliert und geordnet worden.

Ein Beweis ist Kants Verhältnis zur Mathematik. Wer nicht in die Formenwelt der Zahlen eingedrungen ist, wer sie nicht als Symbole in sich erlebt hat, ist kein echter Metaphysiker. In der Tat waren es die großen Denker des Barock, welche die Analysis geschaffen haben, und das Entsprechende gilt von den Vorsokratikern und Plato. Descartes und Leibniz sind neben Newton und Gauß, Pythagoras und Plato neben Archytas und Archimedes Gipfel der mathematischen Entwicklung. Aber schon Kant ist als Mathematiker bedeutungslos. Er ist in die letzten Feinheiten der damaligen Infinitesimalrechnung so wenig eingedrungen, als er Leibnizens Axiomatik sich zu eigen gemacht hat. Darin gleicht er seinem „Zeitgenossen" Aristoteles, und von nun an zählt kein Philosoph in der Mathematik mehr mit. Fichte, Hegel, Schelling und die Romantiker sind völlig unmathematisch, so gut wie Zenon und Epikur. Schopenhauer ist auf diesem Gebiet schwach bis zur Borniertheit, von Nietzsche ganz zu schweigen. Mit der Formenwelt der Zahlen ging eine große Konvention verloren. Seitdem fehlt es nicht nur an einer Tektonik der Systeme, es fehlt auch an dem, was man den *großen Stil* des Denkens nennen darf. Schopenhauer hat sich selbst einen Gelegenheitsdenker genannt.

Die Ethik ist über ihren Rang als Teil einer abstrakten Theorie hinausgewachsen. Von nun an ist sie *die* Philosophie, welche die andern Gebiete sich einverleibt; das praktische Leben rückt in den Mittelpunkt der Betrachtung. Die Leidenschaft des reinen Denkens sinkt. Die Metaphysik, Herrin von gestern, wird zur Dienerin von heute. Sie hat nur noch das Fundament zu liefern, das eine praktische Gesinnung trägt. Und das Fundament wird immer überflüssiger. Man vernachlässigt, man verspottet das Metaphysische, das Unpraktische, die „Steine statt des Brotes". Bei Schopenhauer ist es das vierte Buch, um dessentwillen die drei ersten da sind. Kant *glaubte* nur, daß es bei ihm ebenso sei. In der Tat ist ihm noch die reine, nicht die praktische Vernunft Mittelpunkt der Schöpfung. Genau so scheidet sich die antike Philosophie vor und nach Aristoteles: dort ein groß aufgefaßter Kosmos, kaum bereichert durch eine *formale* Ethik, hier die Ethik selbst als

Programm, als Not, auf der Basis einer nebenher und flüchtig konzipierten Metaphysik. Und man fühlt, daß die logische Gewissenlosigkeit, mit der zum Beispiel Nietzsche solche Theorien schnell hinwirft, gar nicht imstande ist, den Wert seiner eigentlichen Philosophie herabzusetzen.

Bekanntlich ist Schopenhauernicht von seiner Metaphysik zum Pessimismus, sondern vom Pessimismus, der ihn in seinem 17. Jahre überfiel, zur Entwicklung seines Systems gekommen. Shaw, ein sehr merkwürdiger Zeuge, macht im Ibsenbrevier darauf aufmerksam, daß man bei Schopenhauer – wie er sich ausdrückt – sehr wohl seine Philosophie annehmen kann, während man seine Metaphysik ablehnt. Damit ist ganz richtig das gesondert, wodurch er der erste Denker der neuen Zeit war, und das, was einer veralteten Tradition nach damals noch zu einer vollständigen Philosophie gehörte. Niemand würde diese Trennung bei Kant vornehmen. Sie würde auch nicht gelingen. Bei Nietzsche aber läßt sich leicht feststellen, daß seine „Philosophie" durchaus ein inneres, sehr frühes Erlebnis war, während er seinen Bedarf an Metaphysik an der Hand einiger Bücher schnell und oft mangelhaft genug deckte und nicht einmal seine ethische Lehre exakt darzustellen vermocht hat. Genau dieselbe Überlagerung einer lebendigen, zeitgemäßen, ethischen und einer von der Gewohnheit geforderten, entbehrlichen metaphysischen Gedankenschicht läßt sich bei Epikur und den Stoikern nachweisen. Diese Erscheinung gestattet über das Wesen einer zivilisierten Philosophie keinen Zweifel.

Die strenge Metaphysik hat ihre Möglichkeiten erschöpft. Die Weltstadt hat das Land endgültig überwunden, und ihr Geist bildet sich jetzt eine eigne, notwendigerweise nach außen gerichtete, mechanistische, seelenlose Theorie. Mit einem gewissen Recht sagt man von nun an Gehirn statt Seele. Und da im westeuropäischen „Gehirn" der Wille zur Macht, die tyrannische Richtung auf die Zukunft, auf Organisation der Gesamtheit nach praktischem Ausdruck verlangt, so nimmt die Ethik, je mehr sie ihre metaphysische Vergangenheit aus den Augen verliert, *sozialethischen und nationalökonomischen* Charakter an. Die von Hegel und Schopenhauer ausgehende Philosophie der Gegenwart, soweit sie den Geist der Zeit repräsentiert – was Lotze und Herbart z. B. nicht tun –, ist *Gesellschaftskritik*.

Die Aufmerksamkeit, welche der Stoiker dem eigenen Körper zuwendet, widmet der abendländische Denker dem Gesellschaftskörper. Es ist kein Zufall, daß aus der Schule Hegels der Sozialismus (Marx, Engels), der Anarchismus (Stirner) und die Problematik des sozialen Dramas (Hebbel) hervorgingen. Der Sozialismus ist die ins Ethische, und zwar ins *Imperativische* umgewandte Nationalökonomie. Solange es eine Metaphysik großen Stils gab, bis auf Kant, blieb die Nationalökonomie eine *Wissenschaft*. Sobald „Philosophie" gleichbedeutend mit praktischer Ethik wurde, trat sie an Stelle der Mathematik als *Unterlage des Weltdenkens*. Darin liegt die Bedeutung von Cousin, Bentham, Comte, Mill und Spencer.

Es steht dem Philosophen nicht frei, seine Stoffe zu wählen, so wenig die Philosophie immer und überall dieselben Stoffe hat. Es gibt keine ewigen Fragen; es gibt nur Fragen, die aus einem bestimmten Dasein heraus gefühlt und gestellt werden. „Alles Vergängliche ist nur ein Gleichnis“ – das gilt auch von jeder echten Philosophie als dem geistigen Ausdruck dieses Daseins, als der Verwirklichung seelischer Möglichkeiten in einer Formenwelt von Begriffen, Urteilen und Gedankenbauten, zusammengefaßt in der lebendigen Erscheinung ihres Urhebers. Eine jede ist vom ersten bis zum letzten Wort, vom abstraktesten Thema bis zum persönlichsten Charakterzug ein Gewordnes, aus der Seele in die Welt, aus dem Reiche der Freiheit in das der Notwendigkeit, aus dem unmittelbar Lebendigen ins Räumlich-Logische hinübergespiegelt und mithin vergänglich, von bestimmtem Tempo, von bestimmter Lebensdauer. Deshalb liegt eine strenge Notwendigkeit *in der Wahl des Themas*. Jede Epoche hat ihr eignes, das für sie und keine andre bedeutend ist. Hier sich nicht zu vergreifen, kennzeichnet den geborenen Philosophen. Der Rest der philosophischen Produktion ist belanglos, bloße Fachwissenschaft, langweilige Häufung systematischer und begrifflicher Subtilitäten.

Und deshalb ist die kennzeichnende Philosophie des 19. Jahrhunderts *nur* Ethik, *nur* Gesellschaftskritik in produktivem Sinne und nichts außerdem. Deshalb sind, von Praktikern abgesehen, *Dramatiker* – das entspricht der faustischen Aktivität – ihre bedeutendsten Vertreter, neben denen kein einziger Kathederphilosoph mit seiner Logik, Psychologie oder Systematik in Betracht kommt. Nur dem Umstande, daß diese Unbedeutenden, bloße Gelehrte, immer auch die Geschichte der Philosophie – und was für eine Geschichte! eine Sammlung von Daten und „Ergebnissen“ – geschrieben haben, verdankt man es, daß niemand heute weiß, was Geschichte der Philosophie ist und was sie sein könnte.

Die tiefe organische Einheit im Denken dieser Epoche ist deshalb noch nie durchschaut worden. Man kann ihren philosophischen Kern dadurch auf eine Formel bringen, daß man sich fragt, inwiefern Shaw der Schüler und Vollender Nietzsches ist. Diese Beziehung ist durchaus nicht ironisch gemeint. Shaw ist der einzige Denker von Rang, der konsequent in der Richtung des echten Nietzsche fortgeschritten ist, nämlich als produktiver Kritiker der abendländischen Moral, wie er andrerseits als Dichter die letzten Konsequenzen Ibsens zog und den Rest künstlerischer Gestaltung in seinen Stücken zugunsten praktischer Diskussionen aufgab.

Nietzsche ist in allem und jedem, soweit nicht der verspätete Romantiker in ihm Stil, Klang und Haltung seiner Philosophie bestimmt hat, ein Schüler materialistischer Jahrzehnte gewesen. Was ihn an Schopenhauer leidenschaftlich anzog, ohne daß es ihm oder irgend jemand anders zum Bewußtsein gekommen wäre, ist dasjenige Element seiner Lehre, durch welches er die Metaphysik großen Stils zerstört, durch das er seinen Meister Kant unfreiwillig parodiert hat, die Wendung aller tiefen Begriffe des Barock ins Handgreifliche und Mechanistische. Kant redet in unzulänglichen Worten, hinter denen sich eine gewaltige, schwer zugängliche Intuition verbirgt, von der Welt als Erscheinung; Schopenhauer nennt das die Welt als Gehirnphänomen. In ihm vollzieht sich die Wendung der tragischen Philosophie zum philosophischen Plebejertum. Es genügt, eine Stelle zu zitieren. In der „Welt als Wille und Vorstellung" (II, Kapitel 19) heißt es: „Der Wille, als das Ding an sich, macht das innere, wahre und unzerstörbare Wesen des Menschen aus: an sich selbst ist er jedoch bewußtlos. Denn das Bewußtsein ist bedingt durch den Intellekt, und dieser ist ein bloßes Akzidenz unseres Wesens; denn er ist eine Funktion des Gehirns, welches, nebst den ihm anhängigen Nerven und Rückenmark, eine bloße Frucht, ein Produkt, ja insofern ein Parasit des übrigen Organismus ist, als es nicht direkt eingreift in dessen inneres Getriebe, sondern dem Zweck der Selbsterhaltung bloß dadurch dient, daß es die Verhältnisse desselben zur Außenwelt reguliert." Das ist genau die Grundansicht des seichtesten Materialismus. Nicht umsonst war Schopenhauer wie einst Rousseau, zu den englischen Sensualisten in die Lehre gegangen. Dort lernte er Kant im Geiste der großstädtischen, aufs Zweckmäßige gerichteten Modernität mißverstehen. Der Intellekt als Werkzeug des Willens zum Leben,als Waffe im Kampf ums Dasein, das, was Shaw in eine groteske dramatische Formgebracht hat, dieser Weltaspekt Schopenhauers war es, der ihn beim Erscheinen von Darwins Hauptwerk (1859) mit einem Schlage zum Modephilosophen machte. Er war im Gegensatz zu Schelling, Hegel und Fichte der einzige, dessen metaphysische Formeln dem geistigen Mittelstand ohne Schwierigkeit eingingen. Seine Klarheit, auf die er stolz war, ist in jedem Augenblick in Gefahr, sich als Trivialität zu enthüllen. Hier konnte man, ohne auf Formeln zu verzichten, die eine Atmosphäre von Tiefsinn und Exklusivität um sich breiteten, die gesamte zivilisierte Weltanschauung sich zu eigen machen. Sein System ist *antizipierter Darwinismus*, dem die Sprache Kants und die Begriffe der Inder nur zur Verkleidung dienten. In seinem Buche „Über den Willen in der Natur" (1835) finden wir schon den Kampf um die Selbstbehauptung in der Natur, den menschlichen Intellekt als die wirksamste Waffe in ihm, die Geschlechtsliebe als die unbewußte Wahlaus biologischem Interesse.

Es ist die Ansicht, welche Darwin auf dem Umweg über Malthus mit unwiderstehlichem Erfolg in das Bild der Tierwelt hineingedeutet hat. Die nationalökonomische Herkunft des Darwinismus wird bewiesen durch die Tatsache, daß dieses System, von der Menschenähnlichkeit höherer Tiere aus gedacht, schon auf die Pflanzenwelt nicht mehr paßt und in Albernheiten ausartet, wenn man es mit seiner Willenstendenz (Zuchtwahl, *mimicry*) auch auf primitive organische Formen ernsthaft anwenden will.Beweisen nennt der Darwinist, eine Auswahl von Tatsachen so ordnen und bildhaft so erklären, daß sie seinem historisch-dynamischen Grundgefühl „Entwicklung" entspricht. Der „Darwinismus", d. h. jene Summe sehr verschiedenartiger und einander widersprechender Ansichten, deren Gemeinsames lediglich die Anwendung des Kausalprinzips auf Lebendiges, *also Methode, nicht Resultat* ist, war schon im 18. Jahrhundert in allen Einzelheiten bekannt. Die Affentheorie verteidigt

Rousseau schon 1754. Von Darwin stammt nur das manchesterliche System, *dessen Volkstümlichkeit sich aus dem latenten politischen Gehalt erklärt.*

Hier offenbart sich die geistige Einheit des Jahrhunderts. Von Schopenhauer bis zu Shaw haben alle, ohne es zu ahnen, dasselbe Prinzip in Form gebracht. Sie werden alle vom Entwicklungsgedanken geleitet, auch die, welche wie Hebbel nichts von Darwin wußten, und zwar nicht in seiner tiefen Goetheschen, sondern in seiner flachen zivilisierten Fassung, mag sie nun nationalökonomisches oder biologisches Gepräge tragen. Auch innerhalb der Entwicklungsidee, die durch und durch faustisch ist, die im strengsten Gegensatz zur zeitlosen aristotelischen Entelechie einen leidenschaftlichen Drang der unendlichen Zukunft entgegen offenbart, einen *Willen*, ein *Ziel*, die a priori die *Form* unserer Naturanschauung darstellt und als Prinzip gar nicht erst entdeckt zu werden brauchte, weil sie dem faustischen Geist – und ihm allein – immanent ist, vollzog sich die Wandlung von der Kultur zur Zivilisation. Bei Goethe ist sie erhaben, bei Darwin flach, bei Goethe organisch, bei Darwin mechanisch, bei jenem Erlebnis und Sinnbild, bei diesem Erkenntnis und Gesetz. Dort heißt sie innere Vollendung, hier „Fortschritt". Darwins Kampf ums Dasein, den er in die Natur hinein, nicht aus ihr herauslas, ist nur die plebejische Fassung jenes Urgefühls, das in Shakespeares Tragödien die großen Wirklichkeiten gegeneinander bewegt. Was dort als Schicksal innerlich angeschaut, gefühlt und in Gestalten verwirklicht wurde, das wurde hier als Kausalzusammenhang begriffen und in ein Oberflächensystem von Zweckmäßigkeiten gebracht. Und dieses System, nicht jenes Urgefühl, liegt den Reden Zarathustras, der Tragik der „Gespenster", der Problematik des Nibelungenrings zugrunde. Nur daß Schopenhauer, an den Wagner sich hielt, als der erste der Reihe seine eigne Erkenntnis entsetzt wahrnahm – dies ist die Wurzel seines Pessimismus, der in der Tristanmusik den höchsten Ausdruck fand –, während die Späteren, Nietzsche voran, sich an ihr, etwas gewaltsam zuweilen, begeisterten.

In Nietzsches Bruch mit Wagner, diesem letzten Ereignis des deutschen Geistes, über dem Größe liegt, verbirgt sich sein Wechsel des Lehrmeisters, sein unbewußter Schritt von Schopenhauer zu Darwin, von der metaphysischen zur physiologischen Formulierung desselben Weltgefühls, von der Verneinung zur Bejahung des Aspekts, den beide anerkennen, nämlich des Willens zum Leben, der mit dem Kampf ums Dasein identisch ist. In „Schopenhauer als Erzieher" bedeutet Entwicklung noch inneres Reifen; der Übermensch ist das Produkt einer mechanischen „Evolution". So ist der „Zarathustra" *ethisch* aus einem unbewußten Widerspruch gegen den „Parsifal", *künstlerisch* durchaus von diesem bestimmt, aus der Eifersucht eines Verkünders auf den andern entstanden.

Aber Nietzsche war auch Sozialist, ohne es zu wissen. Nicht seine Schlagworte, seine Instinkte waren sozialistisch, praktisch, auf das physiologische „Heil der Menschheit" gerichtet, woran Goethe und Kant nie gedacht hatten. Materialismus, Sozialismus,

Darwinismus sind nur künstlich und an der Oberfläche trennbar. So war es möglich, daß Shaw den Tendenzen der Herrenmoral und der Züchtung des Übermenschen nur eine kleine und sogar folgerichtige Wendung zu geben brauchte, um im dritten Akt von „Mensch und Übermensch", einem der wichtigsten und bezeichnendsten Werke am Ausgang der Epoche, die eigentliche Maxime *seines* Sozialismus zu erhalten. Shaw hat da nur ausgesprochen, aber rücksichtlos, klar, mit dem vollen Bewußtsein einer Trivialität, was ursprünglich, mit aller Theatralik Wagners und aller Verschwommenheit der Romantik, in den nicht ausgeführten Teilen des Zarathustra gesagt werden sollte. Man muß nur die notwendigen *praktischen*, aus der Struktur des gegenwärtigen öffentlichen Lebens folgenden Voraussetzungen und Konsequenzen der Gedankengänge Nietzsches zu finden wissen. Er bewegt sich in unbestimmten Wendungen wie „neue Werte", „Übermensch", „Sinn der Erde" und hütet oder fürchtet sich, das genauer zu fassen. Shaw tut es. Nietzsche bemerkt, daß die darwinistische Idee des Übermenschen den Begriff der Züchtung heraufruft, aber er bleibt bei dem klangvollen Ausdruck stehen. Shaw fragt weiter – denn es hat keinen Zweck, darüber zu reden, wenn man nichts *tun* will –, wie das zu geschehen hat, und er kommt dazu, die Verwandlung der Menschheit in ein Gestüt zu verlangen. Aber das ist lediglich die Konsequenz Zarathustras, zu der er selbst nur nicht den Mut, sei es auch den Mut der Geschmacklosigkeit, hatte. Wenn man von planmäßiger Züchtung redet, einem vollkommen materialistischen und utilitarischen Begriff, so ist man eine Antwort darauf schuldig, wer zu züchten hat, wen, wo und wie. Allein Nietzsches romantische Abneigung, die sehr prosaischen sozialen Folgerungen zu ziehen, seine Furcht, poetische Gedanken durch Gegenüberstellung mit nüchternen Tatsachen einer Kraftprobe auszusetzen, ließen ihn darüber schweigen, daß seine ganze Lehre, wie sie aus dem Darwinismus stammt, auch den Sozialismus, und zwar den sozialistischen *Zwang* als *Mittel* voraussetzt; daß jeder systematischen Züchtung einer Klasse höherer Menschen eine streng sozialistische Gesellschaftsordnung voraufgehen muß und daß diese „dionysische" Idee, da es sich um eine *gemeinsame* Aktion und nicht um eine Privatsache abseits lebender Denker handelt, demokratisch ist, mag man sie wenden, wie man will. Damit hat die ethische Dynamik des „Du sollst" ihren Gipfel erreicht: um der Welt die Form seines Willens aufzuerlegen, opfert der faustische Mensch sich selbst. Die Züchtung des Übermenschen folgt aus dem Begriff der Zucht *wahl*. Nietzsche war, seit er Aphorismen schrieb, unbewußt ein Schüler Darwins, aber Darwin selbst hatte den Entwicklungsgedanken des 18. Jahrhunderts durch nationalökonomische Tendenzen umgeprägt, die er von seinem Lehrer Malthus nahm und in das höhere Tierreich projizierte. Malthus hatte die Fabrikindustrie von Lancaster studiert, und man findet das ganze System, statt auf Tiere auf Menschen angewendet, schon in Buckles Geschichte der englischen Zivilisation (1857).

Und so stammt die „Herrenmoral" dieses letzten Romantikers auf einem merkwürdigen, aber für den Sinn der Zeit bezeichnenden Wege aus der Quelle aller geistigen Modernität, der Atmosphäre der englischen Maschinenindustrie. Der Macchiavellismus, den Nietzsche als Renaissance-Erscheinung pries und dessen Verwandtschaft mit Darwins Begriff der *mimicry* man nicht übersehen sollte, war tatsächlich der im „Kapital" von Marx – dem andern berühmten Jünger von Malthus – behandelte, und die Vorstufe dieses seit 1867 erscheinenden Grundbuches des politischen (nicht des ethischen) Sozialismus, die Schrift „Zur Kritik der politischen Ökonomie", erschien gleichzeitig mit Darwins Hauptwerk. Das ist die Genealogie der Herrenmoral. Der „Wille zur Macht", ins Reale, Politische, Nationalökonomische übersetzt, findet seinen stärksten Ausdruck in Shaws „Major Barbara". Sicherlich ist Nietzsche als Persönlichkeit der Gipfel dieser Reihe von Ethikern, aber hier reicht Shaw, der Parteipolitiker, als Denker an ihn heran. Der Wille zur Macht ist heute durch die beiden Pole des öffentlichen Lebens, die Arbeiterklasse und die großen Geld- und Gehirnmenschen, viel entschiedener vertreten als je durch einen Borgia. Der Milliardär Undershaft in dieser besten Komödie Shaws *ist* Übermensch. Nur hätte Nietzsche, der Romantiker, sein Ideal nicht wiedererkannt. Er sprach stets von einer Umwertung aller Werte, von einer Philosophie der Zukunft, also doch zunächst der westeuropäischen und nicht chinesischen oder afrikanischen Zukunft, aber wenn seine immer in dionysischer Ferne verschwimmenden Gedanken sich wirklich einmal zu greifbaren Gebilden verdichteten, so erschien ihm der Wille zur Macht unter dem Bilde von Dolch und Gift und nicht von Streiks und der Energie des Geldes. Trotzdem hat er erzählt, daß die Idee ihm zuerst im Kriege von 1870 und beim Anblick preußischer Regimenter, die zur Schlacht marschierten, aufgegangen sei.

Das Drama dieser Epoche ist nicht mehr Dichtung im alten, im Kultursinne, sondern eine Form der Agitation, Debatte und Beweisführung: die Schaubühne wurde durchaus „als moralische Anstalt" betrachtet. Selbst Nietzsche neigte wiederholt zu dramatischer Fassung seiner Gedanken. Richard Wagner hat in seiner Nibelungendichtung, vor allem in der frühesten Fassung um 1850, seine sozialrevolutionären Ideen niedergelegt, und Siegfried ist auf dem Umweg über künstlerische und außerkünstlerische Einwirkungen noch im vollendeten „Ring" ein Sinnbild des vierten Standes, der Fafnirhort eines des Kapitalismus, Brünhilde das des „freien Weibes" geblieben. Die Musik zur geschlechtlichen Zuchtwahl, deren Theorie, die „Abstammung der Arten", 1859 erschien, findet sich eben damals im dritten Akte des Siegfried und im Tristan. Es ist kein Zufall, daß Wagner, Hebbel und Ibsen beinahe gleichzeitig die Dramatisierung des Nibelungenstoffes unternahmen. Hebbel, als er in Paris Schriften von Friedrich Engels kennenlernt, drückt sein Erstaunen darüber aus (Brief vom 2. April 1844), daß er das soziale Prinzip der Zeit, wie er es eben damals in einem Drama „Zu irgend einer Zeit" darstellen wollte, ganz ebenso aufgefaßt habe wie der Verfasser des kommunistischen Manifestes, und bei seiner ersten Bekanntschaft mit Schopenhauer (Brief vom 29. März 1857) überrascht ihn auch die Verwandtschaft der „Welt als Wille und Vorstellung" mit wichtigen Tendenzen, die er seinem Holofernes und „Herodes und Mariamne" zugrunde gelegt hatte. Hebbels Tagebücher, deren wichtigster Teil zwischen 1835 und 1845 niedergeschrieben wurde, sind eine der tiefsten philosophischen Leistungen des Jahrhunderts, ohne daß er sich dessen bewußt gewesen wäre. Man würde nicht erstaunt sein, ganze Sätze von ihm wörtlich bei Nietzsche zu finden, der ihn nie gekannt und nicht immer erreicht hat.

Ich gebe hier eine Übersicht über die *wirkliche* Philosophie des 19. Jahrhunderts, deren einziges und eigenstes Thema der Wille zur Macht in einer zivilisiert-intellektuellen, ethischen oder sozialen Gestalt, als Wille zum Leben, als Lebenskraft, als praktisch-dynamisches Prinzip, als Begriff oder dramatische Gestalt ist. Die mit Shaw *abgeschlossene* Periode entspricht der antiken zwischen 350 und 250. Der Rest ist, mit Schopenhauer zu reden, Professorenphilosophie von Philosophieprofessoren.

1819 Schopenhauer, „Die Welt als Wille und Vorstellung“: der Wille zum Leben zum ersten Mal als einzige Realität („Urkraft“) in den Mittelpunkt gestellt, aber noch unter dem Eindruck des voraufgegangenen Idealismus zur Verneinung empfohlen.

1836 Schopenhauer, „Über den Willen in der Natur“: Antizipation des Darwinismus, aber metaphysisch verkleidet.

1840 Proudhon, „Qu'est-ce que la propriété?“: Grundlage des Anarchismus. – Comte, „Cours de philosophie positive“: die Formel „ordre et progrès“.

1841 Hebbel, „Judith“: erste dramatische Konzeption des „neuen Weibes“ und des Übermenschen (Holofernes). – Feuerbach, „Wesen des Christentums“.

1844 Engels, „Umriß einer Kritik der Nationalökonomie“: Grundlage der materialistischen Geschichtsauffassung. – Hebbel, „Maria Magdalena“: das erste soziale Drama.

1847 Marx, „Misère de la Philosophie“ (Synthese von Hegel und Malthus). Diese Jahre sind die entscheidende Epoche, mit welcher die Nationalökonomie die Sozialethik und Biologie zu beherrschen beginnt.

1848 Wagner, „Siegfrieds Tod“: Siegfried als sozialethischer Revolutionär, der Fafnirhort als Symbol des Kapitalismus.

1850 Wagner, „Kunst und Klima“: das Sexualproblem.

1850-58 Wagners, Hebbels und Ibsens Nibelungendichtungen.

1859 ein symbolisches Zusammentreffen: Darwin, „Entstehung der Arten durch natürliche Zuchtwahl“ (Anwendung der Nationalökonomie auf die Biologie) und Wagner, „Tristan und Isolde“. – Marx, „Zur Kritik der politischen Ökonomie“.

1863 J. St. Mill, „Utilitarianism“.

1865 Dühring, „Wert des Lebens", selten genannt, aber von höchstem Einfluß auf die nächste Generation.

1867 Ibsen, „Brand" und „Das Kapital" von Marx.

1878 Wagner, „Parsifal": erste Auflösung des Materialismus in Mystizismus.

1879 Ibsen, „Nora".

1881 Nietzsche, „Morgenröte": Übergang von Schopenhauer zu Darwin, die Moral als biologisches Phänomen.

1883 Nietzsche, „Also sprach Zarathustra": der Wille zur Macht, aber romantisch verkleidet.

1886 Ibsen, „Rosmersholm" (die „Adelsmenschen") und Nietzsche, „Jenseits von Gut und Böse".

1887/88 Strindberg, „Vater" und „Fräulein Julie".

1890 der nahende Abschluß der Epoche: die religiösen Werke Strindbergs, die symbolistischen Ibsens.

1896 Ibsen, „John Gabriel Borkman": der Übermensch.

1898 Strindberg, „Nach Damaskus".

Seit 1900 die letzten Erscheinungen.

1903 Weininger, „Geschlecht und Charakter": der einzige ernste Versuch, Kant durch Beziehung auf Wagner und Ibsen innerhalb dieser Epoche wiederzubeleben.

1903 Shaw, „Mensch und Übermensch": letzte Synthese von Darwin und Nietzsche.

1905 Shaw, „Major Barbara": der Typus des Übermenschen auf seinen wirtschaftspolitischen Ursprung zurückgeführt.

Damit hat sich, nach der metaphysischen Periode, auch die ethische erschöpft. Der ethische Sozialismus, von Fichte, Hegel, Humboldt vorbereitet, hatte die Zeit seiner leidenschaftlichen Größe um die Mitte des 19. Jahrhunderts. An dessen Ende war er bereits im Stadium der Wiederholungen angelangt, und das 20. Jahrhundert hat unter Beibehaltung des *Wortes* Sozialismus, an Stelle einer ethischen Philosophie, die nur Epigonen als unvollendet erscheint, eine Praxis wirtschaftlicher Tagesfragen gesetzt. Die ethische Weltstimmung des Abendlandes wird eine „sozialistische" bleiben, aber ihre Theorie hat aufgehört, Problem zu sein. Es besteht die Möglichkeit einer dritten und letzten Stufe westeuropäischer Philosophie: die eines physiognomischen Skeptizismus. Das Geheimnis der Welt erscheint nacheinander als Erkenntnisproblem, Wertproblem, Formproblem. Kant sah die Ethik als Erkenntnisgegenstand, das 19. Jahrhundert sah die Erkenntnis als Gegenstand einer Wertung. Der Skeptiker würde *beides* lediglich als historischen Ausdruck einer Kultur betrachten.

Sechstes Kapitel: Faustische und Apollinische Naturerkenntnis

1

In einer berühmt gewordnen Rede sagte Helmholtz 1869: „Das Endziel der Naturwissenschaft ist, die allen Veränderungen zugrunde liegenden Bewegungen und deren Triebkräfte zu finden, also sich in Mechanik aufzulösen.“ In Mechanik, das bedeutet die Zurückführung aller qualitativen Eindrücke auf unveränderliche quantitative Grundwerte, auf *Ausgedehntes* also und dessen *Ortsveränderung*; das bedeutet weiterhin, wenn man sich des Gegensatzes von Werden und Gewordnem, Erlebtem und Erkanntem, von Gestalt und Gesetz, Bild und Begriff erinnert, die Zurückführung des gesehenen Natur *bildes* auf das vorgestellte Bild einer einheitlichen, zahlenmäßigen Ordnung von meßbarer Struktur. Die eigentliche Tendenz aller abendländischen Mechanik geht auf eine geistige *Besitzergreifung durch Messung*; sie ist deshalb genötigt, das Wesen der Erscheinung in einem System konstanter, der Messung restlos zugänglicher Elemente zu suchen, deren wichtigstes nach der Definition von Helmholtz mit dem – der täglichen *Lebens*erfahrung entnommenen – Worte *Bewegung* bezeichnet wird.

Dem Physiker erscheint diese Definition unzweideutig und erschöpfend; dem Skeptiker, der die Psychologie dieser wissenschaftlichen Überzeugung verfolgt, nichts weniger als das. Dem einen ist die gegenwärtige Mechanik ein folgerichtiges System von klaren eindeutigen Begriffen und ebenso einfachen wie notwendigen Beziehungen, dem andern ist sie ein die Struktur des westeuropäischen Geistes kennzeichnendes *Bild*, allerdings von höchster Konsequenz des Aufbaus und stärkster Überzeugungskraft. Daß durch alle *praktischen* Erfolge und Entdeckungen nichts für die „ *Wahr*heit“ der *Theorie*, des *Bildes* bewiesen wird, versteht sich von selbst.Den meisten erscheint „die“ Mechanik allerdings als die selbstverständliche Fassung von Natureindrücken, aber sie scheint es nur. Denn was ist Bewegung? Daß alles Qualitative auf die Bewegung unveränderlicher, gleichartiger Massenpunkte zurückführbar sei – ist das nicht schon ein rein faustisches, kein allgemein menschliches Postulat? Archimedes z. B. fühlte durchaus nicht das Bedürfnis, mechanische Einsichten in die Vorstellung von Bewegungen umzudenken. Ist Bewegung überhaupt eine rein mechanische Größe? Ist sie ein Wort für eine Erfahrung des Auges oder ein davon abgezogener Begriff? Bezeichnet sie die Zahl, welche durch Messung experimentell hervorgerufener Tatsachen ermittelt worden ist, oder das ihr unterlegte Bild? Und wenn es der Physik wirklich eines Tages gelänge, ihr vermeidliches Ziel zu erreichen und alles sinnlich Erfaßbare in ein lückenloses System gesetzmäßig fixierter „Bewegungen“ und der hinter ihnen als wirkend vorgestellten Kräfte zu bringen, wäre sie damit im „Erkennen“ dessen, was vorgeht, auch nur um einen Schritt vorwärts gekommen? Ist die Formensprache der Mechanik darum weniger dogmatisch? Enthält sie nicht vielmehr den Mythos der Urworte, welche die Erfahrung gestalten statt aus ihr hervorzugehen, gerade in seiner schärfsten Fassung? Was ist Kraft? Was ist eine Ursache? Was ist ein Prozeß? Ja – hat die Physik überhaupt, selbst auf Grund ihrer eigenen Definitionen, eine eigentliche Aufgabe? Besitzt sie ein durch alle Jahrhunderte gültiges Endziel? Besitzt sie, um ihre Resultate auszusprechen, auch nur eine unanfechtbare Gedankengröße?

Die Antwort kann vorweggenommen werden. Die heutige Physik, als Wissenschaft ein ungeheures System von *Kennzeichen* in Gestalt von Namen und Zahlen, das es gestattet, mit der Natur wie mit einer Maschine zu arbeiten,mag ein genau bestimmbares Endziel haben; als ein Stück *Geschichte* mit allen Schicksalen und Zufällen im Leben der beteiligten Personen und im Gang des Forschens selbst ist die Physik nach Aufgabe, Methode und Resultat Ausdruck und Verwirklichung einer Kultur, ein organisch sich entwickelnder Zug ihres Wesens, jedes ihrer Ergebnisse ein Symbol. Was die Physik, die ja lediglich im Wachsein lebender Kulturmenschen vorhanden ist, durch diese zu finden vermeint, lag der Art und Weise ihres Suchens schon zugrunde. Ihre Entdeckungen sind dem bildhaften Gehalt nach, außerhalb der Formeln, selbst im Kopf so vorsichtiger Forscher, wie es J. R. Mayer, Faraday und Hertz waren, rein mythischer Natur. Angesichts aller physikalischen Exaktheit unterscheide man in jedem Naturgesetz wohl zwischen unbenannten Zahlen und deren Benennung, zwischen einer bloßen Grenzsetzungund deren theoretischer Deutung. Die Formeln stellen allgemein logische Werte dar, reine Zahlen, objektive Raum- und Grenzelemente also, aber Formeln sind stumm. Der Ausdruck $s = \frac{1}{2}gt^2$ bedeutet gar nichts, solange man bei den Buchstaben nicht an bestimmte Worte und deren Bildsinn zu denken vermag. Kleide ich die toten Zeichen aber in solche Worte, gebe ich ihnen Fleisch, Körper, Leben, eine sinnliche Weltbedeutung überhaupt, so habe ich die Schranken einer *bloßen Ordnung* überschritten. Θεωρία heißt Bild, Vision. Erst sie macht aus einer mathematischen Formel ein wirkliches Naturgesetz. Alles Exakte an sich ist *sinnlos*; jede physikalische Beobachtung ist so beschaffen, daß ihr Ergebnis etwas *beweist* nur unter der Voraussetzung einer Anzahl von bildhaften Annahmen, die von nun an überzeugender wirken. Abgesehen davon besteht das Ergebnis nur aus leeren Ziffern. Aber wir können von solchen Annahmen gar nicht absehen. Selbst wenn ein Forscher alle ihm als solche bewußten Hypothesen beiseite setzt, so kann er doch, sobald er *denkend* an diese Aufgabe herantritt, die unbewußte Form dieses Denkens nicht beherrschen – sie beherrscht ihn! –, da er stets als Mensch einer Kultur, eines Zeitalters, einer Schule voller Tradition lebend tätig ist. Glaube und „Erkenntnis“ sind nur zwei Arten von innerer Gewißheit, aber der Glaube ist älter und meistert alle Bedingungen eines noch so exakten Wissens. Und eben die Theorien, nicht die reinen Zahlen sind die Träger aller Naturerkenntnis. Die unbewußte Sehnsucht jeder echten Wissenschaft, die – es sei noch einmal gesagt – lediglich im Geiste von Kulturmenschen vorhanden ist, richtet sich auf das Begreifen, das Durchdringen und Umfassen des Weltbildes der

Natur, nicht auf die messende Tätigkeit an sich, die immer nur eine Freude unbedeutender Köpfe gewesen ist. Zahlen sollten stets nur der Schlüssel zum Geheimnis sein. Um der Zahlen selbst willen hätte kein bedeutender Mensch jemals Opfer gebracht.

Zwar sagt Kant an einer bekannten Stelle: „Ich behaupte, daß in jeder besonderen Naturlehre nur so viel eigentliche Wissenschaft angetroffen werden könne, als darin Mathematik anzutreffen ist." Gemeint ist die reine Grenzsetzung in der Sphäre des Gewordnen, insofern sie als Gesetz, Formel, Zahl, System erscheint, aber ein Gesetz ohne Worte, eine Zahlenreihe als bloße Ablesung der Angaben von Meßinstrumenten ist als geistige Handlung in vollkommener Reinheit nicht einmal vorstellbar. Jedes Experiment, jede Methode, jede Beobachtung wächst aus einer mehr als mathematischen Gesamtanschauung hervor. Jede gelehrte Erfahrung ist, sie mag sonst sein was sie will, auch ein Zeugnis symbolischer Vorstellungs *arten*. Alle in Worte gefaßten Gesetze sind belebte, durchseelte Ordnungen, vom innersten Gehalt einer und nur einer Kultur erfüllt. Will man von Notwendigkeit reden, da sie eine Forderung aller exakten Forschung ist, so liegt eine doppelte vor: eine Notwendigkeit im Seelischen und Lebendigen, denn es ist Schicksal, ob, wann und wie sich die Geschichte jeder einzelnen Forschung abspielt; und eine Notwendigkeit innerhalb des Erkannten für die uns Westeuropäern der Name *Kausalität* geläufig ist. Mögen die reinen Zahlen einer physischen Formel eine kausale Notwendigkeit darstellen; das Vorhandensein, die Entstehung, die Lebensdauer einer Theorie ist ein Schicksal.

Jede Tatsache, selbst die einfachste, enthält bereits eine Theorie. Eine Tatsache ist ein einmaliger Eindruck auf ein wachendes Wesen, und alles hängt davon ab, ob es ein Mensch der Antike oder des Abendlandes, der Gotik oder des Barock ist, für den sie da ist oder da war. Man überlege sich, wie ein Blitz auf einen Sperling oder auf einen gerade beobachtenden Naturforscher wirkt, und was in der „Tatsache" für diesen mehr enthalten ist als in der „Tatsache" für jenen. Der Physiker von heute vergißt zu leicht, daß schon Worte wie Größe, Lage, Prozeß, Zustandsänderung, Körper spezifisch abendländische Bilder darstellen, mit einem in Worte nicht mehr zu fassenden Bedeutungsgefühl, das dem antiken oder arabischen Denken und Fühlen gänzlich fremd ist, das aber den Charakter der wissenschaftlichen Tatsachen als solcher, die Art des Erkanntwerdens vollkommen beherrscht, ganz zu schweigen von so verwickelten Begriffen wie Arbeit, Spannung, Wirkungsquantum, Wärmemenge, Wahrscheinlichkeit,welche jeder für sich einen wirklichen Natur *mythos* enthalten. Wir empfinden derartige gedankliche Bildungen als Resultat einer vorurteilsfreien Forschung, unter Umständen als endgültige. Ein feiner Kopf aus der Zeit des Archimedes würde nach gründlichem Studium der modernen theoretischen Physik versichert haben, es sei ihm unbegreiflich, wie jemand so willkürliche, groteske und verworrene Vorstellungen als Wissenschaft und noch dazu als notwendige Folgerungen aus den vorliegenden Tatsachen ansprechen könne. Wissenschaftlich gerechtfertigte Folgerungen seien viel mehr – und er würde seinerseits auf Grund derselben „Tatsachen", der mit seinem Auge gesehenen und in seinem Geist gestalteten Tatsachen nämlich, Theorien entwickelt haben, denen unsre Physiker mit erstauntem Lächeln zugehört hätten.

Welches sind denn die Grundvorstellungen, die sich im Gesamtbilde der heutigen Physik mit innerer Folgerichtigkeit entwickelt haben? Polarisierte Lichtstrahlen, wandernde Ionen, die fliehenden und geschleuderten Gasteilchen der kinetischen Gastheorie, magnetische Kraftfelder, elektrische Ströme und Wellen – sind das nicht sämtlich faustische Visionen, faustische Symbole von engster Verwandtschaft mit der romanischen Ornamentik, dem Hinaufstreben gotischer Bauten, den Wikingerfahrten in unbekannte Meere und der Sehnsucht des Kolumbus und Kopernikus? Ist diese Formen- und Bilderwelt nicht in genauem Einklang mit den gleichzeitigen Künsten, der perspektivischen Ölmalerei und der Instrumentalmusik erwachsen? Ist das nicht unser leidenschaftliches Gerichtetsein, das Pathos der dritten Dimension, das wie im Seelenbilde, so auch im vorgestellten Bilde der Natur zu symbolischem Ausdruck gelangt ist?

2

Daraus ergibt sich, daß allem „Wissen“ von der Natur, auch dem exaktesten, ein religiöser Glaube zugrunde liegt. Die reine Mechanik, auf welche die Natur zurückzuführen die abendländische Physik als ihr Endziel bezeichnet, ein Ziel, dem diese Bildersprache dient, setzt ein *Dogma*, nämlich das religiöse Weltbild der gotischen Jahrhunderte voraus, durch welches sie geistiges Eigentum der abendländischen Kulturmenschheit und nur dieser ist. Es gibt keine Wissenschaft ohne unbewußte Voraussetzungen solcher Art, über welche der Forscher keine Macht besitzt, und zwar Voraussetzungen, welche sich bis in die frühesten Tage der erwachenden Kultur zurückführen lassen. *Es gibt keine Naturwissenschaft ohne eine voraufgegangene Religion.* In diesem Punkte besteht kein Unterschied zwischen katholischer und materialistischer Naturanschauung: sie sagen beide dasselbe mit andern Worten. Auch die atheistische Naturforschung hat Religion; die moderne Mechanik ist Stück für Stück ein Nachbild gläubigen Schauens.

Das Vorurteil des mit Thales und Bacon auf die Höhe der Ionik und des Barock gelangten *städtischen* Menschen bringt die kritische Wissenschaft in einen hochmütigen Gegensatz zur frühen Religion des noch stadtlosen Landes, als die überlegene Stellung zu den Dingen, im Alleinbesitz der wahren Erkenntnismethoden und damit berechtigt, die Religion selbst empirisch und psychologisch zu erklären, sie „zu überwinden“. Nun zeigt die Geschichte der hohen Kulturen, daß „Wissenschaft“ ein spätes und vorübergehendes Schauspiel ist,dem Herbst und Winter dieser großen Lebensläufe angehörend, im antiken wie im indischen, chinesischen und arabischen Denken von der Lebensdauer weniger Jahrhunderte, innerhalb deren sich ihre

Möglichkeiten erschöpfen. Die antike Wissenschaft ist zwischen den Schlachten von Cannä und Actium erloschen und hat wieder dem Weltbilde der „zweiten Religiosität"Platz gemacht. Danach ist es möglich vorauszusehen, wann das abendländische Naturdenken die Grenze seiner Entwicklung erreichen wird.

Nichts berechtigt dazu, dieser geistigen Formenwelt den Vorrang vor andern zu geben. Jede kritische Wissenschaft beruht wie jeder Mythos, jeder religiöse Glaube überhaupt auf einer inneren Gewißheit; ihre Bildungen sind von anderm Bau und Klang, ohne grundsätzlich verschieden zu sein. Alle Einwände, welche die Naturwissenschaft gegen die Religion richtet, treffen sie selbst. Es ist ein großes Vorurteil, jemals an Stelle „anthropomorpher" Vorstellungen „die Wahrheit" setzen zu können. Andre als solche Vorstellungen gibt es überhaupt nicht. In jeder, die überhaupt möglich ist, spiegelt sich das Dasein ihres Urhebers. „Der Mensch schuf Gott nach seinem Bilde" – so gewiß das von jeder geschichtlichen Religion gilt, so gewiß gilt es von jeder physikalischen, vermeintlich noch so gut begründeten Theorie. Die Natur des Lichtes haben antike Forscher sich so vorgestellt, daß es aus körperlichen Abbildern besteht, die von der Lichtquelle zum Auge gehen. Für das arabische Denken, ohne Zweifel schon an den persisch-jüdischen Hochschulen von Edessa, Resain und Pumbadita, und für Porphyrios unmittelbar bezeugt, werden die Farben und Formen der Dinge in magischer („geistiger") Weise der substanziell vorgestellten Sehkraft, die in den Augäpfeln ruht, zugeführt. So haben Ibn al Haitam, Avicenna und die „Lauteren Brüder" gelehrt.Daß das Licht eine Kraft – *impetus* – ist, war schon um 1300 die Vorstellung des Pariser Occamistenkreises um Buridan, Albert von Sachsen und den Erfinder der Koordinatengeometrie, Nicolas von Oresme.Jede Kultur hat sich eine eigne Gruppe von Bildern der Vorgänge geschaffen, die für sie allein wahr ist und es nur so lange bleibt, als die Kultur lebendig und im Verwirklichen ihrer innern Möglichkeiten begriffen ist. Ist eine Kultur zu Ende und damit das schöpferische Element, die Bildkraft, die Symbolik erloschen, so bleiben „leere" Formeln, Gerippe von toten Systemen übrig, die von den Menschen fremder Kulturen ganz buchstäblich als sinnlos und wertlos empfunden, mechanisch beibehalten oder verachtet und vergessen werden. Zahlen, Formeln, Gesetze *bedeuten* nichts und *sind* nichts. Sie müssen einen Leib haben, den ihnen nur ein *lebendes* Menschentum verleiht, indem es in ihnen und durch sie lebt, sich zum Ausdruck bringt, sie innerlich in Besitz nimmt. Und deshalb gibt es keine absolute Physik, nur einzelne, auftauchende und schwimmende Physiken innerhalb einzelner Kulturen.

Die „Natur" des antiken Menschen fand ihr höchstes künstlerisches Sinnbild in der nackten Statue; aus ihr erwuchs folgerichtig eine *Statik von Körpern*, eine *Physik der Nähe.* Zur arabischen Kultur gehört die Arabeske und die höhlenhafte Wölbung der Moschee; aus diesem Weltgefühl ist die *Alchymie* entstanden mit der Vorstellung von geheimnisvoll wirkenden Substanzen wie dem „Merkur der Philosophen", der weder ein Stoff ist noch eine Eigenschaft, sondern etwas, das in magischer Weise dem farbigen

Dasein von Metallen zugrunde liegt und ihre Verwandlung ineinander bewirken kann.Die „Natur“ des faustischen Menschen endlich hat eine *Dynamik des unbegrenzten Raumes*, eine *Physik der Ferne* hervorgebracht. Zur ersten gehören die Vorstellungen von *Stoff und Form,* zur zweiten gut spinozistisch die von *Substanzen* und ihren sichtbaren oder geheimen *Attributen,* zur dritten die von *Kraft* und *Masse.* Die apollinische Theorie ist ein ruhiges Betrachten, die magische ein verschwiegenes Wissen um – man kann auch da den religiösen Ursprung der Mechanik erkennen – die „Gnadenmittel“ der Alchymie, die faustische von Anfang an *Arbeitshypothese.* Der Grieche fragte nach dem Wesen des sichtbaren Seins; wir fragen nach der Möglichkeit, uns der unsichtbaren Triebkräfte des Werdens zu bemächtigen. Was für jenen die liebevolle Versenkung in den Augenschein, das ist für uns die gewaltsame Befragung der Natur, das methodische Experiment.

Und wie die Problemstellung und Methoden, so sind auch die Grundbegriffe Symbole je einer und nur dieser einen Kultur. Die antiken Urworte ἄπειρον, ἀρχή, μορφή, ὕλη sind in unsere Sprachen nicht übersetzbar; ἀρχή mit Urstoff übersetzen, heißt den apollinischen Gehalt beseitigen und den Rest, das bloße Wort, mit einem fremden Bedeutungsgefühl erklingen lassen. Was ein antiker Mensch als „Bewegung“ im Raum vor sich sah, verstand er als ἀλλοίωσις, Veränderung der Lage von Körpern. Von der Art, wie wir Bewegungen sehend erleben, haben wir den Begriff „Prozeß“ abgezogen, von *procedere*, vorschreiten, womit die ganze Richtungsenergie ausgedrückt ist, ohne die es für uns kein Nachdenken über Naturvorgänge gibt. Die antike Naturkritik hat die sichtbaren Aggregatzustände als die Urverschiedenheit angesetzt, die berühmten vier Elemente des Empedokles, nämlich das starr Körperliche, das unstarr Körperliche und das Nichtkörperliche.Die arabischen „Elemente“ sind in den Vorstellungen der geheimen Konstitutionen und Konstellationen enthalten, welche die Erscheinung der Dinge fürs Auge bestimmen. Man versuche, dieser Fühlweise näherzukommen, und man wird finden, daß der Gegensatz von fest und flüssig für einen Aristotelesschüler und einen Syrer ganz Verschiedenes bedeuten, nämlich dort Grade der Körperlichkeit, hier magische Attribute. So entsteht *das Bild des chemischen Elements*, jene Art magischer Substanzen, die durch geheimnisvolle Kausalität aus den Dingen erscheinen und wieder in ihnen verschwinden, die sogar den Einflüssen der Gestirne unterliegen. Die Alchymie enthält den tiefen wissenschaftlichen Zweifel an der plastischen Wirklichkeit der Dinge, der *somata* griechischer Mathematiker, Physiker und Dichter, die sie auflöst, zerstört, um das Geheimnis ihres Wesens zu finden. Es ist ein wahrer Bildersturm wie jener des Islam und der byzantinischen Bogumilen. Ein tiefer Unglaube an die greifbare Gestalt, in welcher die Natur erscheint, die Gestalt, welche den Griechen heilig war, offenbart sich. Der Streit um die Person Christi auf allen frühen Konzilen, der zu den nestorianischen und monophysitischen Spaltungen führte, ist ein *alchimistisches Problem.* Es wäre keinem antiken Physiker eingefallen, die Dinge zu erforschen, indem er ihre anschauliche Form verneinte oder vernichtete. Es gibt deshalb keine antike

Chemie, so wenig es eine antike Theorie von der Substanz Apollos statt von seinen Erscheinungsweisen gab.

Die chemische Methode arabischen Stils ist das Zeichen eines neuen Weltbewußtseins. Ihre Erfindung knüpft sich an den Namen jenes rätselhaften Hermes Trismegistos, der in Alexandria *gleichzeitig mit Plotin und Diophant,* dem Begründer der Algebra, gelebt haben soll. Mit einem Schlage ist die mechanische Statik, die apollinische Naturwissenschaft zu Ende. Und wieder gleichzeitig mit der endgültigen Emanzipation der faustischen Mathematik durch Newton und Leibniz befreite sich auch die abendländische Chemievon ihrer arabischen Form durch Stahl (1660-1734) und dessen Phlogistontheorie. Die eine wie die andre wird reine Analysis. Schon Paracelsus (1493-1541) hatte die magische Tendenz, Gold zu machen, in eine arzneiwissenschaftliche umgewandelt. Man spürt darin ein verändertes Weltgefühl. Robert Boyle (1626-1691) hat dann *die analytische Methode* und damit *den westeuropäischen Begriff des Elements* geschaffen. Aber man täusche sich darüber nicht: was man die Begründung der modernen Chemie nennt, deren Epochen durch die Namen Stahl und Lavoisier bezeichnet werden, ist nichts weniger als eine Ausbildung „chemischer" Gedanken, sofern man darunter alchymistische Naturanschauungen versteht. Sie ist das *Ende* der eigentlichen Chemie, ihre Auflösung in das umfassende System der reinen Dynamik, ihre Einordnung in diejenige mechanische Naturanschauung, welche die Barockzeit durch Galilei und Newton begründet hatte. Die Elemente des Empedokles bezeichnen ein körperliches Sichverhalten, die Elemente der Verbrennungstheorie Lavoisiers (1777), die der Entdeckung des Sauerstoffs (1771) folgte, ein dem *menschlichen Willen* zugängliches Energiesystem. Fest und flüssig werden Bezeichnungen für Spannungsverhältnisse zwischen Molekülen. Durch unsere Analysen und Synthesen wird die Natur nicht nur befragt oder überredet, sondern bezwungen. Die moderne Chemie ist ein Kapitel der modernen *Physik der Tat.*

Was wir Statik, Chemie, Dynamik nennen, historische Bezeichnungen ohne tieferen Sinn für die heutige Naturwissenschaft, sind *die drei physikalischen Systeme der apollinischen, magischen und faustischen Seele,* jedes in seiner Kultur erwachsen, jedes in seiner Geltung auf eine Kultur beschränkt. Dem entsprechen die Mathematiken der euklidischen Geometrie, der Algebra, der höheren Analysis, und die Künste der Statue, der Arabeske, der Fuge. Will man die drei Arten von Physik – denen jede andre Kultur wieder eine andre zur Seite setzen könnte und müßte – nach ihrer Auffassung des Bewegungsproblems unterscheiden, so hat man eine mechanische Ordnung von Zuständen, von geheimen Kräften, von Prozessen.

3

Nun hat die Tendenz des menschlichen, stets kausal angelegten Denkens, das Naturbild auf möglichst einfache quantitative Formeinheiten zurückzuführen, welche ein kausales Auffassen, Messen, Zählen, kurz mechanische Unterscheidungen gestatten, in der antiken, abendländischen und jeder andern überhaupt möglichen Physik mit Notwendigkeit zu einer Atomlehre geführt. Die indische und chinesische sind uns nur als einst vorhanden bekannt; die arabische ist so kompliziert, daß ihre Darstellung heute noch ganz unmöglich erscheint. Zwischen der apollinischen und faustischen aber besteht ein tiefsymbolischer Gegensatz.

Die antiken Atome sind *Miniaturformen,* die abendländischen sind *Minimalquanta,* und zwar von Energie; dort ist die Anschaulichkeit, die sinnliche Nähe Grundbedingung des Bildes, hier ist es die Abstraktion. Die atomistischen Vorstellungen der modernen Physik, zu denen auchdie Elektronentheorie und die Quantentheorie der Thermodynamik gehören, setzen mehr und mehr jene – rein faustische – *innere* Anschauung voraus, die auch auf manchen Gebieten der höheren Mathematik wie den nichteuklidischen Geometrien oder der Gruppentheorie gefordert wird und die dem Laien nicht zur Verfügung steht. Ein dynamisches Quantum ist ein Ausgedehntes abgesehen von jeder sinnlichen Beschaffenheit, das jede Beziehung auf Auge und Tastsinn meidet, für das der Ausdruck Gestalt keinen Sinn besitzt, also etwas, das dem antiken Naturforscher gar nicht vorstellbar ist. Das gilt bereits von den Monaden Leibnizens und dann im höchsten Grad von dem Bilde, das Rutherford von der Feinstruktur der Atome – mit einem Kern von positiver Elektrizität und einem Planetensystem negativer Elektronen – entworfen hat, und das Niels Bohr mit dem elementaren Wirkungsquantum Plancks zu einem neuen Bild vereinigte.Die Atome des Leukipp und Demokrit waren nach Gestalt und Größe verschieden, rein *plastische* Einheiten also und nur in dieser Auffassung, wie der Name sagt, „unteilbar". Die Atome der abendländischen Physik, deren „Unteilbarkeit" einen ganz andern Sinn hat, gleichen den Figuren und Themen der Musik. Ihr „Wesen" besteht in Schwingung und Strahlung; ihr Verhältnis zu den Naturvorgängen ist das des Motivs zum Satz.Der antike Physiker prüft das Aussehen, der abendländische die Wirkung dieser letzten Bildelemente des Gewordnen. Das bedeuten die Grundbegriffe dort von Stoff und Form, hier von Kapazität und Intensität.

Es gibt einen Stoizismus und einen Sozialismus der Atome. Das ist die Definition der statisch-plastischen und der dynamisch-kontrapunktischen Atomvorstellung, die ihrer Verwandtschaft zu den Gebilden der zugehörigen Ethik in jedem Gesetz, in jeder Definition Rechnung trägt. Die Menge der verworrenen Atome Demokrits, hingelagert, duldend vom blinden Zufall, den er wie Sophokles ἀνάγκη genannt hat, gestoßen und vertrieben – wie Ödipus –, und im Gegensatz dazu die als Einheit wirkenden Systeme abstrakter Kraftpunkte, aggressiv, den Raum energetisch (als „Feld") beherrschend, Widerstände überwindend – wie Macbeth –: aus diesem Grundgefühl sind die beiden mechanischen Naturbilder entstanden. Nach Leukippos fliegen die Atome „von selbst" im Leeren herum; Demokrit nimmt lediglich Stoß und Gegenstoß als Form der Ortsveränderung an; Aristoteles erklärt die Einzelbewegungen für zufällig; bei

Empedokles findet sich die Bezeichnung Liebe und Haß, bei Anaxagoras Zusammentreten und Auseinandertreten. Das alles sind auch Elemente der antiken Tragik. So verhalten sich die Figuren auf der Szene des attischen Theaters. Das sind *also auch* Daseinsformen der antiken Politik. Da finden wir diese winzigen Städte, politische Atome, in langer Reihe auf Inseln und an Küsten hingelagert, jede eifersüchtig für sich bestehend und doch ewig der Anlehnung bedürftig, abgeschlossen und launisch bis zur Karikatur, von den planlosen, ordnungslosen Ereignissen der antiken Geschichte hin und her gestoßen, heute gehoben, morgen vernichtet – und ihnen gegenüber die dynastischen Staaten des 17. und 18. Jahrhunderts, politische Kraftfelder, von den Wirkungszentren der Kabinette und großen Diplomaten aus weitschauend, planmäßig gelenkt und beherrscht. Man versteht den Geist der antiken und abendländischen Geschichte nur aus diesem Gegensatz zweier Seelen; man versteht auch das atomistische Grundbild beider Physiken nur aus diesem Vergleich. Galilei, der den Kraftbegriff, und die Milesier, die den Begriff der ἀρχή schufen, Demokrit und Leibniz, Archimedes und Helmholtz sind „Zeitgenossen", Glieder derselben geistigen Stufe ganz verschiedener Kulturen.

Aber die innere Verwandtschaft von Atomtheorie und Ethik geht weiter. Es war gezeigt worden, wie die faustische Seele, deren Sein Überwindung des Augenscheins, deren Gefühl Einsamkeit, deren Sehnsucht Unendlichkeit ist, dies Bedürfnis nach Alleinsein, Ferne, Absonderung in *all* ihre Wirklichkeiten legt, in ihre öffentliche, geistige und künstlerische Formenwelt. Dies Pathos der Distanz, um Nietzsches Ausdruck zu gebrauchen, ist gerade der Antike fremd, in der alles Menschliche der Nähe, Anlehnung und Gemeinsamkeit bedarf. Das unterscheidet den Geist des Barock von dem der Ionik, die Kultur des *ancien régime* von der des perikleischen Athen. Und dies Pathos, welches den heroischen Täter vom heroischen Dulder trennt, erscheint im Bilde der abendländischen Physik wieder: *als Spannung*. Das ist es, was in der Anschauung Demokrits nicht enthalten war. Das Prinzip von Stoß und Gegenstoß enthält die Verneinung einer raumbeherrschenden, mit dem Raum identischen Kraft. Im Bilde der antiken Seele fehlt dementsprechend das Element des Willens. Zwischen antiken Menschen, Staaten, Weltanschauungen besteht keine innere Spannung, trotz Zank, Neid und Haß, kein tiefes Bedürfnis nach Abstand, Alleinsein, Überlegenheit – folglich besteht sie auch nicht zwischen den Atomen des antiken Kosmos. Das Prinzip der Spannung – entwickelt in der Potentialtheorie – in antike Sprachen und also Gedanken vollkommen unübertragbar, ist für die moderne Physik grundlegend geworden. Es enthält eine Folgerung aus dem Begriff der Energie, *des Willens zur Macht in der Natur*, und ist deshalb für uns ebenso notwendig wie für antike Menschen unmöglich.

4

Jede Atomlehre ist demnach ein Mythos, keine Erfahrung. In ihm hat die Kultur, durch die theoretische Gestaltungskraft ihrer großen Physiker, ihr geheimstes Wesen sich selbst offenbart. Daß es eine Ausgedehntheit an sich gibt, unabhängig vom Formgefühl und Weltgefühl des Erkennenden, ist ein kritisches Vorurteil. Man glaubt, das Leben ausschalten zu können; man vergißt, daß Erkennen sich zum Erkannten verhält wie die Richtung zur Ausdehnung und daß erst die lebendige Richtung das Empfundene in die Tiefe und Ferne, zum Raume dehnt. Die „erkannte" Struktur des Ausgedehnten ist ein Sinnbild des erkennenden Wesens.

Die entscheidende Bedeutung des *Tiefenerlebnisses*, das mit dem Erwachen einer Seele und also mit der Schöpfung der ihr zugehörigen äußeren Welt identisch ist, war an einer früheren Stelle nachgewiesen worden.Danach liegt in der bloßen Sinnesempfindung nur Länge und Breite; durch den lebendigen, mit innerster Notwendigkeit sich vollziehenden Akt der Deutung, der wie alles Lebendige Richtung, Bewegtheit, Nichtumkehrbarkeit besitzt – das Bewußtsein davon macht den eigentlichen Gehalt des Wortes Zeit aus –, wird die Tiefe *hinzugefügt* und somit die Wirklichkeit, die Welt geschaffen. Das Leben selbst geht als dritte Dimension in das Erlebte ein. Der Doppelsinn des Wortes Ferne, als Zukunft und als Horizont, verrät den tieferen Sinn dieser Dimension, welche die Ausdehnung als solche erst hervorruft. Das erstarrte, eben vergangene Werden ist das Gewordne, das erstarrte, eben vergangene Leben die Raumtiefe des Erkannten. Descartes und Parmenides stimmen darin überein, daß Denken und Sein, das heißt Vorgestelltes und Ausgedehntes, identisch sind. *Cogito, ergo sum* ist lediglich eine Formulierung des Tiefenerlebnisses: Ich erkenne, also bin ich im Raume. Aber im Stil dieses Erkennens und mithin des Erkannten kommt das Ursymbol der einzelnen Kultur zur Geltung. Die vollzogene Ausdehnung ist im antiken Bewußtsein von sinnlich-körperhafter Gegenwart, im abendländischen von steigender räumlicher Transzendenz, so daß nach und nach die ganze unsinnliche Polarität von Kapazität und Intensität im Unterschied von der antik-optischen, Stoff und Form, herausgearbeitet wird.

Aber daraus folgt, daß innerhalb des Erkannten die lebendige Zeit nicht noch einmal erscheinen kann. Sie ist in das Erkannte, das „Sein" schon als Tiefe eingegangen, und so sind Dauer, das heißt Zeitlosigkeit, und Ausgedehntheit identisch. Nur das Erkennen besitzt das Merkmal der Richtung. Die physikalische, gedachte, meßbare Zeit, eine bloße Dimension, ist ein Mißgriff. Es fragt sich nur, ob er zu vermeiden ist oder nicht. Man setze in irgendeinem physikalischen Gesetz dafür das Wort Schicksal ein und man wird fühlen, daß innerhalb der reinen „Natur" von Zeit nicht die Rede ist. Die Formenwelt der Physik reicht genau so weit wie die verwandten der Zahlen und der Begriffe, und wir hatten gesehen, daß, trotz Kant, zwischen mathematischer Zahl und Zeit nicht die geringste, wie immer geartete Beziehung besteht. Aber dem widerspricht die *Tatsache der Bewegung* im Bilde der Umwelt. Es ist das ungelöste und unlösbare Eleatenproblem. Sein oder Denken und Bewegung vertragen sich nicht. Die Bewegung „ist nicht" („ist Schein").

Und hier wird die Naturwissenschaft zum zweiten Mal dogmatisch und mythologisch. In den Worten Zeit und Schicksal ist für den, der sie instinktiv gebraucht, das Leben selbst in seiner tiefsten Tiefe berührt, das *ganze* Leben, das vom Erlebten nicht zu trennen ist. Die Physik aber, der beobachtende Verstand, *muß* sie trennen. Das Erlebte „an sich", losgelöst gedacht vom lebendigen Akt des Betrachters, Objekt geworden, tot, anorganisch, starr – das ist jetzt „die Natur", etwas mathematisch zu Erschöpfendes. In diesem Sinne ist Naturerkenntnis eine *messende* Tätigkeit. Indes: Wir leben, auch wenn wir betrachten, und also lebt das Betrachtete *mit uns*. Der Zug im Bilde der Natur, durch den sie nicht nur „ist", von Augenblick zu Augenblick, sondern in einem ununterbrochenen Strome *rings um uns und mit uns „wird"*, ist das Zeichen der Zusammengehörigkeit eines wachen Wesens und *seiner* Welt. Dieser Zug *heißt* Bewegung, und er widerspricht der Natur *als einem Bilde*. Er repräsentiert die *Geschichte* dieses Bildes, und daraus ergibt sich: Genau so, wie unser Verstehen durch die Wortsprache vom Empfinden, wie der mathematische Raum von den Lichtwiderständen, den „Dingen",so ist die physikalische Zeit vom Eindruck der Bewegung abgezogen worden.

„Die Physik" erforscht „die Natur". Folglich kennt sie die Zeit nur als Strecke. Aber „der" Physiker *lebt* inmitten der *Geschichte* dieser Natur. Folglich ist er gezwungen, die Bewegung als eine mathematisch feststellbare Größe, als Benennung der im Experiment gewonnenen und in Formeln niedergelegten reinen Zahlen aufzufassen.

„Die Physik ist die vollständige und einfache Beschreibung der Bewegungen" (Kirchhoff). Das ist immer ihre Absicht gewesen. Aber es handelt sich nicht um eine Bewegung im Bilde, sondern um eine Bewegung des Bildes. Bewegung innerhalb der physikalisch aufgefaßten Natur ist nichts anderes als jenes *metaphysische* Etwas, durch welches erst das Bewußtsein eines *Nach*einander entsteht. Das Erkannte ist zeitlos und bewegungsfremd. Das bedeutet „Gewordensein". Aus der *organischen Folge* des Erkannten ergibt sich der Eindruck einer Bewegung. Der Gehalt dieses Wortes berührt den Physiker nicht als „Verstand", sondern als *ganzen* Menschen, dessen ständige Funktion nicht die „Natur", sondern die *ganze* Welt ist. Das aber ist die *Welt als Geschichte*. „Natur" ist ein Ausdruck der jeweiligen Kultur.Alle Physik ist Behandlung des Bewegungsproblems, in dem das Problem des Lebens selbst liegt, nicht als ob es eines Tages lösbar wäre, sondern *obwohl und weil* es unlösbar ist. Das Geheimnis der Bewegung weckt im Menschen die Angst vor dem Tode.

Gesetzt, daß Naturerkenntnis eine feine Art Selbsterkenntnis ist die Natur als Bild, als Spiegel des Menschen verstanden –, so ist der Versuch, das Bewegungsproblem zu lösen, ein Versuch der Erkenntnis, ihrem eigenen Geheimnis, ihrem Schicksal auf die Spur zu kommen.

5

Das kann allein dem physiognomischen Takt gelingen, wenn er schöpferisch wird, und das ist von jeher in der Kunst geschehen, vor allem in der tragischen Dichtung. Nur dem *denkenden* Menschen bereitet die Bewegung Verlegenheit; dem *schauenden* ist sie selbstverständlich. Das vollkommene System einer mechanischen Naturanschauung ist aber nicht Physiognomik, sondern eben *System*, das heißt reine Ausgedehntheit, logisch und zahlenmäßig geordnet, nichts Lebendiges, sondern etwas Gewordenes und Totes.

Goethe, der ein Dichter war, kein Rechner, bemerkte deshalb: „Die Natur hat kein System; sie hat, sie ist Leben und Folge aus einem unbekannten Zentrum, zu einer nicht erkennbaren Grenze.“ Für den, der Natur nicht erlebt, sondern erkennt, *hat* sie aber System; ist sie System und nichts weiter, und folglich Bewegung in ihr ein Widerspruch. Sie kann ihn durch eine künstliche Formulierung zudecken, aber *in den Grundbegriffen lebt er fort*. Der Stoß und Gegenstoß Demokrits, die Entelechie des Aristoteles, die Kraftbegriffe vom *impetus* der Occamisten um 1300 bis zum elementaren Wirkungsquantum der Strahlungstheorie seit 1900 enthalten sämtlich diesen Widerspruch. Man bezeichne die Bewegung *innerhalb* eines physikalischen Systems als dessen *Älterwerden* – es altert wirklich, als Erlebnis des Beobachters nämlich – und man wird das Verhängnisvolle des Wortes Bewegung und aller daraus abgeleiteten Vorstellungen mit ihrem unzerstörbaren organischen Gehalt deutlich fühlen. Die Mechanik sollte mit Altern *und folglich* mit Bewegung nichts zu tun haben. Also – denn ohne das Bewegungsproblem ist überhaupt keine Naturwissenschaft denkbar – kann es gar keine lückenlos geschlossene Mechanik geben; irgendwo befindet sich immer der organische Ausgangspunkt des Systems, dort wo das unvermittelte Leben hereinragt – die Nabelschnur, mit der das Geisteskind am mütterlichen Leben, das Gedachte am Denkenden haftet.

Wir lernen hier die Grundlagen der faustischen und apollinischen Naturerkenntnis von einer ganz anderen Seite kennen. Es gibt keine *reine* Natur. Etwas vom Wesen der Geschichte liegt in jeder. Ist der Mensch ahistorisch wie der Grieche, dessen gesamte Welteindrücke in einer reinen, punktförmigen Gegenwart aufgesaugt werden, so wird das Naturbild *statisch*, in jedem einzelnen Augenblick in sich selbst abgeschlossen sein, nämlich gegen Zukunft und Vergangenheit. In der griechischen Physik kommt die Zeit als Größe ebensowenig vor wie im Entelechiebegriff des Aristoteles. Ist der Mensch historisch angelegt, so entsteht ein *dynamisches* Bild. Die Zahl, der Grenzwert des Gewordnen, wird im ahistorischen Falle *Maß und Größe*, im historischen *Funktion*. Man *mißt* nur Gegenwärtiges und man *verfolgt* nur etwas, das Vergangenheit und Zukunft hat, in seinem Verlauf. Dieser Unterschied ist es, der den inneren Widerspruch im Bewegungsproblem in der antiken Theoriebildung verdeckt, in der abendländischen heraustreibt.

Die Geschichte ist ewiges Werden, *ewige Zukunft* also; die Natur ist geworden, also *ewige Vergangenheit.* Folglich hat hier eine seltsame Umkehrung stattgefunden; die Priorität des Werdens vor dem Gewordnen erscheint aufgehoben. Der aus *seiner* Sphäre, dem Gewordnen, rückschauende Geist kehrt den Aspekt des Lebens um; aus der *Idee des Schicksals,* die Ziel und Zukunft in sich hat, wird das mechanische *Prinzip von Ursache und Wirkung,* dessen Schwerpunkt im Vergangenen liegt. Der Geist vertauscht dem Range nach das zeithafte Leben und das raumhaft Erlebte, und versetzt die Zeit als Strecke in ein räumliches Weltsystem. Während aus der Richtung die Ausdehnung, aus dem Leben das Räumliche als weltbildendes Erlebnis folgt, setzt das menschliche Verstehen das Leben *als Prozeß in seinen starren, vorgestellten Raum hinein.* Dem Leben ist der Raum etwas, das als Funktion zum Leben gehört, dem Geist ist Leben etwas im Raume. Schicksal bedeutet ein Wohin, Kausalität bedeutet ein Woher. Wissenschaftlich begründen heißt vom Gewordnen und Verwirklichten aus nach „Gründen" suchen, indem man den mechanisch aufgefaßten Weg – das Werden als Strecke – rückwärts verfolgt. Aber es läßt sich nicht rückwärts leben, nur rückwärts denken. Nicht die Zeit, nicht das Schicksal ist umkehrbar, nur was der Physiker Zeit nennt, was er als teilbare, womöglich negative oder imaginäre „Größe" in seine Formeln eingehen läßt.

Die Verlegenheit ist immer wieder gefühlt, wenn auch ihrem Ursprung und ihrer Notwendigkeit nach selten begriffen worden. Innerhalb der antiken Naturforschung stellten die Eleaten der Notwendigkeit, die Natur in Bewegung zu denken, die logische Einsicht entgegen, daß Denken ein Sein, mithin Erkanntes und Ausgedehntes identisch und also Erkenntnis und Werden unvereinbar sind. Ihre Einwände sind nie widerlegt worden und unwiderlegbar, aber sie haben die Entwicklung der antiken Physik, die als Ausdruck der apollinischen Seele unentbehrlich und also über logische Widersprüche erhaben war, nicht gehindert. Innerhalb der von Galilei und Newton begründeten klassischen Mechanik des Barock ist eine einwandfreie Lösung im dynamischen Sinne immer wieder versucht worden. Die Geschichte des Kraftbegriffs, dessen endlos wiederholte Definition die Leidenschaft des Denkens kennzeichnet, das durch diese Schwierigkeit sich selbst in Frage gestellt sah, ist

nichts als die Geschichte der Versuche, die Bewegung mathematisch und begrifflich restlos zu fixieren. Der letzte bedeutende Versuch, der wie alle früheren mit Notwendigkeit mißlang, liegt in der Mechanik von Hertz vor.

Hertz hat, ohne die eigentliche Quelle aller Verlegenheit zu finden – das ist noch keinem Physiker gelungen –, versucht, den Begriff der Kraft ganz auszuschalten, mit dem richtigen Gefühl, daß der Fehler aller mechanischen Systeme in einem der Grundbegriffe zu suchen sei. Er wollte das Bild der Physik allein aus den Größen der Zeit, des Raumes und der Masse aufbauen, aber er bemerkte nicht, daß eben die Zeit selbst, die als Richtungsfaktor in den Begriff der Kraft eingegangen ist, das *organische* Element war, ohne das eine dynamische Theorie sich nicht aussprechen läßt und mit dem eine reine

Lösung nicht gelingt. Und abgesehen davon bilden die Begriffe Kraft, Masse und Bewegung eine dogmatische Einheit. Sie bedingen einander so, daß die Anwendung des einen die unvermerkte der beiden andern schon einschließt. In dem antiken Urwort ἀρχή ist die ganze apollinische, im Kraftbegriff die ganze abendländische Fassung des Bewegungsproblems enthalten. Der Begriff der Masse ist nur das Komplement zum Kraftbegriff. Newton, eine tief religiöse Natur, brachte lediglich das faustische Weltgefühl zum Ausdruck, als er, um den Sinn der Worte Kraft und Bewegung verständlich zu machen, von Massen als Angriffspunkten der Kraft und Trägern der Bewegung sprach. So hatten die Mystiker des 13. Jahrhunderts Gott und sein Verhältnis zur Welt aufgefaßt. Newton hatte mit seinem berühmten „*hypotheses non fingo*“ das metaphysische Element abgelehnt, aber seine Grundlegung einer Mechanik ist durch und durch metaphysisch. *Die Kraft ist im mechanischen Naturbilde des abendländischen Menschen, was der Wille in seinem Seelenbilde und die unendliche Gottheit in seinem Weltbilde ist.* Die Grundgedanken dieser Physik standen fest, lange bevor der erste Physiker geboren wurde; sie lagen im frühesten religiösen Weltbewußtsein unserer Kultur.

6

Damit offenbart sich nun auch der religiöse Ursprung des physikalischen Begriffs der *Notwendigkeit*. Es handelt sich um die mechanische Notwendigkeit in dem, was wir als Natur geistig besitzen, und man hat nicht zu vergessen, daß dieser Notwendigkeit eine andre, organische, schicksalhafte im Leben selbst zugrunde Hegt. Die letzte gestaltet, die erste schränkt ein; die eine folgt aus einer inneren Gewißheit, die andere aus Beweisen: das ist der Unterschied von tragischer und technischer, historischer und physikalischer Logik.

Innerhalb der von der Naturwissenschaft geforderten und vorausgesetzten Notwendigkeit, derjenigen von *Ursache und Wirkung*, bestehen nun weitere Unterschiede, die sich bis jetzt jeder Aufmerksamkeit entzogen haben. Es handelt sich hier um sehr schwierige Einsichten von unabsehbarer Bedeutung. Eine Naturerkenntnis ist die Funktion eines Erkennens von bestimmtem Stil, gleichviel wie dieser Zusammenhang von der Philosophie beschrieben wird. Eine Naturnotwendigkeit besitzt demnach den Stil des *zugehörigen* Geistes, und hier beginnen die historisch-morphologischen Unterschiede. Man kann eine strenge Notwendigkeit in der Natur erblicken, ohne daß sie sich in Naturgesetzen ausdrücken ließe. Das letztere, für uns selbstverständlich, für Menschen andrer Kulturen indessen durchaus nicht, setzt eine ganz besondere und für den faustischen Geist bezeichnende Form des Verstehens überhaupt und mithin auch des Naturerkennens voraus. An sich liegt die Möglichkeit vor, daß die mechanische Notwendigkeit eine Fassung annimmt, in der jeder einzelne Fall morphologisch für sich besteht, keiner sich exakt wiederholt und Erkenntnisse also nicht die Gestalt dauernd gültiger Formeln erhalten können. Es würde da die Natur in einem Bild erscheinen, das sich etwa nach Analogie unendlicher, aber nicht periodischer Dezimalbrüche im Unterschiede von rein periodischen vorstellen ließe. So hat ohne Zweifel die Antike empfunden. Das Gefühl davon liegt deutlich ihren physikalischen Urbegriffen zugrunde. Die Eigenbewegung der Atome bei Demokrit z. B. erscheint so, daß eine Vorausberechnung von Bewegungen ausgeschlossen ist.

Naturgesetze sind Formen des Erkannten, in welchen ein Inbegriff von Einzelfällen sich zu einer Einheit höheren Grades zusammenschließt. Von der lebendigen Zeit wird abgesehen, das heißt: es ist gleichgültig, ob, wann und wie oft der Fall eintritt, und es handelt sich nicht um das chronologische *Nach*einander von Ereignissen, sondern um das mathematische *Aus*einander.Aber in dem Bewußtsein, daß keine Macht der Welt diese Berechnung erschüttern kann, liegt unser Wille zur Herrschaft über die Natur. Das ist faustisch. Erst von diesem Aspekt aus erscheint das Wunder als eine Durchbrechung von Naturgesetzen. Der magische Mensch erblickt im Wunder nur den Besitz einer Macht, die nicht jeder hat, ohne daß sie der „Natur" widerspricht. Und der antike Mensch war, nach Protagoras, nur das Maß, nicht der Schöpfer der Dinge. Damit verzichtet er unbewußt auf die Überwältigung der Natur durch Entdeckung und Anwendung von Gesetzen.

Hier zeigt sich, daß das Kausalitätsprinzip in der Form, wie sie für uns selbstverständlich und notwendig ist, wie sie von der Mathematik, Physik und Erkenntniskritik übereinstimmend als Grundwahrheit behandelt wird, eine abendländische, genauer eine Barockerscheinung ist. Sie kann nicht bewiesen werden, denn jeder Beweis in einer abendländischen Sprache und jede Erfahrung eines abendländischen Geistes setzt sie schon voraus. Jede Problem *stellung* enthält schon die zugehörige Lösung. Die Methode einer Wissenschaft ist die Wissenschaft selbst. Es ist kein Zweifel, daß im Begriff des Natur *gesetzes* und in der seit Roger Bacon bestehenden Auffassung der Physik als einer *scientia experimentalis*diese besondere Art von Notwendigkeit schon enthalten ist. Die antike Art, die Natur zu sehen – das *alter ego* der antiken Art zu *sein* –, enthält sie aber *nicht*, ohne daß dadurch eine logische Schwäche in den naturwissenschaftlichen Feststellungen zum Vorschein käme. Denkt man die Aussagen des Demokrit, Anaxagoras und Aristoteles, in denen die ganze Summe antiker Naturanschauungen enthalten ist, genau durch, prüft man vor allem den Gehalt von so entscheidenden Begriffen wie ἀλλοίωσις, ἀνάγκη oder ἐντελέχεια, so sieht man mit Erstaunen in ein völlig anders geartetes, in sich geschlossenes und also für eine bestimmte Art Mensch unbedingt wahres Weltbild, in dem von Kausalität in unserem Sinne nicht die Rede ist.

Der Alchimist und Philosoph der arabischen Kultur setzt ebenso eine tiefe Notwendigkeit innerhalb der Welthöhle voraus, die von dynamischer Kausalität ganz und gar verschieden ist. Es gibt keinen Kausalnexus von gesetzmäßiger Form, sondern nur eine Ursache, Gott, die jeder Wirkung *unmittelbar* zugrunde liegt. An Naturgesetze glauben, hieße an Gottes Allmacht zweifeln. Wenn der Anschein einer Regel entsteht, so hat es Gott so gefallen; wer aber diese Regel für notwendig hält, den hat der Böse in Versuchung geführt. Genau so haben Karneades, Plotin und die Neupythagoräer empfunden,und *diese* Notwendigkeit liegt den Evangelien wie dem Talmud und Awesta zugrunde. Auf ihr beruht die Technik der Alchymie.

Die Zahl als Funktion steht mit dem *dynamischen* Prinzip von Ursache und Wirkung in Beziehung. Beide sind Schöpfungen desselben Geistes, Ausdrucksformen desselben Seelentums, bildende Grundlagen derselben objektgewordnen Natur. In der Tat unterscheidet sich die Physik Demokrits von derjenigen Newtons, indem die eine das optisch Gegebene, die andere die aus ihm sich entwickelnden abstrakten Beziehungen zum Ausgangspunkt wählt. Die „Tatsachen" der apollinischen Naturerkenntnis sind *Dinge*, und liegen an der Oberfläche des Erkannten; die „Tatsachen" der faustischen Naturerkenntnis sind *Beziehungen*, die dem Auge des Laien überhaupt nicht zugänglich sind, die geistig erst erobert sein wollen und endlich zu ihrer Mitteilung einer Geheimsprache bedürfen, die nur dem Kenner der Naturwissenschaft vollkommen verständlich ist. Die antike statische Notwendigkeit liegt in den wechselnden Erscheinungen unmittelbar zutage; das dynamische Kausalprinzip waltet jenseits der Dinge, indem es ihre sinnliche Tatsächlichkeit abschwächt oder aufhebt. Man frage sich, welche Bedeutung sich unter Voraussetzung der gesamten heutigen Theorie mit dem Ausdruck „ein Magnet" verbindet.

Das Prinzip der Erhaltung der Energie, das man seit seiner Aufstellung durch J. R. Mayer in vollem Ernst als eine bloße Denknotwendigkeit angesehen hat, ist in der Tat eine Umschreibung des *dynamischen* Kausalprinzips mittelst des physikalischen Begriffes der Kraft. Die Berufung auf „Erfahrung" und der Streit, ob eine Einsicht denknotwendig oder empirisch, ob sie also nach Kants Bezeichnung – der sich über die verschwimmende Grenze zwischen beiden sehr täuschte – a priori oder a posteriori gewiß sei, ist für die Anlage des abendländischen Denkens charakteristisch. Nichts erscheint uns selbstverständlicher und eindeutiger als „die Erfahrung" als Quelle der exakten Wissenschaft. Das Experiment faustischer Art, das auf Arbeitshypothesen beruht und sich messender Methoden bedient, ist nichts als die systematische und erschöpfende Handhabung dieser Erfahrung. Aber man hat nie bemerkt, daß ein solcher Begriff der Erfahrung mit seinem dynamischen und angreifenden Gehalt eine ganze Weltanschauung einschließt, und daß es Erfahrung in diesem prägnanten Sinne für den Menschen fremder Kulturen nicht gibt und nicht geben kann. Wenn wir uns weigern, die wissenschaftlichen Resultate des Anaxagoras oder Demokrit als Ergebnisse echter Erfahrung anzuerkennen, so heißt das nicht, daß diese antiken Menschen sich auf die Interpretation ihrer Anschauungen nicht verstanden, daß sie bloße Phantasien entworfen hätten, sondern daß wir in ihren Verallgemeinerungen dasjenige kausale Element vermissen, das *für uns* den Sinn des Wortes Erfahrung erst ausmacht. Offenbar hat man nie genügend über die Besonderheit dieses rein faustischen Begriffes nachgedacht. Nicht der an der Oberfläche liegende Gegensatz zum Glauben ist für ihn bezeichnend. Die exakte sinnlich-geistige Erfahrung ist im Gegenteil ihrer Struktur nach dem vollkommen kongruent, was tief religiöse Naturen des Abendlandes, Pascal zum Beispiel, der Mathematiker *und* Jansenist aus der *gleichen* inneren Notwendigkeit war, wohl als Erfahrung des Herzens, als Erleuchtung in bedeutenden Momenten ihres Daseins kennen gelernt haben. Erfahrung bezeichnet uns eine *Aktivität* des Geistes, die sich nicht auf die augenblicklichen und rein gegenwärtigen Eindrücke beschränkt, sie als solche hinnimmt, anerkennt, ordnet, sondern sie aufsucht und hervorruft, um sie in ihrer sinnlichen Gegenwart zu überwinden, sie in eine grenzenlose Einheit zu bringen, durch welche ihre handgreifliche Vereinzelung aufgelöst wird. Was wir Erfahrung nennen, besitzt die Tendenz *vom Einzelnen zum Unendlichen.* Eben deshalb widerspricht sie dem antiken Naturgefühl. Unser Weg, Erfahrung zu gewinnen, ist für den Griechen der Weg, sie zu verlieren. Deshalb bleibt er der gewaltsamen Methode des Experiments fern. Deshalb besaß er unter dem Namen einer Physik statt eines mächtigen Systems erarbeiteter abstrakter Gesetze und Formeln, das die sinnliche Gegebenheit vergewaltigt und unterwirft – nur dies Wissen ist Macht! –, eine Summe wohlgeordneter, durch Bilder sinnlich verstärkter, nicht etwa aufgelöster Eindrücke, welche die Natur in ihrem in sich vollendeten Dasein unberührt ließ. Unsre exakte Naturwissenschaft ist imperativisch, die antike ist θεωρία im buchstäblichen Sinne, das Ergebnis passiver Beschaulichkeit.

7

Es ist nun kein Zweifel mehr: die Formenwelt einer Naturwissenschaft entspricht vollkommen den *zugehörigen* der Mathematik, der Religion und der bildenden Kunst. Ein tiefer Mathematiker – nicht ein meisterhafter Rechner, sondern jemand, der den Geist der Zahlen in sich lebendig fühlt – begreift, daß er damit „Gott kennt". Pythagoras und Plato haben das so gut gewußt wie Pascal und Leibniz. Terentius Varro in seinen Cäsar gewidmeten Untersuchungen über die altrömische Religion unterscheidet mit römischer Prägnanz die *theologia civilis,* die Summe des öffentlich anerkannten Glaubens, von der *theologia mythica,* der Vorstellungswelt der Dichter und Künstler, und der *theologia physica,* der philosophischen Spekulation. Wendet man dies auf die faustische Kultur an, so gehört zur ersten, was Thomas von Aquino und Luther, Calvin und Loyola lehren, zur zweiten Dante und Goethe, zur dritten aber die wissenschaftliche Physik, soweit sie ihren Formeln Bilder unterlegt.

Nicht nur der Urmensch und das Kind, sondern auch höhere Tiere entwickeln ganz von selbst aus den kleinen Erfahrungen des Alltags ein Bild der Natur, das die Summe technischer Kennzeichen enthält, die sie sich als immer wiederkehrend gemerkt haben. Der Adler „weiß", in welchem Augenblick er auf die Beute herabstürzen muß; der brütende Singvogel „erkennt" die Nähe eines Marders; das Wild „findet" den Futterplatz. Für den Menschen hat sich diese Erfahrung aller Sinne zu einer Erfahrung des Auges verengt und vertieft. Aber indem nun die Gewohnheit des Sprechens in Worten hinzutritt, wird vom Sehen das Verstehen abgezogen und als Denken selbständig fortgebildet: zur augenblicklich verstehenden *Technik* tritt die *Theorie,* welche ein Nachdenken darstellt. Die Technik richtet sich auf die sichtbare Nähe und Notdurft. Die Theorie wendet sich der Ferne zu und den Schauern des *Unsichtbaren.* Dem kleinen Wissen des Alltags setzt sie den Glauben zur Seite, und doch entwickelt sie wieder ein neues Wissen und eine neue Technik höherer Ordnung: zum Mythos tritt der Kultus. Jener lehrt die *numina kennen,* dieser sie *beschwören.* Denn die Theorie im erhabenen Sinne ist religiös durch und durch. Erst in ganz späten Zuständen entwickelt sich aus der religiösen die naturwissenschaftliche Theorie, *indem man sich der Methoden bewußt wird.* Abgesehen davon ändert sich wenig. Die Bilderwelt der Physik bleibt Mythos, ihr Verfahren bleibt ein die Mächte in den Dingen beschwörender Kultus, und die Art der Bilder und Verfahren bleibt abhängig von denen der zugehörigen Religion.

Seit den Tagen der Spätrenaissance wird die Vorstellung von Gott im Geist aller bedeutenden Menschen der Idee des reinen, unendlichen Raumes immer ähnlicher. Der Gott der Exercitia spiritualia des Ignaz von Loyola ist auch der des Lutherliedes „Ein feste Burg", der Improperien Palestrinas und der Kantaten Bachs. Er ist nicht mehr der *Vater* des heiligen Franz von Assisi und der hochgewölbten Kathedralen, wie die Maler der Gotik, wie Giotto und Stephan Lochner ihn empfanden, persönlich gegenwärtig, fürsorglich und milde, sondern ein unpersönliches Prinzip, unvorstellbar, ungreifbar, geheimnisvoll im Unendlichen wirkend. Jeder Rest von Persönlichkeit löst sich in unanschaulicher Abstraktheit auf, eine Idee von Gott, deren Nachbildung zuletzt nur noch die Instrumentalmusik großen Stils gewachsen ist, während die Malerei des 18. Jahrhunderts versagt und in den Hintergrund tritt. *Dies Gefühl von Gott* hat das naturwissenschaftliche Weltbild des Abendlandes, unsere Natur, unsere „Erfahrung" und mithin unsere Theorien und Methoden im Gegensatz zu denen des antiken Menschen gestaltet. Die Kraft, welche die Masse bewegt: das ist es, was Michelangelo an die Decke der Sixtinischen Kapelle gemalt hat, was seit dem Vorbilde von Il Gesù die Domfassaden zu dem gewaltsamen Ausdruck bei Della Porta und Maderna und seit Heinrich Schütz zu den verklärten Tonwelten der Kirchenmusik des 18. Jahrhunderts gesteigert hat, was als Weltgeschehen in Shakespeares Tragödien die ins Unendliche erweiterte Szene füllt und was endlich Galilei und Newton in Formeln und Begriffe gebannt haben.

Das Wort Gottes klingt anders unter den Wölbungen gotischer Dome und in den Klosterhöfen von Maulbronn und Sankt Gallen als in den Basiliken Syriens und den Tempeln des republikanischen Roms. In dem *Wälderhaften* der Dome, der mächtigen Erhöhung des Mittelschiffs über die Seitenschiffe gegenüber der flachgedeckten Basilika, in der Verwandlung der Säulen, die durch Basis und Kapitäl als abgeschlossene Einzeldinge in den Raum gestellt waren, zu Pfeilern und Pfeilerbündeln, die aus dem Boden wachsen und deren Äste und Linien sich über dem Scheitel im Unendlichen verteilen und verschlingen, während von den Riesenfenstern, welche die Wand aufgelöst haben, ein ungewisses Licht durch den Raum flutet, liegt die architektonische Verwirklichung eines Weltgefühls, das im *Hochwald* der nordischen Ebenen sein ursprünglichstes Symbol gefunden hatte. Und zwar im Laubwalde mit dem geheimnisvollen Gewirr seiner Äste und dem Raunen der ewig bewegten Blättermassen über dem Haupte des Betrachters, hoch über der Erde, von der die Wipfel durch den Stamm sich zu lösen versuchen. Man denke wieder an die romanische Ornamentik und ihre tiefe Beziehung zum Sinn der Wälder. Der unendliche, einsame, dämmernde Wald ist die geheime Sehnsucht aller abendländischen Bauformen geblieben. Deshalb löst sich, sobald die Formenergie des Stils ermattet, in der späten Gotik ganz ebenso wie im ausgehenden Barock, die beherrschte abstrakte Liniensprache wieder unmittelbar in naturalistisches Astwerk, Ranken, Zweige und Blätter auf.

Die Zypresse und Pinie wirken körperhaft, euklidisch; sie hätten niemals Symbole des unendlichen Raumes werden können. Die Eiche, Buche und Linde mit den irrenden Lichtflecken in ihren schattenerfüllten Räumen wirken körperlos, grenzenlos, geistig. Der Stamm einer Zypresse findet in der klaren Säule ihrer Nadelmasse den vollkommenen Abschluß seiner senkrechten Tendenz; der einer Eiche wirkt wie ein unerfülltes rastloses Streben über den Wipfel hinaus. In der Esche scheint der Sieg der aufstrebenden Äste über den Zusammenhalt der Krone eben zu gelingen. Ihr Anblick hat etwas Aufgelöstes, den Anschein einer freien Verbreitung im Raum, und vielleicht wurde die Weltesche deshalb ein Symbol der nordischen Mythologie. Das Waldesrauschen, dessen Zauber kein antiker Dichter je empfunden hat, das jenseits aller Möglichkeiten des apollinischen Naturgefühls liegt, steht mit seiner geheimen Frage nach dem Woher und Wohin, seinem Versinken des Augenblicks im Ewigen in einer tiefen Beziehung zum Schicksal, zum Gefühl für Geschichte und Dauer, zur faustischen schwermütig-sorgenvollen Richtung der Seele in eine unendlich ferne Zukunft. Deshalb wurde die Orgel, deren tiefes und helles Brausen unsere Kirchen füllt, deren Klang im Gegensatz zum klaren, pastosen Ton der antiken Lyra und Flöte etwas Grenzenloses und Ungemessenes besitzt, das Organ der abendländischen Andacht. Dom und Orgel bilden eine symbolische Einheit wie Tempel und Statue. Die Geschichte des Orgelbaus, eines der tiefinnigsten und rührendsten Kapitel unserer Musikgeschichte, ist eine Geschichte der Sehnsucht nach dem Walde, nach der Sprache dieses eigentlichen Tempels der abendländischen Gottesverehrung. Von dem Versklang Wolframs von Eschenbach bis zur Musik des Tristan ist diese Sehnsucht unveränderlich fruchtbar geblieben. Das Streben des Orchesterklanges im 18. Jahrhundert ging unablässig dahin, dem Orgelklang immer verwandter zu werden. Das Wort „schwebend", sinnlos antiken Dingen gegenüber, ist gleich wichtig in der Theorie der Musik, in der Ölmalerei, der Architektur, der dynamischen Physik des Barock. Wenn man in einem hohen Walde mächtiger Stämme steht und den Sturm über sich wühlen hört, begreift man plötzlich den Sinn des Gedankens von der Kraft, welche die Masse bewegt.

So entsteht aus dem Urgefühl des nachdenklich gewordnen Daseins eine immer bestimmtere Vorstellung des Göttlichen rings in der Außenwelt. Der Erkennende empfängt den Eindruck einer Bewegung in der äußeren Natur. Er fühlt um sich ein schwer zu beschreibendes *fremdes Leben* unbekannter Mächte. Er führt den Ursprung dieser Wirkungen auf *numina* zurück, auf das „andre", insofern es ebenfalls Leben besitzt. Aus dem Staunen über die *fremde Bewegung* entspringen Religion und Physik. Sie enthalten die Deutung der Natur oder des Bildes der Umwelt hier durch die Seele, dort durch den Verstand. Die „Mächte" sind zugleich erster Gegenstand der fürchtenden oder liebenden Verehrung und der kritischen Forschung. Es gibt eine religiöse *und* eine wissenschaftliche Erfahrung.

Nun beachte man wohl, auf welche Weise das Bewußtsein der einzelnen Kulturen die ursprünglichen *numina* geistig verdichtet. Es belegt sie mit bedeutungsvollen Worten, mit *Namen*, und bannt – begreift, begrenzt – sie auf diese Art. Damit unterliegen sie der geistigen Macht des Menschen, der den Namen in seiner Gewalt hat. Und es war schon gesagt worden, daß die ganze Philosophie, die ganze Naturwissenschaft, alles, was zum „Erkennen" in irgendeiner Beziehung steht, im tiefsten Grunde nichts ist als die unendlich verfeinerte Art, *den Namenzauber des primitiven Menschen auf das „Fremde" anzuwenden*. Das Aussprechen des richtigen Namens (in der Physik: des richtigen Begriffes) ist eine Beschwörung. So entstehen Gottheiten und wissenschaftliche Grundbegriffe zuerst als Namen, die man anruft und an die sich eine sinnlich immer bestimmtere Vorstellung knüpft. Aus dem *numen* wird ein *deus*, aus dem Begriff eine Vorstellung. Was für ein befreiender Zauber liegt für die Mehrzahl der gelehrten Menschen in der bloßen Nennung solcher Worte wie „Ding an sich", „Atom", „Energie", „Schwerkraft", „Ursache", „Entwicklung"! Es ist der gleiche, der den latinischen Bauern bei den Worten Ceres, Consus, Janus, Vesta ergriff.

Für das antike Weltgefühl war, dem apollinischen Tiefenerlebnis und dessen Symbolik entsprechend, der einzelne Körper das Sein. Folgerichtig empfand man dessen *im Licht sich darbietende Gestalt* als das Wesenhafte, als den eigentlichen Sinn des Wortes „Sein". Was nicht Gestalt hat, Gestalt ist, ist überhaupt nicht. Von diesem Grundgefühl aus, das man sich nicht mächtig genug denken kann, schuf der antike Geist als Gegenbegriffzur Gestalt „das andre", die Ungestalt, den Stoff, die αρχη oder υλη das, was an sich kein Sein besitzt und lediglich als Komplement zum wirklich Seienden eine ergänzende, sekundäre Notwendigkeit darstellt. Man begreift, wie die antike Götterwelt sich bilden mußte. Sie ist neben dem Menschen eine höhere Menschlichkeit; es sind vollkommener gestaltete Körper, erhabenste Möglichkeiten leibhaft-gegenwärtiger Form – im Unwesentlichen, dem Stoffe nach, nicht unterschieden, mithin derselben kosmischen und tragischen Notwendigkeit unterworfen.

Das faustische Weltgefühl aber erlebte die Tiefe anders. Hier erscheint als Inbegriff des wahren Seins der reine wirkende Raum. Er ist *das* Sein schlechthin. Deshalb wirkt das sinnlich Empfundene, das mit einer bezeichnenden Wendung, die ihm den Rang anweist, das Raumerfüllende genannt wird, als Tatsache zweiter Ordnung und im Hinblick auf den Akt des Naturerkennens als das Fragwürdige, als Schein und als Widerstand, der überwunden werden muß, wenn man als Philosoph oder Physiker den eigentlichen Gehalt des Seins erschließen will. Die abendländische Skepsis hat sich niemals gegen den Raum, immer nur gegen die greifbaren Dinge gewandt. Raum ist der *höhere* Begriff – Kraft ist nur ein weniger abstrakter Ausdruck dafür – und erst als sein Gegenbegriff erscheint die Masse, das, was *im* Raume ist. Sie ist logisch wie physikalisch von ihm abhängig.

Der Annahme einer Wellenbewegung des Lichtes, welcher die Auffassung des Lichtes als einer Energieform zugrunde liegt, folgte notwendig die einer zugehörigen Masse, des Lichtäthers. Eine Definition der Masse folgt mit allen ihr zugeschriebenen Eigenschaften aus derjenigen einer Kraft, nicht umgekehrt – und zwar mit der Notwendigkeit eines Symbols. Alle antiken Substanzbegriffe, sie mögen noch so verschieden, idealistisch oder realistisch gefaßt sein, bezeichnen *das zu Gestaltende,* eine Verneinung also, die ihre näheren Bestimmungen in jedem Fall aus dem Grundbegriff der Gestalt herübernehmen muß. Alle abendländischen Substanzbegriffe bezeichnen *das zu Bewegende,* ohne Zweifel ebenfalls eine Verneinung, aber die einer andern Einheit. *Gestalt und Ungestalt, Kraft und Nichtkraft* – so wird die dem Welteindruck beider Kulturen zugrunde liegende und seine Formen restlos erschöpfende Polarität am deutlichsten wiederzugeben sein. Was die vergleichende Philosophie bis jetzt ungenau und verwirrend mit dem einen Worte Stoff wiedergab, bedeutet im einen Fall das Substrat der Gestalt, im andern das der Kraft. Es gibt nichts Verschiedeneres. Hier spricht das Gefühl von Gott, ein *Wertgefühl.* Die antike Gottheit ist höchste Gestalt, die faustische höchste Kraft. Das „andre" ist das Ungöttliche, dem die Würde des Seins vom Geiste nicht zugesprochen werden kann. Ungöttlich ist dem apollinischen Weltgefühl die gestaltlose, dem faustischen also die kraftlose Substanz.

8

Es ist ein wissenschaftliches Vorurteil, daß Mythen und Göttervorstellungen eine Schöpfung des primitiven Menschen seien und daß „mit fortschreitender Kultur" der Seele die mythenbildende Kraft verloren gehe. Das Gegenteil ist der Fall. Wäre nicht die Morphologie der Geschichte bis zum heutigen Tag eine kaum entdeckte Welt von Problemen geblieben, so hätte man längst die vermeintlich allgemein verbreitete mythische Gestaltungskraft auf einzelne Zeitalter beschränkt gefunden und endlich begriffen, daß diese Kraft einer Seele, ihre Welt mit Gestalten, Zügen und Symbolen, *und zwar von einheitlichem Charakter,* zu erfüllen, gerade nicht dem Weltalter der primitiven, sondern allein den Frühzeiten der *großen* Kulturenangehört. Jeder Mythos großen Stils steht am Anfang eines erwachenden Seelentums. Er ist seine erste gestaltende Tat. Man findet ihn nur dort und nirgends anders, dort aber auch mit Notwendigkeit.

Ich setze voraus, daß das, was Urvölker, wie die Ägypter der Thinitenzeit, die Juden und Perser vor Kyros,die Helden der mykenischen Burgen und die Germanen der Völkerwanderungan religiösen Vorstellungen besaßen, noch kein höherer Mythos war, das heißt, wohl eine Summe zerstreuter und regellos wechselnder Züge, an Namen haftender Kulte, fragmentarischer Sagenbildungen, aber noch keine Götter *ordnung*, kein mythischer *Organismus*, kein geschlossenes Weltbild von einheitlicher Physiognomie, so wenig ich die Ornamentik dieser Stufe eine Kunst nenne. Übrigens sind die größten Bedenken Symbolen und Sagen gegenüber angebracht, die heute oder auch seit Jahrhunderten unter scheinbar primitiven Völkern geläufig sind, nachdem seit Jahrtausenden keine Landschaft der Erde von der Einwirkung fremder Hochkulturen ganz unberührt geblieben ist.

Es gibt deshalb so viele Formenwelten des großen Mythos, als es Kulturen, als es frühe Architekturen gibt. Was ihnen zeitlich vorausliegt, das Chaos unfertiger Gestaltenkreise, in das die moderne Mythenforschung sich ohne ein leitendes Prinzip verliert, kommt unter diesen Voraussetzungen nicht in Betracht; andrerseits zählen Bildungen dazu, von denen es noch niemand vermutet hat. In der homerischen Zeit (1100-800)und der entsprechenden ritterlich-germanischen (900-1200),den *epischen* Zeitaltern, nicht früher, nicht später, ist das große Weltbild einer neuen Religion entstanden. Ihnen entspricht in Indien die vedische und in Ägypten die Pyramidenzeit; man wird eines Tages entdecken, daß die ägyptische Mythologie in der Tat gerade während der dritten und vierten Dynastie zur Tiefe herangereift ist.

Nur so ist der unermeßliche Reichtum religiös-intuitiver Schöpfungen zu verstehen, der die drei Jahrhunderte der deutschen Kaiserzeit füllt. Es ist die faustische Mythologie, die hier entstand. Man war bisher blind für den Umfang und die Einheit dieser Formenwelt, weil religiöse und gelehrte Vorurteile zu einer fragmentarischen Behandlung entweder der katholischen oder der nordisch-heidnischen Bestandteile drängten. Aber es besteht hier kein Unterschied. Der tiefe Bedeutungswandel innerhalb der christlichen Vorstellungskreise ist als schöpferischer Akt identisch mit der Zusammenfassung altheidnischer Kulte der Wanderzeit zu einem Ganzen. Es gehören hierher die sämtlichen westeuropäischen Volkssagen, die damals ihre symbolische Durchbildung erhalten haben, mögen sie auch der Substanz nach viel früher entstanden und viel später noch an neue äußere Erlebnisse angeknüpft und durch bewußtere Züge bereichert worden sein. Es gehören dazu die großen, in der Edda erhaltenen Göttersagen und eine Anzahl Motive aus den Evangeliendichtungen gelehrter Mönche. Dazu kommt die deutsche Heldensage des Siegfried-, Gudrun-, Dietrich-, Wielandkreises mit ihrem Gipfel im Nibelungenlied und neben ihr die ungeheuer reiche, aus altkeltischen Märchen abgeleitete und auf französischem Boden eben damals vollendete Rittersage: vom König

Artus und der Tafelrunde, vom heiligen Gral, von Tristan, Parzival und Roland. Und endlich ist außer der unvermerkten, aber um so tieferen seelischen Umdeutung aller Züge der Passionsgeschichte der ganze Reichtum der katholischen Heiligenlegende hinzuzurechnen, deren Blütezeit das 10. und 11. Jahrhundert füllt. Damals sind die Marienleben, die Geschichten des hl. Rochus, Sebald, Severin, Franz, Bernhard und der Odilia entstanden. Um 1250 wurde die Legenda aurea verfaßt; es war die Blütezeit der höfischen Epik und der isländischen Skaldenpoesie. Den großen Walhallgöttern im Norden entsprechen die „vierzehn Nothelfer", die gleichzeitig im südlichen Deutschland als mythische Gruppe zusammengefaßt worden sind. Neben der Schilderung von Ragnarök, der Götterdämmerung, in der Völuspa steht eine christliche Fassung in den süddeutschen Muspilli. Dieser große Mythos entwickelt sich wie die Heldendichtung auf den Höhen der frühen Menschlichkeit. Beide gehören den Urständen an, Adel oder Priestertum. Sie sind in Burg und Dom zu Hause, nicht im Dorf. Hier unten im Volk läuft eine schlichte Sagenwelt daneben durch die Jahrhunderte, als Märchen, Volks- und Aberglaube bezeichnet und doch von den Welten des hohen Schauens nicht zu trennen.

Nichts ist für den letzten Sinn dieser religiösen Schöpfungen bezeichnender als die Tatsache, daß Walhall nicht altgermanischen Ursprungs ist und den Stämmen der Völkerwanderung noch gar nicht bekannt war, sondern daß es erst jetzt und mit einem Schlage, aus innerster Notwendigkeit im Bewußtsein der auf dem Boden des Abendlandes neu entstandenen Völker sich bildete, „gleichzeitig" also mit dem Olymp, den wir aus der homerischen Epik kennen und der ebensowenig mykenischer Herkunft ist. Und zwar ist Walhall nur im Weltbild der beiden hohen Stände aus der Vorstellung von Hel emporgewachsen; im Volksglauben blieb Hel das Totenreich.

Man hat die tiefinnerliche Einheit dieser faustischen Mythen- und Sagenwelt und die vollkommen einheitliche Symbolik ihrer Formensprache bis jetzt nicht beachtet. Aber Siegfried, Baldur, Roland, der Heliand sind verschiedene Namen für ein und dieselbe Gestalt. Walhall und die Gefilde der Seligen Avalun, König Artus' Tafelrunde und das Mahl der Einherier, Maria, Frigga und Frau Holle bedeuten das gleiche. Demgegenüber ist die äußere Abstammung der stofflichen Motive und Elemente, auf welche die Mythenforschung ein Übermaß von Eifer verwendet hat, lediglich ein Zug der historischen Oberfläche und ohne tiefere Bedeutung. Für den Sinn eines Mythos beweist seine Herkunft *nichts*. Das *numen* selbst, die Urgestalt des Weltgefühls, ist reine, wahllose und unbewußte Schöpfung und unübertragbar. Was ein Volk durch Bekehrung oder bewundernde Nachahmung von einem anderen erhält, ist Name, Kleid und Maske für ein eignes Gefühl, niemals das Gefühl selbst. Man hat die altkeltischen und altgermanischen Mythenmotive so gut wie den durch gelehrte Mönche bewahrten Formenschatz des antiken und den durch die abendländische Kirche vollständig übernommenen des gesamten christlich-morgenländischen Glaubens lediglich als den Stoff zu betrachten, aus dem die faustische Seele in diesen Jahrhunderten eine eigne mythische Architektur erschuf. Es ist auf dieser Stufe eines eben erwachenden

Seelentums ganz belanglos, ob diejenigen, durch deren Geist und Mund dieser Mythos ins Leben tritt, „einzelne" Skalden, Missionare, Priester oder „das Volk" sind. Es ist für die innere Selbständigkeit des hier Entstandenen auch belanglos, daß die christlichen Vorstellungen die Formgebung entscheidend beherrscht haben.

Wir haben, jedesmal in der Frühzeit der antiken, arabischen und abendländischen Kultur, einen Mythos statischen, magischen, dynamischen Stils vor uns. Man prüfe jede Einzelheit der Form: wie dort eine Haltung, hier eine Tat, dort ein Sein, hier der Wille zugrunde liegen, wie in der Antike das leibhaft Greifbare, das sinnlich Gesättigte vorwaltet, das eben deshalb, was die Form der Verehrung anbelangt, seinen Schwerpunkt in einem sinnlich eindrucksvollen *Kultus* hat, während im Norden der Raum, die Kraft und mithin eine vorwiegend dogmatisch gefärbte Religiosität herrschen. Gerade in diesen frühesten Schöpfungen der jungen Seele tritt die Verwandtschaft zwischen den olympischen Gestalten, der attischen Statue und dem körperhaften dorischen Tempel, dann zwischen der überwölbten Kuppelbasilika, dem „Geist Gottes" und der Arabeske, endlich zwischen Walhall und dem Marienmythos, dem aufstrebenden Mittelschiff der Dome und der instrumentalen Musik hervor.

Die arabische Seele hat in den Jahrhunderten zwischen Cäsar und Konstantin ihren Mythos ausgebildet, jene phantastische Masse von Kulten, Visionen und Legenden, die noch heute kaum übersehbar ist,synkretistische Kulte wie die der syrischen Baale, der Isis und des Mithras, der auf syrischem Boden völlig umgeschaffen wurde. Evangelien, Apostelgeschichten und Apokalypsen in erstaunlicher Zahl, die christlichen, persischen, jüdischen, neuplatonischen, manichäischen Legenden, die himmlischen Engel- und Geisterordnungen der Kirchenväter und Gnostiker. In der Leidensgeschichte der Evangelien, *dem eigentlichen Epos der christlichen Nation*, umgeben von der Kindheitsgeschichte und den Taten der Apostel, und in der gleichzeitig ausgebildeten Zarathustralegende erblicken wir die Heldengestalten der früharabischen Epik neben Achilles, Siegfried und Parzival. Die Szenen von Gethsemane und Golgatha stehen neben den erhabensten Bildern der hellenischen und germanischen Sage. Diese magischen Visionen erwuchsen fast ohne Ausnahme unter dem Eindruck der sterbenden Antike, die ihnen der Natur der Sache nach niemals den Gehalt, um so öfter die Form lieh. Es ist kaum zu überschätzen, wieviel Apollinisches umgedeutet werden mußte, bevor der altchristliche Mythos die feste Gestalt angenommen hatte, die er zur Zeit des Augustinus besaß.

9

Der antike Polytheismus besitzt demnach einen Stil, der ihn von jeder andern, äußerlich noch so verwandten Fassung eines Weltgefühls streng abhebt. Diese Art, Götter, keine Gottheit zu besitzen, war nur einmal da, eben in der einzigen Kultur, welche die Statue des nackten Menschen als den Inbegriff aller Kunst empfand. Die

Natur, wie sie der antike Mensch um sich fühlte und erkannte, eine Summe wohlgestalteter körperlicher Dinge, konnte in keiner andern Form vergöttlicht werden. Der Römer fand in dem Anspruch Jahwes, allein anerkannt zu werden, etwas Atheistisches. *Ein* Gott war für ihn kein Gott. Von hierher schreibt sich die starke Abneigung des gesamten griechisch-römischen Volksbewußtseins gegen die Philosophen, soweit sie Pantheisten, mithin gottlos waren. Götter sind Körper, *somata* der vollkommensten Art, und zum *soma* im mathematischen wie im physikalischen, rechtlichen und dichterischen Sprachgebrauch gehört die Vielzahl. Der Begriff πολιτιχον gilt auch von Göttern; nichts ist ihnen so fremd wie die Einsamkeit, das Allein- und Fürsichsein. Um so entschiedener haftet an ihrem Dasein das Merkmal einer beständigen *Nähe*. Es ist von höchster Bedeutung, daß gerade in Hellas die Gestirngötter, als *numina* der Ferne, fehlen. Helios hatte nur auf dem halb orientalischen Rhodos, Selene überhaupt keinen Kult. Beide sind lediglich, wie schon in der höfischen Poesie Homers, künstlerische Ausdrucksmittel, nach römischer Bezeichnung Elemente des *genus mythicum*, nicht des *genus civile*. Die altrömische Religion, in der das antike Weltgefühl in besonderer Reinheit zum Ausdruck kommt, kennt weder Sonne noch Mond, weder Sturm noch Wolken als Gottheiten. Waldesrauschen und Waldeinsamkeit, Gewitter und Meeresbrandung, die das Naturgefühl des faustischen Menschen, schon das des Kelten und Germanen, völlig beherrschen und seinen mythischen Schöpfungen den eigentümlichen Charakter geben, lassen das des antiken Menschen unberührt. Nur Konkreta, Herd und Tür, der *einzelne* Wald und das *einzelne* Feld, dieser Fluß und jener Berg, verdichten sich ihm zu Wesen. Man bemerkt, daß alles, was Ferne hat, alles, was grenzenlos und unkörperlich wirkt und deshalb den Raum als seiend, als göttlich in die gefühlte Natur ziehen würde, vom Mythos ausgeschlossen bleibt, wie denn auch Wolken und Horizonte, die dem Landschaftsgemälde des Barock erst Sinn und Seele geben, im antiken hintergrundlosen Fresko völlig fehlen. Die unbegrenzte Menge antiker Götter – jeder Baum, jede Quelle, jedes Haus, jeder Teil des Hauses sogar ist Gott – bedeutet, daß jedes greifbare Ding ein *für sich* bestehendes Wesen, keines also dem andern funktional untergeordnet ist.

Dem apollinischen und dem faustischen Naturbilde liegen überall die entgegengesetzten Symbole des Einzeldinges und des *einen* Raumes zugrunde. Olymp und Unterwelt sind von scharfer sinnlicher Bestimmtheit; die Reiche der Zwerge, Elfen, Kobolde, Walhall und Niflheim – das alles ist irgendwo im Weltraum verloren. In der altrömischen Religion ist Tellus mater nicht die „Urmutter“, sondern der handgreifliche Acker selbst. Faunus ist *der* Wald, Volturnus *der* Fluß; die Saat *heißt* Ceres, die Ernte *heißt* Consus. *Sub Jove frigido* heißt bei Horaz echt römisch: unter kaltem Himmel. Hier wird nicht einmal der Versuch einer bildlichen Wiedergabe an der Stätte der Verehrung gemacht, denn das hieße den Gott verdoppeln. Noch sehr spät lehnt sich nicht nur der römische, sondern auch der griechische Instinkt gegen Götterbilder auf; das beweisen der immer profaner werdenden Plastik gegenüber der Volksglaube und die *fromme* Philosophie.Im Hause ist Janus die Tür als Gott, Vesta der Herd als Göttin; die beiden Funktionen des Hauses sind in ihrem Gegenstand Wesen, Gott geworden. Hellenische Flußgötter wie Acheloos, der als Stier erscheint, sind deutlich als der Fluß selbst, nicht etwa als im Flusse wohnend bezeichnet. Die Pane und Satyrn sind die als Wesen empfundenen, wohlbegrenzten Felder und Triften am Mittag. Dryaden und Hamadryaden *sind* Bäume. An vielen Stellen wurden einzelne, besonders wohlgewachsene Bäume an sich, ohne Namengebung verehrt, indem man sie mit Binden und Weihgeschenken schmückte. Dagegen besitzen die Mahre, Wichte, Zwerge, Hexen, Valkyren und die ihnen verwandten, schweifenden Heere der abgeschiedenen Seelen, die nachts umgehen, nichts von dieser ortsgebundenen Stofflichkeit. Najaden *sind* Quellen. Nixen und Alrunen aber, Holzgeister und Elben sind Seelen, die in Quellen, Bäume, Häuser nur *gebannt* sind und erlöst sein, wieder frei herumschweifen wollen. Das ist das vollkommene Gegenteil einer plastischen Naturempfindung. Die Dinge werden hier nur als Räume andrer Art erlebt. Eine Nymphe, eine Quelle also, nimmt wohl menschliche Gestalt an, wenn sie einen schönen Hirten besuchen will; eine Nixe aber ist eine verwunschene Prinzessin, mit Wasserrosen im Haar, die in Mitternächten aus dem See steigt, in dessen Tiefe sie wohnt. Kaiser Rotbart sitzt im Kyffhäuser und Frau Venus im Hörselberg. Es ist, als ob es nichts Stoffliches, Undurchdringliches im faustischen Weltall gäbe. In den Dingen ahnt man andre Welten; ihre Dichte, ihre Härte ist Schein, und – ein Zug, der im antiken Mythos gar nicht vorkommen könnte, der ihn aufheben würde – bevorzugten Sterblichen wird die Gabe verliehen, durch Felsen und Berge in die Tiefe zu schauen. Aber ist das nicht auch die geheime Meinung unserer physikalischen Theorie? Ist eine neue Hypothese nicht immer eine Art Springwurzel? Keine andre Kultur kennt so viele Sagen von Schätzen, die in Bergen und Seen ruhen, von geheimnisvollen unterirdischen Reichen, Palästen, Gärten, in denen andre Wesen wohnen. Die ganze Substanz der sichtbaren Welt wird vom faustischen Naturgefühl verleugnet. Es gibt nichts Erdhaftes mehr; nur der Raum ist wirklich. Das Märchen löst die Materie der Natur auf, wie der gotische Stil die steinerne Masse seiner Dome, die in einer Fülle von Formen und Linien geisterhaft verschwebt, denen keine Schwere mehr anhaftet, die keine Grenze mehr kennen.

Der mit steigendem Nachdruck auf somatische Vereinzelung gerichtete antike Polytheismus verdeutlicht sich am schärfsten vielleicht in der Haltung „fremden Göttern" gegenüber. Für den antiken Menschen waren die Götter der Ägypter, Phöniker, Germanen, soweit sich mit ihnen eine bildhafte Vorstellung verbinden ließ, ebenfalls wirkliche Götter. Die Rede, daß sie „nicht existieren", hat innerhalb dieses Weltgefühls keinen Sinn. Der Grieche verehrt sie, wenn er mit ihrem Lande in Berührung kommt. Die Götter sind wie eine Statue, eine Polis, ein euklidischer Körper an den Ort gebunden. Sie sind Wesen der Nähe, nicht des allgemeinen Raumes. So gut Zeus und Apollo zurücktreten, wenn man sich etwa in Babylon aufhält, so gut hat man die dort heimischen Götter nun *besonders* zu achten. Diese Bedeutung haben die Altäre mit der

Aufschrift „Den unbekannten Göttern“ –, welcher Paulus in der Apostelgeschichte eine so bezeichnend mißverständliche, magisch-monotheistische Deutung gibt. Es sind die Götter, welche der Grieche dem Namen nach nicht kennt, die aber von den Fremden in den großen Häfen, im Piräus oder in Korinth etwa, verehrt werden und denen er deshalb Achtung zollt. Mit klassischer Deutlichkeit offenbart dies das römische Sakralrecht und die streng bewahrten Anrufungsformeln z. B. der *generalis invocatio*.Da das Universum die Summe der Dinge ist und Götter Dinge sind, so werden auch alle die Götter als solche anerkannt, mit denen der Römer praktisch-historisch noch nicht in Beziehung getreten ist. Er kennt sie nicht oder sie sind die Götter seiner Feinde, aber sie *sind* Götter, weil das Gegenteil nicht vorstellbar ist. Das ist der Sinn jener sakralen Wendung bei Livius (VIII, 9, 6): *di quibus est potestas nostrorum hostiumque*. Das römische Volk gesteht, daß der Kreis seiner Götter nur augenblicklich begrenzt ist, und will durch diese Formel am Ende des Gebets, nachdem die eigenen Götter mit Namen aufgezählt sind, den Rechten der andern nicht zu nahe treten. Nach dem Sakralrecht geht mit der Besitzergreifung fremden Landes die ganze Summe religiöser Verpflichtungen, die an diesem Gebiet und dessen Gottheiten haftet, auf die Stadt Rom über –, das ist die logische Konsequenz des *additiven* antiken Gottgefühls. Daß mit der Anerkennung der Gottheit die der Formen ihres Kultus durchaus nicht gleichbedeutend war, beweist der Fall der Magna Mater von Pessinus, die im zweiten Punischen Kriege auf Grund einer sibyllinischen Weissagung in Rom rezipiert wurde, während ihr höchst unantik gefärbter Kultus – der von miteingewanderten Priestern aus ihrer Heimat ausgeübt wurde – unter strenger polizeilicher Aufsicht stand, und nicht nur römischen Bürgern, sondern selbst deren Sklaven der Eintritt in die Priesterschaft bei Strafe untersagt war. Mit der Aufnahme der Göttin war dem antiken Weltgefühl Genüge getan, mit der persönlichen Ausübung ihres dem Römer verächtlichen Kultus wäre es aber verletzt worden. Das Verhalten des Senats ist in solchen Fällen entscheidend, während das Volk bei der zunehmenden Vermischung mit östlichen Völkerschaften an diesen Kulten Geschmack fand und die römischen Heere der Kaiserzeit infolge ihrer Zusammensetzung sogar einer der wichtigsten Träger des magischen Weltgefühls geworden sind.

Von hier aus wird der Kult vergötterter Menschen als ein *notwendiges* Element innerhalb dieser religiösen Formenwelt verständlich. Aber man hat scharf zwischen antiken und den oberflächlich ähnlichen orientalischen Erscheinungen zu unterscheiden. Der römische Kaiserkult, d. h. die Verehrung des Genius des lebenden Prinzeps und die der verstorbenen Vorgänger als Divi, ist bisher mit der zeremoniellen Verehrung des Herrschers in vorderasiatischen Reichen, vor allem in Persien,und noch mehr mit der späteren ganz anders gemeinten Vergötterung der Kalifen, die schon bei Diokletian und Konstantin in voller Ausbildung erscheint, vermengt worden. In der Tat handelt es sich hier um sehr verschiedene Dinge. Mag im Osten die Verschmelzung dieser symbolischen Formen dreier Kulturen einen hohen Grad erreicht haben, in Rom ist der antike Typus unzweideutig und rein verwirklicht worden. Schon einige Griechen wie Sophokles und Lysander, vor allem Alexander, wurden nicht nur von Schmeichlern als Götter ausgerufen, sondern vom Volkstum in einem ganz bestimmten Sinn als solche empfunden. Von der Göttlichkeit eines Dinges, eines Hains, einer Quelle, endlich einer Statue, die den Gott repräsentiert, bis zu der eines hervorragenden Menschen, der erst Heros und dann Gott wird, ist nur ein Schritt. Man verehrte im einen wie im andern die vollkommene Gestalt, in der die Weltsubstanz, das an sich Nichtgöttliche, sich verwirklicht hatte. Eine Vorstufe war der Konsul am Tage seines Triumphes. Er trug hier die Rüstung des kapitolinischen Jupiter, und in der älteren Zeit waren Gesicht und Arme mit roter Farbe bestrichen, um die Ähnlichkeit mit der Terrakottastatue des Gottes, dessen *numen* sich in diesem Augenblick in ihm verkörperte, zu erhöhen.

10

In den ersten Generationen der Kaiserzeit löst sich der antike Polytheismus, ohne daß in vielen Fällen an der äußeren, kultischen oder mythischen Form etwas geändert worden wäre, in den magischen Monotheismus auf.Eine neue Seele war erschienen und sie erlebte die verjährten Formen anders. Die Namen bestanden fort, aber sie deckten andre *numina*.

Alle „spätantiken" Kulte, der Isis und Kybele, des Mithras, Sol, Sarapis, gelten nicht mehr ortsgebundenen, plastisch empfundenen Wesen. Auf der Akropolis wurde einst Hermes Propylaios am Eingang verehrt. Wenige Schritte davon befand sich der Kultort des Hermes, des Gatten der Aglauros, ein Punkt, über dem später das Erechtheion errichtet wurde. Auf der Südspitze des Kapitols lag dicht neben dem Heiligtum des Jupiter Feretrius, in dem sich statt der Statue ein heiliger Stein (*silex*) befand, das des Jupiter Optimus Maximus, und Augustus mußte, als er für diesen den Riesentempel erbaute, den Ort sorgfältig schonen, an welchem das *numen* des ersten haftete. Aber in frühchristlicher Zeit konnten Jupiter Dolichenus und Sol Invictus überall da verehrt werden, wo „zwei oder drei versammelt waren in ihrem Namen", und alle diese Gottheiten wurden mehr und mehr als ein einziges *numen* empfunden, nur daß jeder Anhänger eines einzelnen Kultes überzeugt war, es in seiner wahren Gestalt zu kennen. In diesem Sinne sprach man von der „millionennamigen Isis". Bis dahin waren die Namen Bezeichnungen ebensovieler körperhaft und örtlich verschiedener Götter gewesen, jetzt sind sie *Titel* des einen, den jeder meint.

Dieser magische Monotheismus offenbart sich in allen religiösen Schöpfungen, die vom Osten aus das Imperium erfüllen, der alexandrinischen Isis, des von Aurelian bevorzugten Sonnengottes (des Baal von Palmyra), des von Diokletian beschützten Mithras, dessen persische Gestalt in Syrien völlig umgeprägt worden war, der von Septimius Severus verehrten Baalath von Karthago (Tanith, Dea caelestis), die sämtlich nicht mehr in antiker Weise die Zahl der konkreten Götter vermehren, sondern sie im Gegenteil in einer der bildhaften Darstellung sich mehr und mehr entziehenden Weise in sich aufnehmen. Das ist Alchymie an Stelle der Statik. Dem entspricht es, daß an Stelle des Bildes gewisse Symbole, der Stier, das Lamm, der Fisch, das Dreieck, das Kreuz in den Vordergrund treten. „*In hoc signo vinces*" – das klingt nicht mehr antik. Hier bereitet sich die Abkehr von der menschendarstellenden Kunst vor, die später im Islam und in Byzanz zum Bilderverbot führte.

Bis auf *Trajan* herab, als auf griechischem Boden längst der letzte Hauch apollinischen Weltgefühls verschwunden war, besaß der römische Staatskult die Kraft, die euklidische Tendenz einer fortgesetzten *Vermehrung* der Götterwelt zu wahren. Die Gottheiten der unterworfenen Länder und Völker erhalten in Rom eine anerkannte Kultstätte, Priesterschaft und Ritual, während sie selbst als genau abgegrenzte Individuen neben die Götter der Vergangenheit treten. Von da an siegt auch an dieser Stelle, trotz eines ehrwürdigen Widerstandes, der seinen Sitz in einer kleinen Zahl uralter Patrizierfamilien hat,der magische Geist; die Göttergestalten schwinden als solche, als Körper, aus dem Bewußtsein, um einem transzendenten Gottgefühl Platz zu machen, das nicht mehr auf dem unmittelbaren Zeugnis der Sinne beruht, und die Bräuche, Feste und Legenden verfließen ineinander. Als Caracalla 217 den sakralrechtlichen Unterschied zwischen römischen und fremden Gottheiten aufhob, womit tatsächlich Isis die erste, alle älteren weiblichen *numina* umfassende Gottheit Romsund damit die gefährlichste Feindin des Christentums wurde, die sich den Todhaß der Kirchenväter zuzog, war Rom ein Stück Orient, eine religiöse Provinz Syriens geworden. Damals beginnen die Baale von Doliche, Petra, Palmyra, Emesa zum Monotheismus des Sol zu verschmelzen, der später als Gott des Reiches in seinem Vertreter Licinius von Konstantin besiegt wurde. Es handelt sich nicht mehr um antik oder magisch – das Christentum konnte den hellenischen Göttern sogar eine Art ungefährlicher Sympathie entgegenbringen –, sondern darum, welche der magischen Religionen der Welt des antiken Imperiums die religiöse Form geben sollte. Man findet diese Abnahme des plastischen Empfindens sehr deutlich in den Entwicklungsstufen des Kaiserkultes, wo zuerst der verstorbene Kaiser als Divus durch Senatsbeschluß in den Kreis der Staatsgötter aufgenommen wird – als erster der Divus Julius 42 v. Chr. – und eine eigne Priesterschaft erhält, so daß von nun an sein Bild bei Familienfesten nicht mehr unter den Ahnenbildern vorangetragen wird; wo dann von Marc Aurel an keine neue Priesterschaft mehr für den Dienst vergöttlichter Kaiser entsteht, bald darauf auch kein neuer Tempel mehr geweiht wird, weil ein allgemeines *templum divorum* dem religiösen Gefühl hinreichend erscheint, und die Bezeichnung Divus endlich sich in einen *Titel* der Mitglieder des Kaiserhauses verwandelt. Dieser Ausgang bezeichnet den Sieg des magischen Gefühls. Man wird finden, daß die Häufung von Namen in Weihinschriften, wie Isis – Magna Mater – Juno – Astarte – Bellona oder Mithras – Sol Invictus – Helios schon längst die Bedeutung des Titels einer alleinexistierenden Gottheit angenommen hat.

11

Der Atheismus ist dem Psychologen wie dem Religionsforscher bisher kaum einer sorgfältigen Betrachtung wert erschienen. Soviel über ihn schlechtweg geschrieben und räsoniert worden ist, gleichviel ob im Stile des freigeistigen Märtyrers oder des gläubigen Zeloten: von *Arten* des Atheismus, von der Analyse einer einzelnen, *bestimmten* Erscheinungsform in ihrer Fülle und Notwendigkeit, ihrer starken Symbolik, ihrer zeitlichen Beschränktheit hat man nie gehört.

„Der“ Atheismus – ist er die apriorische Struktur eines gewissen Weltbewußtseins oder eine wahlfreie Überzeugung? Wird man für ihn geboren oder zu ihm bekehrt? Zieht das unbewußte Gefühl von einem entgötterten Kosmos auch das Wissen davon nach sich, daß „der große Pan tot ist“? Gibt es frühe Atheisten, etwa in der dorischen oder gotischen Zeit? Gibt es jemand, der sich mit Leidenschaft, aber mit Unrecht als Atheisten bezeichnet? Und kann es zivilisierte Menschen geben, die es *nicht* sind, zum wenigsten nicht ganz?

Daß zum Wesen des Atheismus, wie schon die Wortbildung in sämtlichen Sprachen verrät, die Verneinung gehört, daß er den Verzicht auf eine geistige Verfassung bedeutet, die ihm also voraufgeht, und nicht etwa den schöpferischen Akt einer ungebrochenen Gestaltungskraft, steht fest. Aber was wird da verneint? In welcher Weise? Und von wem?

Ohne Zweifel ist der Atheismus, richtig verstanden, der notwendige Ausdruck eines in sich vollendeten, in seinen religiösen Möglichkeiten erschöpften, dem Anorganischen verfallenden Seelentums. Er verträgt sich sehr wohl mit dem lebhaften und sehnsüchtigen Bedürfnis nach echter Religiosität– darin aller Romantik verwandt, die ebenfalls etwas unwiderruflich Verlornes, die Kultur nämlich, wieder heraufrufen möchte –, und er kann seinem Träger sehr wohl unbewußt sein, eine Gestalt seines Fühlens, die nie in die Konventionen seines Denkens eingreift, die seiner Überzeugung sogar widerspricht. Man begreift das, wenn man einsieht, weshalb der fromme Haydn Beethoven einen Atheisten nannte, nachdem er Musik von ihm gehört hatte. Der Atheismus gehört zum Menschen noch nicht der Aufklärung, aber der beginnenden Zivilisation. Er gehört zur großen Stadt; er gehört zum „Gebildeten“ der großen Städte, der sich mechanisch aneignet, was seine Vorfahren, die Schöpfer seiner Kultur, organisch erlebt haben. Aristoteles ist, vom antiken Gottesgefühl aus, Atheist, ohne es zu wissen. Der hellenistisch-römische Stoizismus ist es so gut wie der Sozialismus und Buddhismus der westeuropäischen und indischen Modernität – oft beim ehrlichsten Gebrauch des Wortes „Gott“.

Bedeutet diese späte und zur „zweiten Religiosität“ hinüberleitende Form des Welt *gefühls* wie des Welt *bildes* aber die Verneinung des Religiösen in uns, so ist sie in jeder Zivilisation von andrer Struktur. Es gibt keine Religiosität ohne eine ihr *allein* zugehörige, gegen sie *allein* gerichtete atheistische Auflehnung. Man erlebt die ringsum sich dehnende Außenwelt auch weiterhin wie einen Kosmos wohlgeordneter Körper, als Welthöhle oder unendlichen, wirkenden Raum, aber man erlebt die heilige Kausalität nicht mehr darin, und man erkennt, wenn man das Bild dieser Welt betrachtet, nur eine profane, im Mechanischen sich erschöpfende Kausalität, oder wünscht und glaubt, daß es so sei.Es gibt einen antiken, arabischen, abendländischen Atheismus, die untereinander nach Sinn und Gehalt völlig verschieden sind. Nietzsche hat den dynamischen dahin formuliert, daß „Gott tot sei". Ein antiker Philosoph hätte den statisch-euklidischen damit bezeichnet, daß „die am heiligen Orte weilenden Götter tot sind". Das eine bedeutet die Entgötterung des unendlichen Raumes, das andre die der unzähligen Dinge. Der *tote* Raum und die *toten* Dinge aber sind die „Tatsachen" der Physik. Der Atheist vermag zwischen dem Naturbild der Physik und dem der Religion keinen Unterschied zu erleben. Mit einem richtigen Gefühl unterscheidet der Sprachgebrauch Weisheit und Intelligenz, als frühen und späten, ländlichen und großstädtischen Zustand des Geistes. Intelligenz klingt atheistisch. Niemand würde Heraklit oder Meister Eckart eine Intelligenz nennen, aber Sokrates und Rousseau waren intelligent, nicht „weise". In dem Wort liegt etwas Wurzelloses. Nur vom Standpunkt des Stoikers und Sozialisten, des typisch irreligiösen Menschen aus ist der Mangel an Intelligenz etwas Verächtliches.

Das Seelische jeder lebendigen Kultur ist religiös, hat Religion, ob es sich dessen bewußt ist oder nicht. Daß es überhaupt da ist, daß es wird, sich entwickelt, sich erfüllt, *ist* seine Religion. Es steht ihm nicht frei, irreligiös zu sein. Es ist ihm nur möglich, wie im mediceischen Florenz, mit dem Gedanken daran zu spielen. Der Mensch der Weltstädte aber ist irreligiös. Das gehört zu seinem Wesen; das bezeichnet seine historische Erscheinung. Er mag aus der schmerzlichen Empfindung einer inneren Leere und Armut noch so ernstlich religiös sein wollen, er kann es nicht. Alle weltstädtische Religiosität beruht auf Selbsttäuschung. Der Grad von Frömmigkeit, dessen eine Zeit fähig ist, offenbart sich in ihrem Verhältnis zur Toleranz. Man duldet entweder, weil Etwas der Formensprache nach vom Göttlichen redet, so wie man es selbst erlebt, oder man duldet, weil man *nichts* dergleichen mehr erlebt.

Was man heute antike Toleranz nennt,ist ein Ausdruck des Gegenteils von Atheismus. Zum Begriff der antiken Religion gehört die Vielzahl der *numina* und Kulte. Sie sämtlich gelten zu lassen war nicht tolerant, sondern der selbstverständliche Ausdruck antiken Frommseins. Im Gegenteil, wer hier Ausnahmen forderte, erwies sich eben damit als gottlos. Christen und Juden galten als Atheisten, und sie mußten es für jeden sein, dessen Weltbild ein Inbegriff von Einzelkörpern war. Als man in der Kaiserzeit aufhörte, so zu empfinden, war auch das antike Gottgefühl zu Ende. Allerdings aber setzte man Achtung vor der Form des ortsgebundenen Kultus überhaupt voraus, vor den Götterbildern, den Mysterien, den Opfern und Festbräuchen, und wer sie verhöhnte oder entweihte, lernte die Grenzen antiker Duldung kennen. Man denke an den Hermakopidenfrevel in Athen und an die Prozesse wegen Entweihung der eleusinischen Mysterien, das heißt der profanierenden Nachahmung des sinnlichen Elements. Der faustischen Seele aber war das *Dogma* wesentlich, nicht der sichtbare Kult. Es ist der Gegensatz von Raum und Körper, von Überwindung und Anerkennung des Augenscheins. Gottlos ist für uns die Auflehnung gegen eine Lehre. Hier beginnt der raumhaft-geistige Begriff der Ketzerei. Eine faustische Religion konnte ihrer Natur nach keine *Gewissensfreiheit* gestatten – das widerspricht ihrer den Raum durchdringenden Dynamik. Darin macht auch das Freidenkertum keine Ausnahme. Auf den Scheiterhaufen folgte die Guillotine, auf das Verbrennen der Bücher ihr Totschweigen, auf die Macht der Predigt die Macht der Presse. Es gibt unter uns keinen Glauben ohne Neigung zur Inquisition in irgendeiner Form. Mit einem zugehörigen Bilde der Elektrodynamik ausgedrückt: Das Kraftfeld einer Überzeugung ordnet alle darin befindlichen Geister seiner Spannung ein. Wer das nicht will, der besitzt keine starke Überzeugung mehr. Er ist, kirchlich gesprochen, gottlos. Gottlos aber war für die Antike eine Verachtung des Kultus – ασέβεια im wörtlichen Sinne – und hier duldete die apollinische Religion keine *Freiheit des Verhaltens*. Damit war in beiden Fällen eine Grenze derjenigen Toleranz gezogen, welche das Gottgefühl forderte und welche es verbot.

In diesem Punkte nun stand die spätantike Philosophie, die sophistisch-stoische Theorie (nicht die stoische Weltstimmung) dem religiösen Empfinden entgegen, und hier war das Volk von Athen – desselben Athens, das auch noch den „unbekannten Göttern" Altäre baute – von der Unerbittlichkeit der spanischen Inquisition. Man hat nur die Reihe antiker Denker und historischer Persönlichkeiten zu mustern, die der Heilighaltung des Kultus geopfert wurden. Sokrates und Diogoras wurden der Asebeia wegen hingerichtet; Anaxagoras, Protagoras, Aristoteles, Alkibiades konnten sich nur durch Flucht retten. Die Zahl der wegen Kultfrevels Hingerichteten zählt allein in Athen und nur während der Jahrzehnte des Peloponnesischen Krieges nach Hunderten. Nach der Verurteilung des Protagoras wurden seine Schriften von Haus zu Haus gesucht und verbrannt. In Rom beginnen die historisch noch erkennbaren Akte dieser Art mit der 181 vom Senat angeordneten öffentlichen Verbrennung der pythagoräischen „Bücher des Numa", und von da an folgen ohne Unterbrechung Ausweisungen einzelner Philosophen und ganzer Schulen, späterhin Hinrichtungen und die feierliche Verbrennung von Schriften, die der Religion gefährlich werden konnten. Hierher gehört die Tatsache, daß allein zur Zeit Cäsars die Stätten des Isiskultes von den Konsuln fünfmal zerstört worden sind, und daß Tiberius das Bild der Göttin in den Tiber werfen ließ. Die Verweigerung des Opfers vor dem Bild des Kaisers war unter Strafe gestellt. In allen Fällen handelt es sich um „Atheismus", wie er sich aus dem *antiken* Gottgefühl ergab und wie er sich als theoretische oder praktische Mißachtung des sichtbaren Kultes offenbarte. Wer in diesen Dingen nicht das eigne, abendländische Empfinden aus dem Spiele lassen kann, wird nie in das Wesen des hier zugrunde liegenden Weltbildes eindringen. Dichter und Philosophen durften Mythen erfinden und Göttergestalten umbilden, soviel sie wollten.

Die dogmatische Deutung des sinnlich Gegebenen stand in jedermanns Belieben. Man konnte die Götter *geschichten* in Satyrspielen und Komödien verspotten – selbst das griff nicht an ihr euklidisches Dasein –, aber an das Götter *bild*, den Kultus, die plastische Gestaltung der Götterverehrung durfte nicht gerührt werden. Man mißversteht die feinen Geister der ersten Kaiserzeit, wenn man es als Heuchelei auffaßt, daß sie, ohne irgendeinen Mythos noch ernst zu nehmen, alle Verpflichtungen der Staatskulte, vor allem des allenthalben tief empfundenen Kaiserkultes auf sich nahmen. Umgekehrt stand es dem Dichter und Denker der gereiften faustischen Kultur frei, „nicht zur Kirche zu gehen", die Beichte zu meiden, bei Prozessionen daheim zu bleiben, in protestantischer Umgebung ohne alle Verbindung mit kirchlichen Bräuchen zu leben, nicht aber, an dogmatische Einzelheiten zu rühren. Das war innerhalb aller Konfessionen und Sekten (das Freidenkertum nochmals ausdrücklich einbegriffen) gefährlich. Das Beispiel des stoischen Römers, der ohne Glauben an die Mythologie die sakralen Formen pietätvoll beobachtet, findet sein Gegenstück an Menschen der Aufklärungszeit wie Lessing und Goethe, die, ohne die kirchlichen Gebräuche zu erfüllen, doch niemals an den „Grundwahrheiten des Glaubens" zweifeln.

12

Kehren wir vom gestaltgewordnen Naturgefühl zur systemgewordnen Naturerkenntnis zurück, so kennen wir Gott oder die Götter als Ursprung der Gebilde, durch welche der Geist reifer Kulturen sich der Umwelt begrifflich zu bemächtigen sucht. Goethe bemerkt einmal zu Riemer: „Der Verstand ist so alt wie die Welt, auch das Kind hat Verstand: aber er wird nicht in jedem Zeitalter auf gleiche Weise und auf einerlei Gegenstände angewendet. Die früheren Jahrhunderte hatten ihre Ideen in Anschauungen der Phantasie; unseres bringt sie in Begriffe. *Die großen Ansichten des Lebens waren damals in Gestalten, in Götter gebracht; heutzutage bringt man sie in Begriffe*. Dort war die Produktionskraft größer, heute die Zerstörungskraft oder die Scheidekunst." Die starke Religiosität der Mechanik Newtonsund die fast vollkommen atheistisch formulierte moderne Dynamik sind von gleicher Farbe, Position und Negation desselben Urgefühls. Ein physikalisches System trägt mit Notwendigkeit alle Züge der Seele, zu deren Formenwelt sie gehört. Zur Dynamik und analytischen Geometrie gehört der Deismus des Barock. Seine drei Grundprinzipien Gott, Freiheit und Unsterblichkeit heißen in der Sprache der Mechanik das Prinzip der Trägheit (Galilei), das Prinzip der kleinsten Wirkung (d'Alembert) und das Prinzip der Erhaltung der Energie (J. R. Mayer).

Was wir heute ganz allgemein Physik nennen, ist in der Tat ein Kunstwerk des Barock. Es wird nicht mehr als paradox empfunden werden, wenn ich insbesondere diejenige Vorstellungsweise, welche auf der Annahme von Fernkräften und den der naiv-antiken Anschauung völlig fremden Fernwirkungen, der Attraktion und Repulsion von Massen beruht, in Anlehnung an den von Vignola begründeten Jesuitenstil der Architektur als den Jesuitenstil der Physik bezeichne, wie mir ganz ebenso die Infinitesimalrechnung, die nur im Abendland und gerade damals entstand und nur dort entstehen konnte, den Jesuitenstil in der Mathematik darzustellen scheint. „Richtig“ ist innerhalb dieses Stils eine Arbeitshypothese, welche die Technik des Experimentierens vertieft. Für Loyola wie für Newton handelt es sich nicht um eine bloße Schilderung der Natur, sondern um eine *Methode*.

Die abendländische Physik ist ihrer inneren Form nach dogmatisch, nicht kultisch. Ihr Inhalt ist das *Dogma von der Kraft*, die mit dem Raume, der Distanz identisch ist, die Lehre von der mechanischen Tat, nicht der mechanischen Haltung im Weltall. Ihre Tendenz ist demnach die fortschreitende Überwindung des Augenscheins. Von einer noch sehr „antiken“ Einteilung in eine Physik des Auges (Optik), Ohres (Akustik) und Hautsinnes (Wärmelehre) ausgehend hat sie die Sinnesempfindungen allmählich ganz ausgeschaltet und durch abstrakte Beziehungssysteme ersetzt, so daß z. B. die strahlende Wärme infolge der Vorstellungen von dynamischen Bewegungen des Äthers heute in der Optik behandelt wird, und Optik mit dem Auge gar nichts mehr zu tun hat.

„Die Kraft“ ist eine mythische Größe, die nicht aus wissenschaftlicher Erfahrung stammt, sondern im Gegenteil deren Struktur im voraus bestimmt. Nur in der Naturauffassung faustischer Menschen gibt es statt eines Magneten einen Magnetismus, in dessen *Kraft*feld ein Stück Eisen liegt, statt leuchtender Körper eine strahlende Energie, und weiterhin Personifikationen wie „die“ Elektrizität, „die“ Temperatur, „die“ Radioaktivität.

Daß diese Kraft oder Energie in der Tat ein zum Begriff erstarrtes *numen* und nicht entfernt das Ergebnis wissenschaftlicher Erfahrung ist, wird durch die oft übersehene Tatsache bestätigt, daß das Grundprinzip der Dynamik, der bekannte erste Hauptsatz der mechanischen Wärmetheorie, überhaupt nichts über das Wesen der Energie aussagt. Daß die „Erhaltung der Energie“ in ihm fixiert sei, ist eigentlich ein falscher, aber psychologisch sehr bezeichnender Ausdruck. Die experimentelle Messung kann ihrer Natur nach nur eine *Zahl* feststellen, die man – ebenfalls sehr bezeichnend – *Arbeit* benannt hat. Aber der dynamische Stil unseres Denkens forderte deren Auffassung als Energie *differenz*, obwohl der absolute Betrag der Energie nur ein Bild ist und niemals durch eine bestimmte Zahl angegeben werden kann. Es bleibt also jedesmal, wie man sich ausdrückt, eine additive Konstante unbestimmt, das heißt man sucht das mit dem inneren Auge aufgefaßte Bild einer Energie festzuhalten, obwohl die wissenschaftliche Praxis nichts damit zu tun hat.

Aus dieser Herkunft des Kraftbegriffs folgt, daß er ebensowenig definierbar ist wie die gleichfalls den antiken Sprachen fehlenden Urworte Wille und Raum. Es bleibt immer ein gefühlter und geschauter Rest, der jede persönliche Definition *zu einem fast religiösen Bekenntnis ihres Urhebers* macht. Jeder Naturforscher des Barock hat hier ein inneres Erlebnis, das er in Worte kleidet. Man denke an Goethe, der seinen Begriff einer

Weltkraft nicht hätte definieren können und mögen, aber seiner gewiß war. Kant nannte die Kraft die Erscheinung eines an sich Seienden: „Die Substanz im Raume, den Körper, kennen wir nur durch Kräfte." Laplace nannte sie eine Unbekannte, deren Wirkungen wir nur erkennen; Newton hatte an immaterielle Fernkräfte gedacht. Leibniz sprach von der *vis viva* als einem Quantum, das mit der Materie zusammen die Einheit der Monade bildet. Descartes war ebensowenig wie einzelne Denker des 18. Jahrhunderts (Lagrange) gewillt, Bewegung vom Bewegten grundsätzlich zu sondern. Neben *potentia, impetus, virtus* finden sich schon in gotischer Zeit Umschreibungen mit *conatus* und *nisus*, wo offenbar die Kraft von der auslösenden Ursache nicht gesondert worden ist. Es ist sehr wohl möglich, katholische, protestantische und atheistische Kraftbegriffe zu unterscheiden. Spinoza, als Jude, seelisch also der magischen Kultur zugehörig, vermochte den faustischen Kraftbegriff überhaupt nicht in sich aufzunehmen. Er fehlt in seinem System.Und es ist ein erstaunliches Zeichen für die geheime Macht der Urbegriffe, daß H. Hertz, der einzige Jude unter den großen Physikern der jüngsten Vergangenheit, auch der einzige war, der den Versuch machte, das Dilemma der Mechanik durch *Ausschaltung* des Kraftbegriffs zu lösen.

Das Dogma von der Kraft ist das *einzige* Thema der faustischen Physik. Was unter dem Namen Statik als Teil der Naturwissenschaft durch alle Systeme und Jahrhunderte mitgeführt wurde, ist eine Fiktion. Es steht mit einer „modernen Statik" nicht anders als mit der „Arithmetik" und „Geometrie", wörtlich den Lehren vom Zählen und Messen, die innerhalb der neueren Analysis ebenfalls, wenn man mit den Worten überhaupt noch den ursprünglichen Sinn verbindet, leere Namen, literarische Reste antiker Wissenschaften sind, die zu beseitigen oder auch nur als Scheingebilde zu erkennen uns die Ehrfurcht vor allem Antiken bisher nicht gestattet hat. Es gibt keine abendländische Statik, das heißt keine dem abendländischen Geist natürliche Art der Deutung mechanischer Tatsachen, welche die Begriffe Gestalt und Substanz (allenfalls Raum und Masse) statt Raum, Zeit, Masse und Kraft zugrunde legt. Man kann das auf jedem einzelnen Gebiet nachprüfen. Selbst die „Temperatur", die doch am ehesten den antik-statischen Eindruck einer passiven Größe macht, läßt sich diesem System erst einordnen, wenn sie im Bilde einer Kraft erfaßt wird: die Wärmemenge als Inbegriff der sehr schnellen, feinen, unregelmäßigen Bewegungen der Atome eines Körpers, seine Temperatur als die mittlere lebendige Kraft dieser Atome.

Die späte Renaissance hat die archimedische Statik wiederzuerwecken geglaubt, ebenso wie sie die hellenische Plastik fortzusetzen glaubte. In beiden Fällen hat sie die endgültigen Ausdrucksformen des Barock, und zwar aus dem Geiste der Gotik, nur vorbereitet. Mantegna gehört zur Statik der Bildmotive, ebenso Signorelli, dessen Zeichnung und Haltung man später steif und kalt gefunden hat; mit Lionardo beginnt die Dynamik, und Rubens ist bereits ein Maximum der Bewegtheit schwellender Leiber.

Im Sinne der Renaissancephysik hat noch 1629 der Jesuit Nicolaus Cabeo eine Theorie des Magnetismus im Stil der aristotelischen Weltauffassung entwickelt, die ebenso wie Palladios Werk über die Baukunst (1578) keine Folgen haben konnte, nicht weil sie „falsch“ gewesen wäre, sondern weil sie dem faustischen Naturgefühl widersprach, das durch die Denker und Forscher des 14. Jahrhunderts aus der arabisch-magischen Vormundschaft befreit worden war und das nun eigne Formen für den Ausdruck seiner Welterkenntnis brauchte. Cabeo verzichtet auf die Begriffe Kraft und Masse und beschränkt sich auf die klassischen: Stoff und Gestalt, das heißt er geht vom Geiste der Architektur des alternden Michelangelo und Vignolas auf den Michelozzos und Raffaels zurück und entwirft so ein vollkommen in sich geschlossenes, aber für die Zukunft belangloses System. Der Magnetismus als Zustand einzelner Körper, nicht als Kraft im grenzenlosen Raume – das konnte das innere Auge des faustischen Menschen symbolisch nicht befriedigen. Wir brauchen eine Theorie der Ferne, nicht der Nähe. Ein andrer Jesuit, Boscovich, hat Newtons mathematisch-mechanische Prinzipien als erster zu einer umfassenden eigentlichen Dynamik ausgestaltet (1758).

Selbst Galilei stand noch unter dem Eindruck starker Reminiszenzen des Renaissancegefühls, dem der Gegensatz von Kraft und Masse, aus der im architektonischen, malerischen und musikalischen Stil das Element der *großen Bewegung* folgt, fremd und unbequem war. Er beschränkt die Vorstellung der Kraft noch auf Berührungskräfte (Stoß) und formuliert lediglich eine Erhaltung der Quantität der Bewegung. Damit hält er am bloßen Bewegtsein unter Ausschluß eines räumlichen *Pathos* fest, und erst Leibniz entwickelte, gegen ihn polemisierend, die Idee der eigentlichen, im unendlichen Raum wirksamen, *freien, gerichteten* Kräfte (lebendige Kraft, *activum thema*), die er dann im Zusammenhang mit seinen mathematischen Entdeckungen vollkommen durchführte. An Stelle der Erhaltung der Bewegungsquantität trat die Erhaltung der lebendigen Kräfte. Das entspricht dem Ersatz der Zahl als Größe durch die Zahl als Funktion.

Der Begriff der Masse wurde erst etwas später deutlich ausgebildet. Bei Galilei und Kepler erscheint an seiner Stelle das Volumen, und erst Newton hat ihn mit Bestimmtheit *funktional* gefaßt: die Welt als Funktion Gottes. Es widerstrebt dem Renaissanceempfinden, daß die Masse – heute definiert als das konstante Verhältnis von Kraft und Beschleunigung in bezug auf ein System materieller Punkte – dem Volumen keineswegs proportional ist, wofür die Planeten ein wichtiges Beispiel gaben.

Aber Galilei mußte doch schon nach *Ursachen* der Bewegung fragen. Diese Frage hatte innerhalb einer eigentlichen, auf die Begriffe Stoff und Form beschränkten Statik keinen Sinn. Für Archimedes war die Ortsveränderung neben der Gestalt als dem eigentlichen Wesen alles körperhaften Daseins belanglos; was hätte auf die Körper wirken sollen – von außen –, da der Raum „nicht ist“? Die Dinge bewegen sich, sie sind nicht Funktionen einer Bewegung. Erst Newton schuf in völliger Unabhängigkeit von der Fühlweise der

Renaissance den Begriff der *Fernkräfte,* der Anziehung und Abstoßung von Massen durch den Raum hindurch. Der Abstand *ist für ihn bereits eine Kraft.* Diese Idee hat nichts sinnlich Greifbares mehr, und Newton selbst empfand vor ihr einiges Unbehagen. Sie hatte ihn, nicht er sie ergriffen. Es ist der dem unendlichen Raum zugewandte Geist des Barock selbst, der diese *kontrapunktische, gänzlich unplastische* Auffassung hervorgerufen hat, und zwar mit einem inneren Widerspruch. Man hat diese Fernkräfte niemals hinreichend definieren können. Kein Mensch hat je begriffen, was eigentlich Zentrifugalkraft ist. Ist die Kraft der sich um ihre Achse drehenden Erde die Ursache dieser Bewegung oder umgekehrt? Oder sind beide identisch? Ist eine solche Ursache, für sich gedacht, eine Kraft oder eine andere Bewegung? Wie unterscheiden sich Kraft und Bewegung? Die Veränderungen im Planetensystem sollen Wirkungen einer Zentrifugalkraft sein. Aber dann müßten die Körper aus ihrer Bahn geschleudert werden, und da dies nicht der Fall ist, nimmt man noch eine Zentripetalkraft an. Aber was bedeuten diese Worte? Eben die Unmöglichkeit, hier Ordnung und Klarheit zu schaffen, hatte Heinrich Hertz bewogen, auf den Kraftbegriff überhaupt zu verzichten und sein System der Mechanik durch die äußerst künstliche Annahme von festen Koppelungen zwischen Lagen und Geschwindigkeiten auf das Prinzip der Berührung (Stoß) zurückzuführen. Aber damit sind die Verlegenheiten nur verdeckt, nicht behoben. Sie sind spezifisch faustischer Natur und wurzeln im tiefsten Wesen der Dynamik. „Dürfen wir von Kräften reden, welche erst durch Bewegung entstehen?" Gewiß nicht. Aber können wir auf die dem abendländischen Geist *eingebornen Urbegriffe* verzichten, obwohl sie undefinierbar sind? Hertz selbst hat keinen Versuch gemacht, sein System praktisch in Anwendung zu bringen.

Diese *symbolische* Verlegenheit der modernen Mechanik wird durch die von Faraday begründete Potentialtheorie – nachdem der Schwerpunkt des physikalischen Denkens aus der Dynamik der Materie in die Elektrodynamik des Äthers gerückt war – keineswegs beseitigt. Der berühmte Experimentator, der durchaus Visionär und unter allen Meistern der neuern Physik der einzige Nichtmathematiker war, bemerkte 1846: „Ich nehme in irgend einem Teil des Raumes, mag er nach dem gewöhnlichen Sprachgebrauch leer oder von Materie erfüllt sein, nichts wahr als Kräfte und die Linien, in denen sie ausgeübt werden." In dieser Beschreibung tritt die ihrem Gehalt nach heimlich organische, historische, das Erlebnis des Erkennenden bezeichnende Richtungstendenz deutlich hervor; damit knüpft Faraday metaphysisch an Newton an, dessen Fernkräfte auf einen mythischen Hintergrund hindeuteten, dessen Kritik der fromme Physiker ausdrücklich ablehnte. Der zweite noch mögliche Weg, zu einem eindeutigen Begriff der Kraft zu gelangen – von der „Welt", nicht von „Gott", vom Objekt, nicht vom Subjekt des natürlichen Bewegtseins aus –, führte eben damals zur Aufstellung des Begriffs der *Energie,* die im Unterschiede von der Kraft ein Quantum des Gerichtetseins, keine Richtung darstellt und insofern an Leibniz und an dessen Idee der lebendigen Kraft mit ihrer unveränderlichen Quantität anknüpft; man sieht, daß hier wesentliche Merkmale des Massebegriffs herübergenommen worden sind, derart, daß sogar der bizarre Gedanke einer atomistischen Struktur der Energie in Erwägung gezogen worden ist.

Indessen ist mit der Neuordnung der Grundworte das Gefühl vom Vorhandensein einer Weltkraft und ihres Substrats nicht verändert und damit die Unlösbarkeit des Bewegungsproblems nicht widerlegt worden. Was sich auf dem Wege von Newton zu Faraday – oder von Berkeley zu Mill – zugetragen hat, ist der Ersatz des religiösen Tatbegriffs durch den irreligiösen Begriff der Arbeit.Im Naturbilde Brunos, Newtons, Goethes wirkt sich etwas Göttliches in Taten aus; im Weltbilde der modernen Physik *leistet die Natur Arbeit*. Das bedeutet die Auffassung, wonach jeder „Prozeß" im Sinne des ersten Hauptsatzes der mechanischen Wärmetheorie am Energieverbrauch meßbar ist, dem ein geleistetes Arbeitsquantum in Gestalt von gebundener Energie entspricht.

Die entscheidende Entdeckung J. R. Mayers fällt deshalb mit der Geburt der sozialistischen Theorie zusammen. Auch die nationalökonomischen Systeme schalten mit denselben Begriffen; seit Adam Smith wird das Wertproblem mit dem *Arbeitsquantum* in Beziehung gebracht;das ist Quesney und Turgot gegenüber der Schritt von einer organischen zu einer mechanischen Struktur des Wirtschaftsbildes. Was hier als „Arbeit" der Theorie zugrunde liegt, ist rein dynamisch gemeint, und man könnte zu den physikalischen Prinzipien der Erhaltung der Energie, der Entropie, der kleinsten Wirkung die genau entsprechenden der Nationalökonomie auffinden.

Betrachtet man demnach die Stufen, welche der zentrale Begriff der Kraft seit seiner Geburt im frühen Barock durchlaufen hat, und zwar in genauester Verwandtschaft mit den Formenwelten der großen Künste und der Mathematik, so findet man drei: Im 17. Jahrhundert (Galilei, Newton, Leibniz) trat er bildhaft ausgeprägt neben die große Ölmalerei, die um 1680 erlosch; im 18., dem der klassischen Mechanik (Laplace, Lagrange), stand er neben der Musik Bachs und empfing den abstrakten Charakter des fugierten Stils; im 19., wo die Kunst zu Ende geht und die zivilisierte Intelligenz das Seelenhafte überwältigt, erscheint er in der Sphäre der reinen Analysis, und zwar insbesondere der Theorie der Funktionen von mehreren komplexen Variablen, ohne die er sich in seiner modernsten Bedeutung kaum mehr verständlich machen läßt.

13

Damit aber ist – darüber täusche sich niemand – die westeuropäische Physik nahe an die Grenzen ihrer inneren Möglichkeiten gelangt. Der letzte Sinn ihrer geschichtlichen Erscheinung war, das faustische Naturgefühl in begriffliche Erkenntnis, die Gestalten eines frühzeitlichen Glaubens in mechanische Formen eines exakten Wissens zu verwandeln. Daß die einstweilen noch gewaltig zunehmende Gewinnung praktischer oder auch nur gelehrter Ergebnisse – beides gehört an sich zur Oberflächengeschichte einer Wissenschaft; zur Tiefe gehört allein die Geschichte ihrer Symbolik und ihres Stils

– mit der raschen Zersetzung ihres Wesenskerns nichts zu tun hat, braucht kaum gesagt zu werden. Bis zum Ausgang des 19. Jahrhunderts erfolgen alle Schritte in der Richtung einer inneren Vollendung, einer wachsenden Reinheit, Schärfe und Fülle des dynamischen Naturbildes; von da an, wo ein Optimum von Deutlichkeit im Theoretischen erreicht ist, beginnen sie plötzlich auflösend zu wirken. Das geschieht nicht absichtlich; das kommt den hohen Intelligenzen der modernen Physik nicht einmal zum Bewußtsein. Darin liegt eine unabwendbare historische Notwendigkeit. Die antike Physik hatte sich in demselben Stadium, um 200 v. Chr., innerlich vollendet. Die Analysis kam mit Gauß, Cauchy und Riemann zum Ziel und füllt heute nur noch die Lücken ihres Gebäudes aus.

Daher erheben sich plötzlich vernichtende Zweifel an Dingen, die noch gestern das unbestrittene Fundament der physikalischen Theorie bildeten, am Sinne des Energieprinzips, am Begriff der Masse, des Raumes, der absoluten Zeit, des kausalen Naturgesetzes überhaupt. Das sind nicht mehr jene schöpferischen Zweifel des frühen Barock, die einem Erkenntnisziel entgegenführen; diese Zweifel gelten der Möglichkeit einer Naturwissenschaft überhaupt. Welche tiefe und von ihren Urhebern offenbar gar nicht gewürdigte Skepsis liegt allein in der rasch zunehmenden Benützung abzählender, statistischer Methoden, die nur eine Wahrscheinlichkeit der Ergebnisse erstreben und die absolute Exaktheit der Naturgesetze, wie man sie früher hoffnungsvoll verstand, ganz aus dem Spiele lassen!

Wir nähern uns dem Augenblick, wo man die Möglichkeit einer geschlossenen und in sich widerspruchslosen Mechanik endgültig aufgibt. Ich hatte gezeigt, wie jede Physik am Bewegungsproblem scheitern muß, in welchem die lebendige Person des Erkennenden in die anorganische Formenwelt des Erkannten methodisch hereinragt. Aber alle neuesten Hypothesen enthalten diese Verlegenheit in einer nach dreihundertjähriger Denkarbeit erzielten äußersten Zuspitzung, die keine Täuschung mehr zuläßt. Die Gravitationstheorie, seit Newton eine unumstößliche Wahrheit, ist als eine zeitlich beschränkte und schwankende Annahme erkannt worden. Das Prinzip der Erhaltung der Energie hat keinen Sinn, wenn die Energie unendlich in einem unendlichen Raume gedacht wird. Die Annahme des Prinzips läßt sich mit keiner Art von dreidimensionaler Struktur des Weltraums, weder der unendlichen euklidischen, noch (unter den nichteuklidischen Geometrien) der sphärischen mit ihrem unbegrenzten, aber endlichen Volum vereinen. Seine Gültigkeit wird also auf ein „nach außen abgeschlossenes System von Körpern" beschränkt, eine künstliche Begrenzung, die es in Wirklichkeit nicht gibt und nicht geben kann. Aber das Weltgefühl des faustischen Menschen, aus dem diese grundlegende Vorstellung – *die Unsterblichkeit der Weltseele, mechanistisch und extensiv umgedacht* – hervorging, hatte gerade die symbolische Unendlichkeit ausdrücken wollen. So *fühlte* man, aber das Erkennen vermochte daraus kein reines System zu gestalten. Es war ferner der Lichtäther ein ideales Postulat der modernen Dynamik, die zu jeder Bewegung die Vorstellung eines

Bewegten forderte. Aber jede denkbare Hypothese über die Beschaffenheit des Äthers wurde sofort durch innere Widersprüche widerlegt. Insbesondere hat Lord Kelvin mathematisch nachgewiesen, daß es eine einwandfreie Struktur dieses Lichtträgers nicht geben *kann*. Da Lichtwellen nach der Interpretation der Versuche Fresnels transversal sind, müßte der Äther ein fester Körper (mit wahrhaft grotesken Eigenschaften) sein, aber in diesem Falle würden die Elastizitätsgesetze für ihn gelten, und die Lichtwellen wären demnach longitudinal. Die Maxwell-Hertzschen Gleichungen der elektromagnetischen Lichttheorie, die in der Tat reine, unbenannte Zahlen von unzweifelhafter Gültigkeit sind, schließen jede Deutung durch irgendeine Mechanik des Äthers aus. Man hat nun den Äther, vor allem unter dem Eindruck von Folgerungen aus der Relativitätstheorie, als das reine Vakuum definiert, was doch nicht viel andres als eine Zerstörung des dynamischen Urbildes bedeutet.

Seit Newton besaß die Annahme einer konstanten Masse – das Gegenstück der konstanten Kraft – unbestrittene Gültigkeit. Die Quantentheorie von Planck und die daraus entwickelten Schlüsse von Niels Bohr auf die Feinstruktur der Atome, welche auf Grund von experimentellen Erfahrungen notwendig geworden waren, haben diese Annahme zerstört. Jedes abgeschlossene System besitzt neben der kinetischen Energie noch die Energie der strahlenden Wärme, die nicht von ihr trennbar und deshalb durch den Begriff der Masse nicht rein darstellbar ist. Denn wird die Masse durch die lebendige Energie definiert, so ist sie im Hinblick auf den thermodynamischen Zustand nicht mehr konstant. Indessen will die Einordnung des elementaren Wirkungsquantums in den Kreis von Annahmen der klassischen Barockdynamik nicht gelingen, und zugleich mit dem Grundsatz der Stetigkeit aller kausalen Zusammenhänge wird das von Newton und Leibniz begründete Fundament der Infinitesimalrechnung bedroht.Aber weit über diese Zweifel hinaus greift die Relativitätstheorie, eine Arbeitshypothese von zynischer Rücksichtslosigkeit, in den Kern der Dynamik ein. Auf die Versuche von Michelson gestützt, wonach die Lichtgeschwindigkeit von der Bewegung des durchdrungenen Körpers unabhängig bleibt, von Lorentz und Minkowski mathematisch vorbereitet, enthält sie als ihre eigentliche Tendenz die Zerstörung *des Begriffs der absoluten Zeit*. Sie kann, worüber man sich heute bedenklich täuscht, durch astronomische Befunde weder bestätigt noch widerlegt werden. Richtig und falsch sind überhaupt nicht Begriffe, womit man über solche Annahmen zu urteilen hat; es handelt sich darum, ob sie in dem Chaos verwickelter und künstlicher Vorstellungen, das sich durch die zahllosen Hypothesen der radioaktiven und thermodynamischen Forschung herausgebildet hat, sich als *brauchbar* durchsetzt oder nicht. Aber so, wie sie ist, *hat sie die Konstanz aller physikalischen Größen aufgehoben, in deren Definition die Zeit eingegangen ist*, und die abendländische Dynamik besitzt im Gegensatz zur antiken Statik *nur* solche Größen. Absolute Längenmaße und starre Körper gibt es nicht mehr. Damit fällt auch die Möglichkeit absoluter quantitativer Bestimmungen und also der klassische Begriff der Masse als das konstante Verhältnis von Kraft und Beschleunigung – nachdem das elementare Wirkungsquantum, ein Produkt aus Energie und Zeit, soeben als neue Konstante aufgestellt worden war.

Macht man sich klar, daß die Atomvorstellungen von Rutherford und Bohrnichts bedeuten, als daß man das zahlenmäßige Ergebnis von Beobachtungen plötzlich mit einem Bilde unterlegt, das eine Planetenwelt im Innern des Atoms darstellt, während man bis jetzt die Vorstellung von Atomschwärmen vorzog; achtet man darauf, wie schnell heute Kartenhäuser aus ganzen Hypothesenreihen aufgeführt werden, so daß man jeden Widerspruch durch eine neue, schnell entworfene Hypothese überdeckt; bedenkt man, wie wenig Sorge man sich um die Tatsache macht, daß diese Bildermengen sich untereinander und dem strengen Bild der Barockdynamik widersprechen, so gelangt man endlich zu der Überzeugung, daß der *große Stil des Vorstellens zu Ende ist* und wie in Architektur und bildender Kunst einer Art *Kunstgewerbe der Hypothesenbildung* Platz gemacht hat; nur die äußerste Meisterschaft der experimentellen Technik, die dem Jahrhundert entspricht, vermag den Verfall der Symbolik zu verdecken.

14

In den Kreis dieser Symbole des Niedergangs gehört nun vor allem die Entropie, bekanntlich das Thema des zweiten Hauptsatzes der Thermodynamik. Der erste Hauptsatz, das Prinzip der Erhaltung der Energie, formuliert einfach das Wesen der Dynamik, um nicht zu sagen, die Struktur des westeuropäischen Geistes, dem allein die Natur mit Notwendigkeit in der Form einer kontrapunktisch-dynamischen Kausalität im Gegensatz zur statisch-plastischen des Aristoteles erscheint. Das Grundelement des faustischen Weltbildes ist nicht die *Haltung*, sondern die *Tat*, mechanisch betrachtet der *Prozeß*, und dieser Satz fixiert lediglich den mathematischen Charakter solcher Prozesse in Form von Variablen und Konstanten. Der zweite Satz aber greift tiefer und stellt *eine einseitige Tendenz des Naturgeschehens* fest, welche durch die begrifflichen Grundlagen der Dynamik in keiner Weise von vornherein bedingt war.

Die Entropie wird mathematisch durch eine Größe dargestellt, die durch den augenblicklichen Zustand eines in sich abgeschlossenen Systems von Körpern bestimmt ist und die bei allen überhaupt möglichen Änderungen physikalischer oder chemischer Art nur zunehmen, niemals abnehmen kann. Im günstigsten Falle bleibt sie unverändert. Die Entropie ist wie die Kraft und der Wille etwas, das jedem, der überhaupt in das Wesen dieser Formenwelt einzudringen vermag, innerlich vollkommen klar und deutlich ist, das aber von jedem anders und offenbar unzulänglich formuliert wird. Auch hier versagt der Geist vor dem Ausdrucksbedürfnis des Weltgefühls.

Man hat, je nachdem die Entropie sich vermehrt oder nicht, die Gesamtheit der Naturprozesse in nichtumkehrbare und umkehrbare eingeteilt. Bei jedem Prozeß der ersten Art wird freie Energie in gebundene verwandelt; soll diese tote Energie in lebendige zurückverwandelt werden, so kann es nur dadurch geschehen, daß gleichzeitig in einem zweiten Prozeß ein weiteres Quantum lebendiger Energie gebunden wird. Das bekannteste Beispiel ist die Verbrennung von Kohle, d. h. die Umwandlung der in ihr aufgespeicherten lebendigen Energie in die durch die Gasform der Kohlensäure gebundene Wärme, wenn die latente Energie des Wassers in Dampfspannung und weiterhin in Bewegung umgesetzt werden soll. Daraus folgt, daß die Entropie im Weltganzen beständig zunimmt, so daß das dynamische System sich offenbar einem wie immer gearteten Endzustande nähert. Zu den nichtumkehrbaren Prozessen gehören Wärmeleitung, Diffusion, Reibung, Lichtemission, chemische Reaktionen, zu den umkehrbaren die Gravitation, elektrische Schwingungen, elektromagnetische und Schallwellen.

Was bisher nie empfunden worden ist, und weshalb ich in dem Satz von der Entropie (1850) den Anfang der Vernichtung dieses Meisterstücks der westeuropäischen Intelligenz, der Physik dynamischen Stils sehe, ist der tiefe Gegensatz zwischen Theorie und Wirklichkeit, der hier zum ersten Mal ausdrücklich in die Theorie selbst hineingetragen wurde. Nachdem der erste Satz das strenge Bild eines kausalen Naturgeschehens gezeichnet hatte, bringt der zweite durch die Einführung der Nichtumkehrbarkeit eine dem unmittelbaren Leben angehörende Tendenz zum Vorschein, die dem Wesen des Mechanischen und Logischen grundsätzlich widerspricht.

Verfolgt man die Konsequenzen der Entropielehre, so ergibt sich erstens, daß theoretisch alle Prozesse umkehrbar sein *müssen*. Das gehört zu den Grundforderungen der Dynamik. Das fordert noch einmal in aller Schärfe der erste Hauptsatz. Es ergibt sich aber zweitens, daß in *Wirklichkeit* sämtliche Naturvorgänge nicht umkehrbar *sind*. Nicht einmal unter den künstlichen Bedingungen des experimentellen Verfahrens kann der einfachste Prozeß exakt umgekehrt, d. h. ein einmal überschrittener Zustand wiederhergestellt werden. Nichts ist bezeichnender für die Lage des gegenwärtigen Systems als die Einführung der Hypothese der „elementaren Unordnung", um den Widerspruch zwischen geistiger Forderung und wirklichem Erlebnis auszugleichen: die „kleinsten Teilchen" der Körper – ein Bild, nicht mehr – führen durchweg umkehrbare Prozesse aus; in den wirklichen Dingen befinden die kleinsten Teilchen sich in Unordnung und stören einander; infolgedessen ist mit einer mittleren Wahrscheinlichkeit der natürliche, allein vom Beobachter erlebte, nichtumkehrbare Prozeß mit einer Zunahme der Entropie verbunden. So wird die Theorie zu einem Kapitel der Wahrscheinlichkeitsrechnung, und statt exakter Methoden treten statistische in Wirksamkeit.

Man hat augenscheinlich nicht bemerkt, was das bedeutet. Die Statistik gehört wie die Chronologie ins Gebiet des Organischen, zum wechselnd bewegten Leben, zu Schicksal und Zufall und nicht zur Welt der Gesetze und der zeitlosen Kausalität. Man weiß, daß sie vor allem zur Charakteristik politischer und wirtschaftlicher, also geschichtlicher

Entwicklungen dient. In der klassischen Mechanik Galileis und Newtons wäre für sie kein Platz gewesen. Was hier plötzlich statistisch erfaßt und erfaßbar wird, mit Wahrscheinlichkeit statt mit jener apriorischen Exaktheit, die alle Denker des Barock einstimmig gefordert hatten, ist der Mensch selbst, der diese Natur erkennend durchlebt, der in ihr sich selbst erlebt; was die *Theorie* mit innerer Notwendigkeit hinstellt, jene in Wirklichkeit gar nicht vorhandenen umkehrbaren Prozesse, repräsentiert den Rest einer strenggeistigen Form, den Rest der großen Barocktradition, welche die Schwester des kontrapunktischen Stils war. Die Zuflucht zur Statistik offenbart die Erschöpfung der in dieser Tradition wirksam gewesenen ordnenden Kraft. Werden und Gewordnes, Schicksal und Kausalität, historische und naturhafte Elemente beginnen zu verschwimmen. Formelemente des Lebens: das Wachstum, das Altern, die Lebensdauer, die Richtung, der Tod drängen herauf.

Das hat in diesem Aspekt die Nichtumkehrbarkeit der Weltprozesse zu bedeuten. Sie ist, im Gegensatz zu dem physikalischen Zeichen t, Ausdruck der echten, *historischen*, innerlich erlebten Zeit, die mit dem *Schicksal* identisch ist.

Die Physik des Barock war durch und durch *strenge Systematik*, solange Theorien wie diese noch nicht an ihrem Bau rütteln durften, solange in ihrem Bilde nichts anzutreffen war, was den Zufall und die bloße Wahrscheinlichkeit zum Ausdruck brachte. Mit dieser Theorie aber ist sie *Physiognomik* geworden. Der „Lauf der Welt“ wird verfolgt. Die *Idee des Weltendes* erscheint in der Verkleidung von Formeln, die im Grunde ihres Wesens keine Formeln mehr sind. Es kommt damit etwas Goethesches in die Physik, und man wird das ganze Gewicht dieser Tatsache ermessen, wenn man sich klarmacht, was zuletzt die leidenschaftliche Polemik Goethes gegen Newton in der Farbenlehre bedeutete. Hier argumentierte das Schauen gegen den Verstand, das Leben gegen den Tod, die schöpferische Gestalt gegen das ordnende Gesetz. Die kritische Formenwelt der Natur*erkenntis* war aus dem Natur*gefühl*, dem Gottgefühl, durch Widerspruch hervorgegangen. Hier, am Ausgang der Spätzeit, hat sie den Gipfel der Distanz erreicht, und sie kehrt zum Ursprung zurück.

Und so beschwört die in der Dynamik wirksame Einbildungskraft noch einmal die großen Symbole der historischen Leidenschaft des faustischen Menschen herauf, die ewige Sorge, den Hang zu den fernsten Fernen von Vergangenheit und Zukunft, die rückschauende Geschichtsforschung, den vorausschauenden Staat, die Beichten und Selbstbetrachtungen, die über alle Völker weithinhallenden, das Leben messenden Glockenschläge. Das Ethos des Wortes Zeit, wie nur wir es empfinden, wie es die instrumentale Musik im Gegensatz zur Statuenplastik erfüllt, richtet sich auf ein *Ziel*. Das war in allen Lebensbildern des Abendlandes als drittes Reich, als neues Zeitalter, als Aufgabe der Menschheit, als Ausgang einer Entwicklung versinnlicht worden. Und das bedeutet für das Gesamtdasein und das Schicksal der faustischen Welt als Natur die Entropie.

Schon in dem mythischen Begriff der Kraft, der Voraussetzung dieser ganzen dogmatischen Formenwelt, liegt stillschweigend ein Richtungsgefühl, eine Beziehung auf Vergangenes und Künftiges; noch deutlicher wird sie in der Bezeichnung der Naturvorgänge als Prozesse. Es darf also gesagt werden, daß die Entropie als die geistige Form, in welcher die unendliche Summe aller Naturereignisse als *historische und physiognomische Einheit* zusammengefaßt wird, allen physikalischen Begriffsbildungen von Anfang an unbemerkt zugrunde lag, und daß sie eines Tages als „Entdeckung" auf dem Wege wissenschaftlicher Induktion zum Vorschein kommen und dann durch die übrigen theoretischen Elemente des Systems „durchaus bestätigt" werden mußte. Je mehr die Dynamik sich durch Erschöpfung ihrer inneren Möglichkeiten dem Ziele nähert, desto entschiedener dringen die historischen Züge des Bildes hervor, desto stärker macht sich neben der anorganischen Notwendigkeit des Kausalen die organische des Schicksals, neben den Faktoren der reinen Ausgedehntheit – Kapazität und Intensität – die der Richtung geltend. Es geschieht dies durch eine ganze Reihe gewagter Hypothesen von gleichem Bau, die durch experimentelle Befunde nur scheinbar gefordert werden, die in Wirklichkeit sämtlich durch das Weltgefühl und die Mythologie schon der Gotik antizipiert waren.

Dahin gehört vor allem auch die bizarre Hypothese des Atomzerfalls, welche die radioaktiven Erscheinungen deutet – nach welcher Uran-Atome, die Jahrmillionen hindurch trotz äußerer Einwirkungen ihr Wesen unverändert bewahrt haben, plötzlich und ohne nachweisbaren Anlaß explodieren und ihre kleinsten Teile mit einer Geschwindigkeit, die Tausende von Kilometern in der Sekunde beträgt, im Weltraum verbreiten. Dies *Schicksal* trifft unter einer Menge radioaktiver Atome immer nur einzelne, während die benachbarten davon ganz unberührt bleiben. Auch dieses Bild ist Geschichte, nicht Natur, und wenn sich auch hier die Anwendung der Statistik als notwendig erweist, so möchte man beinahe vom Ersatz der mathematischen durch die chronologische Zahl reden.

Mit diesen Vorstellungen kehrt die mythische Gestaltungskraft der faustischen Seele zum Ausgang zurück. Gerade damals, als zu Beginn der Gotik die ersten mechanischen Uhren konstruiert wurden, Symbole eines historischen Weltgefühls, entstand der Mythos von Ragnarök, dem Weltende, der Götterdämmerung. Mag diese Vorstellung, wie wir sie in der Völuspa und in christlicher Fassung im Muspilli besitzen, wie alle vermeintlich urgermanischen Mythen nicht ohne das Vorbild antiker und vor allem christlich-apokalyptischer Motive entstanden sein, sie ist in dieser Gestalt Ausdruck und Symbol der faustischen und keiner andren Seele. Die olympische Götterwelt ist geschichtslos. Sie kennt kein Werden, keine Epoche, kein Ziel. Faustisch aber ist der leidenschaftliche Zug in die Ferne. Die Kraft, der Wille hat ein Ziel, und wo es ein Ziel gibt, gibt es für den forschenden Blick auch ein Ende. Was die Perspektive der großen Ölmalerei durch den Konvergenzpunkt, was der Barockpark durch den Point de vue, was die Analysis durch das Restglied der unendlichen Reihen zum Ausdruck brachte, den

Abschluß einer gewollten Richtung, tritt hier in begrifflicher Form hervor. Der Faust des zweiten Teils der Tragödie stirbt, weil er sein Ziel *erreicht* hat. Das *Weltende als Vollendung einer innerlich notwendigen Entwicklung* – das ist die Götterdämmerung; das bedeutet also, als letzte, als irreligiöse Fassung des Mythos, die Lehre von der Entropie.

15

Es bleibt noch übrig, den Ausgang der abendländischen Wissenschaft überhaupt zu zeichnen, der heute, wo der Weg sich leise abwärts senkt, mit Sicherheit übersehen werden kann.

Auch das, die Voraussicht des unabwendbaren Schicksals, gehört zur Mitgift des historischen Blicks, den *nur* der faustische Geist besitzt. Auch die Antike starb, aber sie wußte nichts davon. Sie glaubte an ein ewiges Sein. Sie hat noch ihre letzten Tage mit rückhaltlosem Glück, jeden für sich, als Geschenk der Götter durchlebt. Wir kennen unsere Geschichte. Es steht uns noch eine letzte geistige Krisis bevor, welche die ganze europäisch-amerikanische Welt ergreifen wird. Ihren Verlauf erzählt der späte Hellenismus. Die Tyrannei des Verstandes, die wir nicht empfinden, weil wir selbst ihren Gipfel darstellen, ist in jeder Kultur eine Epoche zwischen Mann und Greis, nicht mehr. Ihr deutlichster Ausdruck ist der Kultus der exakten Wissenschaften, der Dialektik, des Beweises, der Erfahrung, der Kausalität. Die Ionik und das Barock zeigen seinen Aufschwung; es fragt sich, in welcher Gestalt er zu Ende geht.

Ich sage es voraus: Noch in diesem Jahrhundert, dem des wissenschaftlich-kritischen Alexandrinismus, der großen Ernten, der endgültigen Fassungen, wird ein neuer Zug von Innerlichkeit den Willen zum Siege der Wissenschaft überwinden. Die exakte Wissenschaft geht der Selbstvernichtung durch Verfeinerung ihrer Fragestellungen und Methoden entgegen. Man hatte zuerst ihre Mittel geprüft – im 18. Jahrhundert, dann ihre Macht – im 19.; man durchschaut endlich ihre geschichtliche Rolle. Von der Skepsis aber führt ein Weg zur „zweiten Religiosität“,die nicht vor, sondern nach einer Kultur kommt. Man verzichtet auf Beweise; man will glauben, nicht zergliedern. Die kritische Forschung hört auf, ein geistiges Ideal zu sein.

Der Einzelne leistet Verzicht, indem er die Bücher weglegt. Eine *Kultur* verzichtet, indem sie aufhört, sich in hohen wissenschaftlichen Intelligenzen zu offenbaren; aber Wissenschaft existiert nur im lebendigen Denken großer Gelehrtengenerationen, und Bücher sind nichts, wenn sie nicht in Menschen, die ihnen gewachsen sind, lebendig und wirksam werden. Wissenschaftliche Resultate sind lediglich Elemente einer geistigen Tradition. Der Tod einer Wissenschaft besteht darin, daß sie niemandem mehr Ereignis wird. Aber zweihundert Jahre Orgien der Wissenschaftlichkeit – dann hat man es satt. Nicht der Einzelne, die Seele der Kultur hat es satt. Sie drückt das aus, indem sie ihre Forscher, die sie in die geschichtliche Welt des Tages hinaufsendet, immer kleiner, enger, unfruchtbarer wählt. Das große Jahrhundert der antiken Wissenschaft war das dritte, nach dem Tode des Aristoteles. Als die Römer kamen, als Archimedes starb, war es fast schon zu Ende. Unser großes Jahrhundert ist das neunzehnte gewesen. Gelehrte im Stile von Gauß, Humboldt, Helmholtz waren schon um 1900 nicht mehr da; in der Physik wie in der Chemie, der Biologie wie der Mathematik sind die großen Meister tot, und wir erleben heute das Decrescendo der glänzenden Nachzügler, die ordnen, sammeln und abschließen wie die Alexandriner der Römerzeit. Es ist das *allgemeine* Symptom für alles, was nicht zur Tatsachenseite des Lebens, zu Politik, Technik und Wirtschaft gehört. Nach Lysipp ist kein großer Plastiker mehr gekommen, dessen Erscheinung ein Schicksal gewesen wäre, nach den Impressionisten kein Maler, nach Wagner kein Musiker mehr. Das Zeitalter des Cäsarismus bedarf keiner Kunst und Philosophie. Auf Eratosthenes und Archimedes, die eigentlichen Schöpfer, folgen Poseidonios und Plinius, die mit Geschmack sammeln, und endlich Ptolemäus und Galen, die nur noch abschreiben. Wie die Ölmalerei und die kontrapunktische Musik ihre Möglichkeiten in einer kleinen Zahl von Jahrhunderten einer organischen Entwicklung erschöpft haben, so ist die Dynamik, deren Formenwelt um 1600 aufblüht, ein Gebilde, das heute im Zerfall begriffen ist.

Zuvor aber erwächst dem faustischen, eminent historischen Geist eine noch nie gestellte, noch nie als möglich geahnte Aufgabe. Es wird noch eine *Morphologie der exakten Wissenschaften* geschrieben werden, die untersucht, wie alle Gesetze, Begriffe und Theorien als Formen innerlich zusammenhängen und was sie als solche im Lebenslauf der faustischen Kultur bedeuten. Die theoretische Physik, die Chemie, die Mathematik als Inbegriff von Symbolen betrachtet – das ist die endgültige Überwindung des mechanischen Weltaspekts durch die intuitive, wiederum religiöse Weltansicht. Es ist das letzte Meisterstück einer Physiognomik, welche auch noch die Systematik als Ausdruck und Symbol in sich auflöst. Wir werden künftig nicht mehr fragen, welche allgemein gültigen Gesetze der chemischen Affinität oder dem Diamagnetismus zugrunde liegen – eine Dogmatik, die das 19. Jahrhundert ausschließlich beschäftigt hat –, wir werden sogar erstaunt sein, daß Fragen wie diese einst Köpfe von solchem Range völlig beherrschen konnten. Wir werden untersuchen, woher diese dem faustischen Geiste vorbestimmten Formen kommen, warum sie uns Menschen einer einzelnen Kultur im Unterschiede von jeder andern kommen mußten, welcher tiefere Sinn darin liegt, daß die gewonnenen Zahlen gerade in dieser bildhaften Verkleidung in Erscheinung traten. Und dabei ahnen wir heute kaum, was alles von den vermeintlich objektiven Werten und Erfahrungen nur Verkleidung, nur Bild und Ausdruck ist.

Die einzelnen Wissenschaften, Erkenntnistheorie, Physik, Chemie, Mathematik, Astronomie, nähern sich einander mit wachsender Geschwindigkeit. Wir gehen einer vollkommenen Identität der Ergebnisse und damit einer Verschmelzung der Formenwelten entgegen, die einerseits ein auf wenige Grundformeln zurückgeführtes System von Zahlen funktionaler Natur darstellt, andrerseits als deren Benennung eine kleine Gruppe von Theorien bringt, die endlich als verschleierter Mythos der Frühzeit wiedererkannt und ebenfalls auf einige bildhafte Grundzüge, aber von physiognomischer Bedeutung zurückgeführt werden können und müssen. Man hat diese Konvergenz nicht bemerkt, weil seit Kant und eigentlich schon seit Leibniz kein Gelehrter mehr die Problematik *aller* exakten Wissenschaften beherrschte.

Noch vor hundert Jahren waren Physik und Chemie einander fremd; heute sind sie einzeln nicht mehr zu behandeln. Man denke an die Gebiete der Spektralanalyse, Radioaktivität und Wärmestrahlung. Vor fünfzig Jahren war das Wesentliche der Chemie noch fast ohne Mathematik darstellbar; heute sind die chemischen Elemente im Begriff, sich in mathematische Konstanten variabler Beziehungskomplexe zu verflüchtigen. Die Elemente aber waren in ihrer sinnlichen Faßlichkeit die letzte antik-plastisch anmutende Größe der Naturwissenschaft gewesen. Die Physiologie steht im Begriff, ein Kapitel der organischen Chemie zu werden und sich der Mittel der Infinitesimalrechnung zu bedienen. Die nach Sinnesorganen wohlunterschiedenen Teile der älteren Physik, Akustik, Optik, Wärmelehre sind aufgelöst und zu einer Dynamik der Materie und einer Dynamik des Äthers verschmolzen, deren rein mathematische Grenze sich bereits nicht mehr aufrechterhalten läßt. Heute vereinigen sich die letzten Betrachtungen der Erkenntnistheorie mit solchen der höheren Analysis und theoretischen Physik zu einem sehr schwer zugänglichen Gebiete, dem z. B. die Relativitätstheorie angehört oder angehören sollte. Die Emanationstheorie der radioaktiven Strahlenarten wird durch eine Zeichensprache dargestellt, der nichts Anschauliches mehr anhaftet.

Die Chemie ist im Begriff, statt der schärfsten anschaulichen Bestimmung der Qualitäten von Elementen (Wertigkeit, Gewicht, Affinität, Reagibilität) diese sinnlichen Züge vielmehr zu beseitigen. Daß die Elemente je nach ihrer „Abstammung“ aus Verbindungen verschieden charakterisiert sind; daß sie Komplexe verschiedenartiger Einheiten darstellen, die zwar experimentell („wirklich“) als Einheit höherer Ordnung wirken und mithin praktisch nicht trennbar sind, hinsichtlich ihrer Radioaktivität aber tiefe Verschiedenheiten aufweisen; daß durch die Emanation von strahlender Energie ein Abbau stattfindet und man also von einer *Lebensdauer* der Elemente reden darf, was offenbar dem ursprünglichen Begriff des Elements und damit dem Geiste der von Lavoisier geschaffenen modernen Chemie völlig widerspricht – alles das rückt diese Vorstellungen in die Nähe der Entropielehre mit ihrem bedenklichen Gegensatz von Kausalität und Schicksal, Natur und Geschichte, und kennzeichnet den Weg unsrer Wissenschaft einerseits zur Aufdeckung der Identität ihrer logischen oder zahlenmäßigen Befunde mit der Struktur des Verstandes selbst, andrerseits zu der Einsicht, daß die gesamte, diese Zahlen einkleidende Theorie lediglich den symbolischen Ausdruck des faustischen Lebens darstellt.

An dieser Stelle ist endlich als eines der wichtigsten Fermente der gesamten Formenwelt die echt faustische Mengenlehre zu nennen, die im schärfsten Gegensatz zur älteren Mathematik nicht mehr die singulären Größen, sondern den *Inbegriff* morphologisch irgendwie gleichartiger Größen, etwa die Gesamtheit aller Quadratzahlen oder aller Differentialgleichungen von bestimmtem Typus, als neue Einheit, als neue *Zahl höherer Ordnung* auffaßt und neuartigen, früher ganz unbekannten Überlegungen bezüglich ihrer Mächtigkeit, Ordnung, Gleichwertigkeit, Abzählbarkeitunterwirft. Man charakterisiert die endlichen (abzählbaren, begrenzten) Mengen hinsichtlich ihrer Mächtigkeit als „Kardinalzahlen", hinsichtlich ihrer Ordnung als „Ordinalzahlen" und stellt die Gesetze und Rechnungsarten derselben auf. So ist eine letzte Erweiterung der Funktionentheorie, die ihrer Formensprache nach und nach die gesamte Mathematik einverleibt hatte, in Verwirklichung begriffen, wonach sie in bezug auf den Charakter der Funktionen nach Prinzipien der Gruppentheorie, in bezug auf den Wert der Variablen nach mengentheoretischen Grundsätzen verfährt. Die Mathematik ist sich dabei der Tatsache vollkommen bewußt, daß hier die letzten Erwägungen über das Wesen der Zahl mit denen der reinen Logik zusammenfließen, und man spricht von einer Algebra der Logik. Die moderne geometrische Axiomatik ist vollkommen ein Kapitel der Erkenntnistheorie geworden.

Das unvermerkte Ziel, dem dies alles zustrebt und das insbesondere jeder echte Naturforscher als Trieb in sich empfindet, ist das Herausarbeiten einer reinen, zahlenmäßigen Transzendenz, die vollkommene und restlose Überwindung des Augenscheins und dessen Ersatz durch eine dem Laien unverständliche und unvollziehbare Bildersprache, welcher das große faustische Symbol des *unendlichen Raumes* innere Notwendigkeit verleiht. Der Kreislauf der Naturerkenntnis des Abendlandes vollendet sich. Mit dem tiefen Skeptizismus dieser letzten Einsichten knüpft der Geist wieder an die Formen frühgotischer Religiosität an. Die anorganische, erkannte, zergliederte Umwelt, die Welt als Natur, als System ist zu einer reinen Sphäre funktionaler Zahlen vertieft worden. Wir hatten die Zahl als eines der ursprünglichsten Symbole jeder Kultur erkannt, und so folgt, daß der Weg zur reinen Zahl die Rückkehr des Wachseins zu seinem eignen Geheimnis, die Offenbarung seiner eignen formalen Notwendigkeit ist. Am Ziele angelangt, enthüllt sich endlich das ungeheure, immer unsinnlicher, immer durchscheinender gewordene Gewebe, das die gesamte Naturwissenschaft umspinnt: es ist nichts andres als die innere Struktur des wortgebundenen Verstehens, das den Augenschein zu überwinden, von ihm „die Wahrheit" abzulösen glaubte. Darunter aber erscheint wieder das Früheste und Tiefste, der Mythos, das unmittelbare Werden, das Leben selbst. Je weniger anthropomorph die Naturforschung zu sein glaubt, desto mehr ist sie es. Sie beseitigt nach und nach die *einzelnen* menschlichen Züge des Naturbildes, um endlich als die vermeintlich reine Natur die Menschlichkeit selbst, rein und ganz, in Händen zu halten. Aus der gotischen Seele ging, das religiöse Weltbild überschattend, der städtische Geist hervor, das *alter ego* der irreligiösen Naturerkenntnis. Heute, in der Abendröte der wissenschaftlichen

Epoche, im Stadium des siegenden Skeptizismus, lösen sich die Wolken, und die Landschaft des Morgens ruht wieder in vollkommener Deutlichkeit.

Der letzte Schluß faustischer Weisheit ist, wenn auch nur in ihren höchsten Momenten, die Auflösung des gesamten Wissens in ein ungeheures System morphologischer Verwandtschaften. Dynamik und Analysis sind dem Sinne, der Formensprache, der Substanz nach identisch mit der romanischen Ornamentik, den gotischen Domen, dem christlich-germanischen Dogma und dem dynastischen Staat. Ein und dasselbe Weltgefühl redet aus allen. Sie sind mit der faustischen Seele geboren und alt geworden. Sie stellen ihre *Kultur* als geschichtliches Schauspiel in der Welt des Tages und des Raumes dar. Die Vereinigung der einzelnen wissenschaftlichen Aspekte zum Ganzen wird alle Züge der großen Kunst des Kontrapunkts tragen. *Eine infinitesimale Musik des grenzenlosen Weltraums* – das ist immer die tiefe Sehnsucht dieser Seele im Gegensatz zur antiken mit ihrem plastisch-euklidischen Kosmos gewesen. Das ist, als Denknotwendigkeit des faustischen Weltverstandes auf die Formel einer dynamisch-imperativischen Kausalität gebracht, zu einer diktatorischen, arbeitenden, die Erde umgestaltenden Naturwissenschaft entwickelt, ihr großes Testament für den Geist kommender Kulturen – ein Vermächtnis von Formen gewaltigster Transzendenz, das vielleicht niemals eröffnet werden wird. Damit kehrt eines Tages die abendländische Wissenschaft, ihres Strebens müde, in ihre seelische Heimat zurück.